CORRESPONDANCE

ENTRE

BOILEAU DESPRÉAUX

ET

BROSSETTE

AVOCAT AU PARLEMENT DE LYON

PUBLIÉE SUR LES MANUSCRITS ORIGINAUX

PAR

AUGUSTE LAVERDET

INTRODUCTION
PAR M. JULES JANIN

PREMIÈRE ÉDITION COMPLÈTE
EN PARTIE INÉDITE

PARIS
J. TECHENER, LIBRAIRE
RUE DE L'ARBRE-SEC, 52, PRÈS DE LA COLONNADE DU LOUVRE
—
MDCCCLVIII

CORRESPONDANCE
ENTRE
BOILEAU DESPRÉAUX
ET
BROSSETTE

PARIS. — IMPRIMERIE DE J. CLAYE
RUE SAINT-BENOIT, 7

CORRESPONDANCE

ENTRE

BOILEAU DESPRÉAUX

ET

BROSSETTE

AVOCAT AU PARLEMENT DE LYON

PUBLIÉE SUR LES MANUSCRITS ORIGINAUX

PAR

AUGUSTE LAVERDET

INTRODUCTION

PAR M. JULES JANIN

PREMIÈRE ÉDITION COMPLÈTE

EN PARTIE INÉDITE

PARIS

J. TECHENER, LIBRAIRE

RUE DE L'ARBRE-SEC, 52, PRÈS DE LA COLONNADE DU LOUVRE

MDCCCLVIII

Reproduction et traduction réservées.

INTRODUCTION

Les honnêtes gens, amis des beaux livres, et qui oublient volontiers toute chose, à contempler, dans leur reproduction la plus charmante et la plus vivante, les œuvres du temps passé, se rappelleront, toute leur vie, un des jours les plus dramatiques d'une vente célèbre, la vente des livres de M. A.-A. Renouard, le doyen des bibliophiles français.

La foule était grande, à cette vente, et le *feu* des enchères n'avait jamais jeté plus de flammes, mêlées à plus d'étincelles. On commença par offrir (le jour dont je parle) aux amis des beaux livres, accourus à cette fortune, les œuvres de maître Guillaume Coquillart, imprimées chez Gaillot-Dupré (1532), qui furent adjugées, au prix de 501 fr. Le François Villon, de ce même Gaillot-Dupré, se vendit 500 fr. Le merveilleux Clément Marot de 1544, fut poussé à 100 écus; les Marguerites de la Marguerite des Princesses (1547) montèrent, et c'était justice, à 685 fr.; le *Tombeau* de cette même Marguerite de Valois ne fut pas cédé, à moins de 285 fr. Les œuvres de P. de Ronsard, prince des poëtes français, aux armes de M. de Thou, se vendirent 680 fr., à savoir 200 fr. plus cher que le Ronsard monumental de M. Victor Hugo, le *prince des poëtes français*[1]. Ce fut même un spectacle heureux, on peut le dire, heureux et glorieux pour les belles choses qui tiennent aux passions du bel esprit, l'empressement, l'enthousiasme et la passion de ces possesseurs de tant de beaux livres, pour arriver à compléter ces intimes collections, la joie austère du foyer domestique; un charme à la ville, un repos à la campagne, une grâce en tous lieux.

— « Mon Dieu ! s'écriait en belle langue latine, un savant du XVIe siècle, je n'ai plus rien à vous demander, vous m'avez donné tant de beaux livres, un si joli petit jardin, des oiseaux qui chantent si bien ! »

Mais cette première partie de la vente, à cette dernière vacation, toute vive et tout animée qu'elle était, ne donnerait pas une idée approchante de l'émotion universelle, lorsqu'au milieu d'un silence imposant, M. le Commissaire-Priseur plaça, d'une main solennelle, sur la table éblouie, un volume, et bientôt deux volumes du petit format in-folio, reliés en maroquin rouge, dans une reliure élégante que l'on prendrait, volontiers, pour un travail de Pasdeloup.

En ce moment suprême, on eût vu, soudain, ces regards avides et curieux se tourner vers cette merveille inestimable, avec tant d'envie et d'ardentes convoitises !

---

1. Ce beau livre, aux armes du savant helléniste et lecteur du Collége de France, Habert de Montmaur, tout chargé des vers, des souvenirs, des sympathies et des respects de nos contemporains, s'est vendu définitivement 950 fr. à la vente de M. Giraud; il est un des plus précieux ornements de la bibliothèque de M. Maxime du Camp.

En effet, le moment était venu, où l'on saura quel amateur français, où tout autre amoureux des vieux livres, arrivé d'Angleterre, d'Espagne ou d'Italie (il en était venu, même du nouveau monde!), emportera, triomphant, un des plus rares et des plus respectables monuments de la littérature française, à savoir la correspondance autographe de Boileau Despréaux, avec ce bel esprit d'une province intelligente, qui se dévouait à la gloire du maître, et qui l'entoura, pendant les douze dernières années de sa vie, avec un zèle, une constance, une fidélité à toute épreuve, de ses meilleures déférences. Nous voulons parler de M. Brossette, un célèbre avocat du Parlement de Lyon, qui vécut et qui mourut, à Lyon même, honoré, à tous les titres, esprit, mérite et fortune, des respects unanimes de sa ville natale, et de cette considération personnelle, qui sont la légitime récompense d'une probité à toute épreuve, et d'un talent sincère, actif, dévoué.

M. Brossette aimait le mérite; il le recherchait pour l'honorer. Il se glorifiait d'une illustre amitié, comme tant d'autres se glorifient du titre, ou du nom de leur père. Quoi d'étonnant? Si de nos jours, le respect est rare, on rencontrait, souvent ces honorables ambitions dans les bons siècles littéraires, comme on peut le voir, dans la correspondance et dans les souvenirs de tous les grands écrivains.

A ce propos, vous rappelez-vous une aimable lettre de Pline le Jeune à Tacite? On veut la citer ici, pour donner une idée approchante du zèle et de l'empressement des honnêtes gens de l'Empire romain à récompenser le zèle du philosophe, la vertu de l'historien, les inspirations du poëte :

« Ami, disait Pline à Tacite, j'ai lu votre livre, et j'ai indiqué sur les marges, avec tout le zèle de l'amitié, ce qu'on y peut ajouter, ce qu'on en doit retrancher; c'est une heureuse habitude, entre nous, de nous dire et d'écouter nos vérités, puisqu'aussi bien celui-là est surtout fait pour la louange, qui se montre obéissant aux bons conseils. Vous, cependant, à votre tour, n'épargnez pas mon livre, et me le renvoyez, chargé de vos notes marginales.

« Heureux et très-utile échange d'amitié, de conseils, de bons sentiments; la postérité, du moins je l'espère, nous en tiendra compte, et reconnaîtra, comme un fait rare et charmant, cette honorable alliance de deux hommes du même âge, ou peu s'en faut, d'une certaine réputation (pardonnez-moi si je vous mets à mon niveau!) s'encourageant, l'un l'autre, à bien faire, et toujours à mieux faire? Déjà, dans ma première jeunesse, vos œuvres et votre renommée étaient pour moi, un grand sujet d'émulation, et je voulais :

> Venir, en vos sentiers, de loin... mais après vous!

« Certes, nous étions alors à une époque habile, et féconde en beaux génies, mais pas un de ces grands hommes, autant que vous-même, ne me semblait un exemple, une grâce, une autorité.

« Ainsi, je ne suis jamais plus content et plus fier que si Rome, au même instant, s'occupe à la fois de Tacite et de Pline, et pense à moi, lorsqu'elle parle de vous. A ce prix seulement, je consens que Rome ait ses préférences et réserve à d'autres que nous, le premier rang, pourvu qu'elle me place à vos côtés : à mon sens, être après vous, c'est être encore avant tous les autres.

« Avez-vous aussi remarqué ces testaments nombreux, dans lesquels pas un des testateurs ne laisse à Tacite un legs, qu'il n'en laisse un tout pareil à Pline, son émule ? Eh ! le moyen que nous puissions ne pas nous aimer, quand tout nous y convie : une égale ambition d'apprendre et de savoir, l'exercice assidu des belles-lettres, les mêmes mœurs, le même amour de la renommée, et jusqu'à la dernière volonté de nos lecteurs ? »

Une autre fois, Pline écrivait à Tacite un billet charmant pour lui dire, avec une grande franchise : « Ayons bon courage, espérons ; la postérité ne peut pas nous trahir tout à fait ; la postérité saura notre nom, moins peut-être par nos écrits, que par notre contenance, et par les respects que nous lui portons. Notre tâche est là ; marchons, et si le but n'est pas tout à fait la gloire, au moins nous serons en deçà de l'oubli ! »

Ces grands exemples d'une amité littéraire, et cette immense sympathie, à propos des écrivains que Rome apprenait à honorer, sont bien faits, certes, pour encourager les écrivains nouveaux, pour consoler les écrivains misérables ! Ces grands exemples portent, en eux-mêmes, toutes sortes de consolations et d'espérances. Ne vit-on pas le magistrat Michel de L'Hôpital, chancelier de France, prendre en ses mains éloquentes la défense et la protection du grand poëte Ronsard ? Lui-même, le roi Charles IX, il a fait des vers à son poëte :

> L'art de faire des vers, dût-on s'en indigner,
> Doit être à plus haut prix que celui de régner.

Si l'usage était ancien, d'honorer les grands écrivains, M. Brossette obéissait, volontiers, à ces habitudes glorieuses.

Au milieu de tant de beaux esprits qui élevèrent jusqu'aux astres, la gloire et l'honneur du règne de Louis XIV, M. Brossette avait, principalement, adopté l'illustre auteur des *Satires*, de l'*Art poétique* et du *Lutrin*.

Il préférait Despréaux à tous les esprits de son temps; il l'aimait jusqu'au culte, et comme il arrive, aisément, quand l'homme admiré vaut, en effet, l'admiration qu'on lui porte, et quand cette admiration est sincère, intelligente et dévouée, une amitié tendre et confiante, des deux parts, se forma entre Boileau et Brossette, entre le vieux poëte et le jeune avocat : le poëte, heureux d'être aimé, de cette amitié active, ingénieuse, attentive et prudente; l'avocat, fier et content de la confiance inestimable qui lui était accordée. Ainsi, l'un et l'autre, à force de s'écrire et de se rendre, en toute occasion, ces aimables et ingénieux services qui sont, pour ainsi dire, le bonheur de la vie et du travail de chaque jour, ils arrivèrent à cette entente excellente, sur laquelle sont basées les sérieuses et charmantes correspondances!

Rendons justice à ce grand art que l'on peut appeler sans pléonasme, *l'art épistolaire!* Il est nôtre. A cette tendresse dévouée, abondante, généreuse, entre plusieurs grands esprits, ou, tout simplement, entre plusieurs belles âmes faites pour se rechercher et pour s'entendre, la littérature française est redevable de ces *lettres* sans nombre, écrites par des esprits si divers, et qui sont restées un des ornements les plus actifs de notre langue. Eh! quelle origine a jamais été plus glorieuse? Ici, chez nous, madame de Sévigné a trouvé le ton de ces lettres; Voltaire en a trouvé la force et le génie. Au reste, l'exemple ingénieux de cette éloquente familiarité qui se mêle à tout le sérieux des choses humaines, est parti de très-haut : « Écoutez-moi, mon cher Atticus, et songez au conseil que je vous demande! Antoine est à Mainturnes, irai-je à Rome, ou bien faut-il que je m'arrête aux alentours d'Arminium? J'attends votre ordre, et j'obéis. » Quel chef-d'œuvre excellent, les lettres de Cicéron à Atticus!

C'étaient donc ces deux tomes autographes, d'une correspondance intime entre Boileau et Brossette, qui étaient offerts aux amateurs, et je renonce à décrire, ici, l'anxiété de ce moment de la vente. Tous les honnêtes gens que ce manuscrit avait attirés, se regardaient comme autant d'ennemis; puis, une fois lancés sur cette proie, ils allèrent, tant que leurs forces purent aller. — « A 1,000 fr.! » disait le crieur... « à 1,000 fr.!... » Un silence ému, passionné, et plein d'angoisses répondit à sa voix. — « A 2,000 fr.! » reprit cette voix, qui, certes, ne criait pas dans le désert. A ce prix de deux mille francs, dix acheteurs se présentèrent aussitôt! — A 2,500 fr., la lutte s'engagea, et cette fois s'engagea réellement, et comme on dit, *bon jeu, bon argent*, entre deux hommes qui s'étaient bien promis, tout bas, de toucher aux dernières limites de ce glorieux argent que tout honnête homme, amoureux des belles choses, tient en réserve, afin de satisfaire à ces honnêtes et irrésistibles passions.

Vous avez vu, parfois autour d'un jeu de hasard, deux joueurs acharnés à leur proie, et poursuivant, d'un regard enflammé, la carte qui les sauve, ou le dé qui les tue?... Il y aurait injustice et cruauté à comparer l'avare, ou le furieux qui en veut à l'argent de son voisin, au patient antiquaire, au bibliophile avide et curieux d'emporter, dans ses bras tremblants de joie et d'émotion, un livre, un tableau, une image, un meuble exquis. Le joueur, est un homme avide, aveugle, insensé, stupide et mal conseillé par une honteuse et misérable passion. Le joueur n'en veut qu'à l'argent, quelle que soit la source abominable de l'argent qu'il emporte.

Au contraire, un paisible et délicat ami des doctes merveilles, le paisible amateur des belles choses : un livre, une image, un tableau, un feuillet de papier qui porte encore l'empreinte illustre ou suave d'une main savante ou charmante, est jaloux à ce point, de l'objet convoité par lui, qu'il s'inquiète, avec un frisson plein de fièvre et de bonheur, du moindre détail qui se rapporte à cet objet charmant : — D'où vient ce livre, et d'où sort ce tableau ? A quel propriétaire appartenait ce meuble de Boule, ou cette élégante porcelaine ? Tel est le spasme, et telle est l'agitation du curieux. Le curieux, s'inquiète même de l'odeur qui s'exhale de ce volume, admiré et rêvé par lui ?

Ce n'est donc pas la vilaine et misérable rougeur de l'avidité, de l'avarice, ou de toute autre passion mauvaise, qui monte au front ou dans les yeux de ces généreux lutteurs aux enchères publiques, c'est l'honorable et sincère incarnat de toutes sortes de passions généreuses. Voyez-les, perdus dans la poussière olympique de la maison des ventes, ces hommes heureux, qu'anime une ambition glorieuse ! Ils accourent à cette opulente curée, oublieux de toute agitation vulgaire ! Leur front resplendit d'espérance ; on voit, dans leurs regards, brillants de joie, une inquiétude mêlée de contentement, tant le charme est grand d'être propriétaire, et ne fût-ce qu'un seul instant, de cette merveille tant convoitée ! Ainsi, pleins de zèle, insensibles à la dépense, et bien décidés à ne pas renoncer, sans combattre, à leur chère espérance, à leur passion, ces deux passionnés enchérisseurs pour les lettres autographes de Boileau Despréaux, dans cette arène loyale, que leur ouvraient les héritiers de M. Renouard, se disputaient un prix si rare et si glorieux.

INTRODUCTION.

Après une lutte acharnée, enfin la victoire est restée à M. Laverdet. Si M. Laverdet n'était point l'éditeur du présent livre, imprimé à ses frais, à de très-grands frais, pour nos humbles fortunes, basées sur des feuillets de papier, je pourrais dire, à propos de cette vente, et rien ne me gênerait, à quel point il excelle à chercher, à fureter, à découvrir, dans les moindres recoins, où se cachent encore l'histoire, la littérature et les beaux-arts du temps présent, aussi bien que des temps passés, les cent mille preuves et témoignages qui servent, tantôt à nier un crime, et tantôt à confondre un hypocrite; ou, qui mieux est, à protéger une renommée, à défendre une gloire, à sauver une vertu.

Certes, les *Catalogues* de M. Laverdet ne sont que des Catalogues; mais entre les mains d'un historien, d'un philosophe, ou d'un juste appréciateur des mouvements les plus cachés du cœur humain, ces Catalogues de M. Laverdet représentent une mine, inappréciable, en vérités, en démonstrations, en révélations de toute espèce. Il est calme, il est patient, et quand il cherche, il trouve; il a trouvé, il excelle à tirer, de ces papiers inertes, de ces pages, arrachées à l'injure du temps, de ces lettres, de ces billets, de ces fragments, une phrase, une parole, un mot, qui suffisent, souvent, à donner le secret d'un caractère, à expliquer une conduite, à dévoiler une manœuvre. Et comme il est avant tout un esprit droit, un homme juste, un juge impartial, sans parti pris pour personne, ou contre personne, on peut se fier à l'exactitude, à la loyauté de ses extraits.

Voilà comment, grâce aux Catalogues de M. Laverdet[1],

---

[1] M. Laverdet a déjà publié vingt-quatre Catalogues. Dans ce nombre ne sont pas compris les douze Catalogues publiés de 1843 à 1847 par son prédécesseur, M. Charon, et à la rédaction desquels il a coopéré.

tant de pièces rares, curieuses, indispensables à la bonne contexture et confection de l'histoire, auront vu le jour, dans leurs parties essentielles. Avant cette méthode excellente d'en extraire, au préalable, la partie importante, ces mystères restaient enfouis, et souvent perdus, à tout jamais, dans la hotte du chiffonnier, ou dans le cabinet des curieux.

Ce fut donc à M. Laverdet, au prix de 4,200 fr., que fut adjugée, et définitivement, la correspondance entre Boileau et M. Brossette. A ce mot solennel : *adjugé !* ces voix émues demandèrent, à l'acquéreur, pour qui donc il avait acheté, et si ce beau livre, au moins, resterait à la France?

A quoi M. Laverdet répondit, glorieusement, que le livre était à lui, qu'il l'avait acheté pour lui-même, et qu'il n'était pas disposé, certes, à le porter à l'étranger. M. Laverdet, cette fois encore, a fait beaucoup plus qu'il ne promettait : non-seulement il a gardé son livre, mais encore il le publie avec tout le zèle d'un homme ami des choses bien faites, bien dites, généreuses; et de cette publication, accomplie avec le plus grand zèle, un soin précieux, et la plus généreuse dépense, est résulté un de ces livres rares, exquis, et contents de peu de lecteurs, mais, en revanche, assurés d'être lus, étudiés, conservés par tous les bons esprits qui, même dans les heures mauvaises où toutes les choses anciennes sont mises en oubli, pour des futilités d'un jour, sont encore assez heureux, assez prudents, pour avoir gardé, précieusement, l'admiration des œuvres sérieuses, et le culte ingénu des temps passés.

Si donc ce n'est pas la première fois, que cette correspondance entre Despréaux et M. Brossette est publiée, est-ce, au moins, la première fois, qu'elle est publiée en son entier, sur le manuscrit original, avec toutes les indications nécessaires, et telle enfin que M. Brossette, lui-même, l'arrange et la dispose, en son précieux manuscrit, si bien que le livre, aujourd'hui publié par les soins de M. Laverdet, nous représente, en son ensemble et dans ses moindres détails, le manuscrit même, en toute sa sincérité.

M. Cizeron-Rival, en l'an de grâce 1770, a publié en effet, en trois petits tomes in-12, les *Lettres familières de MM. Boileau et Brossette*; il a même orné son livre de notes, d'avertissements, et de mémoires historiques, un peu diffus, et difficiles à lire, mais qui ne sont pas toujours sans curiosité et sans intérêt.

C'est même de ces renseignements, qui nous ont été transmis par M. Cizeron-Rival, que nous tirons la notice à laquelle M. Brossette a des droits que l'on ne saurait contester.

L'homme heureux qui a si dignement rattaché son nom éphémère, au nom impérissable de Boileau Despréaux, Claude Brossette, seigneur de Varennes-Rapetour, avocat en Parlement de la ville de Lyon, ancien échevin de cette grande cité, était encore un jeune homme (il avait vingt-sept ans) lorsqu'en 1698, douze années avant la mort de Despréaux, poussé par une admiration sincère, il se fit présenter au grand poëte, en lui demandant son amitié. Il vit ainsi Despréaux vieillissant, et dans une vieillesse énergique et vigoureuse encore; Despréaux, de son côté, à l'aspect de ce jeune homme heureux de le voir, qui venait à lui, rempli de ses œuvres, se prit, tout d'un coup, d'une belle passion pour ce jeune homme. Le satirique avait une âme tendre; il était facilement accessible aux bons sentiments; il fut touché de tant de sincères et filiales déférences, et finit par s'y livrer tout à fait.

Il faut dire aussi, pour bien expliquer les intimes rapports qui s'établirent tout de suite, entre l'avocat et le poëte, que le jeune avocat Brossette était un des administrateurs de ce magnifique Hôtel-Dieu de Lyon, l'honneur et l'orgueil de cette ville superbe; justement Despréaux, bon économe, et sage artisan de sa propre fortune, avait acheté 1,500 livres de rentes viagères, sur l'Hôtel-Dieu de Lyon, à 12 et demi pour cent, de son capital. Dans l'intervalle, il y eut, par arrêt du Conseil, et comme c'était l'usage alors, un retranchement dans ces rentes, et Despréaux...

> ..... Plus pâle qu'un rentier,
> A l'aspect d'un arrêt, qui retranche un quartier,

s'était adressé à son jeune ami, l'avocat Brossette, afin qu'il vînt en aide à sa créance. Aussitôt le jeune avocat, heureux et fier d'un pareil client, avait plaidé et gagné, sans peine, dans le Conseil, la cause du grand poëte. On avait décidé, d'une voix unanime, qu'il serait *indécent* (c'est le mot!) d'attenter à cette humble fortune, et par un privilége qui n'étonnera personne, Despréaux fut, intégralement, payé de sa rente arriérée.

Ainsi, le service aidant à l'amitié, et l'habitude et la confiance ajoutant, chaque jour, un nouveau charme à cette alliance excellente, le jeune homme et le vieillard étaient entrés bientôt dans une correspondance pleine d'abandon, du côté de Despréaux, de déférence et de respect, du côté de M. Brossette. Il y eut même, entre eux, un lien académique, car M. Brossette, en ce temps-là, devint un des fondateurs de cette illustre et savante compagnie, l'Académie des Sciences et Belles-Lettres de Lyon, qui a compté, et compte encore, sur sa liste libérale, tant d'hommes distingués, dans toutes les parties de l'art d'écrire et de penser.

Ce fut ainsi que ces dernières années, tristes, sombres et solitaires, quand la vieillesse est venue, et quand la mort approche, à l'heure où les anciens amis sont partis, pour ne plus revenir, à l'heure où Racine expire, et se fait ramener au berceau de sa première jeunesse, à Port-Royal-des-Champs, *ce qu'il n'eût pas osé faire de son vivant*, ne furent pas sans consolation, sans grâce et sans charme pour Despréaux, grâce à l'adoption filiale du jeune Brossette.

En même temps, avec une sagacité précoce, et digne d'un Athénien de Paris, M. Brossette avait prévu l'immortalité des vers de Despréaux; il comprenait, en même temps, que son poëte aurait besoin d'un commentaire, et il s'en fut le dire, à Boileau lui-même. En effet, quoi d'étrange? A l'heure où Brossette écrivait à Despréaux, il se plongeait déjà dans l'ombre, envahissante et redoutable, ce grand xviie siècle! En ce moment, le xviie siècle est mort, il s'achève, il est achevé. Encore un peu de temps, quatorze ou quinze années, et le grand roi lui-même, il aura vécu.

« — Me croyez-vous donc immortel? » disait Louis XIV à son valet de chambre qui pleurait. — Non, Sire, on ne vous croit pas immortel; l'Europe a senti votre vieillesse, et les plus intelligents ont, enfin, compris que votre œuvre était achevée. Après vous, Sire, il n'y a rien qui vous continue. On commencera par renier votre testament, par déchirer votre Évangile, et par chasser vos bâtards. Sire, à peine aurez-vous quitté ce royaume, où votre auguste empreinte devait être impérissable, aussitôt votre éternelle majesté s'efface, et fait place à mille nouveautés imprévues. C'en est fait, la France, à la fin délivrée et reposée, à l'abri d'un nouveau pouvoir, ne parle plus la même langue; elle n'obéit plus aux mêmes coutumes; elle renonce aux vieux usages, à la croyance antique! Elle est jeune, et surtout elle se sent rajeunie! Elle espère, et désormais elle va relever sa tête, fatiguée du joug! Laissez-la faire, elle va tout changer, même à Versailles!

1715! Le roi est mort..... Vive l'affranchissement des esprits! La France n'est pas libre encore, mais elle comprend, confusément, les libertés à venir. C'en est fait, elle n'obéit déjà plus, sans discuter l'obéissance; elle était à genoux, elle se relève; elle croyait, elle doute; elle obéissait, elle résiste; elle se met à suivre, en souriant de ses fantaisies, mais charmée de sa bonhomie, et de ce bel esprit qui ne croit plus à rien dans ce bas monde, ce prince, odieux à Louis XIV, mais cher au peuple de Paris, Monsieur le Régent d'Orléans, ce dangereux prince et si charmant; riant de lui-même, et riant de toutes choses; libertin, généreux, sceptique, affable et populaire, un mélange incroyable et vrai d'ironie et de sang-froid, de sérieux et de gaîté; méprisant les femmes sans les haïr, estimant les hommes sans les aimer.

En même temps, le voilà donc qui s'avance, en ces splendeurs, au milieu de ses premiers miracles, comblant la vallée, abaissant la montagne, et franchissant l'obstacle, en toutes choses, ce fameux xviiie siècle, plein de luttes, de résistances, de volontés; plein de tempêtes et de révolutions. Qui donc tiendra tête à cet orage, et quelle volonté résisterait à l'envahissement universel?

C'est pourquoi, les prévoyants comme était Brossette, et les sages amis des choses bien faites, qui ne veulent pas les voir disparaître absolument, songeaient déjà, dans la vieillesse et dans les repentirs de Louis XIV, à sauvegarder les poètes et la poésie. Or, la poésie est, véritablement, le miroir d'une époque : elle en reproduit les passions et les volontés; elle en a les mœurs, les usages, les habitudes, le langage; et la vie, et le geste, et l'accent. Les moindres nuances dans l'existence d'un grand peuple, on les retrouve, au besoin, dans ses poëmes, dans ses drames, dans ses comédies et dans ses satires. L'Iliade est l'histoire héroïque, et l'Odyssée est l'épopée bourgeoise de la Grèce antique. Qui saurait, dans ses moindres détails, la comédie entière d'Aristophane, saurait toute la civilisation de la société athénienne.

Ainsi plus tard, chez les Romains, ces deux Italiens pleins de génie, à savoir Térence et Plaute, ont mérité de très-bonne heure les honneurs du commentaire. Otez donc leur commentaire obligé, aux odes d'Horace, aux satires de Juvénal, et même au poëme de Virgile, aussitôt ces œuvres merveilleuses, l'honneur de l'esprit humain, tombent, pour le lecteur ignorant, inattentif, à qui la fatigue est odieuse, dans la plus inextricable et la plus extrême confusion. Otez son commentaire au chef-d'œuvre, aussitôt le chef-d'œuvre abandonné à lui-même, sans aide et sans appui, retombe au fond des abîmes, dont les commentateurs l'avaient tiré.

Où la lumière s'était faite, il n'y a plus que les ténèbres; où l'intelligence avait pénétré, reparaît le contre-sens; la science avait tout éclairé, expliqué, glorifié... l'ignorance anéantit, brise, obscurcit et dénature, à l'instant même, toutes ces grâces, toutes ces clartés.

Donc le lecteur curieux et bien renseigné s'en allait, tantôt, d'un pas libre, aisé, content, dans les sentiers du commentaire, habilement tracé par des mains nettes et prévoyantes.. Faites, encore une fois, qu'un rustre, un pédant, un ignorant, un mal-appris arrive, et détruise, en se jouant, l'explication et le commentaire... voici que soudain, vous semez les ronces dans mon Horace, et les épines dans mon Virgile ! Ainsi, croyez-moi, méfiez-vous de ces fameux savants, qui lisent un poëte, à livre ouvert, et qui ne veulent pas qu'on le leur explique.... ils n'iront pas loin, dans ces ténèbres, et s'ils persistent à marcher sans flambeau, ils tomberont bien vite, au fond de l'abîme.

> Ibant, obscuri, sola sub nocte, per umbram.
> Ils allaient seuls, obscurs, par la nuit solitaire.....

C'est donc une louange, à donner au jeune avocat Brossette, digne habitant d'une cité romaine, et si loin de Paris (il y a un siècle et cinquante années), avocat dans un Parlement plein de science, et tout rempli de l'esprit généreux des lois latines, antiquaire et bel esprit, poëte à ses heures perdues, et pour son propre compte, de reconnaître ici qu'il avait imaginé, le premier, que ce grand satirique, et ce suprême législateur du Parnasse, Boileau Despréaux, serait bientôt, lui et ses œuvres, un digne sujet de commentaire, et d'explication.

Plus, entièrement, et d'un grand courage, l'écrivain de l'*Art poétique*, et des *Satires*, s'était mêlé aux passions de son temps, pour les combattre, aux vices de son temps, pour les corriger; plus il avait rempli ses vers généreux, indignés, bien frappés sur l'enclume impitoyable des beaux vers, de la sottise, des préjugés, des ridicules et des bassesses de ses contemporains; plus, lui-même, il avait nommé, dans ses *Satires* et dans ses *Épîtres*, un plus grand nombre d'écrivains, de seigneurs, de bourgeois, enfin, plus il avait vécu, en étroite et parfaite amitié, avec les plus grands esprits de son âge, avec Racine, avec Molière et La Fontaine, avec Bossuet et Bourdaloue, avec M. le premier président Chrétien de Lamoignon, avec le roi lui-même, et madame de Montespan, et madame de Maintenon, et tout ce que la cour de France avait alors de grandeur, de grâce et de majesté, et plus impérieuse, en effet, se faisait sentir la nécessité d'un commentaire et d'une explication claire, à tant d'usages, abolis déjà; la nécessité d'une explication à tant de noms propres, à tant de lâchetés, à tant de gloires, à tant de vertus, que le monde allait oubliant chaque jour.

Encore une fois, ce jour-là, le jour où il résolut de préparer les matériaux d'un commentaire aux œuvres de Despréaux, et de profiter de Boileau vivant, pour écrire son commentaire, M. Brossette eut le coup d'œil d'un véritable écrivain, d'un véritable homme de lettres, d'un vrai critique, et la postérité, si elle était reconnaissante, le devrait remercier encore de sa tentative, et des sentiers qu'il a indiqués, le premier, à tant d'habiles commentaires, à tant d'ingénieux et savants commentateurs que M. Berriat Saint-Prix, un vrai savant, un grand esprit, a remplacés, en publiant son très-curieux, très-utile et très-savant travail sur les œuvres de Despréaux.

S'il nous fallait un témoignage irrécusable, des sérieux résultats du commentaire entrepris par Brossette, nous pourrions citer le maître absolu, le maître unique, et tout-puissant du xviiie siècle, Voltaire. Il n'a pas dédaigné, ce bel inventeur, cet infatigable et magnifique curieux de toute espèce de gloire et de renom, le mérite et l'honneur des commentateurs intelligents, zélés, savants à bien faire. Lui-même, il a fait un commentaire, et son commentaire des œuvres de Pierre Corneille est resté un des meilleurs travaux de la critique, en ce xviiie siècle, ouvert par Bayle, un grand critique, et fermé par le grand critique Fréron.

En sa qualité de membre absolu du nouveau siècle, il fut

aussi, ce grand Voltaire, l'objet des avances de M. Brossette, mais tout affable et charmant qu'il était quand on venait à lui, si par bonheur il venait à vous, ce n'était que pour une heure, et il n'était pas facile à retenir. Il se laissait approcher, assez volontiers, mais il vous échappait plus vite encore, et Brossette, en dépit de sa bonne volonté, et de son vif désir d'être un des familiers de ce grand homme, aura trouvé, sans nul doute, une différence énorme entre l'accueil, tout paternel, que lui fit Despréaux, et l'accueil poli, méthodique et presque railleur qu'il reçut de M. de Voltaire. En effet, la différence était grande, autant que la distance entre ces deux hommes.

L'amitié de Boileau était une amitié, franche et facile, une adoption véritable et confiante;... l'amitié de Voltaire n'était que de la politesse. Il faut cependant conserver et compter, comme une des récompenses de Brossette, la lettre que lui accorda Voltaire, à la date de 1732.

« Je suis bien flatté de plaire à un homme comme vous, Monsieur, mais je le suis encore davantage de la bonté que vous avez de vouloir bien faire des corrections, si judicieuses, dans l'*Histoire de Charles XII*.

« Je ne sais rien de si honorable, pour les ouvrages de M. Despréaux, que d'avoir été commentés par vous, et lus par Charles XII. Vous avez raison de dire que le sel de ses satires ne pouvait guère être senti par un héros vandale, qui était beaucoup plus occupé de l'humiliation du czar et du roi de Pologne, que de celle de Chapelain et de Cotin.

« Pour moi, quand j'ai dit que les satires de Boileau n'étaient pas ses meilleures pièces, je n'ai pas prétendu, pour cela, qu'elles fussent mauvaises.

INTRODUCTION.

« C'est la première manière de ce grand peintre, fort inférieure à la vérité, à la seconde, mais très-supérieure à celle de tous les écrivains de son temps, si vous en exceptez M. Racine.

« Je regarde ces deux grands hommes, comme les seuls qui aient eu un pinceau correct, qui aient toujours employé des couleurs vives, et copié fidèlement la nature. Ce qui m'a toujours charmé dans leur style, c'est qu'ils ont dit ce qu'ils voulaient dire, et que jamais leurs pensées n'ont rien coûté à l'harmonie, ni à la pureté du langage.

« Feu M. de La Motte, qui écrivait bien en prose, ne parlait plus français, quand il faisait des vers. Les tragédies de tous nos auteurs, depuis M. Racine, sont écrites dans un style froid et barbare; aussi La Motte et ses consorts faisaient tout ce qu'ils pouvaient, pour rabaisser Despréaux auquel ils ne pouvaient s'égaler. Il y a encore, à ce que j'entends dire, quelques-uns de ces beaux esprits subalternes, qui passent leur vie dans les cafés, lesquels font à la mémoire de M. Despréaux le même honneur que les Chapelain faisaient à ses écrits, de son vivant. Ils en disent du mal, parce qu'ils sentent que si M. Despréaux les eût connus, il les aurait méprisés, autant qu'ils méritent de l'être.

« Je serais très-fâché que ces Messieurs crussent que je pense comme eux, parce que je fais une grande différence entre ses premières satires et ses autres ouvrages.

« Je suis surtout de votre avis, sur la neuvième satire, qui est un chef-d'œuvre, et dont l'Épitre aux Muses, de M. Rousseau, n'est qu'une imitation un peu forcée.

« Je vous serai très-obligé de me faire tenir la nouvelle édition des ouvrages de ce grand homme, qui méritait un commentateur tel que vous.

« Si vous voulez aussi, Monsieur, me faire le plaisir de

m'envoyer l'*Histoire de Charles XII*, de l'édition de Lyon, je serai fort aise d'en avoir un exemplaire.

« Je suis, etc. »

« VOLTAIRE. »

Ici s'arrêta brusquement, cette correspondance entre Brossette et Voltaire. En vain Brossette essaya à plusieurs reprises d'y revenir, il n'était pas, tout à fait, un assez grand seigneur, où même un homme assez lettré pour que le roi-Voltaire eût avec lui des communications fréquentes. L'amitié simple et vraie, attentive et confiante, qui convenait à Despréaux, ne convenait pas à l'ami, au flatteur de M. le maréchal, duc de Richelieu. Et puis, Voltaire avait de lui-même, cette opinion, qu'il était si clair, si vrai, si vif et si français, il se montrait si peu voilé, il s'expliquait avec tant de verve et tant d'esprit, qu'il n'aurait pas besoin de commentaire ; enfin il avait si longtemps à vivre, et tant d'années à écrire ! En vérité, on ne prévoit pas de si loin, les commentaires ! Brossette en fut donc pour sa courte honte ; mais sage et prudent, il prit son parti ; il cessa d'écrire à ce correspondant qui ne daignait pas lui répondre, et il revint à son bienveillant ami, M. Despréaux. De son travail, de son livre et de ses souvenirs, sont sortis plusieurs travaux très-recommandables, sans nul doute. Le commentaire de M. de Saint-Surin, et surtout le commentaire admirable de M. Berriat Saint-Prix, vous représentent une tâche, hardiment acceptée, et courageusement accomplie.

Oui ; mais, pour être juste, il faut laisser à Brossette, l'honneur de l'entreprise. Au reste, il en eut le premier, la gloire et le succès. M. le Régent lui-même (et celui-là savait la véritable valeur des beaux livres) accepta la dédicace du Boileau, commenté par Brossette[1], et il le fit lire à son fils, le duc de Chartres, comme une étude excellente des œuvres, des hommes et des émotions du siècle passé.

Quant à nous, nous n'insistons pas davantage, et nous trouvons que nous avons assez indiqué l'excellence et l'utilité de ces rapports, d'une intimité charmante, entre un homme célèbre et d'un accès facile, et son lecteur inconnu, mais dévoué. C'est même une des récompenses du mérite et du talent en toutes choses, de rencontrer, çà et là, quelques vives sympathies qui viennent à vous, consolantes dans l'abattement, encourageantes dans le succès.

L'honnête écrivain qui vit de ses œuvres, qui n'appartient à personne, et qui n'est le flatteur de personne, on ne peut pas toujours le laisser dans son abandon et dans sa solitude; à défaut de Mécènes (et tout bien compté, cette protection de Mécènes apporte avec soi plus de honte que d'honneur, et de véritable secours); l'écrivain a besoin de cette protection ingénieuse, active et volontaire; la protection des esprits intelligents et des honnêtes cœurs; la protection de ces amis inconnus qui sont l'espérance et la consolation de l'écrivain. On a des parents, on a des amis qui vous aiment naturellement, dont c'est le bonheur, l'habitude, et pour ainsi dire le devoir de vous aimer; mais un homme inconnu, qui vous vient de si loin, poussé par la sympathie et par l'irrésistible mouvement de son esprit et de son cœur, voilà vraiment la récompense!

Ajoutez ceci, que le grand poète ainsi vu de près, sans nuage et sans piédestal, affaibli par l'âge, et désormais plus ami du repos que de la gloire, inévitablement, se montre à vous, affable et familier. Naguère, il était l'homme inspiré; il obéissait au démon poétique; il était un spectacle;

---

[1]. In-4°, année 1718.

à cette heure, il est tout simplement, un bon homme; il n'invente plus, il se souvient; son âme est calme, et son esprit, libre enfin des tortures de la composition, s'épanouit, doucement, dans une suprême, amicale et touchante causerie.

Et c'est ainsi que ces lettres de Boileau à Brossette, écrites en dehors de tout souci de la publicité, vont charmer tous les honnêtes gens, par la simplicité même de cette parole avenante, et quasi paternelle. A cette heure oisive et calme, où l'homme se recueille, et n'attend plus rien de l'avenir, quand on se contente, en un petit coin, d'un petit livre (*in angulo cum libello*), voilà Despréaux, tout charmé de rencontrer cette intelligence active, et cette attentive admiration. Comment donc, ce jeune avocat, tout brillant de sa fortune naissante, cet étranger si loin de Paris, si loin de Versailles, et des beaux esprits de profession, le voilà qui lit les *Satires*, une plume à la main, s'arrêtant à chaque ligne, à chaque mot, tantôt pour donner une explication, tantôt pour la demander! Quelle intelligence plus dévouée, et quel lecteur, plus attentif, pouvait attendre un poëte, à la fin de sa carrière? Il va donc jouir, lui vivant, des soins et des recherches que l'on n'accorde guère qu'au poëte mort depuis des siècles?

— « Moi aussi, je suis un ancêtre! » Ainsi s'écriait un vieux général d'armée, en voyant les pompes et les gloires qui l'entouraient. Quelque chose de semblable a dû se passer dans l'âme, et dans l'esprit de Boileau (il était plus modeste que Voltaire!), lorsqu'il s'est vu traiter, à la façon des anciens maîtres. Un commentaire à moi comme au poëte Horace! Un commentaire à moi, comme à Juvénal!

Louons aussi M. Brossette, de son zèle et de sa piété à conserver ces lettres précieuses, à sauver ces documents originaux, à mettre en si bel ordre, avec tant de respect, ces très-rares autographes qui représentent, ou peu s'en faut, toutes les lettres, écrites de la main de Boileau, que nous ayons conservées. Hélas! telle était l'incurie, autour de ce grand homme, et ses parents les plus proches, ses amis les plus intimes, s'étaient si cruellement familiarisés avec sa gloire, que de tant de pages, écrites de sa main, raturées, corrigées, où chaque parole a son poids, sa valeur et sa forme, où le son même est interrogé avec une oreille délicate, si peu de ces pages sont restées.

Où sont-elles? qu'en a-t-on fait? Elles sont devenues le jouet des vents! A peine écrites, elles ont été dispersées, misérablement, par l'indifférence de celui-ci, par l'ignorance de celui-là. « Nous, et nos œuvres, nous sommes voués à la mort, » disait le poëte... A plus forte raison, si l'instrument matériel de ces œuvres qui doivent mourir, si ce papier frêle et glorieux, exposé à tant de lâches lacérations, à tant d'injures; si ces augustes caractères, auxquels la seule postérité donne un prix irrécusable et certain, sont misérablement anéantis par l'incurie et l'ignorance des survivants.

Voyez, par exemple, ce qui arrive en France, aux époques les plus éclairées, au XVIᵉ siècle, au XVIIᵉ siècle français, voyez les destins qui sont réservés à l'écriture, aux manuscrits de nos grands hommes : on a brûlé les manuscrits de Molière, à ce point, brûlés, incendiés, lacérés, méprisés, que c'est à peine si trois à quatre signatures authentiques, de l'auteur de *Tartuffe*, ont échappé à ce bûcher impie! A peine a-t-on retrouvé, de Michel de Montaigne, un des instituteurs de la France, après les plus ardentes recherches, et la curiosité la plus fervente, une vingtaine de lettres autographes! Où sont les manuscrits d'*Athalie* et de *Britannicus*? qu'a-t-on fait des manuscrits du *Cid* et de *Cinna ?* Ces merveilles ont été dévorées, méprisées, souillées, anéanties; hélas! n'en parlons plus.

C'était donc un exemple utile, et que le xviiie siècle allait suivre, et non pas encore sans un gaspillage immense, que donnait l'avocat de Lyon, Brossette, aux amis des belles-lettres. Il leur apprenait à ne rien détruire, au contraire, à conserver, précieusement, les moindres fragments, touchés par une main glorieuse, et sur lesquels a passé le souffle ingénieux d'un galant homme! Il leur enseignait, par son exemple, que véritablement, de ces fragments, on peut tirer un livre, et que l'on peut faire un monument impérissable, avec ces feuilles volantes. Et que disait Énée à la Sibylle : « O Sibylle, ne livrez pas à l'aquilon furieux, ces feuillets, remplis par votre main sacrée! » Ainsi faisait Brossette, et voici que son livre, imprimé, cette fois, en son entier, sans que l'on se soit permis d'effacer même une des variantes indiquées par le poëte, devient le camarade obligé de toutes les œuvres complètes de Boileau Despréaux!

Vous lirez ce livre; il a tout à fait le ton du grand siècle, le ton même de la simplicité, de la vérité. Pas de gêne et pas trop d'abandon, un entier respect de soi-même chez le poëte, et le plus profond respect pour le poëte, chez le jeune homme, qui s'adresse incessamment à Despréaux, afin d'en tirer quelques-uns des mystères de son travail et de sa vie. Heureusement qu'en ce temps-là, la vie était à jour : pas de mystères et pas de nuages, dans ces existences poétiques; le travail, le repos, l'ordre et la règle, un sommeil facile, une méditation claire, une sagesse naturelle, une parole abondante, la modération en tout et partout, c'était la vie, en ce temps-là, et voilà, justement, les grâces décentes que l'on retrouve dans ces dernières pages, écrites par le législateur du Parnasse.

Hélas! quand il écrivait la première des soixante-quinze lettres que contient notre manuscrit, Boileau n'avait guère que douze années à vivre encore; sa dernière lettre est écrite, quelques mois avant sa mort. Donc nous assistons dans ce livre, aux derniers instants de ce grand homme, et rien, mieux que ces pages, écrites avec toutes les grâces de la vieillesse, et dans l'abandon de l'amitié, ne saurait plus dignement témoigner de ce ferme esprit, de ce grand courage, et de cette vertueuse résignation.

Rien ne trouble sa mort, c'est la fin d'un beau jour.

Ajoutons; « la fin d'un beau jour » bien occupé, noblement rempli, tout au devoir; une journée à la fois longue et contente, remplie à souhait de soleil, de repos, de travail, d'affections sincères, de vérité, d'honneur et de bon sens.

Une vie où tout est vrai, où tout est pur, où la première heure est bienséante, où l'heure suprême est résignée et croyante, où les instants sont marqués par une belle parole, par une grande pensée, par une idée généreuse, par un bienfait! Je les ai lues et relues, dans le manuscrit et dans le texte imprimé, ces dernières lettres de Boileau Despréaux, et je suis encore sous ce charme extraordinaire et plein de clémence, qui tient à l'homme même, et non pas à son génie, à son talent, à sa poésie, aux séductions du grand poëte, aux enchantements du grand artiste.

Non; ce qui plaît, et ce qui charme en tout ceci, c'est la bonhomie; une exquise et charmante bonhomie en pensée, en parole, en action. Certes, si le poëte avait à se plaindre, et si l'homme avait à gémir, Despréaux, en rencontrant M. Brossette, avait trouvé, ce jour-là, tout prêt à l'entendre et à partager sa peine, ses ennuis, voire ses injustices, une âme attentive et docile à toutes les impressions, un esprit complaisant, actif, ingénieux, et tout disposé à partager, même les rancunes de ce vieillard.

Mais quoi! pas une plainte, et pas un regret! Despréaux ne fera pas, de ce jeune homme, un séide, un fanatique de sa renommée et de sa personne. Au contraire, il se montre au jeune Brossette, en son vrai jour, si doux et si tranquille, avec un si bon sourire; et comme, en toute sa vie, il n'a jamais joué la comédie avec personne, Boileau ne commencera pas avec cet enthousiaste; au contraire, il le calme, il l'apaise; il lui raconte, à voix basse, comment, à cette heure, il ne hait personne, et que la sage et verte vieillesse a calmé toutes ses haines, même ses haines littéraires, les plus violentes de toutes les haines, et qui s'apaisent les dernières.

Cette fin bienveillante et chrétienne du satirique serait vraiment une chose inattendue, à toutes les époques. Cependant voyez-les, tous ces terribles poëtes tragiques, ces grands poëtes comiques, ces féroces écrivains de satires; voyez-les, s'abandonner d'abord à toutes les licences de l'esprit ou de l'amour, et, plus tard, voyez comme ils meurent, paisiblement, chrétiennement!

Molière expire entre deux sœurs de charité, qui n'ont jamais entendu parler de *Tartuffe!* La Fontaine, en mourant, offre à son confesseur, cinquante exemplaires de ses contes, pour en distribuer des aumônes; lui-même, enfin, Despréaux, trois mois avant sa mort, s'excuse à son ami Brossette, sur son âge et sur ses maladies, qui l'empêchent d'écrire. « ..... Du reste, je ne sens point que mon esprit soit encore diminué; il l'est si peu, que je travaille actuellement, à une nouvelle édition de mes ouvrages, qui seront considérablement augmentées; mais pour mon corps, il diminue tous les jours, visiblement, et je puis déjà dire de lui : *fuit...* » La merveilleuse lettre, et si touchante!... Nous la publions, pour la première fois.

Un autre intérêt que présente la publication de ces lettres de Boileau à Brossette, et de Brossette à Boileau, c'est qu'on y retrouve, en un paisible et doux relief, les derniers moments, les échos affaiblis du règne de Louis XIV. Les noms sont les mêmes, mais déjà moins vifs et sonores; la pensée est la même, elle est moins active. Ces grands hommes dont on parle encore : Pascal, Bossuet, La Fontaine, Fénelon, monsieur Arnauld, Valaincour, Dacier, Guillaume de Lamoignon, Gassendi... ils sont morts, ceux-là, vous les retrouverez dans les lettres de Boileau...

Boileau est le dernier contemporain de ces grâces, de ces Majestés, de ces grandeurs, et de même que, par un vieux mensonge, il disait au roi Louis XIV : *Sire, je suis venu au monde, une heure avant votre Majesté, afin de raconter les merveilles de son règne...* il pouvait dire, lorsqu'il descendait au tombeau, qu'il n'était resté si longtemps dans ce grand siècle, que pour en faire l'oraison funèbre.

Attendez, cependant, la nouvelle génération des esprits qui vont venir, et dans les lettres mêmes de Brossette, en deuil de Despréaux, d'autres noms vont paraître, qui ne tiendront guère ce qu'ils semblent promettre. En ce moment de halte et d'apaisement, le XVIIe siècle est fini; le XVIIIe n'est pas encore commencé, et l'on ne saurait croire l'étonnement du lecteur studieux, se rencontrant dans cette nuit qui n'est pas faite encore, et cette aurore qui n'était pas commencée.

Encore un jour, encore une heure, et le grand bruit, le tumulte, et les passions, Voltaire et ses violences éloquentes, l'Encyclopédie et ses démons, auront bientôt rompu le grand silence, et rempli les vastes solitudes qui se faisaient autour de Louis XIV mourant.

Nous, cependant, destinés à bientôt disparaître, acceptons avec reconnaissance, avec un pieux respect, les dernières amitiés, les derniers conseils, et le suprême exemple de Nicolas Boileau Despréaux!

Jules Janin.

CORRESPONDANCE

DE

BOILEAU DESPRÉAUX

ET

BROSSETTE

I. — *Brossette à Boileau.*

A Lyon, ce 10ᵉ mars 1699.

Monsieur,

Je suis arrivé à Lyon depuis quinze jours. Si j'avois pu suivre mon inclination, je n'aurois pas tardé si long-temps à vous écrire; mais mon retour en cette ville a été suivi d'un si grand nombre d'occupations, qu'il m'a été impossible de faire ce que je souhaitois le plus, et dont je devois le moins me dispenser. D'ailleurs, je voulois avant toutes choses m'acquitter de la promesse que je vous avois faite, Monsieur, de vous envoyer *le Procès-verbal des Ordonnances*, et comme je vous tiens parole aujourd'hui, je me trouve en état de paroître devant vous avec plus de confiance.

Vous trouverez dans le même paquet un Livre d'une espèce bien différente. C'est l'ouvrage ridicule d'un Auteur très-ridicule; je veux dire de Bonnecorse. Son livre est chargé de tant d'impertinences, que je compte bien qu'il vous fera rire plutôt que de vous affliger. J'ai eu l'honneur de vous dire à Paris, que l'année dernière un Libraire de Lyon, à qui l'Auteur avoit envoyé son manuscrit, me l'avoit apporté pour savoir s'il feroit bien de l'imprimer; mais que je l'en avois détourné, en lui faisant voir que l'ouvrage ne valoit rien. Il renvoya donc le manuscrit à Bonnecorse, qui a pris le parti, dit-on, de le faire imprimer à Marseille, et qui en a fait apporter à Lyon quelques exemplaires; *mais son livre inconnu sèche dans la poussière*, et l'exemplaire que je vous envoie, est infailliblement le seul qui aura le bonheur d'aller à Paris.

On vient de m'apporter la bordure que j'ai fait faire au Portrait dont vous m'avez fait présent, et vous voilà placé dans le plus bel endroit de mon cabinet. Je ne doute pas que vous n'en fussiez content, si vous pouviez le voir, mais vous le seriez bien davantage, si vous étiez témoin de l'empressement qu'ont tous les honnêtes gens de vous venir rendre visite chez moi; chacun tâche de renchérir sur vos louanges : il n'est pas même jusqu'à nos Poëtes qui n'ayent travaillé sur ce sujet : voici quatre vers de la façon d'un de nos amis :

 Vous qui voulez savoir quel est le personnage
  Représenté dans ce tableau,
  Approchez-en un sot ouvrage,
  Vous connoîtrez que c'est Boileau.

Enfin, Monsieur, chacun veut avoir quelque part à l'honneur de vous louer. Pour moi, qui ai sur eux l'avantage de vous connoître plus particulièrement, j'ai aussi celui de vous honorer avec plus de respect, et, si je l'ose dire, de vous aimer avec plus de tendresse.

Je suis, Monsieur, votre très humble et très obéissant serviteur,   BROSSETTE.

II. — *Boileau à Brossette.*

A Paris, 25ᵉ mars 1699.

La maladie de M. Racine, qui est encore en fort grand danger, a esté cause, Monsieur, que j'ay tardé quelques jours à vous faire response. Je vous asseûre pourtant que j'ay receu vostre lettre avec fort grand plaisir. Mais pour le livre de M. de Bonnecorse, il ne m'a ni affligé, ni réjoui. J'admire sa mauvaise humeur contre moi; mais que lui a faict la pauvre Terpsichore, pour la faire une Muse de plus mauvais goust que ses autres sœurs? Je le trouve bien hardi d'envoier un si mauvais ouvrage à Lyon; ne sçait-il pas que c'est la ville où l'on obligeoit autrefois les méchans Escrivains à effacer eux-mesmes leurs escrits avec la langue? N'a-t-il point peur que cette mode se renouuelle contre lui, et ne le fasse paslir : *Aut Lugdunensem Rhetor dicturus ad aram?* Je suis bien ayse que mon tableau y excite la curiosité de tant d'honnestes gens, et je voy bien qu'il reste encore chés vous, beaucoup de cet ancien esprit qui y faisoit haïr les méchans Auteurs, jusqu'à les punir du dernier supplice. C'est vraisemblablement ce qui a donné de moi une idée si avantageuse. L'Épigramme qu'on a faicte pour mettre au bas de ce tableau est fort jolie. Je doute pourtant que mon portrait donnast un signe de vie dès qu'on lui présenteroit un sot ouvrage; et l'hyperbole est un peu forte. Ne seroit-il point mieux de mettre, suivant ce qui est représenté dans cette peinture :

> Ne cherchés point comment s'appelle
> L'Escrivain peint dans ce tableau,
> A l'air dont il regarde et montre la Pucelle,
> Qui ne reconnoistroit B** ?

Je vous escris tout ceci, M., au courant de la plume, mais si vous voulés que nous entretenions commerce ensemble, trouvés bon, s'il vous plaist, que je ne me fatigue point *et hanc veniam petimusque damusque vicissim* et surtout évitons les cérémonies, et ces grands espaces de papier vuides d'escriture à toutes les pages, et ne me donnés point, par les termes respectueux dont vous m'accablés, occasion de vous dire : *vis te, Sexte, coli; volebam amare.* En un mot, Monsieur, mettés-moi en droit, par la première lettre que vous me ferés l'honneur de m'escrire, de n'estre plus obligé de vous dire, si respectueusement, que je suis, Monsieur,

Vostre très humble et très obéissant serviteur,
DESPRÉAUX.

III. — *Brossette à Boileau.*

A Lyon, ce 15 avril 1699.

Monsieur,

Je ne doute pas que la maladie de M. Racine ne vous ait fort occupé et fort affligé. La nouvelle que j'avois eue de cette maladie, m'avoit aussi donné de la crainte et de la douleur, car je ne puis manquer de prendre beaucoup d'intérêt à la santé de ce grand homme, avec qui vous êtes lié par une amitié si ancienne et si intime; d'ailleurs vous avez été témoin quelquefois des bontés qu'il m'a témoignées à votre considération, je crois pouvoir à présent vous féliciter de son rétablissement, et je m'en réjouis avec vous, comme je ferai de tous les plaisirs qui vous arriveront.

L'Épigramme que vous m'avez envoyée, pour servir d'inscription à votre portrait, est telle que je la pouvois souhaiter. J'en ai fait un bon usage, car je l'ai fait écrire en lettres d'or, sur un cartouche, ménagé dans les ornemens de sculpture qui sont au haut du cadre; et j'ai fait écrire au cartouche d'en bas ces six vers de votre Épître X^e, accommodés au sujet :

> Tu peux voir dans ces traits qu'au fond, cet homme horrible,
> Ce Censeur qu'on a cru si noir et si terrible,
> Fut un esprit doux, simple, ami de l'équité;
> Qui, cherchant dans ses vers la seule vérité,
> Fit, sans être malin, ses plus grandes malices,
> Et sa candeur fit tous ses vices.

Nous avons vu ici des premiers la Bulle de condamnation de M. de Cambray : aussi ne vous en parle-je pas comme d'une chose nouvelle, c'est seulement pour vous envoyer ces petits vers que vous ne savez pas :

> En vain pour son sistème, un grand Prélat s'obstine,
> Il le verra toujours contredit, traversé;
> Un siècle où l'intérêt domine,
> Ne sauroit goûter la Doctrine
> De l'amour désintéressé.

Vous voyez, Monsieur, que je commence à me servir de la liberté que vous m'accordez d'entrer en commerce avec vous; mais je vous avoue que j'agirois bien contre mon intention, s'il arrivoit que ce commerce vous causât le moindre embarras : *Tu poteris valens, et brevitate paratá, scribere sæpe mihi.* Voilà, Monsieur, tout ce que j'ose vous demander. Je suis avec la soumission la plus tendre et la plus respectueuse, votre, etc.

BROSSETTE.

IV. — *Brossette à Boileau.*

A Lyon, ce 1er Mai 1699.

Monsieur,

Les nouvelles publiques et particulières nous ont appris la mort de Monsieur Racine. Tout le monde a été sensible à une perte aussi considérable que celle-là ; mais personne n'en a été touché plus vivement que moi, parce que, outre la douleur publique qui m'est commune, je partage avec vous celle que vous en ressentez. Il y auroit de l'indiscrétion à vous entretenir plus longtemps d'une chose qui vous afflige, mais je croirois aussi avoir manqué à ce que je vous dois, si je ne vous en avois point parlé du tout. Je ne doute pas que depuis ce temps-là vous n'ayez abandonné Paris, pour aller à Auteuil profiter du beau temps qui commence à se déclarer.

En vérité, Monsieur, vous devez me pardonner, si je vous porte quelque envie, et si je souhaite bien souvent de pouvoir passer auprès de vous le temps que vous êtes le moins occupé dans votre aimable campagne, et dans ce savant jardin où je vous vis pour la première fois.

> O séjour fortuné, séjour aimé des Dieux !
> Que pour jamais vivant avec vous dans ces lieux,
> Ne puis-je là fixer ma course vagabonde,
> Et là seul avec vous, oublier tout le monde.
>   *Épitre 6.*

Mais, Monsieur, que direz-vous de me voir ainsi défigurer vos vers ? Quoiqu'ils se soient présentés d'eux-mêmes sous ma plume, j'avoue que je devois les respecter davantage, et qu'il ne m'est pas permis d'abuser ainsi de la familiarité que j'ai avec eux.

Comme la mort vient de vous enlever votre illustre associé à l'histoire, je suis en peine de savoir si vous demeurerez chargé tout seul de ce glorieux, mais pénible emploi, ou si l'on vous donnera un adjoint. Pour prévenir un choix qui peut-être ne vous conviendroit pas, je crois que vous ne feriez pas mal d'aller demander au Roi, un associé qui fût de votre goût, et je suis persuadé que Sa Majesté vous accorderoit celui que vous proposeriez.

Oserois-je vous demander des nouvelles du procès que Monsieur votre Cousin a au Conseil, et dans lequel vous êtes intervenu, contre le Traitant de la noblesse. C'est une affaire qui intéresse votre nom et votre famille. Vous connoissez l'attachement que j'ai pour tout ce qui vous regarde, et j'attends avec impatience l'Arrêt qui doit vous confirmer dans une qualité que vous mériteriez à si bon titre, quand vous ne la posséderiez pas depuis si longtemps.

Je suis, Monsieur, votre etc.

BROSSETTE.

V. — *Boileau à Brossette.*

A Paris, 9ᵉ Mai 1699.

Vous vous figurés bien, Monsieur, que dans l'affliction et dans l'accablement d'affaires où je suis, je n'ay guère le temps d'escrire de longues Lettres. J'espère donc que vous me pardonnerés si je ne vous rescris qu'un mot, et seulement pour vous instruire de ce que vous me demandés. Je ne suis point encore à Auteuil, parce que mes affaires et ma santé mesmes, qui est fort altérée, ne me permettent pas d'y aller respirer l'air, qui est encore très-froid, malgré la saison avancée, e dont ma poitrine ne s'accommode pas. J'ay pourtant esté à Versailles, où j'ay veû Madame de Maintenon, et le Roi ensuitte qui m'a comblé de bonnes paroles. Ainsi me voilà plus Historiographe que jamais. Sa M^{té} m'a parlé de M. Racine d'une manière à donner envie aux Courtisans de mourir, s'ils croioient qu'Elle parlast d'eux de la sorte après leur mort. Cependant cela m'a très peu consolé de la perte de cet illustre ami, qui n'est pas moins mort, quoique regretté du plus grand Roy de l'Univers. Pour mon affaire de la Noblesse, je l'ay gagnée avec éloge, du vivant mesme de M. Racine, et j'en ay l'arrest en bonne forme, qui me déclare noble de quatre cents ans. M. de Pommereu, Président de l'Assemblée, fit en ma présence, l'assemblée tenant, une réprimande à l'Avocat des Traitans, et lui dit ces propres mots : *Le Roy veut bien que vous poursuiviés les faux nobles de son Royaume; mais il ne vous a pas pour cela donné permission d'inquiéter des gens d'une noblesse aussi avérée que sont ceux dont nous venons d'examiner les titres. Que cela ne vous arrive plus.* Je ne sçais si M. Perrachon a de meilleures preuves de sa noblesse que cela, et je ne voy pas qu'il l'ayt rapportée dans son Livre. Adieu, Monsr, croyés que je suis très affectueusement, vostre, etc.

DESPRÉAUX.

VL. — *Brossette à Boileau.*

A Lyon, ce 6e de juin 1699.

Monsieur,

La dernière lettre que vous m'avez fait l'honneur de m'écrire, m'a enfin appris la confirmation de votre Noblesse. La joye que m'a causée cette lettre obligeante, ne pouvoit être augmentée que par une nouvelle aussi agréable que celle que vous me donnez. Mais, Monsieur, permettez-moi de vous dire que par-là vous me mettez en droit de vous demander une copie de votre Arrêt, et une suite de votre Généalogie, depuis Jean Boileau, en 1372, jusqu'à vous. Vous avez eu la complaisance de me le promettre, et j'ose espérer que vous ne me le refuserez pas, parce que vous connoissez l'empressement que j'ai d'être instruit particulièrement de tout ce qui vous regarde. Quand ces titres ne serviroient pas à ma propre satisfaction, ils ne seroient pas inutiles pour l'usage que j'en veux faire; car enfin, Monsieur, il faut que je vous fasse confidence de toutes mes folies : J'ai résolu de répondre à toutes les critiques qu'on a fait de vos ouvrages, suivant le plan, la manière, et, s'il se peut le style dont M. Arnauld s'est servi pour défendre votre Satyre dixième, dans sa lettre à M. Perrault. Que direz-vous, Monsieur, de mon entreprise? J'en connois toute la témérité, ou du moins l'inutilité. Je sais que vos ouvrages sont infiniment au-dessus des atteintes que la jalouse ignorance a essayé de leur donner : ils se soutiennent assez par eux-mêmes, et vous vous ferez toujours assez admirer sans le secours d'un Apologiste tel que moi. Mais cependant, Monsieur, la matière est si belle, et votre défense est si facile, que je sens bien que j'aurai toutes les peines du monde à résister à une tentation si glorieuse. C'est pour cela que je ramasse depuis longtemps avec beaucoup de soin tous les mémoires qui peuvent m'aider pour ce dessein; et les éclaircissemens que vous avez eu la bonté de me donner sur vos ouvrages, me serviront de principal ornement.

Je reviens à votre dernière lettre, parce qu'elle a donné lieu à une rencontre dont je suis bien aise de vous informer. Quand je reçus votre lettre, M. Perrachon se trouva chez moi, où il vient quelquefois me débiter ses visions pédantesques. Comme je sais qu'il se déclare contre vous dans toutes les compagnies où il le peut faire, quand il ne craint pas les *Releveurs*, je fus bien aise de lui lire l'endroit où vous me parlez de sa prétendue noblesse, qu'il nous réduit à croire simplement sur sa bonne foi. Il fut un peu surpris de se trouver dans votre lettre; mais il n'osa pas en ma présence faire paroître sa burlesque vivacité : il se contenta de dire, qu'apparemment vous vouliez faire entendre que votre noblesse étoit aussi bien établie que la sienne, mais que peut-être l'on vous avoit fait quelque grâce. Vous jugez bien qu'étant instruit comme je l'étois, je ne demeurai pas sans réplique; je lui dis tout ce que j'avois vu de votre généalogie, bien suivie et bien prouvée; je lui fis voir les *Mémoires de Miraumont*, (que je tiens, comme vous savez de M. l'Abbé Dongois), dans les endroits où il est parlé de Jean Boileau, page 38, et de Henri Boileau, page 226. Je lui confirmai ce témoignage par un autre que j'ai découvert depuis peu dans *l'Histoire chronologique de la Chancellerie, par Teissereau, imprimé chez le Petit en* 1676. Je lui fis lire dans cette histoire, page 21, que *le Roi Jean fit une Ordonnance pour la restriction de ses Secrétaires et Notaires*, laquelle se trouve au Mémorial D. qui est en la Chambre des Comptes, commençant en l'an 1359, et finissant en 1381, au folio 25 v°. dont s'ensuit l'extrait : *Ci-dessous sont les noms des Secrétaires et Notaires ordenés et retenus pour nous servir, lesquels suivront continuellement de présent, etc. Maîtres Martin de Mellon, etc. Jean Boileau*. (C'est le même dont parle Miraumont), et à la fin : *Et en signe que cette présente Ordonnance procéde de notre conscience, nous avons fait sceller ce rolle de notre scel secret*. Et dans la page 16 de la même histoire, il paroit que *le nommé Boileaue est des Notaires du Roi examinés et trouvés souffisants par le Parlement, pour écrire et faire Lettres en francois et en latin, le* 26 *jour d'Août* 1342. *Extrait du Registre du Mémorial B. commençant en* 1330, *fol.* 176, où l'on voit encore que lesdites lettres furent envoyées par le Roi en la Chambre des Comptes le 21 Septembre 1343.

M. Perrachon ne put démentir des témoignages si authentiques; mais il ne voulut pas céder l'ancienneté de la noblesse; car il se retrancha dans *le Torre de Perrachoni*, qui, selon lui, sont plus anciennes que tout cela. Je lui répondis froidement que c'étoient là de grands titres à produire dans un procès, et je lui citai en même temps un des couplets de la chanson dont je vous ai parlé autrefois, et qu'on avoit faite ici dès que son livre parut.

> Or, pour vous prouver ma noblesse,
> Il ne faut que voir en Piémont,
> Deux Tours, qui, malgré leur vieillesse,
> Y portent encore mon nom.

Je vous envoie les autres couplets de cette chanson qui l'a autrefois mis de si mauvaise humeur, et qui renouvella furieusement sa colère dans le moment que je lui répétai ce couplet. Mais c'est trop vous parler de Perrachon. Je vais vous dire un mot du livre que vous trouverez dans ce paquet. Il contient deux petits Poëmes latins, l'un sur *l'Aimant* et l'autre sur *le Café*. La versification en est douce et nombreuse, les descriptions en sont vives, et les peintures qu'il fait, sont très-naturelles. Ce qui a donné lieu au Poëme de l'Aimant, est le Cabinet de M. de Puget, qui est un excellent Philosophe, et le plus savant Magnétiste que nous ayons. L'Auteur de ces Poëmes est le Père Tellon, Jésuite fort spirituel, qui est bien de mes amis.

Je suis, Monsieur, votre, etc.

BROSSETTE.

ABRÉGÉ CHRONOLOGIQUE

DE L'HISTOIRE GLORIEUSE

DE M. PERRACHON,

Sur l'Air : *Réveillez-vous, Belle endormie,*

M. PERRACHON en habit de crieur, tenant une cloche à la main.

I.

Dindon, dindon, dindon, dindaine...
Messieurs, j'annonce à l'Univers.
Que je suis d'une race ancienne,
Et que je fais des très-beaux Vers.

II.

Or, pour vous prouver ma noblesse,
Il ne faut que voir en Piémont,
Deux Tours, qui malgré leur vieillesse,
Y portent encore mon nom.

III.

Tous mes Ayeux se marièrent;
Et voici comme il en alla :
Mes Ayeules ils épousèrent;
Je suis issu de ces gens-là.

IV.

J'étudiai les Belles-Lettres,
Et le Droit, dans mes jeunes ans,
Mais passant de bien loin mes maîtres,
Je fus le miracle du temps.

V.

Très-profond en toute science,
Sans se ressentir du Pédant;
Avec l'air de magnificence,
Mon style est sublime et coulant.

VI.

Je fais de fort belles Harangues,
Et cela prouve clairement,
Que je possède douze langues,
Ou dix au moins, si je ne mens.

VII.

A Paris, des Savans l'asile,
J'ai déclamé dans le Barreau,
Et chacun charmé de mon style,
S'écrioit : *Voilà qui est beau!*

VIII.

J'allai plaider à l'Audience,
Pour les Docteurs de ma cité,
Et gagnai par mon éloquence,
Le procès contr'eux intenté.

IX.

Ces bons Messieurs bien me payèrent,
Du soin que je m'étois donné :
Pour Député ils m'envoyèrent
Deux Mandarins du Dauphiné.

X.

Puis au Roi j'ai fait un Poëme,
Où je l'ai si bien louangé,
Qu'il me dit, l'ayant lu lui-même :
Monsieur, je vous suis obligé.

XI.

Sénèque et Balzac, votre gloire
Ne devoit pas vous enfler tant;
J'ai par devers moi la mémoire,
Si vous avez le jugement...

XII.

Cent fois j'ai retenu sans peine
Des sermons que j'avois ouis;
Enfin mon histoire n'est pleine
Que de prodiges inouis.

XIII.

Je suis l'homme extraordinaire !
Je fais Hymnes et Oremus,
Qui font dire à toute la Terre
Que je suis seul *laude dignus*.

XIV.

Admiré partout des plus Sages,
Et tout plein d'érudition,
J'ai fait les plus beaux arbitrages
Et de Paris et de Lyon.

XV.

Quand la famine faisoit rage
Dans ma Paroisse j'eus l'honneur
D'être Directeur du potage,
Par un brevet du Gouverneur.

XVI.

Je tiens une école de Filles,
Voyez jusqu'où va mon ardeur!
Et je choisis les plus gentilles,
Pour en être le Précepteur.

XVII.

Ennuyeuse est ici la liste
De mes excellentes vertus;
Mais lisez la Lettre d'*Ariste*,
Vous en serez mieux convaincus.

XVIII.

Bref, des Savans je suis la gloire,
Quiconque le nie, est un sot;
Car je suis, vous m'en devez croire,
De ma Patrie le Falot.

XIX.

Certain Fat, qui se dit Poète,
De mes Vers s'est voulu gausser;
Mais Apollon, qui n'est pas bête,
L'a fait par Mercure fesser.

XX.

Ainsi tout plein de ses lumières
Le Ciel pour signaler ses dons,
Sangle aux méchans les étrivières,
Et donne la couronne aux bons.

Ridendo ludere ineptum
Quid vetat?

VII. — *Boileau à Brossette.*

A Paris, 2ᵉ juillet 1669.

J'ay esté, Monsieur, si occupé depuis vostre longue et pourtant trop courte Lettre, que je n'ay pû vous faire plûtost response. Pleûst-à-Dieu que je pusse aussi bien prouver à M. Perrachon le mérite de mes ouvrages, que la noblesse et l'antiquité de mes Pères! Je doute qu'alors il pust préférer mesme ses escrits aux miens. Je ne vous envoie point néanmoins, pour ce voiage, la copie de mon Arrest, parce qu'il est trop gros. Le Greffier qui l'a dressé, ayant pris soin d'y énoncer toutes les preuves que j'alléguois, et cela faict plus de trente rôles en parchemin, d'écriture assés menue. Cependant, si vous persistés dans l'envie de l'avoir, je vous le ferai tenir au premier jour.

Vous m'avés fort réjoui avec *le Torre de Perrachoni*. Je crois que M. Perrachon ne feroit pas mal de se tenir sur le haut d'une de ces Tours, avec une lunette à longue veüe, pour voir s'il ne découurira point quelqu'un qui aille à Lyon ou à Paris acheter ses livres ; car je ne crois pas qu'il en ayt veû jusqu'ici. Je suis bien aise qu'un homme comme vous entreprenne mon apologie; mais les livres qu'on a faicts contre moi sont si peu connus, qu'en vérité je ne sçay s'ils méritent aucune réponse. Oserois-je vous dire que le dessein que vous aviés pris de faire des Remarques sur mes Ouvrages, est bien aussi bon, et que ce seroit le moien d'en faire une imperceptible apologie qui vaudroit bien une apologie en forme. Je vous laisse pourtant le maistre de faire tout ce que vous jugerés à propos. Je sçais assés bien donner conseil aux autres sur ce qui les concerne; mais pour ce qui me regarde, je m'en rapporte toûjours au conseil d'autrui. Les vers latins que vous m'avés envoiés, sont très élégans et très particuliers, et ils m'ont réconcilié avec les Poëtes Latins modernes, dont vous sçavés que je fais une médiocre estime, dans la prévention où je suis qu'on ne sçauroit bien escrire que sa propre langue.

Vos couplets de chanson me paroissent fort jolis, et il paroist bien que vous y parlés vostre propre et naturelle langue; car, comme vous sçavez bien, c'est au François qu'appartient le Vaudeville, et c'est dans ce genre là principalement que notre langue l'emporte sur la Grecque et sur la Latine. Voilà la quatrième lettre que j'escris ce matin; c'est beaucoup pour un paresseux accablé d'un million d'affaires. Ainsi, trouvés bon que je vous dise tout court que je suis très cordialement, Monsieur, vostre, etc.

Despréaux.

VIII. — *Brossette à Boileau.*

A Lyon, ce 20 Juillet 1699.

Monsieur,

La dernière Lettre que j'eus l'honneur de vous écrire, fut accompagnée d'un Poëme sur le café, qui ne vous a pas déplu; aujourd'hui je vous envoie une boîte remplie de thé, à qui je souhaite la même destinée. Sur les assurances qu'on m'a données de sa bonté, je vous l'envoie avec confiance, et je serai content s'il peut vous faire quelque plaisir. Je viens de faire porter cette boîte au bureau de la Diligence, et j'ai écrit à un de mes amis d'avoir soin de vous la rendre. Puisque vous avez la bonté, Monsieur, de vouloir me donner une copie de votre Arrêt, vous pourrez la faire remettre à cette même personne qui me l'enverra ici. Vous devez croire que rien ne me peut faire plus de plaisir que cet Arrêt. Une chose qui vous est si glorieuse, peut-elle manquer de m'être infiniment agréable?

Vous m'avez tout-à-fait déterminé à ne pas faire une Apologie directe de vos Ouvrages : et je trouve comme vous, Monsieur, que les Remarques que j'ai entreprises, me conduiront mieux à ce même dessein qu'une Apologie en forme.

Je vous enverrai au premier jour, un petit livre que l'incorrigible M. Perrachon fait imprimer contre Gacon; ce livre est un ambigu de louange et de critique : et vous vous doutez bien que la louange est toute pour l'Auteur ; il m'a entretenu de cet Ouvrage, et il m'a donné à entendre qu'il y faisoit mention honorable de vous. Je ne sais s'il m'a parlé sincèrement ; en tout cas, je l'attends à l'impression. Si jamais je puis avoir la copie de votre Arrêt, je veux le lui faire lire, afin d'avoir encore une fois, le plaisir de le voir monter sur le donjon de ses Tours *de Perrachoni*, et de l'entendre crier, qu'il est *en ligne directe l'aîné de tous les aînés de son illustre famille*. Je doute pourtant que son éclatante noblesse pût souffrir une épreuve un peu exacte : il n'en est pas de même de la vôtre qui n'a rien perdu pour avoir été examinée, et qui, au contraire, en a reçu un éclat nouveau.

Tel est le sort des choses qui ont un mérite sincère, une bonté solide ; et l'on peut appliquer à votre noblesse, aussi bien qu'à vos Ouvrages, ce que l'on a dit de l'or éprouvé à la coupelle : *Dopo il fuoco piu bello*. Voilà une espèce de devise qui m'a fait souhaiter d'en avoir une de votre façon sur le sujet suivant. Tous les deux ans notre ville de Lyon fait frapper des jettons, sur lesquels on met d'un côté une devise, ou un emblême à la louange du Roi, et sur le revers on fait graver les Armes du Gouverneur ou des Échevins. On prend ordinairement pour sujet de cette devise quelque action glorieuse de Sa Majesté, suivant les circonstances du temps, de la paix, ou de la guerre. Cette année il me semble que l'on pourroit désigner la fin de ce siècle, ou le commencement du siècle prochain, accompagné d'une paix heureuse. Vous trouverez dans la boîte de thé que je vous envoie, un de ces jettons qui ont été frappés la dernière fois ; il pourra vous donner une idée de la devise, ou de l'emblême, à laquelle je voudrois bien que vous donnassiez quelques-unes de vos pensées. Ne m'accuserez-vous point, Monsieur, de donner trop d'étendue à ma liberté? Je vous avoue que j'en ai quelque confusion, et rien ne peut me rassurer que la bonté avec laquelle vous avez bien voulu me souffrir jusqu'à présent. Continuez, je vous prie, à me traiter de la même manière, et permettez-moi toujours de vous donner de nouvelles assurances du respect sincère, et de l'attachement inviolable que j'ai pour votre mérite et pour votre personne.

Je suis, Monsieur, votre, etc.

BROSSETTE.

IX. — *Boileau à Brossette.*

A Auteuil, 15e Août 1699.

Si vous comprenés bien, Monsieur, quel embarras c'est à un homme de lettres qui a des livres, des bijoux et des tableaux, que d'avoir à démesnager, vous ne trouverés pas estrange que je sois demeuré si longtemps sans faire responce à vostre dernière lettre. Et, le moien de se ressouvenir de son devoir, au milieu d'une foule de maçons, de menuisiers et de crocheteurs qu'il faut sans cesse gronder, réprimander, instruire? Il y a tantost trois semaines que je fais cet importun mestier et je n'en suis pas encore dehors. Ainsi, bien loin de croire que vous ayés raison de vous plaindre, je prétens mesme que je dois estre plaint, et qu'il faut que je vous aime beaucoup, pour trouver, comme je fais aujourd'hui, le temps de vous faire mes remercîmens sur toutes les douceurs que vous m'escrivés, et sur tous les présens que vous me faictes.

Vous me dirés peut-estre que ce discours n'est que l'artifice d'un homme qui a tort, et qui le premier faict un procez aux autres, affin qu'on n'ayt pas le temps de lui faire le sien. Peut estre cela est-il véritable. Je vous assure pourtant qu'on ne peut pas estre plus touché que je le suis de toutes vos bontés, et que, s'il y a en moi de la paresse, il n'y a asseurément point de méconnoissance. D'ailleurs, je m'attendois à vous escrire quand j'aurois receû vostre Thé, qui n'est point encore venu, non plus que le livre dont vous me parlés dans une autre de vos lettres. Mais est-ce une promesse, ou une menace que vous me faictes quand vous me mandés qu'au premier jour vous m'enverrés le livre de M. Perrachon, *Di magni horribilem et sacrum libellum!* sçavés-vous que si vous vous y joüés, je cours sur le champ chés Cognard, ou chés Ribou, et que là, *Cotinos, Perallos, Pradonos, omnia colligam venena, atque hoc te munere remunerabo*, de la mesme manière que Catulle prétendoit récompenser son ami, en lui envoiant *Metios, Suffenos et Varios.*

Voilà, Monsieur, de quoy je vous régalerai au lieu de la copie que je vous ay promise de mon Arrest sur la Noblesse. La vérité est pourtant que j'ay donné ordre de la faire, et que vous l'aurés au premier ordin^re, supposé que vous ne m'exposiés point à la lecture du livre de M. Perrachon. Je suis bien aise que vous suiviés vostre premier dessein sur l'ouvrage que vous médités. L'Apologie met un lecteur sur ses gardes, au lieu que le commentaire lui oste toute deffiance. Vostre devise sur ma noblesse et sur mes ouvrages, est fort spirituelle, et il ne lui manque que d'estre un peu plus vraie. Mais à quoy songés vous de me proposer d'en faire une pour la ville de Lyon? Ay-je le temps de cela, et de quoy m'aviserois-je d'aller sur le marché d'un aussi bon Ouvrier que vous? Est-ce à un Boéotien d'aller enseigner dans Lacédémone à dire de bons mots? C'est donc, Monsieur, de cette proposition que je me plains, et non pas de vos lettres qui ne sçauroient jamais que me divertir très agréablement, pourveu que vous me laissiés la liberté, quand je démesnage, de tarder quelquefois à y respondre. Je suis avec beaucoup de reconnoissance, Monsieur, vostre, etc.

DESPRÉAUX.

ARRÊT DE NOBLESSE

QUI MAINTIENT LES SIEURS
GILLES BOILEAU, JACQUES ET NICOLAS BOILEAU DESPRÉAUX,
EN LA QUALITÉ DE NOBLES ET D'ÉCUYERS.
DU 10 AVRIL 1699.

Les Commissaires Généraux députés par le Roi, pour l'exécution de sa déclaration du 4 septembre 1696, et arrêts du Conseil rendus en conséquence contre les Usurpateurs du Titre de Noblesse.

Veu la Requête à nous présentée par *Gilles Boileau*, Écuyer, Conseiller du Roi, Trésorier Payeur des Rentes de l'hôtel de Ville de Paris : Tendante à ce que pour les causes et raisons y contenues, et en conséquence de la consignation par lui faite de la somme de 2000 livres, suivant la déclaration de S. M. Il nous plût le recevoir opposant à notre jugement contre lui rendu par défaut le 21 décembre 1697; Faisant droit sur son opposition, le maintenir et garder, ensemble sa Postérité procrée en légitime mariage, en la qualité de *Noble* et *Écuyer*, et dans tous les privilèges, exemptions et prérogatives de la Noblesse : ordonner à cet effet, qu'il sera inscrit dans le catalogue des Nobles du Royaume, avec défense tant à La Cour-de-Beauval, chargé de la recherche des Usurpateurs du Titre de Noblesse, qu'à tous autres, de le troubler dans la qualité d'Écuyer, et droits qui en dépendent, à peine de 3000 livres d'amende; et que ladite somme de 2000 livres par lui consignée, lui sera rendue et restituée avec dépens.

La dite Requête servant d'Inventaire de ses Titres de Noblesse signée *Boileau*, et *Du Pradel-Bellidentis*, Avocat ez Conseiller du Roi : au bas est l'ordonnance du sieur de Caumartin, Conseiller d'État, Intendant des Finances, de Soit communiqué, du 16 mars 1699, et la signification d'icelle faite à M° Lenoir le Jeune, Avocat du dit de Beauval, du 21 desdits mois et an.

Veu aussi copie de notre Jugement rendu le 21 décembre 1697, par lequel, faute par le dit Gilles Boileau, d'avoir satisfait à la déclaration de S. M. du 4 septembre 1696, et à l'arrêt du Conseil du 26 Février 1697, et conformément à iceux, produit les Titres justificatifs de sa Noblesse, en conséquence de l'Assignation à lui donnée le 17 Mai 1697, nous l'avons déclaré usurpateur du Titre de Noblesse, et de la qualité d'Écuyer par lui prise, et comme tel, condamné en l'amende de 2000 livres et aux deux sols pour livre : au bas est la signification d'icelui faite au dit Sr Boileau, avec commandement à la requête du dit de La Cour-de-Beauval de payer la dite somme, le 11 janvier 1698, Récépissé signé Pinez commis du dit de La Cour-de-Beauval, du 5 Février 1699, de la somme de 2000 livres payée par le dit Sr Boileau, par forme de Consignation sur l'amende à laquelle il a été condamné par notre dit Jugement.

Requête de *Jacques Boileau*, Prêtre, Docteur en Théologie de la Maison et Société de Sorbonne, Chanoine de la sainte Chapelle Royale du Palais, à Paris, Écuyer; Et de *Nicolas Boileau*, Écuyer, sieur des Préaux, Frères; Tendante, à ce que pour les causes et raisons y contenues, il nous plût les recevoir Parties intervenantes en l'Instance pendante au Conseil entre ledit de La Cour-de-Beauval, et le Sr Gilles Boileau leur Cousin Germain, leur donner Acte de ce, que par moyens d'intervention, écritures, et production, ils emploient le contenu en la Requête, avec les pièces y énoncées et rapportées; ensemble tout ce qui a été écrit et produit par ledit Sr Gilles Boileau; faisant droit sur l'intervention, et adjugeant audit Sr Boileau ses fins et conclusions, déclarer l'Arrêt qui interviendra commun avec eux ; ce faisant les maintenir et garder dans la qualité de *Nobles* et d'*Écuyers*, et dans tous les droits, priviléges, et exemptions qui appartiennent à la Noblesse, et ordonner qu'ils seront inscrits dans le catalogue des Nobles, avec défenses à toutes personnes de les y troubler, à peine de 3000 livres d'amende avec dépens : la dite Requête signée des dits Srs Boileau et Du Pradel leur Avocat ez Conseils du Roi, et l'ordonnance du Sʳ de Caumartin de Soient reçues Parties intervenantes, pour en jugement y avoir égard, du 28 mars 1699, et la signification d'icelle à Mᵉ Lenoir, avocat dudit de Beauval, du même jour.

Veu aussi les Titres de Noblesse de la Famille des dits Sʳˢ Boileau, savoir la Table Généalogique par laquelle ils articulent pour faits de Généalogie; qu'ils descendent en ligne droite de *Jean Boileau*, Secrétaire du Roi, et annobli en 1371, qui eut pour Fils autre *Jean*, annobli pareillement par les dites lettres de 1371, lequel Jean eut pour Fils *Henri*, qui fut Père de *François*, du quel François est issu *Jean* 3ᵉ du nom, qui eut pour Fils *François*, du quel est sorti *Guillaume*, lequel eut pour Fils *Jean*, duquel Jean sont sortis *Guillaume*, et *Gilles*, le quel Guillaume eut pour Fils *Balthazard-Charles*, qui a eu pour Fils *Gilles*, second du nom, opposant; et du dit Gilles Iᵉʳ sont sortis *Jacques*, et *Nicolas Boileau des Préaux*, Parties intervenantes. Les Titres justificatifs de la dite Filiation noble par eux rapportés, sont: Emploi des Mémoires des Secrétaires du Roi, qui justifient que *Jean Boileau*, Notaire, Secrétaire du Roi, fut un de ceux qui signèrent la Délibération du 2 novembre 1359, en faveur des Célestins de Paris.

Extrait tiré de la Chambre des Comptes de Paris signé Richer, greffier d'icelle, de l'Enregistrement des Lettres de Noblesse accordées au mois de Septembre 1371, à Mᵉ *Jean Boileau*, Notaire Secrétaire du Roi, et à Mᵉ Jean Boileau, et à sa Postérité.

Emploi du Livre du Sʳ de Miraumont qui rapporte, page 38, que Jean Boileau, Notaire et Secrétaire du Roi à la relation de Monsieur le Chancelier, et du Parlement, fut un des quatre nommés pour exercer sa Charge près du Parlement.

La Liste des Avocats Généraux du Roi au Parlement de Paris, faite par le Sʳ de Miraumont, par laquelle appert, page 226, qu'*Henri Boileau*, fut reçu en 1408, Avocat du Roi au Parlement, à la place de Denis de Mauvois.

Emploi des Registres du Parlement de Paris, qui font foi de la Dignité d'Avocat Général du Roi au Parlement, de laquelle Henri Boileau fut revêtu. L'Expédition en parchemin du Contrat de Mariage, passé le 18 de Décembre 1472, pardevant Maquignon et Maulevant, Notaires au Châtelet de Paris, entre Noble homme *Jean Boileau*, Écuyer, Seigneur du Fresne, assisté de Damoiselle Geneviève Robinet, Veuve de feu Noble homme *François Boileau*, vivant Écuyer, Seigneur du dit lieu du Fresne, sa Mère, d'une part; et Damoiselle Marguerite Boursier, d'autre part; le dit *Jean Boileau*, encore assisté de Noble et discrette Personne M* *Guillaume Boileau*, Prêtre et Protonotaire du Saint Siége Apostolique, son oncle paternel, dans lequel Contrat M* *Guillaume Boileau*, comparant, donne au dit *Jean Boileau*, son neveu, en faveur du dit Mariage, par donation entre vifs, tous les Biens, immeubles à lui appartenans, et qui lui sont échus par le décez de feu Noble homme et sage M* *Henri Boileau*, son Père, Conseiller et Avocat du Roi en sa Cour de Parlement, suivant le partage fait entre lui; et feu *François Boileau*, son Frère aîné; Père du dit *Jean;* passé pardevant Notaires le 21 Janvier 1439.

L'Original du Contrat de Mariage, passé le 6 janvier 1502, pardevant Pileur, et Maulevant, Notaires au Châtelet de Paris, entre Noble homme M* *François Boileau*, Avocat en Parlement, assisté de Damoiselle Marguerite Boursier, Veuve de Noble homme *Jean Boileau*, vivant, Écuyer, Seigneur du Fresne, ses Père et Mère, et encore de Noble Personne, *Jean Boileau*, Écuyer, Seigneur du Fresne, son Frère aîné, d'une part; et Marie Boulard, d'autre part.

L'Original du Contrat de Mariage, passé le 22 Décembre 1532, pardevant Pichon l'aîné, et Païen, Notaires au Châtelet de Paris, entre M* *Guillaume Boileau*, Avocat au Parlement, et Barbe Beauvalet: le dit S* Boileau, assisté de Noble Femme, Marie Boulard, sa Mère, Veuve de Feu M* *François Boileau*, vivant aussi Avocat en la dite Cour.

Expédition en parchemin du Contrat de Mariage, passé pardevant Trouvé et Jannart, Notaires au Châtelet de Paris, le 28 Octobre 1571, entre Noble homme *Jean de Boileau*, Écuyer, Conseiller du Roi, Commissaire Ordinaire des Guerres, Fils de défunt Noble homme M* *Guillaume de Boileau*, vivant Avocat en la Cour de Parlement, et de Damoiselle Barbe de Beauvalet, ses Père et Mère, d'une part; et Damoiselle Catherine Rapoël, d'autre part; ensuite est la quittance du dit Noble homme, *Jean de Boileau*,

Écuyer, de la Dote de la dite Catherine Rapoël, donnée devant les mêmes Notaires le 6 Novembre 1571.

Extrait Baptistaire de *Gilles Boileau*, Fils de M⁰ Jean Boileau, Trésorier Provincial de l'Extraordinaire des Guerres en Bourgogne, et de Damoiselle Catherine Rapoël, du 28 Juin 1584, tiré des Registres de l'Église de Notre-Dame de Crosne.

L'Expédition originale de l'Inventaire fait pardevant Notaires au Châtelet de Paris, le 24 janvier 1590, à la requête de Jacques Rapoël, Avocat en la Cour, au nom, et comme Tuteur des Enfans Mineurs de feu Noble homme M⁰ *Jean Boileau*, Trésorier Provincial en Bourgogne, et de Damoiselle Catherine Rapoël, des Meubles et effets trouvés après leur décez. En marge du quel Inventaire est une espèce de partage de quelques meubles et linges, fait entre *Guillaume* et *Gilles Boileau*, Enfans Mineurs.

Expédition en parchemin du Contrat fait pardevant Thévenin et de La Morelière, Notaires au Châtelet de Paris, le 28 Mars 1602, entre Noble homme M⁰ *Guillaume Boileau*, Trésorier et Payeur de la Gendarmerie de France, assisté de M⁰ *Gilles Boileau*, son Frère, d'une part; et Damoiselle Charlotte de Chausseblanche, d'autre part.

Requête présentée au Lieutenant Civil du Châtelet de Paris par *Gilles Boileau*, pour être déchargé de la représentation de quelques meubles, dont il s'étoit rendu Gardien, étant Mineur, comme il étoit encore alors, à la sollicitation de M⁰ *Guillaume Boileau*, son Frère, et son Curateur, lesquels avoient été enlevés à son insçu, au bas de laquelle est l'ordonnance de Soit donné Assignation du 25 Mai 1605, et l'assignation donnée le 28ᵉ du dit mois et an à la requête du dit *Gilles Boileau*; Sentence du Châtelet du 4 Juin 1605, par laquelle ledit *Gilles Boileau* a été déchargé de la représentation des dits meubles, attendu sa Minorité, suivant son Extrait Baptistaire du 29 Juin 1584. Autre sentence du Châtelet du 30 mai 1612, par laquelle le dit *Gilles Boileau* a été déchargé de la représentation des Meubles de *Guillaume Boileau*, son Frère, qui avoient été saisis, attendu sa Minorité.

Indemnité donnée le 26 Avril 1610, par la dite Charlotte de Chausseblanche, Femme séparée quant aux Biens, d'avec M⁰ *Guillaume*

Boileau, son Mari, à M° *Gilles Boileau*, son Beaufrère, à cause de quelques obligations dans lesquelles il étoit entré avec eux.

Acte de Tutelle du 19 Juillet 1616, par lequel la dite Charlotte de Chausseblanche a été nommée Tutrice, à *Élisabeth*, et *Balthazard Boileau*, ses Enfans Mineurs, et de défunt Noble homme *Guillaume Boileau*, Payeur de la Gendarmerie de France, son Mari; et M° *Gilles Boileau*, Commis au Greffe Civil du Parlement, a été nommé Subrogé Tuteur aux dits Mineurs ses Neveux.

Copie collationnée d'un Partage fait le 22 Mars 1624, pardevant Notaires à Paris, entre M° *Gilles Boileau*, Commis au Greffe Civil de la Cour du Parlement, et Damoiselle Charlotte de Chausseblanche, Femme du Sr Mondin de Grand-Ville, et Veuve de feu M° *Guillaume Boileau*, Trésorier Payeur de la Gendarmerie de France : au nom, et comme Tutrice de *Balthazard*, et *Élisabeth Boileau*, Enfans mineurs du dit défunt, et d'elle, des Biens et Effets de *Magdeleine Boileau*, Sœur du dit Sr *Boileau*, et Tante des dits *Balthazard* et *Élisabeth*, morte de contagion.

Expédition du Partage, en forme de transaction faite le 8 Juillet 1687, pardevant Notaires à Paris, entre Damoiselle *Élisabeth Boileau*, Fille majeure usante de ses droits, fille de défunt *Guillaume Boileau*, Écuyer, Trésorier Payeur de la Gendarmerie de France, et de Damoiselle Charlotte de Chausseblanche, ses Père et Mère, d'une part, et les Sieur et Damoiselle Neret, d'autre; des Biens du dit Sr de Mondain Grand-Ville, et de la dite Charlotte de Chausseblanche desquels les dits Neret étoient aussi héritiers : dans laquelle Transaction, *Balthazard Boileau*, Écuyer, ci-devant Payeur des Rentes de l'Hôtel-de-Ville, est intervenu pour acquitter la dite *Élisabeth Boileau*, sa sœur, d'une somme de 1000 livres dont elle se trouvoit redevable envers les dits Neret.

Extrait Baptistaire de *Gilles Boileau*, fils de M° *Balthazard-Charles Boileau*, Receveur et Payeur des Rentes de l'Hôtel-de-Ville, du 23 août 1644, par lequel appert qu'il a été nommé par M° *Gilles Boileau*, Greffier de la Grand-Chambre, et par Damoiselle Charlotte de Chausseblanche : le dit Extrait délivré par le Sr Perceval Vicaire de Saint-Paul.

L'Inventaire des dits Titres et Pièces.

Les Pièces rapportées par les dits Srs *Jacques* et Nicolas Boileau, et jointes à leur Requête d'intervention, sont : Un Certificat signé Morel, Curé de la Basse Sainte-Chapelle du Palais, à Paris, du 1er Novembre 1672, portant que le 18 Mars 1635, a été baptisé sur les Fonts de la Sainte Chapelle, *Jacques Boileau*, Fils de Me *Gilles Boileau*, Gréffier de la Grand-Chambre du Parlement de Paris, et de Damoiselle *Anne de Nielle*, ses Père et Mère.

Autre Certificat signé Binet, Curé de la Basse Sainte-Chapelle du Palais, du 26 Janvier 1699, portant que les Registres des Baptêmes de la dite Paroisse, de l'année 1636, ne se trouvent point, et ont été égarés ou brulés dans le dernier incendie arrivé à la Sainte-Chapelle ; et que suivant le Journal olographe du feu Sr *Boileau*, Greffier du Parlement, représenté par *Anne Boileau*, sa Fille, veuve du Sr Dongois ; le Sr *Nicolas Boileau*, Fils du dit défunt Sr *Boileau*, est né le 1er *Novembre* 1636, et baptisé le lendemain par le Curé de la Sainte-Chapelle.

Lettres de Tonsure expédiées le 24 décembre 1647, en faveur de *Nicolas Boileau*, fils de *Gilles Boileau*, et de *Anne de Nielle*, ses Père et Mère.

Sentence du Châtelet du 3 Février 1657, portant entérinement des lettres d'émancipation d'âge obtenues par *Jacques* et *Nicolas Boileau*, Enfans mineurs de défunt *Gilles Boileau*, Commis au Greffe du Parlement, et de Damoiselle *Anne de Nielle*, leurs Père et Mère.

Lettres de Maître ez Arts accordées le 8 Août 1653, à *Jacques Boileau*, qualifié Noble.

Matricule d'Avocats au Parlement de Paris, pour *Nicolas Boileau*, du 4 Décembre 1656.

Dire du dit de La Cour-de-Beauval, servant de réponse et contredits à la dite Requête, et Pièces.

Conclusions du Sieur Procureur Général du Roi en la Commission.

Oui le rapport du dit Sr de Caumartin, Conseiller d'État ordinaire et Intendant des Finances, l'un de Nous : Et tout considéré. Nous Commissaires Généraux susdits, en vertu du pouvoir à Nous donné par S. M. Faisant droit sur le tout, Avons reçu et recevons le dit

Gilles Boileau opposant à l'exécution de Notre dite Ordonnance du 21 Décembre 1697, faisant droit sur son opposition, le déchargeons de l'assignation à lui donnée à la Requête du dit de La Cour-de-Beauval, le 17 Mars 1697, et en conséquence le Maintenons et Gardons, comme aussi les dits *Jacques* et *Nicolas Boileau*, leurs Successeurs, Enfans et Postérité, nés et à naître en légitime mariage, en la qualité de Nobles et d'Écuyers.

Ordonnons :

Qu'ils jouiront des honneurs, privilèges et exemptions dont jouissent les véritables Gentils Hommes du Royaume; avec défenses à toutes Personnes de les y troubler, tant et si longuement qu'ils ne feront acte de dérogeance; et pour cet effet que lesdits *Gilles*, *Jacques* et Nicolas *Boileau* seront inscrits dans le Catalogue des Gentils Hommes qui sera arrêté au Conseil, et envoyé dans les Bailliages et Élections du Royaume, en conséquence de l'Arrêt du Conseil du 22 Mars 1666. Ordonnons que la somme de 2000 livres que le dit *Gilles Boileau* a consignée ez mains du dit Pinet, suivant sa Quittance du 5 Février dernier, lui sera rendue : à ce faire le dit Pinet contraint comme dépositaire; ce faisant, déchargé.

Fait en l'Assemblée des dits Sieurs Commissaires Généraux tenue à Paris, le 10ᵉ Avril 1699. Signé Hersant.

Le 18 Avril 1699, signifié et baillé copie à Mᵉ Le Noir le Jeune, Avocat des Parties adverses, en son Domicile à Paris, parlant à son Clerc, par..... Huissier ordinaire du Roi, en son Conseil.

GÉNÉALOGIE

DE

LA FAMILLE BOILEAU

(voir le tableau ci-contre).

GÉNÉALOGIE
DE LA FAMILLE BOILEAU

ÉTIENNE BOILEAU, Prédécesseur de ceux-ci, étoit Prévôt de Paris, sous le Règne de Saint-Louis, vers l'an 1269.
Il porto't d'Azur à trois Étoiles d'Or à huit pointes, ou trois Molettes d'Éperon. Ce sont encore les Armoiries de la Famille.
(Catalogue des Prévôts de Paris, par Jean Le Feron, imprimé chez Michel de Vascosan en 1555, in-4.)

JEAN BOILEAU.
Ennobli en 1371.

JEAN II.
Ennobli, lui et sa Postérité par les mêmes Lettres de Noblesse de son Père.

HENRI.
Conseiller et Avocat-Général du Roi, au Parlement de Paris, en 1408.

FRANÇOIS I.
Écuyer, sieur Du FRESNE.

GUILLAUME.
Prêtre, Protonot. Apost., fils de HENRI; et Frère de FRANÇOIS, est présent au Contrat de mariage de JEAN, son neveu.

JEAN III.
Épouse Marguerite Boursier le 13 décembre 1472, en présence de GUILLAUME, Protonotaire, son oncle paternel.

FRANÇOIS II.
Avocat, marié le 6 janvier 1502 avec Marie Boulard, assisté de JEAN, Écuyer, son Frère aîné, sieur Du FRESNE.

GUILLAUME I.
Avocat, marié à Barbe de Beauvalet, le 22 décembre 1532, assisté de Noble Marie Boulard, sa Mère, veuve de FRANÇOIS.

JEAN IV.
Écuyer, Commissaire des Guerres, fils de GUILLAUME et de Barbe de Beauvalet, marié avec Catherine Rapoël, le 6 novembre 1571.

GUILLAUME II.
Trésorier-Payeur de la Gendarmerie de France, marié à Charlotte de Chausseblanche, assisté de GILLES, son frère.

GILLES.
Greffier de la Grand-Chambre du Parlement de Paris, né en 1584, mort en 1657, marié à Anne de Nielle.

BALTHAZARD-CHARLES.
Payeur des Rentes de l'Hôtel-de-Ville, marié à Marguerite Chenan.

JACQUES.
Prêtre, Docteur de Sorbonne, Chanoine de la Sainte-Chapelle.

NICOLAS.
Sr DESPRÉAUX, non marié.

GILLES.
Payeur des Rentes de l'Hôtel-de-Ville, non marié.

Correspondance entre Boileau Despréaux et Brossette, publiée par A. Laverdet. Page 26.

X. — *Brossette à Boileau.*

A Lyon, ce 24 Septembre 1699.

Monsieur,

L'Empressement que j'ai de recevoir souvent de vos lettres, m'a fait trouver bien long le temps que j'ai été sans vous écrire; mais je ne voulois pas le faire sans vous remercier de la copie de votre Arrêt, et je ne l'avois pas encore reçue. Elle est enfin arrivée, et l'usage que j'en ferai, ne sera pas un ornement médiocre pour les Remarques historiques de vos Ouvrages : croyez-vous que je n'en fasse pas un bon article pour servir d'éclaircissement à ces vers, si pleins de modestie?

> Fils, frère, oncle, cousin, beau frère de Greffier, etc.
> . . . . Allié d'assez hauts Magistrats,
> Fils d'un père Greffier, né d'Ayeux Avocats.

Si je ne vous envoie pas la seconde lettre d'Ariste, de M. Perrachon, ne croyez pas, Monsieur, que je sois retenu par la menace que vous me faites de me renvoyer en échange *Gotinos, Peraltos, Pradonos*, etc. Ces beaux présens ne vous acquitteroient point envers moi; car le seul livre de M. Perrachon vaut le double de tout cela.

J'ai toujours oublié de vous féliciter sur la Réception de M. de Valincour, à l'Académie françoise, à la place de M. Racine; voilà un ami remplacé par un autre ami. Mais à propos de M. de Valincour, oserois-je vous demander des nouvelles de la Satyre que vous lui avez adressée. Vous vous souvenez que l'année passée, en y travaillant, vous aviez la complaisance de me la réciter tous les jours, à mesure d'ouvrage, et vous me dites une fois que j'étois *le parrain de cette Satyre.* Vous exigeates de moi le secret là-dessus, et je vous l'ai gardé, Monsieur, avec toute l'exactitude possible : ainsi la curiosité que je vous témoigne aujourd'hui, ne doit pas vous faire craindre que j'aie abusé de votre confidence.

Et la nouvelle édition de vos Ouvrages, quand y travaillerez-vous? J'attends tout cela avec cet empressement que vous me connoissez pour tout ce qui vous regarde. Cette vivacité ne va pourtant point jusqu'à souhaiter que vous vous fatiguiez, ni que vous vous incommodiez en quelque façon pour m'écrire. Prenez votre temps et consultez votre loisir.

Je suis, Monsieur, votre, etc.

BROSSETTE.

XI. — *Brossette à Boileau.*

À Lyon, ce 3 Octobre 1699.

Monsieur,

Il y a aujourd'hui un an que j'eus l'honneur de vous voir pour la première fois. Je me souviens de la bonté avec laquelle vous me reçutes, et j'en conserverai toute ma vie une reconnoissance parfaite.

Hunc Bolæe, diem numero meliore lapillo.

Du 24 Octobre.

Voilà, Monsieur, ce que je vous avois écrit avant que de partir pour la campagne, sans avoir pu achever ma lettre. A mon retour je trouve l'impression du *Télémaque* achevée. La première pensée qui me vient là-dessus, est de vous l'envoyer, étant incertain si vous avez vu ce livre.

La seconde édition que j'ai fait faire du *Procès-verbal des Conférences tenues pour les Ordonnances nouvelles*, vient d'être achevée, et je ne tarderai pas long-temps à vous en faire tenir des exemplaires. Mais j'y ai mis un petit mot d'avertissement que je vous envoie, et que je vous prie de corriger. Le principal motif qui m'a engagé à le composer, a été l'envie que j'avois de faire l'éloge de feu M. le P. Président de Lamoignon, cet incomparable Magistrat, qui a eu tant de part à la rédaction de ces deux Ordonnances. Je ne compte pas ceci pour une lettre, mais je n'ai pas voulu différer plus long-temps à vous donner des assurances du tendre et respectueux attachement, avec lequel je suis, Monsieur, votre, etc.

BROSSETTE.

XII. — *Boileau à Brossette.*

A Paris, 10e Novembre 1699.

Je suis fort honteux, Monsieur, d'avoir esté si longtemps à vous remercier de vos magnifiques présens, et à respondre à vos lettres, plus agréables encore pour moi que vos présens. Mais si vous sçaviés le prodigieux accablement d'affaires que m'a laissé la mort de M. Racine, vous me pardonneriés sans peine, et vous verriés bien que je n'ay presque point de temps à donner à mon plaisir, c'est à dire, à vous entretenir et à vous escrire. J'ay leû vostre préface du livre des Conférences, et elle me semble très bien, à quelques manières de parler près, que je vous y marquerai à mon premier loisir. Vous m'avés faict un fort grand plaisir en m'envoiant le Télémaque de M. de Cambray. Je l'avois pourtant déjà leû. Il y a de l'agrément dans ce livre, et une imitation de l'Odyssée que j'approuve fort. L'avidité avec lequel on le lit, faict bien voir que si on traduisoit Homère en beaux mots, il feroit l'effect qu'il doit faire ; et qu'il a toujours faict. Je souhaitterois que M. de Cambray eust rendu son Mentor un peu moins prédicateur, et que la morale fust respandüe dans son ouvrage un peu plus imperceptiblement et avec plus d'art. Homère est plus instructif que lui ; mais ses instructions ne paroissent point préceptes, et résultent de l'action du Roman, plutost que des discours qu'on y estale. Ulysse, par ce qu'il faict, nous enseigne mieux ce qu'il faut faire, que par tout ce que lui, ni Minerve disent. La vérité est pourtant que le Mentor du Télémaque y dit des choses fort bonnes, quoiqu'un peu hardies, et qu'enfin M. de Cambray me paroist beaucoup meilleur Poëte que Théologien. De sorte que, si par son livre des *Maximes*, il me semble très peu comparable à St-Augustin, je le trouve par son Roman digne d'estre mis en parallèle avec Héliodore. Je doute néanmoins qu'il fust d'humeur, comme ce dernier, à quitter sa mitre pour son Roman. Aussi, vraisemblablement, le revenu de l'Évesché d'Héliodore n'approchoit guère du revenu de l'Archevesché de Cambray. Mais, Monsieur, il me semble que pour un Paresseux aussi affairé que je suis, je vous entretiens là de choses assés peu nécessaires. Trouvés bon que je ne vous en dise pas davantage, et pardonnés moi les ratures que je fais à chaque bout de champ dans mes lettres, qui m'embarrasseroient fort, s'il falloit que je les décrivisse.

Je suis très sincèrement, Monsieur, vostre, etc.

DESPRÉAUX.

XIII. — *Brossette à Boileau.*

A Lyon, ce 15 Novembre 1699.

Puisque vous avez la bonté, Monsieur, de m'assurer que mes lettres ne vous fatiguent point, je ne fais pas façon de vous écrire le même jour que je reçois votre dernière lettre. Je crois ne pouvoir mieux vous témoigner le plaisir qu'elle m'a fait, que par l'exactitude que j'ai à y faire réponse. Rien n'est plus sensé ni plus solide que le jugement que vous y faites du Télémaque de M. de Cambray. Je me souviens de vous avoir ouï dire que le simple récit des belles actions louoit beaucoup mieux que les plus belles paroles : il en est de même des exemples qui instruisent bien plus sûrement que les préceptes les mieux tournés.

Nos libraires ont imprimé ici nouvellement la traduction françoise des notes de Wendrok, sur les Lettres Provinciales. Cet ouvrage est en trois volumes in douze, et comme peut être vous ne l'avez pas, et que vous serez bien aise de le voir, je vous l'envoierai à la première occasion, au cas que vous en ayez la moindre envie. Je serois trop content si j'avois quelque chose qui pût vous faire plaisir, mais je le serois encore davantage, si je pouvois vous exprimer les sentimens avec lesquels je suis, Monsieur, votre, etc.

BROSSETTE.

XIV. — *Boileau à Brossette.*

A Paris, 3⁰ Janvier 1700.

Il y a si long-temps, Monsieur, que je suis en droit de faillir, que vous trouverés bon que je ne me donne pas mesme la peine de me disculper de la faute que j'ay faicte, en respondant si tard à vos deux dernières lettres. J'avoue que c'est à moi une négligence inexcusable, mais *habes confitentem reum*, et je ne me crois pas mesme obligé de m'appuier de l'exemple et de l'autorité d'Horace en vous disant : *Dixi me pigrum proficiscenti tibi*, etc.....

Je vous renvoie vostre préface sur le livre que vous allés redonner au Public. J'y ay faict les corrections à peu près de ce qui m'a paru moins exactement dit, mais ne vous y arrestés pas absolûment, et corrigés sans crainte mes corrections. Je ne vous parle point ici de celles que vous mesme y aviés déjà faictes, et dont vous me parliés dans vostre dernière lettre, par ce que, franchement, j'ay égaré ceste dernière lettre parmi mes papiers, et que si j'avois attendu à vous rescrire que je l'eusse retrouvée, je courois risque de manquer encore cet ordinaire à vous faire response. Dès qu'elle retombera sous ma main et ce sera sans doute lorsque j'y penserai le moins, je tascherai en vous escrivant une plus longue lettre de réparer toutes mes négligences passées, et de vous faire voir en style asiatique à quel point je suis, Monsieur, vostre, etc.

DESPRÉAUX.

XV. — Brossette à Boileau.

A Lyon, ce 1er Février 1700.

Monsieur,

Je vous envoie enfin des exemplaires de la seconde édition du *Procès-verbal des Conférences*. J'en ai adressé quatre à un de mes amis ; qui aura soin de les faire porter chez vous, s'ils n'y sont pas déjà, quand vous recevrez cette lettre. Il y a un de ces livres pour vous, et les trois autres sont pour M. le Président de Lamoignon, pour M. le Président Gilbert, et pour M. Dongois. Je ne me serois pas avisé de vous donner la peine de les faire rendre à ces Messieurs, si j'eusse cru qu'ils les eussent pu recevoir aussi agréablement d'une autre part que de la vôtre; mais comme vous avez commencé, Monsieur, à être mon introducteur auprès d'eux, j'ai pensé que vous voudriez bien continuer, en leur faisant agréer le petit présent que je leur fais sous vos auspices.

Il y a déjà quelque temps que je vous aurois envoyé ces livres, si je n'avois été occupé par l'événement le plus fâcheux qui pouvoit m'arriver : c'est la maladie et la mort de ma mère, et d'une mère également recommandable et par son esprit et par sa vertu. Elle étoit encore assez jeune pour me laisser espérer de la voir vivre plusieurs années; mais pour mon malheur, je me vois trompé dans cette espérance. Je serai long-temps, que dis-je? je serai toujours inconsolable de cette perte, et si quelque chose pouvoit contribuer à me la faire supporter plus doucement, ce seroit l'assurance que ses vertus nous donnent de sa sainteté. Je suis, Monsieur, votre, etc.

BROSSETTE.

XVI. — *Boileau à Brossette.*

A Paris, 5e Février 1700.

Il est arrivé, Monsieur, ce que vous aviés préveû, et vos présens sont arrivés deux jours devant vos lettres. Cela a causé quelque petite méprise, mais cela n'a pourtant faict aucun mal, et chacun a receû ce qui lui appartenoit. M. De La Moignon m'a escrit une lettre pour me prier de vous faire ses remercîmens, et M. Dongois et M. Gilbert m'ont asseuré qu'ils vous feroient au premier jour chacun les leurs. Je ne sçais si cela poura un peu distraire la juste affliction où vous estes. Je la conçois telle qu'elle doit estre, quoique je n'en aye jamais éprouvé une pareille; ma mère, comme mes vers vous l'ont vraisemblablement appris, estant morte que je n'estois encore qu'au berceau. Tout ce que j'ay à vous conseiller, c'est de vous saouler de larmes. Je ne sçaurois approuver cette orgueilleuse indolence des Stoïciens, qui rejettent follement ces secours innocens que la nature envoie aux affligés, je veux dire les cris et les pleurs. Ne point pleurer la mort d'une mère, ne s'appelle pas de la fermeté et du courage, cela s'appelle de la dureté et de la barbarie. Il y a bien de la différence entre se désespérer et se plaindre. Le désespoir brave et accuse Dieu; mais la plainte lui demande des consolations.

Voilà, Monsieur, de quelle manière je vous exhorte à vous affliger, c'est-à-dire en vous consolant; et en ne prétendant pas que Dieu fasse pour vous une loy particulière qui vous exempte de la nécessité à laquelle il a condamné tous les enfans, qui est de voir mourir leurs pères et leurs mères. Cependant, soiés bien persuadé que je vous estime infiniment, et que si je ne vous escris pas aussi souvent que je devrois, ce n'est pas manque de reconnoissance, mais manque de cet esprit de vigilance et d'exactitude que Dieu donne rarement aux Poëtes, surtout quand ils sont historiographes.

Je suis avec beaucoup de respect et de sincérité, Monsieur, vostre, etc.

DESPRRÉAUX.

XVII. — *Brossette à Boileau.*

A Lyon, ce 6 Mars 1700.

Monsieur,

Votre dernière lettre a suivi de si près celle que j'avois eu l'honneur de vous écrire, que vous avez tort, ce me semble, de vous reprocher votre peu d'exactitude. Quand vous dites que si vous n'écrivez pas souvent, c'est manque de cet esprit de vigilance et d'exactitude, que Dieu accorde rarement aux Poëtes, surtout quand ils sont historiographes; c'est rejetter la cause de votre paresse sur votre tempérament, et sur vos occupations glorieuses. Néanmoins vous avez passé par dessus ces raisons en ma faveur, et, pour cela seul, je vous devrois des remercimens très-sincères, quand votre lettre ne seroit pas d'ailleurs aussi belle, aussi obligeante, et aussi touchante qu'elle l'est. Je vous assure que je n'ai point trouvé d'adoucissement plus efficace à la douleur que me cause la mort de ma mère.

M. de Lamoignon ne s'est pas contenté des remercimens que vous m'aviez faits de sa part, il a pris la peine de m'écrire lui-même, aussi bien que M. Dongois et M. Gilbert. Je vous prie très-instamment de leur témoigner la parfaite reconnoissance que j'ai de l'honneur qu'ils m'ont fait. Si vous avez besoin encore de quelques exemplaires du *Procez verbal des ordonnances*, je vous réitère ici l'offre que je vous ai faite de vous en envoyer.

Il y a quelque temps que j'eus occasion de voir, en cette ville, M. Bonnecorse, de Marseille. Je lui parlai de son *Lutrigot*, et il ne me put dire que de fort mauvaises raisons pour justifier la conduite qu'il a tenue à votre égard; il me dit, entr'autres choses, qu'étant à Paris, il pria M. Bernier, (qu'il m'a cité comme votre ami, et qui a fait l'abrégé de Gassendi) d'apprendre de vous-même quel sujet vous avoit obligé de mettre dans vos Satyres *la Montre*, qui est un ouvrage de Bonnecorse ; et que, suivant le rapport que lui fit M. Bernier, vous aviez répondu pour toute raison, que vous aviez été bien modéré de ne dire de *la Montre*, que ce que vous en aviez dit. Bonnecorse me parut être encore sensible à la fierté de cette réponse, qui étoit en effet plus piquante que ce que vous aviez écrit contre son ouvrage.

Je finirois ici ma lettre, si je ne voulois vous prier de me donner l'éclaircissement d'un fait qui est rapporté par M. Boursault dans une de ses lettres. Il dit qu'un Abbé s'entretenant un jour avec vous, se déclara hautement contre la pluralité des bénéfices, et protesta que s'il pouvoit obtenir une Abbaye, ne fût-elle que de mille écus, elle fixeroit son ambition, sans qu'aucun autre bénéfice pût jamais le tenter. Cependant il obtint une Abbaye de sept mille livres, et quelque temps après plusieurs autres bénéfices successivement, sur quoi vous dîtes un jour à cet Abbé : *Qu'est devenu ce temps de candeur et d'innocence, Monsieur l'Abbé, où vous trouviez la multiplicité des Bénéfices si dangereuse ? Ha ! Monsieur*, vous répondit-il, *si vous saviez que cela est bon pour vivre ! Je ne doute point*, lui répliquâtes-vous, *que cela ne soit bon pour vivre : mais pour mourir, Monsieur l'Abbé, pour mourir !* Je voudrois bien savoir la vérité de ce fait, et le nom de cet Abbé, dans l'envie que j'ai de ne rien ignorer de tout ce qui vous regarde ; supposé néanmoins que vous n'ayez aucune raison pour me le cacher.

Quelques résolutions que je prenne de ne vous pas faire de si longues lettres, je l'oublie toujours quand j'ai la plume à la main. Je vous en demande pardon, mais c'est mon cœur qui m'entraîne vers vous, et qui me fait abandonner au plaisir de vous entretenir. L'on ne peut rien ajouter à la tendre et parfaite soumission avec laquelle je suis, Monsieur, votre, etc.

BROSSETTE.

XVIII. — *Boileau à Brossette.*

A Paris, 1ᵉʳ avril 1700.

C'est une chose très dangereuse, Monsieur, d'estre aussi facile que vous l'estes à pardonner à vos amis leurs fautes. Cela leur en faict encore faire de nouvelles, et ce sont les louanges que vous avés données à ma négligence, dans vostre dernière lettre, qui m'ont rendu encore plus négligent à vous faire response. Je vous asseure pourtant que cela ne vient point en moi de manque d'amitié, ni de reconnoissance; mais je suis paresseux. Tel j'ay vescu, et tel je mourray; mais je n'en mourray pas moins vostre Ami. Ainsi, laissant là toutes les excuses bonnes ou mauvaises que je poûrois vous faire, je vous dirai que je n'ay aucun maltalent contre M. de Bonnecorse du beau Poëme qu'il a imaginé contre moi. Il semble qu'il ayt pris à tasche dans ce Poëme d'attaquer tous les traits les plus vifs de mes Ouvrages, et le plaisant de l'affaire est, que sans montrer en quoy ces traits péchent, il se figure qu'il suffit de les rapporter pour en dégouster les hommes. Il m'accuse surtout d'avoir dans le Lutrin exagéré en grands mots de petites choses pour les rendre ridicules, et il faict lui mesme pour me rendre ridicule la chose dont il m'accuse.

Il ne voit pas que par une conséquence infaillible, si le Lutrin est une impertinente imagination, le Lutrigot est encore plus impertinent; puisque ce n'est que la mesme chose plus mal exécutée. — Du reste on ne sçauroit m'eslever plus haut qu'il faict, puisqu'il me donne pour suivans et pour admirateurs passionnés les deux plus beaux Esprits de notre siècle, je veux dire M. Racine et M. Chappelle. Il n'a pas trop bien proffitté de la lecture de ma première Préface et de l'avis que j'y donne aux Auteurs attaqués dans mon livre, d'attendre pour escrire contre moi, que leur colère soit passée. S'il avoit laissé passer la sienne, il auroit veû que de traiter de haut en bas un Auteur approuvé du Public, c'est traiter de haut en bas le Public mesme, et que de me mettre à califourchon sur un Lutrin, c'est y mettre tout ce qu'il y a de gens sensés, et M. Brossette lui mesme, qui me faict l'honneur de *meas esse aliquid putare nugas*.

Je ne me souviens point d'avoir jamais parlé de M. de Bonnecorse à M. Bernier, et je ne connoissois point le nom de Bonnecorse quand j'ay parlé de la *Montre* dans l'Épistre à M. De Seignelay. Je puis dire mesme que je ne connoissois point la *Montre d'amour*, que j'avois seulement entrevüe chés Barbin, et dont le titre m'avoit paru très frivole, aussi bien que ceux de tant d'autres ouvrages de galanterie moderne dont je ne lis jamais que le premier feuillet. Mais voilà, M., assés parler de M. de Bonnecorse. Venons à M. Boursault qui est, à mon sens, de tous les Auteurs que j'ay critiqués, celui qui a le plus de mérite. Le livre où il rapporte de moi le mot, dont il est question, ne m'est point encore tombé entre les mains; la vérité est que j'ay en effect dit ce mot autrefois, et que c'est à M. l'Abbé Dangeau à qui je l'ay dit, à St. Germain. Il en fut un peu confus, mais il n'en garda pas moins ses bénéfices, et je crois que mesme aujourd'hui il en accepteroit volontiers encore d'autres, au hazard de mourir moins content qu'il n'auroit vescu.

J'ay faict vos complimens à tous ces M[rs] que vous avés honnorés de vos présens, et ils m'ont paru aussi satisfaicts de vos honnestetés que de vostre Recueil, dont ils font

pourtant beaucoup d'estime. Je suis très sincèrement,
Monsieur, vostre, etc.

DESPRÉAUX.

XIX. — *Brossette à Boileau.*

A Lyon, ce 10 avril 1700.

Monsieur,

Votre dernière lettre m'a été rendue au moment que je
me disposois à vous écrire, pour vous mander que j'ai envoyé à Paris un livre à un de mes amis qui aura le soin
de le faire porter chez vous de ma part. C'est un volume
in-4° qui a été imprimé à Lyon tout nouvellement, et qui
est un Recueil du Procès que les Avocats et les Médecins de cette ville ont été obligés de soutenir au Conseil
contre le Traitant de la Noblesse. Vous y trouverez les raisons des uns et des autres, et à la fin nous avons fait imprimer l'Arrêt qui nous maintient dans l'usage où nous
avons toujours été de prendre la qualité de *Noble*, jointe à
celle d'*Avocat*, ou de *Médecin*. Cette noblesse n'est à la vérité qu'un simple titre d'honneur, une noblesse de Lettres,
purement personnelle et infructueuse; mais enfin telle
qu'elle est, elle fait toujours honneur à la Robe que nous
portons. J'ai cru que vous ne seriez pas fâché de voir dans
le livre que je vous envoie, de quelle manière cette contestation a été soutenue devant un Tribunal qui vous a
rendu justice si glorieusement, dans une cause presque
semblable. Peut-être ce livre vous sera encore rendu avant
que vous receviez ma lettre; cela dépendra de l'exactitude
de celui qui doit vous le porter ; quoi qu'il en soit, il vaut
mieux que vous attendiez cette lettre que le livre.

La noblesse littéraire dont je viens de vous parler, me donne la pensée de vous apprendre que depuis le commencement de cette année nous avons formé ici des assemblées familières pour nous entretenir des Sciences et des Belles-Lettres, un jour de chaque semaine. La compagnie n'est pas nombreuse : nous ne sommes que sept ; mais nous avons cru qu'un plus grand nombre nous embarrasseroit, et pourroit nuire à la liberté dont nous voulons jouir. Toutes sortes de sujets peuvent être tour à tour la matière de nos conférences : la Physique, l'Histoire civile, et l'Histoire naturelle, les Mathématiques, la Langue, les Lettres humaines, etc. Les deux premières assemblées furent employées à examiner, *si la Démonstration que Descartes nous donne de l'existence de Dieu, est une suffisante démonstration.* A la fin de chaque assemblée, nous déterminons le jour et le sujet de l'assemblée suivante, et chacun y apporte ses mémoires et ses réflexions; je puis dire que souvent on épuise la matière avant que de la quitter. Tout cela se fait en assez bon ordre, suivant les règles que nous nous sommes prescrites. Si je ne craignois pas de vous déplaire, je ferois la folie de vous les envoyer, mais j'aurois un scrupule légitime de vous embarrasser d'une bagatelle, comme l'est notre petite Académie; cela peut devenir pourtant plus considérable avec le temps : vous savez mieux que personne, vous, Monsieur, à qui le mystère et la destinée des grandes affaires sont confiées, vous savez, dis-je, que les plus grandes choses ont presque toujours une foible origine. C'est suivant cette pensée, que j'ai fait une devise pour notre Académie naissante (car comment une Académie pourroit-elle se passer d'une devise?).

Voici donc la devise de la nôtre : — Un Arbre, sur le tronc et sur les branches duquel sont gravés les noms des Académiciens, avec ces mots : *Dum crescet, nomina cres-*

cent. Dans la dernière assemblée, l'un de ces Messieurs me donna le Distique suivant pour mettre sous votre Portrait.

> Hoc mutato habitu, vultus sibi sumpsit Apollo,
> Ut Gallis metri jura, modumque daret.

Vous voyez, Monsieur, que vous êtes aimé et célébré dans nos conversations savantes. L'Auteur du Distique s'appelle M. Dugas : il est Président en notre Présidial, et fils du Prévôt des Marchands de cette ville. Il possède les langues savantes et les langues saintes; aussi est-il très-savant et très-vertueux. Nous avons aussi un Conseiller au Présidial, nommé M. de Serres, homme d'esprit et de qualité; M. Falconnet, Médecin, fils d'Échevin : nous n'avons personne qui le passe, ni peut-être qui l'égale en esprit, en science, en livres et en mérite : je dis ordinairement de lui qu'il sait, qu'il possède :

> Quidquid habet Latium, Græcia quidquid habet.

Les autres Membres de notre Académie sont deux Jésuites, dont l'un s'appelle le P. de St. Bonnet, Philosophe et Mathématicien, fort connu et fort aimé de M. Varignon. L'autre Jésuite, est l'Auteur des deux Poëmes de *l'Aimant* et du *Café* que je vous envoyai il y a quelque temps. Je ne vous dis rien de celui-là, parce que vous en avez fait l'éloge vous-même. Le dernier dont j'ai à vous parler, est M. de Puget, à qui le Poëme de *l'Aimant* est adressé. C'est sans doute le premier Magnétiste du monde; rien n'est plus agréable que les expériences qu'il fait sur l'Aimant, rien n'est plus poli que ses manières, et rien n'est plus curieux que son Cabinet qui est visité de tous les Savans qui passent à Lyon. Voilà, Monsieur, quels sont nos Acteurs, sur lesquels je me suis un peu étendu, mais il falloit en dire tout cela, ou n'en rien dire du tout.

Il ne me reste plus qu'à vous remercier des éclaircissemens que vous m'avez donnés dans votre dernière lettre sur M. l'Abbé de Dangeau, et sur Bonnecorse. Votre complaisance m'enhardit à vous en demander de nouveaux, mais ma lettre n'est déjà que trop longue; elle va vous ennuyer; ainsi je réserve ma curiosité pour une autre fois. Il est temps que je finisse :

Car sur ce long discours que je te viens d'écrire,
Je tremble en ce moment de ce que tu vas dire.

Écrivez-moi seulement quand il vous plaira, Monsieur, et quand vous le pourrez sans vous incommoder. Quoique je souhaite avidement de recevoir de vos lettres, je ne me plaindrai jamais de votre retardement.

Je suis, Monsieur, votre, etc.

BROSSETTE.

XX. — *Boileau à Brossette.*

A Auteuil, 2e juin 1700.

Vous excusés, Monsieur, si aisément mes fautes, que je ne crains presque plus de faillir, et que je ne me crois pas mesme obligé de vous faire des excuses d'avoir esté si longtemps sans me donner l'honneur de vous escrire. J'en aurois pourtant d'assés bonnes à vous alléguer, puisqu'il est certain que j'ay esté malade longtemps, et que j'ay eu plusieurs affaires, plus occupantes mesme que la maladie. Enfin, m'en voilà sorti et je puis vous parler. Je vous dirai donc, Monsieur, que j'ay receû vostre dernier présent

avant vostre dernière lettre, et que j'avois mesme leû
vostre livre avant que de l'avoir receûe. J'ay esté pleinement
convaincu de la noblesse de M^{rs} les Avocats de Lyon par
les preuves qui y sont très-bien énoncées, et encore plus
par la noblesse de cœur que je remarque en vos actions, et
en vos libéralités qui sont sans-fin. Je suis ravi de l'Académie qui se forme en vostre ville. Elle n'aura pas grand'-
peine à surpasser en mérite celle de Paris, qui n'est maintenant composée, à deux ou trois hommes près, que de
gens du plus vulgaire mérite, et qui ne sont grands que
dans leur propre imagination. C'est tout dire qu'on y opine
du bonnet contre Homère et contre Virgile, et surtout contre
le Bon sens, comme contre un Ancien, beaucoup plus ancien qu'Homère et que Virgile. Ces M^{rs} y examinent présentement l'Aristippe de Balzac, et tout cet examen se réduit
à lui faire quelques misérables critiques sur la langue,
qui est juste l'endroit par où cet Auteur ne péche point. Du
reste, il n'y est parlé, ni de ses bonnes ni de ses méchantes
qualités. Ainsi, Monsieur, si dans la vostre il y a plusieurs
gens de vostre force, je suis persuadé que dans peu ce sera
à l'Académie de Lyon qu'on appellera des jugemens de
l'Académie de Paris. Pardonnés moi ce petit trait de satire,
et croyés que c'est de la manière du monde la plus sincère
que je suis, Monsieur, vostre, etc.

DESPRÉAUX.

XXI. — *Brossette à Boileau.*

A Lyon, ce 15 juin 1700.

Monsieur,

Je vois par la date de votre lettre que vous êtes présentement à Auteüil. Je souhaite que vous y jouissiez d'un repos

qui vous est nécessaire pour rétablir votre santé, et que vous ne trouveriez pas facilement à la ville.

Je suis bien aise que le livre que je vous ai envoyé, ait pu vous amuser quelques momens. Nos Libraires en impriment actuellement un autre sur une copie de Hollande. C'est un Traité qu'on attribue à M. Talon, intitulé : *De la puissance et de l'autorité des Rois sur l'Église*. Je n'ai vu que quelques morceaux de cet Ouvrage ; mais je vous le ferai voir tout entier dans peu de jours.

Depuis deux jours j'ai achevé la lecture de l'*Historia Flagellantium*, qui a tant fait de bruit depuis son impression. L'Auteur a eu raison de dire que c'est un ouvrage de plusieurs années ; car on ne peut recueillir plus exactement qu'il l'a fait, tout ce qui avoit été écrit au sujet de la *Discipline*, et de l'usage que les Dévots en ont fait jusqu'à présent. La voix publique donne cet ouvrage à Monsieur votre frère, ci-devant Doyen de l'Eglise Cathédrale de Sens, et aujourd'hui Chanoine de la Sainte Chapelle.

Notre Académie naissante est bien sensible aux bontés que vous lui témoignez. C'est un grand motif d'émulation pour nous, et nous devons regarder vos éloges comme d'utiles leçons.

Je ne sais si je vous ai mandé que l'année dernière M. Perrachon s'étoit retiré à Paris. Je viens d'apprendre qu'il a achevé de perdre le peu de raison qui lui restoit, c'est-à-dire qu'il y est devenu fou, mais fou dans les formes.

Vous trouverez dans ma lettre un imprimé de la troisième Loterie que notre Grand-Hôpital a ouverte. C'est cette Maison qui l'année passée s'avisa la première de faire de ces sortes de Loteries, qu'on a imité presque partout depuis ce temps-là. Au cas que vous ayez intention d'essayer ici ce que vous peut produire votre bonne étoile, vous pouvez être bien assuré de la fidélité de cette Loterie. Comme j'ai été député à Paris pour les affaires de cet Hôpital, je connois parfaitement la droiture et l'exactitude des Administrateurs. Ne serez-vous point tenté d'y prendre quelques billets? Pour moi, je ne désespererois pas de tirer quelque lot considérable, si j'étois de moitié avec vous en cette affaire. Faites-moi l'honneur de m'apprendre votre volonté là-dessus, et vous serez obéi avec l'empressement que vous me connoissez pour votre service.

Je suis, Monsieur, votre, etc.

BROSSETTE.

XXII. — *Boileau à Brossette.*

A Paris, 3e juillet 1700.

Je sçais bien, Monsieur, que ma lettre devroit commencer à l'ordinaire par des excuses de ce que j'ay esté si longtemps sans vous escrire; mais depuis que nous sommes en commerce ensemble, vous m'avés si bien accoustumé à recevoir le pardon de mes négligences, que je crois mesme pouvoir aujourd'hui impunément négliger de vous le demander. Ainsi laissant là tous les compliments, je vous dirai, avec la mesme confiance que si j'avois respondu sur le champ à vostre dernière lettre, qu'on ne peut pas vous estre plus obligé que je le suis de toutes vos bontés, et du soin que vous voulés bien prendre de m'enrichir en m'admettant dans vostre Lotterie; mais qu'ayant mis à plus de cent Lotteries depuis que je me connois, et n'ayant jamais veû aucun billet approchant du noir, je ne suis plus d'humeur à acheter des petits morceaux de papier blanc un Louis d'or la pièce. Ce n'est pas que je me deffie de la fidélité de M^rs les Directeurs de l'Hospital de vostre illustre Ville, qui sont tous, à ce qu'on m'a dit, des gens de la trempe d'Aristide et de Phocion ; mais je me deffie fort de la fortune, qui ne m'a pas jusqu'ici paru trop bien intentionnée pour les Gens de Lettres, et à qui je demande maintenant, non pas qu'elle me donne, mais qu'elle ne m'oste rien. Croiriés vous, Monsieur, que vous ne m'avés pas faict plaisir en me mandant le pitoyable estat où est à cette heure vostre pauvre Gentilhomme à la Tour antique. Après tout, quoique méchant Auteur, c'est un fort bon homme et qui n'a jamais faict de mal à personne, non pas mesme à ceux contre lesquels il a escrit.

Vous ne m'avés, ce me semble, rien dit dans vostre dernière lettre de vostre nouvelle Académie. En quel estat est-elle? Celle de Paris a enfin abandonné l'examen de l'Aristippe de Balzac, comme ne jugeant pas Balzac digne d'estre examiné par une Compagnie comme elle. Voilà une estrange ignominie pour un Auteur qui a esté, il n'y a pas quarante ans, les délices de la France. A mon avis pourtant, il n'est pas si méprisable que cette Compagnie se l'imagine, et elle auroit peut estre de la peine à trouver, à l'heure qu'il est, des gens dans son Assemblée qui le vaillent; car quoique ses beautés soient vicieuses, ce sont néanmoins des beautés ; au lieu que la pluspart des Auteurs de ce temps pèchent moins par avoir des défaux que par n'avoir rien de bon. Mandés moi ce que pense vostre Académie là-dessus. Excusés mes pataraphes et mes ratures, et croyés que je suis très-véritablement Monsieur, vostre, etc.

DESPRÉAUX.

M. Chanut, avec qui j'ay disné aujourd'hui chés moi, et bû à vostre santé, me charge de vous faire ses recommandations. Ne vous lassés point d'estre aussi diligent que je suis paresseux, et croyés que vos lettres me font un très-grand plaisir.

XXIII. — *Brossette à Boileau.*

A Lyon, ce 6 juillet 1700.

Dans ma dernière lettre, Monsieur, je m'engageai de vous envoyer le *Traité de l'autorité des Rois, touchant l'administration de l'Église*. Aujourd'hui je m'acquitte de ma promesse, et l'on vous remettra ce livre avec ma lettre dans un même paquet. Cet ouvrage est un recueil de plusieurs faits historiques touchant cette puissance temporelle des Rois, et l'auteur n'y a presque mis que la peine d'avoir ramassé ces faits, de les avoir rangés suivant la disposition de l'ouvrage, et enfin d'avoir lié tout cela par quelques réflexions. Comme ce livre peut vous être de quelque utilité dans vos fonctions historiques, j'ai cru qu'il ne falloit pas négliger cette occasion de vous servir. Je voudrois bien que nos libraires pussent me fournir quelque chose de plus utile, et de plus agréable. L'un d'eux vient de me faire voir une lettre écrite d'Amsterdam, par laquelle on lui mande que l'on est dans le dessein d'y faire une nouvelle édition de vos œuvres avec des notes, et surtout avec la conférence, et le parallèle des endroits d'Horace et de Juvénal, que vous avez imités. Mais que feront ces gens-là, sans les ecclaircissemens que vous avez eu la bonté de me donner sur vos ouvrages ? Je ne sais point comment ils se tireront d'affaire dans les notes : car elles doivent rouler sur des faits particuliers, qu'il n'est pas possible de savoir d'un autre que de vous même.

A l'égard des passages que vous avez imités, cette comparaison ne peut qu'être bien reçue, parce qu'il est toujours agréable de voir comment deux esprits se rencontrent, et les différens tours qu'ils donnent à la même pensée. D'ailleurs, cette comparaison vous fera beaucoup d'honneur, en faisant voir que vous avez partout surpassé vos modèles, et que vous êtes toujours original, lors même que vous imitez. Si j'apprends quelqu'autre chose sur ce sujet, j'aurai soin de vous en informer, en attendant que je puisse m'en entretenir avec vous, dans le premier voyage que je ferai à Paris, et dont je prépare l'exécution. Je vous fais de nouvelles protestations de l'attachement sincère et fidèle, avec lequel je serai toute ma vie, Monsieur, votre, etc.

BROSSETTE.

XXIV. — *Boileau à Brossette.*

A Auteuil, 12e juillet 1700.

Je vous escris d'Auteuil où je suis résident à l'heure qu'il est, ainsi je ne puis pas revoir vostre précédente lettre que j'ai laissée à Paris, et je ne me ressouviens pas trop bien de ce que vous me demandiés sur l'*Historia Flagellentium*. Je ne tarderai guère à y aller, et aussitost je m'acquitterai de ce que vous souhaittés. Pour ce qui est de la Lotterie, je vous ay faict response par la lettre que vous devés avoir reçeüe de moi, et vous y ay marqué le peu d'inclination que j'ay maintenant à donner rien aux hazards de la fortune, qui, à mon avis n'a déjà que trop de puissance sur nous, sans que nous allions encore lui donner de nouveaux avantages en lui portant notre argent. Si vous jugés néanmoins qu'on souhaitte fort à Lyon que je mette à cette Lotterie, je suis trop obligé à vostre ville pour lui refuser cette satisfaction, et vous pouvés y mettre quatre ou cinq pistoles pour moi, que je vous rendrai par la première voie que vous me marquerés. Je les regarderai comme données à Dieu et à l'Hospital. Je voudrois bien pouvoir trouver de nouveaux termes pour vous remercier du nouveau présent que vous m'avés faict ; mais vous m'en avés déjà faict tant d'autres, que je ne sçais plus comment varier la phraze. Il paroist ici une traduction en vers du Ier Livre de l'Illiade d'Homère, qui je croy va donner cause gagnée à M. Perrault, *Di magni, horribilem et sacrum libellum!* Je crois qu'en la mettant dans les seaux pour raffraîchir le vin, elle pourra suppléer au manque de glace qu'il y a cette année. En voilà le troisième et le quatrième vers. C'est au sujet de la colère d'Achille :

Et qui funeste aux Grecs fit périr par le fer
Tant de Héros. Ainsi l'a voulu Jupiter.

Ne voilà-t-il pas Homère un joli garçon? Cette traduction est cependant d'un fameux Académicien, et qui la donne, dit-il, au public pour faire voir Homère dans toute sa force. On me vient quérir pour aller à un rendés vous que j'ai donné. Ainsi vous trouverés bon que je me haste de vous dire qu'on ne peut pas estre plus que je le suis, Monsieur, vostre, etc.

DESPRÉAUX.

XXV. — *Brossette à Boileau.*

A Lyon, ce 16 juillet 1700.

Monsieur,

Il est arrivé cette fois que nos deux lettres se sont croisées, et que vous avez reçu mon paquet le même jour que votre lettre m'a été rendue. Si j'avois pu prévoir ce que

4

vous m'écrivez, je ne vous aurois pas parlé de notre Loterie. *Quod autem eo ludi genere te minime delectari significasti, nec committendum putasti, ut pecuniam tanto periculo exponeres, agnosco prudentiam tuam, quod nihil de rationibus tuis statuas, quod non sit periculo vacuum.* Voilà ce que mandoit autrefois le fameux Christophe de Longueil à un de ses amis, qui ne vouloit pas s'abandonner au hasard d'une loterie. Il y a bien de la sagesse à en user ainsi, surtout quand on a fait plusieurs expériences de son peu de bonheur. Ce que vous me dites du vôtre, Monsieur, au sujet des loteries, où vous n'avez jamais rien gagné, me confirme bien dans une observation que j'ai souvent faite, que ceux qui sont heureux par leur propre mérite, le sont rarement par le simple effet du hasard.

J'ai reçu des marques de votre souvenir par la visite que m'a faite, de votre part un Abbé Provençal, nommé M. de Mervezin. Il m'a donné un exemplaire d'un petit Poëme qu'il a fait *sur la Retraite*, dans lequel j'ai lu votre nom en deux endroits. Il m'a dit que vous aviez vu son ouvrage; par malheur ce n'est qu'après l'impression, et cette circonstance est fâcheuse pour lui. J'ai fait voir ces vers à notre petite Académie, et surtout je lui ai fait part de la dernière lettre que vous m'avez écrite, dans laquelle vous avez la bonté de vous informer comment vont nos Assemblées. Toute la compagnie a été extrêmement touchée de l'honneur que vous lui faites par une attention si obligeante : elle m'a recommandé fort précisément de vous bien témoigner sa reconnoissance; mais comment pourrois-je vous en bien marquer toute l'étendue? Je ne saurois faire mieux qu'en comparant les sentimens de tous ces Messieurs, à ceux que vous savez que j'ai sur votre compte. Je puis vous assurer, Monsieur, qu'il n'est aucun endroit au monde, où vous soyez plus estimé, et, si je l'ose dire, plus aimé, que dans le lieu de nos assemblées. L'endroit où nous les tenons est le cabinet de l'un de nos Académiciens; nous y sommes au milieu de cinq à six mille volumes, qui composent une bibliothèque aussi choisie qu'elle est nombreuse. Voilà un secours bien prompt et bien agréable pour des conférences savantes.

Comme nous sommes tous bons amis, nos assemblées respirent un certain air de liberté et de douceur, qui nous les fait aimer, qui les rend agréables, et qui fait que nous les trouvons toujours trop courtes, quoiqu'elles soient ordinairement très-longues. La dernière conférence fut employée à entendre la lecture d'un Poëme latin sur la Musique. Il est du même Auteur, que les deux Poëmes que je vous envoyai l'année dernière, sur l'Aimant et sur le Café.

Ce Poëme sur la Musique n'est pas encore dans sa perfection, et quand l'Auteur, qui est un de nos Académiciens, l'aura achevé, je vous en enverrai une copie. Vous y trouverez de la force, de la douceur, une noble imitation des Anciens; car, afin que vous le sachiez, notre Académie lutte autant qu'elle peut, contre le mauvais goût du *siècle*, et nous tenons tous pour l'Antiquité. Ce que vous me mandez au sujet de Messieurs de l'Académie Françoise est fort agréable; la prévention qu'ils ont en faveur de leur siècle, et peut-être de leur mérite particulier, les a portés d'abord à critiquer les Anciens; ensuite l'impuissance où ils ont été d'abaisser ces Grands Hommes, a contraint ces Messieurs à faire semblant de les mépriser. Cela est plutôt fait que de s'amuser à les attaquer dans les formes, contre un homme comme vous, qui les défend avec trop d'avantage et trop de succès.

Il est temps de finir cette lettre qui n'est que trop longue: Quand je vous écris, je ne quitte la plume qu'à regret. Je la quitte pourtant, de peur de vous ennuyer. Toutes vos lettres commencent par des excuses de votre négligence à m'écrire ; pour moi, je veux finir toutes les miennes par la prière que je vous ai déjà faite, de consulter votre loisir plutôt que l'empressement que j'ai de recevoir de vos lettres. Je ne vous ferai jamais là-dessus le moindre reproche, et je vous prie d'avoir pour vous la même complaisance. Je suis toujours sans réserve et sans exception, Monsieur, votre, etc.

BROSSETTE.

XXVI. — Brossette à Boileau.

A Lyon, ce 17 juillet 1700.

Monsieur,

Hier je vous écrivis une fort longue lettre, et voilà que j'en reçois une de votre part, à laquelle je fais réponse en peu de mots. Pour vous épargner la peine de revoir la lettre dans laquelle je vous parlois de l'*historia flagellantium*, je vous rappellerai ici ce que je vous en disois. Comme le Public attribue ce Livre à Monsieur votre Frère, je voulois vous prier de m'apprendre quelle est l'Eglise ancienne qu'il a voulu désigner dans sa Préface, par ces mots qui sont au commencement : *Dum in acte antiquissimæ Galliarum Ecclesiæ, cui nomen dederat, versaretur.* J'ai appris depuis ce temps-là que Monsieur votre Frère avoit été Doyen de l'Eglise Cathédrale de Sens.

A l'égard de la Loterie de notre Hôpital, j'y prendrai les billets que vous voulez bien y hasarder, et je vous les enverrai. Soyez bien persuadé que notre ville aura beaucoup de plaisir à entendre prononcer votre nom, surtout s'il est suivi de quelque lot considérable. Il faut que vous ayez de l'argent de cette ville, autrement que par votre rente, ou du moins, il faut que la fortune vous remplace ce que la politique vous a ôté par le retranchement des rentes.

Si la traduction du premier livre de l'Illiade est toute de la force des deux vers que vous m'en avez envoyé (*sic*), il faut que M. l'Abbé Regnier, qui, dit-on, en est l'Auteur, soit d'intelligence avec M. Perrault et avec ses autres Confrères Messieurs les Académiciens modernes. Vous verrez que ce n'est que pour mieux cacher son dessein, qu'il a dit qu'il vouloit faire voir Homère dans toute sa force. J'espère bien de voir au plutôt cette merveilleuse traduction, au hasard de me mettre à la glace jusqu'au cou; en tout cas, j'ai le correctif tout prêt; je me réchaufferai sur le champ par la lecture de votre Art Poétique, de votre Traité du Sublime, ou de quelque autre de vos Ouvrages. Il n'est point de glace, pas même de la plus moderne, qui soit à l'épreuve de ce feu-là.

Je suis, Monsieur, avec toute la chaleur et toute la sincérité possible, votre, etc.

BROSSETTE.

XXVII. — *Boileau à Brossette.*

A Paris, 29e juillet 1700.

Vous permettrés, Monsieur, qu'à mon ordinaire j'abuse de vostre bonté, et que je me contente de respondre en Lacédémonien à vos longues, mais pourtant très courtes et très agréables lettres. Je suis bien aise que vous m'ayés associé à vostre charitable et pécunieuse Lotterie; mais vous me ferés plaisir d'envoyer quérir au plutost les cinq pistoles que vous y avés mises en mon nom, parce qu'au moment que je les aurai payées, j'oublirai mesmes que je les aye eües dans ma bourse; et je me dirai avec Catulle :

Et quod vides periisse, perditum ducas, si l'on peut appeler perdu ce qu'on a donné à Dieu. Je suis charmé du récit que vous me faictes de vostre assemblée Académique, et j'attens avec grande impatience le Poëme sur la Musique, qui ne sçauroit estre que merveilleux, s'il est de la force des deux que j'ay déjà leûs. Faictes bien mes complimens à tous vos illustres Confrères, et dites leur bien que c'est à des Lecteurs comme eux que j'offre mes escrits : *doliturus si placeant spe deterius nostra.* On travaille actuellement à une nouvelle édition de mes Ouvrages; je ne manquerai pas de vous l'envoyer sitôst qu'elle sera faicte. Adieu, mon cher Monsieur, pardonnés mon laconisme à la multitude d'affaires dont je suis surchargé, et croiés que c'est du meilleur de mon cœur que je suis, Monsieur, vostre, etc.

DESPRÉAUX.

XXVIII. — *Brossette à Boileau.*

A Lyon, ce 1ᵉʳ septembre 1700.

Quand vous m'écrivites votre dernière lettre, Monsieur, vous ne pensiez pas sans doute que je dusse être un grand mois à vous faire réponse; je ne croyois pas non plus alors que je dusse être obligé de manquer à mon exactitude ordinaire; mais j'arrive d'un voyage, où j'ai demeuré beaucoup plus de temps que je n'avois résolu d'y en employer : *Quinque dies mihi pollicitus rure futurum, sextilem totum mendax desideror.* Je vous assure, Monsieur, que ce n'a pas été sans me reprocher à moi-même le fâcheux retardement, et sans compter souvent les jours que j'ai laissé passer sans vous écrire. Enfin, je suis arrivé aujourd'hui, et la première chose que je fais, après mon retour, est de vous envoyer les billets que j'avois pris pour vous à notre grande Loterie. J'ai été un peu plus ménager de votre argent que vous ne le pensiez; car je n'ai pris que quatre billets, dont il y en a deux sous votre nom tout seul; pour les deux autres billets, j'ai pris la liberté d'y faire mettre mon nom avec le vôtre; c'est-à-dire, Monsieur, que c'est une société.

J'ai bien cru que vous ne trouveriez pas mauvais que je me joignisse à votre bonne fortune pour ces deux billets, parce que je regarde comme un grand honneur d'avoir quelque chose de commun avec vous. Quand on tirera cette Loterie, ce qui sera dans peu de temps, j'aurai soin de vous avertir de ce qui se passera, et des lots que vous y aurez; vous en aurez en effet, Monsieur, si les souhaits des honnêtes gens de notre ville sont accomplis : il n'est personne, je dis personne qui soit plus estimé, plus honoré, ni plus aimé que vous l'êtes par nos bons Citoyens. Avant le voyage que j'ai fait, je montrai votre lettre à notre Assemblée Académique, qui témoigna une vive reconnoissance de votre souvenir, et de l'honneur que vous lui faites de penser à elle. Nous attendons avec une extrême impatience l'édition nouvelle de vos Ouvrages. Je me souviens que vous m'avez dit une fois à Paris, que votre dessein étoit de donner un autre ordre à cette nouvelle édition, c'est-à-dire, que vous mettriez ensemble toutes les Satyres, et que vous en feriez autant des douze Epîtres. Cette disposition me paroît naturelle, et même nécessaire. Vous ne m'avez rien mandé touchant votre dernière Satyre, sur le Faux Honneur. Je ne doute pas que vous ne la donniez au Public en même temps, et je sens déjà par avance une partie du plaisir qu'elle me fera, par le souvenir de celui qu'elle m'a fait autrefois, quand vous avez commencé à y travailler. Me sera-t-il permis de savoir quelles sont les autres augmentations que vous faites à cette nouvelle édition ?

J'ai vu la traduction d'Homère par M. l'Abbé Régnier, je

ne crois pas qu'il pût prendre une plus mauvaise route pour faire voir, comme il dit, Homère dans toute sa force. Plus j'y pense, moins je puis croire qu'il ait voulu agir de bonne foi; vous verrez, Monsieur, qu'il est secrètement du parti de M. Perrault; cela ne peut pas être autrement : je ne crois pas qu'on puisse lire une page sans avoir envie de rire.

L'arc et la trousse au dos, son mouvement rapide,
Fait cracqueter ses traits dans sa trousse homicide,
Consultons un Devin, un Prêtre, un Interprète
De songes, Car souvent, etc.

Car je ne prétends pas de nos travaux soufferts,
Seul n'avoir aucun prix ; et le mien je le perds.

Par ses beaux cheveux blonds, la Déesse Guerrière,
Visible pour lui seul, le saisit par derrière, etc.

Il faudroit que je fusse, interrompit Achille,
Bien indigne, bien lâche, et d'une ame bien vile
Pour te céder. Commande aux autres à ton gré;
A moi non : car jamais je ne t'obéirai, etc.

Tout cet endroit est admirable par son ridicule; et je le compare au Poëme fameux de la Magdelaine, que vous devez avoir vu : si vous ne l'avez pas, je vous l'enverrai. Nous avons vu cette traduction de M. Regnier, dans notre Assemblée, et nous avions le bon Homère sur le Bureau; quelle différence, Monsieur, entre l'original et la copie ! *Quærebamus Homerum in Homero.* Nous avons tous dit unanimement qu'il falloit changer le titre de ce Livre, et mettre : *Le premier Livre de l'Illiade en vers burlesques.*

J'apprends en ce moment par une lettre de Paris que M. Perrachon y est mort depuis huit jours. Par son Testament il a donné aux Jésuites de Lyon un fonds de six mille livres pour en employer tous les ans le revenu à augmenter leur Bibliothèque. Voilà sans doute la plus belle action de sa vie. Je suis, Monsieur, votre, etc.

BROSSETTE.

XXIX. — *Boileau à Brossette.*

A Paris, 8ᵉ septembre 1700.

Je souhaitterois, Monsieur, que ce fust par oubli que vous eussiés tardé à me respondre, parce que vostre négligence seroit une autorité pour la mienne, et que je pourois vous dire : *Tu igitur unus es ex nostris.* J'ay receû vos quatre billets de Lotterie, mais je voudrois bien que vous eussiés aussi receû mes quatre pistoles affin de n'y penser plus. Mandés moi donc par quelle voie je puis vous les faire tenir. Vous m'avés faict grand plaisir, d'associer mon nom avec le vostre, et il me semble que c'est déjà un commencement de fortune qui vaut mon argent. On ne peut estre plus touché que je le suis des bontés qu'on a pour moi dans vostre illustre Ville. Tesmoignés bien à vos Messieurs la reconnoissance que j'en ay, et asseurés les que, bien qu'il n'y ayt pas peut estre d'homme en France si Parisien que moi, je me regarde néanmoins comme un habitant de Lyon, et par la pension que j'y touche et par les honnestetés que j'en reçois. L'Édition dont vous me parlés dans vostre lettre est déjà commencée, et j'en ay reveû ce matin la sixième feuille. Toutes choses y seront dans l'ordre que vous souhaittés. L'Édition en grand sera magnifique, et on faict présentement trois nouvelles planches pour mettre au Lutrin dans la petite, où il y aura désormais une image à chaque Chant. *Le Faux Honneur* y fera la onzième Satire, et j'espère qu'Elle ne vous paroistra pas plus mauvaise que lorsque je vous en récitai les premiers vers. J'y parle de mon procès sur la noblesse d'une manière assés noble, et qui pourtant ne donnera, je crois, aucune occasion de m'accuser d'orgueil. Pour les autres ouvrages que j'ajouterai, je ne puis pas vous en rendre compte présentement, parce que je ne le sçais pas encore trop bien moi mesme.

Vos remarques sur l'Illiade de M. l'Abbé Régnier sont merveilleuses, et on ne peut pas avoir mieux conceu que vous avés faict toute la platitude de son stile. Est il possible qu'il ayt pû ne point s'affadir lui mesme en faisant une si fade traduction? O! que voilà Homère en bonnes mains! Les vers que vous m'en avés transcrits m'ont faict ressouvenir de ces deux vers de M. Perrin, qui commence ainsi la traduction du second Livre de L'Énéide, pour rendre :

Conticuere omnes, intentique ora tenebant.

Chacun se tût alors, et l'esprit rappellé
Tenoit la bouche close et le regard collé.

Voilà, si je ne me trompe, le modèle sur lequel s'est formé M. l'Abbé Régnier, aussi bien que sur ces deux vers de la Pucelle :

O grand cœur de Dunois, le plus grand de la terre,
Grand cœur qui dans lui seul deux grands amours enserre!

Je suis bien fasché de la mort de M. Perrachon, mais je ne sçaurois lui faire d'autre Epitaphe que ces quatre vers de Gombauld :

Colas est mort de maladie,
Tu veux que je plaigne son sort;

Que diable veux tu que je die?
Colas vivoit, Colas est mort.

Adieu, Monsieur, aimés moi toujours, et croyés que je suis parfaitement, vostre, etc.

DESPRÉAUX.

XXX. — *Brossette à Boileau.*

A Lyon, ce 20 septembre 1700.

Monsieur,

L'attention obligeante avec laquelle vous avez la bonté de m'écrire depuis quelque temps, commence à me faire perdre tout le mérite de mon exactitude : vous ne voulez rien me devoir en cette rencontre; et, quoique vous ayez déjà tant d'autres avantages sur moi, vous m'enviez encore celui d'être plus diligent que vous. Ne vous embarrassez point de me faire tenir l'argent que j'ai mis pour vous à notre Loterie, parce que je compte beaucoup sur votre bonheur, et j'espère que nous y ferons fortune. En ce cas-là, ce sera moi qui vous enverrai de l'argent.

Nous attendons ici avec impatience l'Édition de vos Ouvrages, avec les pièces nouvelles que vous y ajouterez; je m'en fais une grande idée sur l'ordre que vous y mettez, et sur les ornemens de gravure dont vous la faites embellir. Puisque vous y faites graver des planches nouvelles, je voudrois bien que vous fissiez changer le dessein de celle qui est au Traité du Sublime, dans laquelle il me paroît que la figure de l'Orateur (c'est sans doute Périclès) qui déclame devant tout ce peuple, n'a pas un air assez grand, ni assez majestueux pour donner une belle idée de cette éloquence sublime et victorieuse. La vivacité de cet Orateur est très-bien marquée par la foudre dont il est armé; mais il faudroit, ce me semble, que ce feu parût un peu plus dans la disposition, dans l'attitude, et dans les avantages qu'on devroit lui donner sur les personnes qui l'écoutent attentivement. L'effet surprenant de son discours doit aussi être exprimé sur le visage, et dans le maintien des Auditeurs.

Enfin il me paroît en général qu'il n'y a pas assez de feu, ni assez de vie, s'il est permis de parler ainsi, dans le dessein de cette estampe, non plus que dans la plupart des autres qui sont dans votre Livre. J'en excepte pourtant les trois planches du Lutrin, et surtout celle du troisième Chant, qui est mieux exécutée que les autres. Voilà mes réflexions, Monsieur, et c'est à vous de les rectifier. Je ne saurois assez vous exprimer l'empressement que cette édition excite parmi ceux de nos Citoyens, qui ont du goût et de la délicatesse.

On se divertit ici de la traduction de l'Illiade par M. Régnier. Je ne mets aucune différence entre cette traduction, et la Pucelle de Chapelain. Outre les deux vers que vous m'avez cités de ce dernier Poëme, avez-vous remarqué ceux-ci, qui sont au milieu du cinquième Livre?

> Du sourcilleux Château la ceinture terrible
> Borde un roc escarpé, hautain, inaccessible,
> Où mene un endroit seul, et de ce seul endroit
> *Droite* et *roide* est la *côte*, et le sentier étroit.

Dites-moi, je vous prie, Monsieur, si ce ne sont pas ces quatre vers qui vous ont servi de modèle pour faire ceux-ci, qui sont si fameux?

> Droits et roides Rochers, dont peu tendre est la cime,
> De mon flamboyant cœur l'âpre état vous savez,

Savez aussi, durs bois, par les hivers lavés,
Qu'holocauste est mon cœur pour un front magnanime.

Après une si belle et si naturelle imitation, je n'oserois vous parler des vers de l'abbé Perrin, qui, pour tourner *procumbit humi bos*, dit brutalement, *et tombe à bas le bœuf*. Mais tous ces gens-là n'étoient que des apprentis en comparaison de l'Auteur du Poëme que je vous envoie avec cette lettre. Il n'y a pas à choisir dans le Poëme de la *Magdelaine*, tout y est égal ; c'est un original incomparable. Je souhaiterois que vous ne l'eussiez pas encore vu, afin qu'il eût pour vous le charme de la nouveauté, outre celui du ridicule, c'est du vrai burlesque sérieux. En parcourant ce Livre, avant que de vous l'envoyer, *dupliciter delectatus sum* comme dit Cicéron, *et quod ipse risi, et quod intellexi te jam posse ridere*.

Aimez-moi toujours un peu, je vous prie, et croyez que que j'ai pour vous la tendresse la plus respectueuse.

Je suis, Monsieur, votre, etc.

BROSSETTE.

XXXI. — *Boileau à Brossette*.

Paris, 4° novembre 1700.

Je serois bien lasché, Monsieur, d'avoir souvent d'aussi bonnes excuses à vous faire de ma négligence que celles que j'ay aujourd'hui. Elles sont fondées sur une fièvre continue des plus ardentes qui m'a conduit en huict jours aux portes de la mort pourveu de tous mes sacremens. Il y a trois semaines que j'en suis sorti, mais je prens pourtant encore du quinquina qui, précédé de dix-huict grains d'hémétique m'a sauvé. Ainsi, Monsieur, vous trouverés bien que je ne vous escrive pas une longue lettre, et que je me contente de vous dire que je suis en vie et par conséquent vostre, etc.

DESPRÉAUX.

XXXII. — Brossette à Boileau.

A Lyon, ce 11 novembre 1700.

Monsieur,

Je pensois bien qu'il falloit que vous eussiez quelque affaire importante pour ne pas m'écrire, quand je voyois que vous demeuriez si long-temps sans me donner de vos nouvelles ; j'en ai reçu enfin, Monsieur, et si vous êtes fort heureux d'être hors du danger que vous avez couru, je ne le suis pas moins d'apprendre votre convalescence, en apprenant votre maladie. Je m'intéresse sans restriction à tout ce qui vous touche, et je m'y intéresse à tel point que je ne crains pas d'exagérer, en disant que je suis plus attaché à votre bien, à votre gloire, et à votre santé que vous ne l'êtes vous-même. Avec de semblables dispositions, vous pouvez juger de l'effet que votre dernière lettre a produit en moi : une extrême douleur de l'état dangereux où vous avez été, et une joie fort vive du retour de votre santé.

Tâchez de la bien rétablir, cette santé chère et précieuse ; et quand vous l'aurez rétablie, ayez soin de la conserver. Vous serez maintenant en état de donner quelques momens à la nouvelle édition de vos Ouvrages ; ayez la bonté, Monsieur, de m'en apprendre quelque chose, aussi bien que de la Satyre nouvelle du *Faux Honneur*. A propos de cette Satyre, l'on m'a dit que vous aviez demandé au Roi que M. de Valincour, à qui vous l'avez adressée, fut votre Associé à l'Histoire de S. M. Il me paroit que cet Académicien écrit d'une manière à faire souhaiter à un grand Roi de l'avoir pour son Historiographe. Le Discours qu'il avoit fait à sa réception à l'Académie françoise me retomba hier entre les mains, et je le relus avec beaucoup de satisfaction, non-seulement parce qu'il est parfaitement beau, mais encore, Monsieur, parce que vous n'y êtes pas oublié. *Si vous aviez à espérer une place plus honorable que celle que vous avez dans le Temple de la Gloire, ce qu'on dit de vous dans cet excellent Discours, seroit bien capable de vous y faire monter.* Voilà de quelle manière on en a parlé en Hollande, dans un Journal que nous voyons ici chaque mois, sous le titre de *l'Esprit des Cours de l'Europe*, dont l'auteur, quel qu'il soit, ne manque pas d'esprit, quoiqu'on lui puisse reprocher un peu trop d'affectation et de partialité.

Je fais imprimer ici le *Recueil des Arrêts de feu Monsieur le Président de Lamoignon*, et je prendrai la liberté au premier jour d'en donner avis à M. le Président de Lamoignon, son fils.

Au reste, je vous dois un remerciment particulier pour la dernière lettre que vous avez eu la complaisance de m'envoyer; car l'état où vous êtes, vous mettoit en droit de vous épargner cette peine. Écrivez-moi seulement quand vous le pourrez, sans vous fatiguer. Quelque courtes que soient vos lettres, je serai toujours content, pourvu qu'elles m'apprennent que vous vous portiez bien, et que vous me croyez aussi véritablement que je suis, Monsieur, vôtre, etc.

BROSSETTE.

XXXIII. — *Brossette à Boileau.*

A Lyon, ce 30 novembre 1700.

Monsieur,

L'intérêt que je prends à votre santé, me sollicite à vous en demander encore des nouvelles. Je ne saurois m'en tenir à la dernière lettre que je vous ai écrite sur ce sujet; et tant que je pourrai douter de votre parfait rétablissement, je serai dans un état violent et fâcheux, dont vous seul pouvez me tirer. Mandez-moi donc, Monsieur, que vous vous portez bien, si vous voulez me rendre toute ma joie. Une santé aussi foible et aussi délicate que la vôtre, est ennemie de la fatigue, et un homme de lettres doit, surtout après une maladie, se précautionner contre les dangereux attraits de l'étude; c'est-à-dire, que dans l'état où vous êtes, vous avez besoin de repos et de ménagement; ces deux mots valent mieux pour vous que tous les aphorismes d'Hippocrate.

Notre Loterie devoit commencer à se tirer le vingt de ce mois, mais ce projet n'a pas pu être exécuté, à cause de quelques difficultés qui sont survenues à ce sujet entre notre Lieutenant-Général, et le Lieutenant de Police, qui prétendent chacun avoir droit d'assister à la Loterie. On en fera l'ouverture dès que cette petite difficulté sera réglée, ce qui sera fait dans peu de jours. On croit que le Lieutenant-Général de Police aura la préférence, comme s'agissant d'une chose qui dépend de sa charge; en ce cas-là, son concurrent pourra bien s'en consoler par les justes et sincères applaudissements qu'il reçut ces jours passés à cause d'un excellent discours qu'il prononça à l'ouverture de nos Audiences. J'ai ouï peu de Harangues qui méritassent une place à côté de celle-ci. Il fit son caractère, en faisant celui du parfait Magistrat, et les couleurs dont il se servit, étoient assurément des plus vraies et des mieux employées; aussi son mérite n'est-il pas un mérite vulgaire.

Je prends la liberté de vous adresser une lettre pour la faire rendre à M. le Président de Lamoignon. Il ne la recevroit pas si agréablement d'une autre part que de la vôtre; et j'espère, Monsieur, que vous voudrez bien être encore cette fois mon introducteur auprès de lui. Je lui envoie, comme vous verrez, la première feuille des *Arrêtés*, de feu Monsieur son père, afin qu'il sache du moins sous quelle forme doit paroître cet ouvrage, dont il a eu la bonté de me donner la copie. Pardonnez-moi, s'il vous plaît, la peine que je vous donne, je me la reproche bien; mais je compte beaucoup sur votre indulgence, et vous devez compter absolument sur l'attachement très-sincère, avec lequel je suis, Monsieur, votre, etc.

BROSSETTE.

XXXIV. — *Boileau à Brossette.*

A Paris, 6 décembre 1700.

Je suis ressuscité, Monsieur, mais je ne suis pas guéri, et il m'est resté une petite toux qui ne me promet rien de bon. La vérité est pourtant que je ne laisse pas de me remettre, et que ce n'est pas tant la maladie qui m'a empesché de respondre sur le champ à vos deux lettres, que l'occupation que me donnent les deux éditions qu'on faict tout à la fois en grand et en petit de mes ouvrages, et qui seront achevées, je croy, avant le caresme. J'ay envoié sur le champ vostre lettre cachetée à M. de Lamoignon; mais en la cachetant, je n'ay pas songé que vous me priés de la lire, et je ne l'ay en effect point lue; ainsi je ne puis pas vous donner conseil sur vostre Préface. Cela est fort ridicule à moi; mais il faut que vous excusiés tout d'un poëte convalescent et emploié à faire réimprimer ses poésies. Du reste vous verrés mon exactitude par la prompte response qu'il vous a faicte, et que vous trouverés dans le mesme paquet que celui de ma lettre. Je ne suis pas fort en peine du temps où se tirera vostre Lotterie, et je ne suis pas assés fou pour me persuader qu'en quatre coups j'amenerai rafle de six. Ce qui m'embarrasse, c'est comment je vous ferai tenir les quatre pistoles que je vous dois, et que j'aurois bien voulu vous donner avant que la Lotterie fust tirée, c'est-à-dire, avant que je les eusse perdues; faites moi donc la faveur de me mander ce qu'il faut faire pour cela. Adieu, Monsieur, trouvés bon que pour proffiter de vos bons conseils grecs et françois, je ne m'engage point dans une longue lettre, et que je me contente de vous dire très laconiquement et très sincèrement que je suis, Monsieur, vostre, etc.

Despréaux.

XXXV. — *Brossette à Boileau.*

A Lyon, ce 2 janvier 1701.

Monsieur,

Vous trouverez dans ce paquet la liste des lots qui ont été tirés dans notre Loterie, depuis qu'elle a été ouverte. Le premier et le second lot sont sortis dès le commencement; ainsi, Monsieur, voilà nos espérances diminuées de dix mille pistoles en deux coups de fortune; cependant, sur ce que vous m'avez écrit là-dessus, je conçois bien que vous seriez plus surpris, s'il vous y arrivoit quelque lot, que vous ne serez fâché s'il ne vous en vient point du tout.

Faites-moi savoir si vous voulez que je continue à vous envoyer la liste, à mesure qu'on l'imprimera; peut-être enfin y trouverez-vous votre nom, et nous ne devons désespérer de rien. Quoi que vous en puissiez dire, j'attends beaucoup de votre bonne fortune, et j'y ai plus de confiance que vous n'y en avez vous-même.

Souvenez-vous, Monsieur, que vous nous promettez la fin de vos deux éditions au commencement du carême. C'est la plus agréable nouvelle que vous puissiez nous donner; les termes d'empressement et d'impatience n'expriment pas assez la forte envie que nous avons de voir tout cela; vous entendez bien que je vous parle au nom de tous nos savants citoyens; car je trouve partout leurs sentiments semblables aux miens à votre égard. La librairie ne nous donne rien ici de nouveau qui mérite de vous être envoyé. Nous avons seulement quelques exemplaires d'une lettre écrite contre l'*Historia Flagellantium*. En vérité, l'auteur de cette lettre mériteroit bien que l'on renouvelât sur son dos l'usage salutaire de la discipline correctrice, et que quelque gros moine bien vigoureux, et bon flagellant *de ejus corio juste ac vehementer luderet*, selon les termes du livre.

Nous recommençâmes hier nos assemblées qui avoient été interrompues depuis les vacances; la conversation nous jetta d'abord, je ne sais comment, sur votre ode qui fut lue avec plaisir, et admirée de bonne foi; quand nous fûmes à l'endroit où vous parlez de la plume que le roi porte sur son chapeau, je fis remarquer à la compagnie que les Égyptiens avoient autrefois un dieu, qui portoit aussi sur la tête une plume royale. Je leur fis voir cette observation dans Eusèbe (*lib. III Præparationis Evangelicæ, cap. 2*), qui dit que ce dieu appelé Κνήφ, étoit de figure humaine, portant un sceptre, et ἐπὶ τῆς κεφαλῆς πτεροῦ βασιλείου φέρει ἱμάτιον. M. Cuper, dans son Harpocrate, parle aussi de ce dieu Cneph, et dit page 34 : *Quod* πτερῶν *non sunt alæ verum insigne regium, ex primis vel plumis avium, etc.* Cette remarque et plusieurs autres réflexions qu'on fit à ce sujet sur votre belle ode, nous menèrent bien loin, et nous ne la quittâmes qu'à regret. Il m'en arrive autant toutes les fois que je rencontre quelque chose qui a du rapport avec vous; vous vous en êtes sans doute apperçu dans toutes mes lettres, qui sont toujours plus longues que de raison.

Je serai toujours avec l'attachement le plus tendre, et de la meilleure foi du monde, Monsieur, votre; etc.

BROSSETTE.

XXXVI. — *Boileau à Brossette.*

A Paris, 18e janvier 1701.

Un nombre infini de chagrins, des restes de maladie, beaucoup d'affaires, et ma nouvelle édition, sont cause que j'ay tardé si long-temps à faire response à vostre dernière lettre. Je vous asseure pourtant, Monsieur, que ce n'est pas faute de l'avoir leüe avec beaucoup de plaisir. J'admire la solidité que vous jettés dans vos conférences Académiques, et je voy bien qu'il s'y agit d'autre chose que de sçavoir s'il faut dire : *Il a extrémement d'esprit*, ou *il a extrémement de l'esprit.* Il n'y a rien de plus joli que vostre remarque sur le Dieu *Cneph*, et je ne sçaurois assés vous remercier de cette autorité que vous me donnés pour la métamorphose de la plume du Roi en Astre. Je me doute bien que vostre Lotterie est tirée à l'heure qu'il est, et je ne doute point qu'elle n'ayt esté pour moi la mesme que toutes celles où j'ay mis jusqu'à cette heure, c'est-à-dire, très dénuée de bons billets, dont je ne me souviens point d'avoir jamais veu aucun. Ainsi vous pouvés bien juger que je n'aurai pas grand'peine à me consoler d'une chose dont je me suis déjà consolé tant de fois. Prenés donc la peine de m'envoier quérir les quatre pistoles perdues, et que je regarde pourtant comme mises à profit, puisqu'elles m'ont procuré plusieurs fois l'honneur de recevoir de vos nouvelles. Je suis avec toute la reconnoissance que je dois, Monsieur, vostre, etc.

Despréaux.

XXXVII. — *Brossette à Boileau.*

A Lyon, ce 5 février 1701.

Monsieur,

Ma réponse auroit suivi votre lettre de plus près, si je n'avois attendu pour vous écrire, que je pusse vous envoyer la liste générale des lots qui ont été tirés dans notre Loterie. Vous verrez par cette liste que ni vous ni moi n'avons été du nombre des heureux; ainsi vous avez été meilleur Prophète que moi qui vous promettois un lot considérable; mais la fortune n'a pas secondé mes bonnes intentions. Je suis bien aise que la remarque de la plume royale du Dieu Cneph vous ait pu faire plaisir; quand je ne devrois que cela à nos Assemblées Académiques, je les aimerois beaucoup; nous les continuons avec assez d'exactitude, et quoique nous ne soyons pas plus de sept personnes, je puis dire que nos conférences sont assez bien remplies. Les dernières ont été employées à examiner l'hypothèse de M. Descartes, pour expliquer les effets de l'Aimant; elle a été bien défendue contre l'opinion de MM. Huygens, Hartsoëker et quelques autres qui n'admettent qu'un seul cours de la matière Magnétique. Ces conférences ont été tenues au sujet d'un écrit composé ces jours passés sur l'Aimant, par M. de Puget, l'un de nos Académiciens, pour répondre à quelques objections qui lui ont été faites par un Physicien de Paris contre l'hypothèse de M. Descartes. Je vous prépare une copie de ce petit Traité pour vous l'envoyer à la première occasion; vous y trouverez autant de force et d'exactitude qu'on en peut souhaiter; aussi ce M. de Puget est peut-être l'homme du monde qui connoît mieux l'Aimant; il est renommé et cité pour tel par la plupart des Physiciens de ce temps. Je crois vous en avoir déjà dit quelque chose dans mes précédentes lettres, et c'est lui à qui est adressé le Poème latin de l'Aimant, que je vous ai envoyé autrefois.

Ce que vous trouverez dans l'écrit que je vous ferai tenir dans peu de jours pourra vous confirmer dans la pensée avantageuse où vous êtes, que nous ne perdons pas tout à fait le temps dans nos conférences, et qu'elles ne sont pas employées à examiner s'il faut dire : *Il a extrêmement d'esprit*, etc. Ce n'est pas que nous négligions la pureté du langage; mais nous n'en faisons pas le sujet principal de nos entretiens.

Et vos deux nouvelles éditions, quand les verrons-nous? Voilà quel sera le refrein de toutes mes lettres, jusqu'à ce que vous ayez satisfait notre empressement. Cependant, Monsieur, ménagez-vous, vous savez combien votre santé m'est chère, premièrement pour vous-même, ensuite pour vos amis et pour le Public. On ne peut rien ajouter à l'empressement tendre, sincère et respectueux avec lequel je veux être toujours, Monsieur, votre, etc.

BROSSETTE.

XXXVIII. — *Boileau à Brossette.*

A Paris, 20° mars 1701.

Il me semble, Monsieur, qu'il y a assés longtemps que nous sommes amis pour n'en estre plus l'un avec l'autre à ces termes de respect que vous me prodigués dans vostre dernière lettre. Par quel procédé ridicule puis-je me les estre attirés, et suis-je à vostre égard ce *Sextus* de Martial, à qui il disoit : *Vis te, Sexte, coli, volebam amare ?* Je serois bien fasché, Monsieur, que vous en usassiés avec moi de la sorte, et je ne me consolerois pas aisément de la métamorphose d'un ami aussi commode et aussi obligeant que vous, en un courtisan aussi respectueux. Ainsi, Monsieur, sans vous rendre complimens pour complimens, trouvés bon que je vous dise très familièrement que si j'ay esté si long-temps à respondre à vos dernières lettres, c'est que j'ay esté malade et incommodé, et que je le suis encore : que c'est ce qui faict que je ne vous escris que ce mot pour vous faire ressouvenir de la passion avec laquelle je suis, Monsieur, vostre, etc.

DESPRÉAUX.

Faictę moi la faveur de me mander par quelle voie je pourai vous envoier ma nouvelle Edition qui voit le jour avec succès. Mais surtout faictes moi sçavoir à qui vous voulés que je donne l'argent que vous avés déboursé pour moi à vostre peu heureuse Lotterie. Je l'ay mis à part, et j'estois consolé de sa perte avant que de l'avoir perdu.

XXXIX. — *Brossette à Boileau.*

A Lyon, ce 26 mars 1701.

Monsieur,

Les reproches que vous me faites par votre lettre sont bien obligeants : il est vrai que j'ai pour vous un respect très-sincère ; mais il est inséparable de l'amitié que je vous dois et que vous méritez si bien. Vous ne sauriez condamner l'un, sans désapprouver l'autre en quelque manière; ainsi, Monsieur, permettez-moi de vous aimer toujours avec une tendresse bien vive, mais bien respectueuse, et laissez à mon cœur le soin de concilier tous ces sentiments : *Et te, Sexte, colam ; et te, Sexte, amabo.*

L'empressement que j'ai de voir votre nouvelle édition, me fait hâter de vous écrire, pour faire partir, s'il se peut, cette lettre par le courrier d'aujourd'hui. Je vous remercie par avance de votre livre : vous pourrez le faire porter chez M. Robustel, libraire dans la rue Saint-Jacques, qui aura soin de me l'envoyer, à l'adresse de M. Boudet, son correspondant, libraire de cette ville.

A l'égard des trois pistoles que j'ai mises pour vous à notre malheureuse Loterie, je vous avoue que je ne voudrois pas que vous me les rendissiez, parce que je suis la cause que vous les avez perdues, et que sans moi vous ne pensiez point à les risquer. N'est-il pas juste que je supporte tout seul cette perte, puisque c'est moi qui vous y ai engagé en sollicitant votre complaisance? Ainsi, Monsieur, ne soyez plus en peine pour cette bagatelle : songez bien plutôt à rétablir votre santé, elle m'est plus chère que je ne saurois vous dire, et je suis avec tout l'attachement possible, Monsieur, votre, etc.

BROSSETTE.

XL. — *Boileau à Brossette.*

A Paris, 30ᵉ mars 1701.

Je vous envoie, Monsieur, l'édition de mon livre par la voie que vous m'avés marquée, et je vous aurois aussi envoié les trois pistoles dont vous ne voulés point, si je n'avois eu peur de quelque équivoque. J'admire vostre magnificence ; mais permettés moi de vous faire ressouvenir, que je ne suis pas si mal dans la fortune, que je ne puisse porter, sans mesme avoir besoin de relire Sénèque ni Épictète, une aussi médiocre perte que celle que j'ay faicte à vostre Lotterie. J'ay lû avec beaucoup de plaisir les vers latins que vous m'avés envoiés. Ils sont très beaux, et l'auteur, à mon avis, n'auroit couru aucun risque, si vostre ville avoit les mesmes coustumes qu'autrefois, et s'il les avoit fallu lire *Luyduninsim ad aram*. Mon édition réussit mieux que je ne croiois. J'y ay mis, comme vous verrés, jusqu'à des bagatelles que j'ai faictes avant l'age de dixhuict ans. Lisés les avec des yeux d'amis, et croiés que c'est très sincèrement que je suis du fond de mon cœur, vostre, etc.

Despréaux.

La nouvelle édition en petit, paroistra avant trois semaines, et je vous l'enverrai aussi dès qu'elle sera faicte.

XLI. — *Brossette à Boileau.*

A Lyon, ce 1ᵉʳ mai 1701.

Monsieur,

Cette lettre est uniquement pour vous remercier du beau présent que vous m'avez fait en m'envoyant un exemplaire de votre nouvelle édition. Je ne vous ai pas écrit là-dessus aussitôt que je l'aurois pu, parce que je me suis voulu donner le temps, non pas de parcourir simplement votre livre, mais de le relire tout entier. Vos anciens ouvrages m'ont paru tout nouveaux, et les nouveaux m'ont paru aussi beaux que les anciens. Vous êtes toujours le même, Monsieur, et si vous ne disiez pas dans votre préface que vous avez vieilli, on ne le connoîtroit point dans vos ouvrages.

Je me suis particulièrement arrêté sur votre dernière satyre, qui est la onzième. La morale en est admirable; on ne trouvera pas ailleurs une pièce plus remplie de sens, ni plus soutenue de belles maximes. Il ne faut pas que personne s'avise de faire des portraits après celui que vous avez renfermé dans ces six vers :

« En vain ce faux Caton, etc.
Ou : « Ce Misanthrope aux yeux tristes et sombres, etc. »

Il n'y a pas là un mot qui ne porte un trait. Quelle force et quelle vérité! C'est un tableau du Titien.

Mais ce que j'ai lu avec le plus de plaisir, c'est la Lettre ingénieuse que vous avez écrite à M. Perrault après votre réconciliation. Je ne sais pas, Monsieur, s'il s'est beaucoup applaudi de cette réparation : quant à moi, je la trouve fort équivoque, et elle me fait souvenir de ce que vous disoit un jour M. le président de Lamoignon, que vos réparations étoient plus à craindre que vos injures.

Les premiers jours de ce mois M. le duc de Bourgogne, et M. le duc de Berry passèrent par Lyon au retour du voyage qu'ils ont fait sur la frontière, pour accompagner le roi d'Espagne leur frère. Ils ont séjourné ici depuis le 9 jusqu'au 13, et pendant ce temps notre ville s'est fort empressée à leur donner des fêtes et des amusements, dont je veux vous faire le récit. Mais c'est un détail dont je ne chargerai pas cette lettre; je vous l'enverrai séparément par un de mes amis qui doit partir demain pour Paris, et qui a bien envie de vous voir,

Il vous remettra aussi le dessin gravé d'une petite machine représentant un support d'ivoire, sur lequel des pierres d'aimant diversement disposées, font voir les principaux effets de la vertu magnétique; ce qui est expliqué dans un petit cahier imprimé. Dès qu'il s'agit d'aimant, vous jugez bien que cela doit regarder M. de Puget notre maître. C'est lui qui a inventé cette machine, et qui l'a fait exécuter fort proprement, comme vous le reconnoîtrez par l'estampe que je vous envoie de sa part. Vous savez déjà que ce sont les expériences et les jeux magnétiques de M. de Puget qui avoient inspiré au P. Fellon le poëme latin de l'*Aimant*, dont je vous ai fait présent autrefois. Je suis, Monsieur, vôtre, etc.

BROSSETTE.

XLII. — *Boileau à Brossette.*

A Paris, 16e may 1701.

Je suis si coupable envers vous, et j'ay tant de pardons à vous demander, que vous trouverés bon que je ne vous en demande aucun, et que je me contente de vous dire ce que disoit le bonhomme Horace à son ami Lollius : *Vous avés acheté en moi, par vos bontés et par vos présens, un serviteur très imparfaict et très mal propre à s'acquitter des devoirs de la vie civile ; mais enfin vous l'avés acheté, et il le faut garder tel qu'il est. Prudens emisti vitiosum, dicta tibi est lex.* Mes excuses ainsi faictes, je vous dirai, Monsieur, que j'ay leû avec grand plaisir l'exacte Relation que vous m'avés envoiée de la réception de nos deux jeunes princes dans vostre illustre ville, et que je ne l'aurois pas, à mon sens, mieux veu cette réception, quand j'aurois été à la meilleure fenestre de vostre hostel de ville. L'excessive dépense qu'on y a faicte, m'a paru d'autant plus belle que j'ay bien reconnu par là qu'on ne sera pas fort embarrassé chés vous de payer la capitation. J'en suis fort aise, et je croy qu'on n'est pas moins joyeux à la cour. Vostre tableau des effects de l'aimant m'a esté rendu fort fidellement et en très bon estat, et j'en ay faict un des plus beaux et des plus utiles ornemens de mon cabinet. *Omne tulit punctum qui miscuit utile dulci.* Si vostre Académie produit souvent de pareils ouvrages, je doute fort que la nôtre avec tout cet amas de proverbes qu'elle a entassés dans son Dictionnaire, puisse lui estre mise en parallèle, ni me fasse mieux concevoir à la lettre A, ce que c'est que la vertu de l'aimant, que je l'ay conceû par vostre tableau.

Je suis bien aise que vous soyés content de ma dernière édition. Elle réussit assés bien ici, et contre mon attente, elle trouve beaucoup plus d'acheteurs que de censeurs. Elle va bientost paroistre en petit, en deux volumes, que je me donnerai l'honneur de vous envoier. J'espère par ce présent adoucir un peu le juste ressentiment que vous devés avoir de mes négligences, et vous faire concevoir à quel poinct, quoique très paresseux, je suis, Monsieur, vostre, etc.

Despréaux.

Faictes moi la faveur de m'escrire au plutost en quelles mains vous voulés que je remette les trois pistoles que vous sçavés. Elles m'importunent dans ma cassette où je les ay mises à part, et où en les voiant, je me dis sans peine tous les jours : *Quod vides perijsse perditum ducas.*

XLIII. — *Brossette à Boileau.*

A Lyon, ce 6 juin 1701.

Monsieur,

Quoique vous n'ayez pas nommé M. de Puget dans la dernière lettre que vous m'avez fait l'honneur de m'écrire, je n'ai pas laissé de recevoir en son nom les compliments que vous y avez mis, et de lui porter vos remerciments, à cause du tableau magnétique que je vous ai envoyé de sa part.

Je crois vous avoir mandé, Monsieur, que votre nouvelle édition fait ici l'empressement de tous les honnêtes gens. L'exemplaire que vous m'avez envoyé, est moins à moi qu'au public. Je n'ai pu refuser de le faire voir à mes amis, qui me félicitent tous de l'amitié dont vous m'honorez; mais je n'ose leur témoigner toute la reconnoissance que j'en ai, de peur qu'ils ne croient que ma vanité y a la principale part. J'ai été bien aise d'apprendre par votre livre que l'on avoit fait une traduction en portugais de votre *Art poétique*. Je sais bon gré à M. le comte d'Ericeyra d'avoir fait un choix qui marque tant de goût et tant d'esprit. La lettre de remerciment que vous lui avez écrite, doit lui avoir fait beaucoup de plaisir, et un homme remercié de cette manière, doit être bien content de lui et de vous, c'est-à-dire, de son ouvrage et de vos louanges. Vous connoissez depuis longtemps quelle est ma curiosité; vous avez même la complaisance de la flatter et de l'entretenir; ainsi, Monsieur, je ne craindrai pas de vous demander une copie de la traduction portugaise, et des vers françois que ce seigneur vous a envoyés. Apprenez-moi aussi, je vous prie, depuis quel temps vous avez reçu cette traduction, car votre lettre est sans date, aussi bien que les autres qui sont dans le recueil de vos ouvrages. Voilà pour commencer les éclaircissements que j'attends de vous, sur votre dernière édition ; je vous proposerai dans la suite mes autres questions, auxquelles vous répondrez à votre grand loisir. Vous pourrez m'envoyer votre édition en petit par la même voie de M. Robustel. Je suis, Monsieur, votre, etc.

BROSSETTE.

XLIV. — *Boileau à Brossette.*

A Paris, 12ᵉ juin 1701.

Monsieur,

Il y a du mal entendu dans nôtre commerce de lettres, et il ne faut pas s'estonner si je n'ay point nommé M. Puget dans la dernière lettre que je me suis donné l'honneur de vous escrire, puisque j'ay receû sa machine magnétique de vostre part, sans que vous m'ayés mandé qu'il en estoit l'auteur. La vérité est qu'aujourd'hui, en arrivant d'Auteuil, une espèce de valet de chambre m'a apporté une lettre de vostre façon dattée du premier may, mal cachetée, et extrêmement frippée, où vous me parlés de M. Puget, et vraisemblablement c'est celle qui devoit accompagner son présent, puisque cette lettre en faict les honneurs. Vous voyez donc bien, Monsieur, que ce n'est point ma faute si je ne l'ay point remercié lui mesme dans la dernière lettre que vous avés receue de moi, puisque je ne sçavois pas qu'il estoit l'auteur de la machine, et que c'estoit lui à qui je devois le plus bel ornement de mon cabinet. Faictes lui donc bien mes excuses et mon apologie. Je vous escrirai plus au long sur cela et sur les autres choses dont vous me parlés. Je vous enverrai par M. Robustel mon édition en petit avec les trois pistoles que je vous dois. En attendant je vous prie de croire que c'est du fond du cœur que je suis, Monsieur, vostre, etc.

DESPRÉAUX.

Mon édition en petit ne sçauroit estre preste que dans dix ou douze jours. Ainsi, ne soiés pas surpris, si vous ne la recevés pas plutost.

XLV. — *Boileau à Brossette.*

A Paris, 10° juillet 1701.

Je différois, Monsieur, à vous escrire jusqu'à ce que l'édition de mes ouvrages en petit fust faicte, affin de vous l'envoier en mesme temps avec l'argent que je vous dois; mais comme cette édition a esté plus lente à achever que je ne croiois, et qu'elle ne sçauroit estre encore preste de huict ou dix jours, j'ay creu que vous auriés sujet de vous plaindre, si j'attendois qu'elle parust pour vous remercier des lettres obligeantes que vous m'avés faict l'honneur de m'escrire, et pour vous donner satisfaction sur la chose dont vous souhaittés d'estre éclairci. Je vous dirai donc, Monsieur, qu'il y a environ quatre ans que M. le comte d'Ericeyra m'envoia la traduction en portugais de ma Poétique, avec une lettre très obligeante et des vers françois à ma louange : que je sçais assés bien l'espagnol, mais que je n'entends point le portugais, qui est fort différent du castillan, et qu'ainsi, c'est sur le rapport d'autrui que j'ay loué sa traduction ; mais que les gens instruits de cette langue, à qui j'ay montré cet ouvrage, m'ont asseuré qu'il estoit merveilleux. Au reste, M. d'Ericeyra est un seigneur des plus qualifiés du Portugal, et a une mère qui est, dit-on, un prodige de mérite. On m'a montré des lettres françoises de sa façon, où il n'est pas possible de rien voir qui sente l'étranger. Ce qui m'a plû davantage, et de la mère et du fils, c'est qu'ils ne me paroissent ni l'un ni l'autre entestés des pointes et des faux brillans de leur pays, et qu'il ne paroist point que leur soleil leur ayt trop eschauffé la cervelle. Je vous en dirai davantage dans la lettre que je vous escrirai en vous envoiant ma petite édition, et peut-estre vous enverrai-je aussi les vers françois qu'il m'a escrits. Mille remercimens à M. Puget de ses présens et de ses honnestetés. Cependant, permettés moi de vous dire que je romprai tout commerce avec vous, si je vois plus dans vos lettres ce grand vilain mot de Monsieur au haut de la page, avec quatre doigts entre deux. Sommes nous des ambassadeurs pour nous traiter avec ces circonspections, et ne suffit-il pas entre nous de *Si vales bene est, ego autem valeo?* Du reste, soyés bien persuadé qu'on ne peut estre plus que je le suis, Monsieur, vostre, etc.

Despréaux.

XLVI. — *Brossette à Boileau.*

A Lyon, ce 18 juillet 1701.

Hé bien, Monsieur, puisque vous ne voulez plus voir ce grand vilain mot au haut de la page, je vous obéis. La menace que vous me faites de rompre tout commerce avec moi, me rend docile, et je vous avoue qu'avec de semblables paroles, vous me ferez toujours faire tout ce qu'il vous plaira; votre dernière lettre mérite seule toute ma reconnoissance. J'admire la bonté avec laquelle vous entrez dans le détail des éclaircissemens que je vous demande; ceux que vous me donnez au sujet de M. le comte d'Ericeyra, comprennent tout ce que je voulois savoir de lui, et de sa traduction. A l'égard des vers qu'il vous a écrits, vous me dites que peut-être vous me les enverrez. Mais, Monsieur, gardez-vous bien de mettre cela en délibération, ni en doute, car je vous les demande avec instance, et je compte bien que vous aurez encore la complaisance de ne me les pas refuser. Je crois même que je vous ai demandé aussi une copie de la traduction qu'il a faite de votre *Art poétique*, et je redouble ici cette prière. Mais, supposé qu'il vous parût trop long de la faire transcrire, vous pourrez m'envoyer l'original, sur l'assurance que je vous donne de vous le renvoyer incessamment, et de ne pas faire comme cet ami peu soigneux, dont vous parlez dans votre Préface, qui vous a égaré une partie de ce poëme. Cependant, si ma demande vous fait quelque peine, je vous prie de n'y avoir aucun égard; car je ne voudrois pas passer dans votre esprit pour un demandeur indiscret, bien moins encore pour un ami incommode : ma délicatesse sur ce point va jusqu'à me savoir mauvais gré des moindres peines que je vous donne, et je me les reprocherois bien davantage, Monsieur, si je n'étois pas assuré que celles que vous prenez en m'écrivant toujours quelque chose de nouveau, ne demeureront pas inutiles, et ne seront pas tout à fait perdues. Cette pensée me donne un peu plus de hardiesse pour continuer à vous proposer mes petites difficultés, selon l'ordre de vos Ouvrages.

Dans votre Satyre onzième, je remarque deux portraits, et je me souviens bien de ce que vous m'avez appris, autrefois, touchant le premier :

En vain ce faux Caton,
Aux yeux tristes et sombres, etc.

Le second portrait se trouve à la fin de la page 101.

J'entends un faux chrétien mal instruit, mal guidé, etc.

Je ne vous demande rien sur celui-là, car je pense avoir attrapé l'original que vous copiez, et à qui vous levez le masque : je crois bien que je ne me trompe pas dans ma conjecture.

M. de Puget est bien aise de vous avoir fait un présent qui lui attire des remercimens aussi obligeans que les vôtres. Mais rien n'approche du plaisir que je me fais moi-même d'avoir un ami tel que vous, si je puis du moins me rendre digne de votre amitié par l'estime la plus parfaite avec laquelle je suis, Monsieur, votre, etc.

BROSSETTE.

XLVII. — *Boileau à Brossette.*

A Paris, 8e aoust 1701.

Je vous demande pardon, Monsieur, si j'ay esté si long-temps sans respondre à vos dernières lettres, mais j'ay creu devoir attendre à m'acquitter de ce devoir que ma dernière édition fût achevée, affin de vous envoier en mesme temps mon livre, avec les trois pistoles que je vous dois. Cela m'a mené plus loin que je ne pensois, parce que mes libraires ont esté bien aises d'avoir vendu l'édition en grand, avant que de débiter celle en petit. Ils en sont venus à bout, et je ne sçaurois assés admirer la folie du public qui leur a esté porter son argent, et qui a épuisé cette édition, qui est bien la quarentième, en trois mois de temps. Je vous conseille donc, Monsieur, de garder soigneusement le volume en grand que vous avés, parce que vraisemblablement il deviendra dans peu fort rare, et par conséquent fort cher. M. Robustel doit vous faire tenir la petite avec les trois pistoles dont est question, et je m'en vais les lui envoier par mon valet de chambre, qui a ordre de retirer

Boileau Despréaux à Brossette.

Je vous demande pardon Monsieur si j'ay esté si longtemps sans respondre a vos dernieres letres mais j'ay creu devoir attendre a m'acquitter de ce devoir que ma derniere edition fût achevée affin de vous envoier mon Livré en mesme temps avec les trois pistoles que je vous dois. Cela m'a mené plus loin que je ne pensois parce que mes Libraires ont esté bien aises d'avoir vendu l'Edition en grand avant que de debiter celle en petit. Ils en sont venus a bout et je ne sçaurois assés admirer la folie du Public qui leur a esté porter son argent et qui a epuisé cette edition, qui est bien la quarentiéme en trois mois de temps. Je vous conseille donc Monsieur de garder soigneusement le volume en grand que vous avés parce que vraisemblablement il deviendra dans peu fort rare et par consequent fort cher. Mr Rabustel doit vous faire tenir la petite avec les trois pistoles dont est question et je m'en vais lui la lui envoier par mon valet de chambre qui a ordre de retirer une reconnoissance de lui pour les trois pistoles. J'ay ce matin un mal de coeur qui m'incommode fort et

qui m'empesche de vous escrire une plus longue lettre. Permettés donc
Monsieur que je me haste de vous dire que c'est du fond du cœur que je
suis

M.

a Paris 9.ᵉ Aoust 1701

Vostre tres humble et tres
obeissant serviteur Despreaux

Il me vient un scrupule et je ne sçais si
les trois pistoles que vous avés mises pour moi
à la Loterie ne sont point trois Louis d'or
Prenés la peine de me le mander Car je ne
vous envoie que 30 ℔ et je crois si ce sont
des Louis d'or j'en repareray ma faute par
Mʳ Robustel a qui j'enverray le surplus.

Correspondance entre Boileau Despreaux et Brossette, publiée par A. Laverdet.

une reconnoissance de lui pour les trois pistoles. J'ay ce matin un mal de cœur qui m'incommode fort, et qui m'empesche de vous escrire une plus longue lettre. Permettés donc, Monsieur, que je me haste de vous dire que c'est du fond du cœur que je suis, Monsieur, vostre, etc.

DESPRÉAUX.

Il me vient un scrupule, et je ne sçais si les trois pistoles que vous avés mises pour moi à la Lotterie ne sont point trois louis d'or. Prenés la peine de me le mander, car je ne vous envoie que 30 livres, et si ce sont des louis d'or je réparerai ma faute par M. Robustel à qui j'enverrai le surplus.

XLVIII. — *Boileau à Brossette.*

A Paris, 11e aoust 1701.

Je vous avois envoié, Monsieur, par la voie de M. Robustel, les trois pistoles que je vous dois, avec les deux volumes de ma dernière édition en petit, mais mon valet de chambre que j'avois chargé de les porter à ce libraire m'a rapporté les trois pistoles dont le Sr Robustel n'a point voulu se charger. Je vous prie donc de me mander par quelle autre voie vous souhaittés que je vous les fasse tenir. Je vous escris ce billet pour vous oster d'inquiétude lorsque vous recevrés mon livre, parce qu'il y a dans l'un des volumes une lettre où je vous mande que j'ay mis cet argent entre les mains de M. Robustel. Je suis avec beaucoup de passion, Monsieur, vostre, etc.

DESPRÉAUX.

XLIX. — *Brossette à Boileau.*

A Lyon, ce 1er septembre 1701.

Je n'attends pas que l'exemplaire que vous m'envoyez de votre dernière édition, soit arrivé pour vous en remercier, Monsieur, et pour répondre à votre lettre du 11 août; mais je me réserve à faire réponse à celle qui accompagne votre livre, lorsque j'aurai reçu l'un et l'autre. Je ne doute pas que vous n'ayez eu la complaisance de m'envoyer, par la même occasion, tout au moins les vers françois de M. le comte d'Ericeyra, que vous m'avez promis, si vous n'y avez pas joint sa traduction portugaise que je vous ai demandée.

Une autre personne très-distinguée par sa naissance et par son érudition, a aussi traduit la plupart de vos poésies en vers italiens, et l'on m'a assuré qu'elle y avoit très bien réussi : c'est M. l'abbé Mezzabarba, de Pavie, dont le père a fait imprimer un grand Recueil de médailles, et dont le cabinet a été vendu au duc de Savoie, qui en a fait présent à Mme la comtesse de Verrue. Comme cette dame a emporté toutes ces médailles à Paris, M. l'abbé Mezzabarba y est allé depuis six semaines, et c'est dans son passage à Lyon, que j'ai appris qu'il avoit traduit vos ouvrages. Il fait un cas particulier de votre mérite, et je ne doute pas qu'il n'ait déjà percé jusqu'à vous; et peut-être vous êtes déjà bien informé de ce que je vous écris présentement.

Je vis hier deux exemplaires de votre dernière édition entre les mains de M. l'abbé Vittemant, qui les porte au Roi d'Espagne. Vous savez sans doute que cet Abbé étant Professeur de Philosophie au Collège de Beauvais, et Recteur de l'Université, fut choisi par le Roi, pour être Lecteur des Enfans de France, et qu'il fut donné à M. le Duc d'Anjou.

Ce Prince étant devenu Roi d'Espagne, a demandé M. Vittemant au Roi, et c'est par son ordre qu'il va en Espagne. Comme il avoit été recommandé à un de mes amis en cette ville, nous lui avons fait voir Lyon par ses plus beaux endroits, et nous avons essayé de le désennuyer pendant deux jours qu'il y a séjourné. Avant qu'il sût que j'avais l'honneur de vous connoître, il m'a dit que le Roi d'Espagne préféroit vos Ouvrages à tous les Livres françois, et cet Abbé en lui portant votre édition nouvelle, compte bien lui faire un présent très-agréable. Il partit hier de Lyon, mais quand il sut que j'avois votre portrait dans mon cabinet, il ne voulut pas s'en aller sans vous avoir fait visite chez moi. Je suis bien aise que tout le monde ait ainsi pour vous les sentimens que vous méritez, mais je puis bien vous assurer que jamais personne n'aura pour vous une inclination plus parfaite que je l'ai, ni un attachement plus sincère que celui avec lequel je suis, Monsieur, votre, etc.

BROSSETTE.

I. — *Boileau à Brossette.*

A Paris, 13e septembre 1701.

J'ay remis, Monsieur, entre les mains de M. Robustel les trois pistoles dont est question, et il m'en a donné une quittance par laquelle il se charge de les faire tenir au sieur Boudet, à Lyon. Il me reste un scrupule; c'est que je ne sçay point si les trois pistoles que vous avés mises pour moi ne sont point trois pistoles d'or. Faictes moi la faveur de me le mander, parce que, si cela est, j'aurai soin de vous envoier le supplément. Je voudrois bien vous pouvoir vous envoier aussi les vers françois que M. le Comte d'Ericeyra a faicts à ma louange, mais je les ay égarés dans la multitude infinie de mes paperasses, et il faudra que le hazard me les fasse retrouver. Je dois bien scavoir que M. de Vittemant porte mon Livre au Roy d'Espagne, puisque c'est moi qui le lui ay faict remettre entre les mains pour le présenter à Sa Majesté Catholique, de ma part. On m'a dit que Madame la Duchesse de Bourgogne le lui a envoié aussi en grand, et magnifiquement relié. Vous ne me parlés plus de vostre Académie de Lyon. On en a faict ici une nouvelle des Inscriptions, dont on veut que je sois, et que je touche pension, quoique cela ne soit point véritable. Mais c'est un mystère qui seroit bien long à vous expliquer, et qui ne peut pas estre compris dans une petite lettre d'affaire, laquelle, commençant par une quittance, devroit aussi finir par : *Autre chose n'ay à vous mander, sinon que je suis vostre*, etc.

DESPRÉAUX.

LI. — *Brossette à Boileau.*

A Lyon, ce 20 septembre 1701.

Pour réponse à la chère vôtre du 13 du courant, je vous dirai, Monsieur, que les trois pistoles que vous m'avez envoyées, valant la somme de trente livres, m'ont été comptées, nombrées et délivrées par M. Boudet, marchand de cette ville, dont et du tout je vous remercie. Autre chose n'ai à vous dire en style Mercantin, et je prends un style plus convenable.

Il est vrai, Monsieur, que depuis long-temps je ne vous ai point parlé de notre Académie, mais c'est parce que nos conférences ont été interrompues par la maladie d'un de nos Académiciens, et par le départ de l'un de nos deux Jésuites, lequel est allé enseigner dans une autre de leurs maisons. C'est celui que vous connoissez pour l'Auteur des Poëmes latins de *l'Aimant* et du *Café*, que je vous ai envoyés. Il m'a promis d'achever le Poëme de la *Musique* dont je vous ai déjà parlé dans une de mes lettres. Il s'est même engagé dans une entreprise fort difficile, c'est de mettre en vers latins quelqu'un de vos Ouvrages. Je lui ai proposé votre Art Poétique, ou la Satyre IX, *A votre Esprit*, et je crois qu'il se déterminera pour cette dernière pièce. Vous avez vu ce qu'il sait faire; pour moi, je le crois fort capable d'y réussir, du moins autant qu'on le peut dans une langue étrangère. Supposé qu'il exécute son dessein, nous regarderons cet ouvrage comme le premier fruit de notre Académie, et nous ne manquerons pas de raisons pour aimer cette nouvelle production.

Je vous entretiens ici de nos projets et de nos occupations académiques, afin de vous engager à me faire le récit que vous avez supprimé dans votre dernière lettre, touchant votre nouvelle Académie des Inscriptions. Pouvez-vous douter de l'empressement que j'ai à apprendre tout ce qui vous intéresse? Non, sans doute; mais je sais que vous vous servez volontiers du grand privilége d'Horace : *Dixi me pigrum*, etc. A cela je n'ai rien à dire : vous êtes en droit et en possession de faire vos volontés.

Voici des vers latins qui viennent de m'être donnés par l'Auteur, qui est un Poëte bien inférieur à celui dont je viens de vous parler, et je ne vous les envoie que parce qu'ils conviennent au temps; ils ont été faits au sujet de la statue équestre du Roi, que notre ville fit jeter en bronze, à Paris, il y a quelques années. Cette figure est arrivée à Lyon depuis un mois, et elle doit être érigée sur un magnifique piédestal, au milieu d'une de nos places, appelée *Belle-Cour*, qui passe pour la plus belle de l'Europe.

J'attends votre dernière édition en petit qui doit arriver

incessamment, suivant la promesse de notre Libraire. C'est une nouvelle faveur de votre part; dont toute ma reconnoissance ne sauroit vous payer.

Tamen accipe vota, fidemque
De te pendentis, te respicientis amici,

BROSSETTE.

STATUA EQUESTRIS LUDOVICI MAGNI
LUGDUNI ERIGENDA.

TANTUS erat! talem LODOIX se so ore ferebat;
Excitat toties inimica in fœdera gentes,
Diluvium belli, contra cùm sisteret unus,
Pro que Deo partis oneraret Templa trophæis.
   Tantus nunc, chari sustentans regna PHILIPPI,
Hispanis Aquilam dapibus frustratur hiantem;
Despectatque minas Batavi, fremitusque Britanni.
   Aspicis ut sonipes pugnas meditetur ahenus,
Atque sibi gratetur onus. Sed in Ære PYRACMON
Magnanimo REGI pacis spiravit amorem;
Victrices inter lauros lætatur oliva :
Nec riget in duro Majestas ficta metallo.
   Ecce tenet sceptrum, in Titanas fulmen, et Aris
Præsidium. Stabit monstris fatalis IMAGO,
Donec Arar, Rhodanusque fluent, et flumina jungent.

M. DCC. I.

A. D. S.

(Par le P. Albert Daugières, Jésuite. Imprimé. 1 page in-fol.)

LII. — Boileau à Brossette.

A Paris, 6 octobre 1701.

Je ne vous ferai point, Monsieur, d'excuses de ce que j'ay esté si long-temps à vous faire response. Vous m'avés si bien autorisé dans mes négligences, par vostre facilité à me les pardonner, que je ne crois pas mesme avoir besoin de les avouer. Ainsi, Monsieur, je vous dirai, avec la mesme confiance, que si je vous avois respondu sur le champ, que je suis bien fasché de ne vous pouvoir pas envoier les vers françois de M. le Comte d'Ericeyra, parce qu'il me faudroit pour les trouver, feuilleter tous mes papiers, qui ne sont pas en petit nombre, et que d'ailleurs je ne trouve pas ces vers assés bons pour me permettre qu'on les rende publics.

C'est une estrange entreprise que d'escrire une langue étrangère quand nous n'avons point fréquenté avec les naturels du Pays, et je suis asseuré que si Térence et Cicéron revenoient au monde, ils riroient à gorge déploiée des Ouvrages latins des Fernels, des Sannazars et des Murets. Il y a pourtant beaucoup d'esprit dans les vers françois de l'illustre Portugais dont il est question ; mais franchement il y a beaucoup de portugais, de mesme qu'il y a beaucoup de françois dans tous les vers latins des Poëtes François qui escrivent en latin aujourd'hui. Vous me ferés plaisir de parler de cela dans vostre Académie, et d'y agiter la question : *Si on peut bien escrire une langue morte?* J'ay commencé autrefois sur cette Question un Dialogue assés plaisant, et je ne sçais si je vous en ay parlé à Paris, dans les longs entretiens que nous avons eus ensemble. Ne croiés pas pourtant que je veuille par là blasmer les vers latins que vous m'avés envoiés d'un de vos illustres Académiciens. Je les ay trouvés fort beaux et dignes de Vida et de Sannazar, mais non pas d'Horace et de Virgile ; et quel moien d'égaler ces Grands Hommes, dans une langue dont nous ne sçavons pas mesmes la prononciation ? Qui croiroit, si Cicéron ne nous l'avoit appris, que le mot de *videre* est d'un très dangereux usage, et que ce seroit une saleté horrible de dire : *cum nos vidissemus*. Comment sçavoir en quelles occasions, dans le latin, le substantif doit passer devant l'adjectif, ou l'adjectif devant le substantif? Cependant imaginés vous quelle absurdité ce seroit en françois de dire : *mon neuf habit,* au lieu de *mon habit neuf,* ou *mon blanc bonnet,* au lieu de *mon bonnet blanc,* quoique le Proverbe dise que c'est la mesme chose? Je vous escris ceci affin de donner matière à vostre Académie de s'exercer. Faictes moi la faveur de m'escrire le résultat de sa conférence sur cet article, et croyés que c'est très affectueusement que je suis, Monsieur, vostre, etc.

DESPRÉAUX.

Je crois que vous avés receü à l'heure qu'il est mon édition en petit.

LIII. — *Brossette à Boileau.*

A Lyon, ce 20 octobre 1701.

Je suis à ma maison de campagne, où je reçus hier tout à la fois l'exemplaire de votre dernière édition, et la lettre qui l'accompagnoit, avec celle que vous m'avez écrite le 6 de ce mois. Voilà de nouvelles faveurs dont je vous fais de nouveaux remercimens. Les vers latins que je vous ai envoyés ne sont point de notre Poëte Académicien, comme vous l'avez cru, mais ils sont d'un autre Jésuite, beaucoup plus âgé, qui toute sa vie a fait des vers latins, bons ou mauvais, et qui étoit aussi l'Auteur de ceux que je vous envoyai, il y a cinq ou six mois, sur l'avénement de M. le Duc d'Anjou à la Couronne d'Espagne. Après ce que vous m'écrivez dans votre lettre, je n'oserois dire que notre Académicien fait mieux les vers latins que l'autre Jésuite; mais je pourrois dire qu'il les fait moins mal.

Je suis persuadé, comme vous, qu'il n'est pas possible de bien écrire, et plus encore de bien parler une Langue morte; quoique j'aie vu quelques personnes qui se piquoient de bien savoir la langue Latine, jusqu'au point de s'imaginer qu'on pouvoit écrire correctement, en cette Langue. M. de la Monnoie, entre autres, est de cet avis, et nous avons quelquefois disputé fortement là-dessus. Mais pour décider cette question, il faudroit avoir un Juge compétent, c'est-à-dire, un Ecrivain vivant, du siècle de la bonne latinité; et c'est ce que nous n'avons pas. Ainsi, convenons que l'on peut, par hasard, s'exprimer aujourd'hui correctement en latin, mais qu'aucun Moderne ne peut être assuré que ce latin soit pur et correct.

La connoissance du génie ou de l'esprit d'une Langue est à mon sens le point le plus nécessaire, mais en même temps le plus difficile à acquérir. Cette difficulté, comment ne se trouveroit-elle pas dans une Langue étrangère, puisque nous la trouvons même dans notre Langue maternelle; car enfin, quelle peine n'ont pas nos Ecrivains les plus polis et les plus exacts d'écrire correctement? Il est même peu de Discours dans lesquels une judicieuse critique ne puisse découvrir quelques fautes contre la pureté du langage, contre la netteté de l'expression, ou contre la justesse de la construction. Non-seulement il faut savoir parfaitement les règles, mais il faut encore du goût, de la réflexion, du jugement, et surtout un grand usage du monde et des bons Ecrivains, pour bien entendre sa propre langue, et pour sentir de certaines finesses qui sont propres à chaque Langue, dont elles sont comme la fleur, et qui sont imperceptibles à des Etrangers. En général, il est certain que, pour se rendre propre le génie d'une Langue, il faut l'avoir parlée, et long-temps, avec ceux à qui elle est naturelle; d'ailleurs nous voyons que dans un même Royaume où l'on parle généralement la même Langue, chaque Province, chaque Canton a son idiome particulier, qui se rapporte néanmoins au langage général; chaque ville a son langage et son accent; chaque village, de demi-lieue en demi-lieue, met quelque différence en son discours, et cette différence croît insensiblement avec la distance des lieux. J'ai même remarqué que dans une même ville, pour peu qu'elle soit grande, le jargon du peuple qui est dans un bout de la ville est différent en quelque chose du jargon de ceux qui sont à l'autre extrémité; *Le Fauxbourg Saint-Denis* ne parle pas comme *le Fauxbourg Saint-Jacques*, ni la *Halle* comme *la Place Maubert*. Or, en comparant l'éloignement des temps avec la distance des lieux, on peut se faire une idée de la différence qu'il doit y avoir entre la Langue que l'on parloit à la Cour d'Auguste et celle que l'on parle aujourd'hui dans nos Universités, c'est-à-dire, entre la Langue latine vivante et la Langue latine morte.

Nous ignorons aussi, très souvent, la propriété des mots, dont il n'y en a peut-être aucuns qui soient véritablement synonymes. Qui se douteroit que Cicéron eût ignoré le véritable sens d'*inhibere remos*, s'il ne l'eût pas dit lui-même? Ajoutons encore l'ignorance de l'arrangement naturel et nécessaire des parties du Discours : par exemple, de l'adjectif et du substantif, comme vous le remarquez dans votre lettre; car ce ne seroit pas la même chose de dire *blanc bonnet* et *bonnet blanc*, *jus vert* et *vert jus*, etc., parce que l'une de ces constructions seroit vicieuse et contraire à l'usage, sans néanmoins faire aucune équivoque, ou donner aucun sens différent de celui que l'on voudroit exprimer. Mais nous observons dans notre Langue plusieurs autres constructions de l'adjectif avec le substantif qui font un sens différent ou un sens contraire, suivant la place que l'on donne au substantif et à l'adjectif : *un galant homme* et *un homme galant* sont bien différents, de même que *sage femme* et *femme sage*. Nous avons aussi des adjectifs qui sont quelquefois synonymes, et qui ne le sont pas toujours; car quoique nous disions également *une pensée neuve* et *une pensée nouvelle*, nous ne pouvons pas dire au même sens *un livre nouveau* et *un livre neuf*, ni *le Pont neuf* et *le Pont nouveau*.

Quant à la prononciation, il est certain que ni les François, ni les autres Peuples de l'Europe, ne prononcent pas la Langue latine, comme on la prononçoit à Rome, parce que nous la prononçons tout comme elle est écrite, chacun pourtant suivant sa manière de prononcer : cependant nous sommes assurés que les Romains ne prononçoient pas leur langue comme ils l'écrivoient. Suétone nous apprend qu'Auguste étoit d'avis qu'il falloit que l'écriture fût conforme à la prononciation. Il ne fut pourtant pas suivi : car Quintillien dit que l'on écrivoit autrement qu'on prononçoit. Je suis, Monsieur, votre, etc.

BROSSETTE.

LIV. — *Brossette à Boileau.*

A Lyon, ce 25 novembre 1701.

J'ai reçu de Paris, Monsieur, la liste de ceux que le Roi a choisis depuis peu, pour composer les quatre classes de l'Académie des Inscriptions. Je vois avec plaisir votre nom dans cette liste, avec la qualité de Directeur de l'Académie. Je trouve en cela l'éclaircissement d'un article que vous aviez mis dans une de vos dernières lettres, par laquelle vous me mandiez que l'on vouloit que vous fussiez de l'Académie nouvelle des Inscriptions. Avant qu'elle fût ainsi érigée, je me souviens que vous m'aviez dit à Paris que vous étiez déjà du nombre des huit Pensionnaires anciens; ainsi il n'y a aucun changement à votre égard.

Dans le paquet qui accompagne ma lettre, vous trouverez deux petits livres; le premier est un volume de l'*Esprit des Cours*. L'Auteur a commencé au mois de Juin 1699 à publier ses Nouvelles et ses Réflexions, et il a continué jusqu'au mois d'Avril dernier; mais on m'écrit de Hollande que M. Heinsius, Pensionnaire des États, lui avait défendu de continuer, parce que dans quelques-uns de ses Journaux, il avoit écrit trés-injurieusement contre la cour de France, ce qui avoit attiré les plaintes de notre Ambassadeur. Le volume que je vous envoie, n'est pas de ceux qui ont fait interdire l'Auteur; mais j'ai voulu vous en faire voir quelque chose, afin que si son style vous plait, je puisse vous envoyer le reste.

L'autre Livre que je vous envoie, ne vous sera pas inconnu; c'est un exemplaire du *Chapelain décoëffé*, qui est une plaisanterie, à laquelle vous m'avez dit que vous aviez eu quelque part autrefois; mais comme je sais que cette Parodie a été imprimée sans votre participation, je ne doute pas qu'elle ne soit gâtée par plusieurs omissions, ou changemens; cependant je voudrois bien l'avoir sans aucune altération, s'il étoit possible, et je n'y vois pas d'autre moyen que de vous prier, Monsieur, d'employer un quart-d'heure à revoir ce petit Poëme, pour y faire les corrections que vous trouverez nécessaires.

Je vous avois bien prédit que nos Libraires traiteroient encore votre nouvelle édition, comme ils ont traité les éditions précédentes; votre livre en petit n'a pas plutôt paru ici, que l'on en a fait deux éditions tout-à-la-fois en deux volumes in-12. Si vous êtes tant soit peu curieux de voir comment vous êtes servi, vous n'avez qu'à dire, et je vous en donnerai le plaisir.

On me mande la mort de M. Boursault, arrivée au mois de Septembre dernier. Il s'étoit réconcilié avec vous de fort bonne grace, et voilà, je crois, un ami de moins. Parmi le grand nombre de ceux que vous avez, il est impossible que le temps ne vous en enlève toujours quelques-uns; pour moi, je puis bien vous répondre qu'il n'y a que la mort seule qui puisse m'empêcher de vous aimer toujours bien tendrement, et d'être avec beaucoup de respect, Monsieur, votre, etc.

BROSSETTE.

LV. — *Boileau à Brossette.*

A Paris, 10e décembre 1701.

Je pourois, Monsieur, vous alléguer d'assés bonnes excuses du long-temps que j'ay esté sans vous escrire, et vous dire que j'ay eu durant ce temps-là affaires, procez et maladie; mais je suis si seur de mon pardon, que je ne crois pas mesme nécessaire de vous le demander. Ainsi, pour respondre à la dernière lettre que vous m'avés faict l'honneur de m'escrire, je vous diray que je l'ay receüe avec les deux Ouvrages qui y estoient enfermés. J'ay aussi-tost examiné ces deux Ouvrages, et je vous avoue que j'en ay esté très peu satisfaict. Celui qui porte pour titre : l'*Esprit des Cours*, vient d'un Auteur qui a, selon moi, plus de malin vouloir que d'esprit, et qui parle souvent de ce qu'il ne sçait point. C'est un mauvais imitateur du Gazetier de Hollande, et qui croit que c'est bien parler, que de parler mal de toutes choses. A l'égard du *Chapelain décoëffé*, c'est une pièce où je vous confesse que

M. Racine et moi avons eu quelque part; mais nous n'y avons jamais travaillé qu'à table, le verre à la main. Il n'a pas esté proprement faict *currente calamo*, mais *currente lagena*, et nous n'en avons jamais escrit un seul mot. Il n'estoit point comme celui que vous m'avés envoié, qui a esté vraisemblablement composé après coup, par des gens qui avoient retenu quelques unes de nos pensées, mais qui y ont meslé des bassesses insupportables. Je n'y ay reconnu de moi que ce trait :

> Mille et mille papiers dont ta table est couverte,
> Semblent porter escrit le destin de ma perte.

Et celui-ci :

> En cet affront la Serre est le Tondeur
> Et le tondu père de la Pucelle.

Celui qui avoit le plus de part à cette pièce, c'estoit Furetière, et c'est de lui :

> O ! Perruque ma mie !
> N'as-tu donc tant vescu que pour cette infamie !

Voilà, Monsieur, toutes les lumières que je vous puis donner sur cet Ouvrage, qui n'est ni de moi, ni digne de moi. Je vous prie donc de bien détromper ceux qui me l'attribuent. Je vous le renvoie par cet ordinaire. J'attends la décision de vos Messieurs sur la prononciation du Latin, et je ne vous cacherai point qu'ayant proposé ma question à l'Académie des Médailles, il a esté décidé, tout d'une voix, que nous ne le sçavions point prononcer, et que s'il revenoit au monde un *Civis Latinus* du temps d'Auguste, il riroit à gorge déployée en entendant un François parler Latin, et lui demanderoit peut-estre, quelle Langue parlez-vous-là ? Au reste, à propos de l'Académie des Médailles, je suis bien aise de vous avertir qu'il n'est point vrai que j'en sois ni Pensionnaire, ni Directeur, et que je suis, tout au plus, quoi qu'en dise l'escrit que vous avés vu, un Volontaire qui y va quand il veut, mais qui ne touche pour cela aucun argent. Je vous éclaircirai tout ce mystere, si j'ay jamais l'honneur de vous voir. Cependant faictes moi la faveur de m'aimer toujours, et de croire que, tout négligent que je suis, je ne laisse pas d'estre très cordialement, Monsieur, vostre, etc.

DESPRÉAUX.

LVI. — *Brossette à Boileau*.

A Lyon, ce 20 décembre 1701.

Vous ne voulez donc pas, Monsieur, que je vous envoie l'*Esprit des Cours*? Je conviens avec vous que l'auteur est extrêmement malin; mais que ne diriez-vous point, si vous aviez vu les quatre premiers mois de cette année? La France et la religion catholique y sont presque également maltraitées; aussi, a-t-il abandonné l'une et l'autre, et vous voyez qu'il a ses raisons pour en parler comme il fait. On me mande, d'Amsterdam, qu'il se nomme Gueudeville; qu'il est fils d'un médecin de Rouen, et qu'il a été moine bénédictin. Il s'est marié à la Haye avec une demoiselle de Paris qui s'étoit retirée en Hollande avec Mr Masclary et sa famille. Sur la défense qui lui fut faite, au mois d'avril dernier, de continuer son ouvrage médisant, il avoit cessé d'écrire; mais il a eu la permission de recommencer, à condition qu'il seroit plus sage. Il l'est devenu; ses journaux sont plus raisonnables, il les a purgés de cette bile caustique dont ils étoient composés. M'éloignerai-je beaucoup de votre sentiment, Monsieur, si je dis qu'à juger de cet autour par ses ouvrages, il a beaucoup d'esprit, et qu'à en juger par sa conduite, il n'a point de jugement?

Vous m'aviez déjà dit à Paris tout ce que vous me mandez du *Chapelain décoëffé*; l'on ignore ici l'auteur de cette parodie; ainsi vous devez être bien rassuré sur la crainte que vous avez qu'on ne vous l'attribue.

Ces jours passés je me trouvais dans une compagnie, où un savant prétendoit que ce vers d'Homère

Ὀρτυγίης καθύπερθεν, ὅθι τροπαὶ ἠελίοιο,

fasse allusion au cadran ou ἡλιοτρόπιον que Phérécyde avo fait dans l'île de Syros; et il fondoit principalement son opinion sur les raisons de Samuel Bochart, dans la seconde partie de sa *Géographie sacrée*, chap. 4. Nous examinâmes cette interprétation; nous consultâmes les plus habiles commentateurs d'Homère, et nous trouvâmes que Phérécyde avoit vécu environ deux siècles après Homère, et qu'ainsi ce poëte n'avoit pas pu parler d'un cadran qui n'étoit pas inventé de son temps. On remarqua seulement, qu'en citant ce vers d'Homère, vous l'aviez mis dans le IXe livre de l'*Odyssée*, quoiqu'il soit dans le XVe.

Dans le même chapitre de vos *Réflexions critiques*, vous dites, Monsieur, que vous pourriez citer des exemples dans notre siècle, de chiens qui ont vécu jusqu'à 22 ans. Voilà un fait dont j'oubliai de vous demander l'explication dans le temps que j'avois l'honneur de lire vos ouvrages avec vous, et de recueillir les éclaircissements que vous vouliez bien me donner. Ne me laissez pas ignorer cette circonstance, Monsieur, et mandez-moi, je vous prie, ce que vous savez là-dessus.

Je vois par votre lettre, Monsieur, que vous n'avez pris parti dans l'Académie des Inscriptions qu'en qualité de volontaire; cependant dans le public vous portez le nom de directeur et de pensionnaire de cette Académie : ce nom-là même, vous le porterez dans la postérité aussi loin que le *Mercure-Galant* pourra s'y étendre; car j'ai remarqué que vous êtes dans la liste qu'il donne des Académiciens des Inscriptions, au mois de septembre, et dans celle du journal que l'on imprime tous les deux mois à Trévoux, près de Lyon, par ordre de M. le duc du Maine.

M. Chanut mourut le 23ᵉ jour du mois passé, mais vous ne serez pas fâché de savoir qu'à sa place, notre ville va choisir une personne qui aura soin de vous payer votre rente viagère. C'est un autre avocat au conseil, nommé M. Bronod, qui a tout l'esprit, toute la probité et tout le mérite qu'il faut avoir pour être de vos meilleurs amis. J'ai l'honneur d'être des siens, et je sais de lui-même qu'il a pour vous des sentimens dont vous aurez tout lieu d'être satisfait. Je suis, Monsieur, votre, etc.

BROSSETTE.

LVII. — *Boileau à Brossette.*

A Paris, 29ᵉ décembre 1701.

Voici la première lettre où je ne vous ferai point d'excuses, puisque je responds à celle que vous m'avés faict l'honneur de m'escrire, deux jours après que je l'ay receüe. Je ne vois pas sur quoy vostre Sçavant peut fonder l'explication forcée qu'il donne au vers d'Homère, puisque Phérécyde vivoit près de deux cents ans après Homère, et qu'il n'y a pas d'apparence qu'Homère ayt parlé d'un cadran qui n'estoit point de son temps. Je n'ay jamais rien lû de Bochart, et s'il est vrai qu'il soutienne une explication si extravagante, cela ne me donne pas une grande envie de le lire. Je ne fais pas grande estime de tous ces Sçavantas qui croient se distinguer des autres interpretes, en donnant un sens nouveau et recherché aux endroits les plus clairs et les plus faciles : et c'est d'eux qu'on peut dire :

Faciunt intelligendo, ut nihil intelligant.

Pour ce qui est des chiens qui ont vescu plus de vingt et deux ans, je vous en citerai un garant, dont je doute que M. Perrault lui mesme ose contester le tesmoignage ; c'est Louis le Grand, Roy de France et de Navarre, qui en a eu un qui a vescu jusqu'à vingt-trois ans. Tout ce que M. Perrault poura dire, c'est que ce Prince est accoutumé aux miracles et à des événemens qui n'arrivent qu'à lui seul, et qu'ainsi ce qui lui est arrivé ne peut pas estre tiré à conséquence pour les autres hommes; mais je n'aurai pas de peine à lui prouver que dans notre famille mesme, j'ay eu un oncle, qui n'estoit pas un homme fort miraculeux, lequel a nourri vingt et quatre années une espèce de bichon qu'il avoit. Je ne vous parle point de ce que c'est que la place que j'occupe dans l'Académie des Inscriptions. Il y a tant de choses à dire là-dessus, que j'aime mieux sur cela *silere quàm pauca dicere*. J'ay esté fort fasché de la mort de M. Chanut. Je vous prie de bien faire ma cour à M. Bronod, que, sur vostre récit, je brusle déjà de connoistre. Je suis, Monsieur, vostre, etc.

DESPRÉAUX.

LVIII. — *Brossette à Boileau.*

A Lyon, ce 10 janvier 1702.

Ce sont deux choses bien agréables pour moi, Monsieur, d'avoir reçu votre dernière lettre, et de l'avoir reçue en si peu de temps. Une semblable diligence me fait un plaisir que je n'avois pas encore éprouvé, et donne un nouveau prix à la grace que vous me faites. Mais savez-vous bien qu'il est dangereux de m'acoutumer à tant d'exactitude? Ne craignez-vous point, Monsieur, que je ne prenne pied là-dessus, et que je ne croye être en droit de vous faire un procès, quand vous voudrez rentrer dans vos anciens priviléges? Mais non, Monsieur, quoique vous ayez pour moi beaucoup de bonté, je sens bien que je n'en abuserai pas; ainsi vous pouvez toujours en agir comme il vous conviendra le mieux, sans craindre de me voir jamais ni ingrat, ni injuste.

Si vous avez le loisir ou l'envie de voir ce que dit Samuel Bochart du cadran, ou *Heliotropium* de Phérécyde, vous trouverez que cet Auteur fait remonter l'invention de cette machine à un temps bien plus ancien que Phérécyde, qui n'avoit fait, selon Bochart, que la renouveller ou la rétablir. Pour appuyer sa conjecture, il cite le vers d'Homère : Ὅτι τροπαὶ ἠελίοιο : disant que ces deux derniers mots désignent ou signifient l'ἡλιοτρόπιον. Mais à dire le vrai, Bochart tire le bon Homère par les cheveux, pour l'ajuster à son sentiment.

Je vous remercie, Monsieur, des deux exemples que vous me citez au sujet du chien de l'Odyssée, lequel vécut assez de temps pour revoir et pour reconnoître son maître, après vingt ans d'absence. Le chien que Louis le Grand a gardé pendant vingt-trois ans, pourra devenir quelque jour aussi fameux que le fidèle Argus d'Ulysse, si du moins le nom et la gloire du maître peuvent être les garans ou la mesure de la réputation du domestique.

Si confers famulos, et nomina confer.

Puisque nous en sommes sur les explications, j'espère

que vous ne me refuserez pas encore celle des deux Épigrammes latines qui sont dans votre nouvelle édition, pages 318 et 319. Par explication, je n'entends pas autre chose que le nom de ceux contre qui elles ont été faites, et à quelle occasion vous les avez composées; car, pour le sens, Dieu merci, il est assez intelligible. Catulle n'auroit pas été plus naïf, plus piquant, ni plus naturel.

Il me manque encore l'intelligence de l'inscription qui est à la page 304, pour mettre au devant d'un Roman allégorique. Je vous demande donc le nom de ce Livre et de son Auteur, circonstances et dépendances. Mais voilà bien assez de curiosité pour une fois; il ne faut pas que votre complaisance m'autorise à être indiscret. Je suis, Monsieur, votre, etc.

BROSSETTE.

LIX. — *Brossette à Boileau.*

A Lyon, 14 février 1702.

J'ai prié un de mes amis, Monsieur, qui se trouve présentement à Paris, de vous porter cette lettre avec la Relation que nous avons reçue ici de l'affaire arrivée à Crémone le 1er de ce mois. Les circonstances qui ont accompagné cette action sont si extraordinaires, que j'ai cru ne devoir pas me dispenser de vous en faire voir un détail qu'on m'assure être fort exact. J'ai même pensé que cette Relation[1] pourra ne vous être pas inutile par rapport à l'Histoire du Roi. Je sais bien que cette histoire, chargée de prodiges, nous fournira des événemens bien plus grands que celui-ci; mais je doute qu'elle nous apprenne rien de plus étonnant, ni de plus singulier.

1. Cette pièce, imprimée en 2 pages et demie in-4°, est jointe au recueil, à la suite de cette lettre; nous la donnons dans le même ordre.

L'intérêt particulier que je prends en la personne de M. le Maréchal de Villeroy, me fait peut-être regarder sa malheureuse détention comme une chose plus extraordinaire, ou plus fâcheuse qu'elle ne l'est en effet. Mais, quoi qu'il en soit, je vous avoue que je ne suis pas revenu de mon étonnement ni de ma douleur.

Depuis un mois il s'est répandu un bruit que le Roi viendroit à Lyon, ce Printemps prochain, afin d'être plus à portée de donner ses ordres pour les affaires d'Italie. Cette nouvelle n'a aucun fondement raisonnable, je le vois bien ; cependant elle n'a pas laissé de me flatter par l'espérance qu'elle me donnoit de vous voir, en cas que vous accompagnassiez le Roi dans ce voyage. Mocquez-vous de ma nouvelle tant qu'il vous plaira, mais, *qui amant, ipsi sibi somnia fingunt*.

Nos Pères Jésuites vont faire bâtir un Observatoire sur la façade de la principale des trois maisons qu'ils ont dans cette ville. La salle de ce nouveau bâtiment sera presque quarrée, de 34 pieds en longueur, et de 30 en largeur. Le sol ou plancher sera élevé de 80 pieds au-dessus du terrein, et la salle, flanquée de quatre pavillons, sera percée, vers les quatre parties du Monde, d'autant de grandes fenêtres, en forme de vitraux, ayant 18 pieds de haut sur 6 de large. Enfin toutes choses y seront disposées d'une manière fort belle et fort commode. Le Père de Saint-Bonnet, Jésuite, a entrepris ce bâtiment. C'est un savant Mathématicien qui est bien capable de l'exécuter comme il faut. Je crois vous avoir déjà mandé, Monsieur, qu'il est de nos Académiciens.

J'attends les éclaircissemens que je vous ai demandés sur deux ou trois articles de votre nouvelle édition. Je suis, Monsieur, votre, etc.

BROSSETTE.

CORRESPONDANCE

CREMONA LIBERATA

(*Die I. febr.* 1702.)

Capta capi nequii, neque victa et prodita vinci :
Ceu fatalis equi fraudes Troia altera sensit.
Arcano allapsus furtim sub tramite miles,
Improvisus habet muros, et limina pandit;
Irrumpunt equitum nimbi peditumque, suique
Securus tota late dominatur in urbe
Eugenius; cura est jam vincula quærere captis.
Proh dolor! heu! raptus mihi Villaregius, hosti
Prima fuit laurus, mediaque in morte periclum
Ignoro : incautæ fallunt me oblivia noctis,
Infelixque quies : sed enim illætabile murmur
Tecta auresque ferit, somnosque abrumpit; imago
Somnus erat lethi. Rapit ecce interritus arma,
Arma fremit Gallus, nudusque ad prælia currit,
Hibernusque simul : duris exercita bellis,
Nilque mori metuens pubes : fortissimus ollis
Ductor adest, ingens animis Revellius, ingens
Consiliis; ultro: Socii, quem quæritis, hostem
Jam lux orta, inquit, suetumque ad fortia pectus
Cominus ostendunt, vestris victoria dextris!
Stat nunc atque salus; patrum nunc quisque, suique
Sit memor, et Regis! Dixit; ferroque coruscus
Fertur in adversos, stricto et mucrone sequuntur
Fulminei Juvenes : jam tum pallescere visus,
Nec perferre truci pleno certamine vultus
Qui numero fidens Teuton, tenebrisque secundis,
Cæsareis palmæ segetem promiserat armis.
Nec requies, passim replent me stragis acervi;
Tot Marti et pugnis campi quot strata viarum :
Funera ubique; meis recalent ultoribus iræ:
Impingi aspiceres portis ærata cadentum
Agmina, et in vasta loricas cæde natantes,
Nec tibi, France, duo siccæ stant sanguine lauri.
Nox redit interea; cœptam sol vidit Eous,
Vixque cadens dirimit pugnam, jam fessus hebescit
Mucro; Aquilæ nidos sub lucem et tecta paranti
Sola fugax super est tristi pro vespere penna.
Ponte Padi rupto prædæ spes nulla, nec ulla
Auxilii. Vici Gallo dat terga feroci !
Eugenius, simul et pœnas pro talibus ausis :
Pulsus abit : sic me servat fortuna Philippi,
Clarum et avis sidus; sic inter funera surgo

Exemplum fidei, victis memorabile bustum :
Olim a Teutonicis veniet mihi fama sepulchris.

A. D. S. J.

LX. — *Boileau à Brossette.*

A Paris, 21ᵉ février 1702.

Je vous devrois, Monsieur, envoier au moins vingt pages d'escriture, pour les trois lettres que vous m'avés faict l'honneur de m'escrire, et où vous avés en vain tasché de réveiller ma paresse par du françois, du grec et du latin. Cependant, je ne vous escris qu'un billet pour vous dire, que je suis depuis longtemps si chargé d'affaires, que je n'ay que le temps de vous asseurer que je ne vous ay point oublié, et que c'est du fond du cœur que je suis plus qu'homme du monde, Monsieur, vostre, etc.

DESPRÉAUX.

Je vous escrirai au premier loisir, une longue lettre, et vous remercirai fort au long et de vostre relation, et de toutes les autres bontés que vous me tesmoignés.

LXI. — *Boileau à Brossette.*

A Paris, 9ᵉ avril 1702.

Je responds, Monsieur, sur le champ à vostre dernière lettre, de peur qu'il ne m'arrive ce qui m'est arrivé déjà plusieurs fois depuis six mois, qui est d'avoir toujours envié de vous escrire, et de ne vous escrire point pourtant par une misérable indolence dont je ne sçaurois franchement vous dire la raison, sinon que, pour me servir des termes de St. Paul, je fais souvent le mal que je ne veux pas, et que je ne fais pas le bien que je veux; mais sans perdre le temps en vaines excuses, puisque je trouve sous ma main deux de vos lettres, je m'en vais respondre à quelques interrogations que vous m'y faictes.

Je vous dirai donc, premièrement, que les deux Epigrammes latines, dont vous désirés sçavoir le mystère, ont esté faictes dans ma première jeunesse, et presque au sortir du Collège, lorsque mon père me fit recevoir Avocat, c'est-à-dire à l'âge de dix-neuf ans. Celui que j'attaque dans la première de ces Epigrammes estoit un jeune Avocat, fils d'un Huissier, nommé Herbinot. Cet Avocat est mort Conseiller de la Cour des Aydes. Son père estoit fort riche, et le fils asseurément n'a pas mangé son bien, car il passoit pour grand mesnager. A l'égard de l'autre Epigramme, elle regarde M. de Brienne, jadis Secrétaire d'Estat, qui est mort fou et enfermé. Il estoit alors dans la folie de faire des vers latins, et surtout des vers phaleuces, et comme sa dignité dans ce temps-là le rendoit considérable, je ne pus résister à la prière de mon frère, aujourd'hui Chanoine de la Ste-Chapelle, qui estoit souvent visité de lui, et qui m'engagea à faire des vers phaleuces à la louange de ce Fou qualifié, car il estoit déja fou. J'en fis donc, et il les lui montra : mais comme c'estoit la première fois que je m'estois exercé dans ce genre de vers, ils ne furent pas trouvés fort bons, et ils ne l'estoient point en effect. Si bien que dans le dépit où j'estois d'avoir si mal réussi, je composai l'Epigramme dont est question, et montrai par là qu'il ne faut pas légèrement *irriter genus irritabile vatum*, et que, comme a fort bien dit Juvenal en latin, *facit indignatio versum*, ou, comme je l'ay assés médiocrement dit en françois : *La colère suffit et vaut un Apollon*.

Pour l'Epigramme à la louange du Roman allégorique, elle regarde feu M. l'Abbé d'Aubignac, qui a composé la Pratique du Théâtre, et qui avoit alors beaucoup de réputation. Ce Roman allégorique, qui estoit de son invention, s'appeloit Macarize, et il prétendoit que toute la philosophie Stoïcienne y estoit renfermée. La vérité est qu'il n'eut aucun succez, et qu'il *ne fit de chés Sercy, qu'un saut chés l'Epicier.* Je fis l'Epigramme pour estre mise au-devant de ce Livre, avec quantité d'autres ouvrages que l'Auteur avoit, à l'ancienne mode, exigés de ses amis pour le faire valoir; mais heureusement je lui portai l'Epigramme trop tard, et elle ne fut point mise, Dieu en soit loué. Vous voilà, ce me semble, Monsieur, bien éclairci de vos difficultés. Pour ce qui est de vostre M. Samuel Bochart, je n'ay jamais rien lû de lui, et ce que vous m'en dites, ne me donne pas grande envie de le lire, car il me paroist que c'est un Savantas beaucoup plus plein de lecture que de raison, et je crois qu'il en est de son explication du vers d'Homère comme de celles de M. Dacier sur *Atavis edite regibus,* ou sur l'Ode : *O navis referent in mare te, novi* etc., ou sur le passage de Thucydide, rapporté par Longin, à propos des Lacédémoniens qui combattirent au pas des Thermopyles. Je ne sçaurois dire à propos de pareilles explications sinon ce que dit Térence : *Faciunt intelligendo ut nihil intelligant.* Adieu, mon cher Monsieur, excusés mes pataraphes, et croyés que je suis très sincèrement vostre, etc.

DESPRÉAUX.

J'oubliois à vous parler des vers latins. Ils sont très beaux et très latins, à l'exception d'un *nequii* qui est au premier vers, et de la dureté duquel je ne sçaurois m'accommoder. Il me semble que je ne sçaurois mieux vous payer de vostre présent qu'en vous envoyant ce petit compliment Catullien que m'a fait un Régent de seconde du Collége de Beauvais, qui avoit déjà faict une Ode latine, très jolie, pour moi, et en considération de laquelle je lui avois faict présent de mon Livre.

CLARISSIMO, DOCTISSIMOQUE VIRO,

NICOLAO BOILEAU DESPREAUX

OB ACCEPTUM AB EO NUPER OPERUM SUORUM VOLUMEN.

HENDECASYLLABI.

Versus excuderam tibi Bolæe,
Paucos, illepidos, inelegantes,
Quales dura mihi, rudisque partu
Vix Musa ediderat laborioso.
Hos tamen, posita severitate,
Laudaras facilis, bonusque ; credo,
Furtivis quoniam tui nitebant
Horati spoliis, coloribusque.
Hoc eram pretio satis beatus :
Optabam nihil amplius, mihique
Illo ex tempore grandior videbar,
Qui venisset honos eodem ab ore,
Quo jacent Baviique, Mæviique :
Quo seros Lodoix apud nepotes
Vivet per memores perenne fastos.
Hoc eram pretio satis beatus.
At tu, non sat habes, Bolæe, laudum
Munus ore dedisse liberali,
Dextra ni cumules benignitatem.
Munus præterea novum remittis :
Pro paucis, rudioribusque, multo
Conditos sale, splendidosque versus :
Quales vel fidicen lyræ Latinæ

Flaccus invideat tibi, Maroque
Fœtum haud degenerem lubens adoptet.
Munus accipio tuum, Poeta
Dignum Principe, quo nec ipse majus,
Largiri pretiosiusve posses,
Nec vellem. Accipio aureum libellum
Laurea meliorem Apollinari,
Mentis divitias tuæ exerentem,
Mentis delitias meæ futurum,
Illum et murice vestiam superbo, et
Splendore aureolis jubebo guttis
Illum ostendere singulis juvabit,
Et jactantius explicare amicis.
Addam illi comites Maronem, Homerum,
Dilectos comites, Horatiumque,
Et quicumque boni fuere vates :
Inscribamque mihi quod esse possit
Æterno decori. DEDIT BOLÆUS.

CAROLUS COFFIN, Humanitatis Professor
in Doimano-Bellovaco.

Cum Permissi, 13. Fab. 1702. (Imprimé de 3 p. in-8.)

LXII. — *Brossette à Boileau.*

A Lyon, ce... juillet 1702.

Je vous remercie toujours, Monsieur, des explications que vous me donnez : mais comme mes doutes ne sont pas encore tous éclaircis, j'espère que votre complaisance ne sera pas sitôt épuisée : ainsi je vais vous donner nouvelle matière de l'exercer.

C'est touchant le Sonnet qui est à la page 309 de votre dernière édition, sur une de vos parentes qui mourut entre les mains d'un Charlatan. Je vous demande le nom de ce faux Esculape, et de votre jeune parente, avec l'explication des principales circonstances de ce triste assassinat.

Dans la page 313, il y a une Epigramme à une certaine Climène, dont je voudrois bien savoir le véritable nom, supposé que vous n'ayez pas résolu d'en faire un mystère, et de vous réserver la connoissance de cette Dame, qui se flattoit un peu trop légèrement.

Je finis par la chanson faite à Bàville, page 303; elle est célèbre et publique depuis long-temps : mais je ne savois pas qu'elle fût de vous. J'ai même un ample Recueil de Vaudevilles, en plusieurs volumes in-folio, où votre chanson avoit déjà sa place : néanmoins le second couplet commence de cette manière : *Chalucet, Héliot, la Ville;* et je vois que vous avez mis : *Trois Muses en habit de Ville.* Dites-moi, s'il vous plaît, qui sont ces trois Muses, et tout ce que je puis apprendre à cet égard. Voilà, Monsieur, les éclaircissemens que je vous demande aujourd'hui ; vous y répondrez quand il vous plaira, sans vous presser et sans vous incommoder.

Les Vers Latins que vous m'avez envoyés me paroissent

partir de bonne main, et l'on peut dire de ces vers ce que l'Auteur dit des vôtres.

> Munus præterea novum remittis.
> Pro paucis rudioribusque, multo
> Conditos sale, splendidosque versus.

Hier on me fit voir un exemplaire de l'Histoire du Roi par Médailles, ouvrage auquel vous avez eu part, puisque nous le devons aux soins de votre Académie des Inscriptions. Rien n'égale la magnificence de ce livre, qui me paroît digne, et de l'Académie qui l'a composé, et du grand Roi pour qui il a été fait.

Nous avons perdu depuis quelque temps un des principaux ornemens de notre Académie. C'est le R. P. de Saint-Bonnet, Jésuite, d'un mérite et d'une vertu extraordinaires. Jamais personne ne fut ici plus généralement regretté que ce grand homme l'a été : aussi les circonstances de sa mort semblent ajouter quelque chose au malheur de sa perte. Il faisoit bâtir l'Observatoire, dont je vous ai parlé; comme il étoit sur un des pavillons de ce bâtiment, une machine élevée qui servoit à la construction le jeta de haut en bas, et il se fracassa la poitrine en tombant sur une poutre. Cela arriva le 29 Avril, et il est mort dans le septième jour de cet accident[1] : *Fleverunt eum omnis populus..... planctu magno.* Vous perdez, Monsieur, en lui un admirateur sincère; pour moi, j'y perds un ami solide, sage et éclairé : comme tel je le pleure; mais je l'honore comme un Saint. Je ne vous aurois pas entretenu de cette triste nouvelle, si je ne savois que vous prenez part à la mauvaise comme à la bonne fortune de ceux qui composent notre petite Académie, dont ce Saint

---

[1] I. Mach. c. 9, v. 20.

homme étoit le principal ornement. Je suis, Monsieur, votre, etc.

BROSSETTE.

LXIII. — *Brossette à Boileau.*

A Lyon, ce 11 juillet 1702.

Si vous me faites l'honneur de me regarder comme un de vos amis, Monsieur, vous êtes en droit de vous plaindre de mon silence. J'avoue que j'ai grand tort d'user si rarement de la permission que vous m'avez donnée de vous écrire, et quand je n'agirois pas par ce principe, je ne serois pas moins coupable de demeurer cinq ou six semaines sans vous demander des nouvelles de votre santé. Mais le Livre que je vous envoie avec ma lettre vous portera ma justification, parce que je vous avois promis ce Livre depuis long-temps, et je ne voulois pas vous écrire avant qu'il fût achevé d'être imprimé. Vous en avez les deux premiers exemplaires qui aient encore paru. Je prends la liberté de vous les offrir de la part de M. de Puget, qui en est l'Auteur, et qui m'a dit, en me les remettant pour vous :

> Et plût au Ciel encor, pour couronner l'Ouvrage,
> Que Despréaux voulut lui donner son suffrage !
> C'est à de tels Lecteurs que j'offre mes Écrits.

Celui à qui ces lettres sont adressées est M. Joblot, Professeur de Mathématiques dans l'Académie royale de Peinture et d'Architecture, lequel avoit proposé à M. de Puget quelques objections contre l'Hypothèse de M. Descartes sur l'Aimant, comme vous le verrez en lisant ce petit volume. Je ne veux pas vous arrêter par une plus longue lettre.

Il ne me reste qu'à vous faire des protestations très sincères de l'attachement toujours égal avec lequel je suis, Monsieur, votre, etc.

BROSSETTE.

Si vous avez le loisir et la volonté de me faire réponse sur deux ou trois petits éclaircissemens que j'ai pris la liberté de vous demander dans mes précédentes lettres, vous me ferez un grand plaisir.

LXIV. — *Boileau à Brossette.*

... 15e juillet 1702.

Vous estes un homme merveilleux, Monsieur; c'est moi qui suis coupable et coupable par excès envers vous; cependant c'est vous qui m'escrivés des excuses. J'ay manqué à respondre à trois de vos lettres, et, au lieu de me quereller, vous me dites des douceurs à outrance; vous m'envoiés des présens, et si je vous en crois, je suis en droit de me plaindre. Je vois bien ce que c'est; vous lisés dans mon cœur, et comme vous y voiés bien les remords que j'ay d'avoir esté si peu exact à vostre égard, vous estes bien aise de m'en délivrer, en me persuadant que vous avés esté aussi très négligent de vostre costé. Vous ne songés pas néanmoins que par-là vous m'autorisés à ne vous escrire que lorsque la fantaisie m'en prend, et à couronner mes fautes par de nouvelles fautes. Aujourd'hui pourtant je n'en commettrai pas une si lourde que de tarder à vous remercier du précieux présent que vous m'avés faict du livre de vostre illustre ami. Je vous responds que je le lirai exactement, et que je vous en rendrai le compte que je dois. Il m'est fort honorable qu'un si sçavant homme souhaitte d'avoir mon suffrage. Vous le pouvés asseurer que je le lui donnerai dans peu avec grand plaisir, et que ce suffrage sera alors d'un bien plus grand poids qu'il n'est maintenant, puisque j'aurai lû son livre, et que je serai par conséquent beaucoup plus habile que je ne le suis. Pour ce qui est des particularités dont vous me demandés l'éclaircissement, je vous dirai que le sonnet a esté faict sur une de mes nièces qui estoit à peu près du mesme âge que moi, et que le charlatan estoit un fameux médecin de la Faculté. Elle estoit sœur de M. Dongois Greffier, et avoit beaucoup d'esprit. J'ay composé ce sonnet dans le temps de ma plus grande force poétique, en partie pour montrer qu'on peut parler d'amitié en vers aussi bien que d'amour, et que les choses innocentes s'y peuvent aussi bien exprimer que toutes les maximes odieuses de la morale lubrique des opéra.

A l'égard de l'épigramme à Climène, c'est un ouvrage de ma première jeunesse, et un caprice imaginé pour dire quelque chose de nouveau. Pour la chanson, elle a esté effectivement faicte à Bâville, dans le temps des nopces de M. de Bâville, aujourd'hui intendant de Languedoc. Les trois muses estoient madame de Chalucet, mère de madame de Bâville, une madame Hélyot, espèce de bourgeoise renforcée, qui avoit acquis une assés grande familiarité avec M. le premier Président, dont elle estoit voisine à Paris, et qui avoit une Terre assés proche de Bâville; la troisième estoit une madame de La Ville, femme d'un fameux traitant, pour laquelle M. de Lamoignon, aujourd'hui président au mortier, avoit alors quelque inclination. Celle-ci ayant chanté à table une chanson à boire dont l'air estoit fort joli, mais les paroles très meschantes, tous les conviés, et le Père Bourdaloue entre autres, qui estoit de la nopce aussi bien que le Père Rapin, m'exhortèrent à y faire de nouvelles paroles, et je leur rapportai le lendemain les quatre couplets dont est question. Ils réussirent fort, à la réserve des deux derniers qui firent un peu refrogner le P. Bourdaloue. Pour le P. Rapin, il entendit raillerie, et obligea mesme enfin le P. Bourdaloue à l'entendre aussi. Voilà, Monsieur, tous vos mystères débrouillés. Il y avoit au lieu de *Trois muses en habit de ville*, Chalucet, Hélyot, La Ville.

On ne m'a pas fort accablé d'éloges sur le sonnet de ma parente; cependant, Monsieur, oserois-je vous dire que c'est une des choses de ma façon dont je m'applaudis le plus, et que je ne crois pas avoir rien dit de plus gracieux que : *A ses jeux innocens enfant associé*, et *Rompit de ses beaux jours le fil trop délié*, et *Fut le premier démon qui m'inspira des vers*. C'est à vous à en juger.

Je suis avec beaucoup de respect, Monsieur, vostre, etc.

DESPRÉAUX.

LXV. — *Brossette à Boileau.*

A Lyon, ce 20 septembre 1702.

Toutes les fois que M. Bronod me fait l'honneur de m'écrire, il ne manque point de faire mention de vous, Monsieur, et c'est pour moi l'article le plus intéressant de ses lettres. Dans la dernière que j'ai reçue de lui, il m'a donné des assurances bien positives de votre amitié : il m'a dit que vous lui aviez témoigné quelque impatience de me voir, et que vous lui aviez demandé avec empressement s'il ne prévoyoit point que mes affaires me dussent engager à aller bientôt à Paris? Cette assurance acheva de me déterminer sur le dessein que j'avois formé d'aller passer une partie de ces vacances auprès de vous. J'ai tout disposé pour mon voyage, de sorte que demain je partirai de Lyon par la diligence, et je compte d'avoir l'honneur de vous embrasser avant la fin de la semaine. Comme je n'ai aucune affaire à Paris, que celle de vous voir, je me fais une idée bien flatteuse des plaisirs que votre présence me va donner. Je me déroberois même une partie de ma satisfaction, si je ne commençois pas dès à présent à m'en féliciter. Je vous assure, Monsieur, que je me croirai bien récompensé de ce voyage si vous en recevez la nouvelle avec quelque sorte de plaisir : j'aurai donc bientôt celui de vous aller faire ma cour, et de jouir paisiblement dans vos allées d'Auteuil de ces conversations enchantées qui ont fait autrefois le plus grand charme de ma vie.

Je suis, Monsieur, votre, etc.

BROSSETTE.

LXVI. — *Brossette à Boileau.*

Lyon, ce....

Je souhaite, Monsieur, que vous soyez aussi content des lettres de M. de Puget que je le suis de celle que vous m'avez écrite, et des éclaircissemens que vous me donnez. Ils sont tels que je les pouvois souhaiter, excepté que vous ne me dites point le nom du Charlatan médecin de la Faculté qui trancha les jours de votre aimable parente. Cependant vous devez bien vous faire un scrupule de me laisser ignorer le nom de ce galant homme, et la postérité nous fera quelque jour des reproches à vous et à moi de cette réserve, ou plutôt de cette négligence. Mandez-moi donc, je vous prie, ce nom *malencontreux*, et si vous voulez me marquer en même temps l'année en laquelle vous avez composé ce Sonnet, j'aurai tout ce que je veux savoir sur cet article. Je conviens que ce Sonnet est très-beau : la nature, la tendre nature y parle ; mais elle y parle noblement, comme dans tous vos ouvrages. Outre les vers que vous m'avez indiqués, pour le tour et la délicatesse je remarque ceux-ci, dont la cadence est admirable :

Je goûtois les douceurs d'une amitié charmante.
Bientôt la plume en main signalant mes douleurs...

Ne vous étonnez pas, Monsieur, si je vous demande le temps auquel ils ont été faits, car vous savez que j'ai eu un grand soin de savoir de vous la date de chacun de vos Ouvrages, et je crois que cette exactitude n'est pas inutile : ainsi, Monsieur, vous pouvez tout d'un coup, et sans aucune peine,

> Aux Saumaises futurs épargner ces tortures.

Tandis que je suis sur vos Ouvrages, je vais vous faire part d'une conversation à laquelle ils donnèrent lieu hier entre M. l'Evêque de Saint-Flour et moi. Ce Prélat vient de Paris, et s'en retourne demain dans son Diocèse. Comme il a quelque bonté pour moi, et qu'il sait que j'ai l'honneur d'être de vos amis, il me parla long-temps de vous, au sujet d'un de ses oncles, nommé Joachim d'Estaing, que vous avez désigné dans votre Satyre de la Noblesse, par ces vers :

> Et que l'un des Capets, pour honorer leur nom,
> Ait de trois Fleurs de Lis doté leur écusson.

Monsieur de Saint-Flour m'a donc raconté que son oncle, qui étoit père de M. d'Estaing, aujourd'hui Commandant des Gendarmes Dauphins, étoit un peu entêté de sa Noblesse, et parloit souvent des *Fleurs de Lis*, dont les Armes de sa maison avoient été honorées par le Roi Philippe-Auguste, après la bataille de Bovines. Cependant ce M. d'Estaing, qui étoit boiteux, se brouilla avec vous, je ne sais comment, et ce fut pour le railler de sa vanité que vous le plaçâtes ainsi dans votre Satyre. Je me souviens bien, Monsieur, de vous avoir ouï dire que ces deux vers désignoient en général la Maison d'Estaing; mais vous ne m'avez point dit l'application particulière qu'ils avoient, et j'attends de vous une petite confirmation de cette découverte. Au reste, M. l'Evêque de Saint-Flour a pour votre personne et pour vos ouvrages, les mêmes sentimens qu'en ont tous les honnêtes gens du Royaume : c'est vous dire assez clairement qu'il vous aime et vous estime au suprême degré.

Je suis, Monsieur, votre, etc.

BROSSETTE.

LXVII. — *Boileau à Brossette.*

A Paris, 5ᵉ décembre 1702.

J'ay esté depuis vostre départ, Monsieur, tourmenté d'une nephrétique qui ne me fournit qu'une trop bonne excuse de ce que je n'ay point faict encore de responsé à vostre obligeante lettre, et à la sçavante Dissertation que vous y avés jointe. On ne peut pas plus doctement confirmer que vous faictes, le sentiment que j'ay toujours eu des Escrivains de langue morte, et j'aurois mille choses sur cela à vous dire si les médecins me le permettoient, mais je ne suis encore qu'imparfaitement guéri, et je ne vous escris que pour vous dire que je ne suis pas en estat encore de vous escrire et pour vous tesmoigner, que malade, comme sain, on ne peut pas estre plus sincèrement que je le suis, Monsieur, vostre, etc.

DESPRÉAUX.

LXVIII. — *Brossette à Boileau.*

A Lyon, ce 25 décembre 1702.

Je m'étois sans doute acquis dans votre esprit, Monsieur, la réputation d'un homme exact et vigilant, qui se fait un plaisir de vous écrire, mais j'appréhende bien que mon silence n'ait un peu gâté cette réputation, et que vous ne commenciez à me regarder comme une personne qui vous néglige, et qui peut-être est assez peu sage pour vous oublier. Non, Monsieur, ne me soupçonnez jamais d'une pareille infidélité : j'en suis incapable envers vous. En tout cas, vous verrez la cause de mon retardement dans le billet que j'adresse au fidèle Planson. Je lui écris un petit mot pour vous décharger du soin de faire retirer du Bureau de la Diligence une caisse que je prends la liberté de vous envoyer. Vous y trouverez quelques bagatelles que je vous prie d'agréer comme des marques de ma reconnoissance et de mon souvenir. J'ai fait mettre dans un coin de cette caisse, deux volumes des Journaux de Trévoux, pour les mois de Février et de Mars derniers. Quoiqu'ils ne soient pas nouveaux, ils le seront peut-être pour vous, et j'ai voulu commencer par ceux-ci, parce que le volume de Février débute par une chose qui vous intéresse. C'est la Relation de ce qui se passa dans l'assemblée de l'Académie Royale des Inscriptions, le 15 Novembre 1701.

Le second article de ce journal contient un Discours de M. Vaillant sur une Médaille de l'Empereur Trajan, lu dans cette même Assemblée. Vous pourrez remarquer (pag. 17) que M. Vaillant nous assure que cet Empereur ne reçut le surnom d'*Optimus* que lorsqu'il fut nommé au sixième Consulat. Cependant, Monsieur, j'ai une médaille en argent du même Empereur, frappée pendant son cinquième Consulat, avec cette légende : *S. P. Q. R. Optimo Principi*. Dans le fond, cette circonstance est assez indifférente d'elle-même, aussi ne vous donné-je mon observation que pour ce qu'elle peut valoir.

Je croyois, Monsieur, que le voyage que j'ai fait depuis peu auprès de vous, auroit pleinement satisfait ma curiosité. Il me sembloit que j'avois été au-devant de toutes mes difficultés, nées et à naître; cependant voici encore un endroit de vos Ouvrages où j'ai besoin de votre secours :

> Gardez donc de donner, ainsi que dans Clélie,
> L'air, ni l'esprit François à l'antique Italie;
> Et sous des noms Romains faisant notre portrait,
> Peindre Caton galant, et Brutus Dameret.

J'ai oui-dire souvent que la plupart des personnages de la Clélie représentoient des personnes qui vivoient du temps de Mademoiselle de Scudéri, et qu'elle avoit peint plusieurs de ses amis, sous des noms empruntés. Comme vous ne manquez pas d'être instruit de ces sortes de particularités, je vous prie d'en faire un article dans la première lettre que vous aurez la bonté de m'écrire.

Je ne doute pas qu'une note de cette nature ne plaise beaucoup, à cause de l'inclination naturelle aux hommes de découvrir les choses qu'on a affecté de leur cacher. En attendant que je puisse parcourir ce Roman, je m'en tiendrai à ce que vous m'apprendrez là-dessus.

Je suis, Monsieur, votre, etc.

BROSSETTE.

LXIX. — *Brossette à M. l'Abbé Boileau*,

Docteur de Sorbonne, chanoine de la Sainte Chapelle.

A Lyon, ce 25 décembre 1702.

Monsieur,

Les premiers jours qui ont suivi mon retour à Lyon, ont été employés à des devoirs indispensables; mais ni ces occupations, ni l'éloignement ne m'ont point fait perdre de vue vos honnêtetés et votre mérite : ce sont des choses qu'on ne peut jamais oublier quand on les a vues d'aussi près, et quand on les a senties aussi vivement que je l'ai fait. Ne dois-je point à Monsieur Despréaux une partie des bontés que vous avez eues pour moi? Dès long-temps il est accoutumé à me faire des grâces, et c'est trop peu de toute ma reconnoissance pour ce que je lui dois. Après cela, je ne vois rien que je puisse vous offrir qu'un dévouement très parfait et mes très humbles services. Mais de semblables offres sont si peu considérables, que je ne les fais qu'avec quelque sorte de confusion, surtout dans un temps où je me prépare à contracter de nouvelles obligations auprès de vous : car je n'ai pas perdu le souvenir de la complaisance avec laquelle vous m'avez offert de me communiquer vos lumières sur les faits particuliers qui sont désignés dans les œuvres de M. Despréaux. Souffrez, Monsieur, que je prenne la liberté de vous interroger : vous me l'avez permis à la vérité, mais je ne voudrois pas abuser de votre permission, ni de votre complaisance. J'ai même, peut-être, plus de raison que je ne pense, d'être réservé sur les éclaircissemens que j'ai dessein de vous demander, parce que vous êtes sans doute occupé à des choses plus nécessaires. Je suis, Monsieur, avec respect, votre, etc.

BROSSETTE.

LXX. — *L'Abbé Boileau à Brossette.*

A Paris, ce 4 janvier 1703.

Monsieur,

On ne peut pas être plus sensible que je le suis aux marques de souvenir et d'amitié que vous m'avez fait l'honneur de me donner par votre lettre du mois passé, et je ne sais que faire pour vous en témoigner ma reconnoissance autant que je dois. Demandez-moi donc avec toute la liberté et la franchise qu'il vous plaira, les explications dont vous me parlez sur les Poésies de mon frère. Je ne manquerai pas à vous répondre sur le champ, et à vous donner toute la satisfaction que vous pourrez désirer. Notre second volume de l'*Histoire des Flagellans* est achevé; mais la peine qu'on me fait, ou qu'on a envie de me faire pour m'empêcher d'en obtenir le privilège, sera cause de quelque retardement à la publication de ce Livre. Cependant, comme il est toujours plus difficile de faire un bon Livre que de le faire imprimer, j'espère que nous surmonterons les obstacles qu'on nous fait, dans peu de temps.

Je ne manquerai pas aussi-tôt de satisfaire votre aimable curiosité en vous en donnant avis : rien ne me pouvant être plus agréable et plus glorieux que d'entretenir quelque commerce avec un homme de votre mérite, et de vous convaincre en toutes sortes de rencontres, de l'attachement et de la sincérité avec laquelle je suis, Monsieur, votre, etc.

BOILEAU.

LXXI. — *Boileau à Brossette.*

A Paris, 7º janvier 1703.

J'attendois, Monsieur, à vous rescrire, lorsque j'aurois receû vos magnifiques présens, affin de vous respondre en des termes proportionnés à la grandeur de vos fromages; mais le Messager ayant dit à Planson qu'ils ne pouvoient encore arriver de long-temps, je n'ay pas creû devoir différer davantage de vous en faire mes remercimens. Je vous dirai donc par avance, qu'en comblant ainsi de vos dons l'Auteur que vous avés entrepris de commenter, vous ne joüés pas simplement le personnage de Servius et d'Asconius Pædianus, mais de Mécenas et du Cardinal de Richelieu, et peut estre aurois-je refusé de les prendre, si heureusement je ne me fusse ressouvenu d'avoir lû dans un Ancien qu'il n'y a pas quelquefois moins de beauté d'âme à recevoir de bonne grace des présens, qu'à en faire.

Cependant, pour commencer à vous payer dans la monnoie que vous souhaittés, je vous répondrai sur l'éclaircissement que vous me demandés au sujet de la Clélie, que c'est effectivement une très grande absurdité à la Demoiselle, Auteur de cet Ouvrage, d'avoir choisi le plus grave siècle de la République Romaine pour y peindre les caractères de nos François. Car on prétend qu'il n'y a pas dans ce Livre un seul Romain ni une seule Romaine qui ne soient copiés sur le modèle de quelque Bourgeois ou de quelque Bourgeoise de son quartier. On en donnoit autrefois une Clef qui a couru, mais je ne me suis jamais soucié de la voir. Tout ce que je scay, c'est que le généreux *Herminius*, c'estoit M. *Pellisson*; l'agréable *Scaurus*, c'estoit *Scarron*; le galant *Amilcar*, *Sarrazin*, etc..... Le plaisant de l'affaire est que nos Poëtes de Théâtre, dans plusieurs Pièces, ont imité cette folie, comme on le peut voir dans la Mort de Cyrus, du célèbre M. Quinault, où Thomyris entre sur le Théâtre en cherchant de tous costés, et dit ces deux beaux vers :

> Que l'on cherche partout mes Tablettes perdues,
> Et que sans les ouvrir elles me soient rendues.

Voilà un estrange meuble pour une Reine des Massagettes, que des Tablettes dans un temps où je ne scay si l'art d'escrire estoit inventé. Je vous escrirai davantage sur ce sujet, dès que vos présens seront arrivés. Cependant, croyés que c'est du fond du cœur que je suis, Monsieur, vostre, etc.

DESPRÉAUX.

LXXII. — *Brossette à l'Abbé Boileau.*

A Lyon, ce 20 janvier 1703.

Monsieur,

L'exactitude avec laquelle vous avez pris la peine de faire réponse à ma lettre, n'est pas la moindre des raisons qui m'engagent à vous remercier de m'avoir écrit. Votre complaisance et votre bonté me touchent extraordinairement. Je ne puis cependant vous en bien marquer ma reconnaissance que par des complimens très-sincères. Je sais que votre *Histoire des Flagellans* continue à faire du bruit. Les foibles esprits, les dévots superstitieux, et *la Fratraille* surtout, ne s'en accommoderont point; mais qu'est-ce que les suffrages de ces gens-là, en comparaison de ceux des personnes raisonnables qui ne cherchent que la vérité et qui sont capables de la sentir? Vous avez la raison pour vous; et avec un tel secours, votre Livre abolira sans doute ces usages ridicules, et remettra toutes choses dans l'ancienne et sage pratique de l'Église. Il n'en faut pas tant pour détromper le Public; mais il faut du temps pour déraciner une erreur qui est établie sur les apparences de la Religion. Quand votre second volume paroîtra, je ne doute pas qu'il n'achève d'étouffer et l'usage et la critique. Nous attendons ce Livre avec impatience.

Puisque vous me permettez, Monsieur, de vous demander quelques éclaircissemens sur les Poésies de M. votre Frère, je me servirai de cette permission, mais ce sera avec tout le ménagement que je vous dois; je commence par le Poëme du Lutrin, dont vous avez sans doute plus de connoissance que du reste. Je voudrois donc savoir en quelle année arriva le fameux démêlé du Trésorier et du Chantre, et quand cette querelle fut assoupie par feu M. le Premier

Président de Lamoignon. J'ai appris par M. Despréaux que M. l'Abbé Dongois avoit écrit tout cela dans les Registres de la Sainte-Chapelle; ainsi pour avoir une date certaine, vous pouvez consulter M. Dongois, ou plutôt les Registres mêmes sur lesquels vous en trouverez la note et l'éclaircissement que je vous demande.

Un autre article sur lequel j'ai besoin de votre secours, ou de celui de M. l'Abbé Dongois : c'est sur le personnage de *Sidrac*, ce vieux Chicaneur, au sujet duquel M. Despréaux ne m'a pu apprendre rien de particulier, parce qu'il n'avoit plus les idées assez présentes, n'ayant composé son Lutrin que sur les mémoires qu'on lui fournissoit alors, sur des personnes qu'il ne connoissoit qu'imparfaitement. Je souhaiterois donc d'apprendre qui étoit ce *Sidrac ?* Si c'est un nom véritable ou supposé; s'il représente un personnage réel ou imaginaire; enfin tout ce que vous saurez sur ce sujet.

Ne sera-ce point trop de curiosité pour une fois, si je vous demande encore, Monsieur, les particularités de l'union qui a été faite de l'Abbaye Saint-Nicaise de Rheims, avec le Chapitre de votre Eglise? C'est pour servir d'éclaircissement à ces vers du Lutrin :

> Je sais ce qu'un Fermier nous doit rendre par an :
> Sur quelle vigne à Rheims nous avons hypothèque.

Je sais que cette Abbaye vaut environ neuf mille livres de revenu; mais je voudrois savoir en quel temps, par qui, comment et pourquoi elle a été unie à la Sainte-Chapelle?

Je suis indiscret sans doute de vous faire tant de questions, et de vous donner tant de peine. Vous allez être tenté de révoquer la permission que vous m'avez donnée; mais je vous le permets volontiers, pourvu que vous me laissiez mes autres avantages, c'est-à-dire, l'honneur de votre amitié que j'estime infiniment, et la liberté de vous assurer de temps en temps qu'on ne peut être plus véritablement que moi, Monsieur, votre, etc.

BROSSETTE.

LXXIII. — *Boileau à Brossette.*

A Paris, 25e janvier 1703.

Monsieur,

Il y a huict jours, que j'ay receû vostre magnifique présent, et j'ay esté tout ce temps-là à chercher des paroles pour vous en remercier dignement, sans en pouvoir trouver. En effet, à un homme qui faict de tels présens, ce n'est point des lettres familières, et de simples complimens un peu ornés, ce sont des Epistres liminaires du plus haut style qu'il faut escrire, et où les comparaisons du Soleil soient prodiguées. Balzac auroit esté merveilleux pour cela, si vous lui en aviés envoié de pareils, et il auroit peut estre égalé la grosseur de vos fromages par la hauteur de ses hyperboles. Il vous eust dit que ces fromages avoient esté faicts du laict de la chèvre céleste, ou de celui de la vache Io. Que vostre jambon estoit un membre détaché du sanglier d'Erimanthe. Mais pour moi, qui vais un peu plus terre à terre, vous trouverés bon que je me contente de vous dire que vous vous moqués de m'envoier tant de chôses à la fois, que, si honnestement, j'avois pu les refuser, vos présens seroient retournés à Lyon. Que cependant je ne laisse pas d'en avoir toute la reconnoissance que je dois, et qu'on ne peut estre plus que je le suis, Monsieur, vostre, etc.

DESPRÉAUX.

Pour vos Mémoires de la République des Lettres, franchement ils sont bien inférieurs au jambon et aux fromages, et l'Auteur y est si grossièrement partial, que je ne sçaurois trouver aucun goust dans ses Ouvrages, quoique assez bien escrits. Je suis si accablé d'affaires que je ne sçaurois vous escrire que ce peu de mots.

LXXIV. — *L'Abbé Boileau à Brossette.*

A Paris, ce 12 février 1703.

Monsieur,

J'ai bien à vous demander pardon d'avoir été si longtemps à faire réponse à l'obligeante lettre que vous m'avez fait l'honneur de m'écrire, du 20 de janvier dernier. Une maladie assez longue et assez fastidieuse m'a contraint de faire cette faute que je vous prie d'oublier. Et pour satisfaire exactement aux demandes que vous me faites, je vous dirai, suivant la perquisition que j'ai faite de l'affaire dont vous me parlez :

1° Que ce fut en 1667 que le Procès touchant le Lutrin commença entre le Chantre et le Trésorier de la Sainte-Chapelle. Le Chantre se nommoit M. l'Abbé Barrin, homme de qualité distinguée dans l'Epée et dans la Robe; et le Trésorier se nommoit Claude Auvry, Évêque de Coûtances en Normandie. Il avoit été Camérier du Cardinal Mazarin, et c'est ce qui avoit fait sa fortune. C'étoit un homme assez réglé dans ses mœurs, d'ailleurs fort ignorant, et d'un mérite au-dessous du médiocre. Le dernier de Juillet 1667, il s'avisa de faire mettre un pupitre devant le Stalle premier du côté gauche, que le Chantre fit ôter à force ouverte, prétendant qu'il n'y avoit jamais été. La cause fut retenue aux Requêtes du Palais, et après plusieurs procédures, elle fut assoupie par feu M. le Premier Président de Lamoignon.

2° *Sidrac* est un vrai nom d'un vieux chapelain-clerc de la Sainte-Chapelle, c'est-à-dire, un chantre-musicien, dont la voix étoit une taille fort belle : son personnage n'est point feint.

3° L'abbaye de Saint-Nicaise de Rheims, qui vaut 16,000 livres de revenu à la Sainte-Chapelle, ayant été unie par le roi Louis XIII du temps du cardinal de Richelieu, chaque chanoine doit avoir tous les ans un muid de vin de Rheims : mais cela s'apprécie, et on emploie cet argent aux dépenses nécessaires de la Sainte-Chapelle. Cette abbaye fut unie à la Sainte-Chapelle les dernières années du ministère du cardinal de Richelieu, pour suppléer au revenu qu'on lui ôta des régales des évêchés, que le roi donna aux évêques nommés, et dont une partie est distraite pour des nouveaux convertis. Comme les vendanges font un des principaux revenus de cette abbaye, ce capitulant avoit raison de dire : *Je sais sur quelle vigne nous avons hypothèque.*

Voilà, ce me semble, l'éclaircissement que je puis donner aux questions que vous avez pris la peine de me faire. Si vous en avez quelques autres, j'espère que j'y satisferai plus promptement qu'à celles-ci; profitant toujours avec plaisir des occasions que vous me ferez naître pour mériter l'honneur de votre amitié, et vous assurer que personne n'est avec plus d'estime, d'attachement et de passion que moi, Monsieur, votre, etc.

BOILEAU.

LXXV. — *Brossette à Boileau.*

A Lyon, ce 15 février 1703.

Vous honorez beaucoup le présent très-médiocre que je vous ai fait, par les termes magnifiques dont vous accompagnez votre remerciment. C'est à moi, Monsieur, à vous remercier de ce que vous m'avez permis de vous offrir cette bagatelle. Mais que pourrois-je vous présenter qui fût digne de paroître sur la table délicate de M. le Verrier ou sur la vôtre? Je connois votre goût et le sien; ainsi j'ai bien sujet de me défier du succès de mes bonnes intentions, et je compte plus sur votre complaisance que sur le choix de mon présent. Balzac avec toutes ses exagérations, n'en auroit jamais fait les honneurs si bien que vous. Mais je ne voudrois pas, pour deux douzaines d'hyperboles de sa façon, lui avoir fait le moindre petit présent, car je ne serois plus en état de vous en faire, et je suis bien aise de vivre pour vous donner quelquefois des marques de ma tendresse. Vous m'avez promis de m'envoyer des lettres que feu M. Racine vous a écrites autrefois, avec des copies de quelques-unes des vôtres, à mesure que ces pièces fugitives se présenteroient sous votre main, vous ne l'oublierez pas, Monsieur, dans l'occasion, et vous vous souviendrez que tout m'est bon et précieux de votre part. En attendant, prenez la peine de m'envoyer l'épigramme que vous avez tournée sur les œuvres d'Homère, et qui finit par ce vers : *Je chantois, Homère écrivoit.* Mais joignez-y, s'il vous plaît, l'épigramme grecque, avec la version que M. Charpentier en avoit faite, où il disoit qu'*Homère tenoit la plume.* Je suis toujours, Monsieur, votre, etc.

BROSSETTE.

LXXVI. — L'*Abbé Boileau à Brossette.*

A Paris, ce 2 mars 1703.

Il ne faut pas, Monsieur, que vous vous imaginiez que vous en serez quitte pour ne me demander que des éclaircissemens sur le *Lutrin*, et sur les autres poésies de M. Despréaux. Il faut à votre tour que vous preniez la peine de m'en donner sur quelques livres qui ont été imprimés dans votre ville de Lyon, et qu'on a quelque peine à trouver à Paris, et dont les gens de mon métier ne laissent pas d'être curieux. Je vous dirai donc que depuis la dernière lettre que je me suis donné l'honneur de vous écrire, j'ai recouvré la sentence des requêtes du palais, qui fut le commencement du procès qui a si fort réjoui le public, entre le chantre et le trésorier de la Sainte-Chapelle. M. Despréaux, qui entre présentement dans ma bibliothèque, m'assure que je vous ferai plaisir de vous l'envoyer en original[1], quelque port que cela vous coûte. La voilà donc, Monsieur, que vous recevrez dans ce paquet. Je vous prie de ne la pas perdre, parce que si on venoit à en avoir à faire ici, je vous prierois de me la renvoyer. Vous y verrez qu'originairement toute cette affaire du *Lutrin* étoit une querelle de deux particuliers, à laquelle le corps de la Sainte-Chapelle ne prit part que dans la suite, quand M. le premier président de Lamoignon l'accommoda.

Venons maintenant, Monsieur, à l'affaire où vous pouvez me faire plaisir en votre ville de Lyon. En l'année 1631, un libraire nommé Jacques Cardon, y imprima un livre

---

1. Cette *sentence*, écrite sur parchemin, à la date du 5 août 1667, Brossette l'a placée à la suite de cette lettre LXXVI. Nous en donnons la copie exacte.

intitulé : *Apologeticus Patris Stephani Facundez, è Societate Jesu, pro suo libro de Lacticiniorum ; Ovorumque esu, Tempore Quadragesimæ.* Je voudrois bien avoir ce livre, et celui dont il est l'apologétique, qui apparemment a aussi été imprimé à Lyon. Si vous me les pouvez trouver, par vous ou par quelqu'un qui voulût bien prendre la peine de les chercher, je vous serois très-obligé de charger quelqu'un de vos amis de me les apporter ici, en blanc ou autrement. Ce sont deux petits livres in-octavo qui ne tiendroient pas beaucoup de place dans un sac ou une valise, et qui ne sont point de contrebande. Je rendrois fidèlement à votre ami, qui me les apporteroit, ce qu'ils auroient coûté, et je ne voudrois pas les recevoir autrement.

Vous voyez, Monsieur, avec quelle liberté j'en use. Je voudrois bien être ici en état de vous rendre la pareille. M. Despréaux va vous écrire pour cet ordinaire ou par le suivant. C'est sur sa parole que je suis assuré que vous trouverez bon que j'use avec vous d'une si grande franchise qui ne sauroit égaler le respect, l'attachement et la passion avec laquelle je suis de tout mon cœur, Monsieur, votre, etc.

BOILEAU.

SENTENCE DES REQUÊTES

DU PALAIS.

A tous ceux qui, ces présentes Lettres verront, les Gens tenant les Requêtes du Palais, à Paris, Conseillers du Roi notre Sire, en sa Cour de Parlement, Commissaires en cette partie, SALUT. Savoir faisons que sur ce que M⁽ʳᵉ⁾ Guy Estourneau, Procureur en ladite Cour, et de M⁽ʳᵉ⁾ Jacques Barrin, Prêtre, Chantre et Chanoine de l'Église royale de la Sainte Chapelle du Palais, à Paris, nous a judiciairement remontré qu'au préjudice de la Jurisdiction par les assignations baillées en la Cour, à Messire Claude Auvry, Evêque de

Coutances, Trésorier de ladite Sainte Chapelle, et à Mre François Sirude, et N. Frontin, sous-Marguillier de ladite Sainte Chapelle : aux fins des Requêtes présentées par ledit sieur Barrin, pour raison d'un Pupitre qui auroit été mis devant la place où il se sied dans ladite Sainte Chapelle, lequel il auroit fait ôter, ainsi que plus au long le tout est porté par les Requêtes et exploits écrits, étant au bas d'icelles, des premier et quatre du présent mois d'Août ; ledit sieur Auvry, n'auroit pas laissé de bailler Requête à l'encontre dudit sieur Barrin, pour raison dudit Pupitre, en l'Officialité de ladite Sainte Chapelle, sous le nom du Promoteur d'icelle ; et d'autant que ladite demande intentée par lesdits, par ladite Requête présentée audit Official, et aux fins de laquelle ledit sieur Barrin a été assigné, est pour raison du Pupitre, et par conséquent connexe et dépendant de l'instance pendante en la Cour, entre ledit sieur Barrin, d'une part ; ledit sieur Auvry, et lesdits sieurs Sirude et Frontin, d'autre part ; que pour raison du même fait il ne seroit pas juste que ledit sieur plaidât en deux différentes Jurisdictions ; il a été conseillé de se pourvoir. A ces Causes, a ledit Estourneau requis et requiert audit nom, qu'il plaise à la Cour, en conséquence de l'instance pendante en icelle, évoquer à elle la demande faite audit sieur Barrin, par ledit Promoteur, intentée par sa Requête, aux fins de laquelle il l'a fait assigner devant ledit Official, le jour d'hier quatre du présent mois d'Août, et faire défense aux Parties de se pourvoir ailleurs, et faire aucunes poursuites qu'en icelle ; et audit Official de ladite Sainte Chapelle, et tous autres Juges d'en connoître à peine de nullité, cassation de Procédure, cinq cens livres d'amande, et de tous dépens, dommages et intérêts ; et qu'en cas de contravention, il soit permis d'en informer, et même d'emprisonner les contrevenans nonobstant tous empêchemens, opposition ou appellations quelconques, et sans préjudice d'icelles.

Surquoi, et après que ledit Promoteur de ladite Sainte Chapelle a été appelé, et n'est comparu : La Cour en la Chambre a contre lui donné, et donne défaut, et pour le profit d'icelui en conséquence de ladite Instance pendante en icelle, pour raison du Pupitre en question, a évoqué et évoque à elle la demande intentée en ladite Requête présentée audit, par ledit Promoteur, pour raison du même fait :

« Ordonne que sur icelle les Parties procéderont en ladite Cour, à l'effet de quoi elles y seront appellées ; fait défenses audit Official de la Sainte Chapelle d'en connoître, aux Parties de se pourvoir, et faire poursuite ailleurs qu'en la Cour pour raison dudit Pupître, circonstances et dépendances, à peine de cinq cens livres d'amende, de nullité, cassation de Procédures, et de tous dépens, dommages et intérêts : et sera la présente Sentence exécutée nonobstant oppositions au appellations quelconques, et sans préjudice d'icelle.

Si mandons au premier Huissier de la Cour, ou autre Huissier ou Sergent sur ce requis, faire pour l'exécution des présentes, tous exploits requis et nécessaires. De ce faire donnons pouvoir. Fait et donné à Paris, sous le Scel desdites Requêtes, le cinquième Août mil six cent soixante-sept.

Collationné avec Paraphe.

M. Hubert, Notaire Apostolique et Promoteur de la Sainte Chapelle de Paris, avec assignation.

L'an mil six cent soixante-sept et le cinquième jour d'Août, fut la présente signifiée et baillée copie à Messire Hubert, Notaire Apostolique et Promoteur de la Sainte Chapelle du Palais à Paris ; et pour procéder sur l'Instance évoquée par ladite Sentence, lui ai donné assignation à comparoir au premier jour pardevant Nosdits Seigneurs des Requêtes du Palais, et en outre comme de raison ; en son domicile, parlant à son père, par moi, Huissier en ladite Cour, soussigné.

Chena.

LXXVII. — *Boileau à Brossette.*

A Paris, 4e mars 1703.

Je trouvai hier mon frère le Chanoine de la Ste-Chappelle, qui vous escrivoit une Lettre, avec laquelle il prétendoit vous envoier la Requeste présentée par le Chantre Barrin, au sujet du Pupître mis sur son banc. Cela me couvrit de confusion en me faisant ressouvenir du long temps qu'il y a que je ne vous ây donné aucun signe de vie par mes lettres. En effect, c'est une chose estrange que tout le monde estant exact à vous respondre, celui-là seul qui a le plus de raison de l'estre, ne le soit point. Il me semble cependant que c'est vostre faute, puisque c'est vostre trop grande facilité à me pardonner mes négligences qui me rend négligent. Mais quoy! bien loin de m'accuser de mon peu de soin, peu s'en faut que vous ne vous excusiés de vostre trop d'exactitude. Encore ne vous bornés vous pas aux seules excuses; mais vous les accompagnés de jambons et de fromages, qui feroient tout excuser quand mesme vous auriés tort. Pour tascher donc à réparer un peu mes fautes passées, voici les vers que vous me demandés, faicts sur ce vers de l'Anthologie (car il y est tout seul).

Ἦδον μὲν ἔγων; ἐχάρασσε δε Θεῖος Ὅμηρος.

Quand la dernière fois sur le sacré vallon,
La troupe des neuf sœurs, par l'ordre d'Apollon,
  Lût l'Iliade et l'Odyssée,
Chacune à les loüer se montrant empressée,
De leur Auteur, dit-il, apprennés le vrai nom;
Jadis avec Homère aux rives du Permesse,
Dans ce bois de Lauriers, où seul il me suivoit,
Je les fis toutes deux, plein d'une douce ivresse:
  Je chantois, Homère escrivoit.

J'ay esté obligé d'estendre ainsi la chose, parce qu'autrement elle ne seroit pas amenée. Charpentier l'a exprimée en ces termes :

  Quand Apollon vict le volume
Qui sous le nom d'Homère enchantoit l'Univers,
Je me souviens, dit-il, que j'ay dicté ces vers,
  Et qu'Homère tenoit la plume.

Cela est assés concis et assés bien tourné ; mais à mon sens *le volume* est un mot fort bas en cet endroit, et je n'aime point ce mot de Palais : *Tenoit la plume.*

Pour ce qui est des Lettres que vous me sollicités de vous envoyer, je ne sçaurois encore sur cela vous donner satisfaction, parce qu'il faut que je les retouche avant que de les mettre entre les mains d'un homme aussi éclairé que vous. Je les ay escrites la pluspart avec la mesme rapidité que je vous escris celle-ci, et sans sçavoir souvent où j'allois. M. Racine me rescrivoit de mesme, et il faudroit aussi revoir les siennes. Cela demande beaucoup de temps. D'ailleurs il y a dedans quelques secrets que je ne crois pas devoir estre confiés à un tiers. Adieu, Monsieur, aimez-moi toujours, et soyés persuadé que je suis avec toute l'affection que je dois, vostre, etc.

Despréaux.

LXXVIII. — *Brossette à l'Abbé Boileau.*

A Lyon, ce 18e. mars 1703.

La commission que vous m'avez donnée, Monsieur, m'a occupé tout le temps qui s'est écoulé depuis votre dernière lettre. J'ai cherché avec tout le soin possible le livre que vous me demandez. Aucun magazin de librairie n'a été oublié, à commencer par celui de MM. Anisson, qui ont eu le fonds de Jacques Cardon, libraire, chez lequel votre livre du P. Fagundez a été imprimé ; mais M. Anisson m'a assuré qu'il n'avoit dans son magazin aucun ouvrage de ce jésuite. MM. Borde et Arnaud, dont le fonds est aussi considérable, m'ont dit la même chose ; et je n'ai pas eu plus de satisfaction chez nos autres libraires. Cependant j'ai trouvé le livre du P. Fagundez, mais c'est à peu près tout comme si je ne l'avois pas trouvé : car il est dans un lieu d'où il ne peut pas sortir facilement; c'est dans la bibliothèque des jésuites, qui contient près de quarante mille volumes. J'y ai donc vu le traité apologétique du P. Fagundez : c'est un petit *in-octavo* de 204 pages, qui est divisé en cinq chapitres. Ce livre n'est que l'Apologie, non pas d'un autre livre, mais d'une proposition que ce père avoit avancée et soutenue dans un volume *in-folio* qu'il avoit composé *in quinque præcepta Ecclesiæ*.

J'ai aussi vu ce volume dans la même Bibliothèque. Il fut imprimé en 1626, chez le même Jacques Cardon, et P. Cavelat, et c'est dans la page 749 et suivantes, qu'il examine la question de *Lacticiniorum ovorumque esu, tempore Quadragesimæ*. Sa décision lui fit des affaires en Espagne et en Portugal, ce qui l'obligea à se justifier par le livre que vous demandez. Le P. Etienne Fagundez a fait trois autres volumes *in-folio* : les deux premiers sont sur les commandemens de Dieu, et le dernier est un traité de *Justitia et contractibus*. Mais comme Cardon, qui les a imprimés, faisoit principalement son commerce de librairie en Espagne, ainsi que MM. Anisson l'ont fait depuis, il y a apparence que la plupart des exemplaires, et surtout de l'Apologie, qui étoit faite pour ce pays-là, y ont été envoyés, et nous aurons de la peine à en trouver, à moins que ce ne soit par hasard.

Cependant j'ai mis des gens en mouvement pour cela. En attendant, si vous avez besoin de quelques citations, ou de quelques extraits des œuvres de ce jésuite, ayez la bonté de m'en charger, et je vous réponds que vous aurez pleine satisfaction en peu de temps. Je me trouve bien malheureux d'être réduit à faire si mal la première commission dont vous m'honorez : ne serai-je pas plus heureux dans une autre? car j'espère bien que je ne vous serai pas toujours inutile.

Vous ne pouviez pas me faire plus de plaisir, Monsieur, que de m'envoyer la sentence des requêtes du Palais, au sujet du Lutrin. Elle sert à fixer nos dates ; et au cas qu'elle vous soit nécessaire dans la suite, ce que je ne crois pas, vous me trouverez toujours très disposé à vous en faire restitution.

J'ai l'honneur d'être, Monsieur, votre, etc.

BROSSETTE.

En formant ce recueil Brossette a ajouté ici :

Quelque temps après avoir écrit cette lettre, je trouvai le traité apologétique du P. Fygundez, de *Lacticioniorum, ovorumque esu*, etc., et je l'envoyai à M. l'abbé Boileau.

LXXIX. — *Brossette à Boileau.*

A Lyon, ce 4 avril 1703.

Monsieur,

Votre dernière lettre me fut remise avec celle que M. votre Frère prit la peine de m'écrire, en m'envoyant la Sentence des Requêtes du Palais, rendue au sujet du fameux et immortel Lutrin. Cette sentence m'a fait beaucoup de plaisir, et elle ne me sera pas inutile dans le dessein que j'ai sur vos Ouvrages. J'ai remercié M. votre Frère de son attention obligeante, en lui faisant réponse au sujet d'un Livre qu'il me demandoit, et que j'ai eu bien de la peine à trouver. La Paraphrase que vous avez faite du vers de l'Anthologie sur l'Iliade et l'Odyssée, a toute la dignité et toute la grandeur qui lui convient :

Je chantois, Homère écrivoit, etc.

La brièveté et la noblesse de cette expression récompense bien ce que le reste de l'épigramme peut avoir de prolixe. Ne pourroit-on point tourner ainsi en Latin le vers Grec de l'Anthologie?

Hæc ego dum canerem, socius scribebat Homerus.

A l'égard de vos Lettres à M. Racine, et de celles que cet illustre Ami vous a écrites, vous en userez comme il vous plaira; vous savez bien que je ne voudrois pas vous faire une mauvaise demande, mais vous devez être persuadé que je recevrai toujours avec beaucoup de joie toutes les Pièces que vous trouverez à propos de me confier, et je n'en ferai jamais que l'usage qu'il vous plaira de me prescrire.

Une personne qui estime infiniment, et vous, et vos Ouvrages, m'a fait remarquer qu'en parlant du passage du Rhin, par Jules-César, vous dites :

Et depuis ce Romain dont l'insolent passage,
Sur un pont en deux jours, trompa tous tes efforts.

Cependant César employa *dix jours*, et non pas *deux jours*, à faire construire ce pont, sur lequel il fit passer son Armée en Allemagne. C'est lui-même qui le dit dans ses Commentaires, liv. IV, chap. 2. Plutarque appuye sur la même circonstance; et Jules-César parle d'un autre passage semblable qu'il fit environ deux années après, sans marquer le temps qu'il y employa, liv. VI. Cette différence ne fait aucun tort à votre vers, où vous pouvez mettre également *dix jours* au lieu de *deux*.

J'ai cru que vous ne seriez pas fâché de cette observation, qui dans le fond est assez indifférente, mais qui marque un peu plus d'exactitude dans le fait historique. Cette circonstance tourne même à la gloire du Roi, qui a fait en un moment ce que le plus grand Capitaine de l'Empire Romain n'a pu faire qu'en dix jours, et avec le secours d'un pont. Je suis, Monsieur, votre, etc.

BROSSETTE.

LXXX. — *Boileau à Brossette.*

A Paris, 8ᵉ avril 1703.

Vous ne m'accuserés pas, Monsieur, pour cette fois, d'avoir esté peu diligent à vous respondre, puisque je vous rescris sur le champ. Je suis ravi que mon frère vous ayt si bien satisfaict sur vos demandes, et vous ayt si bien démontré que la fiction du Lutrin est fondée sur une chose très véritable. On auroit de la peine à faire voir que l'Iliade est aussi bien appuyée, puisqu'il y a encore des gens aujourd'hui qui nient que jamais Troie ayt esté prise, et qui doutent que Darès ni Dictys de Crête en soient des tesmoins fort seurs, puisque leurs Ouvrages n'ont paru que du temps de Néron, et ne sont vraisemblablement que de nouvelles fictions imaginées sur la fiction d'Homère. Il faudroit, pour le bien attester, nous rapporter quelque sentence donnée en faveur de Neptune et d'Apollon, pour obliger Laomédon à payer à ces deux *Compagnons de fortune*, le prix qu'il leur avoit promis pour la construction des murailles de Troie.

Je ne mérite pas les louanges que vous me donnés au sujet du vers de l'Anthologie. Permettés moi pourtant de vous dire que vous vous abusés un peu quand vous croiés que j'aye faict, ni voulu faire une Paraphrase de ce Vers, qui est mesme plus court dans ma copie que dans l'Original, puisque j'en ay retranché l'épithète oysive de θεῖος, et que j'ay dit simplement Homère, et non point le Divin Homère. La vérité est que j'y ay joint une petite narration assès vive, sans quoy la pensée n'est point en son jour. Que si cette narration vous paroissoit prolixe, il seroit aisé d'y donner remède, puisqu'il n'y auroit qu'à mettre à la place de la narration les paroles qu'on y trouve en prose dans le Recueil de l'Anthologie au dessus du vers; les voici : *Paroles que disoit Apollon à propos des Ouvrages d'Homère : Je chantois,* etc...

Il me paroist que c'est l'Auteur mesme de ce vers qui les y a mises, n'ayant pu y joindre une narration qui l'amenast, et c'est à quoy j'ay creû devoir suppléer dans ma traduction, sans aucun dessein de paraphrazer un vers qui n'est excellent que par sa briéveté, car il me semble que l'expédient dont s'est servi ce Poëte, a un peu de rapport à ces vieilles tapisseries, où l'on escrivoit au dessus de la teste des personnages : *c'est un Homme, c'est un Cheval.* Du reste, pour la narration que vous trouvés prolixe, je ne voy pas qu'on puisse accuser de prolixité, une chose qui est dite en vers, en aussi peu de paroles qu'on la pouroit dire en prose. Il est vrai que cette narration est de huict vers, mais ces huict vers ne disent que ce qu'il faut précisément dire, et s'il y en a un qui s'estende sur quelque inutilité, vous n'avés qu'à me le marquer, parce que je le retrancherai sur le champ. Ce ne sont pas huict bons vers qui sont longs, ce sont deux méchans vers qui le sont quelquefois à outrance : *Sed tu Disticha longa facis,* dit Martial. J'ay bien de la joye que le galant homme dont vous me parlés prenne goust à mes ouvrages : *C'est à de tels Lecteurs que j'offre mes escrits.* Il me faict plaisir mesme de daigner bien prendre en les lisant, *animum Censoris honesti.* Oserois je pourtant vous dire que ni vous, ni lui n'avés point entendu ma pensée au sujet de Jules-César. Je n'ay jamais voulu dire que Jules-César n'ayt mis que deux jours à ramasser et à lier ensemble les matériaux dont il fit construire le pont, sur lequel il passa le Rhin.

Il n'est question dans mes vers que du temps qu'il mit à faire passer ses troupes sur ce pont, et je ne sçay mesme s'il y employa deux jours. Le Roy, quand il passa le Rhin, fit amener un très grand nombre de batteaux de cuivre qu'on avoit esté plus de deux mois à construire, et sur un desquels mesme M. le Prince et M. le Duc passèrent ; mais qu'est-ce que cela faict à la rapidité avec laquelle toutes ses troupes traversèrent le Fleuve ? puisqu'il est certain que toute son Armée passa, comme celle de Jules-César, avec tout son bagage, en moins de deux jours. Voilà ce que veut dire le vers : *Sur un pont en deux jours trompa tous tes efforts.* En effect, quel sens autrement pourroit-on donner à ces mots : *trompa tous tes efforts ?* Le Rhin pouvoit-il s'efforcer à destruire le pont que faisoit construire Jules-César, lorsque les batteaux estoient encore sur le chantier ? Il faudroit, pour cela, qu'il se fust débordé, encore auroit-il esté pris pour dupe, si César avoit mis ses ateliers sur une hauteur. Vous voiés donc bien, Monsieur, qu'il faut laisser *deux jours*, parce que si je mettois *dix jours*, cela seroit fort ridicule, et je donnerois au Lecteur une idée absurde de César, en disant comme une grande chose qu'il avoit employé dix jours à faire passer une armée de trente mille hommes, donnant ainsi par là tout le temps aux Allemans, qu'il leur falloit pour s'opposer à son passage. Ajoutés que ces façons de parler : *en deux jours, en trois jours,* ne veulent dire que *très promptement, en moins de rien.* Voilà, je crois, Monsieur, de quoy contenter vostre critique et celle de M. vostre ami. Vous me ferés plaisir de m'en faire beaucoup de pareilles, parce que cela donne occasion, comme vous voiés, à escrire des dissertations assés curieuses. Faictes moi cependant la grace d'excuser les ratures de celle-ci, parce que ce ne seroit jamais faict s'il falloit descrire mes lettres. Je vous aurai bien de l'obligation si vous en usés de mesme dans les vostres, et surtout si vous voulés bien rayer ces grands Monsieur que vous mettés à tous vos commencemens ; *Volo amari non coli.* Je suis avec beaucoup de respect, Monsieur, vostre, etc.

Despréaux.

LXXXI. — *Brossette à Boileau.*

A Lyon, ce 15 mai 1703.

Monsieur,

Il y a quatre ou cinq jours que j'écrivis à monsieur votre frère, en lui envoyant un Livre qu'il m'avoit demandé. J'aurois eu l'honneur de vous écrire en même temps, s'il m'avoit été possible, mais je n'avois ni assez de temps pour cela, ni assez de résolution : car vous êtes un homme avec qui il faut prendre tous ses avantages, encore n'est-on pas assuré de rien gagner. Je croyois vous avoir fait dans ma précédente lettre, deux objections les plus raisonnables, les plus judicieuses du monde, cependant vous me faites voir que je me suis trompé, et je suis obligé d'en convenir. Franchement, Monsieur, c'est une chose bien mortifiante que d'avoir affaire à un homme qui a toujours raison. Je conviens donc que j'ai eu tort de confondre votre petite narration avec le vers de l'Anthologie : *Je chantois, Homère écrivoit,* qui fait, pour ainsi dire, le corps de l'Epigramme, tandis que les vers précédens n'en sont que le préambule, ou l'introduction, qui prépare la pensée.

Pour ce qui est du passage de Jules-César sur le Rhin, rien n'est plus juste, ni plus convaincant que les réflexions dont vous me faites part ; il n'y a pas moyen d'y résister.

Mais puisque vous m'invitez, Monsieur, à vous envoyer mes petites observations, et que vous me témoignez qu'elles vous font plaisir, je me hasarde encore à vous parler de la remarque que vous avez faite dans ces deux vers du Lutrin, au sujet de la Guêpe.

> Tel qu'on voit un Taureau qu'une Guêpe en furie,
> A piqué dans les flancs, aux dépens de sa vie.

Vous savez, Monsieur, que j'ai eu l'honneur de vous dire à Paris que je croyois que cette application ne pouvoit convenir qu'à l'Abeille, et non point à la Guêpe. Tous les Naturalistes conviennent que l'Abeille meurt après avoir piqué. Aristote, Histoire des Animaux, Liv. III, ch. 10, et Liv. IX, ch. 64. Virgile, au Livre IV des Géorgiques :

> Et spicula cæca relinquunt
> Affixæ venis, animasque in vulnere ponunt.

Pline, Livre II de l'Histoire Naturelle, ch. 19, *Aculeum, apibus natura dedit ventri consertum. Ad unum ictum, hoc infixo, quidam eas statim emori putant. Aliqui non nisi in tantum adacto ut intestini quid piam sequatur. Est in exemplis, Equos ab iis occisos.* Scaliger raconte à ce sujet qu'un soldat françois étant dans la Calabre, et ayant courroucé des Abeilles, pour avoir pris leur miel, elles tuèrent ce soldat et son cheval.

Je sais par mon expérience que l'aiguillon des Abeilles demeure dans la piqûre, parce qu'il est recourbé et tourné en crochet vers la pointe, à peu près comme un hameçon, ou comme ces flèches barbelées de l'une desquelles Quinte-Curce dit qu'Alexandre fut blessé dans la ville des Oxidraques. Liv. IX, chap. 5. Mais à l'égard des Guêpes, leur aiguillon est tout droit et uni, comme la pointe d'une aiguille, ce qui fait qu'il sort aussi facilement qu'il est entré. Il en est de même des autres Insectes ailés et piquans, comme les Bourdons et les Frélons. Pline, en parlant des Guêpes, dans le chapitre 24 du même Livre, ne dit rien de leur aiguillon, ni de la manière dont elles s'en servent : par où il semble les mettre à cet égard dans le rang des autres Insectes volans, qui peuvent piquer sans s'incommoder eux-mêmes. A moins qu'on ne dise de ceux-ci ce que le même Auteur (Liv. XXIX, c. 23) dit des Serpens et des autres Reptiles venimeux, qu'ils ne peuvent nuire qu'une fois, et qu'ils meurent eux-mêmes, après avoir jetté leur venin. Quoi qu'il en soit, je ne voudrois pas en croire Pline sur sa parole.

Voilà mes observations que je vous prie d'examiner et de corriger. Je les fais, non pas *animo Censoris*, mais avec toute la docilité et la soumission d'un homme qui veut s'instruire de bonne foi : car je pense de vous ce qu'un de nos Jurisconsultes, savant et poli, a dit d'un Grand-Homme de son temps : *Familiare ejus colloquium nunquam advertenti, inane otiosumque est*. Je l'ai éprouvé moi-même, en mettant toujours à profit les momens précieux que j'ai passés auprès de vous. Je suis, Monsieur, votre, etc.

BROSSETTE.

LXXXII. — *Boileau à Brossette.*

A Paris, 28e mai 1703.

J'arrive à Paris d'Auteuil, où je suis maintenant habitué, et où j'ay laissé vostre dernière lettre que j'y ay receue. Ainsi, je vous escris, Monsieur, sans l'avoir devant les yeux. Je me souviens bien pourtant que vous y attaqués fortement ce que je dis dans mon Lutrin de la Guespe, qui meurt du coup dont elle pique son ennemi. Vous prétendés que je lui donne ce qui n'appartient qu'aux Abeilles, qui *vitam in vulnere ponunt*. Mais je ne voy pas pourquoi vous voulés qu'il n'en soit pas de mesme de la Guespe, qui est une espèce d'Abeille bastarde, que de la véritable Abeille, puisque personne sur cela n'a jamais dit le contraire, et que jamais on n'a faict à mon vers l'objection que vous lui faictes. Je ne vous cacherai point pourtant que je ne crois cette prétendue mort vraie, ni de l'Abeille ni de la Guespe; et que tout cela n'est, à mon avis, qu'un discours populaire dont il n'y a aucune certitude, mais qu'il ne faut pas d'autre autorité à un Poëte pour embellir son expression. Il en faut croire le bruit public sur les Abeilles et sur les Guespes, comme sur le chant mélodieux des cignes en mourant, et sur l'unité et la renaissance du phénix. Je ne vous escris que ce mot, parce que je suis pressé de sortir pour une affaire de conséquence, et que d'ailleurs je suis dans une extrême affliction de la mort du pauvre M. Félix, premier Chirurgien du Roy, qui estoit, comme vous sçavés, un de mes meilleurs et de mes plus anciens amis.

Je vous prie de bien tesmoigner à M. Perrichon combien je l'estime et je l'honore, et de me mesnager dans son cœur, aussi bien que dans le vostre, le remplacement d'une perte aussi considérable que celle que je viens de faire. Je vous donne le bonjour, et suis avec un très-grand respect, Monsieur, vostre, etc.

Despréaux.

Je n'ay achevé que d'hier vostre jambon qui a esté mangé à Auteuil, et qui s'est trouvé admirable. Au nom de Dieu, ostés de vos lettres ce Monsieur, haut exhaussé, qui est au commencement, ou j'en mettrai dans les miennes un encore plus haut.

LXXXIII. — *Brossette à Boileau.*

A Lyon, ce 14 juin 1703.

Puisque absolument vous ne voulez point de compliment, Monsieur, je vous obéis avec toute la soumission que je vous dois. *Te colam minus, et magis amabo.* Vous renouvellez tous mes plaisirs et toutes mes douleurs, en m'apprenant que vous êtes dans votre belle et savante Solitude d'Auteuil. Une journée entière passée avec vous tout seul, dans votre jardin ou dans le Bois de Boulogne, est une chose pour laquelle il n'est rien au monde que je ne donnasse volontiers. Que je porte envie à M. le Verrier, à M. l'Abbé de Châteauneuf, à tous vos amis enfin, qui peuvent vous voir et vous entretenir aussi souvent et aussi longtemps qu'ils le veulent.

O gens heureux! ô demi-Dieux!
Pleust à Dieu que je fusse ainsi.

J'ai un compliment triste à vous faire sur la mort de M. Félix, duquel je vous ai ouï parler plusieurs fois : si la tendre amitié de M. Perrichon pouvoit remplacer la perte de votre ami, vous auriez sans doute de quoi vous consoler. Il m'a bien recommandé de vous assurer du cas qu'il fait de votre estime et de votre souvenir. Vous ne me mandez rien touchant la mort de M. Perrault de l'Académie : est-ce qu'il n'étoit ni assez de vos amis, ni assez de vos ennemis, pour mériter un petit article dans votre lettre? Je ne sais si je devrois vous parler de la maladie d'un de nos bons amis, si près de l'article des morts. Cela pourroit être de mauvais augure : *Di, talem avertite casum.* C'est M. de Puget, qui a une grosse fièvre dans un corps très-petit et très-délicat. Nous craignons extrêmement pour sa vie : notre ville y perdroit un illustre et savant citoyen ; et vous, Monsieur, vous perdriez un ami sincère, et un admirateur zélé de votre mérite.

Je ne vous parle plus de la mort, pas même de celle des guêpes et des abeilles : quand elle ne seroit véritable ni des unes ni des autres, toujours auriez-vous raison sur le fondement de l'opinion vulgaire, qui veut qu'elles meurent en piquant, et cela suffit pour la vérité poétique. Mais vous me permettrez encore une observation sur un autre endroit : c'est sur ce vers de *l'Art poétique : Que votre âme et vos mœurs peints dans tous vos ouvrages.* Ce mot *peints* est relatif à *mœurs* et à *âme*, qui sont tous deux féminins. J'avoue que la règle demanderoit *peintes dans vos ouvrages*; mais tout bien examiné, il me semble qu'il y a plus d'élégance et de force à franchir la règle comme vous avez fait, en disant *peints dans tous vos ouvrages.* J'ai consulté tous nos amis là-dessus, et j'ai trouvé du partage dans les voix : ayez la bonté, Monsieur, de nous fixer par votre décision.

Nous avons en cette ville un graveur de Paris, nommé Desrochers, qui a gravé une suite de portraits d'hommes illustres de ce siècle ; ce graveur m'est venu voir, et m'a fort prié de lui prêter votre portrait pour le graver comme les autres : si j'avois suivi mon inclination, je l'aurois fait volontiers ; mais je veux avoir auparavant votre permission, parce que je ne puis pas disposer ainsi de vous sans votre consentement. Je suis bien tenté de vous livrer au graveur : que voulez-vous que je fasse ?

Je m'aperçois que ma lettre est toute divisée par articles : vous diriez des ricochets. Je vous demande pardon de cette négligence. Mais puisque vous êtes à Auteuil, où je pense que vous avez assez de temps à perdre pour lire une lettre déjà bien longue, je me hasarde à vous mettre encore un article. Voyez comment j'ai *charpenté* votre épigramme de l'Anthologie.

  Apollon voyant les Ouvrages
 Qui, sous le nom d'Homère, enchantoient l'Univers :
  C'est moi, dit-il, qui lui dictai ces vers,
   J'étois sous ces sacrés ombrages.
 Dans ce bois de lauriers, où seul il me suivoit;
   Je chantois, Homère écrivoit.

Je me suis servi de vos vers, et de ceux de M. Charpentier. Avouez, Monsieur, qu'il n'y a pas trop de raison en ce que j'ai fait : en tous cas j'en ai beaucoup de vous aimer, et de vous honorer suivant toute l'étendue de mon cœur. Je suis, Monsieur, votre, etc.

          BROSSETTE.

LXXXIV. — *Boileau à Brossette.*

A Auteuil, 3ᵉ juillet 1703.

J'ay esté, Monsieur, si chargé d'affaires depuis quelque temps, et occupé de tant de chagrins estrangers et domestiques, que je n'ay pas eu le loisir de faire l'affaire qui m'est le plus agréable, je veux dire de vous escrire et de m'entretenir avec vous. La mort de M. Félix m'a d'autant plus douloureusement touché, que c'est lui, pour ainsi dire, qui s'est tué lui mesme, en se voulant sonder pour une rétention d'urine qu'il avoit. Nous nous estions connus dès nos plus jeunes ans. Il estoit un des premiers qui avoit battu des mains à mes naissantes folies, et qui avoit pris mon parti à la Cour contre M. le duc de Montauzier. Il a esté universellement regretté, et avec raison, puisqu'il n'y a jamais eu d'homme plus obligeant, plus magnifique et plus noble de cœur. Pour ce qui est de M. Perrault, je ne vous ay point parlé de sa mort, parce que franchement je n'y ay point pris d'autre intérest que celui qu'on prend à la mort de tous les honnestes gens. Il n'avoit pas trop bien receû la lettre que je lui ay adressée dans ma dernière édition, et je doute qu'il en fust content. J'ay pourtant esté au service que lui a faict dire l'Académie, et M. son fils m'a asseuré qu'en mourant il l'avoit chargé de me faire de sa part de grandes honnestetés, et de m'asseurer qu'il mouroit mon serviteur. Sa mort a faict recevoir un assez grand affront à l'Académie, qui avoit eslû, pour remplir sa place d'académicien, M. de Lamoignon vostre ami; mais M. de Lamoignon a nettement refusé cet honneur; je ne sçais si ce n'est point par la peur d'avoir à louer l'ennemi de Cicéron et de Virgile. L'Académie, pour laver un peu sur cela son ignominie, a eslû au lieu de lui très prudemment M. le coadjuteur de Strasbourg, qui en a tesmoigné une fort grande reconnoissance, et qui se prépare à venir faire son compliment. Je n'ay pas l'honneur de le connoistre; mais c'est un prince de beaucoup de réputation, et qui a déjà brillé dans la Sorbonne, dont il est docteur. J'espère qu'il tempérera si bien ses paroles, en faisant l'éloge de M. Perrault, que les amateurs des bons livres n'auront point sujet de s'écrier : *O Sæclum insipiens et inficetum*. Je mets au rang de ces amateurs M. Puget, et j'ose me flatter que Dieu n'enlèvera pas sitost à la terre un homme de ce mérite et de cette capacité.

Je viens maintenant à vos critiques sur mes ouvrages. Je ne sçais pas sur quoy se peuvent fonder ceux qui veulent conserver le solécisme qui est dans ce vers : *Que vostre ame et vos mœurs peints dans tous vos ouvrages*. M. Gibert, du Collége des Quatre Nations, est le premier qui m'a faict apercevoir de cette faute, depuis ma dernière édition. Dès qu'il me la montra, j'en convins sur le champ avec d'autant plus de facilité qu'il n'y a pour la réformer, qu'à mettre, comme vous dites fort bien : *Que vostre ame et vos mœurs peintes dans vos ouvrages*, ou : *Que vostre esprit, vos mœurs peints dans tous vos ouvrages*. Mais pourés vous bien concevoir ce que je vais vous dire, qui est pourtant très véritable, que cette faute, si aisée à appercevoir, n'a pourtant esté apperceue ni de moi, ni de personne avant M. Gibert, depuis plus de trente ans qu'il y a que mes ouvrages ont esté imprimés pour la première fois; que M. Patru, c'est-à-dire le Quintilius de notre siècle, qui revit exactement ma Poétique, ne s'en avisa point, et que dans tout ce flot d'ennemis qui a escrit contre moi, et qui m'a chicané jusqu'aux points et aux virgules, il ne s'en est pas rencontré un seul qui l'ayt remarquée. Cela vient, je croy, de ce que le mot de *mœurs* ayant une terminaison masculine, on ne faict point réflexion qu'il est féminin. Cela faict bien voir qu'il faut non seulement montrer ses ouvrages à beaucoup de gens avant que de les faire imprimer, mais que mesme après qu'il sont imprimés, il faut s'enquérir curieusement des critiques qu'on y faict.

Oserois-je vous dire, Monsieur, que si vous avés esté fort juste sur l'observation de ce solécisme, il n'en est pas de mesme de vostre correction de l'Epigramme de l'Anthologie? et avec qui, bon Dieu! y associés vous mon style? Avec le style de Charpentier : *Jugentur jam tygres equis*. Est-il possible que vous n'ayés pas veú que le sens de l'Épigramme est, que c'est Apollon, c'est-à-dire, le génie seul, qui, dans une espèce d'enthousiasme et d'yvresse, a produit l'Iliade et l'Odyssée; que c'est lui qui les a faicts, et non pas simplement dictés, et que lorsque Homère les escrivoit, à peine Apollon sçavoit qu'Homère étoit là? Ne concevés vous pas, Monsieur, que c'est le mot d'*yvresse* qui sauve tout, et qui faict voir pourquoi Apollon avoit tant tardé à dire aux neuf sœurs qu'il estoit l'auteur de ces deux ouvrages qu'il se souvenoit à peine d'avoir faicts.

D'ailleurs, quel air dans l'Epigramme, de la manière dont vous la tournés, donnés vous à Apollon, qui est supposé lisant ces ouvrages dans son cabinet, et se disant à lui-mesme : *C'est moi qui ay dicté ces vers*. Au lieu que dans mon épigramme, il est au milieu des Muses à qui il déclare qu'elles ne se trompent pas dans l'admiration qu'elles ont de ces deux grands chefs-d'œuvre, puisque c'est lui qui les a composés dans une chaleur qui ne lui permettoit pas d'escrire, et qu'Homère les avoit recueillis. Mais me voilà à la fin de la page; ainsi, Monsieur, trouvés bon que je vous dise brusquement que je suis, vostre, etc.

Despréaux.

Mille nouvelles civilités, de ma part, à l'illustre et obligeant M. Périchon.

LXXXV. — *Brossette à Boileau*.

A Lyon, ce 24 juillet 1703.

Monsieur,

La dernière fois que j'écrivis à monsieur votre frère, je lui envoyai la Censure que M. l'Evêque d'Apt a faite de la fameuse Consultation, signée par quarante Docteurs. Comme ce livret a été imprimé à Lyon, monsieur votre frère m'en avoit demandé un exemplaire, et je lui en ai envoyé deux, afin qu'il y en ait un pour vous; ce sont des bagatelles passagères qu'on est bien aise de lire une fois. Vous verrez dans cet écrit que M. l'Évêque d'Apt n'entend point de raison sur le fait du Jansénisme. Il ne veut pas qu'on puisse croire qu'il badine là-dessus; mais l'on sait assez les causes et les auteurs de la chaleur qu'il fait paroître.

Ne pourrions-nous point savoir aussi la véritable raison du mépris que M. de Lamoignon a fait des avances de l'Académie à son égard? J'ai l'honneur de connoître cet illustre Magistrat pour un homme d'une bonté peu commune, et l'idée que j'en ai ne me semble pas s'accorder avec le refus qu'il a fait d'une place à l'Académie Françoise.

M. de Puget a repris toute sa santé; il n'étoit encore que dans une bonne convalescence, quand je lui fis voir votre lettre. Mais il doit peut-être son parfait rétablissement au plaisir qu'il a eu d'apprendre que vous preniez quelque intérêt à sa vie.

J'admire la franchise avec laquelle vous convenez de la faute qui avoit échappé à vos lumières, aussi bien qu'à celles de vos amis, et de vos ennemis dans ce vers : *Que votre ame et vos mœurs*, etc. La correction que vous faites est bien naturelle; *peintes dans vos ouvrages;* mais elle me paroît bien meilleure que l'autre changement dont vous proposez l'alternative : *Que votre esprit, vos mœurs peints dans tous vos ouvrages.* Car dans ce vers la relation vicieuse de *mœurs* avec *peints* semble être conservée, parce que ces deux mots de différent genre sont les plus proches, quoiqu'il y ait aussi la relation avec *esprit*, qui est du genre masculin. Mais il y a une autre raison pour préférer la première correction que vous faites : *Que votre ame et vos mœurs*, etc.; c'est parce que le précepte que vous donnez en cet endroit de votre Art Poétique, a plus de rapport aux vertus de l'ame et aux sentimens du *cœur*, qu'aux belles qualités de *l'esprit*. Vous recommandez aux auteurs de ne donner jamais que de nobles images de leur ame et de leurs mœurs; c'est pourquoi je préférerois cet hémistiche :

Que votre ame et vos mœurs, à celui-ci, *Que votre esprit, vos mœurs*.

Dans le même chant, il y a un autre vers auquel je voudrois faire un petit changement : *Approuve l'escalier tourné d'autre façon*. C'est sur le premier mot qui me paroît un peu équivoque ; car il semble que vous vouliez dire que le Médecin-Architecte *approuve l'escalier*, parce qu'il a été tourné d'une autre façon qu'il n'étoit auparavant : au lieu que votre pensée est qu'il *voudroit voir l'escalier tourné d'autre façon*, ou qu'il *voudroit que l'escalier fût tourné d'une autre façon*. L'équivoque, si néanmoins il y en a, roule donc sur le mot *approuve ;* et vous avez encore une raison pour changer ce mot, c'est qu'il revient deux vers après : *Le Maçon vient, écoute, approuve et se corrige*.

Mais, Monsieur, qu'allez-vous dire de la liberté que je prends de raisonner sur vos ouvrages, et de vous proposer ainsi mes foibles visions, que je vous prie de regarder comme les doutes d'un homme qui ne cherche qu'à s'instruire auprès de vous.

Dans le sixième chant du Lutrin, vous dites :

Vers ce temple fameux, si cher à tes désirs,
Où le Ciel fut, pour toi, si prodigue en miracles, etc.

Mandez-moi, je vous prie, si *ce temple fameux* n'est point l'Eglise de Notre-Dame, qui est dans le voisinage du Palais, ou si vous avez voulu seulement désigner la Ste. Chapelle. Ce vers ne sera peut-être point obscur pour ceux qui connoissent Paris, et qui l'ont vu ; mais les provinciaux et les étrangers n'ont pas la même connoissance. D'ailleurs ceux qui naîtront dans deux mille ans, et auxquels on fera apprendre par cœur et traduire vos ouvrages, comme on nous apprend aujourd'hui ceux d'Horace et de Virgile, seront bien aises de savoir, précisément, ce que c'étoit que *ce Temple* dont vous parlez aujourd'hui : car vous croyez bien qu'alors la langue Françoise, et Paris, et peut-être l'État même, tout sera absolument changé; mais vos ouvrages, Monsieur, ne changeront jamais.

Dans le temps que j'écrivois cette Lettre, M. l'Abbé de Mervezin est entré dans mon cabinet. Il m'a dit qu'il venoit de votre part; et sur cette seule circonstance je lui aurois fait des caresses, quand je ne lui aurois pas reconnu autant de mérite qu'il en a. Il m'a donné une Epître en vers *sur les richesses*, qu'il a fait imprimer à Paris, et qui est adressée à M. de Dangeau. Je trouve cette Epître meilleure qu'une autre qu'il avoit faite, il y a deux ans, *sur la retraite*. Il me paroît aussi que ce M. de Mervezin vous aime et vous honore beaucoup. Je suis toujours plus que personne du monde, Monsieur, votre, etc.

Brossette.

LXXXVI. — *Boileau à Brossette.*

A Auteuil, 2e aoust 1703.

Feu M. Patru, mon illustre ami, estoit non seulement un critique très habile, mais un très violent hypercritique, et en réputation de si grande rigidité, qu'il me souvient que lorsque M. Racine me faisoit sur des endroits de mes ouvrages quelque observation un peu trop subtile, comme cela lui arrivoit quelquefois, au lieu de lui dire le proverbe latin : *Ne sis patruus mihi*, n'ayés point pour moi la sévérité d'un oncle, je lui disois : *Ne sis Patru mihi,* n'ayés point pour moi la sévérité *de Patru*. Je pourrois vous le dire à bien meilleur titre qu'à lui, puisque toutes vos lettres depuis quelque temps ne sont que des critiques de mes vers, où vous allés jusqu'à l'excez du raffinement. Vous avés receû de moi une petite narration en rimes, que j'ay composée à la sollicitation de M. le Verrier pour amener un vers de l'Anthologie, et tous ceux à commencer par lui, à qui je l'ay communiquée, en ont esté très satisfaicts.

Cependant, bien loin d'en estre content, vous me faictes concevoir qu'elle ne vaut rien, et sans me dire ce que vous y trouvés de défectueux, vous allés chercher dans M. Charpentier, c'est-à-dire, dans les estables d'Augias, de quoi la rectifier. Ensuitte vous vous avisés de trouver une équivoque dans un vers où il n'y en a jamais eu. En effect, où peut-il y en avoir dans cette façon de parler : *Approuve l'escalier tourné d'autre façon*, et qui est-ce qui n'entend pas d'abord, que le médecin-architecte approuve l'escalier, moiennant qu'il soit tourné d'une autre manière?

Cela n'est-il pas préparé par le vers précédent : *Au vestibule obscur il marque une autre place?* Il est vrai que dans la rigueur, et dans les estroites règles de la construction, il faudroit dire : *Au vestibule obscur, il marque une autre place que celle qu'on lui veut donner, et approuve l'escalier tourné d'une autre manière qu'il n'est*. Mais cela se sousentend sans peine, et où en seroit un poëte si on ne lui passoit, je ne dis pas une fois, mais vingt fois dans un ouvrage ces *subaudi?* Où en seroit M. Racine si on lui alloit chicaner ce beau vers que dit Hermione à Pyrrhus, dans l'*Andromaque* : *Je t'aimois inconstant, qu'eussai-je faict fidèle?* qui dit si bien, et avec une vitesse si heureuse : *Je t'aimois lorsque tu estois inconstant, qu'eussai-je donc faict si tu avois esté fidèle?* Ces sortes de petites licences de construction, non seulement ne sont pas des fautes, mais sont mesme assés souvent un des plus grands charmes de la poésie, principalement dans la narration, où il n'y a point de temps à perdre. Ce sont des espèces de latinismes dans la poésie françoise qui n'ont pas moins d'agréments que les hellénismes dans la poésie latine. Jusqu'ici cependant, Monsieur, vous n'avés esté que trop scrupuleux et trop rigide; mais où estoient vos lumières quand vous avés douté si ce Temple fameux, dont parle Thémis dans le *Lutrin*, est Nostre-Dame, ou la Ste Chappelle ? Est-il possible que vous n'ayés pas veû que ce Temple qu'elle désigne à la Piété, est ce mesme Temple dont la Piété vient de lui parler quelques vers auparavant avec tant d'emphâze, et où est arrivée la querelle du *Lutrin* :

[1] J'apprends que dans ce Temple où le plus sainct des Rois
Consacra tout le fruict de ses pieux exploits,
Et signala pour moi sa pompeuse largesse,
L'implacable Discorde, etc.

Comment voulés vous que le lecteur aille songer à Nostre-Dame qui n'a point esté bastie par Sainct Louis, et qui est si esloignée du Palais, y ayant entre elle et le Palais plus de douze fameuses églises, et principalement la célèbre paroisse de S. Barthélemi, qui en est beaucoup plus proche ? Permettés moi de vous dire que de se faire ces objections, c'est se chicaner soi mesme mal à propos, et ne vouloir pas voir clair en plein midi. Je ne vous parle point de la difficulté que vous me faictes sur ce vers : *Que vostre esprit, vos mœurs, peints dans tous vos ouvrages*, puisqu'il m'est fort indifférent que vous mettiés celui-là, ou *Que vostre ame et vos mœurs peintes*, etc. Il n'est pas vrai pourtant que la construction grammaticale ne soit pas dans le premier de ces deux vers, où la noblesse du genre masculin l'emporte, et qu'on ne puisse fort bien dire en

1. En marge, également de Boileau : *Paroles de la Pitié.*

françois : *Mars et les Graces estoient peints dans ce tableau.*
On peut pourtant dire aussi *estoient peintes*, mais *peints* est
le plus régulier, et pour ce qui est de ce que vous prétendés qu'il s'agit là de *l'ame* et non point de *l'esprit*, trouvés
bon que je vous fasse ressouvenir que le mot d'*esprit*, joint
avec le mot de *mœurs*, signifie aussi l'ame, et qu'un esprit
bas, sordide, trigaud, veut dire la mesme chose qu'une
ame basse, sordide, etc..... Avoués donc, Monsieur, que
dans toutes ces critiques vous vous montrez un peu trop
subtil, et que vous estes à mon égard en cela *Patru patruissimus*. Mais je commence à m'appercevoir que je suis
moi, bien peu subtil, de ne pas reconnoistre que vous ne
les avés faictes que pour m'exciter à parler, et qu'il n'estoit
pas nécessaire d'y respondre sérieusement. Que voulés
vous? Un auteur est toujours auteur, surtout quand on
le blesse dans une partie aussi sensible que ses ouvrages
imprimés. Mais laissons-les là.

Je ne sçaurois bien vous dire pourquoy M. de Lamoignon n'a point accepté la place qu'on lui vouloit donner
dans l'Académie. Il m'a mandé qu'il ne pouvoit pas se
résoudre à louer M. Perrault, auquel on le faisoit succéder, et dont, selon les règles, il auroit esté obligé de
faire l'éloge dans sa harangue; mais c'est une plaisanterie. Quoi qu'il en soit, l'Académie, à mon avis, a suffisamment réparé cet affront, en eslisant à sa place M. le
coadjuteur de Strasbourg, prince d'un très grand mérite
et d'une très grande condition, qui en a tesmoigné une
très grande reconnoissance, jusqu'à aller rendre exactement visite à tous ceux qui lui ont donné leur voix, *solatia
victis*. Je suis ravi qu'un petit mot dans ma dernière
lettre ayt un peu contribué au restablissement de la santé
de l'illustre M. Puget. Si mes paroles ont cette vertu magique, je ne m'en applaudirai pas moins que si elles avoient

le pouvoir de faire descendre la lune du ciel, et sortir du tombeau *manes responsa daturos*. Je vous conjure donc d'employer aussi mes paroles à me conserver toujours dans le souvenir de M. Perrichon. J'ay receû une lettre de M. de Mervezin, presque en mesme temps qu'on m'a rendu la vostre. Il est homme de mérite, et m'a paru plus que content de vostre bonne réception. Je suis, Monsieur, vostre, etc.

Despréaux.

Comme vous ne sçauriés gouster mon Epigramme de l'Anthologie en françois, j'ay creû vous devoir envoier la traduction qu'en a faicte en grec l'illustre et le sçavant M. Boivin. Elle est escrite de sa main, avec quelques vers françois de sa façon qu'il a imités des vers grecs d'un ancien Père de l'Église, et qui sont au dos de l'épigramme. Vous jugerés par là, Monsieur, de son double mérite. Il prétend citer quelque jour cette Epigramme dans quelques notes sçavantes, et la faire passer pour un original tiré d'un manuscript de la Bibliothèque du Roy, dont il est gardien. Je ne sçais s'il fera cette folie. Mais combien pensés vous que nous avons peut estre d'ouvrages donnés de la sorte?

VERS DE M. BOIVIN.

Cieux, Terre, et vous humides plaines,
Prestez à mes discours un silence attentif;
Vous, bruyants Aquilons, suspendez vos haleines :
Vous, torrents, arrêtez votre cours fugitif.

En faveur du Dieu que je vante,
Qu'un silence profond règne dans l'univers :
Monstres froids et rampants, dont l'aspect m'épouvante,
Serpents, disparoissez au doux son de mes vers.

L'enfer, pour troubler ma prière,
Réveille des démons la rage et les abbois :
Seigneur, à leur furie oppose une barrière,
Et de leurs hurlements fais triompher ma voix.

Prêts à m'engloutir ils frémissent :
De mes yeux, de mon cœur, chasse un si vif effroi :
Du funeste poison que ces monstres vomissent
Défends mon innocence, et conserve ma foi.

Ténébreux nuage de l'ame,
Vain fantôme, Ange impur, noir tyran des Enfers,
Infortuné jouet de l'éternelle flamme,
Fuis, lâche séducteur, et rentre dans tes fers!

Ministres du Dieu que je louê,
Vous qui portez nos vœux à ce Dieu tout-puissant,
Recevez, Anges saints, l'hommage que luy voué
Dans une humble prière un cœur reconnoissant.

ÉPIGRAMME DE BOILEAU

TRADUITE EN GREC PAR M. BOIVIN.

Μουσάων χορὸς ἁγνὸς ἐν ἀκροτάτῳ Ἑλικῶνι
Ἰλιάδ' ἠδ' Ὀδύσειαν ὅτ' Ἀπόλλωνος ἐφετμαῖς
Ἤειδον πυμάτην καθ' ὁμήγυριν, αἱ δέ τε πᾶσαι
Ἤνεον· ὁ 'πόλλων ἀπαμειβόμενος τάδ' εἶπε.
Ὦ Μοῦσαι, νῦν δὴ ἐρέω νημερτέα μῦθον.
Αὐτὸς ἐγώ, μούνου συνομαρτήσαντος Ὁμήρου,
Αὐτὸς ἐγὼ δάφνῃσιν ὑπὸ σκιερῇσιν ἀϋδὰς
Ἀμφοτέρας ποίησα, παρ' ὕδασι καλὰ ῥέοντος
Περμησσοῦ, μανίῃ δμηθεὶς φρένας ἱμεροέσσῃ.
Ἤειδον μὲν ἐγών· ἐχάρασσε δὲ θεῖος Ὅμηρος.

LXXXVII. — *Brossette à Boileau.*

A Lyon, ce 15 juin 1703.

Monsieur,

Avec les sentiments et les égards que j'ai toujours eus pour votre personne, il ne me paroissoit pas que je dusse jamais craindre d'être obligé de m'expliquer avec vous. Cependant je me vois réduit à cette nécessité; mais ce qui me rassure, c'est que je n'aurai pas beaucoup de peine à justifier ma conduite. Il est vrai, Monsieur, que dans mes dernières lettres j'ai pris la liberté de faire quelques observations sur trois ou quatre vers de vos ouvrages, et je vous ai fait part de mes petites difficultés avec la même simplicité et la même confiance que je l'aurois fait dans une conversation familière. Mais, Monsieur, il vous est bien facile de connoître dans quel esprit je vous ai proposé mes réflexions. Je ne l'ai fait qu'avec tout le ménagement possible, et j'ai reçu vos décisions avec toute la déférence qu'un homme raisonnable doit aux lumières de la vérité.

Enfin, je me suis adressé à vous-même, non pas comme un critique qui veut blâmer, mais comme un curieux docile et soumis, qui cherche à s'instruire de bonne foi. La première question que je vous ai faite rouloit sur le passage du Rhin par Jules-César. Le scrupule que j'avois n'étoit pas tout à fait frivole, puisqu'il étoit fondé sur une citation des commentaires de César même. Mais vous voulûtes bien éclaircir mon doute, et vous le fîtes avec tant de solidité, que je ne vous répliquai que par les témoignages de la soumission sincère que j'avois pour votre décision. Vous eûtes même alors la complaisance de m'exhorter à vous faire souvent pareilles objections, *parce que cela donnoit occasion,* disiez-vous, *à écrire des dissertations assez curieuses.*

Voilà par où vous m'avez engagé à vous parler ensuite, de la piqûre des abeilles et des guêpes, et à vous proposer mes autres difficultés. Je ne l'ai donc fait que pour vous obéir, et si je ne vous ai pas fait des objections assez solides, vous voulez bien que je vous dise, Monsieur, que c'est votre faute plutôt que la mienne, puisque vos ouvrages ne donnent pas assez de prise à la critique. *S'il vous plaisoit vous laisser battre quelquefois,* comme disoit Voiture à M. le Prince, si vous vouliez être moins exact, ou moins correct, employer de temps en temps quelque raisonnement faux, quelque expression foible ou vicieuse, *nous pourrions nous sauver par la diversité,* et nous trouverions à vous faire de bonnes objections. Mais que peut-on dire de raisonnable contre vos ouvrages? Je trouvois que les petites chicanes que je vous faisois, car il faut les appeler ainsi, vous donnoient lieu de m'écrire de fort belles choses dont vous ne vous seriez pas avisé si je n'avois un peu animé votre esprit; et même ces sortes de disputes ne contribuoient pas peu à me donner une connoissance plus sûre et plus profonde de vos ouvrages. Je renonce à tous ces avantages plutôt que de m'exposer à vous fâcher en quelque chose... *Nam fragili quærens illidere, dentem infregi solido.* Ce n'étoit pourtant pas mon intention; et je m'en rapporte volontiers à votre pénétration. Si vous prenez la peine de relire mes lettres, vous y reconnoîtrez partout les sentiments de vénération et de tendresse que j'ai pour votre mérite, pour vos ouvrages et pour votre personne. Vous y verrez les précautions que j'ai prises pour vous faire sentir que ce n'étoit qu'avec une sage timidité que je vous expliquois mes doutes. Ce n'est pas ainsi, vous le savez, que marche la critique : je n'ai pas oublié la différence que vous en avez faite dans une de vos réflexions critiques sur Longin, au sujet de Zoïle. Vous y dites, entre autres choses, que *ceux qui critiquent les grands Ecrivains et qui ne le font que pour chercher la vérité, s'énoncent toujours avec tant d'égards, de modestie et de circonspection, qu'il n'est pas possible de leur en vouloir du mal.*

Il faudroit que j'eusse perdu le bon sens pour en agir autrement avec vous. Cependant il faut bien qu'il y ait de ma faute, puisque vous en avez jugé d'une autre manière.

Rendez-moi au moins un peu plus de justice au sujet de votre Épigramme de l'Anthologie. Je l'ai trouvée telle que je la trouve encore aujourd'hui, c'est-à-dire digne d'Apollon, d'Homère et de vous. Vous m'accusez néanmoins de l'avoir condamnée comme mauvaise, quoique je ne trouve rien ni dans mes lettres, ni dans mon esprit, ni dans mon cœur, qui puisse m'avoir dicté un jugement si faux et si *Provincial*. Il est vrai que je me suis avisé, je ne sais comment, d'associer vos vers avec ceux de M. Charpentier; mais la manière dont je vous l'ai écrit vous a fait comprendre sans doute que c'étoit un jeu et non pas une chose sérieuse. *Tu vero ne sis Patruus mihi.* Traitez-moi avec un peu plus de bonté. Je le mérite du moins par le dévouement sincère avec lequel je suis, Monsieur, votre, etc.

BROSSETTE.

LXXXVIII. — *Boileau à Brossette.*

A Auteuil, ce 29e septembre 1703.

J'ay esté, Monsieur, si accablé d'affaires depuis quelque temps, que je n'ay pas eu le loisir de faire la chose qui m'est la plus agréable, je veux dire de m'entretenir avec vous. Je m'en serois mesme encore dispensé aujourd'hui, si tout d'un coup en relisant vostre dernière lettre, que j'ay trouvée sur ma table, je n'eusse faict réflexion que vous imputeriés peut estre mon silence au chagrin que vous croyés que j'ay conceû de vos critiques. Je vous assûre pourtant que je n'en ay eu aucun, et que j'ay esté d'autant moins capable d'en avoir, que j'ay bien veû, comme je vous l'ay ce me semble tesmoigné, que vous ne me les faisiés qu'affin de vous divertir et de me faire parler. J'ay trouvé un peu estrange, je l'avoüe, que vous me voulussiés mettre en société de style avec Charpentier, l'un des hommes du monde avec lequel je m'accordois le moins, et qui toute sa vie, à mon sens, et mesme en sa vieillesse, a eu le style le plus écolier. Mais cela n'a point faict que je vous aye voulu aucun mal. Et qu'ay-je faict effectivement, à propos de vos censures, autre chose que vous comparer à M. Patru et à M. Racine? Est-ce que la comparaison vous déplaist? Pour vous montrer mesme combien je suis esloigné de me choquer de vos critiques, je m'en vais vous escrire ici une Enigme que j'ay faicte à l'âge de dix-sept ans, et qui est pour ainsi dire mon premier Oûvrage. Je l'avois oubliée, et je m'en souvins le dernier jour en allant voir une maison que feu mon père avoit au pié de Montmartre où je composai ce bel Oûvrage. Je vous l'envoie, affin que vous l'examiniés à la rigueur; mais pour me vanger de vostre sévérité, je ne vous dirai le mot de l'énigme qu'à la première fois que je vous rescrirai, affin de me vanger de la peine que vous me ferés en la censurant, par la peine que vous aurés à la deviner. La voici :

Du repos des Humains implacable Ennemie,
J'ay rendu mille Amans envieux de mon sort;
Je me repais de sang, et je trouve ma vie
Dans les bras de celui qui recherche ma mort.

Tout ce que je puis vous dire par avance, c'est que j'ay tâché de respondre par la magnificence de mes paroles à la grandeur du Monstre que je voulois exprimer. Adieu, mon cher Monsieur, aimés moi toujours, et croiés que je suis avec tout le respect et toute la sincérité que je dois, vostre, etc.

Despréaux.

Je donnai à disner, il y a deux jours, à M. Bronod, à Auteuil, et il y fut très affectueusement et très solemnellement bû à vostre santé.

LXXXIX. — Brossette à Boileau.

A Lyon, ce 4 octobre 1703.

Vous savez, Monsieur, qu'ordinairement je suis assez régulier sur mes devoirs, quand il s'agit de vous écrire : je le fais toujours par inclination et par reconnoissance ; mais aujourd'hui, comme j'ai une raison de plus pour le faire, je vous récris au moment que je reçois votre lettre. Cette nouvelle raison d'exactitude, si vous voulez le savoir, est un peu de vanité : car enfin, Monsieur, je m'imagine que vous penseriez mal de mon esprit, si je prenois du temps pour vous faire réponse au sujet de votre énigme; vous auriez lieu de croire qu'il m'a fallu beaucoup de réflexions pour en deviner le mot. Cependant je suis bien aise de justifier la bonne opinion que vous avez de moi, et vous faire voir en même temps que c'est en cette bonne opinion que je fais consister la plus sensible partie de mon honneur.

Ce monstre donc que vous cachez sous des paroles si sublimes et si magnifiques, est ce même monstre qui fut trouvé, il y a près d'un siècle et demi, sur le sein de Mlle. Desroches par M. Pasquier, étant aux grands jours à Poitiers. C'est ce fameux animal qui mérita d'être chanté par les plus savans hommes de ce temps-là : les Pasquier, les Brisson, Chopin, Loisel, Rapin, Scaliger et plusieurs autres. Je crois bien, Monsieur, qu'après vous en avoir tant dit, je n'ai pas besoin de mettre ici le mot de votre énigme pour vous faire entendre que je l'ai devinée.

Aussi ne l'aviez-vous pas faite à dessein de la rendre impénétrable : car mon avis est qu'il faut que l'artifice des énigmes soit à peu près comme l'artifice de ces femmes habiles, qui se cachent pour se faire chercher, mais qui ne sont pas fâchées qu'on les trouve. Au reste, la vôtre (je veux dire votre énigme au moins) a tant de beauté et de justesse, que je ne la prendrois pas pour l'ouvrage d'un jeune homme, si vous ne m'aviez averti de l'âge auquel vous l'avez composée. On ne croiroit pas d'abord qu'un si petit sujet, qu'une *Puce* enfin, puisqu'il faut la nommer, pût fournir des expressions, et même des idées si nobles, si grandes et si magnifiques. Il n'y a rien, en effet, dans vos quatre vers qui ne porte d'abord l'esprit à des applications très éloignées du véritable sujet. On le laisse bien au-dessous des idées qui viennent naturellement, et on le perd de vue.

C'est particulièrement en cette illusion que consiste la finesse de votre énigme. Condamnerez-vous mon sentiment, Monsieur, si je dis à ce propos, que la Poésie est bien moins dans les choses que dans l'expression. Et cela sert à justifier Homère et Virgile qui ont été accusés, mal à propos, de bassesse dans le choix de quelques-unes de leurs comparaisons. Votre Lutin, par exemple, ne laisse pas d'être d'un caractère très-sublime, quoique le sujet n'en soit pas élevé, c'est donc l'expression qui fait tout cela : et sans sortir de notre sujet, il n'est point de Poëme épique dans lequel une comparaison tirée de la *Puce*, ne fît un fort bel effet, pourvu que cette comparaison fût faite avec la même pompe et la même magnificence que votre énigme, et que ce petit insecte n'y fût pas nommé, parce que le mot de *Puce* n'est pas de ces mots heureux qui puissent trouver place dans ce noble genre d'écrire.

Je viens de lire le Journal de Trévoux pour le mois de Septembre, dans lequel il y a un article qui vous concerne personnellement. Cet article contient l'extrait d'une édition de vos ouvrages, faite depuis deux ans en Hollande. Si les journalistes s'étoient contentés d'en faire un simple extrait, il n'y auroit peut-être rien à dire; mais ils se sont avisés de faire une espèce de parallèle de cette édition avec celle qui a été faite à Paris en dernier lieu, et je vous avoue que j'ai été très-indigné d'un certain air de plaisanterie que ces nouveaux Aristarques ont essayé de répandre sur leur style. Ils font bien voir que votre Epître sur l'amour de Dieu n'est pas de leur goût. Pour la Lettre de M. Arnauld, que vous avez insérée à la fin de votre volume, ce n'est pas merveille qu'elle leur déplaise. Mais n'appréhendent-ils point que vous ne preniez congé d'eux par quelque réponse fâcheuse, laquelle vous terminerez par ces mots : *Hic, victor, cœstus artemque repono.* Je suis, Monsieur, votre, etc.

BROSSETTE.

XC. — *Boileau à Brossette.*

A Paris, 4e novembre 1703.

Je ne vous ay point escrit, Monsieur, depuis longtemps, parce que j'ay esté un peu malade, et fort accablé d'affaires. Vous estes un véritable Œdipe pour deviner les énigmes, et si les couronnes se donnoient aujourd'hui à ceux qui en pénètrent le sens, je suis seûr que vous ne tarderiés guère à vous voir Roy de quelque bonne et grande ville. Mais si vous avés très bien reconnu que c'estoit la *Puce* que j'ay voulu peindre dans mes quatre vers, vous n'avés pas moins bien deviné quand vous avés crû que je ne digérerois pas fort aisément l'insulte ironique que m'ont faicte de gaiyeté de cœur, et sans que je leur en aye donné aucun sujet, M⁰ˢ les Journalistes de Trévoux. Comme j'ay faict profession jusqu'ici de ne me point plaindre de ceux qui m'attaquent, et que je les ay toujours rendus complaignans, j'ay crû en devoir encore user de mesme en cette occasion, et je les ay d'abord servis d'une Epigramme, ou plutost d'une espèce de petite Epistre en seize vers, où je leur ay marqué ma reconnoissance sur leur fade raillerie.

Je ne sçaurois vous dire avec combien d'applaudissement cette Epistre a esté receüe de tout le monde, et j'ay fort bien reconnu par là, que non seulement je ne suis pas haï du public, mais qu'ils lui sont fort odieux. Je m'imagine que vous ayés grande envie de voir ce petit Ouvrage, et il n'est pas juste de retarder vostre curiosité. Le voici :

Aux Révérends Pères Auteurs du Journal de Trévoux :

    Mes Révérends Pères en Dieu,
    Et mes Confrères en Satire,
    Dans vos Escrits en plus d'un lieu
Je voy qu'à mes dépens vous affectés de rire,
Mais ne craignés vous point, que pour rire de Vous,
Relisant Juvénal, refeuilletant Horace,
Je ne ranime encor ma satirique audace ?
    Grands Aristarques de Trévoux,
N'allés point de nouveau faire courir aux armes,
Vn Athlète tout prest à prendre son congé,
Qui par vos traits malins, au combat rengagé,
Peut encore aux Rieurs faire verser des larmes.
    Apprenés un mot de Régnier,
    Notre célèbre Devancier,
    Corsaires attaquant Corsaires,
    Ne font pas, dit-il, leurs affaires.

Au reste, comme ils ne m'ont pas attaqué seul, et qu'ils

ont traité très indignement mon frère, au sujet du Livre
des Flagellans, je me suis crû aussi obligé de le deffendre
contre la mauvaise foy avec laquelle ils l'accusent, eux et
M. Thiers, d'avoir attaqué la Discipline en général, quoiqu'il n'en reprenne que le mauvais usage ; c'est ce que je
fais voir par l'Epigramme suivante, qui court aussi déjà
le monde :

> *Aux révérend. P. de Tr., etc.*
>
> Non, le Livre des Flagellans,
> N'a jamais condamné (lisés-le bien, mes Pères),
> Ces rigidités salutaires,
> Que pour ravir le Ciel saintement violens
> Exercent sur leurs corps tant de Chrétiens austères,
> Il blasme seulement cet abus odieux,
> D'étaler et d'offrir aux yeux
> Ce que leur doit toûjours cacher la bienséance,
> Et combat vivement la fausse Piété
> Qui, sous couleur d'esteindre en nous la Volupté,
> Par l'austérité mesme, et par la pénitence,
> Sçait allumer le feu de la Lubricité.

Cette Épigramme n'est pas si bonne que la précédente.
Elle dit pourtant assés bien ce que je veux dire, et deffend
parfaitement mon frère de la chose dont on l'accuse. Je ne
sçais pas ce que M^{rs} les Journalistes respondront à cela ;
mais s'ils m'en croient, ils proffiteront du bon avis que je
leur donne par la bouche de Régnier, notre commun ami.
Je n'ay pas veû jusqu'ici que ceux qui ont pris à tâche de
me décrier y ayent réussi. Ainsi je leur puis dire avec Horace : *Nec quisquam noceat cupido mihi Pacis atille qui
me commorit melius non tangere clamo* [1]. Ce qu'il y a de certain, c'est que tout le tort est de leur costé. La vérité est

---

[1]. Voici le texte exact de cette citation, empruntée à la 4e satyre du
2me livre. Chose étrange ! les citations de Boileau ne sont pas tout à fait

que je me déclare dans mes ouvrages ami de M. Arnauld, mais en mesme temps je me déclare aussi ami *des Escrivains de l'école d'Ignace*, et partant je suis tout au plus un *Molino-Janséniste*. C'est ce que je vous prie de bien faire entendre à vos illustres Amis les Jésuites de Lyon, que je ne confondrai jamais avec ceux de Trévoux, quoiqu'on me veuille faire entendre que tous les Jésuites sont un corps homogène, et que qui remue une des parties de ce corps, remue toutes les autres ; mais c'est de quoi je ne suis point encore parfaitement convaincu. Quoi qu'il en soit, il ne s'agit point en notre querelle d'aucun point de théologie, et je ne sçais pas comment Mrs de Trévoux pouront me faire Janséniste pour avoir soutenu qu'on ne doit point étaler aux yeux ce que leur doit toujours cacher la bienséance. Ce que je vous prie surtout, c'est de bien faire ressouvenir M. Perrichon de la sincère estime que j'ay pour lui. Je suis, Monsieur, vostre, etc.

DESPRÉAUX.

XCI. — *Brossette à Boileau.*

A Lyon, ce 20 novembre 1703.

Votre dernière lettre, Monsieur, m'a fait autant d'honneur que de plaisir ; ce n'est pas à moi seul que vous avez écrit, c'est à toute la ville de Lyon ; car tout le monde a voulu avoir vos deux épigrammes. Depuis huit ou dix jours

exactes, sans compter l'habitude qu'il a prise de donner la forme de la prose aux vers les mieux faits :

> Nec quisquam noceat cupido mihi pacis, at ille
> Qui me commorit (meliùs non tangere, clamo)
> Flebit, et insignis totâ cantabitur urbe.

Certes ; le *flebit* n'est pas inutile ici. — Comme aussi, à la page 180, Brossette cite un demi-vers qui se termine en prose, et que nous ne comprenons pas, et page 190... *Laudasse* pour *vidisse*. J. J.

que j'ai reçu votre lettre, elles se sont tellement répandues qu'elles tiennent lieu de nouvelles publiques. Ce n'est pas que les jésuites soient haïs en cette ville; mais c'est que vous y êtes extrêmement aimé, et que les honnêtes gens ont été indignés de la conduite que les Journalistes ont tenue à votre égard. Les jésuites eux-mêmes ont blâmé ici leurs confrères de Paris, qui travaillent au *Journal de Trévoux*. Ils souhaitent même que vous sachiez que quoiqu'ils fassent partie de ce grand corps, que vous appelez *homogène*, ils ne participent point aux sentimens déraisonnables dont vous vous plaignez. Ils se servent volontiers en cette rencontre, de la distinction que les *Lettres Provinciales* ont obligé autrefois la Société de faire entre les sentimens de toute la Compagnie, et ceux de quelques particuliers.

Plusieurs d'entre eux m'ont assuré qu'il n'y avoit point de livres françois, à la lecture duquel ils s'appliquassent plus ordinairement qu'à la lecture du vôtre, et que c'étoit parmi eux une espèce d'usage d'apprendre par cœur la plupart de vos ouvrages, plutôt que ceux d'Horace ou de Juvénal. Le nom de *Molino-Janséniste* que vous vous donnez, leur a paru fort plaisant, mais ils vous permettent d'être un peu janséniste, pourvu que le partage ne soit pas inégal, et que vous vouliez être aussi de leurs amis : car le suffrage d'un homme tel que vous ne leur est pas indifférent. L'estime qu'ils ont pour vous n'a pas diminué, quand ils ont vu la modération avec laquelle vous en agissez avec Mʳˢ les Journalistes, quoique vos agresseurs. Vous riez sagement dans votre première épigramme, et s'ils sont sages eux-mêmes, ils profiteront de l'avis que vous leur donnez.

Il y a longtemps que j'ai écrit à M. votre frère, que le livre de M. Thiers contre l'*Historia Flagellantium*, n'alloit qu'à prouver l'usage établi de la discipline, ce qui n'étoit point contesté; mais qu'il ne faisoit point voir que cet usage fût raisonnable, honnête et propre à la fin pour laquelle il étoit établi, je veux dire, l'extinction de la concupiscence; et c'est ce qu'il falloit prouver. *Porro disciplina hæc parum modesta, james est libidinis, et irritamentum voluptatis.* C'est ce que vous expliquez dans votre seconde épigramme.

Au reste, je vois dans votre lettre, par la manière dont vous écrivez le mot de *Trévoux*, que vous le prononcez avec un *é* masculin; cependant nous disons *Trevoux* avec un *e* muet, comme *treteau. Quid juris?* devons-nous suivre votre usage plutôt que le nôtre? Ma raison de douter est que la ville de Trevoux est dans notre territoire, et qu'il semble qu'on doive s'assujettir à la prononciation du pays, de même que l'on prononce le *Catelet* et la *Capelle*, suivant l'idiome picard, quoique dans le fond il fût plus régulier de dire le *Chatelet* et la *Chapelle*. Mandez-moi, je vous prie, quel est votre sentiment. J'ai l'honneur, Monsieur, d'être votre, etc.

BROSSETTE.

XCII. — *Boileau à Brossette.*

À Paris, 7° décembre 1703.

J'ay tardé jusqu'à l'heure qu'il est, Monsieur, à vous rescrire, parce que j'attendois pour le faire que Mrs de Trévoux eussent respondu à mes Épigrammes dans leur nouveau volume, affin de voir et de vous mander si j'avois la guerre ou non avec ces bons Pères; mais estant demeurés dans le silence à mon égard, voilà toutes nos querelles finies; et vous pouvés assûrer M^rs les Jésuites de Lyon que je ne dirai plus rien contre aucun de leur compagnie, dans laquelle, quoiqu'extrèmement ami de la mémoire de M. Arnauld, j'ay encore d'illustres amis, et entre autres, le Père de la Chaize, le P. Bourdaloue et le P. Gaillard. Car pour ce qui regarde le démeslé sur la grace, c'est sur quoy je n'ay point pris parti, estant tantost d'un sentiment, et tantost d'un autre. De sorte que m'estant quelquefois couché Janséniste tirant au Calviniste, je suis tout estonné que je me réveille Moliniste approchant du Pélagien.

Ainsi, sans les condamner ni les uns ni les autres, je m'escrie avec S. Augustin : *O altitudo sapientiæ!* mais après avoir quelquefois en moi mesme traduit ces paroles par : *O que Dieu est sage!* j'ajouste aussi en mesme temps : *O que les hommes sont fous!* Je m'imagine que vous entendés bien pourquoi cette dernière exclamation, et que vous n'y comprenés pas un petit nombre de volumes. Mais pour respondre maintenant à la question que vous me faictes sur la prononciation du mot de *Trévoux*, et s'il faut un accent sur la pénultième, je vous dirai que c'est vous qui avés entièrement raison, et que ma faute vient de ce que je n'avois jamais entendu prononcer le nom de cette ville avant les journaux de Mrs de Trévoux. Trouvés bon que je ne vous escrive rien davantage cet ordinaire, parce que le retour de M. de Valincour de l'armée navale, m'a surchargé d'occupations. Aimés moi toujours, croiés que je vous rens la pareille, et soiés bien persuadé que je suis très passionnément, Monsieur, vostre, etc.

DESPRÉAUX.

On dit qu'on a découvert à Lyon l'auteur du fameux meurtre de Savari. Voulés vous bien me mander ce que vous sçavés là dessus?

XCIII. — *Brossette à Boileau.*

A Lyon, ce 16 décembre 1703.

Vous me mandez, Monsieur, par votre dernière lettre, que vous souhaitez apprendre tout ce que nous savons à Lyon touchant la découverte du meurtre de Savari. Je voudrois bien pouvoir satisfaire votre curiosité, mais tout ce que l'on peut vous mander de cette ville, à ce sujet, ne sera peut-être pas nouveau pour vous, ou du moins ne sera pas fort considérable. M. le comte d'Arco étant à Lyon le 7 de septembre dernier, au logis des Trois Rois, on lui vola pendant la nuit sous son chevet, une bourse de 200 louis d'or. Il soupçonna de ce vol un étranger, logé dans la même hôtellerie, qui fut mis en prison, où il est encore aujourd'hui. Cette accusation a fait rechercher un autre chef plus considérable sur lequel il a été interrogé, et ce second chef concerne le meurtre du Sr Savari, pour raison de quoi on a su que ce prisonnier avoit déjà été poursuivi à Paris.

Il s'appelle Jean-Alexandre Boüat, sieur Dufieu, bourgeois de Paris, âgé de 44 ans, demeurant dans la rue des Déjeuneurs, près la porte Montmartre. Dans son interrogatoire, prêté le 16 de septembre dernier, et duquel tout ce que je vous écris est tiré, il a dit qu'il étoit arrivé à Lyon entre le 20 et le 26 d'août, et qu'il venoit du village de Recunier, en Languedoc, où étoit sa mère. A l'égard du meurtre de Savari, Boüat est convenu qu'il en avoit été accusé par-devant le lieutenant-criminel de Paris; mais que son innocence ayant été reconnue, il avoit été renvoyé absous. La vérité est que Boüat logeoit dans la même maison avec Savari, et que leurs appartements n'étoient séparés que par une simple allée, ce qui a fait naturellement tomber le soupçon sur Boüat, d'autant plus que Savari ayant été assassiné avec sa servante et son valet, sur le midi, on trouva Boüat chez soi à la même heure, qui dit n'avoir entendu aucun bruit. Il ne s'en fallut que d'une voix, qu'il ne fût condamné à la roue, mais le jugement passa *in mitiorem*, qui fut, non pas la pleine absolution, comme il l'a dit, mais le renvoi sur un plus ample informé. Voilà des circonstances, Monsieur, que vous savez déjà peut-être mieux que moi. Mais pour le vol du comte d'Arco, à cause duquel Boüat est detenu prisonnier, je crois qu'il n'en sera pas convaincu, faute de preuves, non plus qu'il ne l'a pas été du prétendu assassinat. En tout cas, voilà de terribles leçons pour lui : heureux s'il en sait profiter pour se soustraire à sa malheureuse destinée. Je puis vous assurer qu'on n'a fait ici aucune autre découverte touchant cette affaire. Si je puis vous donner quelques nouveaux éclaircissemens, soyez persuadé que je le ferai avec plaisir, et avec exactitude. Je suis toujours sans réserve et sans restriction, Monsieur, votre, etc.

BROSSETTE.

XCIV. — *Boileau à Brossette.*

A Paris, 25e janvier 1704.

Ce n'est pas, Monsieur, à un homme qui a tort, à se plaindre d'un homme qui a raison. Cependant, vous trouverés bon que je ne m'assujétisse pas aujourd'hui à cette règle, et que tout coupable que je suis de négligence à vostre égard, je ne laisse pas de me plaindre de vostre peu de diligence depuis quelque temps à m'escrire. Quoy, Monsieur, laisser passer tout le mois de Janvier sans me souhaitter, du moins par un billet, la bonne année! Cela se peut-il souffrir? Vous me dirés que j'ay bien laissé passer le mois de Novembre et celui de Décembre sans respondre à deux lettres que j'ay receües de vous ; mais doit-on se régler sur un paresseux de ma force, et pouvés vous vous dire homme exact, si vous ne l'estes que deux fois plus que moi?

Sérieusement, je suis fort en peine de n'avoir point eu, depuis très longtemps, de vos nouvelles. Auriés vous esté indisposé? C'est ce que j'appréhenderois le plus. Faictes moi donc la grace de me rassurer sur ce poinct, et de me dire pourquoy, dans vostre dernière lettre vous ne parlés point de mon accommodement avec Mrs de Trévoux? Cet accommodement est maintenant complet, et le Père Gaillard est venu de la part de M^{rs} les Jésuites de Paris tesmoigner à mon frère le Chanoine qu'on avoit fort lavé la teste à ces Aristarques indiscrets, qui asseûrément ne diroient plus rien contre lui, ni contre moi.

Je ne m'estois enquis du prisonnier faict à Lyon que parce qu'on m'avoit dit qu'il avoit confessé l'assassinat horrible de Savari, commis à Paris, et dont on n'a encore eu aucune lumière. Du reste, je ne m'intéresse pas trop au vol faict à M. Darco, à qui je veux bien qu'on rende son argent, mais à qui je ne crois pas qu'on puisse rendre sa réputation qu'il a très justement perdue au siége de Brisach. Je suis, avec beaucoup de sincérité et de reconnoissance, Monsieur, vostre, etc.

Despréaux.

XCV. — *Brossette à Boileau.*

A Lyon, ce 1er février 1704.

Hier au soir, Monsieur, en repassant mes péchés d'omission, je m'apperçus que j'étois coupable de négligence envers vous, pour avoir été un temps considérable sans vous écrire, et cela n'est pas bien. Je reconnois ma faute; j'en suis honteux, et j'en suis encore plus repentant. Je pourrois bien trouver des raisons, très légitimes, dans les affaires qui remplissent tout mon loisir; mais je ne me contenterois pas de cette excuse dans le fond de mon cœur, et j'aime mieux avouer simplement que j'ai le plus grand tort du monde.

Je suis bien aise que MM. les Journalistes de Trévoux soient rentrés en grâce. Je n'ai vu personne qui ne les ait blâmés : leurs Confrères mêmes de cette ville ont été les premiers à désapprouver une semblable conduite. S'il dépendoit d'eux de vous faire quelque satisfaction, je puis vous assurer que vous auriez tout sujet d'être content. Du moins, ils sont bien persuadés que vous ne prendrez pas pour une infraction de la paix, une très mauvaise Épigramme qui a été mise à la fin du Journal de Trévoux, pour le mois de Décembre. Cette pitoyable pièce de huit ou dix vers porte le nom de *Réponse* à votre Epître aux Journalistes : *Mes révérends Pères en Dieu*. Mais cette prétendue *Réponse* est si platte, que nous l'avons tous regardée comme l'ouvrage de l'Imprimeur, ou tout au plus du Correcteur de l'Imprimerie : à coup sûr les Auteurs du Journal n'y ont aucune part; ainsi la paix tiendra entre les deux partis. J'aurai soin de complimenter M. votre Frère sur la réparation qui lui a été faite par le P. Gaillard.

Il y a environ un mois que l'on me remit une édition des œuvres de feu M. de Saint-Evremont, à la fin desquelles on a imprimé votre Dialogue sur les Héros de roman. Je fus bien aise, Monsieur, d'y retrouver une partie de ce que vous m'en aviez dit autrefois : *Le grand* Artamène, *l'incomparable* Clélie, *et la tendre* Tomyris, et les Tablettes de la *délicate* Reine des Massagettes, et le *bênet* Horatius Coclès qui chante à l'Écho, et le *galant* Brutus, et Caton le *Dameret* : que sais-je enfin ? Tout cela m'a fait beaucoup de plaisir, quoiqu'il paroisse sous un habit un peu négligé, et comme sous le masque.

M. de Puget s'étant trouvé chez moi, dans le temps que votre lettre m'a été rendue, il m'a dit que le comte d'Arco, qui a perdu sa réputation au siège de Brisach, n'est pas le comte d'Arco qui a perdu son argent à Lyon. Celui-ci avait un château dans le Trentin ou dans le Tyrol, dont les Allemands s'étoient emparés. M. le comte d'Arco se joignit à nos troupes, et les aida à reprendre son château. Quand il fut volé à Lyon, il alloit à Paris pour demander la jouissance de ses revenus; je crois qu'il a obtenu ce qu'il demandoit, et plus encore. Au reste, son voleur n'a rien avoué du vol, non plus que de l'assassinat de Savari.

Je suis, Monsieur, votre, etc.

BROSSETTE.

XCVI. — *Boileau à Brossette.*

Auteuil, 27ᵉ mars 1704.

Vous estes, Monsieur, l'ami du monde le plus commode pour un paresseux comme moi, puisque dans le temps mesme que je ne sçais comment vous demander pardon de ma négligence, vous me faictes vous mesme des excuses, et vous déclarés le négligent de nous deux. Je n'ay pourtant pas oublié que c'est moi qui ay manqué à respondre à plusieurs de vos lettres, et, entre autres, à celle où vous m'asseûrés que vous avés veû à Lyon, mon dialogue des romans, imprimé. Je ne sçais pas mesme comment j'ay pu tarder si longtemps à vous détromper de cette erreur, ce Dialogue n'ayant jamais esté escrit, et ce que vous avés lû ne pouvant seûrement estre un ouvrage de moi. La vérité est que l'ayant autrefois composé dans ma teste, je le récitai à plusieurs personnes qui en furent frappées, et qui en retirent quantité de bons mots. C'est de quoy on a vraisemblablement fabriqué l'ouvrage dont vous me parlés, et je soupçonne fort M. le Marquis de Sévigné d'en estre le principal Auteur; car c'est lui qui en a retenu le plus de choses.

Mais tout cela, encore un coup, n'est point mon Dialogue, et vous en conviendrés vous mesme, si vous venés à Paris, quand je vous en réciterai des endroits. J'ay jugé à propos de ne le point donner au public pour des raisons très légitimes, et que je suis persuadé que vous approuverés; mais cela n'empesche pas que je ne le retrouve encore fort bien dans ma mémoire quand je voudrai un peu y resver, et que je ne vous en dise assés pour enrichir vostre commentaire sur mes ouvrages. Je suis bien ayse que mon Frère vous ayt escrit le détail de notre accommodement avec Mrs de Trévoux. Je n'ay pas eu de peine à donner les mains à cet accord.

Aujourd'hui vieux Lion, je suis doux et traitable.

Et d'ailleurs, quoique passionné admirateur de l'illustre M. Arnauld, je ne laisse pas d'estimer infiniment le corps des Jésuites, regardant la querelle qu'ils ont euc avec lui sur Jansénius comme une vraie dispute de mot, où l'on ne se querelle que parce qu'on ne s'entend point, et où l'on n'est hérétique de part ni d'autre. Adieu, mon cher Monsieur, faictes bien mes compliments à M. Perrichon et à tous nos autres illustres amis de l'hostel de ville de Lyon, et croiés qu'on ne peut estre avec plus de sincérité et de respect que je le suis, vostre, etc.

DESPRÉAUX.

XCVII. — *Brossette à Boileau.*

A Lyon, le 10 avril 1704.

Je me souviens fort bien, Monsieur, que vous m'avez autrefois récité quelques morceaux de votre Dialogue contre les romans, et que vous m'avez dit que vous n'aviez jamais écrit ce Dialogue; aussi n'ai-je pas regardé celui qui a été imprimé en Hollande, comme un ouvrage qui soit purement de vous; c'est pourquoi je vous ai mandé que vous y paroissiez comme sous le *masque*. Ce n'est pas que ce Dialogue, même tel qu'il est, ne soit plein d'une très-fine plaisanterie en plusieurs endroits; mais les agrémens mêmes qui y sont, font souhaiter que vous ne laissiez pas périr un ouvrage de cette nature, qui seroit infiniment plus agréable s'il étoit parti de votre main immédiatement.

Puisque vous pouvez facilement le retrouver dans votre mémoire, pourquoi, Monsieur, ne l'en tirez-vous pas? Car enfin ce Dialogue, outre ses beautés particulières, pourroit être d'une utilité fort grande pour décrier la morale des romans, et pour en faire mépriser la lecture. Vous voyez bien que c'est par ce même endroit que l'illustre M. Arnauld vous a loué dans sa lettre à M. Perrault, où il fait mention de ce même Dialogue, qu'il couronne non-seulement de son suffrage, mais encore des louanges de deux grandes Princesses. Après le témoignage public de M. Arnauld, la postérité qui trouvera votre Dialogue imprimé, ne se mettra pas en peine de démêler si c'est votre véritable ouvrage, et vous l'attribuera sans miséricorde.

Je n'ignore pas les raisons que vous avez présentement de ne pas rendre public ce Dialogue : elles sont très-judicieuses, mais rien ne doit vous empêcher de le mettre au moins sur le papier, aussi bien que celui que vous avez encore dans la tête, contre ceux qui veulent faire des ouvrages dans une langue qui ne leur est pas naturelle. Ces Dialogues pourroient se retrouver un jour, surtout si vous aviez la bonté de les confier à quelqu'un de vos amis, à moi par exemple, que vous avez bien voulu rendre dépositaire des mystères secrets de vos ouvrages. Vous avez raison de dire que cela enrichiroit bien mon commentaire.

Je vous assure que j'en ferois bien mon profit, sans abuser de votre confiance.

J'ai reçu une grande lettre de monsieur votre frère, par laquelle il me mande tout le détail du raccommodement fait entre vous, Messieurs, et le R. P. Gaillard portant la parole pour les R. P. Jésuites. Je l'ai félicité sur cet événement dont il me paroît fort satisfait.

J'ai l'honneur d'être, Monsieur, votre, etc.

BROSSETTE.

XCVIII. — *Brossette à Boileau.*

A Lyon, ce 22 mai 1704.

Après avoir demeuré un mois sans vous écrire, j'avois besoin d'un prétexte pour le faire. C'est une nouvelle dont je vous fais part, parce qu'elle fait ici beaucoup de bruit. Dans la ville de Vienne, qui n'est qu'à cinq lieues de Lyon, il y a un Jésuite, et un Jésuite vivant, qui fait, dit-on, des miracles. Son nom est *Roméville*. Il a demeuré longtemps dans une petite ville nommée la Roche, proche de Genève; et là, par l'attouchement d'une bague merveilleuse qui a été au doigt de St. François Xavier, et dont ce bon Père est muni, il a fait des guérisons surprenantes. Plusieurs personnes accouroient à la Roche, la foule y étoit grande; mais ce n'étoit rien en comparaison du concours extraordinaire de toutes sortes de gens qui sont allés à Vienne, dès que ce nouveau Thaumaturge y a paru. Il y a demeuré environ un mois, et il en est parti un de ces jours pour retourner à la Roche. A l'égard des miracles, tout le monde dit : *J'ai ouï dire ;* mais je ne trouve personne qui dise : *J'ai vu.* Cependant le bon Père assure qu'il en a fait, et si cela n'étoit pas véritable, il ne le diroit pas. On ne lui a pas voulu permettre de paroître publiquement à Lyon, quoiqu'il y ait passé en allant à Vienne, et en revenant à la Roche. Voilà, Monsieur, ce qui fait le sujet de nos conversations. Vous jugez bien que tout le monde n'est pas là-dessus du même sentiment; et il y a un parti de mécréans opposé au parti des personnes crédules.

On imprime ici un livre in-4° que j'ai fait, il y a quelques années, mais qui n'avoit pas été fait pour être imprimé. Il sera intitulé de cette sorte : *Les Titres du Droit Civil et Canonique, rapportés sous les noms Francois*, etc. Ce Livre sera fort propre aux gens de ma profession. Dès qu'il sera achevé d'imprimer, je vous en enverrai un Exemplaire, non pas pour vous faire un présent, mais pour vous faire un hommage de mes occupations.

> Nunc te marmoreum pro tempore fecimus :
> At . . . . etc.

Vous jugerez de la disposition et de l'utilité de l'ouvrage par la préface que j'y mets, dans laquelle je fais mention de feu M. Domat, auteur des *Loix civiles*, cet illustre ami, dont je chéris infiniment la mémoire; et j'ajoute une voix au bruit de ses louanges. Il y avoit tant de disproportion entre son âge et le mien, entre ses lumières et les miennes, enfin entre M. Domat et moi, que j'ai été surpris mille fois, et mille fois touché de reconnoissance, de ce qu'il ne dédaignoit pas de s'amuser avec moi, tout jeune et tout ignorant que j'étois. Mais les plus grands hommes se font un plaisir d'avoir de l'indulgence et de la douceur : j'en ai présentement un exemple dans un homme encore plus illustre, et qui veut bien souffrir que je prenne la liberté de lui écrire et de l'entretenir quelquefois : dont la bonté va même jusqu'à interrompre ses occupations glorieuses et nécessaires pour m'écrire des lettres capables de flatter l'ambition la plus délicate. Voilà de quoi je ne pourrai jamais assez vous remercier. Je ne pourrai pas non plus vous exprimer avec combien de respect et d'attachement je suis, Monsieur, votre, etc.

BROSSETTE.

XCIX. — *Boileau à Brossette.*

A Auteuil, 15° juin 1704.

Je suis bien honteux, Monsieur, d'avoir esté si longtemps sans respondre à vos obligeantes lettres. Cependant je ne laisse pas d'estre très fâché d'avoir d'aussi bonnes excuses que celles que j'ay à vous en faire. Car, outre que j'ay esté extrêmement incommodé d'un mal de poitrine, qui non-seulement ne me permettoit pas d'escrire, mais qui ne me laissoit pas mesme l'usage de la respiration, la suppression subite qui s'est faicte des greffiers de la grand'-chambre, et qui va mettre une de mes nièces à l'hospital avec son mari et ses trois enfans, m'a jetté dans une consternation qui n'excuse que trop justement mon silence. Je ne vous entretiendrai point du détail de cette affaire. Tout ce que je puis vous dire, c'est que les prospérités de la France coustent cher au Greffe, et que si cela continue, j'ay bien peur que les trois quarts du royaume ne s'en aillent à l'hospital couronnés de lauriers. Il faut pourtant tout espérer de Dieu et de la prudence du roy. Vous m'avés faict plaisir de me mander les miracles du jésuite *Rome-ville*. Je ne sçais pas s'il a ressuscité des morts et faict marcher des paralytiques, mais le plus grand miracle à mon avis qu'il pourroit faire, ce seroit de convenir que M. Arnauld estoit le plus grand personnage et le plus véritable chrestien qui ayt paru depuis long-temps dans l'Église, et de désavouer les exécrables maximes de tous les nouveaux casuistes. Alors, je lui crierois : *Hosanna in excelsis, beatus qui venit in nomine Domini.* J'ay bien de la joye que vous vous érigiés en auteur par un aussi bon et aussi utile ouvrage que celui dont vous m'avés envoié le titre. J'ay naturellement peu d'inclination pour la science du droit civil, et il m'a paru estant jeune et voulant l'estudier, que la raison qu'on y cultivoit n'estoit point la raison humaine et celle qu'on appelle le bon sens, mais une raison particulière fondée sur une multitude de loix qui se contredisent les unes les autres, et où l'on se remplit la mémoire sans se perfectionner l'esprit. Je me souviens mesme que dans ce temps-là je fis sur ce sujet des vers latins Iambes qui commençoient par :

O mille nexibus non desinentium
Fecunda rixarum parens !
Quid intricatis juribus jura impedis ?

J'ay oublié le reste. Il m'est pourtant encore demeuré dans la mémoire, que je comparois les loix du Digeste aux dents de dragon que sema Cadmus, et dont il naissoit des gens armés qui se tuoient les uns les autres. La lecture du livre de M. Domat m'a faict changer d'avis et m'a faict voir dans cette science une raison que je n'y avois point veüe jusque-là. C'estoit un homme admirable. Je ne suis donc point surpris qu'il vous ayt si bien distingué, tout jeune que vous estiés. Vous me faictes grand honneur de me comparer à lui, et de mettre en parallèle un misérable faiseur de Satires avec le restaurateur de la Raison dans la Jurisprudence. On m'a dit qu'on le cite déjà tout haut dans les plaidoiries comme Balde et Cujas, et on a raison, car, à mon sens, il vaut mieux qu'eux. Je vous en dirois

davantage, mais permettés, dans le chagrin où je suis,
que je me haste de vous asseûrer que je suis, Monsieur,
vostre, etc.

DESPRÉAUX.

C. — *Brossette à Boileau.*

Lyon, ce 21 juin 1704.

Vous jugez bien, Monsieur, que je dois être bien fier de
l'approbation que vous donnez au livre que je fais imprimer; mais je suis encore plus aise du jugement que vous
faites de feu M. Domat. Ce judicieux auteur a rassemblé en
un corps toutes les matières du droit civil selon le rang et
la liaison qu'elles doivent avoir entre elles. Il a divisé
chaque matière en ses parties : il a rangé en chaque partie
le détail des principes, des règles et des définitions; enfin
il a allié avec tant d'art et de méthode le droit naturel et
le droit positif, qu'on peut dire qu'il a laissé un système
parfait du droit civil. C'est ainsi à peu près que je parlerai
de lui dans la préface de mon livre. Il seroit à souhaiter
qu'on introduisît dans les écoles publiques, l'étude du
livre de M. Domat, et qu'on y enseignât ses *Loix Civiles*,
comme on y enseigne les Institutes de Justinien : alors on
verroit bientôt les enfans, et les dames mêmes, devenir
jurisconsultes, tant l'étude du droit seroit facile. M. Domat
étoit parent, ami et compatriote de M. Pascal, dont la mémoire, comme vous savez, n'est pas en plus grande vénération parmi les jésuites que la mémoire de M. Arnauld.

J'ai vu avec plaisir que les journalistes de Trévoux ont
fait un pas pour se rapprocher de vous. C'est dans le journal de mai dernier, page 779, où ils vous ont cité, Monsieur, comme le chef du parti défenseur des anciens contre
les modernes. Voilà le premier signe de réconciliation.

Je vous ai ouï raconter plusieurs particularités d'un M. de la Place, qui avoit été votre régent de rhétorique, et que vous avez cité dans une de vos Réflexions critiques sur Longin, au sujet de ce passage de Cicéron : *Obduruerat, et percalluerat respublica*, qu'il traduisoit ainsi à la lettre : *La république s'étoit endurcie, et avoit contracté un durillon*. Tandis qu'il étoit votre régent en 1650, il fut nommé recteur de l'université de Paris, et fit imprimer un livre latin contre la pluralité des bénéfices : *De necessaria unius uni clerico ecclesiastici beneficii singularitate*. Il y a quelques jours que je trouvai ce livre, et je l'achetai à cause de l'auteur et à cause de vous. Je suis, Monsieur, votre, etc.

BROSSETTE.

CI. — *Brossette à Boileau.*

A Lyon, ce.... septembre 1704.

L'intérêt que vous prenez à ma vie, m'oblige, Monsieur, de vous rendre compte d'un très-grand péril que je courus il y a quelques jours. J'étois avec le chantre d'une des principales Églises de Lyon, et nous nous entretenions sur un pont de bois que l'on vient de reconstruire sur la Saône. On avoit élevé sur ce pont un grand ouvrage de charpente, composé de huit ou dix grosses poutres de sapin, longues de quarante pieds chacune, en forme d'arcs-boutants, qui soutenoient cet ouvrage. Le chantre et moi nous étions depuis un moment au milieu de ce pont, et environnés de cette machine élevée par-dessus, quand tout à coup elle se détacha du pont et se renversa dans la rivière avec un bruit épouvantable. Le chantre en fut écrasé sur la place à mes côtés, et moi, par une espèce de miracle, j'en fus garanti sans aucun mal. La Providence me réserve sans doute pour

quelque chose de meilleur. Quoi qu'il en soit, voilà pour
moi un grand sujet de méditation.

J'ai prié M. Bronod de vous faire rendre mon livre des
Titres du droit, dont l'impression vient d'être achevée. Je
conviens qu'il est d'une nature à ne pas vous intéresser
beaucoup. Mais tel qu'il est, c'est un hommage que je vous
dois, et que je vous rends.

Après vous avoir ainsi fait mon présent, vous voulez
bien, Monsieur, que je vous fasse réparation au sujet d'une
mauvaise difficulté que je vous ai faite dans une de mes
précédentes lettres, sur ces deux vers du *Lutrin* :

> Tel qu'on voit un Taureau, qu'une Guêpe en furie,
> A piqué dans les flancs, aux dépens de sa vie.

Je vous avois mandé que cette application ne pouvoit
convenir qu'à l'abeille, et non pas à la guêpe, dont je
disois que l'aiguillon est tout droit et uni comme la pointe
d'une aiguille, et qu'il sort aussi facilement qu'il est entré.
Voilà, Monsieur, l'erreur où j'étois : je dis erreur, parce
que M. de Puget, notre illustre ami, a remarqué par le
moyen du microscope, que l'aiguillon des guêpes est garni
à sa pointe de plusieurs petits crans ou entaillures, dont
le rédan s'oppose à la sortie de l'aiguillon, quand il est
une fois entré dans la plaie qu'il fait par sa piqûre. C'est
ce que j'ai vu, après M. de Puget, dans plusieurs aiguillons de guêpes; et afin que vous puissiez vous en convaincre vous-même par vos yeux, je vous envoie un de ces
aiguillons, enchâssé entre deux petites plaques de verre,
que vous pourrez ainsi observer dans un microscope, sans
défaire ni séparer les plaques, qui sont jointes avec de la
cire. Mais afin de voir bien distinctement ces petits crans
de l'aiguillon, il faut avoir un bon microscope : car un

instrument médiocre ne les montrera pas assez sensiblement. C'est M. de Puget qui m'a conseillé de vous communiquer cette petite expérience, pour vous confirmer la justesse de la comparaison que vous avez faite. Je suis, Monsieur, votre, etc.

BROSSETTE.

CII. — *Boileau à Brossette.*

A Paris, 13° décembre 1704.

Je suis si coupable, Monsieur, à vostre égard, que je sens bien que si je voulois faire mon apologie, il me faudroit plus d'une fois relire mon Aristote et mon Quintilien, et y chercher des figures propres à bien mettre en jour un procez et une maladie que j'ay eus, et qui m'ont empesché de respondre aux lettres obligeantes et judicieuses que vous m'avés faict l'honneur de m'escrire. Mais comme je suis seûr de mon pardon, je croy que je ferai mieux de ne me point amuser à ces vains artifices, et de vous dire, comme si de rien n'estoit, après avoir avoué ma faute, que je suis confus des bontés que vous me marqués dans vostre dernière lettre. J'admire la délicatesse de vostre conscience, et le soin que vous prenés de m'y fournir des armes contre vous mesme au sujet de la critique que vous m'avés faicte sur la piqûre de la Guespe. Je n'avois garde de me servir de ces armes, puisque franchement je ne sçavois rien, avant vostre lettre, du faict que vous m'y apprenés. Je suis ravi que ce soit à M. Puget que je doive ma disculpation, et je vous prie de le bien marquer dans vostre commentaire sur *le Lutrin;* mais surtout, je vous conjure de bien tesmoigner à cet excellent homme l'estime que je fais de lui et de ses découvertes dans la physique. Je vois bien qu'il a en vous un merveilleux disciple; mais dites-moi comment vous faictes pour passer si aisément de l'estude de la Nature à l'estude de la Jurisprudence, et pour estre en mesme temps si digne sectateur de M. Puget et de M. Domat? Il n'y a rien de plus sçavant et de plus utile que vostre livre sur les titres du droit civil et du droit canonique, et bien que j'aye naturellement, comme je vous l'ay déjà dit, une répugnance à l'estude du droit, je n'ay pas laissé de lire plusieurs endroits de vostre ouvrage avec beaucoup de satisfaction.

Vous m'avés faict un grand plaisir de me l'envoier, et je voudrois bien vous pouvoir faire un présent de ma façon, qui pust en quelque sorte égaler le prix de vostre livre. Mais cela n'estant pas possible, je croy que vous voudrés bien vous contenter de deux Épigrammes nouvelles que j'ay composées dans quelques momens de loisir. Ne les regardés pas avec des yeux trop rigoureux, et songés qu'elles sont d'un homme de soixante et sept ans. Les voici :

Épigramme sur un Homme qui passoit sa vie à contempler ses horloges.

Sans cesse autour de six Pendules,
De deux Montres, de trois Cadrans,
Lubin depuis trente et quatre ans,
Occupe ses soins ridicules.
Mais à ce métier, s'il vous plaist,
A-t-il acquis quelque science?
Sans doute; et c'est l'Homme de France
Qui sçait le mieux l'heure qu'il est.

Autre à M. Le Verrier, sur les Vers de sa façon qu'il a faict mettre au bas de mon portrait, gravé par Drevet.

Oui, Le Verrier, c'est là mon fidèle portrait,
Et l'on y void, en chaque trait,

L'Ennemi des Cotins tracé sur mon visage.
Mais dans les vers altiers, qu'au bas de cet ouvrage,
 Trop enclin à me rehausser,
Sur un ton si pompeux tu me fais prononcer,
Qui de l'Ami du Vrai reconnoistra l'image?

Voilà, Monsieur, deux diamants du Temple que je vous envoie pour un livre plein de solidité et de richesses. Vous en ferés tel usage que vous jugerés à propos, et mesme si vous voulés un très indigne usage. Cependant, je vous prie de croire que c'est du fond du cœur que je suis à outrance, Monsieur, vostre, etc.

Despréaux.

CIII. — *Brossette à Boileau.*

A Lyon, ce..... décembre 1704.

Ne doutez pas, Monsieur, que dans mes commentaires sur le Lutrin, je ne fasse mention, et de ma fausse critique, et de votre justification, au sujet de l'aiguillon de la guêpe. Je fournirai toujours volontiers des armes contre moi, quand ce sera en votre faveur, et surtout en faveur de la vérité. Nous devons cette découverte à M. de Puget, qui a reçu avec beaucoup de reconnoissance les complimens que je lui ai faits de votre part. Il est digne de toute votre estime, Monsieur, autant par sa vertu, par son esprit et sa science que par le cas extrême qu'il fait de votre nom et de votre personne.

A mon égard, Monsieur, vous avez trop payé mon livre par les deux Épigrammes que vous m'avez envoyées. C'est un agréable présent que vous avez fait à toute la ville de Lyon. Car on m'en a demandé je ne sais combien de copies, par le moyen desquelles vos Épigrammes sont devenues si publiques que tous les honnêtes gens les savent, surtout la première qui est plus à la portée de tout le monde.

Aussi faut-il convenir qu'elle est d'une naïveté égale à tout ce que nous avons de meilleur en ce genre-là. C'est la délicatesse de Catulle, et l'*élégant badinage* de Marot. Mais, Monsieur, vous ne m'apprenez point qui est l'homme aux Pendules dont vous cachez le véritable nom sous celui de *Lubin*. Vous savez bien que j'ai un privilége de curiosité sur tous vos ouvrages, et que vous me devez la découverte de vos secrets poétiques avec une pleine confiance; ainsi j'ai quelque droit d'espérer que dans votre première lettre vous m'apprendrez l'histoire véritable de votre Epigramme contre *Lubin*, le contemplateur d'horloges.

Pour ce qui est de celle que vous adressez à M. le Verrier, elle n'est pas moins belle que l'autre; mais elle me donne lieu de vous faire un reproche, dont vous allez sentir la justice dès le premier mot. Quoi! Monsieur, on a gravé votre portrait : le Verrier y a mis des vers à votre louange, et vous ne me l'envoyez pas, vous, Monsieur, qui connoissez l'empressement que j'ai pour tout ce qui vous appartient? Je crois que c'est vous en dire assez pour vous obliger à réparer incessamment votre négligence, en m'envoyant au moins une couple de vos portraits.

Vous aurez la bonté de faire rendre à M. le Verrier la lettre que je lui écris, où vous verrez qu'il ne doit pas espérer de faire sa paix avec moi, qu'il ne se mette de moitié avec vous. Je compte si bien sur l'effet de ma demande, que je vous fais porter mes lettres par un de mes amis, qui aura soin d'aller prendre votre paquet, quand vous le lui ordonnerez. Je suis, Monsieur, votre, etc.

BROSSETTE.

CIV. — *Brossette à M. le Verrier.*

A Lyon, ce 28 décembre 1704.

Monsieur,

Vous aimez trop M. Despréaux pour souffrir qu'il ait une querelle sur les bras, sans lui servir de second. C'est moi, Monsieur, qui lui ai fait cette querelle sur ce qu'il me mande que l'on a gravé son portrait, sous lequel vous avez mis des vers à sa louange, sans qu'il m'ait envoyé ni vos vers, ni son portrait. Vous conviendrez que ma plainte est bien légitime; mais vous avez bien de quoi vous rassurer sur l'événement de notre querelle, puisque M. Despréaux n'a affaire qu'à moi, et qu'il ne s'agit que de m'envoyer ce que je lui demande. Vous êtes de moitié dans ce démêlé, vous, Monsieur, qui avez contribué à embellir ce portrait par des vers de votre façon; ainsi vous êtes obligé de contribuer à notre raccommodement. Vous voyez, Monsieur, que la conduite que je tiens aujourd'hui avec vous n'est guère la conduite d'un *rival*, ou si je suis le vôtre, vous devez être assuré que vous ne trouverez jamais dans le cœur de vos amis, même les plus intimes, des sentimens qui vous soient plus avantageux que ceux que j'ai pour vous. Mais, Monsieur, quelle idée allez-vous prendre de moi, en voyant que la première fois que j'ai l'honneur de vous écrire, je me présente à vous sous la figure d'un demandeur, et peut-être d'un importun. Tout ce qui me rassure, c'est que je vous demande votre ouvrage et le portrait de notre illustre ami.

Vultum, habitumque Hominis, quem tu *laudasse* beatus.[1]

Pour rendre ma demande encore plus favorable auprès

1. Horat. Sat. IV. L. 2. in fine.

de vous, je me sers, comme vous voyez, des paroles d'Horace, qui, après M. Despréaux, est votre meilleur ami. Tant de précautions sont sans doute inutiles auprès d'un homme aussi généreux que vous l'êtes. Je vous ai déjà reconnu tel par ma propre expérience; mais j'ai le regret de n'avoir rien qui puisse m'acquitter envers vous que des remercimens, et la parfaite reconnoissance avec laquelle je suis, Monsieur, votre, etc.

Brossette.

CV. — *Boileau à Brossette.*

A Paris, 9e janvier 1705.

Je vous escris ce mot, Monsieur, pour vous dire que j'ay rendu vostre lettre à M. le Verrier, qui m'a assûré qu'il vous envoiroit une response avec mon portrait gravé. Il a voulu aller lui mesme chés le graveur choisir l'estampe dont il vous veut faire présent. C'est ce qui est cause qu'elle n'est pas encore remise entre les mains de l'homme qui m'a apporté vostre dernière lettre, à qui je ne manquerai pas d'envoier tout dès que je l'aurai receû, et je joindrai une lettre de ma façon à celle de M. le Verrier. J'ay creû cependant qu'il seroit bon de vous envoyer par la poste ce billet, qui vraisemblablement ira plus vite que le présent, affin que vous ne vous impatientiés point, et comme vraisemblablement vous avés surtout grande envie de voir les vers qui sont au bas du portrait, je vais par avance vous les transcrire ici. C'est moi qui suis supposé y parler, mais qui n'ay pourtant jamais pensé ce qu'on m'y faict dire.

Sans peine à la Raison asservissant la Rime,
Et mesme, en imitant, toujours original,

J'ay sceû, dans mes escrits, docte, enjoué, sublime,
Rassembler en moi Perse, Horace et Juvénal.

Je vous souhaicte la bonne année, et suis très sincèrement, Monsieur, vostre, etc.

DESPRÉAUX.

CVI. — *Boileau à Brossette.*

A Paris, 12° janvier 1705.

Je vous envoie, Monsieur, le portrait dont il est question. M. le Verrier, qui vous en faict présent, vouloit l'accompagner d'une lettre de compliment de sa main; mais dans le temps qu'il l'escrivoit, on l'a envoié quérir de la part de M. Desmarais, et je me suis chargé de l'excuser envers vous. Il m'a assûré pourtant qu'il vous escriroit au premier jour par la poste. Ainsi sa lettre arrivera peut estre avant celle-ci, que je vous envoie par la voie que vous m'avés marquée. Il y a des gens qui trouvent que le portrait me ressemble beaucoup, mais il y en a bien aussi qui n'y trouvent point de ressemblance ; pour moi, je ne sçaurois qu'en dire, car je ne me connois pas trop bien, et je ne consulte pas trop souvent mon miroir. Il y a encore un autre portrait de moi, gravé par un ouvrier dont je ne sçais point le nom, et qui me ressemble moins qu'au grand Mogol. Il me faict extrêmement rechigneux, et comme il n'y a point de vers au bas, j'ay faict ceux-ci pour y mettre :

Du célèbre Boileau tu vois ici l'image ;
Quoy! c'est là, diras-tu, ce Critique achevé.
D'où vient le noir chagrin qu'on lit sur son visage ?
C'est de se voir si mal gravé.

Je ne sçais si le Graveur sera content de ces vers, mais

je sçais bien qu'il ne sçauroit en estre plus mécontent que je le suis de sa gravûre[1]. Je vous donne le bon jour, et suis très parfaitement, Monsieur, vostre, etc.

DESPRÉAUX.

Tesmoignés bien à M. Perrichon à quel point je suis glorieux de son souvenir.

CVII. — *Brossette à Boileau.*

A Lyon, ce 12 février 1705.

Je n'ai pas reçu la lettre de M. le Verrier, mais j'ai reçu votre portrait, Monsieur, dont je le remercie, et vous aussi. Je ne suis point de l'avis de ceux dont vous me parlez dans votre Lettre, et qui ne trouvent pas que ce portrait vous ressemble; car, pour moi, je le trouve ressemblant à merveille; et j'y reconnois non-seulement vos traits, mais votre esprit et votre génie, ce qui est le plus essentiel. Pour la gravure, elle est très belle, et je m'attendois bien que *Drevet* ne manqueroit pas d'y réussir. Ce graveur, qui est, dit-on, de Lyon, fait honneur à notre ville : aussi bien que les *Audran*, qui en sont aussi. Je suis bien aise qu'un de mes compatriotes ait ainsi travaillé à conserver votre portrait à la postérité par une belle gravure. Je voudrois bien que vous eussiez pareillement été peint par un excellent peintre que nous avions en cette ville, et qui est mort le 15 du mois passé. Vous le connoîtrez sans doute quand je vous dirai que c'est le fameux *Vander Kabel*, Hollandois, qui étoit établi à Lyon depuis plus de quarante années. J'ai dans mon cabinet quelques-uns de ses meilleurs ou-

---

1. La Gravure dont parle ici Boileau, étoit la reproduction de son portrait peint par Bouis.

vrages, qui sont très estimés. Pour revenir au portrait que vous m'avez envoyé, il me paroît, par les vers que vous avez adressés à M. le Verrier :

> Oui, Le Verrier, c'est là mon fidelle portrait, etc.

Il me paroît, dis-je, par ces vers, que vous vous faites quelque peine de ce que M. le Verrier vous fait parler directement dans les vers qu'il a mis au bas de votre portrait; parce qu'il semble que par là ce soit vous-même qui vous louangez. Pour éviter ce petit inconvénient, n'auroit-on point pu tourner ainsi ces quatre vers?

> Sans peine à la raison asservissant la Rime,
> Et même, en imitant, toujours original,
> BOILEAU, dans ses Écrits, docte, enjoué, sublime,
> A su rassembler Perse, Horace et Juvénal.

De cette façon, l'on sauve encore la répétition, *dans mes écrits*, et *en moi*, qui est dans les vers de l'autre inscription.....

Puisque nous en sommes sur les Inscriptions, je vous en envoie une qui vous paroîtra singulière. Elle est gravée sur un Autel ancien, en forme de pied d'estal, qui fut découvert ces derniers jours à Lyon, sur la colline de Fourvière, par des paysans qui fouilloient la terre. Ce monument avoit été érigé pour conserver la mémoire d'un *Taurobole*, ou sacrifice de Taureau à la Déesse Cybelle, qui fut fait l'an 160 de J. C., par Lucius Æmilius Carpus, l'un des six Augustaux du Temple d'Auguste à Lyon, pour la santé de l'Empereur Antonin le pieux, pour celle de ses enfants, et pour la prospérité de la colonie de Lyon. Vous voyez, Monsieur, que dans ce temps-là notre Lyon étoit déjà une ville considérable, décorée du titre de colonie et de Municipe, et associée aux honneurs et aux priviléges du peuple Romain; tandis que votre *Lutèce* n'osoit peut-être pas encore aspirer au nom de Ville.

Cet autel ancien a la figure d'un pied d'estal carré, dont la hauteur est d'environ quatre pieds, en y comprenant la base et la corniche. La largeur de chacune des faces est d'environ un pied et demi. L'inscription est gravée sur la face de devant, au milieu de laquelle on voit, en demi-relief, la figure d'une tête de taureau, qui partage l'inscription en deux parties presque égales; et sur la face droite on a gravé une tête de bélier, sans inscription, l'une et l'autre placées de front, et couronnées d'une de ces guirlandes de grains dont on ornoit les victimes pour les sacrifices. Les caractères de l'inscription sont fort beaux et bien conservés. Voilà de la matière pour exercer MM. de l'Académie des Inscriptions.

J'ai reçu une Lettre de M. l'Abbé Mezzabarba, de Milan, dans laquelle il me demande de vos nouvelles. Je lui en donnerai qui lui feront plaisir, et je lui enverrai en même temps une copie de notre inscription. Nous verrons ce qu'il nous dira là-dessus, lui qui est un habile Antiquaire. Je suis, Monsieur, votre, etc.

BROSSETTE.

CVIII. — *Boileau à Brossette.*

A Paris, 6e mars 1705.

Je ne m'estendrai point ici, Monsieur, en longues excuses du longtemps que j'ay esté sans respondre à vos obligeantes lettres, puisqu'il n'est que trop vrai qu'un très fâcheux rhume que j'ay eu, accompagné mesme de quelque fièvre, m'a entièrement mis hors d'estat, depuis trois semaines, de faire ce que j'aime le mieux à faire; je veux dire de vous rescrire. Me voilà enfin restabli, et je vais m'acquitter d'une partie de mon devoir. Je suis fort aise que vostre illustre Physicien à l'aide de son microscope ayt trouvé de quoy justifier le vers du Lutrin que vous attaquiés, et ayt rendu à la Güespe, son honneur. Car bien qu'elle soit un peu décriée parmi les hommes, on doit rendre justice à ses ennemis, et reconnoistre le mérite de ceux mesmes qui nous persécutent. Je vous prie donc de faire bien des remercimens, de ma part, à M. Puget, et de lui bien marquer l'estime que je fais des excellentes qualités de son esprit, qui n'ont pas besoin, comme celle de la Güespe, de microscope pour estre veües.

Vous faictes, à mon avis, trop de cas des deux Épigrammes que je vous ay envoiées, et surtout de celle à M. le Verrier, qui n'est qu'un petit compliment très simple que je me suis crû obligé de lui faire, pour empescher qu'on ne me crust Auteur des quatre vers qui sont au bas de mon portrait, et qui sont beaucoup meilleurs que mes deux Épigrammes, n'y ayant rien surtout de plus juste que ces deux vers :

J'ay sceu dans mes Escrits, docte, enjoué, sublime,
Rassembler en moi Perse, Horace et Juvénal.

Supposé que cela fust vrai, *docte* respondant admirablement à Perse, *enjoué* à Horace, et *sublime* à Juvénal. Il les avoit faicts d'abord indirects; et de la manière dont vous me faictes voir que vous avés prétendu les rajuster ; mais cela les rendoit froids, et c'est par le conseil de gens très habiles qu'il les mit en style direct, la prosopopée ayant une grace qui les anime, et une fanfaronnade mesme, pour ainsi dire, qui a son agrément.

Vous ne me dites rien des quatre vers que j'ay faicts, pour l'autre infâme gravûre dont je vous ay parlé. Est-ce que vous les trouvés mauvais? Ils ont pourtant réjoui tous ceux à qui je les ai dits. Mais pour vous satisfaire sur l'histoire que vous me demandés de l'Épigramme de Lubin, je vous dirai que Lubin est un de mes parens, qui est mort, il y a plus de vingt ans, et qui avoit la folie que j'y attaque. Il estoit Secrétaire du Roy et s'appelloit M. Targas. J'avois dit, lui vivant, le mot dont j'ay composé le sel de mon Épigramme, qui n'a esté faicte qu'environ depuis deux mois, chez moi à Auteuil, où couchoit l'Abbé de Chasteauneuf. Je m'estois ressouvenu le soir, en conversant avec lui, du mot dont il est question. Il l'avoit trouvé fort plaisant, et sur cela nous estions convenus l'un et l'autre, qu'avant tout, pour faire une bonne Épigramme, il falloit dire en conversation le mot qu'on y vouloit mettre à la fin, et voir s'il frapperoit. Celui-ci donc l'ayant frappé, je le lui rapportai le lendemain au matin construit en Épigramme, telle que je vous l'ai envoiée. Voilà l'histoire.

Le monument antique que vous m'avés faict tenir est fort beau et fort vrai[1]. Mon dessein estoit de le porter moi mesme à l'Académie des Inscriptions, mais j'ay sceû qu'il y avoit déjà long-temps qu'il y estoit, et que les Académiciens mesmes s'estoient déjà fort exercés sur cette excellente relique de l'antiquité. Je ne sçais pas pourquoi vous me faictes une querelle d'Allemand sur la prééminence qu'a eu autrefois Lyon au dessus de Paris? Est-ce que Paris a jamais nié que du temps de César, non-seulement Lyon, mais Marseille, Sens, Melun ne fussent beaucoup plus considérables que Paris? Et qu'est-ce que de cela Lyon sçauroit conclure contre Paris, sinon ce vers du Cid :

Vous estes aujourd'hui ce qu'autrefois je fus?

---

1. Il est gravé dans l'*Histoire Littéraire de la ville de Lyon*, par le R. P. de Colonia.

Je vous conjure de bien marquer à M. de Mezzabarba, dans les lettres que vous lui escrirés, le cas que je fais de sa personne et de son mérite. Je ne sçais si vous avés veû la traduction qu'il a faicte de mon Ode sur Namur. Je ne vous dirai pas qu'il y est plus moi mesme que moi mesme; mais je vous dirai hardiment que bien que j'aye surtout songé à y prendre l'esprit de Pindare, M. de Mezzabarba y est beaucoup plus Pindare que moi. Si vous n'avés point encore receû de lettre de M. le Verrier, cela ne vient que de ma faute, et du peu de soin que j'ay eu de le faire ressouvenir, comme je devois, de vous rescrire; mais je vais disner aujourd'hui chés lui, et je réparerai ma négligence. Vous pouvés vous asseûrer d'avoir au premier jour un compliment de sa façon. Adieu, mon illustre Monsieur, croyés que c'est très sincèrement que je suis vostre, etc.

DESPRÉAUX.

Souffrés que je fasse ici en particulier et hors d'œuvre mon compliment à M. Perrichon.

CIX. — *Brossette à Boileau.*

A Lyon, ce 19ᵉ mars 1705.

Vous trouverez, Monsieur, dans ce paquet, trois petits livres qui contiennent un discours sur notre monument antique; vous ne serez pas en droit cette fois de m'accuser de la même négligence dont j'ai été coupable, en vous envoyant la représentation de ce monument : car je puis vous assurer que ces exemplaires sont les premiers qui soient sortis des mains de l'imprimeur. Il y en a un pour vous, Monsieur, un autre pour M. votre frère, et le troisième pour M. le président de Lamoignon. Je vous prie de le lui envoyer incessamment, afin que cette petite dissertation ait du moins pour lui la grace de la nouveauté. L'auteur de cet ouvrage est un jésuite de cette ville, nommé le Père de Colonia. S'il se fait ici quelque autre chose sur cette matière, j'aurai soin de vous l'envoyer, et vous en jugerez, Monsieur, vous qui êtes plus capable d'en juger que personne.

J'ai donné ordre qu'on me fasse venir de Paris plusieurs de vos portraits : car ce que j'avois prévu est arrivé; il ne m'a pas été possible de garder celui que M. le Verrier, ou vous, m'avez envoyé. Je l'avois refusé à une infinité de personnes, à qui je n'aurois pas pu refuser toute autre chose qu'un portrait que je tenois de votre main; mais enfin j'ai été obligé de le donner à M. de Montezan, notre prévôt des marchands, qui a tout pouvoir sur moi par l'affection particulière dont il m'honore. Il a néanmoins porté sa délicatesse jusqu'à me permettre de vous mander qu'il m'avoit volé votre portrait, et qu'il ne l'avoit fait que par l'estime très singulière qu'il a pour votre nom, pour votre esprit, et pour votre personne. Je puis même vous assurer, Monsieur, qu'il ne sera pas fâché que vous confirmiez le don que je lui ai fait de votre portrait, quand vous me ferez l'honneur de m'écrire. J'ai aussi ordonné qu'on m'envoyât le portrait disgracié qu'on a fait de vous, et sur lequel vous avez composé les autres vers, pour vous venger tant de la gravure que du graveur, qui s'appelle Desrochers, à ce qu'on m'a dit. Ces vers sont très beaux, et pleins d'une raillerie très vive, et je ne sais pas pourquoi je ne vous ai pas dit que je les trouvois tels. Mais est-il vrai, comme je l'ai appris, que vous ayez été peint, depuis peu, par le fameux Rigaud? Ce seroit, en vérité, une chose à faire, si cela n'est pas fait.

M. l'Abbé de Mezzabarba doit avoir reçu maintenant les complimens que je lui ai faits de votre part. J'ai non-seulement vu la traduction qu'il a faite en vers italiens de votre ode sur Namur, mais il m'en donna une copie de sa main, la dernière fois qu'il passa à Lyon. Il est vrai que cet ouvrage m'a paru digne de Pindare, de vous, et de lui. Sur votre approbation je le pourrai joindre, quelque jour, à nos commentaires sur vos ouvrages : et je dirai avec Ovide :

> Nos quoque per totum pariter cantabimur orbem ;
> Junctaque semper erunt nomina nostra tuis.
> Amor., I. Eleg. 3.

Je suis, Monsieur, votre, etc.

BROSSETTE.

CX. — *Brossette à Boileau.*

A Lyon, ce 1er mai 1705.

Outre le portrait que vous m'avez envoyé, Monsieur, j'en ai fait venir une douzaine de chez Drevet, et je n'en ai pu garder aucun, tout a été enlevé par nos amis, et par des gens à qui je ne peux rien refuser. Jugez donc, Monsieur, si je puis manquer d'accepter l'offre que M. le Verrier m'a faite de m'envoyer encore deux de vos portraits. Il me mande par sa lettre qu'il vous les remettra afin de me les faire tenir.

Un de ceux à qui j'ai donné votre portrait, Monsieur, est votre bon ami M. de Puget. Comme il est extrêmement régulier en tout ce qu'il fait, il n'a pas voulu que votre portrait fût tout seul, il l'a mis en regard avec celui de feu M. Pascal, gravé par Edelink, voulant faire connoître que vous êtes les deux plus célèbres satyriques de votre siècle ; et voici des vers qu'il a placés entre ces deux portraits :

> Malgré nos deux visages divers,
> Nous convenons en une chose ;

Si l'un est satyrique en vers,
L'autre fut satyrique en prose.

Voici une chose sur laquelle j'ai ordre de vous demander votre sentiment. Je ne sais point si vous savez que l'hôtel de ville de Lyon est sans contredit le plus beau qui soit en France. Dans cet hôtel de ville il y a plusieurs inscriptions que l'on a mises pour conserver la mémoire de quelques événemens remarquables. Aujourd'hui l'on y veut mettre une inscription nouvelle, qui fasse mention du passage et du séjour que Nosseigneurs les princes firent à Lyon en 1701, et surtout de la réception qui leur fut faite, quand ils allèrent voir l'hôtel de ville, où ils demeurèrent la moitié d'un jour. Il s'agit, Monsieur, de savoir si cette inscription doit être latine ou françoise; et voilà sur quoi on vous prie de décider. Ceux qui composent le consulat de Lyon sont partagés là-dessus, et chacun appuie son sentiment sur de bonnes raisons. Vous voyez bien que cette question est la même qui fut agitée, il y a quelques années, au sujet de l'inscription qu'on devoit mettre à l'arc de triomphe, et vous savez mieux que personne, tout ce qui fut dit et écrit sur cela. Vous ne manquâtes pas dès lors de vous déterminer en faveur de l'un des deux partis, et c'est votre sentiment que l'on demande : il servira de règle dans cette occasion. La ville de Lyon sera bien aise de vous donner cette nouvelle marque de sa déférence et de son estime : et moi, Monsieur, je vous serai très obligé en mon particulier. Donnez-moi en même temps des nouvelles de votre santé. Je suis, Monsieur, votre, etc.

Brossette.

Voici une aventure singulière et malheureuse. Il y a quelques jours que cinq prisonniers enfermés dans le château de Pierre-Sise, qui est une forteresse de Lyon, ayant résolu de se sauver, ils trouvèrent le moyen de faire venir dans une chambre du château les gardes et les domestiques, tous les uns après les autres, jusqu'au nombre d'onze personnes; et les ayant liés et attachés, trois des prisonniers les gardèrent, pendant que deux des plus déterminés allèrent à la chambre du commandant qu'ils assassinèrent de cinq coups de poignard. Il prirent l'argent du commandant et les clefs du château, dont ils se rendirent les maîtres aussi longtemps qu'ils voulurent. Il ne tint qu'aux autres prisonniers de s'enfuir aussi bien que ces cinq; mais les autres refusèrent de les suivre, de peur qu'on ne les accusât d'être complices de cet assassinat. L'un des assassins est le comte de la Barre, et l'autre s'appelle Mal-Fontaine : celui-ci eut l'impudence d'aller sur-le-champ à la Conciergerie de cette ville où il avoit auparavant été prisonnier. Il y paya quelque somme qu'il devoit au geôlier : il parla à plusieurs personnes, et y demeura jusqu'à ce qu'on vînt dire en sa présence même, que les prisonniers de Pierre-Sise avoient tué le commandant. Quelque soin que l'on ait pris pour arrêter ces assassins, on n'en a pu avoir jusqu'à présent aucunes nouvelles. Je connoissois particulièrement ce commandant, qui s'appelloit M. de Manville. Il étoit ancien officier, et chevalier de l'ordre de S. Louis. Le château de Pierre-Sise est, comme vous savez, la Bastille de Lyon, où l'on met les prisonniers d'État.

CXI. — *Boileau à Brossette.*

A Paris, 15ᵉ may 1705.

Je suis, Monsieur, si coupable envers vous, que si je voulois me disculper de toutes mes négligences, il faudroit que j'y employasse toutes mes lettres, et je ne vous pourois parler d'autre chose. Il me semble donc que le mieux est de vous renvoier à mes excuses précédentes, puisque je n'en ay point de nouvelles à vous alléguer, et de vous prier de suppléer, par la violence de vostre amitié, à la foiblesse de mes raisons. Cela estant, je vous diray que j'ay esté ravi d'apprendre par vostre dernière lettre l'honorable distribution que vous avés faicte des estampes de Drevet.

La vérité est que vous deviés les avoir receuës de ma main ; mais je crois vous avoir déjà escrit que je ne les donnois à personne, à cause des vers fastueux que M. le Verrier a faict graver au bas, et dont je paroistrois, tacitement, approuver l'ouverte flatterie, si j'en faisois des présens en mon nom. Cependant il ne m'est pas possible de n'estre point bien aise qu'elles soient entre les mains de M. Puget, et de M. Perrichon, et qu'elles leur donnent occasion de se ressouvenir de l'homme du monde qui les estime et les honore le plus. Pour ce qui est de M. le Prévôt des Marchands de Lyon, je ne sçaurois croire qu'il souhaitte de voir un portrait aussi peu digne de sa veuë que le mien. La vérité est pourtant que je souhaitte fort qu'il le souhaitte, puisqu'il n'y a point d'homme dont j'aye entendu dire tant de bien que de cet illustre magistrat, et qu'on ne peut pas estre honneste homme sans désirer d'estre estimé d'un aussi excellent homme que lui. M. le Verrier m'a asseûré qu'il vous enverroit encore deux de mes portraits par la voie que vous m'avés mandée, et vous les pourés donner à qui vous jugerés à propos.

M. Puget me faict bien de l'honneur de me mettre en regard, pour me servir de vos termes, avec M. Pascal. Rien ne me sçauroit estre plus agréable que de me voir mis en parallèle avec un si merveilleux génie ; mais tout ce que nous avons de semblable, comme l'a fort bien marqué M. Puget dans ses jolis vers, c'est l'inclination à la satire, si l'on doit donner le nom de satires à des lettres aussi instructives, et aussi chrestiennes que celles de M. Pascal.

Je viens maintenant à l'extrême honneur que la ville de Lyon me faict en me demandant mon sentiment sur l'inscription nouvelle qu'Elle veut qui soit mise dans son hostel de ville, au sujet du passage de Nosseigneurs les Princes en 1701, et je n'aurai pas grand'peine à me déterminer là-dessus, puisque je suis entièrement déclaré pour la langue latine, qui est extrêmement propre, à mon avis, pour les inscriptions, à cause de ses ablatifs absolus, au lieu que la langue françoise, en de pareilles occasions, traîne et languit par ses gérondifs incommodes et par ses verbes auxiliaires, où elle est indispensablement assujettie, et qui sont toujours les mesmes. Ajoutés qu'ayant besoin pour plaire d'estre soutenue, elle n'admet point cette simplicité majestueuse du latin, et, pour peu qu'on l'orne, donne dans un certain Phébus qui la rend sotte et fade.

En effect, Monsieur, voiés, par exemple, quelle comparaison il y auroit entre ces mots qui viennent au bout de la plume : *Regiâ familiâ urbem invisente*, ou ceux-ci : *La royale famille estant venue voir la ville*. Avec tout cela néanmoins peut-estre que je me trompe, et je me rendrai, volontiers sur cela, à l'avis de ceux qui me demandent mon avis. Cependant je vous prie de bien tesmoigner mes respects à M^{rs} de la ville de Lyon, et de leur bien marquer que je ne perdrai jamais l'occasion de célébrer une ville qui a esté, pour ainsi dire, par ses pensions, la mère nourrice de mes muses naissantes, et chés qui autrefois, comme je l'ay déjà dit dans un endroit de mes ouvrages, on obligeoit les méchans auteurs d'effacer, eux mesmes! leurs escrits avec la langue. Du reste, croiés qu'on ne peut estre plus que je le suis, Monsieur, vostre, etc.

DESPRÉAUX.

Vous recevrés dans peu, une recommandation de moi pour un valet de chambre que vous connoissés, et dont franchement j'ay esté indispensablement obligé de me défaire.

CXII. — *Brossette à Boileau.*

A Lyon, ce 26 mai 1705.

Monsieur,

Celui qui vous remettra cette lettre est un très illustre Lyonnois, qui est digne de votre amitié, autant par son propre mérite, que par l'empressement qu'il a de vous voir, et d'être de vos amis. Son nom est Monsieur Dugas. Il est Président en notre Présidial, et fils du Lieutenant Général de Police, qui a passé par tous les degrés de la Magistrature en cette Ville, et qui est sorti, depuis peu, de la dignité de Prévôt des Marchands. Monsieur son Fils va à Paris pour quelques affaires qui ne l'occuperont point assez pour l'empêcher de profiter quelquefois de votre entretien, pendant le séjour qu'il fera en votre ville.

Vous trouverez en lui beaucoup d'esprit, de politesse, de douceur et de science : enfin il est tel, que si vous aviez à faire un jugement des Lyonnois, je voudrois que vous en jugeassiez par Monsieur le Président Dugas. J'ai eu l'honneur de vous parler de lui dans quelques-unes de mes lettres; et peut-être vous souviendrez-vous de la justice que je lui ai rendue. C'est un des premiers à qui j'ai donné votre portrait, et vous jugerez si j'en ai fait un mauvais usage ; au contraire, je suis persuadé que quand vous connoîtrez une partie de ses bonnes qualités, vous penserez qu'il n'avoit pas besoin d'une recommandation comme la mienne, pour être bien reçu de vous.

Scribe tui gregis hunc, et fortem crede, bonumque.

Il vous dira, Monsieur, avec combien de plaisir nous parlons de votre esprit, de vos ouvrages, et surtout de votre personne. Mais, quoi qu'il vous puisse dire, il ne vous exprimera jamais assez combien je vous aime, et avec quelle sincérité je suis, Monsieur, votre, etc.

BROSSETTE.

CXIII. — *Brossette à Boileau.*

A Lyon, 14 novembre 1705.

Depuis que M. Dugas est revenu de Paris, Monsieur, il s'est passé peu de jours sans que nous ayons parlé de vous. Il ne se lasse point d'admirer votre esprit et vos vertus, et il dit que quand vous n'auriez jamais fait ni vers ni prose, quand vous ne seriez jamais sorti de votre savante solitude d'Auteuil, vous ne mériteriez pas moins la haute réputation que vous avez dans le monde. Comme il a été mon Interprète auprès de vous, tandis qu'il a été à Paris, je suis maintenant le sien pour vous expliquer ses sentimens, et pour vous assurer de sa parfaite reconnoissance. Il se sert du mot d'*attachement très respectueux*, et moi, en qualité de son Truchement, je ne dois pas supprimer des termes et des sentimens qu'il n'a pas voulu que vous ignorassiez. Il m'a donné de votre part, un bon nombre d'éclaircissemens nouveaux, parmi lesquels il y en avoit quelques-uns que je savois déjà, et j'ai reconnu dans ceux-ci, l'exacte sincérité dont vous faites profession, par la conformité des circonstances dans ce que Monsieur Dugas m'a dit, avec ce que vous m'aviez appris vous-même. En faveur des particularités qu'il m'a rapportées de vos entretiens, je lui ai pardonné le long silence que vous avez gardé à mon égard pendant le séjour qu'il a fait à Paris; car ce n'étoit pas vous, Monsieur, que j'en accusois, c'étoit M. Dugas lui-même ; mais à présent qu'il est de retour, vous n'avez plus d'excuses pour me priver de vos lettres ; plus de Maçons, plus de cabinet dérangé, et vous êtes retiré à la Ville.

Vous dirai-je encore, Monsieur, qu'il y a plus de six mois que vous ne m'avez fait l'honneur de m'écrire : vous en conviendriez si je vous marquois la date de votre dernière lettre. Voilà bien des motifs, Monsieur ; mais je compte bien moins sur tout cela que sur les bontés que vous avez pour moi, et auxquelles vous avez bien voulu que je m'accoutumasse : c'est un droit que j'ai acquis sur votre loisir ; mais je reconnois de bonne foi, que je ne puis jamais assez le payer par tout l'attachement que j'ai pour vous, ni par toute la fidélité avec laquelle je suis, Monsieur, votre, etc.

Brossette.

CXIV. — *Boileau à Brossette.*

A Paris, 20 novembre 1705.

Je suis si coupable envers vous, Monsieur, que le mieux que je puisse faire, à mon avis, c'est d'avouer sincèrement ma faute, et de vous en demander un pardon que, grace à vostre aveugle bonté pour moi, je suis en quelque façon seûr d'obtenir. Je ne vous ferai donc point d'excuses de mon silence depuis six mois. J'en pourois pourtant alléguer de très mauvaises, dont la principale est un misérable ouvrage en vers que je n'ay pû m'empescher de composer de nouveau, et qui m'a emporté toutes les heures de mon plus agréable loisir, c'est-à-dire, tout le temps que je pouvais m'entretenir par escrit avec vous. M'en voilà quitte enfin, et il est achevé.

Ainsi, Monsieur, trouvés bon que je revienne à vous comme si de rien n'estoit, et que je vous dise avec la mesme confiance que si j'avois exactement respondu à toutes vos lettres, qu'il n'y a point de jeune homme dans mon esprit au-dessus de Monsieur Dugas; que je le trouve également poli, spirituel, savant; et que si quelque chose me peut donner bonne opinion de moi mesme, c'est l'estime, quoi qu'assés mal fondée, qu'il tesmoigne, aussi bien que vous, faire de mes ouvrages.

Il m'est venu voir deux fois à Auteuil, et bien que nos conversations ayent esté fort longues, elles m'ont paru fort courtes. Je lui ay donné un assés meschant disner avec M. Bronod, et cela ne s'est point passé, comme vous pouvés bien l'imaginer, sans boire, plus d'une fois, à vostre santé. Il m'a marqué une estime particulière pour vous; et j'ay encore mis cette estime au rang de ses grandes perfections. Mais que voulés vous dire avec vos termes de *parfaite reconnoissance et d'attachement respectueux*, qu'il se pique, dites vous, d'avoir pour moi? Au nom de Dieu, Monsieur, qu'il change tous ces sentimens en sentimens de bonté et d'amitié. Monsieur Dugas est un homme à qui on doit du respect, et non pas qui en doive aux autres; et d'ailleurs, vous vous souvenés bien de l'Épigramme de Martial : *Sed si te colo, Sexte, non amabo*. Que seroit-ce donc si M. Dugas en alloit user de la sorte, et comment pourrois-je m'en consoler? Voilà, Monsieur, tout ce que j'ay à vous dire cette fois pour vous marquer ma rentrée dans mon devoir. Je ne manquerai pas au premier jour de vous escrire une lettre dans les formes, où je vous dirai le sujet et les plus essentielles particularités de mon nouvel ouvrage, que je vous prierai pourtant de tenir secrètes. Cependant je vous supplie de demeurer bien persuadé que tout nonchalant et tout déterminé paresseux que je suis, je ne laisse pas d'estre, plus que personne du monde, vostre, etc.

Despréaux,

CXV. — *Brossette à Boileau.*

A Lyon, ce 27 novembre 1705.

Hier, dans le temps que je reçus votre lettre, Monsieur, j'étois avec M. Dugas qui me faisoit l'honneur de dîner chez moi, avec Dom le Vasseur, Feuillant de Paris, Prédicateur célèbre, dont je vous ai déjà parlé dans une de mes lettres, et avec quelques autres personnes, auprès de qui votre nom, Monsieur, et votre mérite sont en grande vénération. D'abord on célébra ce nom illustre : la troupe, tout d'une voix, fit des acclamations à votre santé, et on y but du vin tout pur : M. Dugas même, *Quoiqu'il en boive aussi peu qu'un moineau*, fit comme les autres, en mémoire du régal que vous lui avez donné à Auteuil, et dont il nous fit le récit.

> Bacchus nous inspira, comme eût fait Apollon ;
> Rien n'altéra ses dons :
> L'eau même du sacré vallon
> Eût profané un vin comme le nôtre.

En un mot, nous oubliâmes pour quelques momens, la modération philosophique, et nous fîmes comme si, au lieu de boire du vin, nous eussions puisé :

> A la Fontaine où s'enyvre Boileau,
> Le Grand Corneille et le sacré Troupeau.

Je me chargeai, au nom de la compagnie, de vous apprendre avec combien d'empressement nous avions multiplié le nombre de vos années, en souhaitant que vous viviez autant que votre glorieuse renommée.

Quelqu'un de la troupe récita en effet le Rondeau dont je viens de rapporter les premiers vers. C'est ce Rondeau fameux qu'on a fait autrefois contre les métamorphoses en Rondeaux par Benserade. On me pria de vous demander le nom de l'auteur du Rondeau, parce qu'on jugea bien que vous ne l'ignoreriez pas. Ainsi, Monsieur, si vous le savez, prenez la peine d'en faire un article de la première lettre que vous m'écrirez.

Je viens, maintenant, au point principal de votre lettre : je veux dire l'ouvrage nouveau que vous avez composé. Vous avez la bonté de me promettre que vous m'écrirez au premier jour, pour m'en apprendre le sujet et les principales particularités. Si vous saviez, Monsieur, combien vous réveillez ma curiosité, par cette agréable promesse, vous ne tarderiez pas longtemps à me tenir parole. J'en attends l'effet avec cette impatience que vous savez que j'ai pour tout ce qui vient de votre esprit.

J'ai l'honneur d'être, Monsieur, votre, etc.

BROSSETTE.

CXVI. — *Brossette à Boileau.*

A Lyon, ce 8 mars 1706.

Depuis que M. Dugas est revenu de Paris, je lui fais incessamment des reproches sur votre silence. C'est à lui que je m'en prends, parce que, autrefois, vous aviez la complaisance de m'écrire plus souvent, et je lui dis que l'amitié que vous avez conçue pour lui vous a fait oublier que vous vous êtes engagé, depuis long-temps, d'avoir toujours de la bonté pour moi. Voilà, Monsieur, quelles sont nos disputes : vous en êtes la cause, et c'est à vous à les terminer. Vous m'avez promis votre dernier ouvrage en vers, avec les éclaircissemens nécessaires. Je ne doute point que vous ne me teniez parole quand il en sera temps, et vous êtes le maître. C'est ma raison qui parle ainsi, mais mon impatience tient bien un autre langage: vous savez les sentimens qu'elle m'inspire sur toutes les choses qui viennent de vous, ou qui vous peuvent toucher.

Dites-moi, je vous prie, la vérité du fait suivant. On m'a dit qu'un jour vous vous disputiez avec le Père Bourdaloue sur quelque matière, et que vous lui disiez de si bonnes raisons, que ce Père, ne sachant que répondre, il vous dit avec un peu d'emportement : *Il est bien vrai que tous les Poëtes sont fous :* et que vous lui répondîtes : *Vous vous trompez, mon Père : Allez aux Petites Maisons, vous y trouverez dix Prédicateurs contre un Poëte.* La réponse est assurément belle.

J'ai pris la liberté de vous demander le nom de l'auteur du Rondeau contre les métamorphoses de Benserade : *A la Fontaine où s'enyvre Boileau*, etc. Vous aurez la bonté de mettre tout cela dans votre première lettre.

Nous avons ici, depuis long-temps, *la Vie de Molière, par M. Grimarest*; cet ouvrage n'est pas trop bien écrit, à mon avis, et il y manque bien des choses : d'ailleurs, c'est moins la Vie de Molière que l'Histoire de ses Comédies : une seconde édition, corrigée pour le style, et augmentée pour les faits seroit bien agréable. Mais quand la verrons-nous ?

J'ai les deux Odes de M. de la Mothe sur l'*Emulation* et sur le *Siècle d'Or*. Que ne seroit-ce point, si ces matières avoient été traitées par vous, Monsieur, qui nous avez donné les préceptes et les exemples du beau, du grand et du sublime ?

Je suis avec l'attachement le plus sincère et le plus respectueux, Monsieur, votre, etc.

BROSSETTE.

CXVII. — *Boileau à Brossette.*

A Paris, 12e mars 1706.

Vous accusés à grand tort M. Dugas du peu de soin que j'ay eu depuis si long-temps de respondre à vos obligeantes lettres. Il est homme au contraire qui n'a rien oublié pour augmenter en moi l'estime particulière que j'ay toujours eue pour vous, et pour m'engager à vous escrire souvent. Ainsi, je puis vous asseûrer que tout le mal ne vient que de ma négligence, qui est en moi comme une fièvre intermittente, qui me dure quelquefois des années entières, et que le Quinquina de l'amitié et du devoir ne sçauroient guérir.

Que voulés vous, Monsieur? je ne puis pas me rebastir moi mesme, et tout ce que je puis faire, c'est de convenir de mon crime. Je vous dirai pourtant qu'il ne me seroit pas difficile de trouver de meschantes raisons pour le pallier, puisqu'il n'est pas imaginable combien depuis très long-temps je me suis trouvé occupé de la méchante affaire que je me suis faicte par ma satire contre l'*Equivoque*, qui est l'ouvrage que je vous avois promis de vous communiquer.

A peine a-t-elle esté composée, que l'ayant récitée dans quelques compagnies, elle a faict un bruit auquel je ne m'attendois point, la pluspart de ceux qui l'ont entendue ayant publié et publiant encore, je ne sçais pas sur quoy fondé, que c'est mon chef-d'œuvre. Mais ce qui a encore bien augmenté le bruit, c'est que dans le cours de l'ouvrage j'attaque cinq ou six des méchantes maximes que le Pape Innocent XI a condamnées; car bien que ces maximes soient horribles, et que, non plus que ce Pape, je n'en désigne point les Auteurs, Mrs les Jésuites de Paris, à qui on a dit quelques endroits qu'on a retenus, ont pris cela pour eux, et ont faict concevoir que d'attaquer l'Equivoque, c'estoit les attaquer dans la plus sensible partie de leur Doctrine. J'ay eu beau crier que je n'en voulois à personne qu'à l'Equivoque mesme, c'est-à-dire, au Démon, qui seul, comme je l'avance dans ma Pièce, a pû dire : *Qu'on n'est point obligé d'aimer Dieu, qu'on peut prester sans usure, son argent à tout denier. Que tuer un homme pour une pomme n'est point un mal,* etc. Ces M^{rs} ont déclaré qu'ils estoient dans les intérests du Démon : et sur cela, m'ont menacé de me perdre, moi, ma famille et tous mes amis. Leurs cris n'ont pourtant pas empesché que Mgr. le Cardinal de Noailles, mon Archevesque, et Mgr. le Chancelier, à qui j'ay lû ma Pièce, ne m'ayent jetté tous deux à la teste leur Approbation, et le Privilége pour la faire imprimer si je voulois ; mais vous sçavés bien que, naturellement, je ne me presse pas d'imprimer, et qu'ainsi je pourai bien la garder dans mon cabinet, jusqu'à ce qu'on fasse une nouvelle édition de mon Livre. On en sçait pourtant plusieurs lambeaux ; mais ce sont des lambeaux, et je suis résolu de ne la plus dire qu'à des gens qui seûrement ne la retiendront pas.

La vérité est qu'à la fin de ma Satire, j'attaque directement M^{rs} les Journalistes de Trévoux, qui, depuis notre accommodement, m'ont encore insulté dans trois ou quatre endroits de leur Journal ; mais ce que je leur dis ne regarde ni les Propositions, ni la Religion, et d'ailleurs, je prétends, au lieu de leur nom, ne mettre dans l'impression que des estoiles, quoiqu'ils n'ayent pas eu la mesme circonspection à mon égard. Je vous dis tout ceci, Monsieur, sous le sceau du secret, que je vous prie de me garder. Mais pour revenir à ce que je vous disois, vous voiés bien, Monsieur, que j'ay eu assés d'affaires à Paris, pour me faire oublier celles que j'ay à Lyon.

Parlons maintenant des choses que vous voulés sçavoir de moi. Ma response au P. Bourdaloue est très véritable ; mais voici mes termes : *Je vous l'avoue, mon Père ; mais pourtant si vous voulés venir avec moi aux petites maisons, je m'offre de vous y fournir dix Prédicateurs contre un Poëte, et vous ne verrés à toutes les loges que des mains qui sortent des fenêtres, et qui divisent leurs discours en trois points.*

J'ai sceû autrefois le nom de l'Auteur du Rondeau dont vous me parlés, et j'ay veû l'Auteur lui mesme. C'estoit un homme, qui je crois est mort, et qui n'estoit pas homme de Lettres. Le Rondeau pourtant est joli. Il accusoit des gens du métier de se l'estre attribué mal à propos, et de lui avoir faict un vol. Peut-estre, au premier jour, je me ressouviendrai de son nom, et je vous l'escrirai. Entendons nous toutefois ; dans le Rondeau dont je vous parle, il n'y avoit point : *où s'enyvre Boileau*. Ainsi j'ay peur que nous ne prenions le change.

Pour ce qui est de *la vie de Molière*, franchement ce n'est pas un Ouvrage qui mérite qu'on en parle. Il est faict par un homme qui ne sçavoit rien de la vie de Molière, et il se trompe dans tout, ne sçachant pas mesme les faicts que tout le monde sçait. Pour les Odes de M. de la Mothe, quelqu'un, ce me semble, me les a montrées ; mais je ne m'en ressouviens pas assés pour vous en dire mon avis.

Il me semble, Monsieur, que cette fois-cy vous ne vous plaindrés pas de moi, puisque je vous escris une assés longue lettre, et qu'il ne me reste guère que ce qu'il faut pour vous asseûrer que tout négligent et tout paresseux que je suis, je ne laisse pas d'estre un de vos plus affectionnés amis, et que je suis parfaitement, Monsieur, vostre, etc.

Despréaux.

Mes recommandations à M. Dugas, et à tous nos illustres amis et protecteurs.

CXVIII. — *Brossette à Boileau.*

A Lyon, ce 31 mars 1706.

Quelque envie que j'aie, Monsieur, de voir votre dernière Satyre contre *l'Equivoque*, je n'ose pas même vous en demander le moindre lambeau, de peur que si elle devenoit publique par quelque hasard, vous ne fussiez en droit de me soupçonner d'avoir manqué à la fidélité que je vous dois. Cette délicatesse vous doit faire comprendre que je vous ai gardé religieusement le secret que vous me demandez par votre lettre, et vous devez être bien persuadé pour toujours, que vous n'aurez jamais sujet de me reprocher d'avoir trahi la confiance que vous avez eue en moi, touchant vos secrets poétiques. Ne croyez point pourtant que l'éclat de cette dernière Pièce ait été renfermé dans Paris : toutes nos Provinces en sont informées depuis long-temps. Les Jésuites même de Lyon, qui savent en gros de quoi il s'agit, n'approuvent point la conduite de leurs Confrères les Journalistes de Trévoux, qui vous ont attaqué de gaieté de cœur. Il les condamnoient même dès le temps que vous leur adressâtes ces vers :

Mes Révérends Pères en Dieu, etc.

Je vous remercie de votre réponse au P. Bourdaloue : elle est vive et juste, j'en admire surtout, *les mains qui sortent des fenêtres, et qui divisent leurs discours en trois points*. Quand vous vous ressouviendrez de quelques traits semblables, j'espère que vous me les enverrez, aussi bien que le nom de l'Auteur du Rondeau contre les métamorphoses de Benserade, lorsque votre mémoire vous le rappellera. Nous ne prenons point le change, Monsieur, à l'égard de ce Rondeau, il est vrai qu'il commence ainsi :

A la Fontaine où l'on puise cette eau
Qui fait rimer, et Racine et Boileau.

Mais on le donne aussi de cette manière :

A la Fontaine où s'enyvre Boileau,
Le grand Corneille, et le sacré Troupeau, etc.

Et c'est cette diversité qui m'a jeté dans l'erreur en vous désignant ce Rondeau par son mauvais côté.

M. de Montezan Prévôt des Marchands et Commandant à Lyon, me chargea hier de vous faire bien des amitiés de sa part. Il est un de ceux qui me demandent le plus souvent de vos nouvelles. Il a été long-temps Premier Président au Parlement de Dombes dont la capitale est Trévoux, où l'on imprime le Journal; mais il s'est brouillé avec M. le Duc du Maine, Prince Souverain de Dombes, pour avoir accepté la dignité de Prévôt des Marchands de Lyon, contre le gré de ce Prince, qui lui a ôté celle de Premier Président.

Ce Magistrat, et les Échevins de Lyon, m'ont honoré d'une commission dont il est juste que vous soyez informé. Ils m'ont chargé de composer et de faire imprimer l'Éloge historique de la ville de Lyon. Ce sera un volume in-4° divisé en trois parties : La première et la seconde expliqueront la grandeur de cette ville sous les Romains, et sous les Rois de France; et la troisième partie fera voir la grandeur du *Consulat* de Lyon; ce qui est, à proprement parler, le principal objet de l'Ouvrage. Cette dernière partie comprendra l'établissement du Consulat, les noms des Magistrats qui ont gouverné Lyon depuis cinq ou six siècles, avec les qualités et les armoiries gravées de ceux qui ont été nommés depuis l'an 1596, auquel temps ils furent réduits à un Prévôt des Marchands et quatre Échevins, à l'exemple de Paris, au lieu de douze Conseillers de ville qu'ils étoient auparavant avec le titre de noblesse. On donnera tous les ans un exemplaire de ce Livre à chacun des Prévôts des Marchands et des Échevins qui entreront en charge. L'ouvrage est déjà bien avancé, mais je n'y puis donner un temps suivi, parce que je ne néglige point les autres affaires de mon Cabinet. Au reste, je vous suis bien obligé de votre dernière lettre : elle est belle et grande : et d'ailleurs vous m'avez r'écrit avec exactitude. J'avoue que je ne puis mériter tout cela que par l'extrême reconnoissance que j'en ai, et par la soumission tendre et sincère avec laquelle je suis, Monsieur, votre, etc.

BROSSETTE.

CXIX. — *Brossette à Boileau.*

A Lyon, ce 22 juin 1706.

L'accueil obligeant que vous fîtes l'année passée à M. le Président Dugas, m'autorise à vous présenter aujourd'hui un autre sage, dont j'espère que vous serez content. C'est un de nos Avocats, nommé M. Osio, qui est le plus ancien et le meilleur de mes amis, et qui de plus a pour vous, Monsieur, toute la vénération que vous méritez. Il vous remettra un Livre tout nouveau que je vous envoye de la part de M. de Puget. Vous y trouverez plusieurs découvertes que ce savant et poli Philosophe a faites dans les plus petits ouvrages de la Nature, je veux dire, les yeux de quelques Insectes. *In tenui labor, at tenuis non gloria.*

Comme il n'est personne au monde que j'honore, que j'estime, et, si je l'ose dire, que j'aime autant que vous, je croirois manquer encore plus à mon inclination qu'à mon devoir, si je ne vous informois pas de mes affaires particulières. Je suis marié depuis deux jours avec une personne dans laquelle je trouve un bien très considérable, mais surtout beaucoup d'esprit et de vertu. Avec tout cela ne suis-je point obligé de justifier auprès de vous une conduite aussi éloignée que la mienne l'est de votre inclination : car enfin je ne lirai jamais vos ouvrages si chéris, que je n'y trouve ma condamnation écrite en plus d'un endroit; et la plus belle de vos Satyres, est justement celle qui parle contre l'engagement que je viens de former.

Tout cela pourtant ne m'a point retenu, parce que j'ai bien jugé qu'une petite foiblesse que tous mes amis approuvent, ne me rendroit pas indigne de votre amitié : au contraire je me flatte que bien loin de me l'ôter, cette amitié si précieuse, vous voudrez bien en étendre les liens jusqu'à ma nouvelle épouse. Elle la mérite, non-seulement par ses vertus, mais encore par la vénération extrême qu'elle a pour votre nom, et par le cas extraordinaire qu'elle fait de vos ouvrages, dont elle connoît toutes les finesses. Ce n'est pas un petit agrément pour moi d'avoir trouvé en elle les mêmes sentimens pour vous que j'avois déjà moi-même, et j'espère que vous en jugerez vous-même quelque jour, car nous ne tarderons peut-être pas longtemps d'aller à Paris. Cependant je crois que vous ne regarderez pas avec indifférence un événement aussi important pour moi que celui-là. Je suis, Monsieur, votre, etc.

BROSSETTE.

CXX. — Boileau à Brossette.

A Paris 5e juillet 1706.

Une des raisons, Monsieur, qui m'empesche souvent de respondre à vos obligeantes lettres, c'est la nécessité où je me trouve, grâce à ma négligence ordinaire, de les commencer toujours par des excuses de ma négligence. Cette considération me faict tomber la plume des mains, et, dans la confusion où je suis, je prends le parti de ne vous point escrire plutost que de vous escrire toujours la mesme chose.

Je vous dirai pourtant qu'à l'égard de vos deux dernières lettres, à cette raison ordinaire que je pourois vous alléguer, il s'en est encore jointe une autre beaucoup plus valable et plus fascheuse, je veux dire un rhûme effroyable qui me tourmente depuis un mois, et pour lequel on me deffend surtout les efforts d'esprit. Quelque deffense pourtant qu'on m'ayt faicte, je ne sçaurois m'empescher de m'acquitter aujourd'hui de mon devoir, et de vous dire, mais sans nul effort d'esprit, que l'illustre ami qui m'a apporté de vostre part, l'excellent Livre de M. Puget, est un très galant homme. J'ay eu le bonheur de l'entretenir une heure durant, et il m'a paru très digne de l'estime et de l'amitié que vous avés pour lui. Pour M. Puget, que vous sçaurois-je dire, sinon que jamais personne ne m'a faict mieux voir combien, dans les objets mesme les plus finis, les merveilles de Dieu sont infinies, et combien ses plus petits ouvrages sont grands. Je vous prie de lui bien tésmoigner de ma part, à quel point je l'honore et le révère.

J'ay lû son Livre plus d'une fois. J'admire combien vous estes d'hommes merveilleux dans Lyon. Je doute qu'il y en ayt dans Paris de meilleur goust, et de plus fin discernement. Faictes moi la faveur de leur bien marquer à tous, mes respects, et la gloire que je me fais d'avoir quelque part à leur estime.

On dit que vous allés bientost avoir dans vostre ville le fameux M. le Mareschal de Villeroy. Il y a beaucoup de gens ici qui lui donnent à dos sur sa dernière action, et véritablement elle est malheureuse, mais je m'offre pourtant de faire voir, quand on voudra, que la bataille de

Ramilly est toute semblable à la bataille de Pharsale; et qu'ainsi, quand M. de Villeroy ne seroit pas un César, il peut pourtant fort bien demeurer un Pompée.

Parlons maintenant de vostre mariage. A mon avis, vous ne pouviés rien faire de plus judicieux. Quoique j'aye composé, *animi gratiâ*, une Satire contre les méchantes femmes, je suis pourtant du sentiment d'Alcippe, et je tiens comme lui : que pour estre heureux sous ce joug salutaire, tout dépend, en un mot, du bon choix qu'on sçait faire. Il ne faut point prendre les Poëtes à la lettre. Aujourd'hui, c'est chés eux la feste du célibat. Demain, c'est la feste du mariage. Aujourd'hui l'homme est le plus sot de tous les animaux. Demain c'est le seul animal capable de justice, et en cela semblable à Dieu. Ainsi, Monsieur, je vous conjure de bien marquer à Madame vostre Epouse, la part que je prends à l'heureux choix que vous avez faict.

Pardonnés à mon rhûme si je ne vous escris pas une plus longue lettre, et croiés qu'on ne peut estre avec plus de passion que je le suis, Monsieur, vostre, etc.

DESPRÉAUX.

CXXI. — *Brossette à Boileau.*

A Lyon, 10 août 1706.

Monsieur,

J'ai fait voir à M. de Puget les termes obligeans dont vous vous servez au sujet de son dernier Ouvrage. Vous jugez bien qu'il m'a chargé de vous marquer une partie de sa reconnoissance, et je vous prie de croire qu'elle est bien grande et bien sincère. Vous dites de lui, *que jamais personne ne vous a fait mieux voir combien, dans les objets même les plus finis, les merveilles de Dieu sont infinies, et combien ses plus petits ouvrages sont grands.* Vous vous rencontrez en cela avec le Père Malebranche, qui avoit écrit quelques jours auparavant à M. de Puget, en ces termes : *J'ay lu avec avidité vos observations ; et cette lecture a excité en moi deux espèces d'admirations différentes : l'une sur l'art infini de la Sagesse divine, car je regarde votre Ouvrage, comme une Hymne composée à sa louange ; l'autre sur votre sincérité et votre attachement désintéressé pour la vérité, qualité très rare parmi les Auteurs,* etc. Je n'ai point été surpris que deux personnes d'un esprit aussi grand, et d'une piété aussi solide que le P. Malebranche et vous, Monsieur, aient eu la même pensée sur l'admiration que nous devons avoir pour les moindres ouvrages de la Divinité. *Il est bien vrai,* comme vous le dites, *que dans les objets même les plus finis, les merveilles de Dieu sont infinies ; et que toute la nature chante à sa manière des Hymnes à la louange du Créateur.*

Mais à propos d'*hymne*, je vois que le P. Malebranche fait ce mot du genre masculin, quoiqu'il me semble que l'usage le plus commun soit pour l'autre genre : *une belle hymne.* L'Académie françoise, dans son Dictionnaire, fait ce mot masculin au sens figuré, et le fait féminin dans le sens propre. Sans attendre votre décision là-dessus, j'ose dire que, peut-être, on doit distinguer la Prose d'avec la Poésie ; et que dans celle-ci le mot d'*hymne* auroit plus de noblesse étant employé au genre masculin : je m'imagine que c'est pour cela que vous, qui êtes le souverain arbitre de la Poésie Françoise, avez employé le mot d'*insulte* au masculin, dans deux endroits de votre *Lutrin*, au lieu que vous lui auriez sans doute donné le genre féminin dans la Prose.

Se croyoit à couvert de l'insulte sacré

N'est-ce point pour la même raison que vous avez fait *Parallaxe* du genre masculin, quoique les Astronomes le mettent toujours sous l'autre genre ? *Si Saturne à nos yeux peut faire un Parallaxe.* Au contraire vous avez fait le mot *Évangile* du genre féminin, dans un sens où l'on se sert ordinairement du masculin. Il est vrai, qu'à la Cour et à la ville, on fait ce mot féminin, en parlant de la première ou de la dernière Évangile de la Messe : *l'Évangile est-elle dite ?* Mais je crois avoir observé qu'on fait toujours ce mot masculin, en parlant de l'histoire sacrée de Jésus-Christ. On disoit néanmoins autrefois : *jurer sur les saintes Évangiles.*

Le jugement que je fais de tout cela, est que sans doute vous avez eu de fort bonnes raisons pour faire ce que vous avez fait, car il vous auroit été bien facile de changer l'un et l'autre de ces endroits, en mettant :

Si Saturne à nos yeux fait une Parallaxe.

Et dans le dernier exemple :

L'Évangile au Chrétien ne dit en aucun lieu :
Sois dévot. *Il lui dit* : Sois doux, etc., *au lieu de :* Elle dit :

Au reste, Monsieur, vous voulez bien que je vous dise que, dans ces derniers vers, vous avez pensé comme un père de l'Église : car Saint Grégoire de Nazianze a dit, en parlant du Sauveur[1] : *Non dixit : jejunate, virginitatem sectamini ; sed dixit : estote misericordes, sicut misericors est Pater vester cœlestis.*

Avant de finir cet article des mots *Hermaphrodites*, j'ajoute que vous avez encore mis dans ce rang-là l'*Equivoque*, duquel ou de laquelle vous dites :

Équivoque maudit, ou maudite Équivoque.

1. Sermon de l'amour des pauvres.

Voilà tout ce que j'ai pu savoir de votre dernière Satyre, dont on m'a dit que c'étoit là le premier vers. J'ai l'honneur d'être, Monsieur, votre, etc.

BROSSETTE.

CXXII. — *Brossette à Boileau.*

A Lyon, ce 25 septembre 1706.

Voici des vers, Monsieur, de la façon de M. de Puget, lesquels contiennent une imitation du commencement de la belle Ode d'Horace : *Justum et tenacem propositi virum*, etc.

 Constant dans ses projets, et d'un ferme courage,
  Jamais le Sage ne se rend ;
  Ni se laisse aller au torrent
 D'un Peuple révolté qui ne suit que sa rage.
 Jamais l'affreux regard d'un Tyran furieux,
 Ni des flots soulevés, la plus rude tempête,
  Ni la foudre qui gronde aux cieux,
  Prête d'éclater sur sa tête ;
  Par leurs redoutables efforts,
 Ne pourront obtenir que la peur le domine :
 Et du monde écroulé l'effroyable ruine,
 Sans ébranler son âme, écraseroit son corps.

Il y a longtemps que M. de Puget avoit composé ces vers : mais il en a fait depuis peu la Parodie suivante sur les mêmes rimes, au sujet d'une maladie qu'il a eue :

 Peu ferme en ses projets, et d'un foible courage,
  D'abord mon pauvre cœur se rend,
  Et se laisse aller au torrent
 Des maux dont il ressent la rage.
 Qu'un autre aille braver un Tyran furieux,

> Qu'il affronte des flots la plus rude tempête,
> Qu'il entende gronder la foudre dans les Cieux,
>   Et ne craigne rien pour sa tête ;
>   Pour moi, sous de moindres efforts,
> Je m'apperçois bientôt que la peur me domine ;
> Et quand de mes poumons je prévois la ruine,
> La toux m'ébranle l'ame aussi bien que le corps.

Je vous envoie encore l'extrait d'une lettre écrite au même M. de Puget, par le R. P. Lamy, Bénédictin de Saint-Denis-de-France.

« Le fameux ouragan que nous eumes, il y a trois mois, nous a fourni une expérience singulière. Il mit le feu à une grange d'un Fermier de M. le Maréchal de Catinat, qui étoit pleine de bled ; et dans le fond des matières brûlées, l'on trouva des tas d'épis de bled congélés, pour ainsi dire, ensemble, par une espèce d'enduit de métal, qui, en se figeant, les a liés ensemble sans les écraser, et sans corrompre en nulle manière leur figure, et l'arrangement le plus délicat de leurs fibres. Ce métal paroît comme un enduit, ou une couche extrêmement déliée d'étain, ou de plomb nouvellement fondu. J'en ai un morceau gros comme le poing (continue le P. Lamy) qui fait plaisir à voir, et donne de l'admiration par la délicatesse de l'ouvrage, qui laisse voir, comme je l'ai dit, jusques aux moindres fibres de la paille, des épis, et des plus fins barbillons de ces épis. Vous jugez bien que tout cela est fort friable. J'en ai détaché quelques grains, et les pressant entre deux doigts, je les ai écrasés, et réduits en poudre de charbon, sans qu'il y paroisse rien de ce merveilleux enduit de métal. »

Voilà, Monsieur, le récit de la chose, et voici maintenant l'explication que le P. Lamy en donne : « Je soupçonne, dit-il, que c'est la matière de l'exhalaison d'un

« tonnerre qui tomba sur cette grange pendant l'ouragan :
« car cette exhalaison que je suppose avoir été détachée et
« enlevée de quelques mines métalliques, s'étant à demi
« enflammée dans les nues, aura pu tomber sur la grange
« avant que toutes ses parties eussent pris feu ; de sorte que
« par celles qui étoient enflammées, elle aura enflammé
« toute la paille, qu'elle aura rencontrée, et par les autres
« elle aura fait sur la paille et sur les épis, une simple couche
« de sa matière qui s'y sera figée, et qui cependant par son
« extrême chaleur aura calciné les grains de bled, etc. »

Le P. Lamy a envoyé quelques fragmens de ces épis calcinés, et je les ai vus : mais sans chercher tant de façon pour expliquer cette calcination ou congélation *quasi-métallique*, ne pourroit-on point dire qu'elle s'est faite ainsi, par la seule fumée des épis voisins ?

Cette fumée par sa chaleur, a brûlé ou calciné insensiblement ceux-ci, qui apparemment étoient couverts et étouffés sous la cendre ; et la même fumée, grasse et sulphureuse, leur a pu donner cette teinture, cet enduit, cette impression, qui paroît être métallique, sans l'être en effet : car les épis ne seroient pas extrêmement friables comme ils le sont, s'il y avoit du métal, et d'ailleurs vous savez que la fumée laisse ordinairement une couleur grise et luisante, à-peu-près comme de la mine de plomb.

Je vis hier céans un homme dont les qualités, ou si vous voulez, les dons naturels ne sont pas si faciles à expliquer. C'est le fameux *Jacques Aymard* ou *l'homme à la baguette*, qui est un Paysan de Saint-Marcellin en Dauphiné, à 14 lieues de Lyon. On le fait venir quelquefois en cette Ville pour y faire des découvertes. Il m'a dit des choses surprenantes touchant sa faculté divinatrice pour les sources, les bornes déplacées, l'argent caché, les choses volées, les meurtres et assassinats. Il m'a expliqué les douleurs violentes et les convulsions qu'il souffre, quand il est sur le lieu du crime, ou proche des criminels. D'abord tout son corps s'émeut comme par une ardente fièvre, le sang lui sort par la bouche avec des vomissemens, il tombe en sueur et en pâmoison. Tout cela lui arrive sans même qu'il ait dessein de rien chercher, et ces effets dépendent moins de sa baguette que de son corps même. Si vous êtes curieux d'en savoir davantage, je puis vous satisfaire. Je suis toujours avec les sentimens que vous méritez, votre, etc.

BROSSETTE.

CXXIII. — *Boileau à Brossette.*

A Auteuil, 30ᵉ septembre 1706.

Je suis à Auteuil, Monsieur, où je n'ay pas vostre première lettre. Ainsi vous trouverés bon que je me contente de respondre à vostre seconde, que j'y viens de recevoir. Vous me faictes grand honneur de me consulter sur une question de Physique, étant comme je suis assés ignorant Physicien. Je veux croire que vostre Moine Bénédictin est au contraire fort habile dans cette science ; mais si cela est, je vois bien qu'on peut estre, en mesme temps, Naturaliste très pénétrant, et très maudit Dialecticien ; car j'ay lû un livre de lui sur la Rhétorique, où à mon avis, tout ce qu'il peut y avoir au monde de mauvais sens est rassemblé. Vous pouvés donc bien penser que sur l'effect de la nature que vous me proposés, je penche bien plus à estre de vostre sentiment que du sien. Mais laissons-là le Bénédictin, et parlons de M. Puget.

Quelque attaché qu'il soit à la recherche des choses naturelles, je suis ravi qu'il ne dédaigne pas entièrement le badinage de la Poésie, et qu'il daigne bien quelquefois descendre jusqu'à jouer avec les Muses. Ses vers m'ont paru fort polis et fort bien tournés. Oserois-je pourtant vous dire qu'il n'est pas entré, parfaitement, dans la pensée d'Horace, qui, dans la strophe dont est question, ne parle point de la fermeté du Sage des Philosophes, mais d'un grand Personnage Ami du bon Droit et de la Justice, à qui la cheute du Ciel mesme ne feroit pas faire un pas contre l'honneur et contre la vertu. Aussi est-ce Hercule et Pollux que le Poëte cite en cet endroit, et non pas Socrate et Zénon.

Il n'est donc pas vrai que ce vertueux soit si difficile à trouver que se le veut persuader M. Puget, puisque, sans compter les Martyrs du Christianisme, il y a un nombre infini d'exemples, dans le Paganisme mesme, de gens qui ont mieux aimé mourir que de faire une laschété. Enfin, je suis persuadé que M. Puget lui mesme, si on le vouloit forcer, par exemple, à rendre un faux témoignage, se trouveroit le *justus et tenax vir* d'Horace. Pardonnés moi, Monsieur, si je vous parle avec cette sincérité de l'ouvrage d'un homme que j'honore et j'estime infiniment, et faictes lui bien des amitiés de ma part. Venons maintenant à vostre Homme à la baguette.

En vérité, mon cher Monsieur, je ne sçaurois vous cacher que je ne puis concevoir, comment un aussi galant homme que vous, a pû donner dans un panneau si grossier, que d'écouter un misérable dont la fourbe a esté ici entièrement découverte, et qui ne trouveroit pas mesme présentement à Paris des Enfans et des Nourrices qui daignassent l'entendre. C'estoit au siècle de Dagobert et de Charles-Martel qu'on croioit de pareils imposteurs ; mais sous le règne de Louis-le-Grand, peut-on prester l'oreille à de pareilles chimères, et n'est-ce point que depuis quelque temps, avec nos victoires et nos conquestes, notre bon sens s'est aussi en allé?

Tout cela m'attriste, et pour ne pas vous affliger aussi,

trouvés bon que je me haste de vous dire que je suis parfaitement, Monsieur, vostre, etc.

DESPRÉAUX.

Je ferai response dès que je serai à Paris à vostre première lettre. Mes recommandations, s'il vous plaist, à tous vos illustres Magistrats. Il n'est parlé ici que de méchantes nouvelles, et on avoue maintenant que bien d'autres Généraux que M. le M^{al} de Villeroy pouvoient estre battus.

Je suis charmé de M. Osio, qui m'a faict l'honneur de me revenir voir.

CXXIV. — Brossette à Boileau.

A Lyon, ce 28 octobre 1706.

Je n'ai pas d'abord fait réponse à votre dernière lettre, Monsieur, parce que j'étois à la campagne quand je la reçus. A mon retour j'ai dit à M. de Puget que je vous avois envoyé ses vers, et en même temps je lui ai montré le jugement que vous en faites : *je souscris,* m'a-t-il dit, *au jugement de M. Despréaux, et j'y souscris de bonne foi, car il a raison et sa critique est juste.* Il a ajouté, qu'à la vérité il pourroit dire pour sa défense, qu'il n'a prétendu faire qu'une imitation d'Horace, et non pas une traduction, que d'ailleurs il seroit peut-être impossible de trouver, quoi qu'en dise Horace, un homme assez intrépide pour n'être point ébranlé par la destruction entière de l'Univers [1]. Mais néanmoins il est convenu qu'il n'avoit pas rendu le sens d'Horace qui parle d'un grand Homme, ami incorruptible de la justice et de la vérité, et qui n'a point eu en vue *le Sage* des Philosophes.

---

1. Vide Cicer., *De finibus bonor. et mal.* lib. V, n. 31.

Je vois par votre lettre, Monsieur, que vous n'avez point de penchant à croire la faculté prétendue de l'homme à la baguette. Je sais qu'il a perdu sa réputation à Paris et à Chantilly; je sais encore qu'il s'est trompé à Lyon dans quelques occasions; mais aussi on a été témoin d'un très grand nombre d'autres faits, dans lesquels il ne paroît pas possible qu'il y ait eu de l'imposture, puisqu'il a découvert des choses que certainement il ne pouvoit pas savoir d'ailleurs : et si l'on veut nier ces faits, vus et attestés par une infinité de gens capables d'en juger, il faut renoncer à toute certitude humaine touchant les faits historiques.

D'ailleurs, en quoi consisteroit l'imposture dans les douleurs, dans les mouvemens convulsifs qu'il ressent sur le lieu du crime, et à l'approche des meurtriers, quand même il n'en est pas averti? Nous avons même d'autres personnes, et des gens de distinction, qui prétendent avoir la même faculté, et à qui les mêmes accidens arrivent : croira-t-on que ce soient autant d'imposteurs qui s'unissent pour autoriser la fourbe d'un malheureux Paysan qu'ils ne connoissent peut-être pas. Je vous avoue que je ne l'ai jamais vu en aucune fonction importante : car tout ce qu'il a fait en ma présence, a été de trouver de l'argent que j'avois caché avec soin; mais s'il a trompé tant d'autres gens, il auroit pu me tromper encore plus facilement qu'eux. Il est vrai que dans les opérations de la baguette, il y a si peu de rapport entre la cause et l'effet, qu'on ne sait comment s'y prendre pour l'expliquer. Ainsi, Monsieur, il se pourroit bien faire, comme vous le dites, que Jacques Aymar fût un imposteur; et que sa baguette n'eût pas plus de vertu que celle des joueurs de Gobelets. Sur ce pied-là, j'aime beaucoup mieux croire que j'ai été trop crédule, que de vous accuser d'incrédulité.

J'ai toujours oublié de vous parler du dernier ouvrage

que l'Abbé de Mervezin, de la ville d'Apt en Provence, a fait sur l'Histoire de la Poésie Françoise. Ce livre-là n'est tout au plus qu'une idée, ou une simple ébauche, et non pas une Histoire complette. Que de choses il a omises, sans compter celles où il a erré grossièrement! Il y a deux ou trois ans qu'il me vint voir en allant de Paris en Provence : il me parla du dessein de son ouvrage, et nous parlâmes encore plus de vous. Quand il voulut partir de Lyon, M. le Prévôt des Marchands, chez qui il falloit prendre des passe-ports, comme Commandant pour le Roi, prit cet Abbé pour un Camisard, à son air, et à son langage ; et sans moi, on l'auroit peut-être arrêté, quoique assurément il ne le méritât pas. Je suis avec tout le zèle et tout le respect possible, Monsieur, votre très humble, etc.

BROSSETTE.

CXXV. — *Brossette à Boileau.*

A Lyon, ce 25 novembre 1706.

Vous savez apparemment, Monsieur, que Planson, votre ancien Valet de chambre, est à Lyon depuis quinze jours. Il m'est venu voir dans un temps auquel je ne l'attendois plus : car quoique vous me l'eussiez recommandé dans une de vos lettres, il y avoit si longtemps de cela, que je n'avois garde de penser encore à lui. Sa présence m'a fait un plaisir extrême, parce que je le regarde comme une personne qui vous a appartenu. J'ai employé tout mon crédit pour le placer, et j'ai lieu de croire que bientôt il aura un établissement raisonnable. Ce n'est pourtant pas encore tout ce que je prétends de faire pour lui, mais en attendant mieux, je lui donne la table et le couvert, et vous pouvez être assuré qu'il ne souffrira pas.

Dans les conversations que j'ai eues avec Planson, il m'a rapporté un de vos bons mots que je ne savois pas, et qui mérite non-seulement que je le sache, mais que tout le monde le sache aussi : c'est une réponse que vous fîtes un jour au Roi, en soutenant votre sentiment contre celui de Sa Majesté, sans sortir néanmoins du respect qui lui étoit dû : *Votre Majesté auroit pris vingt Villes*, lui dites-vous, *plutôt que de me persuader cela*. Je vous prie, Monsieur, de m'apprendre les circonstances et l'Histoire de ce mot, qui me fait souvenir d'une autre réponse que vous avez faite au Roi, dans le temps qu'on employoit le mot de *Gros* au même sens que celui de *Grand* : une *grosse* fortune, une *grosse* considération, etc. Le Roi, dit-on, condamnoit le mauvais usage qu'on faisoit de *Gros*, en le confondant ainsi avec *Grand*. Alors vous répondîtes que *tant que la postérité sauroit les merveilles du Règne de Sa Majesté, on ne confondroit jamais Louis-le-Grand, avec Louis-le-Gros*.

Ce que je vous écris ici n'est pas tourné, parce que je ne sais pas assez précisément votre réponse. Je vous dirai pourtant qu'on a donné l'Épithète de *Magnus* à *Louis-le-Gros*, suivant le témoignage de Pasquier [1], qui rapporte une Chartre de Louis le jeune, fils de *Louis-le-Gros*, commençant par ces mots : *Ego Ludovicus Junior, Magni Ludovici Filius.*

J'ai commencé à faire imprimer l'*Éloge Historique de la Ville de Lyon*. C'est un ouvrage auquel je travaille à la prière de M. le Prévôt des Marchands, et des Échevins de cette Ville. Quand il sera achevé d'imprimer je vous en enverrai un Exemplaire, pour faire nombre dans votre Bibliothèque. Je suis, Monsieur, votre, etc.

BROSSETTE.

---

1. Liv. IV, chap. xxiii, de ses *Recherches*.

CXXVI. — *Boileau à Brossette.*

A Paris, 2ᵉ décembre 1706.

Je ne vous ferés point, Monsieur, d'excuses de ma négligence, parce que je n'en ay point de bonnes à vous faire, et me contenterai de vous dire que j'ay veû, avec beaucoup de reconnoissance, dans vostre dernière lettre, la charité que vous avés pour mon misérable Valet. Il m'a servi plus de quinze années, et c'est un assés bon Homme. Je croiois qu'il dûst me fermer les yeux; mais une malheureuse femme qu'il a épousée, sans m'en rien dire, a corrompu en lui toutes ses bonnes qualités, et m'a obligé, par des raisons indispensables et que vous approuveriés vous mesme si vous les sçaviés, de m'en défaire. Vous me ferés plaisir de le servir en ce que vous pourrés; mais au nom de Dieu que ce soit sans vous incommoder, et ne le donnés pas pour impeccable.

Le mot qu'il vous a rapporté de moi est vrai; mais il ne vous en a pas dit un encore moins mauvais que je dis à Sa M^{té}, en la quittant à la sortie de cette dispute; car tout le monde qui estoit là, paroissant estonné de ce que j'avois osé disputer contre le Roy ; cela est assés beau, lui dis-je, que de toute l'Europe je sois le seul qui résiste à Vostre M^{té}. Il y a aussi quelque chose de véritable dans ce qu'on vous a raconté de notre conversation sur le mot de *gros*; mais on l'a gastée en voulant l'embellir. Tout ce qu'il y a de vrai, c'est que le Roy parlant fort contre la folie de ceux qui suppléoient partout le mot de *gros* à celui de *grand*. Je ne sçais pas, lui dis-je, comment ces Messieurs l'entendent; mais il me semble pourtant qu'il y a bien de la différence entre Louis-le-Gros et Louis-le-Grand. Cela fit assés agréablement ma cour, aussi bien que les deux autres mots, qui furent dits dans un temps qui leur convenoit, je veux dire, dans le temps de nos triomphes, et qui ne seroient pas si bons aujourd'hui, où à mon sens on n'a que trop appris à nous résister.

Vous voilà, Monsieur, assés bien éclairci, je crois, sur vos deux questions, et je vous satisferois aussi sur celles qu'il me semble que vous m'avés faictes dans vos deux autres lettres précédentes si je les avois ici, mais franchement je les ay laissées à Auteuil. Ainsi il faut attendre que je les aye rapportées pour vous donner pleine satisfaction. J'y ferai pour cela bientost un tour; car l'hyver ni les pluyes n'empeschent pas qu'on n'y puisse aller comme en plein esté.

Cependant je vous prie de croire qu'on ne peut estre avec plus de sincérité et de reconnoissance que je le suis, Monsieur, vostre, etc.

Despréaux.

Mes recommandations à tous nos illustres amis.

Dans le temps que j'allois fermer cette lettre, je me suis ressouvenu que vous seriés peut-estre bien aise de sçavoir le sujet de la dispute que j'eus avec Sa M^{té}. Je vous dirai donc que c'estoit à propos du mot de *rebrousser chemin*, que le Roy prétendoit mauvais, et que je maintenois bon, par l'autorité de tous nos meilleurs Auteurs qui s'en estoient servi, et entr'autres Vaugelas et d'Ablancourt.

Tous les Courtisans qui estoient-là m'abandonnèrent, et M. Racine tout le premier. Cependant je demeure encore dans mon sentiment, et je le soutiendrai encore hardiment contre vous, qui avés la mine de n'estre pas de mon avis, et de m'abandonner comme tous les autres.

CXXVII. — *Brossette à Boileau.*

A Lyon, ce 21 décembre 1706.

Il y a déjà quelque temps, Monsieur, que Planson, votre ancien domestique est placé. Il est content à merveilles, et je suis bien aise de lui avoir procuré cet avantage. Il dit qu'il ne regrette point Paris, si ce n'est, parce qu'il n'a pas l'honneur d'être auprès de vous. Ainsi, Monsieur, ne soyez point en peine de lui, et croyez que je ne laisserai passer aucune occasion de lui faire plaisir.

Je vous remercie bien fort des deux ou trois bons mots que vous m'avez envoyés. On ne peut pas louer le Roi plus finement que vous l'avez fait dans ces rencontres-là; et en général il me paroît que vous avez été aussi heureux dans les louanges de Sa Majesté, que vous l'avez été dans la critique des méchans Écrivains. Mais le Roi pourquoi ne vouloit-il pas que *rebrousser chemin* fût une bonne expression? Peut-être la trouvoit-il un peu rude à l'oreille, ou un peu vieillie? Cependant nous la voyons employée par nos meilleurs Écrivains, comme Vaugelas et d'Ablancourt que vous citez, et elle est encore autorisée par un usage général. *Quem penès arbitrium est et vis et norma loquendi.*

Vous connoissez, Monsieur, la Fable de La Fontaine, intitulée: *Le Chien qui porte à son cou le dîner de son Maître.* Le sujet en est tiré d'une des lettres de M. Sorbière, qui assure que l'aventure décrite dans cette Fable, étoit arrivée à Londres, du temps qu'il y étoit. Avant que La Fontaine composât sa Fable, M. de Puget avoit déjà mis ce sujet en vers, pour faire allusion à la mauvaise administration des deniers publics dont on accusoit nos Magistrats. La Fontaine étant venu à Lyon chez un riche Banquier de ses amis, il y voyoit souvent M. de Puget qui lui montra la Fable qu'il avoit composée. La Fontaine en approuva fort l'idée, et mit ce même sujet en vers à sa manière. Vous pouvez remarquer l'application qu'il fait, quand il dit à la fin de sa Fable :

> Je crois voir en ceci l'image d'une ville
> Où l'on met les deniers à la merci des gens ;
> Échevins, Prévôt des Marchands,
> Tout fait sa main, etc.

Voici la fable de M. de Puget :

LE CHIEN POLITIQUE.

FABLE.

> Un grand Mâtin fort bien dressé,
> Chez un Boucher de connoissance,
> D'un pas diligent et pressé,
> Portoit souvent tout seul un panier par son anse ;
> Le Boucher l'emplissoit avec fidélité,
> Des mets les plus friands qu'il eût dans sa boutique ;
> Et le Mâtin, malgré son ventre famélique,
> Les portoit à son Maître, en chien de probité.
> Toutefois il advint qu'un jour un certain dogue,
> Fourra dans le panier son avide museau ;
> Et d'un air insolent et rogue,
> En tira le plus gros morceau.
> Pour le ravoir, sur lui notre Mâtin s'élance.
> Le dogue se met en défense ;
> Et pendant qu'ils se colletoient,
> Se mordoient, se culebutoient,
> De chiens une nombreuse et bruyante cohue
> Fondit sur le panier, des deux bouts de la rue.
> Le Mâtin s'étant apperçu,
> Après maint coup de dent reçu,
> Qu'entre tant d'affamés la viande partagée,
> Seroit bientôt toute mangée ;
> Conclut qu'à résister il n'auroit aucun fruit.
> Il changea donc soudain de style et de méthode,
> Et devenu souple et commode,
> Prit sa part du butin qu'il dévora sans bruit.

> Ainsi dans les emplois que fournit la cité
> Tel des deniers publics veut faire un bon usage,
> Qui d'abord des pillards retient l'avidité,
> Mais après s'humanise et prend part au pillage.

J'ai l'honneur d'être, Monsieur, votre, etc.

BROSSETTE.

CXXVIII. — *Boileau à Brossette.*

A Paris, ce 20° janvier 1707.

Il y a, Monsieur, aujourd'hui près de deux mois que je fis sur mon propre escalier, une chute que je puis appeller heureuse, puisque je suis en vie. Cela n'a pas empesché néanmoins que je n'aye esté sur le grabat plus de six semaines, à cause d'une très douloureuse entorse, jointe à plusieurs autres maux qu'elle m'avoit causée. Je ne commence encore qu'à en revenir, et c'est mesme malgré l'ordre des chirurgiens que je vous escris ce mot de lettre pour vous remercier de la bonté que vous avés pour moi, et pour mon très infortuné et très sottement marié valet de chambre. Je vous en escrirai davantage quand je serai un peu fortifié. Cependant, je vous prie de croire que je suis plus passionnément que jamais, vostre, etc.

DESPRÉAUX.

Mes recommandations à tous nos illustres amis de Lyon.

CXXIX. — *Brossette à Boileau.*

A Lyon, ce 25 janvier 1707.

Je fais réponse à votre dernière Lettre, Monsieur, au moment que je la reçois. C'est pour vous exprimer la joie que j'ai d'apprendre de vous-même, que votre chute n'aura point de suite fâcheuse. Rétablissez-vous bien, Monsieur, et conservez-vous, je vous en prie, au nom de l'amitié même. Mais plus de chutes, s'il vous plaît ; elles sont trop dangereuses. Ne soyez point en peine de Planson, il ne lui manquera jamais rien dans les lieux où je pourrai lui rendre quelque service. Depuis quinze jours il est dans des fêtes continuelles, car la fille unique de la maison où il demeure se marie avec un jeune conseiller qui est aussi fils unique. J'ai l'honneur d'être des amis particuliers de l'une et de l'autre famille.

On me prêta hier pour une heure seulement, un livre nouveau, dans lequel vous faites un grand rôle : car vous en êtes le Héros. Ce Livre est intitulé : *Boileau aux prises avec les Jésuites*, et l'on y décrit toute l'histoire du dernier démêlé que vous avez eu avec eux, au sujet des Journaux de Trévoux. Toutes les pièces de part et d'autre y sont rapportées, et l'on finit par une Épître satyrique de cinquante ou soixante vers, qui vous est attribuée, mais qui est bien indigne de vous. J'avois déjà vu tout cela, excepté cette dernière Pièce, dans laquelle ils ne sont pas ménagés, non plus que dans le reste du livre. Comme je ne doute pas que vous ne l'ayez lu, je ne m'étendrai pas davantage sur cet article ; mais je vous prie de me mander ce que vous en savez, *ut, quod auctore te cœpi, adjutore persequar*, comme dit Cicéron à son cher Atticus, *L.* v. *Ep.* 5.

Dans ma dernière lettre, je mis une Fable en vers par M. de Puget ; mais je ne vous l'envoyai pas pour les vers ; c'est seulement parce que cette Fable avoit engagé M. de La Fontaine à en faire une autre sur le même sujet.

J'ai l'honneur d'être, Monsieur, votre, etc.

BROSSETTE.

CXXX. — *Brossette à Boileau.*

A Lyon, ce 6 mars 1707.

Quand je m'apperçois que j'ai passé un mois entier sans vous écrire, Monsieur, je commence à me faire des reproches très sérieux de mon peu d'exactitude. Que sera-ce donc aujourd'hui, que j'ai été bien plus longtemps sans vous donner la moindre marque de mon souvenir? Franchement je suis bien en peine de ce que vous en pensez; mais j'espère que vous m'accorderez le pardon que je vous en demande, de la meilleure foi du monde.

Dans ma dernière lettre, Monsieur, j'eus l'honneur de vous parler d'un livre nouveau qui a été fait à votre sujet, et dans lequel on rapporte l'histoire du petit démêlé que vous avez eu avec les Journalistes de Trévoux. On ne m'a laissé voir cet écrit que pendant quelques momens, et si j'en avois pu avoir un Exemplaire, je vous l'aurois envoyé sans attendre votre réponse. Cependant je vous prie de me mander quelque chose là-dessus, afin que je ne sois pas tout-à-fait ignorant sur des choses qui vous touchent de si près.

J'ai pris la liberté de vous demander une Épigramme, que vous avez composée, dit-on, sur M. et Madame Dacier. Je vous la demande encore, et vous prie de n'être point fâché des importunités que je vous fais à présent, ni de celles que je vous prépare pour l'avenir.

Voici une autre Épigramme qui parut il y a cinquante ans, sous le nom de *Boileau.* Si elle est de votre façon, il faut que ce soit une des premières productions de votre jeunesse; mais il y a plus d'apparence qu'elle appartenoit à feu Monsieur votre Frère l'Académicien.

Que tes vers ont de majesté !
Qu'ils coulent d'une source claire !
Ils sont dignes en vérité,
D'être récités par ton père.

Ces vers sont à la louange du *Petit de Beauchâteau*, dont les Poésies furent imprimées en 1657. Depuis ce temps-là on n'a point ouï parler de lui. Qu'est-il devenu ? Comment est-ce qu'une réputation si brillante a pu disparoître en un moment ? N'avez-vous jamais remarqué ces vers de Jérome Vida ; dans sa Poétique, liv. 1.

> Nec placet ante annos vales puer : omnia justo
> Tempore proveniant. Ah! ne mihi olentia poma
> Mitescant priùs, autumnus bicoloribus uvis,
> Quàm redeat, spumetque cadis vindemia plenis :
> Ante diem nam lapsa cadent, ramosque relinquent
> Maternos : calcabit humi projecta viator.

Ne seroit-ce point là l'horoscope des vers de ce jeune Poëte ? S'il mourut alors environné de sa naissante gloire, il fut bien malheureux ; et s'il a vécu sans faire parler de lui davantage, je le trouve mille fois plus malheureux encore. Je suis, Monsieur, votre, etc.

BROSSETTE.

CXXXI. — *Boileau à Brossette.*

A Paris, 12e mars 1707.

Il n'y a point, Monsieur, d'amitié plus commode que la vostre. Dans le temps que je ne sçaurois trouver aucune bonne excuse d'avoir esté si longtemps à respondre à vos obligeantes lettres, c'est vous qui me demandés pardon d'avoir manqué quelques ordinaires à m'escrire, et qui me mettés en droit de vous faire des reproches. Je ne vous en ferai pourtant point, et je me contenterai de vous dire, avec la mesme confiance que si je n'avois point tort, qu'on ne peut estre plus touché que je le suis de la constance que vous témoignés à aimer un homme si peu digne de toutes vos bontés que moi, et que, s'il y a quelque chose qui me puisse faire corriger de mes négligences, c'est vostre facilité à me les pardonner.

Cela estant, je vous dirai sans m'estendre en de plus longs complimens, que si l'ouvrage dont vous me parlés[1], qui a esté faict à l'occasion de mon démeslé avec Mrs de Trévoux, est celui qu'on m'a montré, et où l'on met en jeu mon frère avec moi, c'est bien le plus sot, le plus impertinent, et le plus ridicule ouvrage qui ayt jamais esté faict, et qu'il ne sçauroit sortir que de la main de quelque misérable cuistre de Collège qui ne nous connoist ni l'un ni l'autre. Le misérable m'y attribue une satyre où il me fait rimer *épargner* avec *dernier*. Il nous donne à l'un et à l'autre pour confident un M. de Marconville, qui ne nous a pas seulement veûs, je crois, passer dans les rues. En un mot, le Diable y est.

Pour ce qui est de l'Épigramme contre M. et Madame Dacier, je ne sçais ce que c'est, et ils sont tous deux mes amis. Peut-estre est-ce une Épigramme où l'on veut faire entendre que Madame Dacier est celle qui porte le grand chapeau dans les ouvrages qu'ils font ensemble, et qui y a la principale part.

Supposé que cela soit, je vous dirai que je l'ay veûe, et qu'elle m'a paru très abominable. On l'attribue pourtant à M. l'Abbé Tallemant[2].

1. C'est l'Épître qui se trouve insérée dans le Supplément de ces Lettres.
2. Cizeron-Rival place ici, et comme si Boileau l'avait écrite (il n'y a en a pas un mot dans le manuscrit autographe), l'Épigramme qui suit :

Quand Dacier et sa femme engendrent de leurs corps,
Et que de ce beau couple il naît enfans, alors

Pour ce qui est de l'Épigramme faicte à l'occasion du *Petit de Beauchasteau,* j'estois à peine sorti du Collège, quand elle fut composée par un Frère aisné que j'avois, et qui a esté de l'Académie Françoise. Elle passa pour fort jolie, parce que c'estoit une raillerie assés ingénieuse de la mauvaise manière de réciter de Beauchasteau le Père, qui estoit un exécrable Comédien, et qui passoit pour tel. Il fut pourtant assés sot pour la faire imprimer dans le prétendu recueil des ouvrages de son fils, qui n'estoit qu'un amas de misérables Madrigaux qu'on attribuoit à ce fils, et que de fades Auteurs qui fréquentoient le Père avoient composés. Tout ce que je puis vous dire de la destinée de ce célèbre enfant, c'est que ce fut un fameux frippon, et que ne pouvant subsister en France, il passa en Angleterre où il abjura la Religion Catholique, et où il est mort, il y a plus de vingt ans, Ministre de la Religion prétendue réformée.

Trouvés bon, Monsieur, qu'un convalescent, comme je suis encore, ne vous en dise pas davantage pour aujourd'hui, et que je me contente de vous asseurer que je suis, vostre, etc.

DESPRÉAUX.

Mes recommandations à nos chers et communs amis.

CXXXII. — *Brossette à Boileau.*

A Lyon, ce 26 avril 1707.

Il n'y a pas longtemps, Monsieur, que j'ai reçu une Lettre de Monsieur votre Frère, où il m'a parlé du libelle dans

> Madame Dacier est la mère;
> Mais quand ils engendrent d'esprit,
> Et font des enfans par écrit,
> Madame Dacier est le père.

lequel on vous met aux prises avec les Jésuites. Franchement c'est un sot livre, en quelque sens qu'on le prenne, et je n'y vois rien de bon que l'envie qu'a eu l'Auteur d'écrire à votre avantage.

Je vous ai déjà mandé que je faisois imprimer *l'Eloge Historique de la ville de Lyon ;* et dans cet Ouvrage je parle d'un monument ancien, aussi célèbre par l'incertitude de son origine, que par son ancienneté même. C'est un tombeau en forme d'Autel, ou de petit temple, nommé *le Tombeau des deux Amans*, dont je vous envoie l'Estampe [1]. Comme il n'y reste point d'Inscription, et qu'aucun Auteur ancien n'en a parlé, nos Historiens ont eu la liberté de faire là-dessus diverses conjectures, qu'ils ont honorées du nom favorable de Tradition. Les uns ont dit que ce monument étoit le tombeau de deux Amans qui moururent de joie en se revoyant, après avoir été longtemps séparés. Les autres ont cru que c'étoit le tombeau d'*Hérode* et d'*Hérodias* qui furent relégués à Lyon par Caligula. D'autres tiennent que c'est le sépulcre d'un mari, et d'une femme Chrétiens, ou que c'étoit un Autel dédié à quelque Divinité Payenne, qu'on adoroit à l'entrée de la Ville, et au bord de la rivière.

Le P. Ménestrier a jugé que ce monument fut consacré à la mémoire de deux Prêtres du Temple d'Auguste, nommés l'un et l'autre *Amandus*. A toutes ces conjectures j'en ai ajouté une qui n'est peut-être ni plus solide, ni mieux autorisée que les autres. Elle est tirée d'une Inscription gravée sur un cippe de marbre, dont on m'a fait présent, et qui a été trouvé dans un lieu voisin de ce monument. On y lit le nom d'un *Amandus*, qui érigea un tombeau à sa sœur bien-aimée. *Arvescius Amandus Frater, Sorori karissimæ,*

1. Cette estampe, gravée in-folio, est jointe à la correspondance originale.

sibique amantissimœ, etc. Cette Épitaphe fournit un éclaircissement touchant le tombeau des deux Amans, qui peut avoir été ainsi nommé, à cause des noms de ce frère et de cette sœur.

Mais avec tout cela : je suis convenu que tout ce qu'on a imaginé jusqu'à présent, au sujet de ce monument ancien, est bien peu capable de satisfaire les personnes qui ne chercheront que des preuves solides. Il y a même lieu de croire qu'on sera réduit à se contenter de simples conjectures, tant qu'on n'examinera cet édifice que superficiellement, et par les choses qui lui sont étrangères. Ce n'est qu'en fouillant dans ce tombeau même, ai-je dit, qu'on pourra trouver des éclaircissemens capables de le faire mieux connoître, et de le rendre peut-être encore plus vénérable.

Cette dernière réflexion a fait naître l'envie à Messieurs du Consulat de faire fouiller dans ce monument, et comme il est placé au milieu d'une rue de grand passage, et qu'il incommode le public, cela a déterminé à le faire transporter à cent pas de là. J'ai été chargé de faire l'Inscription qu'on y veut mettre, sur laquelle je prends la liberté de vous consulter :

MONUMENTUM HOC
VETUSTATE CORRUPTUM ;
OLIM IN MEDIO VIÆ PUBLICÆ POSITUM
IN HUNC LOCUM TRANSFERRI,
ET SUMPTU PUBLICO REPARARI,
CURAVERUNT
NOBILES VIRI D. D. D.
BENEDICTUS CACHET DE MONTESAN, ETC.
MERCATORUM PRÆPOSITUS.
N. N. CONSULES LUGDUNENSES.

Je trouve l'idée de cette Inscription dans Pline le jeune (*liv.* 10, *épit.* 49) qui consultoit Trajan sur un sujet semblable. *Est Ædes vetustissima Matris magnæ*, dit-il, *aut reficienda, aut transferenda... Dispice ergo, Domine, an putes Ædem cui nulla lex dicta est, salvà Religione posse transferri : alioqui commodissimum est, si religio non impedit.*

Voyez donc, Monsieur, si mon Inscription peut passer, et si je ne me suis point trop écarté de cette briéveté et de cette noble simplicité qui doit faire le principal caractère des Inscriptions. C'est à vous à rectifier tout cela.

J'ai l'honneur d'être, Monsieur, votre, etc.

BROSSETTE.

CXXXIII. — *Boileau à Brossette.*

A Paris, 14e mai 1707.

Je ne vous fais point d'excuse, Monsieur, d'avoir esté si longtemps sans vous rescrire, parce que je suis las de commencer toujours mes lettres par le mesme compliment, et que d'ailleurs je suis si accoustumé à faillir, qu'il me semble qu'on ne me doit plus demander raison de mes fautes.

Il y a pourtant quatre ou cinq jours que je me ressouvins de mon devoir, et que m'en allant à Auteuil pour m'y establir, je portai avec moi vostre Dissertation sur le tombeau des deux *Amandus*, ou Amans, à dessein d'y faire une exacte response; mais le froid m'en chassa dès le lendemain, et le pis est que j'y laissai cette Dissertation. Cependant je ne sçaurois me résoudre à tarder davantage à vous dire au moins en général ce que j'en pense, qui est que j'ay trouvé vos réflexions fort justes. Le monument néanmoins ne me semble pas de fort grand goust, et a une pesanteur, à mon avis, tirant au gothique. Quoi qu'il en soit Mrs de Lyon sont fort louables du soin qu'ils ont de conserver jusqu'aux médiocres ouvrages de la respectable antiquité.

Pour vostre Inscription, elle est à mon avis, très bonne et très latine, et je n'y ay trouvé à redire que le mot de *reparari*, qui ne veut point dire, à mon sens, dans la bonne latinité, *estre réparé*, mais *estre racheté* : *Vina Syrà reparata merce*. *Instaurari*, selon moi, sera beaucoup meilleur, car *restaurari* ne vaut rien non plus. Ainsi, je mettrois *in alium locum transferri et instaurari curaverunt*, *etc.*

Je vous escris tout cela de mémoire, et peut estre, quand je serai de retour à Auteuil et que j'aurai vostre papier devant moi, vous manderai-je quelque chose de plus particulier. Pour ma Satire sur l'Équivoque, tout ce que je puis vous en dire maintenant, c'est qu'on va faire une nouvelle édition de mes ouvrages, où selon toutes les apparences je l'insérerai, et que, bien que j'y attaque à face ouverte tous les mauvais Casuistes, je ne crains point que les Jésuites s'en offensent, puisqu'ils y seront mesme loués, à M\rs de Trévoux près, que je n'y nommerai pourtant point, quoiqu'ils m'ayent attaqué par mes propres noms et surnoms. Mais quoy?

Aujourd'hui vieux Lyon, je suis doux et traitable.

Adieu, mon illustre Monsieur, aimés moi toujours, et croyés que je suis très affectueusement, vostre etc.

DESPRÉAUX.

Mes recommandations à tous nos illustres amis de Lyon.

CXXXIV. — *Brossette à Boileau.*

A Lyon, ce 20 juin 1707.

Je m'acquitte des remercimens que je vous dois, Monsieur, pour la complaisance que vous avez eue d'examiner et de corriger l'Inscription dont j'avois fait le projet, pour la translation du Tombeau des deux Amans. Mercredi dernier, 15 de ce mois, lendemain de la fête de la Pentecôte, on commença à démolir ce Monument par ordre de Messieurs du Consulat, pour le transporter dans une place plus commode qui lui est destinée. L'estime que l'on fait ici de vos sentimens a fait approuver l'Inscription que je vous avois envoyée, et on la fera graver avec les corrections que vous y avez faites : *Monumentum hoc, vetustate corruptum, olim in medio viæ publicæ positum, in hunc locum transferri et instaurari curaverunt Nobiles Viri, etc.*

Mais je vois que l'on se sert souvent, et presque toujours de *Restituere*, au sens dont nous avons besoin, et qu'on a employé ces mots dans tous les siècles de la Latinité. Si je m'attachois à vous en rapporter tous les exemples, il faudroit que je transcrivisse presque toutes les Inscriptions de Grutter, qui sont rapportées sous le titre : *Diis Dedicatorum*, qui commence à la page 1, et sous le titre : *Operum et Locorum publicorum*, qui finit à la page 224. Dans ces deux Chapitres il y a plus de soixante Inscriptions avec ces mots : *Templum vetustate conlapsum restituit*, ou *restituerunt. Aram, Templum, simulachrum, etc. Vetustate corruptum restituit. A solo, à fundamentis restituerunt, restituendum curaverunt, etc.*

Il y a plusieurs exemples semblables dans les *Inscriptions* de Fabretti; dans les *Cenotaphia Pisana* du P. Noris; dans les Édifices antiques de Rome, par Dezgodetz. D'ailleurs le terme *Restituere* semble marquer mieux que celui d'*Instaurare* l'entier rétablissement de ce Monument, qui sera non-seulement *transféré*, mais encore *rétabli*, parce qu'il est beaucoup endommagé par le temps.

Cependant, Monsieur, je ne laisse pas de vous dire que malgré tous ces exemples, la ville de Lyon préférera le mot d'*Instaurari*, que vous avez proposé, à celui de *restitui*, à moins que vous ne vous déclariez en faveur de ce dernier : Ainsi c'est à vous à décider de sa destinée.

Vous me donnez une agréable nouvelle quand vous m'apprenez que l'on fera bientôt une édition de vos Œuvres, et que vous y insérerez votre Satyre sur l'Équivoque. Permettez-moi de vous représenter que vous devriez faire imprimer vos Poésies en caractères romains, plutôt qu'en caractères italiques, qui sont moins agréables, comme vous l'avez pu remarquer dans votre précédente édition in-4.

N'êtes-vous point un peu frappé de l'affectation des Journalistes de Trévoux, à vous harceler? Après avoir dit (*Mai* 1707, *pag.* 810) que le Roi a proscrit la Satyre, ils citent les vers suivans de M. le Marquis de Saint-Aulaire.

> J'aime à la voir bannir la piquante Satyre,
> Qui briguoit près de lui la liberté de rire.
> . . . .
> La Satyre dès lors, honteuse, consternée,
> De ses rians attraits parut abandonnée.

Que direz-vous d'une Thèse soutenue à Rome l'année dernière dans le Collège Romain, dédiée au Cardinal Carpegna Vicaire de Sa Sainteté, sur la question célèbre, *de la suffisance de l'attrition avec le Sacrement?* Elle est suffisante, dit-on, pour obtenir la grâce de la justification, lors même que cette attrition vient de la seule crainte de l'enfer, pourvu qu'elle soit jointe à l'espérance du pardon, et qu'elle exclue, comme elle le peut certainement (ce sont les termes de la Thèse) toute volonté de pécher.

On m'a dit depuis peu que l'on avoit gravé votre portrait en grand d'après celui qui a été peint par Rigaud, pour M. Coustard, Conseiller au Parlement. Si cela est, Monsieur, je vous prie de me le faire savoir : vous voyez mes intentions, sans qu'il soit besoin de vous les expliquer.

Il y a longtemps que des personnes de considération me demandent la permission de faire copier votre portrait de Santerre, que j'apportai de Paris, il y a huit ans. Je n'ose en laisser tirer des copies sans votre permission, mais aussi je n'ose plus le refuser à ces gens-là, à moins que vous ne me le défendiez. Je vous demande pardon de la longueur de ma lettre. Il faut avoir autant de bonté que vous en avez, pour me permettre de vous accabler ainsi de mes réflexions, *verbum non amplius addam*, si ce n'est que je suis jusqu'au fond de mon cœur, Monsieur, votre etc.

BROSSETTE.

CXXXV. — *Boileau à Brossette.*

A Auteuil, 2e août 1707.

Je ne sçaurois, Monsieur, assés vous marquer la honte que j'ay d'avoir esté si longtemps à respondre à vos agréables lettres; mais, grâce à vostre bonté, je suis si seûr de mon pardon, que je ne sçais pas mesme si pour l'obtenir je suis obligé de le demander. La vérité est pourtant que j'ay esté malade, et que je ne suis pas encore bien guéri de plusieurs infirmités que j'ay eües depuis six mois, et qui ne m'ont que trop bien prouvé que j'ay soixante et dix ans.

Mais venons à vostre dernière lettre ou plutost à vostre dernière dissertation. J'avoue que *restituere* est le vrai mot des médailles, pour dire qu'on a restabli un ouvrage qui tomboit en ruine; mais je ne sçais si on peut se servir de ce mot pour un ouvrage qu'on transporte ailleurs, et c'est ce qui faict que je vous ay proposé le mot d'*instaurare*, qui est un mot très receû dans la bonne latinité. Car pour le mot de *restaurare*, il me paroist du bas Empire. A mon avis, néanmoins, *restituere* ne gastera rien, et vous pouvés choisir.

Je suis ravi que Mrs de Lyon ayent si bonne opinion de moi, et que mes ouvrages puissent paroistre sans crainte *Lugdunensem ad Aram*. Le public, et mes Libraires surtout, me pressent fort d'en donner une nouvelle édition *in-quarto*, et je vous respons, si je me résous à leur complaire, qu'elle sera du caractère que vous souhaittés; mais franchement aujourd'hui je fuis autant le bruit que je l'ay cherché autrefois, et je sens bien que les additions que j'y mettrai, ne sçauroient manquer d'en exciter beaucoup.

J'ay pourtant mis ma satire contre l'Équivoque, adressée à l'Équivoque mesme, en estat de paroistre aux yeux mesmes des plus relaschés Jésuites, sans qu'il s'en puissent le moins du monde offenser. Et, pour vous en donner ici par avance une preuve, je vous dirai qu'après y avoir attaqué assés fortement les plus affreuses propositions des mauvais Casuistes, et celles surtout qui sont condamnées par le Pape Innocent XI, voici comme je me reprens :

> Enfin ce fut alors que sans se corriger,
> Tout pécheur... Mais où vais-je aujourd'hui m'engager?
> Veux-je ici rassemblant un corps de tes maximes,
> Donner Soto, Bannez, Diana, mis en rimes?
> Exprimer tes détours burlesquement pieux,
> Pour disculper l'Impur, le Gourmand, l'Envieux;
> Tes subtils faux fuians pour sauver la Mollesse,
> Le Larcin, le Duel, le Luxe, la Paresse,
> En un mot faire voir à fond développés,
> Tous ces dogmes affreux d'anathême frappés,

Qu'en chaire tous les jours, combattant ton audace,
Blasment plus haut que moi, les vrais enfants d'Ignace, etc.

Je vous escris ce petit échantillon affin de vous faire concevoir ce que c'est à peu près que la pièce. Je vous prie de ne le confier à personne, et de croire que je suis à outrance, Monsieur, vostre, etc.

DESPRÉAUX.

Mes recommandations à tous nos illustres amis de Lyon.

CXXXVI. — *Brossette à Boileau.*

A Lyon, ce 10 août 1707.

J'attends, avec une impatience extrême, Monsieur, votre Satyre contre l'Équivoque. A juger de toute la pièce par l'échantillon que vous m'en avez envoyé, je la mets en parallèle avec tout ce que vous avez jamais fait de plus solide et de meilleur. Vous désignez, avec une ingénieuse malice, tous les vices qui sont autorisés ou admis par certains Docteurs, quoique vous ne fassiez mention que de *Soto*, *Bannez* et *Diana*, qui sont d'un habit différent, mais qui ont soutenu les mêmes maximes. Par là vous mettez les Jésuites hors d'état de se plaindre de votre satyre : vous faites bien plus, Monsieur, car vous les forcez à se ranger eux-mêmes sous votre étendart, quand vous attribuez à d'autres Docteurs

Tous ces dogmes affreux, d'Anathême frappés,
Qu'en Chaire tous les jours, combattant son audace[1],
Blâment plus haut que Vous les vrais Enfans d'Ignace.

J'ai appris depuis peu qu'on a fait une belle traduction

1. De l'Équivoque.

de votre Épître VI, à M. de Lamoignon. Elle n'a point encore paru en cette Ville, mais j'espère d'en avoir bientôt un Exemplaire.

Vous ne m'avez point mandé, Monsieur, s'il est vrai qu'on a gravé votre portrait en grand d'après Rigaud. Si cela est, je vous prie de me le faire savoir.

En repassant sur vos derniers vers, j'ai remarqué ceux-ci :

> Veux-je ici rassemblant un corps de tes maximes,
> Donner Soto, Bannez, Diana, mis en rimes,

Permettez-moi de vous demander si l'on peut dire : *donner un Auteur mis en rimes;* ou bien par exemple : *Je veux donner ici la Bible mise en vers :* et, supposé que ce scrupule ne vous paroisse pas déraisonnable, voyez, Monsieur, si l'expression suivante conviendroit à votre pensée :

> Veux-je donc, rassemblant un corps de tes maximes,
> Mettre ici Diana, Soto, Bannez, en rimes.

Au reste vos vers ont tant de feu, et tant de netteté, qu'on ne les regardera point comme l'ouvrage d'un homme qui se donne soixante et dix ans. Avec cette vigueur d'esprit vous pouvez atteindre l'âge d'un homme que nous avons en cette Ville, et qui a cent huit ans. Il s'appelle Bartet, et a été Secrétaire du Cabinet sous Louis XIII.

Je suis, Monsieur, votre, etc.

BROSSETTE.

CXXXVII. — *Brossette à Boileau.*

A Lyon, ce 12 septembre 1707.

J'ai reçu depuis quelques jours, Monsieur, la traduction latine de votre Épître VI, à M. de Lamoignon. Je la trouve extrêmement belle, et je ne craindrai point de dire qu'elle est au-dessus des autres traductions qu'on a faites de vos ouvrages; il me paroît que le Traducteur dont j'ignore le nom, a parfaitement exprimé votre sens avec une exactitude admirable, et une briéveté qu'il est bien difficile d'attraper. On y trouve une latinité pure, des expressions choisies, la naïveté d'Horace, et quelque chose qu'Horace même semble avoir négligé : c'est l'harmonie et la cadence des vers.

La louange que je donne ici à votre Traducteur, est un indice de la tentation que j'aurois de blâmer Horace, pour y avoir manqué. Hé comment pourrois-je louer cet excellent Poëte d'avoir préféré cette négligence, quelque belle qu'elle soit, à une exactitude qui auroit été encore plus belle? Je suppose néanmoins, qu'il auroit conservé à ses pensées la même naïveté, et la même justesse qu'elles ont, comme il l'auroit pu faire aisément. Puisque nous en sommes sur ce Chapitre-là, dites-moi, je vous prie, ce que vous en pensez, et si vous ne croyez pas qu'il eût mieux fait de donner plus d'harmonie à ses vers? N'auroit-ce pas été une perfection de plus? Si vous n'êtes pas de mon sentiment, Monsieur, je vous avertis que je le défendrai par votre exemple même : car je vois, que bien loin d'avoir négligé votre versification, comme Horace a fait la sienne, vous avez pris soin de donner à vos vers toute la douceur, toute la régularité, et si j'ose le dire, tout le nombre que vous avez pu leur donner : sans que pour cela votre stile ait rien perdu du côté de la naïveté et de l'élégance.

Au reste, je ne vois rien, Monsieur, qui vous fasse plus d'honneur que ces diverses Traductions de vos ouvrages, ni qui prouve mieux leur excellence. On ne sauroit nous citer un exemple pareil dans toute l'antiquité, et il n'est pas écrit que les Épîtres d'Horace, ni ses Odes, ni aucun autre ouvrage des plus grands Poëtes aient été traduits en grec, ou en d'autres langues pendant la vie de leurs Auteurs. Cependant, Monsieur, vous avez l'avantage de voir sous vos yeux que les étrangers aussi bien que les François emploient l'Italien, le Portugais, le Latin et le Grec, en un mot les langues vivantes, et les langues mortes, pour conserver à la postérité, en plus d'une manière vos excellens ouvrages : de même qu'on voit les Peintres et les Graveurs se faire un honneur de copier les excellens originaux, pour les multiplier dans tous les temps et dans tous les lieux : *planè ut frui possis fama tua, et posthuma de te judicia prælibare* [1]. Je suis, Monsieur, votre, etc.

BROSSETTE.

CXXXVIII. — *Brossette à Boileau.*

A Lyon, ce 19 novembre 1707.

Dans une de mes dernières lettres, Monsieur, je vous entretins de la traduction excellente que l'on a faite de votre Épître à M. de Lamoignon. Et voici que j'apprends qu'on a fait une autre traduction en vers latins de votre satyre *du Festin*. Que veut dire tout cela, Monsieur, si ce n'est que vos ouvrages ont une beauté que le temps ne détruira jamais ? C'est par des agrémens, plus solides que ceux de la nouveauté, qu'ils ont charmé la France et toute l'Europe depuis plus de quarante ans, puisque vous voyez qu'aujourd'hui même le Public semble redoubler ses premiers empressemens. Je ne désespère pas de voir dans peu de temps le reste de vos ouvrages traduits de la même manière. Cette nouvelle traduction est, dit-on, d'une grande beauté ; mais comme je m'imagine que cet ouvrage est

1. Stace.

imprimé, ou le sera bientôt, je vous prie de m'en envoyer un Exemplaire.

Votre nouvelle satyre *contre l'Equivoque*, m'a fait donner attention à un livre que le hazard me mit ces jours passés entre les mains. C'est un traité *contre les Equivoques*, composé par le Père *Jean Barnès*, Bénédictin, imprimé en 1625. L'auteur explique l'origine de la doctrine des Équivoques, dont il nomme le premier inventeur, *Gabriel*, qui vivoit du temps d'Alexandre VI Pape. Il attribue le progrès de cette doctrine à *Léonard Lessius* et à *Parson*, Jésuites, l'un Docteur de Louvain, et l'autre Anglois. Je n'ai pas osé vous envoyer ce livre; mais si vous en avez la moindre envie, mandez-le-moi, et je vous l'enverrai; vous y trouverez peut-être des choses qui vous serviront.

Voici un bon mot qu'on vous attribue : mais comme la personne qui me l'a rapporté n'en sait pas les circonstances, il m'est impossible de le bien tourner si vous n'y mettez la main : *Bertaud n'auroit pas cru avoir obligation à M. Racine, pour l'avoir loué sur le Théâtre.* Vous compariez, dit-on, Bertaud, Musicien de chez le Roi, avec Atys : parce que Bertaud étoit Eunuque. Mais je ne vois pas bien encore toute la force de cette plaisanterie : et même je ne conçois pas pourquoi M. Racine se trouve placé là, puisque c'étoit M. Quinault qui avoit fait l'Opéra d'Atys. Tout cela, encore une fois, a besoin d'explication, car je n'y comprends rien.

On m'a donné ici un sonnet manuscrit qu'on dit être de vous. Mandez-moi si vous le reconnoissez pour votre ouvrage.

SONNET

Parmi les doux excès d'une amitié fidelle,
Je voyois près d'Iris couler mes heureux jours.

Iris que j'aime encore, et que j'aimai toujours,
Brûloit des mêmes feux dont je brûlois pour elle.

Quand par l'ordre du ciel, une fièvre cruelle
M'enleva cet objet de mes tendres amours,
Et de tous mes plaisirs interrompant le cours,
Me laissa de regrets une suite éternelle.

Ha! qu'un si rude coup étonna mes esprits!
Que je versai de pleurs! que je poussai de cris!
De combien de douleurs ma douleur fut suivie.

Iris, tu fus alors moins à plaindre que moi;
Et, bien qu'un triste sort t'ait fait perdre la vie,
Hélas! en te perdant, j'ai plus perdu que toi.

J'ai l'honneur d'être, Monsieur, votre, etc.

BROSSETTE.

CXXXIX. — *Boileau à Brossette.*

A Paris, 24e novembre 1707.

Je ne vous cacherai point, Monsieur, que j'ay esté attaqué depuis plus de quatre mois d'un tournoyement de teste qui ne m'a pas permis de m'appliquer à rien, ni mesme à respondre à des lettres aussi obligeantes et aussi spirituelles que les vostres. J'avois prié M. Falconet qui me vint voir, il y a assés longtemps de vostre part à Auteuil, de vous mander mon incommodité, et il s'en estoit chargé; mais je vois bien qu'il n'a pas jugé la chose assés importante pour vous l'escrire, et j'en suis bien aise, puisqu'il est Médecin, et que c'est signe qu'il n'a pas trop mauvaise opinion de ma maladie. Il m'a paru homme de sçavoir et de beaucoup d'esprit. Graces à Dieu, me voilà en quelque sorte guéri, et je ne me ressens plus de mon mal, si ce n'est en marchant, qu'il me prend quelquefois de petits tournoiemens, que j'attribue mesme plutost à mes soixante et dix années, que j'ay entendues sonner le jour de la Toussainct, qu'à aucune maladie.

Je ne me sens pas pourtant encore si bien remis, que j'ose m'engager à vous escrire une longue lettre. Permettés, Monsieur, que je me contente de respondre, très succinctement, à ce que vous me demandés. Je vous dirai donc que pour le livre du Père Jean Barnez, je n'en ay point besoin, puisque je sçais assés de mal de l'Équivoque, sans qu'on m'en apprenne rien de nouveau, et que j'ay mesme peur d'en avoir déjà trop dit.

Pour ce qui est du prétendu bon mot qu'on m'attribue sur M. Racine, il est entièrement faux, et est seûrement de la fabrique de quelque Provincial qui ne sçait pas mesme ce que nous avons faict, M. Racine et moi. Et où diable M. Racine a-t-il jamais rien composé qui regarde Atys, ni sur-tout Bertaud, dont je suis seûr qu'il n'avoit jamais ouï parler?

Pour ce qui est du Sonnet, la vérité est que je le fis presqu'à la sortie du Collège, pour une de mes Nièces, environ de mesme âge que moi, et qui mourut entre les mains d'un Charlatan de la Faculté de Médecine, âgée de dix-huit ans. Je ne le donnai alors à personne, et je ne sçais pas par quelle fatalité il vous est tombé entre les mains, après plus de cinquante ans qu'il y a que je le composai. Les vers en sont assés bien tournés, et je ne le désavouerois pas mesme encore aujourd'hui, n'estoit une certaine tendresse, tirant à l'amour qui y est marquée, qui ne convient point à un Oncle pour sa Nièce, et qui y convient d'autant moins, que jamais amitié ne fut plus pure, ni plus innocente que la nostre. Mais quoy! je croiois alors que la Poésie ne pouvoit parler que d'amour. C'est pour réparer cette faute, et pour montrer qu'on peut parler en vers mesme de l'amitié enfantine, que j'ay composé, il y a environ quinze ou seize ans, le seul Sonnet qui est dans mes ouvrages, et qui commence par : *Nourri dès le berceau*, etc.

Vous voilà, je crois, Monsieur, bien éclairci. Il n'y a de fautes dans la copie du Sonnet, sinon qu'au lieu de : *Parmi les doux excez*, il faut : *Parmi les doux transports*, et au lieu de : *Ha! qu'un si rude coup*, il faut : *Ah! qu'un si rude coup*. Pour ce qui est des traductions latines que vous voulés que je vous envoie, il y en a un si grand nombre, qu'il faudroit que la poste eust un cheval exprès, pour les porter toutes, et je ne sçaurois vous les faire tenir, que vous ne m'enseigniés un moyen.

Adieu, mon cher Monsieur, croyés que je suis plus que jamais, vostre, etc.

DESPRÉAUX.

Mes recommandations à tous nos illustres amis de Lyon.

CXL. — *Boileau à Brossette.*

A Paris, 6e décembre 1707.

Le croiriés vous, Monsieur? Si j'ay tardé si longtemps à vous remercier de vostre magnifique présent, cela ne vient ni de ma négligence, ni de mes tournoyemens de teste dont je suis presque entièrement guéri. Tout le mal ne procède que de mon Cocher qui, ayant en mon absence receû la lettre d'avis que vous me faisiés l'honneur de m'escrire, l'a gardée très poétiquement douze jours entiers dans la poche de son just'aucorps, et ne me l'a donnée qu'hier au soir; de sorte que j'ay receû vostre présent, sans sçavoir presque d'où il me venoit. J'en ay pourtant gousté avec grand plaisir; et je crois pouvoir vous dire sans me tromper, qu'il ne s'est jamais mangé de meilleur fromage à la table ni des Broussains, ni des Bellenaves, et pour preuve de ce que je dis, c'est que je n'ay pas pu me deffendre d'en donner trois à M. le Verrier, qui en est amoureux, et qui les met au-dessus des Parmesans. Jugés donc si vos souhaits sont accomplis. Je ne le crois guère inférieur aux *Côteaux* pour la délicatesse du goust. Je ne lui ay point encore montré vostre lettre, qui assûrément le réjouira fort.

Je commence à estre un peu en peine, connoissant vostre exactitude, de ce que je n'ay point encore receû de response à la lettre que je me suis donné l'honneur de vous escrire, le mois passé. Auriés vous aussi, à Lyon, quelque Cocher ou quelque Laquais Poëte qui l'eust gardée dans sa poche? Je vous y marquois, je crois, ou plutost je ne vous y marquois point la joye que j'ay que vous ne désapprouviés point les traductions latines qu'on faict de mes ouvrages. Il y en a plus de six nouvellement imprimées, qui ont toutes leur mérite. En voici la liste : la *Satire du Festin*, le *premier chant du Lutrin*, l'*Epistre de l'Amour de Dieu*, l'*Epistre à M. de Lamoignon*, la *Satire de l'Homme*, le *cinquième chant du Lutrin*, et un grand nombre d'autres qui ne sont point imprimées, et qu'on m'a données escrites à la main. Ainsi, Monsieur, me voilà Poëte latin confirmé dans toute l'Université.

Mais à propos de Latin, permettés-moi, Monsieur, de vous dire que je ne sçaurois approuver ce que vous me mandés, ce me semble, dans une de vos lettres précédentes, que vous ne sçauriés souffrir qu'Horace dans ses Satires et dans ses Epistres soit si négligé.

Jamais homme ne fut moins négligé qu'Horace, et vous avés pris pour négligence vraisemblablement de certains traits où, pour attraper la naïveté de la nature, il paroist, de dessein formé, se rabbaisser; mais qui sont d'une élégance qui vaut mieux quelquefois que toute la pompe de

Juvénal. Je vous en dirois davantage, mais je sens que ma teste commence à s'engager.

Permettés donc que je m'arreste, et que je me contente de vous dire que je suis, Monsieur, vostre, etc.

DESPRÉAUX.

CXLI. — *Brossette à Boileau.*

A Lyon, ce 14 décembre 1707.

Je ne me suis point trompé, Monsieur, quand je vous ai écrit que le présent que je vous ai fait, tiendroit tout son mérite de votre complaisance. Vous avez trop de bonté de m'en remercier comme vous faites, et c'étoit assez pour moi de savoir que vous eussiez bien voulu recevoir cette bagatelle. Mais puisque vous aimez les fromages de Lyon, je prendrai la liberté de vous en envoyer quelquefois, et je serai ravi que vous en fassiez part à monsieur Le Verrier que je regarde, aussi bien que vous, comme un homme dont la moindre qualité est d'être un fin Coteau. Je me réjouis fort du retour de votre santé, mais je m'en réjouis presque autant pour moi que pour vous, tant votre santé m'est chère et précieuse.

Puisque le Sonnet dont je vous ai envoyé la copie est de vous, je suis bien aise de l'avoir trouvé. Vous voyez que vos moindres ouvrages se défendent tout seuls contre le temps, et qu'ils n'ont pas besoin du secours de l'impression pour être transmis à la postérité. Je n'ai pu m'empêcher de rire quand j'ai lu dans votre lettre, que quand vous composâtes ce premier Sonnet, *vous croyiez que la Poésie ne pouvoit parler que d'Amour*. Avouez, Monsieur, que vous lui avez bien appris à parler un autre langage. On auroit pu vous faire alors la même question que M. de Balzac faisoit à Voiture :

> Solos ne Idalio natos sub sidere vates,
> Vates esse putas; et nominis hujus honorem
> Promeritos? Soli ne aras sacrabis Amori [1].

L'offre que vous me faites de m'envoyer les traductions de vos ouvrages, est l'offre la plus agréable que vous me puissiez faire. Cependant je suis en peine de savoir comment le Traducteur du cinquième chant du Lutrin s'y sera pris pour exprimer, en beaux vers latins, le combat de la *Plaine de Barbin*. Vous savez que c'est ainsi qu'on a nommé le plaisant et ingénieux combat que vous décrivez dans ce chant-là. Comment le Traducteur aura-t-il pu tourner en latin, les noms françois, tant des combattans, que des livres qui leur servoient d'armes offensives? Je ne parle point de la peine qu'il aura fallu essuyer pour rendre la facilité à votre narration, et pour donner à cette traduction l'air presque inimitable de délicatesse et de fine plaisanterie qui est répandu dans l'original.

En attendant que vous me fassiez part de toutes ces traductions tant imprimées que manuscrites, je reviens à ce que je vous ai déjà mandé sur ce sujet, que rien ne prouve mieux l'excellence de vos ouvrages que les diverses traductions qu'on en fait, et auxquelles tant de personnes différentes travaillent à l'envi, et par une heureuse conspiration. Il ne m'arrive pas souvent d'être obligé de répondre en même temps à deux de vos lettres; est-ce parce que je suis exact à vous faire réponse, ou parce que vous ne m'écrivez que rarement?

Quoi qu'il en soit, si j'avois l'honneur d'avoir un laquais Poëte, comme vous m'en soupçonnez, ce ne seroit pas une

---

1. *Balzacii, epist. select.*, t. II; *in fine*, p. 92, col. 2.

bonne excuse à ma négligence : car ce laquais, bel esprit, devant connoître le prix de vos lettres, et le cas infini que j'en fais, se garderoit bien de les oublier dans sa poche.

J'ai l'honneur d'être, Monsieur, votre, etc.

BROSSETTE.

CXLII. — *Boileau à Brossette.*

A Paris, ce 22e janvier 1708.

J'ay receû, Monsieur, vostre dernière lettre par les mains de celui à qui vous l'aviés envoiée, et qui me l'a apportée lui mesme. Il m'a paru un fort honneste homme, et je l'ay receû du mieux que j'ay pû. Il s'est chargé de vous mander la raison qui m'a empesché, depuis si longtemps, de vous faire response, c'est à sçavoir le retour de mes tournoyemens de teste causé par la malheureuse affaire arrivée à un de mes neveux que j'ay esté obligé de solliciter, et qui m'a pensé faire perdre l'esprit. Le galant homme dont je vous parle m'avoit promis de revenir deux jours après prendre un mot de response pour vous que je m'estois engagé de tenir prêt, mais je n'ay point oui parler de lui depuis sept ou huict jours. J'ay donc pris le parti de vous rescrire aujourd'hui par la poste, et de prévenir les mauvaises idées que pouroit vous donner de moi un plus long silence.

N'attendés pas pourtant que je vous fasse ici un discours fort estendu, mes vertiges ne m'en laissant pas le pouvoir. Tout ce que je puis vous dire, c'est que si je ne vous ay point encore envoié les traductions que vous me demandés, c'est que je ne les ay pu recouvrer, ces traductions ayant esté faictes par divers profésseurs de l'Université que je ne connois point. Ils m'en ont pourtant envoié les uns et les autres plusieurs copies dont ils m'ont faict présent, mais je les ay sur le champ dispersées à tous ceux qui ont voulu en avoir, et il ne m'en reste plus que deux. C'est à sçavoir, celle du premier chant du Lutrin, et celle du Festin que je vous enverrai par vostre ami, supposé qu'il me fasse l'honneur de me revenir voir, car je ne le puis autrement, ne sçachant ni son nom, ni sa demeure.

Voilà, Monsieur, tout ce que je puis faire en l'estat où je suis, mon âge et mes infirmités ne me laissent plus qu'un demi usage de ma raison; j'ose néanmoins vous prier de croire qu'il m'en reste encore assés pour sçavoir à quel point je dois chérir une aussi illustre amitié que la vostre, et celle de tous vos célèbres magistrats de Lyon, et que c'est plus fortement que jamais que je suis, Monsieur, vostre, etc.

Despréaux.

J'ay mis la dernière main à ma satire de l'Équivoque, et malgré mes tournoyemens de teste, je doute qu'il y ayt un ouvrage de moi ou la teste m'ayt moins tourné.

CXLIII. — Brossette à Boileau.

A Lyon, ce 2 février 1708.

Celui que j'avois chargé de vous rendre ma dernière lettre, Monsieur, est charmé de vos bontés, et de la manière obligeante dont vous l'avez reçu. Il m'en a écrit en des termes qui marquent bien sa reconnoissance. Mais, moi, Monsieur, je ne puis assez vous exprimer la mienne : car je connois l'amitié que vous avez pour moi, par celle que vous témoignez à mes amis. Il y a plus de cinq ans que je n'ai eu l'honneur de vous voir; cependant ni le temps, ni l'éloignement, n'ont pu m'effacer dans votre cœur.

Quand je n'aurois que cette raison pour vous aimer, n'y serois-je pas obligé d'une manière indispensable. Croiriez-vous bien pourtant, Monsieur, que je ne suis point content de la tendresse que j'ai pour vous, et que je me fais souvent à moi-même des reproches très-sérieux de ce que j'ai demeuré si longtemps sans faire un voyage à Paris, pour vous aller voir. Ne prenez pas ceci pour un compliment.

Je vous dis avec sincérité ce que je pense, et je suis en telle disposition, que j'exécuterai sans doute ce projet-là en peu de temps. Je ne puis m'empêcher de croire, que quand vous me verrez entrer dans votre cabinet, et vous aller embrasser avec un tendre respect, vous ne me receviez avec un peu de complaisance. Quelle idée ne me fais-je point du plaisir que j'aurai à vous voir, et à vous entendre! Ce seront des momens où j'oublierai sans peine, tout le reste du monde.

Voici une petite découverte dont j'ai cru devoir vous faire part. En parcourant le *Traité de la Police et l'histoire de son établissement par M. de La Mare, commissaire au Châtelet, imprimé en* 1703, *in-folio*, j'ai lu (titre 8) qu'*Etienne Boyleau*, nommé Prévôt de Paris par St. Louis, y exerça la Police, dont il rédigea même les principaux articles, en quoi il fut imité par ses successeurs; et ces anciens mémoires, ramassés par Guillaume Germont, aussi Prévôt de Paris, en 1344, se conservent à la Chambre des Comptes. Si cet Etienne Boileau est un de vos ancêtres, comme il y a beaucoup d'apparence, voilà votre noblesse remontée d'un siècle plus haut qu'elle ne le paroissoit, par les preuves énoncées dans votre arrêt du 10 avril 1699.

J'ai été sensible, comme je le dois, aux embarras et à la douleur que vous a causé la malheureuse affaire arrivée à Monsieur votre neveu. La personne qui vous est allée voir de ma part, et à qui vous avez raconté cette affaire, m'en a dit deux mots dans sa lettre. Le fidelle Planson qui me vient voir fort souvent, soupçonne que ce neveu pourroit être le jeune M. Sirmond, aux frédaines duquel vous devriez, dit-il, être accoutumé depuis longtemps. Je ne change rien aux termes de Planson, car depuis qu'il est devenu Poëte et Bel-Esprit, je le respecte trop pour altérer ses beaux dits. Il y a quelques jours qu'étant entré dans mon cabinet, il me demanda de vos nouvelles à son ordinaire, et me dit ensuite avec cet air naïf que vous lui connaissez : Je m'en vais vous faire voir un ouvrage qui vous donnera bien du dégout pour ceux de Monsieur Despréaux. En même temps, il tira de sa poche une demi-feuille de papier sur laquelle étoient ces vers qu'il me pria de lire :

> Ne croyez pas, chère Glodine,
> Comme vous le dites toujours,
> Que quand avec vous je badine,
> C'est pour me moquer de vous.
> J'ai pour vous, je ne puis le taire,
> Des sentimens qui sont contraire
> A tous ceux dont vous m'accusées.
> C'est pour moi un malheur extrême,
> Quand je vous dis que je vous ayme,
> D'interpréter mal mes pensées.

Une jeune beauté que tout le monde admire,
A captivé mon cœur sans que je l'ose dire.
Si dans les doux transports que ses beaux yeux me causent
Je pouvois me flatter un jour de quelque chose,
Ah que mon sort seroit alors digne d'envie !
Et combien je ferois de jaloux en ma vie.
Mais que puis-je espérer dans un si vain projet,
Que soupirer toujours pour un si digne objet.
Mais hélas, trop heureux, ny pouvant rien prétendre,
De pouvoir être exemt de son indifférence.

Vous voyez, Monsieur, que Planson, comme un second Ovide, travaille à se consoler ici de son exil, par des vers amoureux, et peut-être par quelque chose de plus consolant encore que des vers. Vous ne serez plus en peine maintenant de prouver que vous avez un valet Poëte : et quand les vers de Plançon ne seroient bons qu'à cela, toujours seroient-ils bons à quelque chose.

J'ai une impatience extrême de voir les traductions que vous m'avez promises, et plus encore de voir votre satyre de l'Équivoque. Quand est-ce que j'aurai satisfaction plénière sur tout cela? Je suis, Monsieur, votre, etc.

BROSSETTE.

CXLIV. — *Boileau à Brossette.*

A Paris, 27e avril 1708.

Je voudrois bien, Monsieur, n'avoir que de mauvaises raisons à vous dire du longtemps que j'ay esté sans vous donner de mes nouvelles. Je n'aurois qu'à les habiller de termes obligeans, et je suis asséuré que vostre bonté pour moi, vous les feroit trouver bonnes; mais la vérité est que j'ay esté depuis trois mois attaqué d'une infinité de maux, qui ont enfin abouti à une espèce d'hydropisie, dont je ne me suis tiré que par le secours du Médecin Hollandois. Enfin, me voilà, si je l'en crois, hors d'affaire, et le premier usage que j'ay crû devoir faire de ma santé, c'est de vous avertir, comme je fais, que je suis vivant, et que le Ciel vous conserve encore en moi, dans Paris, l'homme du monde qui vous aime et vous honore le plus.

Je suis avec toute sorte de reconnoissance, Monsieur, vostre, etc.

DESPRÉAUX.

Mes recommandations à tous nos illustres amis de Lyon.

CXLV. — *Brossette à Boileau.*

A Lyon, ce 8 mai 1708.

Vous êtes le plus généreux de tous les amis, Monsieur, puisque vos indispositions ne vous empêchent point de m'écrire. Comme vous savez que votre santé m'est extrêmement chère, vous vous croyez en quelque manière obligé de m'en apprendre l'état. Vous avez raison de juger ainsi de l'intérêt que j'y prends, et c'est uniquement, sans doute à la connoissance que vous avez de ma sensibilité, que je dois les bontés que vous avez pour moi. Que je sais bon gré à l'incomparable Médecin Hollandois de vous avoir garanti du danger où vous étiez! C'est à présent, Monsieur, que nous dirons avec vous que les autres Médecins sont des Médecins, mais que M. Helvétius est *un Guérisseur.*

Nous avons en cette Ville un autre Guérisseur, quoiqu'il ne soit pas Médecin; mais il faut qu'il en sache plus que des Médecins même, puisqu'à l'âge de quatre vingt et huit ans, il jouit d'une santé parfaite de corps et d'esprit, sans avoir rien de la vieillesse que la seule prudence. C'est M. Vaginay, ancien Prévôt des Marchands, Procureur-Général en la Cour des Monnoies de Lyon. J'ai l'honneur d'être son voisin et son ami, et vous ne devez pas douter qu'il ne s'intéresse extrêmement à votre santé. Quand il a su que vous aviez été menacé d'hydropisie, il m'a chargé de vous dire qu'un remède assuré contre ce mal étoit de faire bouillir de la racine de Bruschus, dans de l'eau commune, jusqu'à la diminution du tiers, et de mêler de cette décoction en guise d'eau simple avec du vin, pour votre boisson ordinaire, continuant ainsi jusqu'à ce que vous soyez entièrement guéri.

N'est-ce point porter de l'eau à la fontaine, ou entreprendre sur les droits de la Faculté, que d'envoyer des remèdes à Paris, à la source des Médecins et des remèdes ?

Cependant mon zèle l'a emporté sur ces considérations ; d'ailleurs il ne vous coûtera rien de proposer ce remède à M. Helvétius, sous le bon plaisir duquel M. Vaginay et moi nous prenons la liberté de vous l'indiquer. C'est ce même M. Vaginay qui mit en réputation, il y a quinze ou seize ans, Jacques Aymard, l'homme à la baguette, par le moyen duquel ce grand Magistrat, en qualité de Procureur du Roi, découvrit deux voleurs qui avoient assassiné un Cabaretier de Lyon, et qui s'étoient enfuis à la foire de Beaucaire. Vous savez le reste de l'histoire sans que je vous la dise, aussi bien n'oserois-je vous en parler, de peur que vous ne me renvoyassiez encore une fois au temps du Roi Dagobert, ou de Charles Martel. Cependant vous saurez que ce même Jacques Aymard, dont les qualités vraies ou fausses ont donné lieu à tant de dissertations, est mort en Dauphiné dans son village, depuis le mois de mars dernier.

Je reçus enfin hier, de votre part, un de vos portraits par la voie de M. Dutreuil. Comme tous vos amis de Lyon veulent en avoir, je prends le parti d'écrire à M. Coustard qui en a la planche, pour lui en demander quelques épreuves. Que va-t-il dire de la liberté que je prends ? Moi, qui ne suis point connu de lui, et dont il ne sait peut-être pas même le nom, à moins qu'il ne l'ait ouï prononcer chez vous. Mais je sais un moyen infaillible pour obtenir ce que je souhaite : c'est de lui dire que vous me faites l'honneur de me vouloir du bien, et que vous portez les effets de votre bonté, jusqu'à m'en assurer quelquefois par écrit.

J'ai un doute dont je vous prie, Monsieur, de me donner l'éclaircissement, c'est sur ce vers de votre Art Poétique, Chant III.

De Stix et d'Achéron peindre les noirs torrens.

Je vois que l'on met ordinairement l'article défini *du* ou *de la* devant les noms de Fleuves, par exemple, *du Rhône*, *du Danube*, *du Rhin*, *de la Seine*, *de la Loire*, *de l'Escaut*, etc.; et suivant cette Règle, il semble qu'on doive dire *du Styx*, *de l'Achéron*, etc. Nous avons pourtant en France quelques expressions semblables à la vôtre, mais il ne me paroît pas que les exemples en soient fréquens.

Je vous ai déjà mandé, Monsieur, et je vous le répète encore ici : vous devez vous attendre à recevoir ma visite. Je ne puis vous dire précisément le temps auquel je vous la ferai, mais l'Été ne passera point sans que je me donne la satisfaction de vous aller voir. En attendant je bénis le Ciel qui m'a conservé en vous le plus illustre ami que je puisse jamais avoir. Je suis, Monsieur, votre, etc.

BROSSETTE.

CXLVI. — *Boileau à Brossette.*

A Paris, 16e juin 1708.

Je ne vous ferai point d'excuses, Monsieur, de ce que j'ay esté si longtemps sans faire response à vos deux dernières lettres, puisque c'est par ordre du Médecin que je me suis empesché d'escrire, et que c'est lui qui m'a deffendu de faire aucun effort d'esprit, mesme agréable, jusqu'à ce que ma santé fust entièrement confirmée. Mais enfin me voilà presque tout-à-faict en estat de réparer mes négligences, et il n'y a plus de traces en moi de l'*aquosus albo corpore languor*. Quelquefois mesme, à l'heure qu'il est, je me persuade que je suis encore ce mesme Ennemi des méchans vers qui a enrichi le Libraire Thiéry, et il me semble que soixante et dix ans n'ont pas encore tellement appesanti ma plume, que je ne fisse avec succez une satire contre l'hydropisie, aussi bien que contre l'Équivoque.

Je doute néanmoins que celle que j'ay composée contre ce dernier monstre voye le jour avant ma mort, parce que je fuis autant aujourd'hui de faire parler de moi, que j'en ay esté avide autrefois. La vérité est pourtant que je l'ay mise par écrit, qu'elle ne sera point perdue, et que si vous venés à Paris, comme vous me le promettés, je vous la lirai autant de fois que vous le souhaitterés. Mais à propos de ce voiage, sçavés-vous bien que vous estes obligé de le faire en conscience, puisque c'est un des meilleurs moiens de me rendre ma santé, qui ne sçauroit estre mieux affermie que par le plaisir de voir un homme que j'estime et que j'honore autant que vous. Je vous prie donc de faire trouver bon à Madame vostre chère Épouse que vous vous sépariés pour cela deux ou trois mois d'elle, sauf à racquitter, au retour de vostre voyage, le temps perdu.

Je ne vous parle point ici de M. Vaginay, ni de tous vos autres célèbres Magistrats, parce qu'il faudroit un volume pour vous dire tout le bien que je pense d'eux, et que je n'oserois encore vous écrire qu'un billet, que je cacherai mesme à Helvétius. Vous ne s'auriés manquer de réussir auprés de M. Coustard, qui n'a faict graver mon portrait que pour le donner à des gens comme vous.

Adieu, mon cher Monsieur, aimés moi toujours, et croiés que je suis très sincèrement, vostre, etc.

DESPRÉAUX.

CXLVII. — *Brossette à Boileau.*

A Lyon, ce 26 juin 1708.

De toutes les lettres que vous m'avez fait l'honneur de m'écrire, Monsieur, il n'en est aucune qui m'ait fait plus de plaisir que celle que je viens de recevoir. Non-seulement vous m'y donnez des assurances du rétablissement de votre santé, mais encore vous m'en donnez des preuves sensibles par un certain air de gaieté et de contentement, qui est répandu dans votre lettre, et qui s'est communiqué à mon cœur par la conformité de mes sentimens avec les vôtres. Quand l'envie que j'ai de vous aller voir, ne seroit pas aussi forte qu'elle l'est, vous me l'auriez donnée par l'invitation que vous m'en faites. Si l'entier affermissement de votre santé dépendoit de ce voyage, comme votre politesse vous le fait dire, soyez assuré, Monsieur, que je l'entreprendrois dès ce moment, malgré quelques affaires indispensables qui me retiennent ici, mais je compte qu'elles seront finies dans peu de temps, et rien ne pourra m'empêcher d'aller jouir bientôt de votre présence, et de votre entretien.

Je vous envoie une nouvelle traduction en vers latins de votre satyre sixième. L'Auteur de cette traduction est le Père du Treuil de l'Oratoire, il demeure à Soissons, et est frère de M. du Treuil, qui a eu l'honneur de vous voir quelquefois de ma part. Cette traduction m'a paru exacte à quelques endroits près; et pour la versification, elle n'est pas des plus mauvaises. Quand vous m'écrirez, vous aurez la bonté de m'en dire votre sentiment.

Toute la ville de Lyon a été depuis quelques jours dans un mouvement qui ne lui est pas ordinaire. Le Duc de Savoye nous menaçoit de ses approches; et nous avons travaillé pour notre sûreté intérieure, tandis que M. le Maréchal de Villars travailloit au dehors pour notre défense: ce Maréchal nous envoya il y a dix jours, M. de Dillon, et M. de Saint Pater, pour reconnoître l'état et les forces de Lyon. Comme la garde de cette Ville est confiée à ses Habitans, M. de Dillon les fit passer en revue le 27 de Juillet, dans notre grande et magnifique place de Bellecour, et il fut surpris de voir des Bourgeois qui ne faisoient pas trop mal sous les armes ; aussi sont-ils accoutumés à les manier, car tous les soirs la Bourgeoisie divisée par quartiers fait la garde en plusieurs endroits de la ville.

Depuis ce temps-là on a doublé et triplé les gardes, on répare et l'on augmente les fortifications, on remplit les magasins; enfin, tout est mis en pratique pour nous garantir de surprise et d'insulte. Cependant il y a lieu de croire que toutes nos précautions nous ont moins servi que notre bonne fortune; car le Duc de Savoye qui vouloit venir à nous par la Tarentaise, et par la Savoye, s'en retourne sur ses pas sans avoir même passé l'Isère. M. le Maréchal de Villars le suit d'assez près. Il a mandé à M. de Dillon de s'en retourner, parce qu'il doit joindre le Duc de Savoye, et peut-être sont-ils en présence dans le moment que je vous écris.

Je suis, Monsieur, votre, etc.

BROSSETTE.

CXLVIII. — *Boileau à Brossette.*

A Paris, 7e août 1708.

Vous avés raison, Monsieur, je l'avoue, d'estre surpris du peu de soin que j'ay de respondre à vos obligeantes lettres; mais je crois que vostre étonnement cessera, quand je vous dirai que je suis, depuis trois mois, malade d'un tournoyement de teste, qui ne me permet pas les plus légères fonctions d'esprit, et que c'est par ordonnance de Médecin, c'est-à-dire du Médecin Hollandois, que je ne vous escris point. Aujourd'hui, pourtant, il n'y a Médecin qui tienne, et je vous dirai, sauf le respect qu'on doit à

Hippocrate, que, j'ay leu l'ouvrage que vous m'avés envoié, et que j'y ay trouvé beaucoup de latinité et d'agrément.

La satire qui y est traduite est la sixième en rang dans mes escrits, mais la vérité est que c'est mon premier ouvrage, puisque je l'avois originairement insérée dans l'Adieu de Damon à Paris, et que c'est par le conseil de mes amis que j'en ay depuis faict une pièce à part, contre les embarras des rues qui m'ont paru une chose assés chagrinante pour mériter eux seuls une satire entière. Je voudrois bien vous pouvoir envoier toutes les traductions qui ont esté faictes ici de mes autres ouvrages, et dont la pluspart sont imprimées, mais je serois bien en peine à l'heure qu'il est de les trouver, parce que j'en ay faict présent à mesure qu'on me les a données à ceux qui me les demandoient.

Je vois bien que dans peu il n'y aura pas une de mes pièces qui ne soit traduitte; car le feu y est dans l'Université. J'aurai soin de les amasser pour vous; mais il faut pour cela que ma teste se fixe, et que j'aye permission d'Helvétius. En effet, je doute mesmé qu'il me pardonne de vous avoir aujourd'hui, sans son congé, escrit ce long billet. Malgré lui, toutefois, j'y ajousterai encore que j'ay pasli à la lecture de ce que vous m'avés mandé du péril où s'est trouvée notre chère ville de Lyon. Vous sçavés bien l'intérest que j'ay à sa conservation. Je vous dirai pourtant que dans la frayeur que j'ay eue, j'ay beaucoup moins songé à moi qu'à vous et à tous nos illustres amis. Grâces à Dieu, et à la bravoure de vos Habitans, nous voilà en seureté; on ne verra point entrer dans la seconde ville du Royaume, l'infidelle Savoyard. Ce n'est point moi qui l'appelle ainsi, mais Horace qui l'a baptisé de ce nom, il y a tantost deux mille ans, dans l'Ode *At ô Deorum*, etc. *Rebusque novis infidelis Allobrox*. Mais voilà assés braver le Médecin.

Permettés, Monsieur, que je finisse et que je vous dise que je suis avec plus de reconnoissance que jamais, vostre, etc.

DESPRÉAUX.

CXLIX. — *Brossette à Boileau.*

A Lyon, ce 22 septembre 1708.

Un de ces jours, Monsieur, on doit vous remettre un petit Poëme latin sur la *Physionomie*, qu'un jeune jésuite vient de faire imprimer à Lyon. Je voudrois avoir quelqu'autre nouveauté qui fût digne de paroître à vos yeux. Mais à propos de nouveauté : avez-vous vu un traité intitulé : *De Meteoris Orationis* par Samuel Werenfels de Basle? Ce Discours, à proprement parler, est une suite du sublime de Longin : car l'Auteur y traite du vice opposé au véritable sublime, c'est-à-dire, *du faux sublime* ou de *l'enflure dans le discours*. C'est ainsi que je traduis son titre, *de Meteoris Orationis*, lequel il a emprunté de Longin, qui ὑψηλὰ in Oratione, et μετέωρα ita distinguit, ut illis verè sublimia, his vanam granditatis speciem præ se ferentia denotet. Cet Auteur m'a plu par la manière dont il traite son sujet, et surtout par les justes éloges qu'il vous donne, en vous appellant *summus Poëta, et Vir elegantissimus, cui Gallicam Longini versionem debemus.*

Mandez-moi si ces mots, *de meteoris orationis* doivent être traduits ainsi : *du faux sublime*, ou *de l'enflure dans le Discours*, ou bien s'il faut les traduire autrement. Je vous fais cette question, parce qu'il s'agit d'une espèce de défi entre deux ou trois personnes, dont les unes approuvent cette traduction, et les autres prétendent qu'il faille dire *du style enflé* ou *des expressions guindées ;* je soutiens qu'il s'agit beaucoup moins du *style* que du *discours*. De même que Longin n'a pas traité du *style sublime*, mais du *sublime dans le discours* et dans les pensées, comme vous l'avez fort bien expliqué dans votre Préface.

J'ai l'honneur d'être, Monsieur, votre, etc.

BROSSETTE.

CL. — *Brossette à Boileau.*

A Lyon, ce 3 octobre 1708.

La lecture que j'avois faite, Monsieur, de la Dissertation de *Meteoris Orationis*, par M. Werenfels, m'a engagé à relire le Traité du sublime de Longin, pendant un petit séjour que j'ai fait à la campagne. Je me suis servi de l'édition de Tollius, que je n'avois fait que parcourir autrefois, et j'ai eu le plaisir de voir le cas qu'il fait de vos réflexions, de vos remarques, de vos conjectures. Je trouve même en plusieurs endroits qu'il vous loue autant et plus que Longin même, qui est l'objet de son Ouvrage : *Addi et Gallicam interpretationem viri, Carminum gloriâ, et consummatissimâ elegantiâ, Nobilissimi D. Despréaux, qui Boilavii nomine notior*, etc., dit-il, dans l'Avertissement au Lecteur. Cependant ce savant Interprète, qui connoît si bien votre esprit et votre mérite, n'est pas si bien instruit de votre état, puisqu'il vous qualifie d'*Abbé* : *Abbas Boileau, qui libellum hunc in Gallicum sermonem insigni cum elegantiâ, tum eruditione, transtulit.* C'est à la page 163, ch. 28, de son édition, qui est le 24ᵉ de la vôtre.

Au commencement de ce chapitre vous dites : *Car, comme dans la Musique le son principal devient plus agréable à l'oreille, lorsqu'il est accompagné des différentes parties qui lui répondent*; un très-habile Musicien qui sait quelque chose de plus que la Musique, m'a fait observer qu'en termes de Musique, on ne disoit pas ordinairement, *le son principal*, mais que l'on disoit, *le sujet*[1], ou *la principale partie*, pour exprimer cette suite mesurée de sons variés, lesquels étant soutenus par d'autres sons qui composent les parties d'accompagnement, forment un air, un sujet, un concert, une pièce de Musique. Car un son tout seul accompagné de ses parties, produit à la vérité une harmonie, mais non pas une *Mélodie*, comme disent les Musiciens.

J'ai cru que vous me permettriez de vous faire part de cette petite remarque. Votre Traduction mérite de grands éloges, non-seulement par elle-même, mais parce qu'elle a donné lieu à quantité d'excellens Ouvrages que plusieurs savans ont fait depuis ce temps, sur Longin; et je ne craindrai point d'en dire trop en assurant que Longin est plus connu dans le monde par votre Traduction, qu'il ne l'étoit auparavant par lui-même.

Je suis, Monsieur, votre, etc.

BROSSETTE.

CLI. — *Boileau à Brossette.*

A Paris, 9e octobre 1708.

Je suis surchargé, Monsieur, d'incommodités et de maladies, et les Médecins ne me deffendent rien tant que l'application. O la sotte chose que la vieillesse! Aujourd'hui cependant, il n'y a deffense qui tienne, et, dussai-je violer toutes les régles de la Faculté, il faut que je responde à vostre dernière lettre. Vous me demandés dans cette lettre comment je crois qu'on doit traduire *Meteora Orationis*. A cela je vous répondrai, que pour vous bien satisfaire sur vostre question, il faudroit avoir lû le Livre de M. Samuel

---

1. Ὁ κύριος φθόγγος.

(Werenfels) affin de bien sçavoir ce qu'il entend par-là lui-mesme, ce mot estant fort vague, et ne voulant dire autre chose qu'un galimathias à perte de veüe.

Pour moi, quand j'ay traduit dans Longin ces mots : οὐχ ὑψηλὰ ἀλλὰ μετέωρα qu'il dit, ce me semble, de l'Historien Calisthène, je me suis servi d'une circonlocution, et j'ay traduit que Calisthène ne *s'eslève pas proprement, mais se guinde si haut qu'on le perd de veüe.* La Langue Françoise, à mon avis, n'ayant point de mot qui responde juste au μετέωρα des Grecs, qui est à la vérité une espèce d'enflure, mais une espèce d'enflure particulière que le mot d'enflure n'exprime pas assés, et qui regarde plus la pensée que les mots. La Pharsale de Brébeuf, à mon avis, est le Livre où vous pouvés le plus trouver d'exemples de ces μετέωρα. Je me souviens d'avoir lû dans un Poëte Italien, à propos de deux Guerriers qui joustoient l'un contre l'autre, *que les éclats de leurs lances volèrent si haut, qu'ils allèrent jusqu'à la région du feu, où ils s'allumèrent et d'où ils tombèrent en cendre sur terre.* Voilà un parfait modèle du style μετέωρα. Du reste, il peut y avoir de l'enflure qui ne soit point μετέωρα, comme par exemple ce que Démétrius Phaleræus rapporte d'un Historien qui, en parlant du Ruisseau de Télèbe, Rivière environ grande comme celle des Gobelins, se servoit de ces termes : *Ce Fleuve descend à grands flots des Monts Lauriciens, et de là va se précipiter dans la mer proche, etc....* Ne diriés-vous pas, ajouste Démétrius, qu'il parle du Nil, ou du Danube ?

C'est là de la véritable enflure ; mais il n'y a point là de μετέωρον. Je vous rapporterois cent exemples pareils ; mais, comme je vous viens de dire, il faut avoir lû l'ouvrage de M. Samuel (Werenfels), pour vous parler juste sur ce point ; et vous n'en aurés pas davantage pour cette fois, parce que je sens qu'une chaleur effroiable de poitrine que j'ay, et qui est causée par les glaces de la vieillesse, commence à redoubler. Permettés donc que je me borne à ce court billet, et soyés bien persuadé que toutes vos lettres me font grand plaisir, quoyque j'y responde si peu exactement. *O mihi præteritos referat si Juppiter annos!* Quelles longues lettres n'auriés vous point à essuyer! Je vous donne le bonjour, et suis parfaitement, Monsieur, vostre etc.

DESPRÉAUX.

CLII — *Brossette à Boileau.*

A Lyon, ce 1er novembre 1708.

Vous m'avez parfaitement instruit, Monsieur, sur le sens qu'il faut donner à *Meteora Orationis*, par la distinction que vous faites de l'enflure du discours, et de l'enflure qui est attachée à la pensée. C'est cette dernière espèce de défaut que vous appelez *Meteora*, au sens de Longin; et l'autre espèce est ce que vous nommez proprement *Enflure*. L'exemple que vous me citez de ce dernier défaut, tiré d'un Historien qui, parlant d'un petit ruisseau, dit magnifiquement : ὃς ἀπὸ τῶν ταυρικῶν ὀρέων ὁρμώμενος ἐκδιδοῖ ἐς θάλασσαν; cet exemple, dis-je, est rapporté par M. Samuel Werenfels, dans sa Dissertation. L'autre exemple que vous m'avez donné du style μετέωρον, est tiré du *Tassoni*, chant 7. stance 3. de sa *Secchia Rapita*. L'Auteur de *Meteoris* paroît être, à peu près, du même avis que vous, puisqu'il définit ainsi μετέωρα: *Meteora Orationis*, dit-il, *sunt dicta in speciem sublimia, revera inania atque vitiosa;* et il met à la marge : *Des manières de parler, guindées.*

Il met au rang des *météores, l'enflure du Discours*, ou le *Style enflé*, qui selon vous, Monsieur, n'est autre chose que le *sublime outré*, duquel parle Longin dans son chap. 3.

De sorte que *l'enflure du Discours* ne fait qu'une partie des *Météores*. Ainsi pour traduire fidellement en François le titre du Traité de *Meteoris Orationis*, ne faudroit-il pas mettre : *Du faux sublime*, ou *des Expressions guindées* ? au lieu de dire, *de l'Enflure dans le Discours*. Mais comme vous dites fort bien, il faudroit que vous eussiez lu le Livre de M. Werenfels; c'est pour cela que je vous l'enverrai, par la première commodité que j'en aurai, afin que vous en puissiez juger vous-même.

Ces jours passés un jeune Jésuite qui a du talent pour la poésie latine, me remit une traduction qu'il a faite de votre épître XI. C'est le même qui a fait le poëme de la *Physionomie*. Je lui avois inspiré de mettre en vers latins quelqu'un de vos ouvrages; et il l'a fait à mon invitation. Voici de quelle manière il s'adresse à votre jardinier :

> Impiger Antoni, cui, quò felicior esses,
> Vix alium melior fors dare posset herum.
> Tu Buxum artifici, taxos tu falce coerces,
> Autelium subigens, gaudia nostra solum, etc.

Je vous aurois envoyé le reste de l'Épître, mais je n'ai pas trouvé qu'elle fût encore en état de paroître devant un juge tel que vous, et j'ai conseillé à l'auteur *de labourer, couper, tondre, applanir, palisser* sa traduction. Quand il aura fait toutes ses réparations, je ne manquerai pas de vous l'envoyer. Je suis, Monsieur, votre, etc.

BROSSETTE.

CLIII. — *Brossette à Boileau.*

A Lyon, ce 31 décembre 1708.

Il y a plus d'un mois, Monsieur, que vous devez avoir reçu de ma part le petit traité *de Meteoris orationis*, dont je vous ai parlé dans mes précédentes lettres. Un homme moins sincère que moi vous diroit pour excuser son silence, que s'il ne vous a point écrit depuis ce temps-là, ç'a été pour vous donner le loisir d'examiner cet ouvrage et d'en dire votre sentiment; mais moi, Monsieur, qui ne veux point chercher autre part que chez moi, les raisons de ma négligence; je vous avouerai franchement que je suis coupable tout seul, et c'est à vous seul aussi que j'en veux devoir le pardon.

Je me trouvai il y a quelques temps dans une assemblée de gens distingués par leur rang et par leur esprit, dans laquelle on vint insensiblement à raisonner sur une question que je fis naître, au sujet de l'état d'un homme qui seroit sourd, et de celui d'un homme qui seroit aveugle : savoir laquelle de ces deux infirmités est la moins incommode ?

On disputa longtemps là-dessus, et je vis une chose à laquelle je vous avoue que je ne m'attendois pas, je veux dire que les avis furent partagés, sur une chose qui ne me sembloit pas susceptible de contestation. Les uns furent pour la surdité, les autres préférèrent la cécité; et l'on poussa si loin les réflexions que je crus voir revivre les éloges ridicules que l'on a faits autrefois, de la goutte et de la folie. Cependant la question demeura non-seulement indécise, mais elle se répandit de telle sorte, qu'elle fait présentement à Lyon le sujet de plusieurs entretiens. Je ne vous dirai point le parti que j'ai soutenu, ni les raisons dont je me suis servi pour l'appuyer; mais enfin hier je me trouvai dans l'occasion de les faire valoir de nouveau; et après bien des paroles perdues, nous convînmes tous que je prendrois la liberté de vous exposer simplement la question, et que la décision que vous m'enverriez nous serviroit de règle pour terminer cette longue dispute.

Nous nous adressons donc à vous, comme à un juge

très-éclairé. Répandez sur nous un rayon de vos lumières, et daignez ne pas refuser l'assurance nouvelle que je vous donne en ce commencement d'année, du respectueux attachement avec lequel je serai toute ma vie, Monsieur, votre, etc.

BROSSETTE.

CLIV. — *Boileau à Brossette.*

A Paris, 7e janvier 1709.

Vous estes, Monsieur, l'ami du monde le plus commode et envers lequel on peut le plus impunément faillir. Dans le temps que je m'épuise à chercher vainement dans mon esprit des raisons pour excuser ma négligence à vostre égard, c'est vous mesme qui vous déclarez le négligent, et peu s'en faut que vous ne me demandiez pardon de tous mes crimes. Je vois bien ce que c'est, vous me regardés comme un malade qu'il ne faut point chagriner, et vous ne vous trompés pas, Monsieur ; je suis malade et vraiment malade. La vieillesse m'accable de tous costés. L'ouïe me manque, ma veue s'esteint, je n'ay plus de jambes, et je ne sçaurois plus monter ni descendre qu'appuié sur les bras d'autrui. Enfin, je ne suis plus rien de ce que j'estois, et, pour comble de misère, il me reste un malheureux souvenir de ce que j'ay esté. Aujourd'hui pourtant il faut que je fasse encore le jeune, et que je responde à deux objections que vous me faictes dans quelques-unes des lettres que vous m'avés escrites l'année précédente. Je les ay relues ce matin, et il ne sera pas dit que je n'y ay rien répliqué.

La première est sur la musique, dont j'ai eu tort, dites-vous, de ne pas employer les termes dans la description que Longin faict de la périphrase ; mais est-il possible que vous me fassiés cette objection après ce que vous avés lû dans mes remarques, où je dis en propres termes que ce que dit Longin peut signifier *les parties faictes sur le sujet;* mais que je ne le décide pas néanmoins, parce qu'il n'est pas seur que les anciens connussent dans la musique ce que nous appelons les *parties;* que je penchois cependant vers l'affirmative; mais que je laissois aux habiles en musique à décider plus précisément si le *son principal* veut dire *le sujet.* Ajoutés que par la manière dont j'ay traduit, tout le monde m'entend, au lieu que si j'avois mis les termes de l'Art, il n'y auroit que les Musiciens proprement qui m'eussent bien entendu.

L'autre objection est sur ce vers de ma Poétique : *De Styx et d'Achéron peindre les noirs torrens.* Vous croyés que *Du Styx, de l'Achéron peindre les noirs torrens* seroit mieux. Permettés-moi de vous dire que vous avés en cela l'oreille un peu prosaïque, et qu'un homme vraiment Poëte ne me fera jamais cette difficulté, parce que *De Styx et d'Achéron* est beaucoup plus soutenu que *Du Styx et de l'Achéron. Sur les bords fameux de Seine et de Loire* seroit bien plus noble dans un vers, que *Sur les bords fameux de la Seine et de la Loire.* Mais ces agrémens sont des mystères qu'Apollon n'enseigne qu'à ceux qui sont véritablement initiés dans son art.

Je viens maintenant à vostre dernière lettre. Vous m'y proposés une question qui a, dites-vous, agité beaucoup de gens habiles dans vostre Ville, et qui pourtant, à mon avis, ne souffre point de contestation. Car qu'est-ce que l'ouïe au prix de la veue? Vivre et voir le jour sont deux synonimes. Les yeux au défaut des oreilles entendent; mais les oreilles ne voient point. J'ay vû un sourd né à qui, par la veue, on faisoit entendre jusqu'aux mystères de la Trinité. Mais, Monsieur, il me semble que pour un vieillard malade, je m'engage dans de grands raisonnemens.

Le meilleur est, je crois, de me borner ici à vous remercier de vos fromages. J'en porterai deux, ce matin, à M. le Verrier chés qui je vais disner, et je vous responds que vostre santé y sera célébrée. Mille remercimens à Madame vostre chère et illustre épouse, de la bonté qu'elle a de se souvenir de moi. J'ay, sur le peu que vous m'en avés dit, une idée d'elle qui passe de beaucoup les Pénélopes et les Lucrèces. Il ne me reste plus qu'à vous demander pardon de la précipitation avec laquelle je vous escris, et qui est cause d'un nombre infini de ratures que je ne sçais si vous pourés débrouiller. Mais quoy! je serois perdu s'il falloit rescrire mes lettres, et il arriveroit fort bien que je ne vous rescrirois plus. Le moindre travail me tue, et mesme, dans le moment que je vous parle, il me vient de prendre un tournoiement de teste qui ne me laisse que le temps de vous dire que je vous aime et vous respecte plus que jamais, et que je suis parfaitement, Monsieur, vostre, etc.

DESPRÉAUX.

CLV. — *Brossette à Boileau.*

A Lyon, ce 15 janvier 1709.

Monsieur,

J'ai appris avec douleur la mort de M. l'abbé Dongois, votre neveu. Cette dernière qualité toute seule me l'auroit fait aimer, quand il n'auroit pas mérité d'ailleurs toute ma vénération. J'ajoute à tous ces motifs un sentiment de reconnoissance envers lui, à cause d'un présent qu'il m'avoit fait à votre considération, du livre des Mémoires du parlement.

Je vous ai fait deux observations sur lesquelles vous avez eu la bonté de me répondre : l'une au sujet des mots de *son principal*, dont vous vous êtes servi dans le 24ᵉ chapitre de Longin; et l'autre est sur ce vers de votre Poétique : *De Styx et d'Achéron peindre les noirs torrens.* Je conviens avec vous, Monsieur, que vous avez beaucoup mieux fait d'employer le mot *son principal*, dans votre traduction, que celui de *sujet*, parce que ce dernier est un terme particulier qui n'auroit été connu que des musiciens, au lieu que l'autre expression, générale comme elle est, est entendue de tout le monde.

A l'égard du vers en question, *De Styx et d'Achéron*, etc., ce qui m'a fait croire qu'il falloit dire : *Du Styx, de l'Achéron*, c'est que j'ai remarqué qu'on ne mettoit jamais que l'article défini devant les noms de fleuves qui sont du genre masculin, quoique l'on se dispense souvent de cette règle à l'égard de ceux qui sont féminins. Ainsi Malherbe a dit[1] : *Voyez des bords de Loire, et des bords de Garonne* ce qui est conforme à l'exemple que vous me citez dans votre lettre.

Mais je ne crois pas que l'on puisse dire de même : *sur les rives de Nil;* non plus que : *De Danube et de Rhin peindre les noirs torrens.* A Lyon nous avons deux rivières dont l'une a un nom masculin et l'autre féminin; nous observons toujours cette différence en parlant; car quoique nous disions indifféremment : *les rivages de Saône*, et *les rivages de la Saône*, néanmoins nous disons toujours : *les rivages du Rhône*, et jamais *les rivages de Rhône*. Vous avez un exemple de cette distinction dans l'églogue de M. Ménage[2], intitulée *Christine :*

Aux rivages fleuris, et de Seine et de Marne,
Aux rivages fameux, et du Tibre et de l'Arne.

1. Récit d'un berger au Ballet de Madame, Princesse d'Espagne.
2. Voy. les observations de Ménage, ch. 300. Tome 1ᵉʳ, et son *Dict. Étym.*, verbo, *Loire*.

« Au moins ne me faites pas mon procès sur ce que je vous cite M. Ménage ; et sans aller plus loin, je vois que vous avez vous-même suivi cette règle dans l'Épître IV, où vous avez dit : *Quel plaisir de le suivre aux rives du Scamandre!* et vous vous souviendrez, s'il vous plaît, que quand je lus cet endroit avec vous dans la dernière édition in-12 de vos œuvres, où il y a : *de Scamandre*, vous me dites que c'étoit une faute d'impression, et qu'il falloit lire *du Scamandre*, comme il y a dans toutes les autres éditions, particulièrement dans l'édition in-4° de la même année 1701. Au reste, Monsieur, tout ce que je dis ici, n'est qu'une simple remarque, et non pas une objection, car il me siéroit fort mal de vous en faire ; d'autant moins qu'il n'y a, comme vous me l'écrivez, que ceux qui savent bien faire les vers qui puissent connoître et sentir toutes les beautés de la poésie.

Que je vous sais bon gré, Monsieur, de préférer des avantages de la vue à ceux de l'ouïe! Quelle comparaison y a-t-il entre l'un et l'autre de ces sens? Entre le son et la lumière? Les objets qui frappent nos yeux sont infiniment plus prompts, plus variés, plus étendus et plus touchans que les objets qui frappent nos oreilles. Le Ciel, la Terre, le divin spectacle de la nature, le grand Théâtre de l'Univers, tout se manifeste à nous, en un instant, par un simple mouvement des yeux. Ajoutez à tout cela que le plaisir de la vue nous est propre, et ne dépend, pour ainsi dire, que de nous seuls, au lieu que celui de l'ouïe nous est moins particulier. Nous n'avons besoin que de nous-mêmes pour y voir ; mais pour entendre, nous avons besoin du secours d'autrui ; il faut que quelqu'un nous parle.

Voilà, Monsieur, une partie des raisons dont je me suis servi pour soutenir les avantages de la vue ; j'en fais un tel cas, que je préférerois volontiers la seule faculté de voir à tous les autres sens corporels. Nonobstant tout cela, j'ai trouvé des gens d'esprit qui préféroient l'ouïe à la vue ; et voilà ce que je ne saurois comprendre.

Quoique ma lettre ne soit déjà que trop longue, je ne laisserai pas de vous demander encore un éclaircissement qui m'est absolument nécessaire pour l'intelligence de ce vers de votre satyre VIe :

> Là je trouve une croix de funeste présage.

Dans ma jeunesse, en lisant cet endroit, je m'imaginai que ce vers désignoit *une Croix qui conduisoit un convoi funèbre*. Vous m'allez d'abord dire qu'il étoit bien facile de voir que cette explication étoit fausse, et que le sens de votre vers est suffisamment déterminé par les deux vers qui suivent :

> Et des couvreurs grimpés au toit d'une maison,
> En font pleuvoir l'ardoise, et la tuile à foison.

Ces vers, direz-vous, marquent assez que la croix dont vous parlez, est une de ces croix composées de deux lattes attachées au bout d'une corde, que les maçons, et les couvreurs sont obligés de suspendre devant les maisons sur lesquelles ils travaillent, afin d'avertir les passans de ne pas approcher. Ce signe, ou cette croix, s'appelle *avertissement* ou *défense*. J'avoue que le sens du vers en question est assez clair, cependant je n'ai pas laissé de m'y tromper fort longtemps, et vous allez convenir que je ne pouvois pas faire autrement alors, parce que dans la ville de Lyon, et dans la plupart des villes du royaume, les couvreurs font leur *avertissement ou défense* avec une tuile, attachée au bout d'une corde qu'ils suspendent depuis le toit jusque dans la rue, mais ils ne se servent jamais de lattes.

Ainsi, reconnoissez que ce n'étoit pas ma faute si je donnois un mauvais sens à votre vers. Ce n'est qu'à Paris que j'ai pû apprendre à me détromper, en voyant qu'on mettoit au bout d'une corde *une croix d'un funeste présage.* Cependant, croiriez-vous bien que les préjugés de l'enfance l'ont emporté longtemps après sur mes propres lumières, et que même depuis les voyages que j'ai faits à Paris, je n'ai pas laissé d'attacher toujours à ce vers la première et fausse idée que je m'étois faite d'une *croix* d'enterrement. C'étoit à la vérité sans réflexion que je le pensois ainsi, mais, je ne laissois pas de le penser intérieurement, et ce n'est que depuis quelques mois que je me suis désabusé moi-même, en réfléchissant sur le sens de ce vers avec un peu plus d'attention. Cela m'a engagé à demander à diverses personnes comment elles entendoient votre vers : *Là je trouve une croix de funeste présage.* Les uns l'ont expliqué, comme moi, d'une *croix d'enterrement;* les autres d'*une potence;* mais très-peu de gens, même de ceux qui ont vu à Paris les *avertissemens* des couvreurs, l'ont entendu de cette sorte de croix.

Je vous fais tout ce détail, Monsieur, pour vous faire comprendre combien il est nécessaire de lever aux siècles à venir un doute si inévitable sur cet endroit de vos poésies. Pour cela, je vous prie avec instance de me donner votre éclaircissement, et de m'apprendre si je ne me trompe point encore sur le sens que j'y donne présentement.

Je suis, Monsieur, votre, etc.

BROSSETTE.

CLVI. — *Brossette à Boileau.*

A Lyon, ce 28 mars 1709.

Il y a deux mois que je n'ai eu l'honneur de vous écrire, Monsieur, et j'ai employé la moitié de ce temps-là à chercher des raisons pour excuser ma sotte négligence; mais je vous avoue qu'après avoir bien cherché, je n'ai pu trouver aucune excuse qui fût capable de vous satisfaire : et ce long retardement, bien loin de me justifier, n'a servi qu'à me rendre encore plus coupable. Je le suis, et je me reconnois tel, mais je ne désespère pas de trouver grâce auprès de vous, et j'en ai pour garant cette même bonté dont vous m'avez déjà donné une infinité de preuves.

Puisque voilà ma paix faite, je vous dirai, Monsieur, que comme votre santé est la chose du monde à laquelle je m'intéresse le plus, je suis en peine de savoir comment vous vous trouvez après un hiver aussi long, et aussi rigoureux que celui que nous venons d'essuyer : ce sont six hivers qui ont succédé les uns aux autres, en trois ou quatre mois; et le moindre de ces hivers étoit capable *d'attrister toute la nature*. Que vos climats ne se plaignent pas tout seuls; les nôtres ont été cruellement maltraités par le froid. Nos Vignes sont gelées, et nos champs qui commencent à reverdir, ne présentent que de mauvaises herbes, au lieu du froment qui y avoit été semé. Certainement nous sommes à la veille d'une grande disette, et je puis même dire que nous en sommes au temps, quoique Lyon ait été un peu soulagé par l'usage de la viande qu'on y a permis pendant ce Carême. Votre grande et nombreuse Ville n'a pas été exempte des malheurs communs, et l'on nous dit que le peuple alarmé demande du pain avec un peu de hauteur.

Que Dieu nous préserve de plus grands maux, et veuille sa bonté nous donner la paix avec l'abondance! Ne le voulez-vous pas bien aussi, Monsieur? Pour moi je le souhaite de tout mon cœur.

Je vous ai parlé autrefois de certaines assemblées que des gens de Lettres faisoient de temps en temps : ces assemblées avoient été interrompues depuis quelques années, soit par la mort d'un de nos principaux acteurs, soit par l'absence de quelques autres. Mais M. de Trudaine, Intendant de Lyon, ayant ouï parler de cette espèce d'Académie qui ne subsistoit plus, il s'est fait un plaisir de la faire revivre, et lui a donné un établissement plus solide et mieux réglé, depuis le commencement de cette année. Les assemblées se font régulièrement tous les lundis, chez M. l'Intendant, et en sa présence, et si je vous disois les personnes qui composent cette compagnie, vous y trouveriez non-seulement des noms assez illustres, mais encore des noms qui ne vous sont pas inconnus, M. de Trudaine lui-même, M. l'Abbé de Gouvernet, M. de Puget, M. le Président Dugas, et quelques autres, parmi lesquels M. Falconnet devroit être s'il n'étoit pas à Paris.

Quand vous me ferez l'honneur de m'écrire, n'oubliez pas de me donner l'éclaircissement que je vous ai demandé sur ce vers de votre satire VI, *là je trouve une croix de funeste présage*. Pour cela vous prendrez la peine de remettre un moment sous vos yeux ma dernière lettre, dans laquelle je vous ai exposé mes doutes sur ce sujet.

J'ai fait connoissance depuis peu avec un homme qui m'a expliqué fort au long toutes les circonstances du Siége que les Augustins de Paris soutinrent contre le Parlement en 1658.

J'aurai fait soutenir un siége aux Augustins.

J'avois besoin de cette explication, et celui qui me l'a donnée est un Augustin lui-même, qui n'ignore rien là-dessus : car il étoit un de ceux qui furent mis en prison à la Conciergerie du Palais pour cette belle entreprise. Il m'a appris jusques aux noms des moindres personnes intéressées dans une aventure si singulière dont le récit ne sauroit manquer d'être agréable au Public.

Je suis, Monsieur, votre, etc.

BROSSETTE.

CLVII. — *Brossette à Boileau.*

À Lyon, ce 30 avril 1709.

Quand je prends la liberté de vous écrire une fois chaque mois, j'avoue que c'est peut-être trop pour vous; mais, Monsieur, ce n'est pas assez pour moi : car si la raison ne me disoit pas que je dois ménager la complaisance que vous avez de lire mes lettres, mon inclination me porteroit à vous en écrire tous les jours; mais je ne veux pas vous accabler ainsi, ni me rendre indigne de vos bontés, et je prétends que vous me soyez obligé de ma retenue. Permettez-moi pourtant de vous rendre compte aujourd'hui de nos conférences académiques. J'ai été chargé de parler des *Funérailles des Anciens*; et ce discours a tenu les deux dernières Séances.

Nous avons à Lyon, pour quelque temps, le P. Vanière, Jésuite de la Province de Toulouse, fameux Poëte latin, Auteur du *Prædium rusticum*, qui ne cède point au P. Rapin, dans son Poëme *de Hortis*. Il est venu dans cette Ville pour faire imprimer un grand Dictionnaire Poétique. Ces jours passés il a fait une Épigramme à la louange de M. de Puget, après avoir vu les expériences, ou démonstrations magnétiques que ce savant Philosophe fait voir et explique en même temps dans son cabinet. Je vous envoie cette Épigramme, et des traductions que l'on en a faites.

R. P. Jacobi Vaniere ad D. Ludovicum de Puget, epigramma.

Ore, manuque, doces, nigri miracula saxi :
    Alterutro poteras abstinuisse modo.
Si quis enim audierit, jam non exempla requirat
    Si videat, vel, te causa silente, patet.

Traduction par le P. Bimet, jésuite.

Que ta main, ou ta voix nous dise les merveilles,
    Que tu découvres dans l'Aimant :
    L'une à nos yeux, l'autre aux oreilles
    Les expliquent également.
    Ce que ta voix nous veut apprendre,
    Ta main nous le fait concevoir :
    L'œil, sans l'oreille, peut entendre,
    Et sans l'œil, l'oreille peut voir.

Autre, par M. de Saint-Fonds.

Auditeur attentif, spectateur curieux,
Quand de l'obscur Aimant tu montres les merveilles,
Par ta savante main je sens charmer mes yeux,
Je sens par tes discours enchanter mes oreilles.
Mais pourquoi, cher Puget, prodiguer ton savoir ?
Tu peux à moins de frais nous faire tout comprendre :
Ou parle sans montrer, et nous croirons tout voir,
Ou montre sans parler, et nous croirons t'entendre.

Je me retranche, comme vous voyez, Monsieur, aux bagatelles, et aux nouvelles particulières ; car de vous parler des malheurs publics, je ne l'oserois ; et puis n'en êtes-vous pas assez informé, vous qui voyez la misère au milieu de votre Ville, comme nous la voyons dans la nôtre ?

Vous avez lu dans Mézeray, ce qu'il dit du grand hiver de 1608, et ce qu'il ajoute au sujet d'un homme qu'on voulut punir comme Sorcier, au lieu de le récompenser, pour avoir délivré Lyon du péril dont les glaces de la Saône menaçoient cette Ville. La récolte ne fut pourtant point endommagée par ce grand froid; et l'on avoit toujours cru jusqu'à présent que le bled ne pouvoit point geler dans le sein de la terre; cependant voyez la remarque suivante que j'ai trouvée dans Mᵉ. Charles Dumoulin, notre célèbre Jurisconsulte. *Or il advint l'an 1523, environ le dixième jour de Novembre, les bleds semés geler en terre, quasi par tout le Royaume.... et l'année en suivante l'an 1524, advint très-grande et générale défaillance et cherté de bleds qui contraignit modérer mêmes les moissons de grains dues par les fermiers, etc.*

Quand vous me ferez l'honneur de m'écrire, n'oubliez pas de fixer mes doutes sur le véritable sens de ce vers : *Là je trouve une croix de funeste présage*, dont je vous ai demandé l'explication.

Mandez-moi aussi, Monsieur, si vous avez reçu le petit traité de *Meteoris Orationis*, par M. Samuel Werenfels, de Bâle, que je vous ai envoyé dans le mois de Novembre dernier, par M. Ferrary de Vallières, Avocat au Parlement. Je ne sais point s'il vous a rendu mon paquet, et j'en suis en peine. *Sed cum in primis tuas desiderent litteras, noli committere ut excusatione potius expleas officium scribendi, quàm assiduitate litterarum, Vale* [1]. Permettez-moi d'ajouter au compliment de Cicéron, des assurances nouvelles de l'attachement respectueux avec lequel je suis, Monsieur, votre, etc.

BROSSETTE.

---

1. Cic., Épist. 25, liv. 16.

CLVIII. — *Boileau à Brossette.*

A Paris, 5e mai 1709.

Je voudrois bien, Monsieur, n'avoir que de mauvaises excuses à vous faire du longtemps que j'ay esté sans respondre à vos obligeantes lettres, puisque de l'humeur dont je vous vois, vous ne laisseriés pas de les trouver bonnes ; mais la vérité est que mes tournoiemens de teste continuent toujours, que je ne puis plus monter, ni descendre que soutenu par un valet, que ma mémoire finit, que mon esprit m'abandonne, et qu'enfin j'ay quatre-vingts ans, à soixante et onze. Cependant je vous supplie de croire que j'ay toujours pour vous la mesme estime, et que je reçois toujours vos lettres avec grand plaisir.

Je ne sçaurois assés vous admirer, vous, et vos confrères Académiciens, de la liberté d'esprit que vous conservés au milieu des malheurs publics, et je suis ravi que vous vous appliquiés plutost à parler des funérailles des anciens, qu'à faire les funérailles de la félicité publique, morte en France depuis plus de quatre ans. Cela s'appelle estre Philosophe, et marcher sur les pas d'Archimède, qu'on trouva faisant une démonstration géométrique dans le temps qu'on prenoit d'assaut la ville de Syracuse où il estoit enfermé.

Nous nous sentons à Paris de la famine aussi bien que vous, et il n'y a point de jour de marché, où la cherté du pain n'y excite quelque sédition ; mais on peut dire qu'il n'y a pas moins de Philosophie que chés vous, puisqu'il n'y a point de semaine où l'on ne joue trois fois l'Opéra, avec une fort grande abondance de monde, et que jamais il n'y eut tant de plaisirs, de promenades, et de divertissemens.

Mais laissons là la joye et la misère publique, et venons aux deux questions que vous me faictes dans vostre dernière lettre. Je vous dirai que je ne sçais pas pourquoy vous estes en peine du sens de ce vers ; *Là je trouve une croix*, etc., puisque c'est une chose que dans tout Paris *Et pueri sciunt*, que les couvreurs, quand ils sont sur le toit d'une maison, laissent pendre du haut de cette maison une croix de latte, pour avertir les passans de prendre garde à eux et de passer viste, qu'il y en a quelquefois des cinq ou six dans une seule rue, et que cela n'empesche pas qu'il n'y ayt souvent des gens blessés, c'est pourquoi j'ay dit *une croix de funeste présage*. On riroit à Paris d'un homme qui me feroit vostre objection.

Pour ce qui est du livre *de Meteoris orationis*, je vous dirai que je l'ay reçû et presque lû tout entier. Il est assés bien escrit. Ce que j'y ay trouvé à redire, c'est qu'il représente *Meteora orationis*, comme un terme receu chés les Rhéteurs pour dire *les excez du discours*, et cependant ce n'est qu'une figure, à mon avis, hazardée par Longin, pour exprimer *le stile guindé*, aussi ne l'ay-je pas rendu par un mot exprès; mais je me suis contenté de dire du Rhéteur que Longin accuse : *Il ne s'eslève pas proprement, mais il se guinde si haut qu'on le perd de veue*.

Adieu, mon illustre Monsieur, pardonnés mes ratures, et la précipitation avec laquelle je vous escris; et prenés vous en à l'obligation où je me trouve de ne me point fatiguer l'esprit, et de ne pas irriter mes tournoiemens de teste. Du reste, soyés bien persuadé que je suis avec plus de passion que jamais, vostre, etc.

DESPRÉAUX.

Puisque j'ay encore cette page de reste, trouvés bon que je vous conjure instamment de faire de nouveau mes recommandations à tous vos illustres Magistrats, et de leur bien marquer le respect que j'ay pour eux. M. Bronod ne m'assure pas que je serai payé cette année de ma pension, et me laisse dans un doute franchement qui me déplaist. J'ose donc me flatter que vous ferés sur tout cela ce qu'il faut faire, et je m'attens d'avoir dans peu de nouvelles raisons de vous estimer, de vous chérir. Adieu, encore un coup. Aimés moi comme je vous aime.

L'Épigramme de vostre sçavant Jésuite est assés bonne, mais à mon avis elle est beaucoup meilleure en françois qu'en latin.

CLIX. — *Boileau à Brossette.*

A Paris, 21ᵉ mai 1709.

Avant, Monsieur, que j'eusse reçû vostre dernière lettre, M. Bronod m'avoit faict dire qu'il feroit tous ses efforts pour me payer ma demi-année avant la fin de juin, mais que si je voulois attendre jusqu'à cinq ou six jours après la S¹ Jean, il répareroit son retardement en me payant l'année entière. J'ay accepté ses offres. Ainsi, Monsieur, supposé qu'il me tienne parole, je n'ay qu'à me louer de lui.

Vous m'avés faict un plaisir infini, de me mander avec quelle ardeur M. Perrichon prend mes intérests. Je vois bien qu'il ne compte pas pour un médiocre avantage un peu de mérite qu'il croit voir en moi, et qu'il ne regarde pas comme indigne d'estre aimé des honnestes gens, l'Ennemi déclaré des meschans auteurs. Je vous prie de le bien charger de remercimens de ma part, et de le bien assurer que si Dieu rallume encore en moi quelques étincelles de santé, je les emploieray à faire voir dans mes dernières Poésies la reconnoissance que j'ay de toutes ses bontés, aussi-bien que de celles de tous vos autres illustres

Magistrats, en qui je reconnois l'esprit de ces fameux ancestres devant qui paslissoit *Lugdunensem Rhetor dicturus ad aram*; mais à quoy je destine principalement ma Poésie expirante, c'est à tesmoigner à toute la postérité les obligations particulières que je vous ay. J'espère que l'envie que j'ay de m'acquitter en cela de mon devoir, me tiendra lieu d'un nouvel Apollon; mais en attendant trouvés bon que je me repose, et que je ne vous en dise pas mesmé davantage pour cette fois. Du reste, soyés bien persuadé qu'on ne peut estre plus sincèrement et plus fortement que je suis, Monsieur, vostre, etc.

DESPRÉAUX.

Pardon pour mes ratures.

CLX. — *Brossette à Boileau.*

A Lyon, ce 24 juin 1709.

Je crois, Monsieur, que vous ne faites pas mal d'accepter l'offre qui vous a été faite par M. Brunod, et d'attendre quelque temps pour recevoir l'entier paiement de votre rente. Par ce moyen vous êtes bien éloigné de l'inconvénient que vous aviez d'abord appréhendé; puisqu'au lieu d'être incertain si l'on vous paieroit votre demi-année, vous voyez que la ville de Lyon, cette bonne Mère, vous fait par avance le paiement de l'année entière. C'est une distinction que vous méritez, vous, Monsieur, qui êtes le plus illustre et le plus cher de tous ses nourrissons.

Oserois-je m'applaudir d'avoir pu contribuer au succès d'une chose qui vous fait quelque plaisir. Les occasions me manquent souvent, elles me manqueront peut-être toujours; mais le zèle, et la bonne volonté ne me manqueront jamais. Les promesses flatteuses que vous me faites pour marquer votre reconaissance, valent mieux cent fois que mes services les plus signalés.

    Souviens-toi qu'en mon cœur tes Écrits firent naitre
    L'ambitieux désir de voir et de connoitre
    L'Arbitre, le Censeur du Parnasse François,
    Le digne Historien du plus grand de nos Rois.

    Je te vis, je t'aimai. Mon heureuse jeunesse,
    BOILEAU, ne déplut point à ta sage vieillesse.
    Tu souffris que j'allasse écouter tes leçons,
    Tu daignas m'enrichir de tes doctes moissons.
    Tu m'instruisis à fond de tes divins Ouvrages,
    Et tes Écrits pour moi n'eurent plus de nuages.

    Tu fis plus : Secondant ma curieuse ardeur,
    Tu commis à ma foi les secrets de ton cœur.
    Souvent tu m'entretins de tes mœurs, de ta vie ;
    Des puissans ennemis que t'opposa l'envie ;
    Des honneurs éclatans où tu fus appellé :
    Tes chagrins, tes plaisirs, tout me fut révélé ;
    Mon esprit enchanté de toutes ces merveilles,
    Occupoit tout entier mes avides oreilles ;
    Et dans les traits naifs de ce vivant tableau,
    Je vis à découvert l'ame du grand BOILEAU.
    Mais dans quelque haut rang que ta Muse le mette,
    Je vis l'homme d'honneur au dessus du Poète.

    O Toi, qui peux transmettre à la postérité
    Des vers marqués au coin de l'immortalité ;
    Toi, qui dans tes Écrits chantés sur le Parnasse,
    Es moins l'imitateur que le rival d'Horace :
    Toi, dont le Dieu des vers prend le nom et la voix,
    Pour régler son Empire, et dispenser ses loix :
    Vois le comble de gloire où mon esprit aspire.
    Quand tu dis qu'Apollon en ma faveur l'inspire,
    BOILEAU, tu me promets un honneur éternel.
    Le moindre de tes vers peut me rendre immortel.
    Fais qu'un long avenir de mon nom s'entretienne ;
    Qu'il connoisse ma gloire en admirant la tienne,
    Et que ma renommée emplissant l'Univers,
    Puisse aller aussi loin que le bruit de tes vers.

J'ai l'honneur d'être, Monsieur, votre, etc.

                                          BROSSETTE.

CLXI. — *Brossette à Boileau.*

A Lyon, ce 30 juillet 1709.

Il y a un mois, et plus, que je vous envoyai une Lettre, à la fin de laquelle je me hazardai de mettre quelques vers de ma façon. Je ne sais si je fis bien ou mal de vous les envoyer alors; c'est-à-dire dans un temps où je n'avois pas encore laissé refroidir le premier feu de l'imagination. Mais depuis ce temps-là que j'en ai pu juger avec moins de prévention, je ne saurois vous dire combien de réflexions j'ai faites sur ma témérité; et je suis encore à comprendre comment un homme tel que moi, qui n'a ni verve, ni génie, et qui n'a jamais su faire des vers, a été pourtant assez hardi pour faire ceux-ci, et même assez imprudent pour vous les envoyer. J'espère néanmoins, Monsieur, que cette petite folie n'altérera point l'amitié que vous avez pour moi; et que vous me pardonnerez sans peine deux ou trois douzaines de vers, quelque mauvais qu'ils puissent être, en faveur des sentimens pleins de tendresse, et de vénération pour vous, que j'ai tâché d'y exprimer.

Voici ce que j'ai appris concernant votre Épître sur l'amour de Dieu. M. Perrault ayant envoyé à M. Arnauld l'Épître qu'il appelle l'*Apologie des Femmes* ou *Réponse à votre Satyre* X, M. Arnauld voulut bien se charger de votre défense, et récrivit à M. Perrault, cette belle lettre que vous avez fait insérer à la fin de vos œuvres. On prétend que quelques amis de M. Arnauld souhaitèrent alors que ce grand Docteur, âgé de plus de quatre-vingts ans, n'eût pas entrepris un ouvrage où il n'étoit question que de femmes, de vers, de Romans. A entendre ces Messieurs-là, la Poésie étoit un amusement frivole qui n'avoit pas dû arrêter un moment ce profond génie.

Ces discours, dit-on, vous revinrent : là-dessus vous conçutes le dessein de faire votre Poëme sur l'*Amour de Dieu*, pour montrer que la Poésie peut s'élever jusqu'aux sujets les plus sublimes ; et vous y avez si bien réussi, qu'on peut dire que si le plus grand Théologien de notre siècle a pris la défense de la Poésie, le plus grand de nos Poëtes a fait honneur à la Théologie. *Adeo majestas operis. Deum æquavit*, comme dit Quintilien [1].

Mandez-moi donc, je vous prie, si les faits dont je vous parle ici, ont véritablement donné lieu à la composition de votre Epitre XII, et si c'est là le motif qui vous en avoit fait naître la pensée, ou si vous avez eu quelqu'autre raison. Je suis, Monsieur, votre, etc.

BROSSETTE.

CLXII. — *Boileau à Brossette.*

A Paris, 21e aoust 1709.

Deux jours après que j'eus receu vostre lettre, Monsieur, datée du 24 Juin, je tombai malade d'une fluxion sur la poitrine et d'une fièvre continue assés violente, qui m'a tenu au lict tout le mois de Juillet, et dont je ne suis relevé que depuis trois jours. Voilà ce qui m'a empesché de respondre à vos obligeantes lettres, et non point le peu de cas que j'aye faict de vos vers, qui m'ont paru très beaux, et où je n'ay trouvé à redire que l'excez des louanges que vous m'y donnés.

Dès que je serai un peu restabli, je ne manquerai pas de vous faire une ample response et un très exact remerciment ; mais en attendant, je vous prie de vous contenter de ce mot de lettre, que je vous escris malgré l'expresse def-

---

1. Liv. 12, ch. 10.

fense de mon Médecin, et de croire que je sens, comme je dois, toutes vos excessives bontés. Je suis avec une extrême reconnoissance, Monsieur, vostre, etc.

DESPRÉAUX.

CLXIII. — *Brossette à Boileau.*

A Lyon, ce 18 août 1709.

Les nouvelles publiques nous ont appris la mort de M. le Président de Lamoignon. Vous perdez en lui un ancien et illustre ami, et la France y perd un Magistrat formé par les mains de la Justice même. Mais qui est-ce qui ne perd pas à la mort des grands hommes comme lui ? Quant à moi j'en suis très vivement touché.

Ces jours passés je parcourus un livre, qui sans doute ne vous est pas inconnu, quoiqu'il n'ait pas été imprimé en France. Ce sont des Réflexions sur la manière de bien penser du P. Bouhours. (*Considerazioni sopra un famoso libro franceze, intitolato* la manière *etc. Cioè la maniera di ben pensare ne componimenti*) imprimé à Bologne en 1703.

Le Marquis Orsi, l'Auteur de cet Ouvrage, fait tous ses efforts pour justifier les Ecrivains Italiens des reproches qui leur sont faits par le P. Bouhours touchant leur manière d'écrire. Votre tour vient aussi, Monsieur ; et cet Auteur qui vous met sur les rangs comme un Accusateur redoutable, n'ose pas tout-à-fait contredire le jugement que vous avez porté du Tasse, en opposant *son clinquant à l'or de Virgile* ; mais il fait tout ce qu'il peut pour prouver, par vos ouvrages mêmes, que vous n'avez pas parlé sérieusement quand vous avez dit, *le Clinquant du Tasse*, et que c'est une licence poétique : *Ed appunto non serio giudizio,* dit-il, *ma una scherzevole licenza poetica, fù quella, ch'egli usò contra il Tasso.*

Mais il trouve que vous parlez fort sérieusement quand vous dites de ce fameux Poëte, qu'*il a illustré l'Italie par son livre.* Voilà un jugement qui est bien de son goût. A propos de jugement : celui de ce bel esprit Italien n'est pas fort juste, quand il vous attribue cette grossière et folle satyre, *contre le mariage,* que nos Imprimeurs ont sottement associée à vos ouvrages : cela me fait souvenir du bon Capucin que vous trouvates aux eaux de Bourbon, et qui vous fit rougir par un semblable jugement. Pour revenir au Marquis Orsi, il ne laisse pas de juger de votre esprit et de vos ouvrages en homme très spirituel et très judicieux.

Voici comme il parle de vous en un endroit : « Non aspet-
« tate, ch' io parli della grandezza, e della vivacita dell' in-
« gegno di questo rinomato Satirico Francese. Non mi affati-
« cherò à persuader vi quello, ch' io per me credo, cioè che
« egli abbia trapassato colla sua nuova maniera di Satire, è
« Orazio nel faceto, è Giovenale nell' energetico, è Persio
« nell' acuto. » Voilà qui ressemble assez aux vers de votre portrait :

Boileau dans ses Ecrits, docte, enjoué, sublime,
A su rassembler Perse, Horace et Juvénal.

L'Auteur Italien continue ainsi : « Vô parlar solo del bel
« cuore di lui, manifestatosi à mille prove si francamente
« ingenuo, e si nobilmente arrendevole, etc. » En vérité, Monsieur, je sais bon gré à cet illustre Etranger, de parler de vous, comme nous en parlons nous autres François.

Voici une nouvelle de ville dont vous me permettrez bien de faire un article. Nos Libraires ont fait depuis peu une édition du Dictionnaire de Richelet, avec des additions assez amples par un Prêtre de l'Oratoire, nommé le P. Fabre, natif de Rouen, qui a de l'esprit et du savoir.

Ces additions consistent principalement en plusieurs exemples de façons de parler, empruntés de nos plus célèbres Auteurs, dont ce Père a mis une liste à la tête du livre, avec un abrégé de leur vie, leur éloge, et le jugement que le public a fait de leurs ouvrages. Monsieur Despréaux n'y est pas oublié, comme de raison. Mais comme on a pris soin d'y faire aussi l'éloge de M. Arnauld, de M. Pascal et du P. Quesnel, et qu'on a affecté en plusieurs endroits de ce Dictionnaire, de rapporter des exemples tirés de leurs écrits, un grand orage s'est formé du côté de la Cour, d'où l'on a vu partir en même temps deux foudres terribles, l'un desquels est tombé sur le livre, et l'autre sur la tête même de l'Auteur. Ce sont deux lettres de cachet, dont l'une ordonne la suppression du Dictionnaire, l'autre contient un ordre au Père de l'Oratoire, de sortir de sa Congrégation. L'Auteur offre de corriger tous les endroits suspects ou dangereux, et les Libraires offrent de réimprimer toutes les feuilles qui les contiennent ; je leur ai dressé pour cela un Placet à M. de Torcy, qui a signé la lettre de cachet, mais je ne sais ce que tout cela produira.

Ce coup part, j'en suis sûr, d'une main Moliniste ; et cette main est celle du P. le Tellier.

Ce même Père Fabre m'a fait voir une copie de la lettre que vous écrivites à M. Arnauld pour le remercier de celle qu'il avoit écrite pour votre défense, à M. Perrault, au sujet de votre dixième satyre. Votre lettre, sans parler ici de sa force et de sa justesse, est remplie de ce *sel réjouissant*, qui fait à mon avis le principal caractère de vos ouvrages. Elle m'a plu infiniment, et je ne sais point par quelle fatalité elle avoit échappé à ma connoissance.

D'où vient, Monsieur, que vous ne m'en avez jamais parlé, quoique nous ayons lu ensemble la lettre de M. Arnauld qui a donné lieu à la vôtre? D'où vient que vous ne

l'avez pas fait imprimer à la suite de celle de M. Arnauld?
Je suis, Monsieur, votre, etc.

BROSSETTE.

CLXIV. — *Boileau à Brossette.*

A Paris, 6e octobre 1709.

Il faut, Monsieur, que vous n'ayés pas receü une lettre que je me suis donné l'honneur de vous escrire, il y a environ deux mois, où je vous mandois que je sortois d'une très longue et très fascheuse maladie qui m'avoit tenu au lict plus de trois semaines, et dont il m'estoit resté des incommodités qui me mettoient hors d'estat de respondre à vos précédentes lettres. Depuis ce temps-là j'en ay encore receu deux de vostre part qui ne marquent pas mesme que vous ayés sceu que je fusse indisposé. Ainsi je vois bien qu'il y a du mal entendu dans notre commerce. Mon valet pourtant m'asseure très fortement qu'il a porté ma lettre à la poste. Ce qui me fasche le plus de cette méprise, c'est que dans ma lettre je vous parlois, comme je dois, des vers que vous avés faicts en mon honneur, et sur lesquels vous devez estre content, puisque je les ay trouvés très obligeans et très spirituels. La lettre dont je vous parle estoit fort courte, et vous trouverés bon que celle-ci le soit aussi, parce que je ne suis pas si bien guéri qu'il ne me reste encore des pesanteurs et des tournoiemens de teste qui ne me permettent pas de faire des efforts d'esprit.

O la triste chose que soixante et douze ans! A la première renaissance de santé qui me viendra, je ne manquerai pas pourtant de respondre à toutes vos curieuses questions, et peut-estre sera-ce dès le premier ordinaire; mais pour cette fois trouvés bon que j'obéisse aux ordonnances de mon médecin, et que je me contente de vous asseurer par ce petit mot de lettre, que je suis autant que jamais, Monsieur, vostre, etc.

Despréaux.

CLXV. — Brossette à Boileau.

A Lyon, ce 16 octobre 1709.

Oui, Monsieur, j'ai reçu votre dernière lettre, aussi bien que celle que vous m'aviez écrite deux mois auparavant, dans laquelle vous m'appreniez que vous sortiez d'une fâcheuse maladie : ainsi il n'y a point de mal-entendu dans notre commerce. Mais, si dans ma réponse je ne vous témoignois pas ma sensibilité sur vos indispositions, ce fut pour ne pas donner à ma lettre un air de tristesse que je voudrois toujours éloigner de nos conversations. Vous avez soin de m'apprendre vos maux dans les lettres que vous m'écrivez, et moi je tâche de vous en faire perdre le souvenir par les idées étrangères que je répands dans les miennes. Ne suffit-il pas que vous ayez pu reconnoître ma sensibilité, par les redoublemens d'amitié que vous avez vus dans mes lettres ? Cette manière détournée d'exprimer mes tristes sentimens ne vous a paru sans doute ni moins touchante, ni moins significative, que l'auroient été des expressions directes et plus marquées. Travaillez donc, s'il vous plaît, par un grand repos de corps et d'esprit, à rétablir cette santé si chère et si précieuse, et à fixer ces tournoiemens de tête, qui parmi une infinité de désagrémens, n'ont que le seul avantage d'être la maladie des grands hommes qui ont fait un continuel usage de leur esprit.

J'espère que vous pourrez donner quelques momens de

votre loisir et de votre santé à me satisfaire sur les éclaircissemens que j'ai pris la liberté de vous demander.

Vous me les aviez promis pour le premier ordinaire; mais vous savez aussi que je ne suis pas plus pressant qu'il ne faut : je laisse à votre complaisance toutes les franchises et tous les priviléges dont elle doit jouir.

> Verum, ubi molestum non erit, ubi tu voles,
> Ubi tempus tibi erit : Sat habebo, si rescripseris [1].

J'apprends que votre satire XI sur le faux honneur vient d'être traduite en vers latins par M. Godeau, qui avoit déjà traduit votre Épître sixième, et que sa traduction est imprimée. Souffrez, Monsieur, que je vous envoie une personne pour vous en demander un exemplaire pour moi.

Je suis, Monsieur, vôtre, etc.

BROSSETTE.

CLXVI. — Boileau à Brossette.

A Paris, 15e novembre 1709.

Il n'y eust jamais, Monsieur, d'ami plus commode que vous. A cinq ou six lettres très polies et très réjouissantes que vous m'escrivés, vous trouvés bon que je ne responde quelquefois que par un billet grossier, faict à la haste, où je ne sçais que vous faire l'exagération de mes infirmités et de mes maladies, et où je vous attriste, pour récompense de m'avoir réjoui; cependant, bien loin de vous plaindre, c'est vous qui me dites des douceurs. Peu s'en faut que vous ne me demandiés pardon de mes négligences, et lorsque vous avez tout sujet de me combler de reproches, vous

---

1. Terence, in Eunucho, Act. 3, sec. 2, v. 31.

vous mettés en devoir, pour ainsi dire, de m'adoucir par des présens, tesmoin celui que vous m'asseurés que je dois recevoir au premier jour. Ce qui est de certain, pourtant, c'est que je ne joue point la comédie lorsque je vous dis que je suis accablé des infirmités de la vieillesse, puisqu'il n'y a rien de plus vrai que je ne marche plus qu'à chaque pas je ne sois au hazard de tomber par les tournoiemens de teste qui me prennent, et que je ne puis plus monter ni descendre qu'appuié sur un de mes valets. Jugés, Monsieur, si en cet estat je puis faire de grands efforts d'esprit, ni escrire de longues lettres. Cependant, je ne puis résister à la tentation de vous donner quelques éclaircissemens sur les fréquentes questions que vous me faictes au sujet de mes poésies, et pour commencer aujourd'hui, je vous dirai, à propos d'une que vous m'avés rebattue plus d'une fois sur ce vers d'une de mes premières satires : *Là je trouve une croix de funeste présage*, que dans le temps que j'ai composé cette satire, la coustume estoit à Paris, que lorsque des couvreurs raccommodoient le toit d'une maison, ils devoient faire, et faisoient en effect, pendre du haut de cette maison, une croix composée de deux lattes, croisées l'une sur l'autre, qui avertissoit les passans de s'esloigner pour n'estre point blessés de la chûte des tuiles.

Cela se pratiquoit ainsi de tout temps, et jamais un Parisien ne m'a faict l'objection que vous me faictes. La vérité est cependant qu'aujourd'hui ils se contentent de mettre une simple latte au bout d'une corde, mais qui s'appelle toujours une croix de couvreur.

Je viens maintenant à un autre éclaircissement beaucoup plus important que vous me demandés, sur mon Épistre de l'Amour de Dieu, dans vostre lettre du 30ᵉ juillet 1709, et je vous dirai que vous n'avés point esté bien instruit, puisque M. Arnauld estoit mort lorsque je fis cette Épistre qu'il n'a jamais veue. La vérité est que longtemps avant la composition de cette pièce, j'estois fameux pour les fréquentes disputes que j'avois soutenues en plusieurs endroits pour la deffense du vrai amour de Dieu, contre beaucoup de mauvais théologiens, de sorte que me trouvant de loisir un caresme, je ne crus pas pouvoir mieux employer ce loisir qu'à exprimer par escrit les bonnes pensées que j'avois là dessus. Voilà comment... Mais je sens un tournoiement de teste qui me prend. Ainsi, Monsieur, trouvés bon que je me haste de vous dire que je suis avec toute l'affectuosité que je dois, Monsieur, vostre, etc.

DESPRÉAUX.

Je vous escrirai plus au long une autre fois, cependant, malgré mon tournoiement de teste, je ne sçaurois m'empescher de vous dire encore que je vous prie très instamment, de bien tesmoigner à M⁺⁺ vos illustres Magistrats de Lyon, à quel point je suis sensible aux bontés qu'ils ont pour moi, et dont j'ay encore senti cette année des effets si considérables.

CLXVII. — *Brossette à Boileau.*

A Lyon, ce 17 décembre 1710.

Vous avez reçu les fromages que je vous ai envoyés; mais je ne sais, Monsieur, s'ils auront été dignes de paroitre à votre table et à celle de M. Le Verrier. La préparation de cette sorte de mets demande certains soins qui ne réussissent pas toujours ; d'ailleurs on ne peut bien faire ces fromages qu'au commencement de l'hiver, sans quoi je vous en envoierois plus souvent; mais je continuerai à l'avenir de vous en présenter, tant que je saurai que vous voudrez bien les recevoir.

J'ai eu raison de vous demander le motif qui vous avoit porté à composer votre Épître de *l'Amour de Dieu*, puisque ce que vous m'écrivez là-dessus détruit les fausses instructions qu'on m'avoit données, et qui sont même appuyées du témoignage de M. Bayle, dans son Dictionnaire critique, sous l'article de M. *Arnauld*, dans les notes. De qui pouvois-je apprendre mieux la vérité de vos sentimens que de vous-même, Monsieur, qui voulez bien me les confier, et les transmettre à la postérité par mon foible ministère? Je ne trahirai point votre espérance; si du moins l'exactitude et la fidélité peuvent me tenir lieu des autres talens, dont je sais bien que je suis dépourvu.

M. de Puget dont je vous ai fait l'éloge tant de fois dans mes lettres, mourut hier en cette ville, âgé de 75 ans. Il rassembloit en lui toutes les vertus d'un philosophe vraiment chrétien, et il meurt regretté de tous les honnêtes gens dont il étoit l'amour et les délices :

> Cui pudor, et justitiæ soror
> Incorrupta fides, nudaque veritas,
> Quando ullum invenient parem?

Cet éloge ne dit rien de trop ; j'ajouterai seulement qu'il vous aimoit autant que vous le méritez, et c'est tout dire.

N'avez-vous point perdu un autre ami en la personne de M. Corneille le jeune, de qui je disois ordinairement avec Lucain : *Magni nominis umbra*, quoiqu'il eût lui-même un grand nom. Qui est-ce qui va remplacer à l'Académie françoise le frère et le successeur du grand Corneille? Pour moi, je donne ma voix à M. Houdart de la Mothe, dont les Odes sont très-belles, quoique nous ayons ici des gens qui soutiennent qu'il n'est pas poëte, en convenant néanmoins qu'il a beaucoup d'esprit. L'ode qu'il vous a adressée n'est pas la plus belle de celles qu'il a faites, et je lui en sais mauvais gré.

Monsieur, pour revenir au nom de Corneille, apprenez-moi le jugement que nous devons faire d'une petite Dissertation qui vient de paroître, *sur les Caractères de Corneille et de Racine, contre le sentiment de La Bruyère.* L'Auteur de cet écrit prétend prouver que *Corneille peint les hommes tels qu'ils ont été, et que Racine les peint autres qu'ils n'ont été.* Et tout son raisonnement aboutit à dire que Bajazet et Bérénice sont des sujets trop petits pour le théâtre; car il convient que toutes les autres pièces de M. Racine sont véritablement tragiques. J'avois toujours regardé ce Poëte comme un judicieux Écrivain, qui avoit évité les hauteurs, les inégalités et les précipices de Corneille, et qui nous menoit au cœur humain, par des routes plus connues et moins scabreuses. Est-ce un défaut à un Poëte Tragique d'exprimer naïvement les passions, les sentimens, les foiblesses des Grands-Hommes, pourvu que ces peintures soient conformes aux originaux, et qu'elles soient assez grandes pour remplir le théâtre, et assez fortes pour émouvoir les spectateurs? J'ai été fâché de voir que ce nouvel Auteur voulût me forcer à changer d'avis. Encore un coup, Monsieur, mandez-moi ce que j'en dois croire.

Mais je ne m'apperçois pas que vos indispositions ne s'accommoderont guère de mes importunités, et que vous n'êtes pas en état de répondre à mes grandes lettres. Hé bien, Monsieur, recevez-les comme de simples récits dans lesquels je vous expose mes sentimens et mes difficultés, dont vous pouvez donner l'éclaircissement en peu de paroles, semblable aux Oracles qui répondoient souvent à de grandes questions par un seul mot. Répondez-moi donc comme il vous plaira, pourvu que vous me répondiez : car franchement je vous parlerois contre la vérité, et contre mon inclination, si je disois que je vous dispense de m'écrire de temps en temps.

Je suis, Monsieur, votre, etc.

BROSSETTE.

CLXVIII. — *Boileau à Brossette.*

A Paris, ce 3e janvier 1710.

Si je suis si longtemps, Monsieur, à respondre à vos amples et obligeantes lettres, ne croiés pas que cela vienne d'aucune indifférence, ni d'aucun mépris. Cela ne vient que de l'ordonnance de mes médecins qui me deffendent surtout l'application d'esprit. Je suis tous les jours accablé de nouvelles maladies et de nouvelles infirmités, et à la foiblesse de mes jambes, il s'est joint un tournoiement de teste effroyable. Je ne sçaurois plus marcher qu'appuié sur un valet, et tous les jours, en me promenant d'un bout de ma chambre à l'autre, je suis au hazard de tomber et de me casser la teste. Voilà, Monsieur, l'estat ou est vostre ami. Je n'attens plus que la fin de ma vie, qui vraisemblablement arrivera bientost. Cependant, je vous assure que jusqu'à cette arrivée, je conserverai chèrement la mémoire de vostre personne, et de tous les bons services que vous m'avés rendus.

Je suis, Monsieur, vostre, etc.

DESPRÉAUX.

CLXIX. — *Brossette à Boileau.*

A Lyon, ce 14 janvier 1710.

Vos lettres me sont très agréables, Monsieur, et je suis persuadé que vous n'en doutez pas. Mais quand je vois que ni vos occupations, ni votre âge, ni vos infirmités mêmes dont vous me faites une peinture si touchante, ne vous empêchent point de m'écrire, je vous avoue que je suis tenté de croire que vous ayez quelque amitié pour moi. N'est-ce point aussi une tentation, ou plutôt une vanité de croire que vous recevez sans peine les lettres que je prends la liberté de vous écrire? Il faut bien que je sois soutenu par cette confiance, bien ou mal fondée; car sans cela, comment est-ce que j'oserois vous renouveller si régulièrement mes importunités, et vous fatiguer par des honnêtetés peut-être trop fréquentes. Mais enfin, Monsieur, puisque vous me l'avez permis, je suis en possession de vous entretenir quelquefois, c'est-à-dire, de vous proposer mes doutes, de vous consulter sur mes difficultés, et de recevoir vos décisions avec une reconnoissance qui est bien au-dessus de mes expressions. Voilà, Monsieur, toute la portion que je contribue à notre commerce, voilà tout le fonds de mérite que j'y apporte : mais quelle portion, et quel fonds, en comparaison de l'honneur et de l'avantage qui m'en reviennent! Pour emprunter aujourd'hui quelque chose d'un fonds étranger, je vous envoye une Églogue latine du Père Vanière Jésuite, Poëte célèbre dont je vous ai déjà parlé. Vous verrez à la page 3 de cette Églogue, que M. de Bon, à qui elle est adressée, a découvert une propriété, jusqu'à présent inconnue, dans l'Araignée.

Cet insecte enveloppe ses œufs dans un flocon de soie

extrêmement fine, laquelle étant filée, sert à faire des étoffes plus belles que celles de la soie ordinaire. M. le Duc de Noailles, passant à Lyon il y a environ deux mois, nous fit voir une paire de bas, faits de cette soie d'Araignée, qu'il portoit à Mme la Duchesse de Bourgogne. Par cette rare découverte, le plus vil de tous les animaux, celui dont la Fontaine a dit :

> Quand l'Enfer eut produit la Goutte et l'Araignée,

cet animal enfin tant méprisé, tant haï, tant persécuté, va devenir peut-être un des animaux les plus utiles et les plus précieux. Les Médecins se mettent même déjà de la partie pour le mettre en crédit, et soutiennent, contre l'opinion commune, que l'Araignée n'est point venimeuse. C'est ainsi que la plupart des hommes jugent du mérite des choses, suivant la place qu'elles occupent, ou suivant l'utilité qu'ils en reçoivent.

Voici l'Épitaphe de l'irréparable M. de Puget, par le même Père Vanière.

Illustrissimi Viri D. D. Pugetii,
Sagacissimi Naturæ Scrutatoris Epitaphium.

> Omnia qui novit rerum miracula mentis,
> Præter opes quibus ipse fuit mirabilis : Urbis
> Laus et amor, jacet hic Pugetius. Illius ore
> Quæ patuit gaudens, tumulo se mœsta sub uno
> Condidit, in veteres rediens Natura tenebras.

Je suis, Monsieur, votre, etc.

BROSSETTE.

CLXX. — *Boileau à Brossette.*

A Paris, 12e février 1710.

Depuis que j'ay eu l'honneur de vous escrire, il m'est survenu une grosse fièvre et une très cruelle dysenterie qui m'ont tenu au lict durant trois semaines. Enfin, m'en voila guéri. Il y a environ sept ou huict jours que je commence à revivre, et il ne me reste plus que mes anciennes infirmités.

La première chose donc, Monsieur, à quoy je crois devoir employer ma santé, c'est à vous remercier de vos fromages dont je me viens de ressouvenir que je n'avois point parlé dans les dernières lettres, ou plutost dans les derniers billets que je me suis donné l'honneur de vous escrire. Je n'ay pourtant point mangé de ces fromages, mes maladies ne me l'ayant pas permis, mais je les ay donnés à M. Le Verrier qui en a faict un fort grand cas, et qui m'a prié de vous tesmoigner surtout combien il estoit sensible aux marques de souvenir que vous lui donnés dans une de vos lettres, et qu'il prise encore plus que tous vos fromages, quoiqu'il les ayt trouvés excellens.

Adieu, mon illustre Monsieur, aimés moi toujours, excusés mon style laconique, et croiés que dès que j'aurai rattrapé entièrement ma santé, je vous dédommagerai en stile asiatique de la briéveté de mes complimens.

Je suis parfaitement, Monsieur, vostre, etc.

DESPRÉAUX.

Mes complimens à tous vos illustres Magistrats, et tâchés, s'il vous est possible, d'obtenir d'eux, en ma faveur, une nouvelle recommandation à leur célèbre agent de Paris, quoy que je sois fort content de lui.

CLXXI. — *Brossette à Boileau.*

A Lyon, ce 18 février 1710.

Je vous dois, Monsieur, un tribu d'honnêteté et de tendresse, dont il me semble que je m'acquitte assez mal. Il y a plus d'un mois que je ne vous ai écrit, et dans le temps que je me disposois à le faire, j'ai reçu votre lettre qui m'a fait encore plus de plaisir par la nouvelle que vous me donnez du rétablissement de votre santé, que par les marques obligeantes de votre souvenir. Quelque inutile que soit, pour un homme tel que vous, la recommandation que vous demandez auprès de M. Bronod, je n'ai pas laissé d'en parler à M. Perrichon, à qui vous êtes tout recommandé, et qui voudroit prévenir les occasions de vous faire plaisir. Il m'a promis d'écrire aujourd'hui en votre faveur à M. Bronod, pour le confirmer dans les sentimens de préférence qu'il a pour vous; tous nos Magistrats sont dans les mêmes dispositions à votre égard; et il y aura bien du malheur si tant d'heureuses conspirations ne produisent pas tout l'effet que vous pouvez souhaiter. Quand vous demandez une espèce de distinction, vous la demandez à des gens qui ont beaucoup plus de plaisir à vous l'accorder, que vous n'en avez à la recevoir. Jouissez longtemps en parfaite santé de votre rente viagère. La ville de Lyon ne fait aucune dépense qui lui soit aussi agréable que celle-là, et il n'est personne de nous qui ne soit disposé à donner une partie de son bien, pour la conservation d'une tête aussi chère que la vôtre. Pour moi, Monsieur, je dis volontiers : *vive tuos annos, vive Bolœe, meos.*

Jugez après cela si je puis manquer d'être véritablement, Monsieur, votre, etc.

BROSSETTE.

CLXXII. — *Brossette à Boileau.*

A Lyon, ce 8 mars 1710.

J'ai été Prophète, Monsieur, quand je vous ai mandé, après la mort de M. Corneille, que je donnois ma voix à M. de la Motte pour remplir cette place vacante à l'Académie françoise. Il y a été reçu comme je l'avois prédit, et je viens de lire le discours qu'il fit à sa réception. Outre les beautés particulières de ce discours, j'y trouve un caractère de nouveauté qui le distingue.

L'Académie vient encore de perdre un grand homme : c'est M. l'Évêque de Nîmes, qui mourut le 15 du mois dernier. Les deux personnes qui seront nommées pour remplir, l'une son Évêché, l'autre sa place d'Académicien, ces deux personnes, dis-je, jointes ensemble, pourront-elles bien remplacer ce seul homme ?

Nous avons eu à Lyon, pendant une année, le Père Vanière, dont je vous ai parlé dans mes lettres, et qui avoit beaucoup de part à l'amitié de M. Fléchier. Ce savant Jésuite s'en est retourné depuis deux jours à Toulouse, et il n'a pas voulu quitter la Ville de Lyon, où il s'étoit fait un grand nombre d'amis, sans leur marquer sa reconnoissance dans un Poëme de sa façon. Il m'a fait l'honneur de m'y donner une place avantageuse, et des éloges que certainement je ne méritois point. Il y a sur-tout une chose dont je lui sais un gré infini : c'est d'avoir fait consister le principal fondement des louanges qu'il me donne, dans l'amitié que vous avez pour moi.

Sequanicus Vates (quæ pars non ultima laudum est)
Hunc Bolæus amat.

Je vous avoue, Monsieur, que c'est me flatter par mon endroit sensible, que de faire entrer dans mon éloge l'amitié du grand Boileau; et c'est me donner la plus solide louange que je puisse jamais recevoir.

Pendant le séjour que le Père Vanière a fait à Lyon pour y faire imprimer son Dictionnaire poétique, son Libraire lui avoit fait un procès épouvantable, que j'ai enfin terminé au gré des deux parties. Il a fait trop de cas d'un service si peu important, et il l'a trop payé par le seul récit qu'il en a fait dans ses vers.

Extrait de l'Églogue du Père Vanière.

Pastor Tolosas, TYTIRUS.

An potuit quisquam illes intendere Mopso?

Poeta MOPSUS.

Quid non sacra potest auri sitis : ô mihi faustum
Dissidium! si non aliter te nosse, tuumque
Conciliare mihi potui, Brossette, favorem
Quem pluris facio quàm quidquid ille sequebar.
   Hunc, ego quo causæ me defensore tuebar;
Tu qui lite cares, Themidisque palatia nescis,
Ignorare virum poteras; sed ubique locorum
Qui sacra jura colunt, non nescivere, clientes
Namque suos non una foro facundia victrix,
Consiliumque domi juvat; at quò latius orbi
Prosit, et implexas etiam post funera lites
Expediat, voluit victuris tradere chartis
Explicitos legum sensus, et gallica jura.
Urbis et altæ suæ, mundi rimatus ab ortu,
Principia, et veterum scripsit monumenta laborum
Insignesque viros, quibus ipse videbitur olim
Permixtus. Studium quamquam solet ille severum
Oblectare domi, felix et conjuge, felix
Dulci filiolâ, gaudet quoque carmine vates;
Clamosique fori curas graviumque laborum
Tædia longâ levat, linguâ concinnus utraque,
Si quid arundineis furtim modulatur avenis.
Sequanicus vates (quæ pars non ultima laudum est)
Hunc Boleus amat; nec amici pectoris imos
Duntaxat sensus aperit; sed quidquid opacâ
Cautior implicuit verborum ambage, frequenti

Hunc docuit sermone, suos (quòd serius Ehou
Contingat) qui post obitus evulget in auras.

Je suis, Monsieur, votre, etc.

BROSSETTE.

CLXXIII. — *Brossette à Boileau.*

A Lyon, ce 1ᵉʳ avril 1710.

Nous allons perdre dans peu de jours M. de Trudaine, Intendant de Lyon qui est nommé pour aller remplir l'Intendance de Bourgogne. Ce Magistrat est également aimé du peuple et des honnêtes gens. C'étoit chez lui, et en sa présence, que se tenoient nos conférences académiques, et je viens d'assister à la dernière que nous ferons avec lui.

Sur la fin de l'Été dernier, je vous mandai que M. de Torcy avoit ici envoyé une lettre de cachet, portant ordre de faire enlever de chez nos Libraires, un Dictionnaire de Richelet, qu'ils avoient fait imprimer avec des augmentations. Je vous écrivis en même temps la raison pour laquelle on en vouloit aux additions faites à ce livre. L'Auteur, qui étoit un Père de l'Oratoire, a été obligé de sortir de sa Congrégation, et depuis deux mois il a été relégué dans la ville de Clermont. A l'égard du Livre, tous les Exemplaires qui avoient été saisis, ont été supprimés; et comme on les avoit fait transporter dans un Séminaire de cette ville, tous les jeunes Ecclésiastiques du Séminaire ont été pieusement occupés, pendant les deux derniers jours de Carnaval, à ruiner quatre ou cinq pauvres Libraires, en biffant les feuilles de ce Livre, dont le plus grand morceau n'a pas été laissé plus large que la main. J'en ai pourtant un Exemplaire qui a échappé à la proscription générale.

Je vous ai envoyé une Églogue latine du P. Vanière. Un

de ses amis dont il avoit fait mention dans cette Églogue, et qui avoit aidé à revoir les épreuves du Dictionnaire Poétique que le P. Vanière faisoit imprimer, lui a envoyé le remerciment suivant :

Au Révérend Père Vanière, sur l'honneur qu'il a fait à un de ses amis de parler de lui dans une de ses Églogues.

MADRIGAL.

Quelques momens d'un temps jusqu'ici fort stérile,
Employés à revoir ce qu'eut l'Antiquité,
De plus choisi, de plus utile,
M'ont heureusement mérité
D'avoir part aux chansons du Rival de Virgile.
Croiroit-on qu'il fût si facile
D'obtenir l'immortalité ?

Par le P. Valoris, jésuite.

Un homme de considération de cette Ville a eu envie d'avoir votre portrait en peinture. Il y a environ un mois qu'il me vint prier de lui confier celui que j'ai, pour le faire copier. Je le lui prêtai, et il le mit entre les mains du plus habile peintre de Lyon, qui, à l'aide de ce portrait en grand, et de celui que M. Coustard a fait graver d'après Rigaud, a peint votre portrait fort ressemblant et fort beau. J'ai aussi donné de vive voix à ce Peintre toutes les instructions que j'ai pu lui donner, tant sur votre air, et sur votre teint, que sur les principaux traits de votre visage, particulièrement ceux qui désignent votre caractère et votre esprit. Il en a su profiter en habile homme, et ce succès a fait naître l'envie à plusieurs personnes d'avoir des copies de ce même portrait ; de sorte que dans peu de temps vous allez être multiplié dans tous les cabinets des plus honnêtes gens de cette Ville.

Donnez-moi plus souvent des nouvelles de votre santé, qui m'est plus chère que tout ce que j'ai de plus cher au monde. Je suis, Monsieur, votre, etc.

BROSSETTE.

CLXXIV. — Brossette à Boileau.

A Lyon, ce 25 mai 1710.

Vous trouverez dans ce paquet un petit Poëme latin, composé à la louange de feu M. de Puget. C'est une Églogue qui a été récitée publiquement par trois nobles Bergers, Pensionnaires chez les Jésuites de Lyon. Comme tous nos Poëtes tant latins que françois, vous doivent un tribut de leurs ouvrages, j'ai dit à l'Auteur de cette Églogue, que je voulois vous l'envoyer. Il a tremblé pour ses vers au redoutable nom de Boileau. J'ai voulu le rassurer en lui faisant la peinture de votre douceur, de votre humanité, et de votre complaisance : cependant il ne laisse pas de craindre toujours le tribunal de votre critique. Ce matin même il m'a envoyé des vers sur ce sujet dans lesquels il a exprimé une partie de ses sentimens à votre égard. Vous les pourrez voir ici avec l'Églogue.

D. D. Brossette, cùm mea Carmina Pastoritia ad Illustrissimum Boleum vellet mittere.

HENDECASYLLABON.

O lætas Araris rudi cicutâ
Pastores soliti movere ripas,
Quò vos ardor agit malus placendi ;
Numquid sequanicos adire colles,
Agrestes ovium decet Magistros ?
Gradum sistite : pœnitebit isse.
Huc, quantum est hominum eruditiorum,
Huc quantum est hominum politiorum,

> Convenere; sed unus inter omnes
> Vobis injiciat metum Bolæus.
> Illum Virgilios, Horatiosque,
> Inter repperietis et Tibullos,
> Et si Græcia quos tulit Poetas,
> Et si quos tulit alta Roma vates.
> At nec Virgilius, nec ipse Flaccus,
> Nec justum moveat metum Tibullus,
> Nec quoscumque tulit vetus Poëtas
> Ævum, sed simul hi graves Poetæ
> In solo moveant metum Bolæo
> Renati. Jubet ire sed disertus
> Brossettus. Nihil auspice hoc timendum.
> Tamen si sapitis, mihique morem
> Pastores geritis, monebo rursum,
> Gradum sistite : pœnitebit isse.
> Proh ! quas vos jubet in manus venire
> Doctas cum jubet in manus Bolæi
> Brossettus ! nimis ah ! nimis camœnæ
> Vestræ dum favet, et favere gestit,
> Consulto male vos amore perdet,
> Hic si Segnanico placere Phœbo
> Et tantum potuit suis amicum
> Rari dotibus ingeni parare,
> Ire non licet omnibus Corinthum.
>
> *Petrus Bimet, è Soc. Jesu.*

Je suis, Monsieur, votre, etc.

BROSSETTE.

CLXXV. — *Boileau à Brossette.*

A Paris, 14e juin 1710.

Quelque coupable, Monsieur, que je vous puisse paroistre d'avoir esté si long-temps sans respondre à vos fréquentes et obligeantes lettres, je n'aurois que trop de raisons à vous dire pour me disculper, si je voulois vous réciter le nombre infini d'infirmités et de maladies, qui me sont venues accabler depuis quelque temps :

> Quarum si nomina quœras,
> Promptius expediam, quot amaverit Hippia mœchos, etc.

Mais je me suis apperçû dans une de vos lettres que vous n'aimiés point à entendre parler de maladies, et moi je sens bien, par l'abbattement, et par l'affliction où cela me jette, que je ne sçaurois parler d'autre chose, et, pour vous montrer que cela est très véritable, je vous dirai que je ne marche plus que soutenu par deux valets; qu'en me promenant, mesme dans ma chambre, je suis quelquefois au hazard de tomber par des estourdissemens qui me prennent; que je ne sçaurois m'appliquer le moins du monde à quelque chose d'important qu'il ne me prenne un mal de cœur, tirant à défaillance. Cependant je n'ay pas laissé de lire tout au long l'Églogue que vous m'avés envoiée de vostre excellent père Bimet; et je l'ai trouvée très Virgilienne. Ainsi quand je serois le personnage affreux qu'il s'est figuré de moi, vous pouvés l'assurer qu'il n'a rien à craindre de moi, qui ay toujours honnoré les gens de mérite comme lui, et qui ay esté et suis encore aujourd'hui ami de tant d'hommes illustrés de sa Société. En voilà assez, Monsieur, et je sens déjà que le mal de cœur me veut reprendre.

Permettés donc que je me haste de vous dire que je suis, plus violemment que jamais, Monsieur, vostre, etc.

Despréaux.

CLXXVI. — *Brossette à Boileau.*

A Lyon, ce 15 août 1710.

Je suis fort en peine, Monsieur, de savoir ce que vous pensez d'un homme qui, faisant gloire de vous aimer avec autant de tendresse que de respect, ne laisse pas d'être assez incivil pour demeurer deux ou trois mois sans vous donner la moindre marque de son souvenir. Cet homme incivil, cet homme paresseux, c'est moi ; et à l'air dont je vous parle de ma sotte négligence, vous voyez bien que je ne cherche pas à l'excuser. Je m'avoue donc coupable, Monsieur, et je le serois bien davantage si je n'avois eu des occupations et plus sérieuses et plus suivies que de coutume. Outre les affaires courantes du Bareau et du Cabinet, je me suis vu obligé de donner beaucoup de temps et de soins à une acquisition que j'ai faite d'un fief nommé Varennes. Cette acquisition étoit pour moi d'une nécessité de bienséance, parce que la plupart de mes autres fonds étoient voisins et dépendans de ce fief. Voilà quelles ont été mes occupations, et voici mes amusemens. J'ai travaillé à achever l'*Histoire de Lyon*, que j'avois commencée depuis quelques années, à l'invitation de nos Magistrats, qui m'ayant honoré de cette commission, ont voulu voir la fin de leur entreprise et de la mienne. J'aurai l'honneur de vous envoyer bientôt le premier Exemplaire de cet Ouvrage, dont il ne reste plus que deux ou trois feuilles à imprimer.

Ces jours passés nous avons eu au Palais une cause des plus singulières, et dont l'histoire nous peut à peine fournir un exemple. Deux mères réclament le même Enfant ; toutes les deux disent l'avoir mis au jour, et toutes les deux veulent qu'il leur soit donné. Depuis l'événement célèbre, dont la décision fit tant d'honneur à la sagesse de Salomon :

Jamais rien de pareil n'a paru sur nos bords.

Il y a néanmoins dans notre cas une circonstance qui rend l'aventure encore plus singulière : c'est que l'une de ces deux mères n'a jamais été mariée ; et bien loin que ce défaut de cérémonie soit un obstacle à sa prétention, elle en fait un des principaux moyens de sa cause, en disant qu'il n'y a que la tendresse maternelle qui puisse l'obliger à révéler sa propre honte. Cette affaire n'a pas été jugée définitivement : les Juges ont ordonné qu'avant faire droit, ces deux mères feront la preuve de leur grossesse et de leur accouchement, mais le public est persuadé que la fille est la véritable mère. Je suis, Monsieur, votre, etc.

BROSSETTE.

CLXXVII. — Boileau à Brossette.

A Paris, 11° décembre 1710.

Si je respons si peu exactement, Monsieur, aux obligeantes lettres que vous me faictes l'honneur de m'escrire, cela ne vient pas seulement de mon âge et de mes maladies, qui pourtant ne font que croistre et qu'embellir, cela vient de ce que je me suis apperceu par vos lettres mesmes que vous n'aimés pas à vous attrister, que vous ne vous accommodés pas, dis-je, qu'on vous parle toujours de maladies, et que moi dans l'état où je suis je ne sçaurois presque parler d'autre chose. Permettés donc que je vous en parle encore cette fois, après quoi je veux bien ne vous en plus rien dire, mais il est juste qu'avant ce silence vous sachiés l'estat où je me trouve. Je ne sçaurois plus marcher qu'appuié sur les bras de mes valets, et aller d'un bout de ma chambre à l'autre est pour moi un voyage très long et très pénible, et dans lequel je cours risque à chaque pas de tomber en foiblesse. Du reste, je ne sens point que mon esprit soit encore diminué, et il l'est si peu que je travaille actuellement à une nouvelle édition de mes ouvrages qui seront considérablement augmentés; mais pour mon corps il diminue tous les jours visiblement, et je puis

Boileau Despréaux à Brossette.

Si je responds si peu exactement Monsieur, aux obligeantes Lettres que vous me faictes l'honneur de m'écrire cela ne vient pas seulement de mon âge et de mes maladies qui pourtant ne font que croistre et qu'embellir. Cela vient de ce que je me suis apperceu par vos lettres mesmes que vous n'aimés pas a vous attrister que vous ne vous accommodés pas qu'on vous parle toûjours de maladies et que moi dans l'estat ou je suis je ne scaurois presque parler d'autre chose. Permettés donc que je vous en parle encore cette fois après quoi je veux bien ne vous en plus rien dire mais il est juste qu'avant ce silence vous sachiés l'estat ou je me trouve. Je ne scaurois plus marcher qu'appuié sur les bras de mes valets et aller d'un bout de ma chambre a l'autre est pour moi un voyage tres long et tres penible et dans lequel je cours risque a chaque pas de tomber en foiblesse. D'ailleurs je ne sens point que mon esprit soit encore diminué et il l'est si peu que je travaille actuellement a une nouvelle edition de mes Ouvrages qui seront considerablement augmentés mais pour mon corps il diminue tous les jours visiblement et je puis dire deja de lui fuit. Permettés que je m'arreste la et que je me contente de vous asseurer que je suis plus que jamais

Vostre tres humble et
tres obeissant serviteur
Despreaux

Je m'en vais demain envoier querir vostre vin de Coindrieu peut estre me rejouira til le coeur qui est franchissement ce que j'ay de plus malade jusques la que mes valets me trouvent souvent sur mon fauteuil dans mon cabinet ayant perdu toute connoissance.

A Paris ong.me 9bre 1710

déjà dire de lui fait. Permettés que je m'arreste là et que je me contente de vous asseurer que je suis plus que jamais, Monsieur, vostre, etc.

DESPRÉAUX.

Je m'en vais demain envoier quérir vostre vin de Condrieu, peut estre me réjouira-t-il le cœur, qui est franchement ce que j'ay de plus malade, jusques là que mes valets me trouvent souvent sur mon fauteuil, dans mon cabinet, ayant perdu toute connoissance.

CLXXVIII. — Brossette à Boileau.

A Lyon, ce 23 décembre 1710.

Votre dernière lettre m'apprend, Monsieur, que vous travaillez actuellement à une nouvelle édition de vos ouvrages, qui seront augmentés. En attendant que je puisse jouir avec le public de ce nouveau présent, faites-moi la grâce de m'en donner l'avant-goût, en m'apprenant quelles sont les principales pièces qui doivent entrer dans cette augmentation. La satyre contre l'Équivoque sera-t-elle du nombre de celles que vous y mettrez?

Au reste, Monsieur, je souhaite que le vin de Condrieu ait été assez bon pour vous faire plaisir. Que ne donnerois-je point pour contribuer au rétablissement de vos forces, et pour vous rendre une santé qui m'est aussi chère que la mienne? Ce que vous me mandez, sur ce sujet, dans votre lettre, a un air de reproche que je n'ai point mérité.

Je ne crains d'entendre parler de vos maux que parce qu'ils vous affligent, et qu'ils me font souffrir moi-même. Vos indispositions me rendent malade, et je puis même dire avec Balzac, mais sans aucune hyperbole, que *l'amitié* me rend propre, ce qui n'est que spectacle, que représentation, que peinture à qui n'aime point.

Sainte amitié! fatale maladie!

BROSSETTE.

CLXXIX. — *Brossette à l'Abbé Boileau*

Qui lui ayant écrit le jour des Cendres 1711, que M. Despréaux son frère étant très dangereusement malade, il aurait soin de lui apprendre l'état de sa santé. Il lui fit la réponse suivante.

A Lyon, ce 1er mars 1711.

Je vous avoue, Monsieur, que le plaisir que j'ai à recevoir de vos lettres, a été suspendu par un pressentiment de douleur que j'ai eu, avant que d'ouvrir celle que vous m'avez fait l'honneur de m'écrire. La tendresse inexprimable que j'ai pour M. Despréaux, votre frère, ne me permet point des sentimens médiocres pour lui. Ainsi, Monsieur, jugez de l'effet qu'a produit sur moi la peinture affligeante que vous me faites de son indisposition.

J'en suis pénétré jusques au fond du cœur, mais en même temps j'ai une reconnoissance très-vive de la complaisance que vous avez de m'en informer. J'espère que vous voudrez bien continuer à me donner des nouvelles de sa santé, et à m'apprendre exactement tous les changemens qui y arriveront, soit en bien, soit en mal. Je souhaite fort que vous n'ayez là-dessus que de bonnes nouvelles à me donner, mais permettez-moi de m'adresser à vous-même, pour vous en demander.

Vous jugez bien, Monsieur, que n'ayant avec M. Despréaux, d'autre commerce que celui que son amitié a bien voulu me permettre, je ne dois l'entretenir maintenant d'autre chose que de cette même amitié qui m'est infiniment chère, et de sa santé qui ne me l'est pas moins.

Vous verrez des preuves de cette attention dans le billet que je lui écris, et vous serez le confident et le dépositaire de tous mes sentimens à son égard. Je ne doute pas que l'indisposition de M. votre frère n'ait causé une grande affliction à toute sa famille, et particulièrement à vous, Monsieur, qui êtes uni à lui par des liens plus étroits que les autres. Mais comment pourrois-je aider à votre consolation, moi, qui dans l'accablement où je suis, ne trouve point de raisons pour me consoler moi-même?

J'entre dans votre douleur, et j'ose dire qu'elle m'est chère, puisqu'il me semble que nous avons tous deux les mêmes raisons de nous affliger. Veuille la bonté du Ciel conserver, à vous un frère, pour qui vous avez une tendresse si bien fondée, et à moi, un illustre ami, dont le souvenir me sera toujours infiniment précieux. Je suis avec un attachement plein de respect et de reconnoissance, Monsieur, votre, etc.

BROSSETTE.

CLXXX. — *L'abbé Boileau à Brossette.*

A Paris, ce 27 mars 1711.

Je ne suis nullement en état, Monsieur, de faire une réponse aussi ample que je devrois à l'obligeante lettre qui vient de m'être rendue de votre part, du 24 de ce mois. L'affliction que j'ai dans le cœur de la perte que j'ai faite de mon frère, dont j'étois l'aîné de presque deux ans, ne me laisse pas la tête assez libre, pour satisfaire, comme je voudrois, à ce devoir.

Permettez-moi donc, Monsieur, de vous dire seulement que sa mort a été très chrétienne, et qu'il a donné la plus grande partie de ses biens aux pauvres. Il est passé en l'autre vie à dix heures du soir, le 11 de ce mois, âgé de soixante-quatorze ans, et quatre mois, étant né le premier de Novembre en l'année 1636. *Il avoit été baptisé à la sainte Chapelle Royale du Palais*, où il est enterré avec ses Parens, dans le tombeau de notre famille, plusieurs desquels ont été Chanoines et Trésoriers de la sainte Chapelle. Je vous en écrirai davantage quand Dieu voudra que je sois plus en état de vous entretenir que je ne suis présentement. Je ferai tout ce qui dépendra de moi, pour vous donner satisfaction sur les papiers que vous me faites l'honneur de me marquer que vous désirez. Je ne crois pas que rien m'échappe, la volonté de mon frère ayant été de me faire l'Exécuteur de son Testament. Je mettrai à part tout ce qui pourra vous convenir, comme lettres et autres ouvrages que j'aurai soin de vous envoyer [1].

Trouvez bon, Monsieur, qu'en son nom et au mien, je vous embrasse de tout mon cœur, étant avec toute la reconnoissance que je dois et l'attachement possible, votre, etc.

BOILEAU.

Épitaphe de M. Despréaux

HIC SITUS EST, VATUM INVIDEAT CUI MUSA BAIORUM,
IDEM ÆVI TERROR, DELICIÆQUE SUI.

1. M. l'Abbé Boileau tint sa parole fort exactement. Il envoya beaucoup de papiers à Brossette, du Cabinet duquel ils ont passé dans celui de M. le président Dugas..., et ensuite dans le mien, où ils sont actuellement. Ces papiers se retrouvent dans le tome II de ce recueil; nous faisons suivre sous le titre d'*Œuvres supplémentaires*. — AUG. LAVERDET.

*Testament de Monsieur Despréaux du 2ᵉ mars 1711,
reçu par Mᵉ Dionis.*

Pardevant les Notaires, etc., à Paris, soussignés, fut présent, Nicolas Boileau Despréaux, écuyer, demeurant Cloître Notre-Dame, paroisse Saint-Jean-le-Rond, en une maison appartenante à Monsieur l'abbé Lenoir, étant dans sa robe de chambre, couché sur son lit, dans l'alcôve d'une chambre au premier étage de la dite maison, ayant vue par une croisée sur une terrasse donnant sur l'eau, infirme de corps, sain d'esprit, mémoire et jugement, comme il est apparu aux dits Notaires, par ses paroles et entretiens,

Lequel dans la vue de la mort dont le moment est connu à Dieu seul, ne désirant en être prévenu sans avoir auparavant mis ordre à ses affaires, et disposé de ses volontés, après avoir recommandé son âme à Dieu, et imploré l'aide de Jésus-Christ le glorieux Rédempteur de tous les hommes, a fait, dicté et nommé aux dits Notaires soussignés, son testament et ordonnance de dernière volonté, au nom du Père, du Fils et du Saint-Esprit, comme il en suit :

Ordonne son corps mort être enterré sans pompe et sans aucun faste dans la basse Sainte-Chapelle du Palais, à Paris, avec Monsieur son père et Messieurs ses autres parens décédés ; et qu'il soit chanté un service à messe haute, son corps présent, pour le repos de son âme.

Veut et ordonne que la donation mutuelle faite entre lui, Messire Jacques Boileau, chanoine de la Sainte-Chapelle et Monsieur Depuymorin, ses frères, pardevant Leclerc et Arrouet, notaires, le premier février mil six cens quatre-vingt-trois, soit exécutée, et suivant icelle que le dit Messire Jacques Boileau survivant le dit sieur Despréaux, prenne sur ses biens quinze mille livres, compris les cinq mille livres que le dit sieur Despréaux a profité par le décez du dit sieur Depuymorin, et outre le dit sieur Despréaux donne et lègue au dit sieur Jacques Boileau, dix mille livres une fois payées, pour faire en tout vingt-cinq mille livres.

Donne et lègue à Madame de Boisvinet, sa sœur du premier lit, la somme de dix mille livres une fois payée, dont elle n'aura que l'usufruit et jouissance sa vie durant, et dont le fonds après son décez appartiendra à Mademoiselle de Sirmond, sa petite nièce, laquelle le dit sieur Despréaux substitue au dit fonds et propriété.

Donne et lègue à Madame Manchon, sa sœur du second lit, et à son défaut à ses deux enfans, pareille somme de dix mille livres en propriété.

Donne et lègue à Mademoiselle Boileau Despréaux, sa nièce, fille de Monsieur Boileau, vivant greffier de la Grand'Chambre, semblable somme de dix mille livres, dont elle n'aura aussi que l'usufruit sa vie durant, et dont après son décez le fonds appartiendra à Monsieur Manchon, commissaire des Guerres, neveu du dit sieur Boileau Despréaux, qui substitue le dit sieur Manchon à la dite Demoiselle.

Donne et lègue à Monsieur Dongois, greffier en chef, son neveu, ou à son défaut à ses descendans, cinq mille livres une fois payées, en propriété.

Donne et lègue à Madame de La Chapelle, sa nièce, pareille somme de cinq mille livres, et à son défaut, à ses enfans en toute propriété.

Veut et entend que si quelqu'un des légataires et substitués susnommés décèdent avant lui, leurs représentans et héritiers succèdent à leurs legs par souche.

Veut que tout ce qu'il a ci-dessus donné et légué à sa famille, montant à soixante-cinq mille livres, compris ce qui regarde le dit sieur Jacques Boileau, son frère, soit fourni aux légataires en effets du nombre de ceux qu'il laissera lors de son décez.

Donne et lègue à Monsieur Boileau, son cousin, payeur des rentes du clergé, cinq cens livres de pension viagère et alimentaire, non saisissable, attendu sa destination, le fonds de laquelle pension sera de dix mille livres, et appartiendra, savoir, moitié à Monsieur de La Chapelle, son petit-neveu, et l'autre à Madame de Saint-Disant, sa petite-nièce, et à leur défaut, à leurs représentans par souches, auxquels il donne et lègue le dit fonds en propriété, et laquelle somme sera aussi fournie en effets du dit sieur testateur qu'il aura ors de son décez.

Donne et lègue à Jean Beurest, son valet de chambre, six mille livres une fois payées, outre les gages qui se trouveront lui être dus, avec les habits, linge et hardes servans à la personne du dit sieur testateur, en reconnoissance de ses bons et assidus services.

Donne et lègue les sommes suivantes une fois payées, savoir :

Quatre mille livres à Élisabeth-Marie Servin, sa servante domestique.

A La France, son petit laquais, quinze cens livres pour aider à lui faire apprendre un métier et l'établir.

A François, son cocher, cinq cens livres.

Et à Antoine Riquié, ci-devant son jardinier, et à présent jardinier de Monsieur Le Verrier, cinq cens livres.

Le tout, comme dit est, une fois payé outre et sans diminution des gages qui se trouveront dus aux dits domestiques.

Donne et lègue à mon dit sieur Le Verrier, son ami, quatre de ses plus beaux tableaux que le dit sieur Le Verrier choisira lui-même, et gardera pour l'amour du dit sieur Despréaux.

A l'égard de tout ce qui restera au dit sieur Despréaux de biens en meubles et immeubles après le présent testament, exécuté sans réserve, et de quelque nature qu'ils soient, il les donne et lègue et pour les pauvres honteux des six petites Paroisses de la Cité, qui sont Saint-Pierre-aux-Bœufs, Saint-Pierre-des-Arcis, Saint-Martial, la Madeleine, Sainte-Geneviève-des-Ardens et Sainte-Croix, lesquels pauvres honteux il fait ses légataires universels, et il ordonne que le montant du dit legs soit converti à perpétuité en fonds dont le revenu sera distribué annuellement par Messieurs les Curés des dites six Paroisses aux dits pauvres honteux, et il les prie et exhorte de tenir la main à ce que cela s'exécute exactement, et particulièrement Monsieur le Curé de Saint-Pierre-aux-Bœufs (M. Ameline), selon les règles et formes des Paroisses ; et qu'à chaque distribution aux dits pauvres on les charge et exhorte de prier Dieu pour l'âme de leur bienfaiteur.

Prie, Monsieur Dongois, greffier en chef, d'exécuter ce présent testament conjointement avec mon dit sieur Jacques Boileau, chanoine, son frère, voulant qu'ils soient à cet effet saisis de tous ses biens suivant la coutume de Paris.

Veut que toutes les nouvelles pièces et ouvrages que le sieur testateur a faits, même celui contre l'Équivoque, et qu'il vouloit comprendre dans une nouvelle édition, soient mis ez mains du sieur Billot, libraire, demeurant rue de La Harpe, pour en faire son profit. Les dits nouveaux ouvrages se trouveront dans un portefeuille à part.

Révoque tous testamens et codiciles ou autres dispositions testamentaires faites avant le présent qui contient sa dernière volonté. Ce fut fait, dicté et nommé par le dit sieur Despréaux aux dits Notaires, et à lui par l'un d'eux, l'autre présent lû et relû ce qu'il a bien entendu, et y a persévéré : en la dite Chambre l'an mil sept cens onze, ce deuxième mars, dix heures du matin, et a signé la minute des présentes demeurée à Me Dionis l'aîné, notaire.

DUPUYS.   N. BOILEAU.   DIONIS.

Ici finit le premier volume du manuscrit, comprenant la Correspondance de Boileau et Brossette. En tête de ce volume, Brossette a placé le Frontispice du Parnasse Français gravé par Bernard-Picard ; après le titre, le portrait de Boileau par Fr. de Troye, gravé par Drevet ; et à la fin le portrait de Gilles Boileau, père de Boileau, gravé par Nanteuil ; au bas duquel se trouvent les vers suivants de l'abbé Boileau, chanoine de la Sainte-Chapelle, son autre fils :

Desine flere tuam Proles numerosa Parentem,
Quem rapuit votis sors inimica tuis.
Ecca tibi audaci Scalpro magis ære perennem,
Æmula naturæ reddit amica manus.

ŒUVRES SUPPLÉMENTAIRES
DE
BOILEAU DESPRÉAUX

COMPRENANT LES PAPIERS LAISSÉS A SA MORT,
ET DONNÉS A BROSSETTE PAR L'ABBÉ BOILEAU SON FRÈRE

LES

HÉROS DE ROMAN

DIALOGUE A LA MANIÈRE DE LUCIEN

MINOS, *sortant du lieu où il rend la justice
proche du Palais de Pluton.*

Maudit soit l'impertinent harengueur qui m'a tenu toute la matinée! Il s'agissoit d'un méchant drap qu'on a dérobbé à un savetier en passant le fleuve, et jamais je n'ay tant ouï parler d'Aristote. Il n'y a point de loy qu'il ne m'ayt citée.

PLUTON.

Vous voilà bien en colère, Minos.

MINOS.

Ah! c'est vous Roy des Enfers. Qui vous amène?

PLUTON.

Je viens ici pour vous en instruire. Mais auparavant peut-on sçavoir quel est cet Avocat qui vous a si doctement ennuié ce matin ? Est-ce que Huot et Martinet sont morts ?

MINOS.

Non, grâce au Ciel, mais c'est un jeune Mort qui a esté sans doute à leur école. Bien qu'il n'ayt dit que des sottises, il n'en a avancé pas une qu'il n'ayt appuiée de l'autorité de tous les Anciens ; et quoy qu'il les fist parler de la plus mauvaise grâce du monde, il leur a donné à tous, en les citant, de la galanterie, de la gentillesse et de la bonne grâce. *Platon dit galamment dans son Timée. Sénèque est joli dans son Traité des Bienfaits. Esope a bonne grâce dans un de ses Apologues*[1].

PLUTON.

Vous me peignés là un maistre impertinent. Mais pourquoi le laissiés vous parler si longtemps ? Que ne lui imposiés vous silence ?

MINOS.

Silence. Lui ? C'est bien un homme qu'on puisse faire taire quand il a commencé à parler ! J'ay eu beau faire semblant vingt fois de me vouloir lever de mon siège ; j'ay eu beau lui crier : « Avocat, conclués de graces : Concluès Avocat. » Il a esté jusqu'au bout, et à tenu à lui seul toute l'audience. Pour moi, je ne vis jamais une telle fureur de parler ; et si ce désordre là continue, je crois que je serai obligé de quitter la charge.

PLUTON.

Il est vrai que les Morts n'ont jamais esté si sots qu'aujourd'hui. Il n'est pas venu ici depuis longtemps une Ombre qui eust le sens commun ; et, sans parler des gens de Palais, je ne vois rien de si impertinent que ceux qu'ils nomment

---

1. En marge, également de la main de Boileau : *Manières de parler de ce temps-là, fort communes dans le Barreau.*

gens du Monde. Ils parlent tous un certain langage qu'ils appellent galanterie; et quand nous leur tesmoignons, Proserpine et moi, que cela nous choque, ils nous respondent que nous ne sommes pas galans. On m'a asseuré mesme que cette pestilente galanterie avoit infecté tous les pays infernaux, mesmes les champs Elysées; de sorte que les Héros et surtout les Héroïnes qui les habitent sont aujourd'hui les plus sottes gens du monde, grâce à certains Auteurs qui leur ont appris ce beau langage, et qui en ont faict des Amoureux transis. A vous dire le vrai, j'ay bien de la peine à le croire. J'ay bien de la peine, dis-je, à m'imaginer que les Cyrus et les Alexandre soient devenus tout à coup, comme on me le veut faire entendre, des Tyrsis et des Céladons. Pour m'en éclaircir donc moi mesme par mes propres yeux, j'ay donné ordre qu'on fist venir ici aujourd'hui des champs Elisées, et de toutes les autres régions de l'Enfer, les plus célèbres d'entre ces Héros; et j'ai faict préparer pour les recevoir ce grand sallon où vous voiés que sont postés mes Gardes. Mais, où est Rhadamante?

MINOS.

Qui? Rhadamante? il est allé dans le Tartare pour y voir entrer un Lieutenant criminel, nouvellement arrivé de l'autre Monde, où il a, dit-on, esté tant qu'il a vescu, aussi célèbre par sa grande capacité dans les affaires de Judicature, que diffammé par son excessive avarice.

PLUTON.

N'est-ce pas celui qui pensa se faire tuer une seconde fois, pour une obole qu'il ne voulut pas payer à Caron en passant le fleuve[1].

---

1. En marge, également de la main de Boileau : *Le lieutenant criminel Tardieu et sa femme furent assassinés à Paris, la mesme année que je fis ce Dialogue, c'est à sçavoir en* 1664.

MINOS.

C'est celui-là mesme. Avés vous veü sa femme? c'estoit une chose à peindre que l'entrée qu'elle fist ici. Elle estoit couverte d'un linceul de satin.

PLUTON.

Comment! de satin! Voilà une grande magnificence.

MINOS.

Au contraire, c'est une épargne ; car tout cet accoustrement n'estoit autre chose que trois theses cousues ensemble dont on avoit faict présent à son Mari en l'autre Monde. O la vilaine Ombre! Je crains qu'elle n'empeste tout l'Enfer. J'ay tous les jours les oreilles rebattues de ses larcins. Elle vola avant hier la quenouille de Clothon ; et c'est elle qui avoit dérobbé ce drap, dont on m'a tant estourdi ce matin, à un savetier qu'elle attendoit au passage. De quoy vous estes vous avisé de charger l'Enfer d'une si dangereuse creature?

PLUTON.

Il falloit bien qu'elle suivist son Mari. Il n'auroit pas esté bien damné sans elle. — Mais, à propos de Rhadamante. Le voici lui mesme, si je ne me trompe, qui vient à nous. Qu'a-t-il? Il paroist tout effrayé.

RHADAMANTE.

Puissant Roy des Enfers, je viens vous avertir qu'il faut songer tout de bon à vous deffendre vous et vostre Royaume. Il y a un grand parti formé contre vous dans le Tartare. Tous les Criminels, résolus de ne vous plus obéir, ont pris les armes. J'ay rencontré là bas Prométhée avec son vautour sur le poing. Tantale est yvre comme une soupe ; Ixion a violé une furie ; et Sisyphe, assis là bas sur son rocher, exhorte tous ses voisins à secouer le joug de vostre domination.

MINOS.

O les scélérats! Il y a longtemps que je prévoiois ce malheur.

PLUTON.

Ne craignés rien, Minos. Je sçais bien le moien de les réduire. Mais ne perdons point de temps. Qu'on fortifie les avenues. Qu'on redouble la garde de mes furies. Qu'on arme toutes les milices de l'Enfer. Qu'on lasche Cerbère. Vous, Rhadamante, allés vous en dire à Mercure qu'il nous fasse venir l'artillerie de mon frère Jupiter. Cependant vous, Minos, demeurés avec moi. Voions nos Héros, s'ils sont en estat de nous aider. J'ay esté bien inspiré de les mander aujourd'hui. Mais quel est ce bon homme qui vient à nous, avec son baston et sa besace? Ha! c'est ce fou de Diogène. Que viens-tu chercher ici?

DIOGENE.

J'ay appris la nécessité de vos affaires; et, comme vostre fidèle sujet, je viens vous offrir mon baston.

PLUTON.

Nous voilà bien forts avec ton baston.

DIOGENE.

Ne pensés pas vous moquer? Je ne serai peut-estre pas le plus inutile de tous ceux que vous avés envoié chercher.

PLUTON.

Hé, quoy? Nos héros ne viennent-ils pas?

DIOGENE.

Oui, je viens de rencontrer une troupe de fous là bas. Je crois que ce sont eux. Est-ce que vous avés envie de donner le bal?

PLUTON.

Pourquoy, le bal?

DIOGÈNE.

C'est qu'ils sont en fort bon équipage pour danser. Ils sont jolis, ma foy; je n'ay jamais rien veu de si dameret ni de si galant.

PLUTON.

Tout beau, Diogène, tu te mesles toujours de railler. Je n'aime point les satiriques. Et puis ce sont des Héros, pour lesquels on doit avoir du respect.

DIOGÈNE.

Vous en allés juger vous mesme tout à l'heure, car je les voy déja qui paroissent. Approchés, fameux Héros, et vous aussi, Héroïnes encore plus fameuses, autrefois l'admiration de toute la terre. Voici une belle occasion de vous signaler. Venés ici tous en foule.

PLUTON.

Tay toi. Je veux que chacun vienne l'un après l'autre, accompagné tout au plus de quelqu'un de ses confidens. Mais avant tout, Minos, passons, vous et moi, dans ce sallon que j'ay faict, comme je vous ay dit, préparer pour les recevoir, et où j'ay ordonné qu'on mit nos siéges avec une balustrade qui nous sépare du reste de l'assemblée. Entrons. Bon. Voilà tout disposé ainsi que je le souhaitois. Suy nous, Diogène. Jay besoin de toi pour me dire le nom des Héros qui vont arriver, car de la manière dont je vois que tu as faict connoissance avec eux, personne ne me peut mieux rendre ce service que Toi.

DIOGÈNE.

Je ferai de mon mieux.

PLUTON.

Tiens toi donc ici près de moi. Vous, Gardes, au moment que j'aurai interrogé ceux qui seront entrés, qu'on les fasse passer dans les longues galeries qui sont adossées à ce sallon, et qu'on leur dise d'y aller attendre mes ordres. Asseions nous. Qui est celui qui vient le premier de tous nonchalamment appuié sur son Escuyer?

DIOGÈNE.

C'est le grand Cyrus.

PLUTON.

Quoy? ce grand Roy qui transféra l'Empire des Mèdes aux Perses, qui a tant gagné de batailles? De son temps, les Hommes venoient ici tous les jours, par trente mille et par quarante mille. Jamais personne n'y en a tant envoié.

DIOGÈNE.

Au moins ne l'allés pas appeler Cyrus.

PLUTON.

Pourquoi?

DIOGÈNE.

Ce n'est plus son nom. Il s'appelle maintenant Artamène.

PLUTON.

Artamène! et où a-t-il pesché ce nom là? Je ne me souviens point de l'avoir jamais lû.

DIOGÈNE.

Je voy bien que vous ne sçavés pas son histoire.

PLUTON.

Qui? moi? Je sçais aussi bien mon Hérodote qu'un autre.

DIOGÈNE.

Oui. Mais avec tout cela, diriés vous bien pourquoy Cyrus a tant conquis de Provinces, traversé l'Assyrie, la Médie, l'Hyrcanie, la Perse, et ravagé enfin plus de la moitié du monde?

PLUTON.

Belle demande! c'est que c'estoit un Prince ambitieux, qui vouloit que toute la terre lui fut soumise.

DIOGÈNE.

Point du tout. C'est qu'il vouloit délivrer sa Princesse, qui avoit esté enlevée.

PLUTON.

Quelle princesse?

DIOGÈNE.

Mandane.

PLUTON.

Mandane?

DIOGÈNE.

Oui, et sçavés vous combien elle a esté enlevée de fois?

PLUTON.

Où veux tu que je l'aille chercher?

DIOGÈNE.

Huict fois.

MINOS.

Voilà une Beauté qui a passé par bien des mains.

DIOGENE.

Cela est vrai; mais tous ses Ravisseurs estoient les scélérats du monde les plus vertueux. Assurément ils n'ont pas osé lui toucher.

PLUTON.

J'en doute. Mais laissons là ce fou de Diogène. Il faut parler à Cyrus lui mesme. Hé bien! Cyrus, il faut combattre. Je vous ay envoié chercher pour vous donner le commandement de mes troupes. Il ne respond rien! Qu'a-t-il? Vous diriés qu'il ne sçait où il est.

CYRUS.

Eh! Divine Princesse!

PLUTON.

Quoy?

CYRUS.

Ah! injuste Mandane!

PLUTON.

Plaist-il?

CYRUS.

Tu me flattes, trop complaisant Féraulas. Es tu si peu sage que de penser que Mandane, l'illustre Mandane, puisse jamais tourner les yeux sur l'infortuné Artamène? Aimons la toutefois; mais aimerons nous une cruelle? Servirons nous une insensible? Adorerons nous une Inexorable? Oui, Cyrus, il faut aimer une cruelle. Oui, Artamène, il faut servir une Insensible. Oui, fils de Cambyse, il faut adorer l'inexorable fille de Ciaxare [1].

PLUTON.

Il est fou. Je crois que Diogène a dit vrai.

DIOGÈNE.

Vous voiés bien que vous ne sçaviés pas son histoire. Mais faictes approcher son Escuyer Féraulas; il ne demande pas mieux que de vous la conter. Il sçait par cœur tout ce qui s'est passé dans l'esprit de son Maistre, et a tenu un registre exact de toutes les paroles que ce Maistre a dites en lui mesme depuis qu'il est au monde, avec un rouleau de ses lettres qu'il a toujours dans sa poche. A la vérité, vous estes en danger de baailler un peu, car ses narrations ne sont pas fort courtes.

1. En marge, également de la main de Boileau : *Affectation du style de Cyrus.*

PLUTON.

Oh! j'ay bien le temps de cela.

CYRUS.

Mais, trop engageante Personne.....

PLUTON.

Quel langage! A-t-on jamais parlé de la sorte? Mais dites moi, vous, trop pleurant Artamène, est ce que vous n'avés pas envie de combattre?

CYRUS.

Eh, de grâce, généreux Pluton, souffrés que j'aille entendre l'histoire d'Aglatidas et d'Amestris, qu'on me va conter. Rendons ce devoir à deux illustres Malheureux. Cependant voici le fidèle Féraulas que je vous laisse, qui vous instruira positivement de l'histoire de ma vie, et de l'impossibilité de mon bonheur.

PLUTON.

Je n'en veux point estre instruit, Moi. Qu'on me chasse ce grand Pleureur là.

CYRUS.

Eh! de grace!

PLUTON.

Si tu ne sors....

CYRUS.

En effect.....

PLUTON.

Si tu ne t'en vas....

CYRUS.

En mon particulier.....

PLUTON.

Si tu ne te retires... A la fin le voilà dehors. A ton jamais veu tant pleurer?

SUPPLÉMENT.

DIOGÈNE.

Vraiment il n'est pas au bout, puisqu'il n'en est qu'à l'histoire d'Aglatidas et d'Amestris; il a encore neuf gros tômes à faire ce joli mestier.

PLUTON.

Hé bien! qu'il remplisse, s'il veut, cent volumes de ses folies. J'ay d'autres affaires présentement qu'à l'entendre. Mais quelle est cette femme que je vois qui arrive?

DIOGÈNE.

Ne reconnoissés vous pas Thomyris?

PLUTON.

Quoy? cette Reine sauvage des Massagètes, qui fit plonger la teste de Cyrus dans un vaisseau de sang humain? Celle ci ne pleurera pas, j'en répons. Qu'est-ce qu'elle cherche?

THOMYRIS.

« Que l'on cherche par tout mes tablettes perdues,
« Et que sans les ouvrir elles me soient rendües [1]. »

DIOGÈNE.

Des tablettes! Je ne les ay pas au moins. Ce n'est pas un meuble pour moi que des tablettes; et l'on prend assés de soin de retenir mes bons mots sans que j'aye besoin de les recueillir moi mesme dans des tablettes.

PLUTON.

Je pense qu'elle ne fera que chercher. Elle a tantost visité tous les coins et recoins de cette salle. Qu'y avoit il donc de si précieux dans vos tablettes, grande Reine?

THOMYRIS.

Un Madrigal que j'ay faict ce matin pour le charmant Ennemi que j'aime.

---

1. En marge également de la main de Boileau : *Ce sont les deux premiers vers de la tragédie de Cyrus faicte par M. Quinault. C'est Thomyris qui ouvre le théâtre par ces deux vers.*

MINOS.

Hélas! qu'elle est doucereuse!

DIOGÈNE

Je suis fasché que ses tablettes soient perdues. Je serois curieux de voir un Madrigal Massagète.

PLUTON.

Mais qui est donc ce charmant ennemi qu'elle aime?

DIOGÈNE.

C'est ce mesme Cyrus qui vient de sortir tout à l'heure.

PLUTON.

Bon! Auroit-elle faict égorger l'objet de sa passion?

DIOGÈNE.

Egorger! c'est une erreur dont on a esté abusé seulement durant vingt et cinq siècles; et cela par la faute du gazetier de Scythie qui respandit mal à propos la nouvelle de sa mort sur un faux bruit. On en est détrompé depuis quatorze ou quinze ans.

PLUTON.

Vraiment, je le croiois encore. Cependant, soit que le gazetier de Scythie se soit trompé ou non, qu'elle s'en aille dans ces galeries chercher, si elle veut, son charmant Ennemi, et qu'elle ne s'opiniastre pas davantage à retrouver des tablettes que vraisemblablement elle a perdues par sa négligence, et que seurement aucun de nous n'a volées. Mais quelle est cette voix robuste que j'entens là-bas qui fredonne un air?

DIOGÈNE.

C'est ce grand borgne d'Horatius Coclès qui chante ici proche, comme m'a dit un de vos gardes, à un Echo qu'il y a trouvé, une chanson qu'il a faicte pour Clélie.

PLUTON.

Qu'a donc ce fou de Minos qu'il crève de rire?

SUPPLÉMENT.

MINOS.

Et qui ne riroit ? Horatius Coclès chantant à l'Echo !

PLUTON.

Il est vrai que la chose est assés nouvelle. Cela est à voir. Qu'on le fasse entrer, et qu'il n'interrompe point pour cela sa chanson, que Minos vraisemblablement sera bien aysé d'entendre.

MINOS.

Asseurément.

HORATIUS COCLÈS *chantant la reprise de la chanson qu'il chante dans Clélie :*

« Et Phénice mesme publie,
« Qu'il n'est rien si beau que Clélie. »

DIOGÈNE.

Tu peux reconnoistre l'air. C'est sur le chant de Thoinon, la belle jardinière.

Ce n'estoit pas de l'eau de rose
Mais de l'eau de quelque autre chose.

HORATIUS COCLÈS.

« Et Phénice mesme publie,
« Qu'il n'est rien si beau que Clélie. »

PLUTON.

Quelle est donc cette Phénice ?

DIOGÈNE.

C'est une dame des plus galantes et des plus spirituelles de la ville de Capoue, mais qui a une trop grande opinion de sa beauté, et qu'Horatius Coclès raille dans cet impromptu de sa façon, et dont il a composé aussi le chant,

1. En marge également de la main de Boileau : *Chanson du Savoyard alors à la mode.*

en lui faisant avouer à elle-même, que tout cède en beauté à Clélie.

MINOS.

Je n'eusse jamais creu que cette illustre Romain fust si excellent musicien, et si habile faiseur d'impromptus. Cependant je voy bien par celui-ci qu'il y est maistre passé.

PLUTON.

Et moi, je voy bien que, pour s'amuser à de semblables petitesses, il faut qu'il ayt entièrement perdu le sens. Hé! Horatius Coclès, vous qui estiés autrefois si déterminé soldat, et qui avés deffendu vous seul un pont contre toute une armée, de quoy vous estes vous avisé de vous faire berger après vostre mort? et qui est le fou ou la folle qui vous a appris à chanter?

HORATIUS COCLÈS.

« Et Phénice mesme publie,
« Qu'il n'est rien si beau que Clélie. »

MINOS.

Il se ravit dans son chant.

PLUTON.

Oh! qu'il s'en aille dans mes galeries chercher, s'il veut, un nouvel Echo. Qu'on l'emmène.

HORATIUS COCLÈS *s'en allant et toujours chantant.*

« Et Phénice mesme publie,
« Qu'il n'est rien si beau que Clélie. »

PLUTON.

Le fou! le fou! Ne viendra-t-il point à la fin une personne raisonnable?

DIOGÈNE.

Vous allés avoir bien de la satisfaction, car je voy entrer la plus illustre de toutes les Dames Romaines, cette Clélie qui passa le Tibre à la nage, pour se derobber du camp de

Porsena, et dont Horatius Coclès, comme vous venés de le voir est amoureux.

PLUTON.

J'ay cent fois admiré l'audace de cette fille dans Tite-Live; mais je meurs de peur que Tite-Live n'ayt encore menti. Qu'en dites-vous, Diogene?

DIOGENE.

Écoutés ce qu'elle va dire.

CLÉLIE.

Est-il vrai, sage Roy des Enfers, qu'une troupe de mutins ayt osé se soulever contre Pluton, le vertueux Pluton?

PLUTON.

Ah! à la fin nous avons trouvé une personne raisonnable. Oui, ma fille, il est vrai que les criminels dans le Tartare ont pris les armes, et que nous ayons envoié chercher les héros dans les champs Élysées et ailleurs pour nous secourir.

CLÉLIE.

Mais, de grace, seigneur, les rebelles ne songent-ils point à exciter quelque trouble dans le royaume de Tendre? Car je serois au désespoir s'ils s'estoient seulement postés dans le village de Petits-Soins. N'ont-ils point pris Billets-Doux ou Billets-Galans?

PLUTON.

De quel pays parle-t-elle là? Je ne me souviens point de l'avoir veu dans la carte.

DIOGENE.

Il est vrai que Ptolomée n'en a point parlé; mais on a faict depuis peu de nouvelles découvertes, et puis ne voiés vous pas que c'est du pays de Galanterie qu'elle vous parle?

PLUTON.

C'est un pays que je ne connois point.

CLÉLIE.

En effect, l'illustre Diogène raisonne tout à fait juste. Car enfin, il y a trois sortes de Tendres : Tendre sur Estime, Tendre sur Inclination, et Tendre sur Reconnoissance. Lorsqu'on veut arriver à Tendre sur Estime, il faut aller d'abord au village de Petits-Soins, et....

PLUTON.

Je voy bien, la belle fille, que vous sçavés parfaictement la géographie du Roiaume de Tendre ; et qu'à un homme qui vous aimera, vous ferés bien voir du pays dans ce Roiaume. Mais pour moi, qui ne le connois point, et qui ne le veux point connoistre, je vous dirai franchement que je ne sçay point si ces villages et ces trois fleuves menent à Tendre, mais il me paroist que c'est le grand chemin des Petites Maisons.

MINOS.

Ce ne seroit pas trop mal faict, non, d'adjouster ce village-là dans la carte de Tendre. Je crois que ce sont ces Terres inconnues dont on y veut parler.

PLUTON.

Mais vous, tendre mignonne, vous estes donc aussi amoureuse, à ce que je vois ?

CLÉLIE.

Oui, seigneur ; je vous concède que j'ay pour Aronce une amitié qui tient de l'amour véritable. Aussi, faut-il avouer que cet admirable fils du Roy de Clusium a en toute sa personne je ne sçais quoy de si extraordinaire et de si peu imaginable, qu'à moins que d'avoir une dureté de cœur inconcevable, on ne peut s'empescher d'avoir pour lui une passion tout à faict raisonnable. Car enfin....

PLUTON.

Car enfin, car enfin... Je vous dis, moi, que j'ay pour toutes les folles une aversion inexplicable, et que quand le fils du Roi de Clusium auroit un charme inimaginable, avec vostre langage inconcevable, vous me ferés plaisir de vous en aller, vous et vostre galant, au diable. A la fin la voilà partie. Quoy! toujours des amoureux? Personne ne s'en sauvera, et un de ces jours nous verrons Lucrèce galante.

DIOGÈNE

Vous en allés avoir le plaisir tout à l'heure; car voici Lucrèce en personne.

PLUTON

Ce que j'en disois n'est que pour rire : à Dieu ne plaise que j'aye une si basse pensée de la plus vertueuse personne du monde!

DIOGÈNE

Ne vous y fiés pas. Je lui trouve l'air bien coquet. Elle a, ma foy, les yeux frippons.

PLUTON

Je vois bien, Diogène, que tu ne connois pas Lucrèce. Je voudrois que tu l'eusses veüe, la première fois qu'elle entra ici, toute sanglante et toute eschevelée. Elle tenoit un poignard à la main; elle avoit le regard farouche; et la colere étoit encore peinte sur son visage, malgré les pasleurs de la mort. Jamais personne n'a porté la chasteté plus loin qu'elle. Mais, pour t'en convaincre, il ne faut que lui demander à elle mesme ce qu'elle pense de l'amour? Tu verras. Dites nous donc, Lucrèce, mais expliqués vous clairement, croiés vous qu'on doive aimer?

LUCRÈCE *tenant des tablettes à la main.*

Faut il absolument sur cela vous rendre ma response exacte et décisive?

PLUTON

Oui.

LUCRÈCE.

Tenés, la voilà clairement énoncée dans ces tablettes. Lisés.

PLUTON, *lisant*.

Toujours. l'on. si. Mais. aimoit. d'eternelles. helas. amours. d'aimer. Doux. il. point. seroit. n'est. Qu'il. Que veut dire tout ce galimathias?

LUCRÈCE.

Je vous asseure, Pluton, que je n'ay jamais rien dit de mieux, ni de plus clair.

PLUTON.

Je vois bien que vous avés accoustumé de parler fort clairement. Peste soit de la folle! Où a-t-on jamais parlé comme cela? *Point. mais. si. eternelles*, et où veut-elle que j'aille chercher un Œdipe pour m'expliquer cette Enigme?

DIOGÈNE.

Il ne faut pas aller fort loin. En voici un qui entre, et qui est fort propre à vous rendre cet office.

PLUTON.

Qui est-il?

DIOGÈNE.

C'est Brutus, celui qui délivra Rome de la tyrannie des Tarquins.

PLUTON.

Quoy! cet austère Romain qui fit mourir ses Enfans pour avoir conspiré contre leur patrie? Lui, expliquer des énigmes? Tu es bien fou, Diogène.

DIOGÈNE.

Je ne suis point fou. Mais Brutus n'est pas non plus cet austère personnage que vous vous imaginés. C'est un esprit naturellement tendre et passionné, qui faict de fort jolis vers, et les billets du monde les plus galans.

SUPPLÉMENT. 349

MINOS.

Il faudroit donc que les paroles de l'Énigme fussent escrites, pour les lui montrer.

DIOGENE.

Que cela ne vous embarrasse point. Il y a longtemps que ces paroles sont escrites sur les tablettes de Brutus. Des Héros comme lui sont toujours fournis de tablettes.

PLUTON.

Hé bien! Brutus, nous donnerés vous l'explication des paroles qui sont sur vos tablettes?

BRUTUS.

Volontiers. Regardés bien. Ne les sont-ce pas là? *Toujours, l'on, si Mais*, etc.

PLUTON.

Ce les sont là elles mêmes.

BRUTUS.

Continués donc de lire. Les paroles suivantes non seulement vous feront voir que j'ay d'abord conceû la finesse des paroles embrouillées de Lucrèce; mais elles contiennent la response précise que j'y ay faicte. La voici. *Moi, ne verrés vous de vermeilles, à d'éternelles jours, qu'on Merveilles, peut, amours, d'aimer, voit.*

PLUTON.

Je ne sçais pas si ces paroles se respondent juste les unes aux autres; mais je sçais bien que ni les unes, ni les autres, ne s'entendent, et que je ne suis pas d'humeur à faire le moindre effort d'esprit pour les concevoir.

DIOGENE.

Je voy bien que c'est à moi de vous expliquer tout ce mystère. Le mystère est que ce sont des paroles transposées. Lucrèce, qui est amoureuse et aimée de Brutus, lui dit en mots transposés.

« Qu'il seroit doux d'aimer, si l'on aimoit toujours !
« Mais, hélas ! il n'est point d'éternelles amours. »

Et Brutus, pour la rassurer, lui dit en d'autres termes transposés :

« Permettés moi d'aimer, merveilles de nos jours ;
« Vous verrés qu'on peut voir d'éternelles amours. »

PLUTON.

Voilà une grosse finesse ! Il s'ensuit de là que tout ce qui se peut dire de beau est dans les dictionnaires, il n'y a que les paroles qui sont transposées. Mais est-il possible que des personnes du mérite de Brutus et de Lucrèce en soient venus à cet excez d'extravagance, de composer de semblables bagatèles ?

DIOGENE.

C'est pourtant par ces bagatèles qu'ils ont faict connoistre l'un et l'autre qu'ils avoient infiniment d'esprit.

PLUTON.

Et c'est par ces bagatèles, moi, que je reconnois qu'ils ont infiniment de folie. Qu'on les chasse. Pour moi, je ne scais tantost plus où j'en suis. Lucrèce amoureuse ! Lucrèce coquette ! et Brutus son galant ! Je ne désespère pas, un de ces jours, de voir Diogene lui mesme galant.

DIOGENE.

Pourquoi non ? Pythagore l'estoit bien.

PLUTON.

Pythagore estoit galant !

DIOGENE.

Oui, et ce fut de Théano, sa fille, formée par lui à la galanterie, ainsi que le raconte le généreux Herminius dans l'histoire de la vie de Brutus, ce fut, dis-je, de Théano, que cet illustre Romain apprit ce beau symbole qu'on a oublié d'adjouter aux autres symboles de Pythagore : « Que c'est à « pousser les beaux sentimens pour une maistresse, et à faire « l'amour, que se perfectionne le grand Philosophe. »

PLUTON.

J'entens. Ce fut de Théano qu'il sceust que c'est la folie qui faict la perfection de la sagesse. O l'admirable précepte! Mais laissons là Théano. Quelle est cette Prétieuse renforcée que je voy qui vient à nous?

DIOGENE.

C'est Sapho, cette fameuse Lesbienne qui a inventé les vers saphiques.

PLUTON.

On me l'avoit despeinte si belle! Je la trouve bien laide.

DIOGENE.

Il est vrai qu'elle n'a pas le teint fort uni, ni les traits du monde les plus reguliers ; mais prenés garde qu'il y a une grande opposition du blanc et du noir de ses yeux, comme elle le dit elle mesme dans l'histoire de sa vie.

PLUTON.

Elle se donne là un bizarre agrement ; et Cerbère, selon elle, doit donc passer aussi pour beau, puisqu'il a dans les yeux la mesme opposition.

DIOGENE.

Je voy qu'elle vient à vous. Elle a seurement quelque question à vous faire.

SAPHO.

Je vous supplie, sage Pluton, de m'expliquer fort au long ce que vous pensés de l'Amitié, et si vous croyés qu'elle soit capable de tendresse aussi bien que l'amour, car ce fut le sujet d'une genereuse conversation que nous eusmes l'autre jour, avec le sage Democede et l'agreable Phaon. De grace, oubliés donc pour quelque temps le soin de vostre personne et de vostre Estat; et, au lieu de cela, songés à me bien définir ce que c'est que cœur tendre, tendresse d'amitié, tendresse d'amour, tendresse d'inclination et tendresse de passion.

MINOS.

Oh! celle-ci est la plus folle de toutes. Elle a la mine d'avoir gasté tous les autres.

PLUTON.

Mais regardés cette impertinente. C'est bien le temps de résoudre des questions d'amour, que le jour d'une révolte!

DIOGÈNE.

Vous avés pourtant autorité pour les faire; et tous les jours les Héros que vous venés de voir, sur le point de donner une bataille, ou il s'agit du tout pour eux, au lieu d'employer le temps à encourager leurs soldats et à ranger leurs armées, s'occupent à entendre l'histoire de Timarette ou de Bérélise, dont la plus haute aventure est quelquefois un billet perdu ou un bracelet égaré.

PLUTON.

Ho! bien, s'ils sont fous, je ne veux pas leur ressembler, et principalement à cette Précieuse ridicule ici.

SAPHO.

Eh! de grace, Seigneur, défaités vous de cet air grossier et provincial de l'Enfer, et songés à prendre l'air de la belle galanterie de Carthage et de Capoue. A vous dire le vrai, pour décider un point aussi important qu'est celui que je vous propose, je souhaiterois fort que toutes nos généreuses amies et nos illustres amis fussent ici. Mais en leur absence, le sage Minos représentera le discret Phaon et l'enjoué Diogène, le galant Ésope.

Les Héros de Roman.

Pluton

Le portrait d'une furie! Voila un estrange projet

Diogene

Il n'est pas si estrange que vous pensés. En effect cette mesme Sapho que vous voiés a peint dans ses Ouvrages beaucoup de ses genereuses Amies qui ne surpassent guere ce breuil Ti- siphone, et qui neanmoins à la faveur des mots galans et des façons de parler precieuses qu'Elle prete dans leurs peintures ne laissent pas de passer pour de dignes Heroïnes de Roman.

Minos

Si vous avoüé qui je meurs d'envie de lui voir faire un si bizarre portrait.

Pluton

Hé bien donc qu'elle le fasse. Nous allons voir comment elle s'y prendra pour rendre la plus affreuse des Eumenides agryable, agry eieuse.

Correspondance entre Boileau Despréaux et Brossette, publiée par A. Laverdet.

PLUTON.

Attends, attends. Je m'en vais te faire venir ici une personne avec qui lier conversation. Qu'on m'appelle Tisiphone.

SAPHO.

Qui ? Tisiphone ? Je la connois, et vous ne serés peut estre pas fasché que je vous en fasse ici le portrait.

PLUTON.

Le portrait d'une Furie ! Voilà un estrange projet.

DIOGÈNE.

Il n'est pas si estrange que vous pensés. Et en effet, cette mesme Sapho que vous voiés, a peint dans ses ouvrages beaucoup de ses généreuses Amies qui ne surpassent guère en beauté Tisiphone, et qui néanmoins, à la faveur des mots galans et des façons de parler élégantes et prétieuses, qu'Elle jette dans leurs peintures, ne laissent pas de passer pour de dignes Héroïnes de Roman.

MINOS.

Je vous avoue que je ne sçais si c'est curiosité ou folie, mais je meurs d'envie de lui voir faire un si bizarre portrait.

PLUTON.

Hé bien donc, qu'elle le fasse. Il faut vous contenter. Nous allons voir comment elle s'y prendra pour rendre la plus effroyable des Euménides, agréable et gracieuse.

DIOGÈNE.

Ce n'est pas une affaire pour Elle. Écoutés seulement : car je la voy qui se prépare à parler.

SAPHO.

L'illustre fille dont j'ay à vous entretenir a en toute sa personne, je ne sçay quoy de si furieusement extraordinaire et de si terriblement merveilleux, que je ne suis pas médiocrement embarrassée quand je songe à vous en tracer le portrait.

MINOS.

Voilà les adverbes, furieusement et terriblement, qui sont bien placés, à mon avis, et tout à faict en leur lieu.

SAPHO.

Tisiphone a naturellement la taille fort haute, et passant de beaucoup la mesure ordinaire des personnes de son sexe, mais pourtant si dégagée, si libre et si bien proportionnée en toutes ses parties, que son énormité mesme lui sied admirablement bien. Elle a les yeux petits, mais vifs, perçans, pleins de feu, et bordés d'un certain vermillon qui en relève prodigieusement l'éclat. Ses cheveux sont naturellement bouclés et annellés, et l'on peut dire que ce sont autant de serpens qui s'entortillent les uns dans les autres, et se jouent nonchalamment autour de son visage.

Son teint n'a point cette couleur fade et blanchastre des femmes de Scythie, mais il tient beaucoup de ce brun masle et noble que donne le soleil aux Affriquaines qu'il favorise le plus près de ses regards. Son sein est composé de deux demi-globes, bruslés par le bout, comme ceux des Amazones et qui, s'esloignant le plus qu'ils peuvent de sa gorge, se vont négligemment et languissamment perdre sous ses deux bras. Tout le reste de son corps est presque composé de la mesme sorte. Sa démarche est extrêmement noble et fière. Quand il faut se haster, elle vole plutost qu'elle ne marche, et je doute qu'Atalante la pust devancer à la course. Au reste, cette vertueuse fille est naturellement ennemie du vice, et surtout des grands crimes qu'elle poursuit partout un flambeau à la main, et qu'elle ne laisse jamais en repos, secondée en cela par ses deux sœurs, Alecto et Mégère, qui n'en sont pas moins ennemies qu'Elle ; et l'on peut dire de toutes ces trois sœurs, que c'est une morale vivante.

DIOGÈNE.

Hé bien ! n'est-ce pas là un portrait merveilleux ?

PLUTON.

Sans doute ; et la laideur y est peinte dans toute sa perfection, pour ne pas dire dans toute sa beauté ; mais c'est assés écouter cette extravagante. Continuons la revue de nos Héros, et sans plus nous donner la peine, comme nous avons faict jusqu'ici, de les interroger l'un après l'autre, puisque les voilà tous reconnus insensés, contentons nous de les voir passer devant cette balustrade, et de les conduire exactement de l'œil dans mes galeries, affin que je sois seur qu'ils y sont ; car je deffens d'en laisser sortir aucun que je n'aye précisément déterminé ce que je veux qu'on en fasse. Qu'on les laisse donc entrer, et qu'ils viennent maintenant tous en foule. En voilà bien, Diogène, tous ces Héros là sont-ils connus dans l'histoire ?

DIOGÈNE.

Non ; il y en a beaucoup de chimériques meslés parmi eux.

PLUTON.

Des Héros chimériques ! et sont-ce des Héros ?

DIOGÈNE.

Comment ! si ce sont des Héros ! Ce sont eux qui ont toûjours le haut bout dans les livres, et qui battent infailliblement les autres.

PLUTON.

Nomme m'en, par plaisir, quelques uns.

DIOGÈNE.

Volontiers. Orondate, Spitridate, Alcamène, Mélinte, Britomare, Mérindore, Artaxandre, etc...

PLUTON.

Et tous ces Héros là ont-ils faict vœu, comme les autres, de ne jamais s'entretenir que d'amour ?

DIOGÈNE.

Cela seroit beau qu'ils ne l'eussent pas faict ! Et de quel droit se diroient-ils Héros, s'ils n'estoient point amoureux ? N'est-ce pas l'amour qui faict, aujourd'hui, la vertu héroïque?

PLUTON.

Quel est ce grand Innocent qui s'en va des derniers, et qui a la mollesse peinte sur le visage. Comment t'appelles tu ?

ASTRATE.

Je m'appelle Astrate [1].

PLUTON.

Que viens tu chercher ici ?

ASTRATE.

Je veux voir la Reine.

PLUTON.

Mais admirés cet impertinent. Ne diriés vous pas que j'ay une Reine que je garde ici dans une boëte et que je montre à tous ceux qui la veulent voir ! Qui es tu, toi ? As tu jamais esté ?

ASTRATE.

Oui-da, j'ay esté, et il y a un historien latin qui dit de moi en propres termes : *Astratus vixit*, Astrate a vescu.

PLUTON.

Est-ce là tout ce qu'on trouve de toi dans l'histoire ?

ASTRATE.

Oui ; et c'est sur ce bel argument qu'on a composé une tragédie intitulée de mon nom *Astrate*, où les passions tragiques sont maniées si adroitement, que les spectateurs y rient à gorge déployée, depuis le commencement jusqu'à

---

1. En marge, également de la main de Boileau : *On jouoit à l'Hostel de Bourgogne, dans le temps que je fis ce Dialogue*, l'Astrate de M. Quinaut, et l'Ostorius de l'abbé de Pure.

SUPPLÉMENT. 357

la fin, tandis que moi j'y pleure toujours, ne pouvant obtenir que l'on m'y montre une Reine dont je suis passionnément épris.

PLUTON.

Ho bien! va-t'en dans ces galeries, voir si cette Reyne y est. Mais quel est ce grand mal basti de Romain après ce chaud amoureux? Peut-on sçavoir son nom?

OSTORIUS.

Mon nom est Ostorius.

PLUTON.

Je ne me souviens point d'avoir jamais nulle part, lû ce nom-là dans l'histoire.

OSTORIUS.

Il y est pourtant, et l'abbé de Pure assure qu'il l'y a lû.

PLUTON.

Voilà un merveilleux garant! Mais, dis-moi, appuié de l'abbé de Pure, comme tu es, as-tu faict quelque figure dans le monde? T'y a-t-on jamais veu?

OSTORIUS.

Oui-da; et, à la faveur d'une pièce de théâtre que cet abbé a faicte de moi, on m'a veu à l'Hostel de Bourgogne.

PLUTON.

Combien de fois?

OSTORIUS.

Eh! une fois.

PLUTON.

Retourne t'y-en.

OSTORIUS.

Les comédiens ne veulent plus de moi.

PLUTON.

Crois-tu que je m'accommode mieux de toi qu'eux? Allons, desloge d'ici au plus vite, et va te confiner dans mes galeries. Voici encore une Héroïne qui ne se haste pas trop, ce me semble, de s'en aller. Mais je lui pardonne : car elle me paroist si lourde de sa personne, et si pesamment armée, que je voy bien que c'est la difficulté de marcher plutost que la répugnance à m'obéir, qui l'empesche d'aller plus viste. Qui est-elle?

DIOGÈNE.

Pouvés vous ne pas reconnoistre la Pucelle d'Orléans?

PLUTON.

C'est donc là cette vaillante fille qui délivra la France du oug des Anglois?

DIOGÈNE.

C'est elle-mesme.

PLUTON.

Je lui trouve la physionomie bien platte, et bien peu digne de tout ce qu'on dit d'elle.

DIOGÈNE.

Elle tousse, et s'approche de la balustrade. Écoutons. C'est seurement une harengue qu'Elle vous vient faire, et une harengue en vers; car Elle ne parle plus qu'en vers.

PLUTON.

A-t-elle en effect du talent pour la poësie?

DIOGÈNE.

Vous l'allés voir.

LA PUCELLE.

« O grand Prince, que grand dès cette heure j'appelle,
« Il est vrai, le respect sert de bride à mon zèle;
« Mais ton illustre aspect me redouble le cœur;
« Et me le redoublant, me redouble la peur.
« A ton illustre aspect mon cœur se sollicite,
« Et grimpant contre mont la dure terre quitte.
« O! que n'ay-je le ton désormais assés fort
« Pour aspirer à toi sans te faire du tort!

« Pour toy puissai-je avoir une mortelle pointe,
« Vers où l'épaule gauche à la gorge est conjointe !
« Que le coup brisast l'os et fist pleuvoir le sang
« De la temple, du dos, de l'épaule et du flanc ! »

PLUTON.

Quelle langue vient elle de parler là ?

DIOGÈNE.

Belle demande ! françoise.

PLUTON.

Quoy ! c'est du françois qu'elle a dit ? Je croiois que ce fust du bas Breton ou de l'Alleman. Qui est-ce qui lui a appris cet estrange françois là ?

DIOGÈNE.

C'est un Poëte chés qui elle a esté en pension quarante ans durant.

PLUTON.

Voilà un Poëte qui l'a bien mal eslevée !

DIOGÈNE.

Ce n'est pas manque d'avoir esté bien payé, et d'avoir exactement touché ses pensions.

PLUTON.

Voilà de l'argent bien mal emploié. Hé ! Pucelle d'Orléans, pourquoy vous estes vous chargé la mémoire de tous ces grand vilains mots là, vous qui ne songiés autrefois qu'à délivrer vostre patrie, et qui n'aviés d'objet que la gloire ?

LA PUCELLE.

La gloire ?

« Un seul endroit y mène, et de ce seul endroit,
« Droite et roide. . . . . »

PLUTON.

Ah ! Elle m'écorche les oreilles.

LA PUCELLE.

« Droite et roide est la coste, et le sentier estroit. »

PLUTON.

Quels vers, juste ciel! Je ne puis pas en entendre prononcer un mot, que ma teste ne soit preste à se fendre.

LA PUCELLE.

« De flèches toutefois aucune ne l'atteint;
« Ou pourtant l'atteignant de son sang ne se teint. »

PLUTON.

Encore! J'avoüe que de toutes les Héroïnes qui ont paru en ce lieu, celle ci me paroist beaucoup la plus insupportable. Vraiment elle ne presche pas la tendresse. Tout en elle n'est que dureté et que sécheresse, et elle me paroist plus propre à glacer l'âme, qu'à inspirer l'amour.

DIOGÈNE.

Elle en a pourtant inspiré au vaillant Dunois.

PLUTON.

Elle! inspirer de l'amour au cœur de Dunois?

DIOGÈNE.

Oui, asseurément:

« Au grand cœur de Dunois, le plus grand de la terre,
« Grand cœur qui dans lui seul, deux grands amours enserre. »

Mais il faut sçavoir quel amour. Dunois s'en explique ainsi lui mesme, en un endroit du Poëme faict, pour cette merveilleuse fille :

« Pour ces célestes yeux, pour ce front magnanime,
« Je n'ay que du respect, je n'ay que de l'estime;
« Je n'en souhaitte rien, et si j'en suis amant,
« D'un amour sans désirs je l'aime seulement.
« Et soit. Consumons nous d'une flamme si belle:
« Bruslons en holocauste aux yeux de la Pucelle. »

Ne voilà t-il pas une passion bien exprimée? et le mot

d'holocauste n'est-il pas tout à faict bien placé dans la bouche d'un guerrier comme Dunois?

PLUTON.

Sans doute; et cette vertueuse guerrière peut innocemment, avec de tels vers, aller si elle veut inspirer un pareil amour, à tous les Héros qui sont dans ces galeries. Je ne crains pas que cela leur amollisse l'âme. Mais du reste qu'elle s'en aille, car je tremble qu'elle ne me veuille encore réciter quelques-uns de ces vers, et je ne suis pas résolu de les entendre. La voilà enfin partie. Je ne voy plus ici aucun Héros, ce me semble. Mais, non! je me trompe : en voici encore un qui demeure immobile derrière cette porte. Vraisemblablement il n'a pas entendu que je voulois que tout le monde sortist. Le connois-tu, Diogène?

DIOGÈNE.

C'est Pharamond, le premier Roy des françois.

PLUTON.

Que dit-il? Il parle en lui mesme.

PHARAMOND.

« Vous le sçavés bien, ma Princesse, que pour vous aimer
« je n'attendis pas que j'eusse le bonheur de vous connoistre,
« et que c'est sur le seul récit de vos charmes, faict par un
« de mes rivaux, que je devins si ardemment épris de vous. »

PLUTON.

Il me semble que celui-ci soit devenu amoureux avant que d'avoir veu sa maîtresse.

DIOGÈNE.

Asseurément il ne l'avoit point veüe.

PLUTON.

Quoi! il est devenu amoureux d'elle, sur son portrait?

DIOGÈNE.

Il n'avoit pas mesme veu son portrait.

PLUTON.

Si ce n'est là une vraie folie, je ne sçais pas ce qui peut l'estre. Mais, dites moi, vous, amoureux Pharamond, n'estes vous pas content d'avoir fondé le plus florissant Royaume de l'Europe, et de pouvoir compter au rang de vos successeurs, le Roy qui y règne aujourd'hui ? Pourquoi vous estes vous allé mal à propos, embarrasser l'esprit de la Princesse Rosemonde ?

PHARAMOND.

Il est vrai, seigneur. Mais l'amour ?

PLUTON.

Ho ! l'amour ! l'amour ! Va exagérer, si tu veux, les injustices de l'amour dans mes galeries. Mais pour moi, le premier qui m'en viendra encore parler, je lui donnerai de mon sceptre tout au travers du visage. En voilà un qui entre. Il faut que je lui casse la teste.

MINOS.

Prenés garde à ce que vous allés faire. Ne voyés vous pas que c'est Mercure ?

PLUTON.

Ah ! Mercure, je vous demande pardon. Mais ne venés vous point aussi me parler d'amour ?

MERCURE.

Vous sçavés bien que je n'ay jamais faict l'amour pour moi mesme. La vérité est que je l'ai faict quelquefois pour mon père Jupiter, et qu'en sa faveur autrefois j'endormis si bien le bon Argus qu'il ne s'est jamais réveillé. Mais je viens vous apporter un bonne nouvelle. C'est qu'à peine l'artillerie que je vous amène a paru, que vos Ennemis se sont rangés dans le devoir, et que vous n'ayés jamais été Roy plus paisible de l'Enfer que vous l'estes.

PLUTON.

Divin messager de Jupiter, vous m'avés rendu la vie. Mais, au nom de notre proche parenté, dites moi, vous qui estes le Dieu de l'Éloquence, comment vous avés souffert qu'il se soit glissé, dans l'un et dans l'autre monde, une si impertinente manière de parler que celle qui règne aujourd'hui, surtout en ces livres qu'on appelle Romans, et comment avés vous permis que les plus grands Héros de l'Antiquité parlassent ce langage?

MERCURE.

Hélas! Appollon et moi, nous sommes des Dieux qu'on n'invoque presque plus; et la pluspart des escrivains aujourd'hui ne connoissent pour leur véritable patron, qu'un certain Phébus qui est bien le plus impertinent personnage qu'on puisse voir. Du reste, je viens vous avertir qu'on vous a joué une pièce.

PLUTON.

Une pièce à moi! Comment?

MERCURE.

Vous croiés que les vrais Héros sont venus ici?

PLUTON.

Asseurement, je le crois, et j'en ay de bonnes preuves, puisque je les tiens encore ici, tous renfermés dans les galeries de mon Palais.

MERCURE.

Vous sortirés d'erreur, quand je vous dirai que c'est une troupe de faquins, ou plutost de fantômes chimériques, qui, n'estant que de fades copies de beaucoup de personnages modernes, ont eu pourtant l'audace de prendre le nom des plus grands Héros de l'antiquité, mais dont la vie a esté fort courte, et qui errent maintenant sur les bords du Cocyte et du Styx. Je m'estonne que vous y ayés esté trompé. Ne voyés vous pas que ces gens là n'ont nul caractère des Héros. Tout ce qui les soutient aux yeux des hommes, c'est un certain oripeau et un faux clinquant de paroles dont les ont habillés ceux qui ont escrit leur vie, et qu'il n'y a qu'à leur oster pour les faire paroistre tels qu'ils sont. J'ay mesme amené des Champs-Élysées, en venant ici, un françois pour les reconnoistre quand ils seront dépouillés, car je me persuade que vous consentirés sans peine qu'ils le soient.

PLUTON.

J'y consens si bien, que je veux que sur le champ la chose soit exécutée. Et pour ne point perdre de temps : Gardes ! qu'on les fasse de ce pas sortir tous de mes galeries par les portes dérobées, et qu'on les amène tous dans la grande place. Pour nous, allons nous mettre sur le balcon de cette fenestre basse, d'où nous pourons les contempler et leur parler tout à notre aise ; qu'on y porte nos siéges. Mercure, mettés vous à ma droite ; et vous, Minos, à ma gauche, et que Diogène se tienne derrière nous.

MINOS.

Les voilà qui arrivent en foule.

PLUTON.

Y sont-ils tous ?

UN GARDE.

On n'en a laissé aucun dans les galeries.

PLUTON.

Accourés donc ici, vous tous, fidèles exécuteurs de mes volontés, Spectres, Larves, Démons, Furies, Milices infernales que j'ay faict assembler. Qu'on m'entoure tous ces prétendus Héros là, et qu'on me les dépouille.

CYRUS.

Quoy ! vous ferés dépouiller un conquérant comme moi ?

PLUTON.

Eh! de grâce, généreux Cyrus, il faut que vous passiés le pas.

HORATIUS COCLÈS.

Quoy! un Romain comme moi, qui a deffendu lui seul un pont contre toutes les forces de Porsena, vous ne le considérerés pas plus qu'un coupeur de bourses?

PLUTON.

Je m'en vais te faire chanter.

ASTRATE.

Quoy! un galant aussi tendre et aussi passionné que moi, vous le ferés maltraiter?

PLUTON.

Je m'en vais te faire voir la Roine. Ah! les voilà dépouillés.

MERCURE.

Où est le françois que j'ay amené?

LE FRANÇOIS.

Me voilà, Seigneur, que souhaittés vous?

MERCURE.

Tiens, regarde bien tous ces gens-là, les connois-tu?

LE FRANÇOIS.

Si je les connois? Hé! ce sont tous la pluspart des Bourgeois de mon quartier. Bonjour, madame Lucrèce. Bonjour, M. Brutus. Bonjour, Mme Clélie. Bonjour, M. Horatius Coclès.

PLUTON.

Tu vas voir accomoder tes Bourgeois de toutes pièces. Allons, qu'on ne les espargne point, et qu'après qu'ils auront esté abondamment fustigés, on me les conduise tous sans différer droit aux bords du fleuve de Léthé[1]. Puis,

1. En marge, également de la main de Boileau : *Fleuve de l'oubli*.

lorsqu'ils y seront arrivés, qu'on me les jette tous, la teste la première, dans l'endroit du fleuve le plus profond, eux, leurs billets doux, leurs lettres galantes, leurs vers passionnés, avec tous les nombreux volumes, ou, pour mieux dire, les monceaux de ridicule papier où sont écrites leurs histoires. Marchés donc, faquins, autrefois si grands Héros. Vous voilà enfin arrivés à vostre fin, où, pour mieux dire, au dernier acte de la Comédie que vous avés jouée si peu de temps.

CHŒUR DE HÉROS *s'en allant chargé d'escourgées.*
Ah! la Calprenède! Ah! Scudéri!

PLUTON.

Eh! Que ne les tiens-je! Que ne les tiens-je! Ce n'est pas tout, Minos. Il faut que vous vous en alliés tout de ce pas donner ordre que la mesme justice se fasse de tous leurs pareils, dans les autres Provinces de mon Royaume.

MINOS.

Je me charge avec plaisir de cette commission.

MERCURE.

Mais voici les véritables Héros qui arrivent, et qui demandent à vous entretenir. Ne voulés vous pas qu'on les introduise?

PLUTON.

Je serai ravi de les voir; mais je suis si fatigué des sottises que m'ont dites tous ces impertinens usurpateurs de leurs noms, que vous trouverés bon qu'avant tout j'aille faire un somme.

FIN.

II. — *Épitaphe de M. Racine.*

(*De M. Racine*, est biffé par Boileau, qui a mis en tête :
Il faut supprimer cecy.)

Ici repose le corps de Messire Jean Racine, Trésorier de France, Secrétaire du Roy, Gentilhomme ordinaire de sa Maison, et l'un des quarante de l'Académie françoise, qui après avoir longtemps charmé la France par ses excellentes poësies profanes, consacra ses Muses à Dieu, et les emploia uniquement à loüer le seul objet digne de louange. Les raisons indispensables qui l'attachoient à la Cour l'empeschèrent de quitter le monde : mais elles ne l'empeschèrent pas de s'acquitter exactement, au milieu du monde, de tous les devoirs de la piété et de la religion. Il fut choisi avec un de ses Amis (Il y a en marge de la main de l'abbé Boileau : *c'estoit l'autheur*) par le Roy Loüis le Grand, pour rassembler en un corps d'histoire les merveilles de son règne, et il estoit occupé à ce grand ouvrage, lorsque tout à coup il fut attaqué d'une longue (il y avait : *lente*) et cruelle maladie qui à la fin l'enleva de ce séjour de misères, dans sa cinquante huictième année. Bien qu'il eûst extrêmement redouté la mort (il y avait : *dans le temps qu'elle*) lorsqu'elle estoit encore loin de lui, il la vid de près sans s'estonner, et mourut beaucoup plus rempli d'espérance que de crainte, dans une entière résignation à la volonté de Dieu. Sa perte affligea sensiblement ses amis, entre lesquels il pouvoit compter les plus considérables personnes du Royaume, et il fut regretté du Roy mesme. Son humilité et l'affection particulière qu'il eût toujours pour cette Maison*** (il y avait : *de Port Royal des Champs*), où il avoit receû dans sa jeunesse les premières instructions du christianisme, lui firent souhaiter d'estre enterré sans (il y avait : *nulle*) pompe aucune dans le Cimetière, avec les humbles serviteurs de Dieu qui y reposent, et auprès desquels il a esté mis, selon qu'il l'avoit ordonné par son testament.

O Toi qui que tu sois que la piété attire en ce sainct Lieu, plains dans un si excellent homme la (il y avait : *triste*) courte destinée de tous les Mortels, et quelque grande idée que te puisse donner de lui sa réputation, souviens toy que ce sont des prières, et non pas de vains éloges qu'il te demande.

III. — *La même épitaphe, copiée par M. l'abbé Boileau, chanoine de la Sainte Chapelle, et corrigée par M. Boileau Despréaux, son frère.*

(Ce titre est d'une écriture du temps de la confection du recueil. Les mots en italique, dans l'épitaphe, sont de la main de Boileau, et ceux entre parenthèse, biffés par lui, comme tout le reste, de la main de son frère.)

Ici repose le corps de Messire Jean Racine, Trésorier de France, Secrétaire du Roy, Gentilhomme ordinaire de sa Maison, et l'un des quarante de l'Académie françoise, qui, après avoir longtemps (charmé la France) *brillé aux yeux des hommes* par ses excellentes poësies profanes (consacra ses muses à Dieu, et les employa uniquement à louer le seul objet digne de louange) *renonça* (*entièrement*) *à cette vaine gloire et emploia uniquement ses vers à célébrer les louanges de Dieu. Les raisons indispensables qui l'atta*choient à la Cour l'empêchèrent de quitter le monde, mais elles ne l'empêchèrent pas de s'acquitter exactement, au milieu du monde, de tous les devoirs de la piété et de la religion. Il fust choisy avec un de ses amis, par le Roy Louis le Grand, pour rassembler en un corps d'histoire les merveilles de son règne, et il estoit occupé à ce grand ouvrage lorsque tout à coup il fust attaqué d'une longue et cruelle maladie qui à la fin, l'enleva de ce séjour de misères en sa cinquante (huitiesme) neufième année. Bien qu'il eut extrêmement redouté la mort lorsqu'elle estoit encore loin de luy, il la vid de près sans s'estonner, et mourut beaucoup plus remply d'espérance que de crainte dans une parfaite résignation à la volonté de Dieu. Sa perte affligea sensiblement ses amis, entre lesquels il pouvoit compter les plus considérables personnes du Royaume, et il fust regretté du Roy mesme. Son humilité, et l'affection particulière qu'il avoit pour cette maison de Port-Royal des Champs, où il avoit receu dans sa jeunesse les premières instructions du christianisme, luy firent souhaitter d'estre enterré sans aucune pompe dans ce cymetière avec les humbles serviteurs de Dieu qui y reposent, et auprès desquels il a esté uni, selon qu'il l'avoit ordonné par son testament.

O toy qui que tu sois, que la piété attire en ce saint lieu, plains dans un si excellent homme la triste destinée de tous les mortels, et quelque grande idée que te puisse donner de luy sa réputation, souviens toy que ce sont des prières, et non pas de vains éloges qu'il te demande.

IV. — *Réponse de Boileau à un Mémoire de Claude Perrault.*

M. Despréaux respond au petit mémoire que je lui ay présenté de la part de M. Perrault :

1º Qu'il est absolument faux qu'il ayt jamais donné parole à M. Perrault, quand ils s'embrassèrent, de ne rien oster de ses ouvrages. Que l'accommodement se fit au Louvre fort brusquement, en présence de plusieurs personnes, sans qu'il y eust aucune condition exigée de part ni d'autre. Qu'à la vérité M. Perrault depuis luy a dit quel-

quelfois lorsqu'ils se sont veûs, qu'il espéroit que M. Despréaux, à la 1re édition qu'on feroit de son livre, voudroit bien adoûcir quelques endroits un peu durs, et que M. Despréaux lui avoit respondu sur cela assés obligeamment sans pourtant s'engager à rien. Qu'au reste, M. Despréaux veut bien avoüer que dans la pensée qu'il avoit que M. Perrault estoit revenu de bonne foy, il s'estoit résolu en lui mesme, et par le seul principe d'honnestetés, lorsqu'on réimprimeroit son livre, de faire quelque chose d'obligeant pour M. Perrault, non pas en ostant rien de ce qu'il a mis dans ses remarques, puisque cela ne serviroit plus de rien, mais en lui escrivant quelque lettre agréable où il auroit badiné sur leur querelle, et où il auroit faict voir qu'il a quelque estime pour lui. Que c'estoit dans cette veüe qu'il avoit déja faict par avance, une Épigramme où il lui marque cette estime.

2°. Qu'on n'a point faict depuis ce temps là, de nouvelle édition de son livre, et qu'il ne sçait pas quand on en fera une, et qu'ainsi c'est une querelle d'Allemand que lui faict par avance M. Perrault, de gayeté de cœur.

3°. Qu'il n'est point vrai qu'il ayt jamais attaqué M. Perrault en son honneur puisqu'il ne l'a jamais accusé que d'ignorance, et de manque de justesse d'Esprit, qui est un reproche très ordinaire entre les gens de lettres, quand ils escrivent l'un contre l'autre, et que pour ce qui regarde l'endroit de sa famille, ce reproche n'a jamais esté fondé que sur une équivoque, dont M. Despréaux s'est éclairci d'une manière à ne plus laisser d'ambiguité.

4°. Qu'il est estrange que dans le temps que M. Perrault veut exiger de M. Despréaux qu'il oste de son livre quelques endroits où il l'accuse un peu fortement d'ignorance, il ne parle point, lui, d'oster de plusieurs livres qu'il a faicts toutes les infamies qu'il a dites de M. Despréaux, qu'il traite en propres mots de médisant, de calomniateur — d'homme qui n'a jamais songé qu'à bastir sa réputation sur la ruine de celles des autres, et qu'il ne croit pas en estat de faire son salut.

5° Que M. Despréaux n'a point exigé de M. Perrault, dans leur accommodement, que M. Perrault n'escrivit point contre lui, cela lui estant fort indifférent. Que tout ce que M. Despréaux lui demande, c'est que le livre qu'il voict bien que M. Perrault veut faire contre lui, ne soit point un de ces ouvrages fabriqués à la haste comme sont beaucoup d'ouvrages du mesme auteur. M. Despréaux se flatte d'avoir assés de nom dans les lettres pour mériter qu'on fasse contre lui, quelque ouvrage solide et digne qu'il y responde.

6° Que M. Despréaux espère que M. Perrault trouvera bon, puisqu'il veut que leur querelle se renoue, que M. Despréaux donne au public deux ou trois ouvrages qu'il avoit commencés contre M. Perrault, et qu'il a supprimés en s'accommodant.

7° Qu'il ne tiendra pourtant qu'à M. Perrault que l'accommodement ne demeure au mesme estat qu'il estoit, M. Despréaux ne cherchant point à se faire de nouveaux démeslés, et se faisant mesme un point de conscience embarrassant, d'estre obligé de se servir contre M. Perrault d'un talent qui n'a pas faict de bien à M. l'Abbé Cotin.

8° Qu'il donne permission à M. Perrault de le traiter dans sa réponse, autant qu'il voudra, d'ignorant et d'Homme qui ne sçait rien, puisque ce ne sont point les Ouvrages d'autrui, mais nos propres Ouvrages qui nous font mépriser par le Public. Il lui respond mesme que sa famille ne se scandalizera point de tout ce qu'il pourra dire, non plus qu'elle ne s'est point scandalizée de près de quatre vingt libelles qu'on a faicts contre lui, et auquel il voit bien qu'on veut ajouter le quatre vingt unième.

V. — *Boileau à M. le Duc de Vivonne (à Messine, 1676).*

Monseigneur,

Sans une maladie très violente qui m'a tourmenté pendant quatre mois, et qui m'a mis très longtemps dans un état moins glorieux à la vérité, mais presqu'aussi périlleux que celui ou vous estes tous les jours, vous ne vous plaindriés pas de ma paresse.

Avant ce temps-là je me suis donné l'honneur de vous écrire plusieurs fois, et si vous n'avés pas receu mes lettres, c'est la faute des Courriers, et non pas la mienne. Quoi qu'il en soit, me voilà guéri, je suis en état de réparer mes fautes, si j'en ai commis quelques unes; et j'espère que cette lettre-ci prendra une route plus seûre que les autres. Mais dites-moi, Monseigneur, sur quel ton faut-il maintenant vous parler? Je sçavois assés bien autre fois de quel air il falloit écrire à Monseigneur de Vivonne, général des Galères de France; mais oseroit-on se familiariser de mesme avec le libérateur de Messine, le vainqueur de Ruyter, le destructeur de la flotte espagnole? Seriés-vous le premier héros qu'une extrême prospérité ne pûst énorgueillir? Etes-vous encore ce mesme grand seigneur qui venoit souper chés un misérable poëte, et y porteriés vous sans honte vos nouveaux lauriers, au second et au troisième étage? Non, non, Monseigneur, je n'oserois plus me flatter de cet honneur. Ce seroit assés pour moi que vous fussiés de retour à Paris; et je me tiendrois trop heureux de pouvoir grossir les pelotons de peuple qui s'amasseroient dans les rûes pour vous voir passer. Mais je n'oserois pas mesme espérer cette joie. Vous vous êtes si fort habitué à gagner des batailles, que vous ne voulés plus faire autre métier.

Il n'y a pas moien de vous tirer de la Sicile. Cela accommode fort toute la France; mais cela ne m'accommode point du tout. Quelque belles que soient vos victoires, je n'en sçaurois être content, puisqu'elles vous rendent d'autant plus nécessaire au pays où vous êtes, et qu'en avançant vos conquêtes elles veulent votre retour. Tout passionné que je sois pour votre gloire, je chéris encore plus votre personne, et j'aimerois encore mieux vous entendre parler ici de Chapelain et de Quinault, que d'entendre la renommée parler si avantageusement de vous. Et puis, Monseigneur, combien pensés vous que votre protection m'est nécessaire en ce pays, dans les démeslés que j'ai incessamment sur le Parnasse? Il faut que je vous en conte un, pour vous faire voir que je ne vous ments pas.

Vous saurés donc, Monseigneur, qu'il y a un médecin à Paris nommé M*** (*Perrault;* ce nom est rayé par Boileau), très grand ennemi de la santé et du bon sens, mais en récompense fort grand ami de M. Quinault. Un mouvement de pitié pour son pays, ou plutost le peu de gain qu'il faisoit dans son métier, lui en a fait à la fin embrasser un autre. Il a lu Vitruve, il a fréquenté M. Le Vau et M. Ratabon, et s'est enfin jetté dans l'Architecture, où l'on prétend qu'en peu d'années, il a autant élevé de mauvais bâtimens, qu'estant médecin il avoit ruiné de bonnes santés. Ce nouvel architecte qui veut se mesler aussi de poësie, m'a pris en haine sur le peu d'estime que je fesois des ouvrages de son cher Quinault. Sur cela, il s'est déchainé contre moi dans le monde. Je l'ai souffert quelque temps avec assés de modération; mais enfin la bile satirique n'a pu se contenir, si bien que, dans le quatrième chant de ma poëtique, à quelque temps de là, j'ay inséré la métamorphose d'un médecin en architecte. Vous l'y avés peut être veue; elle finit ainsi :

Notre assassin renonce à son art inhumain,
Et, désormais la Règle et l'Équierre à la main,
Laissant de Galien la science suspecte,
De méchant médecin devient bon architecte.

Il n'avoit pas pourtant sujet de s'offenser, puisque je parle d'un médecin de Florence, et que d'ailleurs il n'est pas le premier médecin qui, dans Paris, ayt quitté sa robe pour la truelle. Ajoutés, que si en qualité de médecin il avoit droit de se fascher, vous m'avoûrés qu'en qualité d'Architecte il me devoit des remercîmens. Il ne me remercia pas pourtant; au contraire, comme il a un frère chés M. Colbert, qui est lui mesme emploié dans les bastimens du Roi, il cria fort haut contre ma hardiesse; jusques là que mes amis eurent peur que cela ne me fist une affaire auprès de cet illustre ministre. Je me rendis donc à leurs remontrances, et pour raccommoder toutes choses, je fis une réparation sincère au médecin, par l'Épigramme que vous allés voir :

Oui, j'ai dit dans mes vers qu'un célèbre assassin,
Laissant de Galien la science infertile,
D'ignorant médecin devint masson habile.
Mais de parler de vous je n'eus aucun dessein,
Lubin, ma muse est trop correcte,
Vous estes, je l'avoue, ignorant médecin :
Mais non pas habile architecte.

Cependant regardés, Monseigneur, comme les esprits des hommes sont faits, cette réparation, bien loin d'appaiser l'Architecte l'irrita encore davantage. Il gronda, il se plaignit, il me menaça de me faire oter ma pension. A tout cela je répondis, que je craignois ses remèdes et non pas ses menaces. Le dénouement de l'affaire est que j'ai touché ma pension, que l'architecte s'est brouillé auprès de M. Colbert, et que, si Dieu ne regarde en pitié son peuple, notre homme va se rejetter dans la médecine.

Mais, Monseigneur, je vous entretiens là d'étranges bagatelles. Il est temps, ce me semble, de vous dire que je suis, vostre, etc.

Despréaux.

VI. — *Maucroix, chanoine de Reims, à Boileau.*

A Reims, le 2 nouembre 1683.

Je vous supplie, Monsieur, de me faire une grace, c'est de donner six louis d'or à notre ami Cassandre, il a besoin de cette petite somme pour acheuer une constitution de rente, ou quelque bâtiment qu'il a entrepris; quoiqu'il en soit, il en a besoin. Je vous prie de les luy donner, et je vous les feray rendre par monsieur Rainssant qui sera dans quinze jours à Paris; car vous sçaurez que M. L'archeuêque de Reims nous enleue notre Esculape, et le donne à monsieur de Louuoy pour son médecin; il faudra être bien mal conseillé pour tomber malade à l'auenir, dans la cité du sacre; ce sera bien cette fois là qu'on dira: personne ne voudra plus être malade. Enfin, M. Rainssant nous quitte pour être médecin de M. de Louuoy. Nous vous l'auons gardé jusques ici, vous en jouïrez à Versailles et à Saint-Germain. Je luy dois cette justice de vous asseurez qu'il n'y a personne qu'il ayme plus que vous, après qu'il a dit sur le bel esprit tout ce que tout le monde en dit; mais, outre cela, quelle bonté d'homme. Il m'a mené à sa maison de Campagne, il m'a régalé, il a fait cecy, cela, pour moy.

Il ne s'épuise point la dessus, vous pouuez croire que je ne luy impose point silence, quand il parle de la sorte, car asseurément on ne peut pas être plus votre très humble serviteur que je le suis.

MAUCROIX.

On m'a dit que vous êtes délogé, et que présentement vous habitez le palais du Silence, c'est-à-dire le cloistre de Notre-Dame. Dieu vous y conserue longues années, si je retourne jamais à Paris, je ne manqueray pas de vous aller rendre mes deuoirs. Je vois votre maison d'icy. Mes baises-mains, s'il vous plaist, à M. de Puymorins et à M. Racine. Je ne sçay si La Fontaine luy aura dit que M. de Colligny n'a pas icy les papiers dont vous auez besoin. Il sera bien tost à Paris, vous pourrez le voir, il loge rue des Bons-Enfans, ce me semble, c'est une rue ou sont les écuries du Palays Royal, rue qu'on a élargie, et où l'on a fait beaucoup de belles maisons.

VII. — *Maucroix à Boileau.*

18 décembre (1683).

J'appris hier auec bien du déplaisir la perte que vous auez faite, j'y prends, je vous asseure, beaucoup de part. Monsieur vostre frère étoit un honeste et aggréable garçon, et comme toute sa vie, il m'a fait l'honneur de me témoigner de l'amitié, sa mort me touche sensiblement. Je ne suis pas le seul qui en aura du regret. Monsieur le cheualier de Syllery passa hier par cette ville et m'en témoigna de la douleur. Je lui en sceus un fort bon gré, j'auois bien appris, et par M. Rainssant, que monsieur de Puymorins étoit malade, mais je le cognoissois d'un tempéremment vigoureux, et je ne m'imaginois pas que cela pût auoir de fâcheuses suittes. Enfin, Monsieur, il nous a appris ce qu'il nous faut faire; on ne vient au monde que pour en sortir.

Je commence à faire ces réflexions un peu plus souuent

que je ne faisois quand j'étois plus jeune, tant qu'il plaira au Seigneur de me laisser icy je vous asseure, Monsieur, que personne ne vous estimera plus que moy, ny ne prendra plus de part que je fais, au bien et au mal qui vous arriuera.

Votre très humble et très obeissant serviteur.

MAUCROIX.

VIII. — *Boileau à Racine* [1].

A Auteuil, 19ᵉ mai (1687).

Je voudrois bien vous pouvoir mander que ma voix est revenue, mais la vérité est qu'elle est au mesme estat que vous l'avés laissée, et qu'elle n'est haussée ny baissée d'un ton. Rien ne la peut faire revenir, mon asnesse y a perdu son latin, aussy bien que tous les médecins (à la réserve), *toute la différence qu'il y a entre eux et elle, c'est* que son lait (m'engraisse) *m'a* engraissé, et que leurs remèdes me (desséchoient) *dessèchent*. Ainsi, mon cher Monsieur, me voilà aussi muet et aussi chagrin que jamais. J'aurois bon besoin de vostre vertu, et surtout de vostre vertu chrestienne pour me consoler; mais je n'ay pas esté élevé, comme vous, dans le sanctuaire de la piété; et, à mon avis, une vertu (moliniste) *ordinaire* ne sçauroit que blanchir contre un aussi juste sujet de s'affliger qu'est le mien.

Il me faut de la grace, et de la grace *augustinienne* la plus efficace, pour m'empescher *de me désespérer;* car je

---

1. Cette lettre, et celles qui suivent sous les nᵒˢ XI, XII, XIII, XIV, XV, XVI et XVII, sont de l'écriture de Jean-Baptiste Racine, fils aîné de Jean Racine; Boileau les a corrigées de sa main. Les parties supprimées par lui ont été rétablies ici entre parenthèses, et les corrections mises en italique. — Nous donnons ces lettres, ainsi que toutes celles qui suivent, dans leur ordre de placement dans le recueil, et non, comme il le faudrait, dans l'ordre chronologique.

doute que la grâce molinienne, la plus suffisante, suffise pour me soutenir dans l'abbattement où je suis. Vous ne sçauriés vous imaginer à quel excez va cet abbattement, et quel mépris il m'inspire pour toutes les choses de la terre, sans néantmoins (ce qui est de plus fâcheux) m'inspirer un assés grand goust (de Dieu) des choses du ciel. Quelque (détaché) insensible pourtant (que je sois des choses de cette vie) qu'il m'ayt rendu pour tout ce qui se passe ici bas, je ne suis pas encore indifférent (pour) sur ce qui regarde la gloire du Roy. Vous me ferés donc plaisir de me mander quelques particularités de son voyage, puisque tous ses pas sont historiques, et qu'il ne fait rien qui ne soit digne, pour ainsi dire, d'estre raconté à tous les siècles. Je vous aurai aussi beaucoup d'obligation, si vous voulés en mesme temps m'écrire des nouvelles de vostre santé. Je meurs de peur que vostre mal de gorge ne soit aussi persévérant que mon mal de poitrine. Si cela est, je n'ai plus d'espérance d'estre heureux, ny par autruy, ny par moy mesme.

On me vient de dire que Furetière a esté à l'extrémité, et que, par l'avis de son confesseur il a envoyé quérir tous les Académiciens offensés *dans son factum*, et qu'il leur a faict une amende honorable dans les formes, mais qu'il se porte mieux maintenant. J'auray soin de m'esclaircir de la chose, et je vous en manderay le détail. Le Père (Souvenin) S*** a dîné aujourd'hui chés moy, et m'a fort prié de vous faire ses recommandations. Je vous les fais donc, et en récompense, je vous conjure de bien faire les miennes au cher M. Félix. Pourquoy faut-il que je ne sois pas avec luy et avec vous, ou que je n'aye pas du moins une voix pour crier contre la fortune, qui m'a envié ce bonheur?

Dites bien aussi à M. le marquis de (Termes) T***, que je songe à luy dans mon infortune, et qu'encore que je sçache assés combien les gens de Cour sont peu touchés des malheurs d'autrui, je le tiens assés galant homme pour me plaindre.

Maximilien m'est venu voir à Auteuil, et m'a lû quelque chose de son Théophraste. C'est un fort (bon) *honneste* homme, et à qui il ne manqueroit rien, si la nature l'avoit fait aussi agréable qu'il a envie de l'estre. Du reste, il a de l'*esprit*, du sçavoir, et du mérite.

Je vous donne le bon soir, et suis tout à vous.

DESPRÉAUX.

Nous parlons quelquefois de vers, et il ne me parle point sottement. Il m'en lut l'autre jour un assés grand nombre de très méchans qui ont esté faicts l'année passée dans Bourbon mesme, à l'occasion des eaux de Bourbon. Il me parut qu'il estoit aussi dégousté de ces vers que moi, et pour vous montrer que je ne suis encore guéri de rien, c'est que je ne pûs m'empescher de faire sur le champ, à propos de ces misérables vers, cette Épigramme que j'adresse à la Fontaine mesmes de Bourbon :

 Oui, vous pouvés chasser l'humeur apoplectique,
 Rendre le mouvement au corps paralytique,
 Et guérir tous les maux les plus invétérés ;
 Mais quand je lis ces vers par votre onde inspirés,
  Il me paroist, admirable Fontaine,
 Que vous n'eustes jamais la vertu d'Hippocrene.

IX. — *Boileau à Racine.*

A Auteuil, 26e mai (1687).

Je ne me suis point hasté de vous respondre, parce que je n'avois rien à vous mander que ce que je vous avois déjà escrit dans ma première lettre. Les choses sont changées depuis. J'ay quitté au bout de cinq semaines, le laict d'asnesse, parce que, non seulement il ne me rendoit point la voix, mais qu'il commençoit à m'oster la santé, en me donnant des dégousts et des espèces d'émotions tirant à fièvre.

Tout ce que vous a dit M. Dodart est fort raisonnable, et je veux croire sur sa parole que tout ira bien. Mais, entre nous, je doute que ni lui, ni personne connôisse bien ma maladie, ni mon tempérament. Quand je fus attaqué de la difficulté de respirer, il y a 25 ans, tous les Médecins m'asseuroient que cela s'en iroit, et se moquoient de moi quand je tesmoignois douter du contraire. Cependant cela ne s'est point en allé, et j'en fus encore hier incommodé considérablement. Je sens que cette difficulté de respirer est au mesme endroit que ma difficulté de parler, et que c'est un poids fort extérieur que j'ay sur la poitrine, et qui les cause l'une et l'autre. Dieu veuille qu'Elles n'ayent pas faict une société inséparable! Je ne vois que des gens qui prétendent avoir eu le mesme mal que moi, et qui en ont esté guéris; mais outre que je ne sçais au fond s'ils disent vrai, ce sont pour la pluspart, des femmes ou de jeunes gens qui n'ont point de rapport avec un homme de cinquante ans, et d'ailleurs si je suis original en quelque chose, c'est en infirmités, puisque mes maladies ne ressemblent jamais à celles des autres.

Avec tout ce que je vous dis, je ne me couche point que je n'espère, le lendemain, m'éveiller avec une voix sonore, et quelquefois mesme après mon réveil, je demeure longtemps sans parler, pour m'entretenir dans mon espérance. Ce qui est de vrai, c'est qu'il n'y a point de nuict que je ne recouvre la voix en songe; mais je reconnois bien dans la suitte que tous les songes, quoiqu'en dise Homère, ne viennent pas de Jupiter, ou il faut que Jupiter soit un grand menteur. Cependant je mène une vie fort chagrine et fort peu propre aux conseils de M. Dodart; d'autant plus que je n'oserois m'appliquer fortement à aucune chose, et qu'il ne me sort rien du cerveau qui ne me tombe sur la poitrine, et qui ne me ruine encore plus la voix.

Je suis bien aise que vostre mal de gorge vous laisse au moins plus de liberté, et ne vous empesche pas de contempler les merveilles qui se font à Luxembourg. Vous avés raison d'estimer comme vous faictes M. de Vauban: C'est un des hommes de nostre siècle, à mon avis, qui a le plus prodigieux mérite; et pour vous dire en un mot ce que je pense de lui, je crois qu'il y a plus d'un Mareschal de France, qui quand il le rencontre, rougit de se voir Mareschal de France.

Vous avés faict une grande acquisition en l'amitié de M. d'Espagne, et c'est ce qui me faict encore plus déplorer la perte de ma voix, puisque c'est vraisemblablement ce qui m'a faict aussi manquer cette acquisition. J'escris à M. de Flamarin. Je veux croire que nostre cher M. Félix est le plus malade de nous trois; mais si ce que vous me mandés est véritable, l'affliction qu'il en a, est une affliction à la *Puimorine*, je veux dire fort dévorante, et qui ne lui a pas faict perdre la mémoire des solcs et des longes de veau. Faictes lui bien mes baisemains, aussi bien qu'à M. de Termes, à M. de Nyert et à M. Moreau.

Adieu, mon cher Monsieur, aimés moi toujours, et croiés que je vous rendrai bien la pareille.

DESPRÉAUX.

X. — *Boileau à madame Manchon, sa sœur.*

A Bourbon, 31e juillet 1687.

C'est aujourd'hui le dixième jour que je prends des eaux, et pour vous dire l'effect qu'elles ont produit en moi, elles m'ont causé de fort grandes lassitudes dans les jambes, excité de grandes envies de dormir, et produit beaucoup d'effects qui ont contenté de reste les Médecins, mais qui ont jusqu'ici très peu satisfaict le malade, puisque je demeure toujours sans voix, avec très peu d'appétit, et une assés grande foiblesse de corps, quoiqu'on m'eust dit d'abord, qu'à peine j'aurois gousté des eaux, que je me trouverois tout renouvellé, et avec plus de force et de vigueur qu'à l'âge de vingt-cinq ans. Voilà au vrai, ma chère Sœur, l'estat où je me trouve, et si je n'avois faict provision, en partant, d'un peu de piété et de vertu, je vous avoue que je serois fort désolé ; mais je vois bien que c'est Dieu qui m'éprouve, et je ne sçais mesme si je lui dois demander de me rendre la voix, puisqu'il ne me l'a peut-estre ostée que pour mon bien, et pour m'empescher d'en abuser. Ainsi, je m'en vais regarder dorénavant, les eaux et les médecines que j'avalerai, comme des pénitences qui me sont imposées, plutost que comme des remèdes qui doivent produire ma santé corporelle, et certainement, je doute que je puisse mieux faire voir que je suis résigné à la volonté de Dieu, qu'en me soumettant au joug de la médecine, qui est ici toute la mesme qu'à Paris, excepté que les Médecins y sont un peu plus appliqués à leurs malades, et pensent au moins à leurs maladies dans le temps qu'ils sont avec eux. Je ne nierai pas pourtant que les eaux ne m'ayent déjà faict du bien, puisqu'ayant eu cette nuict la respiration fort embarrassée, ce matin, aussi-tost après avoir pris mes eaux, je me suis trouvé fort dégagé. Il faut donc aller jusqu'au bout ; et si je ne puis guérir, ne pas donner du moins occasion aux hommes de dire que je n'ay pas faict ce qu'il falloit pour me guérir.

J'ay lié depuis que je suis ici, une très estroite connoissance avec M. l'Abbé de Sales, Trésorier de la saincte Chapelle de Bourbon. Je ne sçais comment je pourrai recon-

SUPPLÉMENT. 383

noistre les bontés qu'il a pour moi. Il me tient lieu ici de frères, de parens et d'amis, par les soins qu'il prend de tout ce qui me regarde. C'est un ami intime de M. de Lamoignon, et qui seroit asseurément digne Trésorier de la Ste Chappelle de Paris.

« Il est arrivé ici depuis cinq ou six jours un pauvre homme paralytique de la moitié du corps, avec une recommandation de Madame de Montespan pour estre receu à la Charité qu'on y a establie. La recommandation estoit escrite et signée par Madame de Jussac, et j'ay attesté aux Maistres et aux Dames de la Charité qu'il ne venoit point à fausses enseignes; mais ni cette recommandation, ni toutes mes prières ne les ont pu obliger à le receyoir. Ils ont pris pour prétexte que la Charité ne devoit s'ouvrir qu'à la fin du mois prochain. Je me suis réduit à leur demander seulement qu'ils le logeassent, et que du reste je ferois toute la dépense qu'il faudroit pour le nourrir, et pour le faire panser; mais ils m'ont encore impitoyablement refusé cela. De sorte qu'à la fin ne pouvant me résoudre à le voir peut estre mourir sur le pavé, je lui ay faict donner une chambre dans la maison que j'occupe, où il est traité et servi comme moi. Il y a peut estre dans ce que je vous dis là une petite vanité Pharisienne. (*Mais, quoi qu'il en soit, cela est comme je vous l'escris.* — Ceci, d'une correction postérieure à l'envoi de la lettre, paraît avoir été biffé presque aussitôt qu'écrit.) Je vous prie de le faire sçavoir à M. Racine, affin que dans l'occasion il tesmoigne à M. et à Madame de Jussac que leur nom n'a pas peu contribué en cette rencontre à exciter ma piété. Je suis tout à vous.

DESPRÉAUX.

« Dites, je vous prie, à M. de Sirmond qu'il se donne la

1. Ce post-scriptum, d'une grande page pleine in-4, a été effacé avec

peine de s'enquérir de M. Dongois, de M. de Lamoignon, ainsi que des nouvelles de Languedoc, et de me le mander. Son frère est arrivé ici avec tout ce qu'il y a de bestes en Auvergne, et je ne sçaurai pas jamais trouver la fin de tous les dindons qu'il m'a apportés. J'ay escrit sur cela à Clermont. J'ay receu la lettre de M. de Baville. Ne me parlés point d'Auteuil, ce n'est pas pour moi que j'ay semé, et à peine Dieu m'a-t-il donné une maison de campagne, qu'il m'a interdit tout espoir d'en jouir. Entre nous, si la voix ne me revient, non seulement je doute que je revoye jamais Auteuil, mais je ne scais si vous me reverrés jamais. Mes recommandations à toute la famille en général, et en particulier pour cette fois, à madame Dongois la mère, et à M. l'abbé son fils. M. de La Chappelle et Mme de La Chappelle auront les renseignements nécessaires dans la première lettre.

Je suis bien fasché de l'accident qui est arrivé à Mlle Marianne Marchand. Je ne puis rien mander sur cela à M. Marchand que je ne sçache l'estat (de) ce qui sera arrivé d'une si violente (chute ou secousse), parce qu'il m'a escrit un nombre infini de plaisanteries auxquelles je ne sçaurois respondre avant de sçavoir auparavant s'il faut pleurer ou s'il faut rire (de cela) avec lui. Cependant, je vous prie de bien tesmoigner à cette demoiselle, à vostre arrivée, que je lui ay bien de l'obligation de son souvenir, et du petit compliment qu'elle vous a escrit dans la lettre de M. son père. Je scais en quelle école elle a appris à avoir pitié des misérables, et je sens bien, au moins que ce n'est pas en la ville de Clermont. Elle est dans une fort grande réputation à Bourbon, et tous, jusques aux Capucins mesme,

soin par Boileau. Nous avons pu le rétablir presque entièrement, quoiqu'il y ait plusieurs passages tout couverts d'encre.

m'en ont parlé avec une estime particulière. Il faut bien qu'ils ne sçachent pas qu'elle est hérétique, et janséniste, qui pis est. Je l'attens à Bourbon, avec M. son père, dans vingt cinq jours. Je m'en vais faire préparer une sale pour le bal que je leur dois donner à leur arrivée. Cela s'entend supposé que ma voix soit revenue. Car ce seroit une chestive chose qu'un galant qui ne pourroit point dire aux violons : *joués*.

XI. — *Boileau à Racine.*

A Bourbon, 9ᵉ aoust (1687).

Je vous demande pardon du gros paquet que je vous envoie; mais M. Bourdier, mon médecin, a cru qu'il estoit de son devoir d'escrire à M. Fagon sur ma maladie. Je lui ay dit qu'il falloit que M. Dodart vit aussi la chose; ainsi nous sommes convenus de vous adresser sa relation avec un cachet volant, afin que vous la fissiés voir à l'un et à l'autre [1].

Je vous envoie, *Monsieur*, un compliment pour M. de La Bruyère. J'ay esté sensiblement affligé de la mort de M. De St Laurent. Franchement, nostre siècle se dégarnit fort de gens de mérite et de vertu, et sans ceux qu'on a étouffés sous prétexte de j^{sm}, en voilà un grand nombre que la mort a enlevé depuis peu. Je plains fort le pauvre M. de Saintot. Je ne vous dirai point en quel estat est ma poitrine, puisque mon médecin vous en écrit tout le détail. Ce que je vous puis dire, c'est que ma maladie est une de ces sortes de choses *quæ non (recipiunt) admittunt magis et minus*, puisque je suis environ au mesme estat que j'es-

---

[1]. Il parle de l'histoire du roi dont ils étaient tous deux continuellement occupés. L. Racine, p. 105.

tois lorsque je suis arrivé. On me dit pourtant tousjours, comme à Paris, que (cela) *ma voix* reviendra, et c'est ce qui me désespère, (cela) *ma voix* ne revenant point. Si je sçavois que je deusse estre sans voix toute ma vie, je m'affligerois sans doute, mais je prendrois ma résolution, et je me trouverois peut estre moins malheureux que dans un estat d'incertitude qui ne me permet pas de me fixer, et qui me laisse tousjours comme un coupable qui attend le jugement de son procès. Je m'efforce pourtant de traisner icy ma misérable vie du mieux que je puis, avec un abbé très honneste homme qui y est, *comme je vous l'ay déjà dit*, Trésorier d'une sainte chappelle (mon médecin et mon apotiquaire), et *avec mes médecins*. Je passe le temps avec eux à peu près comme Don Quichot le passoit *en un Lugar de la Mancha*, avec son curé, son Barbier et le Bachelier Sanson Carasco. J'ay aussi ma servante, il me manque une nièce, mais de tous ces gens là, celuy qui joüe le mieux son personnage, c'est moy qui suis presque aussi fou que (luy) *ce bon gentilhomme* et qui ne dirois *peut estre, à l'heure qu'il est*, guères moins de sottises *que lui*, si je pouvois me faire entendre.

Je n'ay point esté surpris de ce que vous m'avés mandé de M. H*** (Hessein). *Naturam expellas furca, tamen usque recurret*. Il *est très galant homme*, a d'ailleurs de très bonnes qualités; mais à mon avis, puisque je suis (sur la citation) en train de parler de D. (Quixotte). *Guichot*, il n'est pas mauvais de garder avec (luy) *notre ami* les mesmes mesures (qu'avec) *qu'on gardoit avec* Gardinio. Comme il (veut tousjours) *se plaist* à contredire, il ne seroit pas mauvais de le mettre avec cet homme (que vous sçavés de nostre assemblée) *de notre assemblée, lequel, comme vous sçavés*, ne dit jamais rien (qu'on) *qui* ne doive (contredire) *estre* contredit; ils seroient merveilleux ensemble. Adieu, mon cher Monsieur, conservez moy toujours une amitié qui fait ma plus grande consolation.

J'ay déja formé mon plan pour l'année 1667, où je vois de quoy ouvrir un beau champ à l'esprit; mais, à ne vous rien déguiser, il ne faut pas que vous fassiés un grand fonds sur moy, tant que j'aurai tous les matins à prendre douze verrées d'eau, qu'il coute encore plus à rendre qu'à avaler, et qui vous laissent tout étourdi le reste du jour, sans qu'il soit permis de sommeiller un moment. Je ferai pourtant du mieux que je pourrai, et j'espère que Dieu m'aidera.

Vous faites bien de cultiver madame de Maintenon; jamais personne ne fut si digne qu'elle du poste qu'elle occupe, et c'est la seule vertu où je n'ay point encore remarqué de défauts. L'estime qu'elle a pour vous est une marque de son bon goust. Pour moy, je ne me compte pas au rang des choses vivantes.

     Vox quoque Mœrim
Jam fugit ipsa : lupi Mœrim videre priores.

        DESPRÉAUX.

XII. — *Boileau à Racine.*

A Bourbon, 20e juillet 1687.

Depuis ma dernière lettre, j'ai été saigné, purgé, etc., et il ne me manque plus aucune des formalités prétendues nécessaires pour prendre des eaux. La médecine que j'ay prise aujourd'huy m'a fait, à ce qu'on dit, tous les biens du monde; car elle m'a faict tomber quatre ou cinq fois en foiblesse, et m'a mis en tel estat qu'à peine je me puis soutenir.

C'est demain, Monsieur, que (je dois commencer le grand

chef-d'œuvre ; je veux dire) *je dois faire la première épreuve de la vertu enchantée des sources de Bourbon. Je veux dire*, que je dois (demain) commencer à prendre des eaux. (M. Bourdier) Mon Médecin me remplit toujours de grandes espérances; il n'est pas de l'avis de M. Fagon pour le bain, et cite mesme des exemples de gens qui, non seulement, n'ont pas recouvert la voix, mais qui l'ont perdue pour s'estre baignés. Du reste, on ne peut pas faire plus d'estime de M. Fagon qu'il en fait, et il le regarde comme (l'Esculape de ce temps) l'*Hippocrate de nos jours.* J'ay fait connoissance avec deux ou trois malades, qui valent bien des gens en santé. J'en ay trouvé un mesme avec qui j'ai étudié autrefois, et qui est fort galant homme. Ce ne sera pas une petite affaire pour moy que la prise des eaux, qui sont, dit-on, fort endormantes, et avec lesquelles néanmoins il faut absolument s'empêcher de dormir ; ce sera un noviciat terrible *pour un aussi déterminé dormeur que moi; mais que ne faict-on point pour (avoir de quoy) estre en estat de* contredire (M. Charpentier) M. *** ?

Je n'ay pas encore eu de temps pour me remettre à l'estude, parce que j'ay esté assés occupé des remèdes, pendant lesquels on m'a deffendu surtout l'application.

Les eaux, dit-on, me donneront plus de loisir, et pourveu que je ne m'endorme point, on me laisse toute liberté de lire et mesme de composer. Il y a icy un Thrésorier de la Ste Chappelle, grand ami de M. de Lamoignon, qui me vient voir fort souvent. Il est homme de beaucoup d'esprit, et s'il n'a pas la main si prompte à répandre les bénédictions que le fameux M. de *Coutances*, il a en récompense beaucoup plus de lettres et beaucoup plus de solidité *d'esprit.* Je suis tousjours fort affligé de ne vous point voir, mais franchement le séjour de Bourbon jusqu'icy ne m'a pas paru si horrible que je me l'estois imaginé. J'ay un jardin pour me promener, et je m'estois préparé à une si grande inquiétude, que je n'en ai pas la moitié de ce que j'en croiois avoir.

Celuy qui doit porter cette lettre à Moulins me presse fort, c'est ce qui fait que je me haste de vous dire que je n'ay (pas) *jamais* mieux conçu combien je vous aime, que depuis nostre triste séparation. Mes recommandations au cher M. Félix. Je vous supplie, quand mesme je l'aurois oublié dans quelques unes de mes lettres, de supposer tousjours que je vous ai parlé de luy, parce que mon cœur l'a faict, si ma main ne l'a pas escrit. Je vous embrasse de tout mon cœur.

Despréaux.

XIII. — *Boileau à Racine.*

A Moulins, 13e aoust 1687.

Mon médecin a jugé à propos de me laisser reposer deux jours, et j'ay pris ce temps pour venir voir Moulins, où j'arrivai hier matin, et d'où je m'en dois retourner aujourd'huy au soir. C'est une ville très marchande et très peuplée, et qui n'est pas indigne d'avoir un Thrésorier de France comme vous[1]. (Un) M. de Chamblain, ami de M. l'abbé de Sales, qui y est venu avec moi, m'y donna hier à souper fort magnifiquement. Il se dit grand ami de M. de Poignant, et connoit fort vostre nom aussy bien que tout le monde de cette ville, qui s'honore fort d'avoir un magistrat de vostre (force), *mérite*, et qui lui est si peu à charge.

Je vous ay envoyé par le dernier ordinaire (une très-

1. Il y a en marge, de la main de Boileau : M. Racine estoit trésorier de France à Moulins, charge que le Roy lui avoit donnée.

longue déduction) un très long *récit* de ma maladie, que M. *B**** (Boucher), mon médecin (écrit), *envoie* à M. Fagon ; ainsi vous en devez estre instruit *parfaitement* à l'heure qu'il est (parfaitement). Je vous dirai pourtant que dans cette relation il ne parle point de la lassitude des jambes et du peu d'appétit; si bien que tout le profit que j'ay faict jusqu'ici à boire des eaux, selon lui, consiste à un éclaircissement de teint *qu'il me semble pourtant*, ne lui en déplaise, que le hâle du voyage (avoit jauni plustôt que la maladie) *plutost que la maladie m'avait embruni* ; car vous sçavez bien qu'en partant de Paris je n'avois pas le visage trop mauvais, et je ne vois pas qu'à Moulins, où je suis, on me félicite fort présentement de mon embonpoint. Si j'ay escrit une lettre si triste à ma sœur, cela ne vient point de ce que je me sente beaucoup plus mal qu'à Paris, puisqu'à vous dire le vray, tout le bien et tout le mal mis ensemble, je suis environ en mesme estat que quand je partis, mais dans le chagrin *que j'ay* de ne point guérir (on), *il y a* quelquefois des moments où (la) *ma* mélancolie redouble, et je luy ai escrit dans un de ces moments. Peut estre dans une autre lettre verra-t-elle que je ris. Le chagrin est comme une fièvre qui a ses redoublemens et ses (suspensions) *diminutions*.

La mort de M. de Saint-Laurent est tout à fait édifiante, il me paroist qu'il a fini avec toute l'audace d'un philosophe et toute l'humilité d'un chrestien. Je suis persuadé qu'il y a des saints canonisés qui n'estoient pas plus saints que luy : on le verra un jour, selon toutes les apparences, dans les Litanies. Mon embarras est seulement comment on l'appellera, et si *en l'invoquant* on lui dira simplement Saint Laurent ou saint Saint Laurent. Je (n'admire) *n'estime* pas seulement M. de Chartres *du chagrin qu'il a eu de la mort de son Précepteur :* mais je l'aime, j'en suis fou !

Je ne sçais pas (qu'il) ce *que ce prince* sera dans la suitte, mais je sçais bien que l'enfance d'Alexandre, ny *celle* de Constantin n'ont jamais promis de si grandes choses que la sienne, et on ne pourroit (beaucoup plus) *très* justement faire de luy les prophéties que Virgile, à mon avis, a faites assés à la légère du fils de Pollion.

Dans le temps que je vous escris cecy, M. Amyot vient d'entrer dans ma chambre; il a précipité, dit-il, son retour à Bourbon pour me venir rendre service. Il m'a dit qu'il avoit veu, avant que de partir, M. Fagon, et qu'ils persistoient l'un et l'autre dans la pensée du demi-bain, quoy qu'en pussent dire Mrs Bourdier et Baudière; c'est une affaire qui se décidera demain à Bourbon. A vous dire le vray, mon cher Monsieur, c'est quelque chose d'assés fâcheux, que de se voir ainsi le jouet d'une science très conjecturalle, et où l'un dit blanc et l'autre noir : car les deux derniers ne soutiennent pas seulement que ce bain n'est point bon à mon mal, mais il prétendent qu'il y va de la vie, et citent sur cela des exemples funestes. Mais enfin me voilà livré à la médecine, et il n'est plus temps de reculer. Ainsi, ce que je demande à Dieu, ce n'est pas qu'il me rende la voix, mais qu'il me donne la vertu et la piété de M. de Saint Laurent, ou de M. Nicôle, ou mesme la vostre, puisqu'avec cela on se mocque des périls.

S'il y a quelque malheur dont on se puisse resjouir, c'est, à mon avis, de celui des Comédiens : Si on continue à les traitter comme (on fait) *vous me mandés qu'on les traitte*, il faudra qu'ils s'aillent établir entre la Villette et la porte St Martin; encore ne sçai-je s'ils n'auront point sur les bras le curé de St Laurent. Je vous ay une obligation infinie du soin que vous prenés (d'entretenir) *d'escrire si souvent à un* (misérable) *infortuné comme moy*. L'offre que vous me faites de venir à Bourbon, est tout à fait héroïque, mais il n'est pas nécessaire que vous veniés vous enterrer inutilement dans le plus vilain lieu du monde, et le chagrin que vous auriés infailliblement de vous y voir ne feroit qu'augmenter celui que j'ay d'y estre. Vous m'estes plus nécessaire à Paris qu'icy, et j'aime encore mieux ne vous point voir que de vous voir triste et affligé.

Adieu, mon cher Monsieur, mes recommandations à M. Félix (à M. De Termes) et à tous nos autres amis.

DESPRÉAUX.

XIV. — Boileau à Racine.

A Bourbon, 19e aoust 1687.

Vous pouvés juger, Monsieur, combien j'ay esté frappé de la (funeste) *triste* nouvelle que vous m'avés mandée de nostre pauvre amy. En quelque estat pitoyable néanmoins que vous l'ayés laissé, je ne sçaurois m'empescher d'avoir tousjours quelque rayon d'espérance, tant que vous ne m'aurés point écrit : Il (est mort) *n'est plus*, et je me flatte mesme qu'au premier ordinaire j'apprendrai qu'il est hors de danger. A dire le vray, j'ay bon besoin de me flatter ainsi, surtout aujourd'huy (que j'ay pris une médecine qui m'a fait tomber) *que je suis tombé* quatre fois en foiblesse, et (qui m'a jetté) *que je suis* dans un abbattement, dont mesme les plus agréables nouvelles ne seroient pas capables de me relever. Je vous avoüe pourtant que si quelque chose pouvoit me rendre la santé et la joye, ce seroit la bonté qu'a Sa Majesté de s'enquérir de moy, toutes les fois que vous vous présentés devant (luy) *Elle*. Il ne sçauroit guère rien arriver de plus glorieux je ne dis pas à un (misérable) *homme* comme moy, mais à tout ce qu'il y a de gens *les* plus considérables à la cour. (et) je gage qu'il y en a plus de vingt d'entre eux, qui à l'heure qu'il est, envient ma bonne fortune : et qui voudroient avoir perdu la voix (et mesme la parole) à ce prix. Je ne manquerai pas, avant qu'il soit peu, de profiter du bon auis qu'un si grand prince me donne, sauf à désobliger (M. Bourdier, mon médecin, et M. Baudière, mon apothicaire, qui prétendent) *mes médecins qui sont prests, disent-ils, à maintenir* contre (luy) S. M., *et contre tous les Rois de la Terre,* que les eaux de Bourbon sont admirables pour rendre la voix; mais je m'imagine qu'ils réussiront dans cette entreprise, à peu près comme toutes les puissances de L'Europe ont réussi à (luy) empescher S. M. de prendre Luxembourg et tant d'autres villes. Je suis persuadé qu'il fait bon suivre ses (ordonnances) *ordres,* en fait mesme de médecine. J'accepte l'augure qu'il m'a donnée en (me) vous disant que la voix me reviendroit lorsque j'y penserois le moins. Un prince qui a exécuté tant de choses miraculeuses, est vraysemblablement inspiré du ciel, et toutes les choses qu'il dit sont des oracles. D'ailleurs, j'ay encore un remède à essayer, (ou) *auquel* j'ai grande espérance, qui est de me présenter à son passage, dès que serai de retour; car je crois que l'envie que j'aurai de luy tesmoigner ma joye et ma reconnoissance, me fera trouver de la voix, et peut estre mesme des paroles éloquentes.

Cependant, je vous dirai que je suis aussi muet que jamais quoy qu'inondé d'eaux et de remèdes. (Nous attendons la réponse de M. Fagon sur la relation que M. Bourdier luy a envoyée. Jusque là je ne puis vous *rien* dire sur mon départ. On me fait tousjours espérer icy une guérison prochaine, et nous devons tenter le demi-bain, supposé que M. Fagon persiste tousjours dans l'opinion qu'il me peut estre utile. Après cela je prendrai mon party).

Vous ne sçauriés croire combien je vous suis obligé de

la tendresse que vous m'avés témoignée dans vostre dernière lettre ; les larmes m'en sont presque venues aux yeux ; et quelque résolution que j'eusse faite de quitter le monde, supposé que la voix ne me revint point, cela m'a entièrement fait changer d'avis, c'est à dire, en un mot, que je me sens capable de quitter toutes choses, hormis vous.

Adieu, mon cher Monsieur, excusés si je ne vous écris pas une plus longue lettre ; franchement, je suis fort abbatu. Je n'ay point d'appétit ; je traine les jambes plustôt que je ne marche ; je n'oserois dormir, et suis tousjours accablé de sommeil. Je me flatte pourtant encore de l'espérance que les eaux de Bourbon me guériront. M. Amyot est homme d'esprit, et me rassure fort. Il se fait une affaire très sérieuse (de me guérir), aussi bien que les autres médecins *de me guérir*. Je n'ay jamais veu de gens si affectionnés à leur malade, et je crois qu'il n'y en a pas un d'entre eux qui ne donnast quelque chose de sa santé pour me rendre la mienne. Outre leur affection, il y va de leur intérest, parceque ma maladie fait grand bruit dans Bourbon. Cependant ils ne sont point d'accord, et M. Bourdier lève tousjours des yeux très tristes au ciel, quand on parle de bain. Quoy qu'il en soit, je leur suis obligé de leurs soins et de leur bonne volonté ; et quand vous m'escrivés, je vous prie de me dire quelque chose qui marque que je parle bien d'eux.

M. de la Chappelle m'a escrit une lettre fort obligeante, et m'envoie plusieurs inscriptions sur lesquelles il me prie de dire mon avis. Elles me paroissent toutes fort spirituelles ; mais je ne sçaurois pas luy mander, pour cette fois, ce que j'y trouve à rédire : ce sera pour le premier ordinaire. M. Boursault, que je croiois mort, me vint voir il y a cinq ou six jours, et m'apparut le soir assés subitement.

Il me dit qu'il s'estoit détourné de trois grandes lieues du chemin de Mont-Luçon, où il alloit, et où il est habitué, pour avoir le bonheur de me saluer. Il me fit offre de toutes choses, d'argent, de commodités, de chevaux. Je luy répondis avec les mesmes honnestetés, et voulus le retenir pour le lendemain à diner; mais il me dit qu'il estoit obligé de s'en aller dès le grand matin : Ainsi, nous nous séparasmes Amis à outrance.

A propos d'Amis, mes baise mains, je vous prie, à tous nos amis communs. Dites bien à M. Quinault que je luy suis infiniment obligé de son souvenir, et des choses obligeantes qu'il a escrites de moy à M. l'abbé de Sales. Vous pouvés l'assurer que je le compte présentement au rang de mes meilleurs Amis, et de ceux dont j'estime le plus le cœur et l'esprit.

Ne vous estonnés pas si vous recevés quelquefois mes lettres un peu tard, parce que la poste n'est point à Bourbon, et que souvent, faute de gens pour envoyer à Moulins, on perd un ordinaire. Au nom de Dieu, mandés moy avant toutes choses des nouvelles de M. *H**** (Hessein).

DESPRÉAUX.

XV — *Boileau à Racine.*

A Bourbon, 28° aoust 1687.

Je ne m'étonne point, Monsieur, que madame la Princesse de Conty soit dans le sentiment où elle est. Quand elle auroit perdu la voix, il luy resteroit encore un million de charmes pour se consoler de cette perte; et elle seroit encore la plus parfaite chose que la nature ait produite depuis longtemps. Il n'en est pas ainsi d'un misérable qui a besoin de sa voix pour estre souffert des hommes, et qui a quelquefois à disputer (avec M. Charpentier) contre M. C***. Quand ce ne seroit que cette dernière raison, il doit risquer quelque chose, et la vie n'est pas d'un si grand prix qu'il ne la puisse hazarder, pour se mettre en estat d'interrompre (un tel) *quelquefois un si violent* parleur. J'ai donc tenté l'avanture du demi-bain avec toute l'audace imaginable; mes valets faisant lire leur frayeur sur leurs visages, et M. B*** (Bourdier) s'estant retiré pour n'estre point témoin d'une entreprise si téméraire. A vous dire le vray, cette avanture a esté un peu semblable à celle des Maillotins dans D. (Quixotte) *Quichot*, je veux dire, qu'après bien des allarmes, il s'est trouvé qu'il n'y avoit qu'à rire, puisque, non seulement le bain ne m'a point augmenté la fluxion sur la poitrine, mais qu'il me l'a mesme fort soulagée, et que s'il ne m'a *pas* rendu la voix, il m'a du moins en partie rendu la santé. Je ne l'ay encore essayé que quatre fois, et M. Amyot prétend le pousser jusqu'à dix; après quoy, si la voix ne me revient, il m'assure qu'il me donnera mon congé.

Je conçois un fort grand plaisir à vous revoir et à vous embrasser, mais vous ne sçauriés croire pourtant tout ce qui se présente d'affreux à mon esprit, quand je songe qu'il me faudra peut estre repasser muet par ces mesmes hostelleries (et revenir sans voix dans) *et par* ces mesmes lieux où l'on m'avoit tant de fois asseuré que les eaux de Bourbon me guériroient infailliblement. Il n'y a que Dieu et vos consolations qui me puissent soutenir dans une si juste occasion de désespoir.

J'ay esté fort frappé de l'agréable débauche de Monseigneur chez madame la Princesse de Conti; mais ne songe-t-il point à l'insulte qu'il a fait par là à tous Messieurs de la Faculté? Passe pour avaler le quinquina sans avoir la fièvre; mais de le prendre sans s'estre préalablement fait saigner et purger; c'est une chose qui crie vangeance, et il y a une espèce d'effronterie à ne se point trouver mal après un tel attentat contre toutes le règles de la Médecine. Si Monseigneur et toute sa compagnie avoient, avant tout, pris une dose de séné dans quelque syrop convenable, cela luy auroit à la vérité coûté quelques tranchées, et l'auroit mis luy et tous les autres, hors d'estat de dîner, mais il y auroit eû au moins quelques (formes) *formalités* gardées, et M. Bachot auroit trouvé le trait galant. Au lieu que de la manière dont la chose s'est faite, cela ne sçauroit jamais estre approuvé que des gens de Cour et du Monde, et non point des véritables disciples d'Hippocrate, gens à barbe vénérable; et qui ne verront point asseurément ce qu'il peut y avoir eu de plaisant à tout cela. Que si personne n'a esté malade, ils vous répondront quil y a eu en cela du sortilége; et en effet, Monsieur, de la manière dont vous me peignés Marly, c'est un véritable lieu d'enchantement. Je ne doute point que les Fées n'y habitent. En un mot, tout ce qui s'y dit et ce qui s'y fait me paroit enchanté, mais surtout les discours du maistre du Château ont quelque chose de fort ensorcelant, et ont un charme qui se fait sentir jusqu'à Bourbon.

De quelque pitoiable manière que vous m'ayez conté la disgrace des Comédiens, je n'ay pu m'empêcher d'en rire, mais dites moy, Monsieur, supposé qu'ils aillent habiter où je vous ay dit, croyés vous qu'ils boivent du vin du crû? Ce ne seroit pas une mauvaise pénitence à proposer à Chammêlé pour tant de bouteilles de vin de Champagne qu'il a beües *chez lui*, vous sçavés au dépens de qui. (Vous avés raison de dire qu'ils auront là un merveilleux théâtre pour joüer les pièces de M. Pradon; et d'ailleurs ils y auront une commodité : c'est que quand le souffleur aura oublié d'apporter la copie de ses ouvrages, il en retrouvera infailliblement une bonne partie dans les précieux déposts qu'on apporte tous les matins en cest endroit).

M. Fagon n'a point escrit à M. B*** (Bourdier). Faites bien des complimens pour moi à M. Roze. Les gens de son tempérament sont de fort dangereux ennemis; mais il n'y a point aussi de plus chauds amis; et je sçais qu'il a de l'amitié pour moy. Je vous félicite des conversations fructueuses que vous avés eües avec M. de Louvois, d'autant plus que j'aurai part à vostre récolte. Ne craignés point que (M. Marchand) M*** m'arreste à Bourbon. Quelque amitié que j'aye pour luy, il n'entre point en balance avec vous, et l'Andrienne n'apportera aucun mal. Je meurs d'envie de voir les réflexions de M. Nicole; et je m'imagine que c'est Dieu qui me prépare ce livre à Paris, pour me consoler. J'ay fort ri de la raillerie que vous me faictes sur les gens à qui j'ay pardonné. Cependant sçavés vous bien qu'il y a en cela plus de mérite que vous ne croyés, si le proverbe italien est véritable, que Chi offende non perdona?

L'action de M. de Lorraine ne me paroit point si inutile qu'on se veut imaginer, puisque rien ne peut mieux confirmer l'assurance de ses troupes, que de voir que les Turcs n'ont osé sortir de leurs retranchemens, ny mesme donner sur son arrière garde dans sa retraite; et il faut en effet que ce soient de grands coquins pour l'avoir ainsi laissé repasser la Drave. Croiés moy, ils seront battus; et la retraite de M. de Lorraine a plus de rapport à la retraitte de César, quand il décampa devant Pompée, qu'à l'affaire de Philisbourg.

Quand vous verrés M. H*** (Hessein), faites le ressouvenir que nous sommes frères en Quinquina, puisqu'il nous a sauvé la vie à l'un et à l'autre. Vous pensés vous moquer, mais je ne sçais pas si je n'en essaicrai point pour le recouvrement de ma voix.

Adieu, mon cher Monsieur, aimés moi toujours, et croiés qu'il n'y a rien au monde que j'aime plus que vous. Je ne sçais où vous vous estes mis en teste que vous m'aviés escrit une longue lettre, car je n'en ay jamais trouvé une si courte.

Despréaux.

XVI. — *Boileau à Racine.*

A Bourbon, 2e septembre 1687.

Ne vous étonnés pas, Monsieur, si vous ne recevés pas des réponses à vos lettres, aussi promptes que peut estre vous souhaittés, parce que la poste est fort irrégulière à Bourbon, et qu'on ne sçait pas trop bien quand il faut escrire. Je commence à songer à ma retraitte. Voilà tantost la dixième fois que je me baigné; et, à ne vous rien celer, ma voix est tout au mesme estat que (quand) *lorsque je* suis arrivé. Le monosyllabe que j'ay prononcé n'a esté qu'un effect de ces petits tons que vous sçavés qui m'échappent quelquefois (quand j'ay beaucoup parlé) *et qui meurent aussitost*, et mes valets ont esté un peu trop prompts à crier miracle. La vérité est pourtant que le bain m'a renforcé les jambes, et fortifié la poitrine; mais pour ma voix, ny le bain, ny la boisson des eaux ne m'y ont de rien servi. Il faut donc s'en aller de Bourbon aussi muet que j'y suis arrivé. Je ne sçaurois vous dire quand je partiray; je prendrai brusquement mon party, et Dieu veuille que le déplaisir ne me tue pas en chemin! Tout ce que je vous puis dire, c'est que jamais exilé n'a quitté son pays avec tant d'affliction que je retourmerai au mien. Je vous dirai encore plus, c'est que sans vostre considération je ne crois pas que (j'eusse) *je fusse* jamais (reveu) *retourné à* Paris où je ne conçoy aucun autre plaisir que celuy de vous revoir.

Je suis bien fasché de la juste inquiétude que vous donne la fièvre de M. vostre jeune fils. J'espère que cela ne sera rien ; mais si quelque chose me fait craindre pour luy, c'est le nombre de bonne qualités qu'il a, puisque je n'ay jamais veu d'enfant de son âge si accompli en toutes choses. M. M*** (Marchand) est arrivé icy samedy. J'ay esté fort aise de le voir ; mais je ne tarderay guère à le quitter. Nous faisons nostre ménage ensemble. Il est tousjours aussi bon et aussi méchant homme que jamais. J'ay sçû par luy tout ce qu'il y a de mal à Bourbon, dont je ne sçavois pas un mot à son arrivée. Vostre relation, *quoique très courte*, de l'affaire de Hongrie, m'a faict un très grand plaisir, et m'a faict comprendre en (très) peu de mots ce que les plus longues relations ne m'avoient peut estre pas appris. Je l'ay débitée à tout Bourbon, il n'y avoit *alors* qu'une relation d'un commis de M. Jacques, où, après avoir parlé du Grand Visir (on) *il* adjoutoit entre autres choses, que le dit Visir voulant réparer le grief qui luy avoit esté faict, etc. Tout le reste estoit de ce stile.

Adieu, mon cher Monsieur, aimés moy toujours, et croiés que vous seul estes ma consolation.

DESPRÉAUX.

XVII. — *Boileau à Racine.*

A Paris, 3ᵉ juin 1693.

Je sors de nostre assemblée des Inscriptions où j'ay esté principalement pour parler à M. de (Toureil) *T****; mais il ne s'y est point trouvé. Il s'estoit chargé de parler de nos Ordonnances à M. de Pontchartrain le père, et il m'en devoit rendre compte aujourd'huy. J'envoierai demain sçavoir s'il est malade, et pourquoy il n'est pas venu. Cependant M. l'abbé Renaudot m'a promis aussi d'agir très fortement auprès du mesme Ministre (et de mettre le cœur au ventre à M. de Ponchartrain le fils pour nous faire avoir satisfaction). (Il) *Cet Abbé* doit venir (jeudi) diner *jeudi* avec moy à Auteuil, et me raconter tout ce qu'il aura fait. Ainsi il ne se perdra point de temps. (M. Dongois doit me mener voir M. de Bie qui est fort de ses amis, et qui me fit plaisir l'année passée.) Madame Racine me fit l'honneur de souper dimanche chés moy, avec toute vostre petite et agréable famille. Cela se passa fort gayement, mon rhume estant presque entièrement (passé) *guéri*. Je n'ay jamais veû une si belle journée. J'entretins fort M. vostre fils, qui à mon sens *croist* tousjours en mérite et en esprit. Il me monstra une traduction qu'il a faite d'une harangue de Tite Live, et j'en fus fort (étonné) *content*. Je crois non seulement qu'il sera habile pour les Lettres, mais qu'il aura la conversation agréable, parce qu'en effet il pense beaucoup et qu'il conçoit fort vivement tout ce qu'on luy dit. Je ne sçaurois trouver de termes assés forts pour vous remercier du mouvement que vous vous donnés pour M. le Doyen de Sens; et quand l'affaire ne réussiroit point, je vous puis assurer que je n'oublierai jamais la sensible obligation que je vous ay.

Vous m'avés fort surpris en me mandant l'empressement qu'ont deux des plus grands Princes de la terre pour voir des ouvrages que je n'ay pas achevés. En vérité, mon cher Monsieur, je tremble qu'ils ne se soient trop aisément laissés prévenir en ma faveur ; car pour vous dire sincèrement ce qui se passe en moy au sujet de ces *derniers* ouvrages, il y a des momens où je crois n'avoir rien fait de mieux en ma vie, mais il y en a aussi beaucoup où je n'en suis point du tout content, et où je fais résolution de ne les jamais laisser imprimer. O qu'heureux est M. C*** (Charpentier) *qui raillé, et mettons quelquefois* bafoué sur les siens, (demeure) *se maintient toûjours* parfaitement tranquille, et *demeure invinciblement* persuadé de l'excellence de son esprit! Il a tantost apporté à l'Académie une médaille de très mauvais goust et avant que de la laisser lire, il a commencé par *en* faire (son) *l'*éloge. Il s'est mis *par avance* en colère sur ce qu'on y trouveroit à redire, déclarant pourtant que, quelques critiques qu'on y pût faire, il sçavoit bien ce qu'il devoit penser là-dessus, et qu'il n'en resteroit pas moins convaincu qu'elle estoit parfaitement bonne. Il a en effet tenu parole, et tout le monde l'ayant généralement désapprouvée, il a querellé tout le monde, il a rougi, il s'est emporté; mais il s'est en allé satisfait de luy mesme. Je n'ay point (la peine de faire de la sorte), *je l'avoue, cette force d'âme*, et si des gens un peu sensés s'opiniâtroient de dessein formé, à blasmer la meilleure chose que j'aye escrite, je leur résisterois d'abord avec assés de chaleur; mais je sens bien que peu de temps après je conclurois contre moy, et que je me dégoûterois de mon ouvrage. Ne vous estonnés donc point si je ne vous envoye point encore par cet ordinaire, les vers que vous me demandés, puisque je n'oserois presque me les présenter à moy mesme sur le papier. Je vous dirai pourtant que j'ay en quelque sorte achevé l'Ode sur Namur, à quelques vers près, où je n'ay point encore attrapé l'expression que je cherche. Je vous l'enverray un de ces jours, mais c'est à la charge que vous la tiendrés secrète, et que vous n'en lirés rien à personne que je ne l'aye entièrement corrigée sur vos avis.

Il n'est bruit icy que des grandes choses que le Roy va faire, et à vous dire le vray, jamais commencement de campagne n'eut un meilleur air. J'ay bien (ouï parler et j'ay bien lû) *vu* dans les livres *des exemples* de grandes félicités, mais au prix de la fortune du Roy, à mon sens, tout est malheur. Ce qui m'embarrasse, c'est qu'ayant épuisé pour Namur, toutes les hyperboles et toutes les hardiesses de (ma) *notre* langue, où trouverai-je des expressions pour le louer, s'il vient à faire quelque chose de plus grand que la prise de cette Ville? Je sçais bien ce que je feray; je garderay le silence (et en vérité) *et vous laisseray parler*. C'est le meilleur parti que je puisse prendre, SPECTATUS SATIS ET DONATUS JAM RUDE. Je vous prie de bien témoigner à M. de Chanlay combien je luy suis obligé, des bons offices qu'il rend à mon frère [1]; je vois bien que la fortune n'est pas capable de l'aveugler, et qu'il voit toujours ses amis avec les mesmes yeux qu'auparavant.

Adieu, mon cher Monsieur, soyés bien persuadé que je vous aime, et que je vous estime infiniment. Dans le temps que j'allois finir cette lettre, M. l'Abbé *D**** (Dongois) est entré dans ma chambre avec le petit mot de lettre que vous escrivés à Madame Racine, et où vous mandés l'heureux, surprenant, incroiable (prodigieux, ravissant, admirable, étonnant, charmant) succès de vostre négociation [2]. Que vous dirai-je là-dessus? Cela demande une lettre toute entière que je vous écrirai demain. Cependant souvenés vous de l'estat de Pamphile à la fin de l'Andrienne : NUNC EST CUM ME INTERFICI PATIAR; voilà à peu près mon estat.

Adieu encore un coup, mon cher, illustrissime (et effectissime amy), *effectif, ou, puisque la passion permet quelquefois d'inventer des mots, mon effectissime ami.*

DESPRÉAUX.

1. Le chanoine de Sens, auquel on vouloit faire avoir un canonicat de la Sainte-Chapelle de Paris.
2. L'obtention du canonicat dont il est parlé ci-dessus.

XVIII. — *Maucroix à Boileau.*

15 octobre 1693.

Je me garderay bien, Monsieur, de vous reprocher votre paresse, ni même d'y trouuer à redire. Je ne vous aime que mieux d'être paresseux, c'est le seul endroit par où je puisse vous ressembler. Il me souuient d'ailleurs de l'imprécation de Catulle contre les gens trop réguliers : *Vos per quem non licet esse negligentem.*

Monsieur le Docteur, votre frère, m'a mandé à quoy vous auiez employé votre temps, et je le trouue mieux employé qu'à m'écrire, quoy que vos lettres me fassent un grand plaisir, quand votre dernière satyre sera sortie de votre teste, car elle n'est que là, à ce que j'ay appris de M. votre frère, souuenez vous de moy, s'il vous plaist.

J'ay bien des remerciemens à vous faire sur plusieurs sujets, et principalement sur l'auis que vous me donnez. Je tombe d'accord avec vous que la traduction n'a jamais mené personne à l'immortalité, mettant la main à la conscience, je vois aussi que j'aurois tort d'y prétendre. Je sens bien ce qui me manque pour cela : *Oportet tuum quemque de mortalitate aut de immortalitate sua cogitare.* Ce mot de Pline le jeune m'a toujours paru une des meilleures choses qu'il ayt dites. Il me faudroit un grand fond de science, et peu de paresse, je suis fort paresseux et ne sçais pas beaucoup, la traduction répare tout cela, un autheur est sçauant pour moy, les matières sont toutes digérées, je n'ay que faire d'inuenter, de disposer, la besogne est toute taillée, il n'y a qu'à la coudre ; voyez que de peine épargnée. Voilà les agrémens que je trouue dans le genre d'écrire que j'ay choisy, en voicy encore un dont tout le monde ne s'auise pas, c'est que selon moy, on a de la peine à connoître parfaitement un autheur, à moins que de le traduire; la traduction le fait voir tout nud, si j'ose parler ainsi, et le traducteur voit toutes ses beautez et toutes ses difficultés. Je n'ay jamais si bien connu Cicéron que je fais présentement, et si j'estois aussi hardi que les critiques de son siècle, je l'appellerois peut-estre comme eux *fractum et elumbem*, car asseurément il a bien du verbiage, mais il ne m'appartient pas de parler avec si peu de respect d'un si grand personnage; malgré tout cela je vous avoüe que si la fortune m'eûst arrêté à Paris, je me serois hasardé à composer une histoire de quelqu'un de nos Rois, il falloit pour cela auoir une entrée dans la Bibliothèque du Roy, et je l'aurois, j'y aurois trouué mille manuscrits, des thrésors de choses curieuses; mais la fortune m'a fixé en un lieu où tous ces secours me manquent; ainsi, j'ay été contraint de me retrancher dans ce genre d'écrire, dont je ne me repens pas; si j'ay le bonheur de vous plaire un peu, c'est assez de gloire pour moy, je vous le dis sincèrement. *Principibus placuisse viris non ultima laus est.* Je sçay bien que vous n'estes pas de la maison de Bourbon, pour prince du Parnasse, on seroit mal fondé à vous le disputer.

Aimez moy toujours, je vous supplie, et si vous voyez M. Racine, faites luy mes baises mains, et dites luy, s'il vous plaist, que je suis toujours son très humble serviteur aussi bien que le vôtre.

MAUCROIX.

Ayez la bonté, s'il vous plaist, de me renuoyer mes papiers, surtout le Dialogue des Orateurs, je n'en ay point de copie; c'est ce que j'ay jamais fait auec plus de soin. Je voudrois bien le faire imprimer auec les traitez de l'amitié, de la viellesse, et du mépris de la mort ; cela feroit un assez gros volume, mais je ne sçay si je pourrois obtenir le privilége. Dubois est mort, quel tort puis-je faire à sa mémoire ?

XIX. — *Maucroix à Boileau.*

(Reims), 6 septembre (1694).

Il y a quinze jours que vos liures sont ici ; il est pourtant vray que je ne les receus qu'hier ; j'enuoyois sans cesse mon valet au coche de Reims sçauoir s'il n'y auoit rien pour moy ; on luy disoit toujours qu'il n'y auoit rien ; à la fin j'ay fait faire une si exacte recherche, qu'on a trouué une petite boiste qui m'estoit adressée, où étoit votre beau et cher présent. Votre premier tome ne m'a rien appris de nouueau, car vous sçauez qu'il y a longtemps que je le sçay presque par cœur. J'ay déjà leu beaucoup de vos réflexions où vous soutenez comme il faut le mérite des Anciens. En vérité je suis fâché qu'un si galant homme que M. Perrault se soit engagé à soutenir une si mauuaise cause. Bon Dieu ! Est-ce que l'Alaric et la Pucelle entreront en comparaison auec l'Énéide ? Je vous laisse deffendre l'Iliade et l'Odissée ; vous estes plus grand grec que moy ; mais pour l'Énéide, c'est me blesser au cœur que d'en dire du mal. M. Perrault n'est pas le seul qui l'ait critiquée. Le Cheualier de Méré la traite avec une grande indignité. Il m'a souuent mis en colère, ce M. le Cheualier ; mais si nos anciens sont si mauuais, qu'ils fassent donc de meilleurs ouvrages. Ce Cheualier, par un juste jugement de Dieu, et pour réparer l'injure qu'il fait à Virgile, s'est auisé d'insérer quelques vers de sa façon dans ses lettres, la pluspart du temps très fades et très mauuaises, et les vers pires beaucoup que les Épîtres. Voilà de beaux Juges, c'est bien à eux qu'il s'en faut rapporter! Vous voyez que si je ne deffends pas si bien les anciens que vous, je suis pourtant de leur parti, et que je me réjouis de ce qu'ils ont trouué un si grand protecteur que vous.

Au reste, mon cher Monsieur, je né sçaurois assez vous témoigner ma reconnoissance d'auoir songé à moy dans la distribution de vos présens, vous ne pouuiez en gratifier personne qui vous honore, qui vous estime plus que moy, ny qui soit plus que je le suis, votre, etc.

MAUCROIX

XX. — *Boileau à Maucroix.*

A Auteuil, 29e avril (1695).

Les choses hors de créance qu'on m'a dites de M. de La Fontaine sont à peu près celles que vous avés devinées; je veux dire que ce sont ces haires, ces cilices et ces disciplines dont on m'a asseuré qu'il usoit fort fréquemment, et qui m'ont paru d'autant plus incroyables de notre deffunct ami, que jamais rien à mon avis ne fut plus esloigné de son caractère que ces mortifications. Mais quoy! la Grâce de Dieu ne se borne pas aux simples changemens, et c'est quelquefois de véritables métamorphoses qu'Elle faict. Elle ne paroist pas s'estre respandüe de la mesme sorte sur le pauvré M. Cassandre, qui est mort tel qu'il a vescu, c'est à sçavoir très misanthrope, et non seulement haïssant les hommes, mais ayant mesme assés de peine à se réconcilier avec Dieu, à qui, disoit-il en mourant, si le rapport qu'on m'a faict est véritable, il n'avoit nulle obligation. Qui eust creu que de ces deux hommes, c'estoit M. de La Fontaine qui estoit le vase d'élection? Voilà, Monsieur, de quoy bien augmenter les réflexions sages et chrestiennes que vous me faictes dans vostre lettre, et qui me paroissent partir d'un cœur sincèrement persuadé de ce qu'il dit.

Pour venir à vos ouvrages, j'ay déjà commencé à conférer le Dialogue des orateurs avec le latin. Ce que j'en ay veu me paroist extrêmement bien. On ne peut pas mieux parler françois que vous faictes. Il n'y a rien de gesné, et tout y paroist libre et original. Il y a pourtant des endroits où je ne conviens pas du sens que vous avés suivi. J'en ai marqué quelques uns avec du crayon, et vous y trouverés ces marques quand on vous les renverra. Si j'ay le temps, je vous y expliquerai mes objections; car je doute sans cela que vous les puissiés deviner. En voici une que par avance je vais vous escrire, parce qu'elle me paroist plus de conséquence que les autres. C'est à la page 6e de vostre manuscript où vous traduisés : *Minimum inter tot ac tanta locum obtinent imagines, ac tituli et statuæ, quæ neque ipsa tamen*, etc., *Au prix de ces talents si estimables qu'est-ce que la noblesse et la naissance, que l'on ne méprise pourtant pas*, etc.... Il ne s'agit point, à mon sens, dans cet endroit, de la noblesse, ni de la naissance, mais des images, des inscriptions et des statües qu'on faisoit faire souvent à l'honneur des orateurs, et qu'on leur envoioit chés eux. Juvénal parle d'un avocat de son temps qui prenoit beaucoup plus d'argent que les autres, à cause qu'il en avoit une Équestre, et sans rapporter ici toutes les preuves que je vous pourois alléguer, Maternus lui mesme, deux pages après, dit en propres termes, et comme vous l'avés fort bien traduit : *Du reste j'ay résolu de renoncer au barreau, et me soucie aussi peu de cette foule de suivans, que des statues qui, malgré moy, se sont emparées de ma mai-*

son, etc., etc. Excusés, Monsieur, la liberté que je prens de vous dire si sincèrement mon avis. Mais ce seroit dommage qu'un aussi bel ouvrage que le vostre eust de ces taches où les savans s'arrestent, et qui pouroient donner occasion de le ravaler. Et puis vous m'avés donné tout pouvoir de vous dire mon sentiment.

Je suis bien aysé que mon goust se rencontre si conforme au vostre dans tout ce que je vous ay dit de nos Auteurs, et je suis persuadé, aussi bien que vous, que M. Godeau est un poëte fort estimable. Il me semble pourtant qu'on peut dire de luy ce que Longin dit d'Hypéride, qu'il est toûjours à jeun, et qu'il n'a rien qui remue ni qui échauffe; en un mot, qu'il n'a point cette force de style, et cette vivacité d'expression qu'on cherche dans les ouvrages, et qui les font durer. Je ne sçais point s'il passera à la Postérité; mais il faudra pour cela qu'il ressuscite, puisqu'on peut déjà dire qu'il est déjà mort, n'estant presque plus maintenant leû de personne. Il n'en est pas ainsi de Malherbe, qui croist de réputation, à mesure qu'il s'esloigne de son siècle. La vérité est pourtant, et c'estoit le sentiment de notre cher ami Patru, que la nature ne l'avoit pas faict grand Poëte; mais il corrige ce défaut par son esprit et par son travail; car personne n'a plus travaillé ses ouvrages, comme il paroist assés par le petit nombre de pièces qu'il a faictes. Notre Langue veut estre extrêmement travaillée. Racan avoit plus de génie que lui; mais il est plus négligé, et songe trop à le copier. Il excelle surtout, à mon avis, à dire les petites choses; et c'est en quoy il ressemble mieux aux Anciens, que j'admire, surtout par cet endroit. Plus les choses sont sèches et malaisées à dire en vers, plus elles frappent quand elles sont dites noblement; et avec cette élégance qui faict proprement la poésie. Je me souviens que M. de La Fontaine m'a dit plus d'une fois que les deux vers de mes Ouvrages qu'il estimoit davantage, c'estoit ceux où je loüe le Roy d'avoir establi la manufacture des points de France à la place des points de Venise. Les voici, c'est dans la 1re Épistre à Sa Majesté :

> Et nos voisins frustrés de ces tributs serviles,
> Que payoit à leur art le luxe de nos villes;

Virgile et Horace sont divins en cela, aussi bien qu'Homère. C'est tout le contraire de nos Poëtes, qui ne disent que des choses vagues, que d'autres ont déjà dites avant eux et dont les expressions sont trouvées. Quand ils sortent de là, ils ne sçauroient plus s'exprimer, et ils tombent dans une sécheresse qui est encore pire que leurs larcins. Pour moi, je ne sçais pas si j'y ay réussi; mais quand je fais des vers, je songe toûjours à dire ce qui ne s'est point encore dit en notre langue.

C'est ce que j'ay principalement affecté dans une nouvelle Épistre, que j'ai faitte à propos de toutes les critiques qu'on a imprimées contre ma dernière Satire. J'y conte tout ce que j'ay faict depuis que je suis au monde; j'y rapporte mes défaux, mon âge, mes inclinations, mes mœurs; j'y dis de quel père et de quelle mère je suis né; j'y marque les degrés de ma fortune, comment j'ay esté à la Cour, comment j'en suis sorti; les incommodités qui me sont survenues, les ouvrages que j'ay faicts. Ce sont bien des petites choses dites en assés peu de mots, puisque la pièce n'a pas plus de cent trente vers. Elle n'a pas encore veu le jour, et je ne l'ay pas mesme encore escrite; mais il me paroist que tous ceux à qui je l'ay récitée en sont aussi frappés que d'aucun autre de mes ouvrages. Croiriés vous, Monsieur, qu'un des endroits où ils se récrient le plus, c'est un endroit qui ne dit autre chose, sinon : qu'aujourd'hui que j'ay cinquante sept ans, je ne dois plus prétendre à l'approbation publique. Cela est dit en quatre vers, que je veux bien vous escrire ici, afin que vous me mandiés si vous les approuvés :

> Mais aujourd'hui qu'enfin la vieillesse venuë,
> Sous mes faux cheveux blonds déjà toute chenuë,
> A jetté sur ma teste, avec ses doigts pezans,
> Onze lustres complets surchargés de deux ans,
> Cessons de nous flatter, etc.

Il me semble que la perruque est assés heureusement frondée. Mais, Monsieur, à propos des petites choses qu'on doit dire en vers, il me paroist qu'en voilà beaucoup que je vous dis en prose, et que le plaisir que j'ay à vous parler de moi me faict assés mal à propos oublier à vous parler de vous. J'espère que vous excuserés un Poëte nouvellement délivré d'un ouvrage. Il n'est pas possible qu'il s'empesche d'en parler, soit à droit, soit à tort.

Je reviens aux pièces que vous m'avés mises entre les mains. Il n'y en a pas une qui ne soit très digne d'estre imprimée. Je n'ay point veu les traductions des traités de la Vieillesse et de l'Amitié qu'a faictes aussi bien que vous le Dévot dont vous vous plaignés : tout ce que je sçais, c'est que les plus honnestes gens de france se plaignoient fort de son procédé à leur égard. Qu'il a eu la hardiesse, pour ne pas dire l'impudence, de retraduire les Confessions de St Augustin après Mrs de Port-Royal; et qu'estant autrefois leur humble et rampant Écolier, il s'estoit tout à coup voulu ériger en Maistre. Il a faict une Préface au devant de sa traduction des Sermons de St Augustin qui, quoiqu'assés bien escrite, est un chef d'œuvre d'impertinence et de mauvais sens. M. Arnauld, un peu avant que de mourir, a faict contre cette Préface une dissertation qui est imprimée. Je ne sçais si on vous l'a envoiée, mais je suis seur que si vous l'avés leûe, vous convenés avec moi qu'il ne s'est rien faict en notre langue de plus beau ni de plus fort sur les matières de Rhétorique. C'est ainsi que toute la Cour et toute la Ville en ont jugé, et jamais Ouvrage n'a esté mieux terrassé que la Préface du Dévot. Tout le monde voudroit qu'il fust en vie, pour voir ce qu'il diroit en se voyant si bien foudroyé. Cette dissertation est le pénultième ouvrage de M. Arnauld; et j'ay l'honneur que c'est par mes loüanges que ce grand Personnage a fini, puisque la lettre qu'il a escrite sur mon sujet à M. Perrault est son dernier escrit. Vous sçavés sans doute ce que c'est que cette lettre qui me faict un si grand honneur; et M. Le Verrier en a une copie qu'il poura vous envoier quand vous voudrés, supposé qu'il ne vous l'ayt pas déjà envoyée. Il est surprenant qu'un homme dans l'extrême vieillesse ayt conservé toute cette vigueur d'esprit et de mémoire qui paroist dans ces deux escrits, qu'il n'a faict pourtant que dicter; la foiblesse de sa veuc ne lui permettant plus d'escrire lui mesme.

Il me semble, Monsieur, que voilà une longue lettre. Mais quoi! le loisir que je me suis trouvé aujourd'hui à Auteuil m'a comme transporté à Rheims où je me suis imaginé que je vous entretenois dans vostre jardin, et que je vous revoiois encore, comme autre fois, avec tous ces chers Amis qui s'en sont allés *velut somnium surgentis*. Je n'espère plus de m'y revoir. Mais vous, Monsieur, est-ce que nous ne vous reverrons plus à Paris? et n'avés vous point quelque curiosité de voir ma solitude d'Auteüil? Que j'aurois de plaisir à vous y embrasser, et à déposer entre vos mains les chagrins que me donne tous les jours le mauvais goust de la plus part de nos Académiciens; gens assés comparables aux Hurons et aux Topinamboux, comme vous sçavés bien que je l'ai déjà avancé dans mon Épigramme : *Clio vint l'autre jour*, etc... J'ay supprimé cette Épigramme, et ne l'ay point mise dans mes ouvrages, parce qu'au bout du compte je suis de l'Académie, et qu'il n'est pas honneste de diffammer un corps dont on est. Je n'ay mesme jamais montré à personne une badinerie que je fis ensuitte, pour m'excuser de cette Épigramme. Je vais la mettre ici pour vous divertir; mais c'est à la charge que vous me garderés le secret, et que ni vous ne la retiendrés par cœur, ni ne la montrerés à Personne :

> J'ay traité de Topinamboux,
> Tous ces beaux Censeurs, je l'avoue,
> Qui, de l'antiquité si follement jaloux,
> Aiment tout ce qu'on hait, blasment tout ce qu'on loue.
> Et l'Académie entre nous,
> Souffrant chés soi de si grands fous,
> Me semble un peu Topinamboue.

C'est une folie, comme vous voyés, mais je vous la donne pour telle. Adieu, Monsieur, je vous embrasse de tout mon cœur, et suis entièrement à vous.

Despréaux.

Encore une fois pardon pour mes ratures et mes corrections, autrement point de commerce, car ce seroit une estrange chose s'il me falloit décrire mes lettres. Je doute que j'en pusse trouver le temps. Nous songerons quand vous voudrés à obtenir le Privilége de vos traductions.

XXI — *Maucroix à Boileau*[1].

23 may (1695).

Ce n'est point par paresse, Monsieur, que je ne me suis pas donné l'honneur de vous faire réponse, c'est par discrétion. Je ne veux pas interrompre si souuent votre repos ou vos estudes.

Que voulez vous dire *que je vous excuse de me dire si sincèrement votre auis?* Je vous jure que vous ne me sçauriez faire un plus grand plaisir, tout autant de coups de crayons sur mes ouurages, autant d'obligations que vous vous acquérez sur moy. Mais cela, voyez vous, Monsieur, c'est la pure vérité. Tout ce qui me peut déplaire en cela, c'est la peine que je vous donne, et le temps que je vous fais perdre. Au reste la correction est très bonne, et je confesse de bonne foy que vous auez une meilleure veue que moy, et je vois bien présentement que je ne suis pas entré dans le sens de l'Autheur sur ces mots : *Imagines ac*

---

[1]. Boileau a publié cette lettre pour la première fois dans son édition de 1710 (deux ans après la mort de Maucroix), mais avec de si grandes modifications, qu'elle est presque méconnaissable. Nous croyons devoir la donner ici textuellement d'après cette édition. On verra que les additions qui se remarquent dans le texte imprimé, rapproché de l'autographe faisant partie de notre recueil, ont été la plupart empruntées aux autres lettres de Maucroix qui précèdent.

J'ai différé quelque temps à vous répondre, Monsieur, c'est moins par négligence que par discrétion. Il ne faut pas sans cesse interrompre vos études ou votre repos.

Mais au lieu de commencer par les remercîmens que je vous dois, souffrez que je vous fasse des reproches. Pourquoi me demander que j'excuse *la liberté que vous prenez de me dire si sincèrement votre auis?* vous ne sauriez, je vous jure, me faire plus de plaisir. Autant de coups de crayon sur mes ouvrages, autant d'obligations que vous acquérez sur moi. Mais cela, Monsieur, c'est la pure vérité. Je conuiens de bonne foi que je ne suis pas entré dans le sens de l'auteur sur ces mots : *imagines tituli et statuæ*. J'y remédieray, Dieu aidant, et encore une fois, je vous remercie très cordialement de m'auoir redressé. Au cas que la chose s'imprime, si vous voulez me le permettre je mettray : traduite par..... de la correction de M..Des Préaux, cela me fera de l'honneur en toute manière, car on verra au moins que j'ay l'auantage d'être un peu de vos amis; corrigez moi donc, je vous prie, et comme il faut, mais que ce soit à vos heures de plein loisir, et quand vous n'aurez rien de meilleur à faire, affin que je sois asseuré que je ne vous suis point trop à charge.

M. le docteur votre frère me mande qu'il a corrigé aussi quelque chose à Astérius, et qu'il en a pris votre auis ; autre obligation que je vous ay encore. Je vous en fais mille remerciemens. Voilà, ce me semble, assez parler de moy, mais que voulez vous, je suis pénétré de vos bontés, et par ma foy, j'ay quelque sorte de honte de vous embarrasser de mes bagatelles.

Venons à M. Godeau. Je tombe d'accord qu'il écriuoit auec beaucoup de facilité, c'est à dire auec trop de facilité. Il faisoit deux et trois cents vers, comme dit notre ami

---

ac tituli et statuæ. Au cas que ma traduction s'imprime, non seulement je profiterai de votre correction, mais j'auertirai le public qu'elle vient de vous, si vous l'agréez, et par là je me ferai honneur, car on verra du moins que je suis de vos amis.

Il y a encore dans ce dialogue beaucoup d'autres endroits que je n'ai pas rendus scrupuleusement en notre langue, parce qu'il auroit fallu des notes pour les faire entendre à la plupart des lecteurs, qui ne sont point instruits des coutumes de l'antiquité, et qui sont cependant bien aises qu'on leur épargne la peine de se rabattre sur des notes. Vous sauez d'ailleurs que le texte de cet ouvrage est fort corrompu; la lettre y est souvent défectueuse; comment donc le traduire si littéralement?

Venons à M. Godeau. Je tombe d'accord qu'il écriuoit avec beaucoup de facilité; disons avec trop de facilité. Il faisoit deux et trois cents vers, comme dit Horace, *stans pede in uno*. Ce n'est pas ainsi que se font les bons vers. Je m'en rapporte volontiers à votre expérience. Néanmoins, parmi les vers négligés de M. Godeau, il y en a de beaux qui lui échap-

Horace, *stans pede in uno*. Vous sçauez que les bons vers ne se font pas comme cela, et je m'en rapporte plus volontiers à vous qu'à un autre. Cependant, parmi tous ces vers négligez, il y en a de beaux qui luy échappent; ne trouuez vous pas que ce vers est heureux :

Soit que d'un coutre d'or tu fendes les guérets.

Il parle des Géorgiques de Virgile, et ceux cy encore :

Qui régnant au ciel à ton tour
Te face un throne des étoiles,
Et console nos yeux de la perte du jour.

Il parle de la lune; ce dernier vers m'a toujours extrêmement plû. Mais pour vous dire la vérité, dez notre jeunesse même, nous nous sommes apperceus qu'il ne varie pas assez. C'est toujours la même figure, c'est comme un Logogriffe. Il dit les circonstances, les particularités, si vous voulez, d'une chose, et puis il y joint le mot. Il n'y a point

pent. Par exemple, lorsqu'il dit à Virgile en lui parlant de ses Géorgiques :

Soit que d'un coutre d'or tu fendes les guérets.

Ne trouvez vous pas que ce vers là est heureux ?
Mais pour vous dire la vérité, dès notre jeunesse même, nous nous sommes aperçus que M. Godeau ne varie pas assez. La plupart de ses ouurages sont comme des logogriphes, car il commence toujours par exprimer les circonstances d'une chose, et puis il y joint le mot. On ne voit point d'autre figure dans son *Benedicite*, dans son *Laudate*, et dans ses *Cantiques*. A l'égard de Malherbes et de Racan, selon moi vous en jugez très bien, et comme toute ma vie j'en ai entendu juger aux plus habiles. Ce que notre ami La Fontaine vous a dit sur les deux vers qu'il estimoit le plus dans vos ouvrages, il me l'a dit aussi ; et je ne sais pas même si je ne lui ai pas dit cela le premier, je n'en voudrois pas répondre. Du reste, j'ai bien reconnu, il y a longtemps, que vous ne dites point les choses comme les autres. Vous ne vous laissez pas gourmander, s'il faut

d'autre figure dans son *Benedicite*, dans son *Laudate* et dans ses *Cantiques*. Pour Malherbe et pour Racan, selon moy, vous en jugez très bien, et comme toute ma vie j'en ay entendu juger aux plus habiles. Notre cher ami La Fontaine vous a donc dit plus d'une fois, que les deux vers de vos ouurages qu'il estimoit le plus c'estoient : *Et nos voisins frustrés*, etc. Je vous asseure, Monsieur, qu'il me l'a dit aussi; je ne sçay pas même si je ne luy ay pas dit le premier, je n'en voudrois pas répondre, mais il est certain que ces deux vers m'ont toujours paru extrêmement beaux; ils le sont aussi. J'ai bien reconnu il y a longtemps que vous ne dites pas les choses comme les autres : vous ne vous laissez pas gourmander, s'il faut ainsi dire, par la rime, et si vous faisiez des vers pour Philis, vous auriez de la peine à la louer *de son teint de roses et de lis*. Il n'y a guère de gens qui éuitent cet écueil si heureusement que vous, je l'ay remarqué bien des fois. Je ne sçay si je me trompe, mais il me semble que les Grecs et les Latins auoient un grand auantage sur nous en matière de vers.

ainsi dire, par la rime. C'est, à mon auis, l'écueil de notre versification, et je suis persuadé que c'est par là que les Grecs et les Latins ont un si grand auantage sur nous. Quand ils auoient fait un vers, ce vers demeuroit; mais pour nous, ce n'est rien que de faire un vers, il faut en faire deux, et que le second ne paroisse pas fait pour tenir compagnie au premier. L'endroit de votre dernière epître, dont vous me régalez, me fait souhaiter le reste avec une extrême impatience. J'aime bien cette vieillesse qui est venue sous vos cheueux blonds, et si tout le reste est de la sorte, vous pourrez dire comme Malherbe : *Les puissantes faueurs dont Parnasse m'honore, non loin de mon berceau, commencèrent leurs cours, je les possédois jeune, et les possède encore, à la fin de mes jours*. Ne trouuez vous pas plaisant que j'écriue des vers comme si c'estoit de la prose? Racan n'écriuoit pas autrement ses poëmes.

J'ay lu la dissertation de M. Arnauld sur la préface du *Dépot*. Je fus fâché, en la lisant, de n'être pas un peu plus vindicatif que je ne suis; car j'aurois eu bien du plaisir à voir tirer de si belle force les oreilles à mon homme. Qu'auroit-il pu répondre à tant de bonnes raisons qui

Quand ils auoient fait un vers, ce vers demeuroit. Mais pour nous! ce n'est rien que de faire un vers, il en faut faire deux, et que le second ne paroisse pas fait pour tenir compagnie au premier. Cela m'a toujours semblé bien difficile. Je m'en remets à ce que vous en croyez.

Vous auez donc fait une nouuelle satyre, ne pensez pas, s'il vous plaist, m'oublier quand vous en ferez part au public. J'aime bien cette vieillesse qui est venue sous vos cheueux blonds, et si tout le reste est de la sorte, vous pouuez dire comme Malherbe : *Les puissantes faueurs dont Parnasse m'honore, non loin de mon berceau commencèrent leurs cours; je les posséday jeune, et les possède encore, à la fin de mes jours.* Ne trouuez vous pas plaisant que j'écriue des vers comme si c'estoit de la prose? Racan n'écriuoit pas autrement ses ouurages. Cependant, quoy que Malherbe nous asseure, que les puissantes faueurs du Parnasse non loin de son berceau commencèrent leurs cours, il est pourtant vray qu'en plaignant une maitresse morte, il auoit dit :

détruisent son ridicule système d'éloquence. Faites moi la grâce de m'enuoyer cette lettre que M. Arnauld écrit à M. Perrault, et où il parle de vous comme toute la France doit parler. M. Perrault est un très galant homme, qui entend raison sur tout, excepté sur les modernes. Depuis qu'il a épousé leur parti, il s'aueugle même sur le mérite des modernes qui défendent les anciens. Notre siècle, il est vrai, a produit de très grands hommes, en toute sorte d'arts et de sciences. La magnanimité des Romains se retrouue tout entière dans Corneille; il y a beaucoup de scènes dans Molière qui déconcerteroient la grauité du plus séuère des stoïques; mais nous ne sommes pas contents de ces louanges, et à moins de mettre les anciens sous nos pieds, nous ne croirions pas être assez éleués. Quand nous en serions nous mêmes les juges, nous deurions auoir honte de prononcer en notre faueur. C'est de la postérité qu'il faut attendre un jugement décisif; il y a certainement peu de nos écriuains qui comme vous, Monsieur, ne doiuent pas craindre de paroître un jour, deuant son tribunal.

Pour moi, et les traducteurs mes confrères, c'est inutilement que nous le craindrions. Vous m'auez dit plus d'une fois, que la traduction n'a jamais

Doncques tu ne vis Geneuiefue et la mort, etc. Peut être ne sçauez vous pas cette particularité que feu M. Conrart m'a apprise.

J'ay leu la dissertation de feu M. Arnauld sur la Préface du Déuôt. Je fus faché de n'être pas un peu plus vindicatif que je ne suis, car j'aurois eu bien du plaisir à voir tirer les oreilles à un homme de si belle force; qu'auroit il pu répondre à tant de bonnes choses?

Je vous auoüe pourtant que c'est une espèce de consolation de voir que de si honestes gens se plaignent du procédé de ce Tartuffe. Dieu le luy pardonne. Envoyez moy la lettre de M. Arnauld où il parle de vous. Pourquoy feriez vous difficulté, ne vous souuenez vous pas que Montaigne dit qu'il se faut rendre justice aussi bien qu'aux autres, et qu'on doit tomber d'accord de ses bonnes qualitez, non point par vanité, mais par franchise.

Adieu, Monsieur, faites-moy l'honneur de m'aimer toujours un peu, et ne perdez à reuoir mes ouurages que le

---

mené personne à l'immortalité. Mettant la main à la conscience, je crois aussi que j'aurois tort d'y prétendre. Je ne m'en flatte point. *Oportet unumquemque de mortalitate aut de immortalitate sua, cogitare.* Ce mot de Pline le jeune me paroît une des meilleures choses qu'il ait dites. Pour écrire il me faudroit un grand fonds de science, et peu de paresse. Je suis fort paresseux, et ne sais pas beaucoup. La traduction répare tout cela.

Mon auteur est sauant pour moy; les matières sont toutes digérées; l'invention et la disposition ne me regardent point; je n'ai qu'à m'énoncer. Un avantage que je trouue encore dans la traduction, et dont tout le monde ne s'auise point, c'est qu'elle nous fait connoitre parfaitement un auteur; elle nous le fait voir tout nu, si j'ose parler ainsi; le traducteur découure toutes ses beautés et tous ses défauts. Je n'ai jamais si bien connu Cicéron que je le fais présentément, et si j'étois aussi hardi que les critiques de son siècle, j'oserois peut être, comme eux, lui reprocher en quelques endroits un peu de verbiage; mais il ne m'appartient pas de parler avec si peu de respect d'un si grand orateur. Je vous auoue pourtant que si la fortune m'eût fixé à Paris, je me serois hasardé à composer une histoire de quelqu'un de nos rois. Mais je me trouue dans un lieu où l'on manque de temps dont vous ne sçauez que faire, car enfin je veux bien profiter de vos auis, mais je ne veux pas vous être importun.

(MAUCROIX).

XXII. — Boileau à Racine.

A Paris, 1695.

Comme je (n'ay) n'avois point eu de vos nouvelles, Monsieur, je me suis engagé à une autre partie que celle que vous m'avés proposée. Pour les Épigrammes, il n'y a plus de mesures à garder, puisque, grace à l'indiscrétion, ou plutost, à l'envie de me faire valoir, de notre illustre ami, elles sont maintenant dans les mains de tout le monde. D'ailleurs on n'y fait plus maintenant que des critiques que je ne sens point, et qui sont par conséquent fort mauvaises. Car à quoy je reconnois une bonne critique, c'est quand je la sens, et qu'elle m'attaque par l'endroit dont je me défiois. C'est alors que je songe tout de bon à corriger, regardant celuy qui me l'a fait comme un excellent connoisseur, et tel que le Censeur que je propose dans mon Art Poétique en ces termes :

> Faittes choix d'un Censeur solide et salutaire,
> Que la Raison conduise et le Sçavoir éclaire,
> Et dont le craion seur, d'abord aille chercher
> L'endroit que l'on sent foible, et qu'on se veut cacher.

tous les secours nécessaires à un écriuain. Ainsi j'ai été contraint de me borner à la traduction. Je ne saurois m'en repentir, si j'ai le bonheur de vous plaire un peu.

Aimez moi toujours, je vous supplie, et assurez le cher monsieur Racine, que je serai éternellement son très humble serviteur, aussi bien que le vôtre.

(MAUCROIX.)

Du reste je m'inquiette peu de toutes ces frivoles objections, qui se font d'ordinaire contre les bons ouvrages naissans. Cela ne dure guère, et l'on est tout estonné souvent que l'endroit que l'on condamnoit, devient le plus estimé. Cela est arrivé sur ces deux vers de ma Satyre des Femmes :

> Et tous ces lieux communs de morale lubrique,
> Que Lully réchauffa des sons de sa musique.

contre lesquels on se déchaîna d'abord, et qui passent aujourd'hui pour les meilleurs de la pièce. Il en arrivera de mesme, croyés moi, du mot de lubricité, dans mon Épigramme sur le Livre des Flagellans. Car je ne crois pas avoir jamais fait quatre vers plus sonores que ceux-ci :

> Et ne sçauroit souffrir la fausse piété,
> Qui sous couleur d'esteindre en nous la volupté,
> Par l'austérité mesme, et par la pénitence,
> Sçait allumer le feu de la lubricité.

Cependant M. de Termes ne s'accommode pas, dites-vous, du mot de *lubricité*. Hé bien qu'il en cherche un autre. Mais moi, pourquoi osterois-je un mot qui est dans tous les Dictionnaires, au rang des mots les plus usités : où en seroit-on, si l'on vouloit contenter tout le monde ? *Quid dem ? Quid non dem ? renuis tu, quod jubet alter.* Tout le monde juge, et personne ne sçait juger. Il en est de mesme que de la manière de lire. Il n'y a personne qui ne croye lire admirablement, et il n'y a presque point de bons Lecteurs. Je vous donne le bon jour; et suis, vostre, etc..

DESPRÉAUX.

XXIII. — *Racine à Boileau.*

1695.

Je suis très obligé au R. P. Bouhours de toutes les honnêtetés qu'il vous a prié de me faire de sa part, et de la part de sa Compagnie. Je n'avois point encore entendu parler de la Harangue de leur Régent de Troisième; et comme ma conscience ne me reproche rien à l'égard des Jésuites, je vous avoue que j'ai été un peu surpris d'apprendre que l'on m'eût déclaré la guerre chez eux. Vraisemblablement ce bon Régent est du nombre de ceux qui m'ont très faussement attribué la Traduction du *Santolius pœnitens*, et il s'est cru engagé d'honneur à me rendre injures pour injures. Si j'étois capable de lui vouloir quelque mal, et de me réjouir de la forte réprimande que le Père Bouhours dit qu'on lui a faite, ce seroit sans doute pour m'avoir soupçonné d'être l'auteur d'un pareil ouvrage; car pour mes Tragédies, je les abandonne fort volontiers à sa critique. Il y a longtemps que Dieu m'a fait la grace d'être assez peu sensible au bien et au mal que l'on en peut dire, et de ne me mettre en peine que du compte que j'aurai à lui en rendre quelque jour.

Ainsi, Monsieur, vous pouvez assurer le Père Bouhours, et tous les Jésuites de votre connoissance, que bien loin d'être fâché contre le Régent, qui a tant déclamé contre mes pièces de Théâtre, peu s'en faut que je ne le remercie, d'avoir prêché une si bonne morale dans leur Collège, et d'avoir donné lieu à la Compagnie de marquer tant de chaleur pour mes intérêts; et qu'enfin, quand l'offense qu'il m'a voulu faire seroit plus grande, je l'oublierois avec la même facilité, en considération de tant d'autres Pères dont j'honore le mérite, surtout en considération du Père de La

Chaize qui me témoigne tous les jours mille bontés, et à qui je sacrifierois bien d'autres injures. Je suis, etc.

RACINE.

XXIV. — *Le père Bouhours à Boileau.*

Je ne comprens rien, Monsieur, à ce que uous me dites ni à ce qu'à dit le père Tarteron. Ce dessein formé m'est, ie uous iure, inconnu, et ie n'y uois pas la moindre apparence. Tous les Jésuites qui ont de l'Esprit uous estiment infiniment, et les supérieurs sont trop sages pour déffendre de uous lire. Mais s'ils l'entreprenoient, ie doute qu'ils en uinssent à bout et ie puis uous asseurer que cela réuolteroit tout le monde.

J'ay esté en retraitte depuis ma guérison, et ensuite si occupé de la maladie et de la mort d'un de mes meilleurs amis, que ie n'ay pu uous aller rendre mes deuoirs. J'iray demain uolontiers disner auec uous, et ie m'en fais par auance un fort grand plaisir, comme l'homme du monde qui uous aime le plus tendrement, et qui est le plus touché de l'honneur de uostre amitié.

BOUHOURS.

Ne m'enuoyez point uostre carosse. Il suffira que je l'aye pour le retour.

XXV. — *Boileau à madame la marquise de Villette* [1].

A Paris, 1696.

Madame,

Je ne sçais pas comment vous l'entendés. Mais pensés vous qu'un homme qui, comme je vous l'ay déjà dit, a eû

---

1. Cizeron-Rival a publié, dans son édition des *Lettres familières de Boileau et Brossette*, quoiqu'elle ne se trouve pas dans le recueil, la lettre

autrefois pour vous, sans que vous en sçussiés rien, et du temps que vous n'estiés encore que Mademoiselle de Marsilly, des sentimens qui alloient bien au-delà de l'estime et de la simple admiration, puisse recevoir de vous une lettre pleine de douceurs, sans que ces sentimens se renouvellent?

Cependant, non seulement vous m'escrivés des paroles obligeantes, vous y joignés les effets. Vous me faittes des présens magnifiques; et comme si ce n'estoit pas assés de m'avoir ravi tous les autres sens, vous m'attaqués encore par le goust, et m'envoyés une caisse pleine des plus exquises liqueurs. En vérité, Madame, j'aurois bon besoin de toute cette insensibilité chrestienne, dont vous nous croyés remplis M. Racine et moi, pour résister à ces douceurs. Car pour me soutenir contre vous, il ne faut pas moins que Dieu mesme. Ma raison toute seule a pourtant gagné le dessus. Elle m'a fait concevoir ce que vous estes, et ce que je suis, et m'a si bien fait rentrer dans mon néant, qu'enfin toute ma passion s'est tournée en purs sentimens d'estime et de reconnoissance, de sorte qu'au lieu d'amant impertinent que je commençois à devenir, je me suis trouvé tout

de Mme la marquise de Villette à laquelle Boileau répond ici. Voici cette lettre :

M. le marquis d'Aubeterre, qui a passé ici, m'a dit, Monsieur, que vous lui aviez parlé de nôtre ancienne amitié, et il m'a rappelé des souvenirs qui vous vaudront un quarteau de fenouillette. C'est le présent le plus magnifique que je puisse faire d'un hermitage comme celui-ci. J'avois résolu, l'hiver passé, d'aller vous surprendre dans le vôtre, et d'y rendre M. de Villette témoin de notre tendresse. Ma mauvaise santé m'empêcha d'exécuter ce projet : j'espère qu'il ne sera pas différé.

En attendant, si vous nous jugez dignes de lire vos derniers ouvrages, et que vous voulussiez nous les envoyer, je trouverois mon pauvre petit présent plus que payé. Notre ami M. Racine sait notre adresse, quoiqu'il ne s'en serve point; mais vous êtes tous si dévots, que je ne suis point étonnée de vous perdre de vue. Cependant, je ne vous estime et vous honore pas moins. Je suis, Monsieur, votre, etc.

MARSILLY DE VILLETTE.

à 'coup, simplement ami très sincère et très respectueux.

Permettés donc, Madame, qu'en cette qualité je vous dise qu'on ne peut pas estre plus touché que je le suis de toutes vos bontés et de votre somptueux présent. Qu'à mon avis néanmoins, il falloit garder sur cela les mesures que j'avois prises avec M. le Marquis d'Aubeterre, et que de payer le port de la caisse, est une galanterie plus que romanesque, dont vous ne me sçauriés trouver d'autorité dans Cassandre, dans Cléopâtre, ni dans Clélie.

Tout ce que je puis donc faire, Madame, pour respondre à vostre magnifique galanterie, c'est de vous la payer en monnoie Poétique, en vous envoyant mes trois dernières Epistres et tous mes autres ouvrages bien reliés. Vous les recevrés peu de temps après l'arrivée de cette lettre. Je suis avec toute la reconnoissance et tout le respect que je dois, Madame, vostre, etc.

DESPRÉAUX.

XXVI. — *Boileau à M. de La Chapelle.*

A Paris, 8e janvier 1699.

Je vous ay bien de l'obligation, mon cher neveu, de vostre souvenir; mais depuis quand, avés vous oublié notre ancienne familiarité, et de quel front venés vous le prendre avec moi, sur un ton si respectueux? Pensés vous que j'aye oublié : *Sed si te colo, Sexte, non amabo*, et n'appréhendés vous point que j'en conclue que vous estes dans la mesme disposition d'esprit, envers moi, que Martial l'estoit envers Sextus? Au nom de Dieu, quand vous me ferés la faveur de m'escrire, soyés moins mon neveu, et soyés davantage mon ami. Gardons, vous et moi, nos respects pour l'illustre Monsr de Maurepas. C'est en escrivant à des personnes de son élévation, qu'il faut se servir des termes que vous me prodigués. Je vous prie donc de lui bien tesmoigner que j'ay pour lui toute l'estime et tout le respect que je dois, et que c'est sur l'honneur de sa protection que je fonde une des plus seures espérances de ma tranquillité en ce monde. J'ose me flatter de le voir encore une fois en ma vie à Auteuil, et c'est ce qui me faict attendre avec plus d'impatience le retour de mon ami le Soleil.

Adieu, mon cher neveu, aimés moi toûjours, et croiés que je suis encore plus cette année que l'autre, vostre très affectionné oncle et serviteur.

DESPRÉAUX.

XXVII. — *Boileau à M. le comte de Maurepas.*

A Paris, 22e avril 1699.

Quelque affligé que je sois, la douleur, Monseigneur, ne m'a pas encore rendu si stupide que je ne sente, comme je dois, l'extrême honneur que vous m'avés faict en m'escrivant d'une manière si obligeante, sur la mort de mon Illustre Ami[1]. Vous avés parfaitement tracé son éloge en très peu de mots, et je doute que l'Escrivain, qui sera reçeu, en sa place, à l'Académie, le fasse mieux, en beaucoup de périodes.

N'attendés pas, cependant, Monseigneur, de moi sur cela une response digne de vostre obligeante lettre. Il me reste assés de raison pour comprendre ce que je vous dois, mais non pas assés de liberté d'esprit pour vous exprimer ma reconnoissance, et tout ce que je puis faire, c'est de vous asseurer que je suis avec un très grand zèle et un très grand respect, Monseigneur, vostre très humble, etc.

DESPRÉAUX.

1. Racine, mort le 21 avril 1699.

Permettés pourtant que j'adjoute encore ce peu de mots pour vous dire que c'est sur M. de Valincourt qu'il m'a semblé que tous les Académiciens tournent les yeux pour remplir la place de M. Racine, et que j'espère que vous voudrés bien l'appuier de vostre crédit, puisque c'est l'homme du monde le plus digne de lui succéder, et le plus propre à ne lui point faire un fade panégyrique.

XXVIII. — *Pour la préface de l'édition de 1713.*

(Ce titre est d'une écriture du temps de la confection du recueil.)

Voilà au vrai, tous les Ouvrages que j'ay faicts, car pour tous les autres qu'on m'attribüe et qu'on s'opiniastre de mettre dans les Éditions estrangères, il n'y a que des autheurs ridicules qui m'en puissent soupçonner. Dans ce rang on doit mettre surtout une Satire très fade contre les frais des enterremens, une encore plus platte contre le mariage qui commence par : *On me veut marier et je n'en ferai rien;* celle *contre les Jésuites,* et quantité d'autres encore plus impertinentes. J'avoüe pourtant que dans la Parodie des vers du Cid, faicte sur la perruque de Chapelain qu'on m'attribue aussi, il y a quelques traits qui nous échappèrent à M. Racine et à moi, en un repas que nous fismes chés Furetière, l'Auteur du Dictionnaire de la langue françoise, mais dont (ou *que*) nous n'escrivismes jamais rien ni l'un ni l'autre, de sorte que c'est Furetière qui est proprement le vrai et unique Autheur de cette Parodie, comme il ne s'en cachoit pas lui mesme.

XXIX. — *Boileau à M. de La Chapelle.*

Jeudi, 23º avril 1699.

Je suis si suffoqué, mon cher neveu, de douleur, d'affaires et de complimens, que j'espère que vous trouverés bon que je ne vous escrive qu'en stile très laconique et que jusqu'à ce que j'aye le temps de respirer, un simple billet vaille pour vous et pour ma très chère nièce vostre illustre épouse. J'accepte vostre appartement pour samedi prochain au soir ou Monseigneur le Comte Dayen doit me mener à Versailles. Ce n'est pas pour y parler de petites choses. Je vous donne le bon soir, et suis très sincèrement vostre, etc.

Despréaux.

XXX. — *M. de Lamoignon de Basville à M. de La Chapelle.*

A Mentes, ce 12 may 1699.

M. du Mas, Monsieur, qui est fort de mes amis et parent de M. de Bellet, a un fis qui a déia fait plusieurs campagnes sur mer, uous m'obligerés de faire tout ce que uous pourés pour le faire garde marine, il est de très bonne famille, vous ne pouués me faire un plus grand plaisir.

Ie suis entièrement à uous.

De Lamoignon de Basuille.

XXXI. — *Boileau à M. de Pontchartrain.*

A Paris, 10° septembre 1699.

Puisque vous daignés bien prendre quelquefois part à mes afflictions, trouvés bon, Monseigneur, que je prenne part à vos joyes, que je ne sois pas des derniers à vous féliciter sur la justice que le Roy a rendue au mérite de Monseigneur vostre père, en le choisissant pour remplir la première dignité de son Royaume. Jamais choix n'a esté plus applaudi, ni n'a excité une réjouissance plus universelle, surtout parmi les honnestes gens. Il n'y en a pas un qui ne se trouve gratifié en la personne de Monseigneur vostre père, et qui, par son eslévation, ne se croie en quelque sorte lui mesme, accreû de consideration et d'estime. Pour moi qui, outre les raisons du bien public, ay encore par rapport à vous, des raisons si particulières et si sensibles d'estre charmé de ce choix, jugés quelle doit estre ma satisfaction.

Mais, Monseigneur, (parlons françois) ce nouveau titre de grandeur qui entre dans vostre Maison, vous laissera-t-il le mesme que vous avés toûjours esté? Puis-je espérer de trouver dans le fils d'un Chancelier, ce mesme Ami, tendre et officieux, que je trouvois dans le fils d'un Contrôleur-général des Finances? et Auteuil, oseroit-il se flatter de vous voir encore chés moi, faire de ces (soupés) repas *sine aulæis et ostro,* que Mécénas faisoit avec le bon (Homme) Horace? Pourquoi non? Vous n'estes pas moins galant homme que Mécénas, et je ne vous suis pas moins dévoué (qu'il) qu'Horace l'estoit à ce premier Ministre d'Auguste. Je m'en vais donc tout préparer pour cela à vostre retour de Fontainebleau. Ne craignés point pourtant, Monseigneur, que je m'oublie, à quelque familiarité que vous descendiés avec moi. Je me souviendrai toujours avec quel respect je suis, et je dois estre, Monseigneur, vostre très humble, etc.

DESPRÉAUX.

XXXII. — *M. de Pontchartrain à Boileau.*

Du 7 décembre 1699.

Vous avez grande raison, Monsieur, de croire que vous trouverez dans le fils d'un Chancelier, le même ami que vous avez trouvé dans le fils d'un Contrôleur-général, et je puis vous assurer que vous ne me verrez jamais changer de sentimens pour vous. Mais le croiriez-vous, Monsieur? ce n'est point ce génie sublime, cet Auteur des Satyres, que je prise et que j'aime en vous : c'est cette candeur et cette simplicité heureuse, que vous avez sçeu joindre à tout l'esprit imaginable, et qui vous fait aimer de vos ennemis mêmes.

> Quanquam urat fulgore suo, qui peragravat artes,
> Infra se positas. . . . .

Je reçois avec beaucoup de sensibilité le compliment que vous me faites sur la nouvelle dignité de mon Père, et j'attends avec impatience le moment fortuné, où je pourray me dérober pour aller à Auteuil.

> Fastidiosam deserens copiam, etc.

Je suis tout à vous du meilleur de mon cœur.

PONTCHARTRAIN.

XXXIII. — *Boileau à M. de La Chapelle.*

A Paris, 9° novembre 1699.

Je crois, Monsieur mon cher Neveu, que je ne ferai plus que solliciter Monseigneur de Pont Chartrain et vous. Voici encore un Placet que je vous envoie, et que je vous prie de lui présenter de ma part, et bien qu'il vienne le dernier, j'ose vous prier de l'appuier, encore plus fortement que l'autre, parce que j'y prens encore plus d'intérest, et qu'il s'agit d'obliger un de mes meilleurs amis. Que si Monseigneur de Pont Chartrain vient à rire, comme il en aura raison, sans doute, de ce que je prens ainsi les gens de marine sous ma protection, je vous supplie de lui dire que m'estant faict un si grand nombre d'Ennemis sur terre, il ne doit pas trouver estrange que je songe à me faire des Amis sur la mer, surtout, puisqu'elle est de son département.

Recevés bien celui qui vous présentera ce billet, qui a peut-estre une meilleure recommandation que la mienne auprès de vous, puisqu'il vous porte une lettre de M. de Basville.
Je suis, Monsieur mon Neveu, vostre, etc.

DESPRÉAUX.

XXXIV. — *Boileau à M. de La Chapelle.*

A Paris, mardi, 3 heures du soir.

Monsieur Bourdelin qui est maintenant dans ma chambre veut bien, mon cher Neveu, se charger du billet que je vous escris, et de la lettre que je viens, à la chaude, de griffonner pour Monseigneur de Pont Chartrain. Je vous prie de la lui donner, et de lui bien demander pardon de mon griffonnage, mais selon ce que vous m'avés mandé, il vaut mieux qu'il la reçoive bientost, que bien escrité. Je suis sur des épines en ce que je fais attendre M. Bourdelin. Ainsi, trouvés bon que je vous dise très laconiquement, que je suis avec passion, vostre, etc.

DESPRÉAUX.

Au reste prenés soin de bien *munus nostrum ornare verbis*.

XXXV. — *Boileau à M. de La Chapelle.*

A Auteuil, jeudi 17e août.

Je ne perdrai point, mon très cher Neveu, le temps en paroles inutiles. Je m'en vais ce soir à Paris, mais je reviendrai demain, à pareille heure, à Auteuil; mandés moi à quelle heure (vostre carrosse) vos chevaux pouront estre samedi à Seve, affin que je m'y trouve, et que j'aille rendre à Monseigneur de Pont Chartrain, à Versailles, mes respects encore plus par inclination que par devoir. Nous éclaircirons là toutes choses. Tout ce que je puis vous dire, par avance, c'est que pourveu que mon honneur soit à couvert, il n'y a rien que je ne sois prest à sacrifier à cet illustre Seigneur, biens, vie, etc...

Je vous envoie mon jardinier à qui vous pouvés vous confier de tout. J'aurai soin de ne montrer vostre lettre qu'à des gens qui n'en puissent pas abuser. Je vous donne le bon soir, et suis, mon très cher Neveu, vostre, etc.

Despréaux.

XXXVI. — *Racine à Boileau.*

Le 15e aoust.

M. de Chamlay se doit trouuer chez moy ce matin à neuf heures. Vous nous feriez plaisir à l'un et à l'autre de vous y trouuer aussi. Je vous donne le bon jour.

Racine.

XXXVII. — *Boileau à M. de La Chapelle.*

A Paris, 7e décembre 1699.

Je ne vous cacherai point, mon très cher Neveu, que j'ay esté un peu surpris qu'un homme aussi exact que vous l'estes, n'eust point faict de response à trois de mes billets, car la vérité est que je n'ay point receu la lettre que vous prétendés m'avoir escrite, et dont vous m'articulés des choses si précises. Celle de Monseigneur de Pont Chartrain me fut apportée par un homme qui se disoit envoié exprès de sa part, et elle estoit seule dans le paquet. Cependant, par ce que vous me mandés, je vois bien qu'il y a eu de la méprise et du mal entendu dans tout cela, et qu'encore que j'aye eu raison de me plaindre, vous n'avés pourtant aucun tort.

A l'égard de mon voiage à Versailles où je n'ay couché qu'une nuict, je vous dirai que j'avois dessein de vous aller voir le soir, au sortir de chés le Roy, mais que M. le Duc de Noailles et M. son fils me retinrent de vive force chés eux, d'où je ne revins que fort tard : que le lendemain je fus occuppé toute la matinée à faire l'affaire de M. Manchon pour qui M. de Valincourt s'empressoit extrêmement; que j'attendis une heure et demie M. de Barbézieux dans son antichambre, et qu'enfin j'emploiai tout mon temps à faire ma cour, non pas au ministre dont j'ay l'honneur d'estre aimé, mais au ministre dont j'avois besoin. Je prétendois pourtant l'après disnée aller chés vous, et essayer de voir M. de Pontchartrain, mais ayant disné fort tard, et devant me rendre à Paris, j'appréhendai que la nuit ne me surprit en chemin. Ainsi je ne pus satisfaire, ni à mon devoir, ni à mon inclination. Ajoustés à cela que le petit chagrin que j'avois alors contre vous, rallentit un peu l'ardeur que j'avois de vous embrasser.

Voilà, au vrai, mon très cher Neveu, toute l'histoire de mon voiage et de mon chagrin qui s'est envolé, *tanquam pulvis quem projicit ventus a facie terræ*. Recommençons donc notre amitié sur nouveaux frais, et croiés que je n'ay jamais esté plus que je le suis, vostre, etc.

DESPRÉAUX.

XXXVIII. — *Boileau à M. de La Chapelle.*

A Paris, 3e janvier 1700.

Je vous ay bien de l'obligation, mon très cher Neveu, de vostre souvenir, et de l'agréable flatterie que vous m'avés escrite au commencement de l'année. On ne peut pas plus agréablement loüer un oncle que de lui dire qu'on le regarde comme une espèce de père. Car il n'y a ordinairement rien de moins père, qu'un oncle. Vous n'ignorés pas ce que veut dire en Latin : *Ne sis patruus mihi et patruus patruissimus.* Vous avés grande raison de ne me point mettre au rang de ces oncles trop oncles, et je n'ay pour vous, que des sentimens qui tirent droit au paternel.

Je suis bien aise de la bonne opinion que M. le Baron[1] a de moi, et j'ay trouvé son compliment à M. le Comte d'Ayen très joli et très spirituel. Il est dans le goust des complimens de Molière, c'est-à-dire, que la satire y est adroitement meslée à la flatterie, affin que l'une fasse passer l'autre. J'y ay trouvé seulement un peu à dire qu'il y mette les sots Poëtes, si proche d'Apollon. La Racaille Poëtique, dont il parle, est logée au pié et dans les marais du Mont Parnassien, où elle rampe avec les grenouilles, et avec l'Abbé de P*** (Puré), et Apollon est logé tout au haut avec les Muses et avec Corneille, Racine, Molière, etc. Jamais meschant Auteur n'y arriva, et quand quelqu'un en veut approcher, *Musæ furcillis præcipitem ejiciunt.*

Adieu, mon très cher Neveu, témoignés bien à M. le Baron que je fais de lui le cas que je dois, et croiés que je suis cette année, encore plus que les précédentes, entièrement à vous.

DESPRÉAUX.

XXXIX. — *Boileau à M. l'abbé Bignon.*

Il n'y a rien, Monsieur, de plus poli, ni de plus obligeant que la lettre que je viens de recevoir de vostre part, et bien

---

1. Le fameux comédien Michel Boyron, dit Baron, que l'on appelait communément à la cour *M. le Baron.*

que je ne convienne en aucune sorte des éloges que vous m'y donnés, je n'ay pas laissé de les lire avec un plaisir très sensible, n'y ayant rien de plus agréable que d'estre loüé, mesme sans fondement, par l'homme du monde le plus louable et qui a le plus de mérite.

Vous pouvés, Monsieur, nommer pour mon Eslève, non-seulement un homme d'aussi grande capacité que M. Bourdelin, mais qui il vous plaira, et je me déterminerai toujours plûtost par vostre choix que par le mien.

Je suis bien aise, Monsieur, que vous excusiés si facilement l'impuissance où me mettent mes infirmités d'assister à vos sçavantes assemblées. Tout ce que je vous demande, pour mettre le comble à vos bontés, c'est de vouloir bien tesmoigner à tout le monde, que si je suis si inutilement de l'Académie des médailles, il est bien vrai aussi que je n'en reçois, ni n'en veux recevoir aucun profit pécuniaire. Du reste, Monsieur, je vous prie d'estre bien persuadé que c'est sincèrement et avec un très grand respect que je suis, vostre, etc.

DESPRÉAUX.

XL. — *Boileau à M. de Pontchartrain.*

A Paris, mardi, cinq heures du soir (1701).

Mon neveu, Monseigneur, m'ayant escrit que vous seriés bien aise que je vous rendisse compte, moi mesme, de ce qui se seroit passé à l'Académie des médailles, le jour de ma réception, j'ay saisi avec joye cette occasion de vous marquer mon obéissance.

Je vous dirai donc, Monseigneur, que j'y ay esté receû aujourd'hui avec un applaudissement général, et que l'on m'y a accablé d'honneurs, de caresses et de bonnes paroles.

J'y ay renouvellé connoissance avec Mgr. le Duc d'Aumont, que j'avois eu l'honneur de fréquenter autrefois à la Cour. On a commencé par y lire un ouvrage fort sçavant, mais assés fastidieux, et on s'est fort doctement ennuié ; mais ensuitte on en a examiné un autre beaucoup plus agréable, et dont la lecture a assés attiré d'attention. C'estoit une dissertation sur l'origine du mot de *médaille*. Comme on a faict approcher de moi celui qui la lisoit, j'ay esté en estat de l'entendre et d'en parler. C'est ce que j'ay faict jusqu'à l'affectation, sçachant bien que cela vous plairoit. D'autres en ont dit aussi leur sentiment avec beaucoup de politesse et d'érudition, et je n'ay plus veu aucune bouche s'ouvrir pour baailler. On a receu ensuitte trois Elèves, et j'ay nommé M. Bourdelin pour le mien. Voilà, Monseigneur, ce qui s'est passé de plus mémorable dans cette célèbre Cérémonie, *cujus pars magna fui*. Tout ce que je vous puis dire, c'est que je ne doute point que vostre establissement ne réussisse dans la suitte, et il ne faut point s'estonner s'il y a maintenant quelques gens qui le désapprouvent ; car tout ce qui est nouveau, quoique excellent, ne manque jamais d'estre contredit, et quelles sotises ne dist-on point de l'Académie Françoise, lorsque le Cardinal de Richelieu la fit fonder.

Tout ce que je souhaitterois, Monseigneur, c'est que tout le monde fust content dans la métallique. Cela tient à bien peu de chose, et si vous vouliés bien me permettre de négocier pour cela, je suis persuadé que tous vos pensionnaires seroient bientost aussi satisfaicts que moi. Je vous escris ceci, comme vous l'avés souhaitté, très à la haste à la sortie de notre assemblée, et suis avec un très grand respect, vostre, etc.

DESPRÉAUX.

XLI. — *Boileau à M. le comte de Revel, sur le combat de Crémone*[1].

A Paris, 17e avril 1702.

Vous ne sçauriés vous imaginer, Monsieur, combien je vous suis obligé de la bonté que vous avés eüe de m'envoyer vostre relation du combat de Crémone. Elle a éclairci toutes mes difficultés, et elle m'a confirmé dans la pensée où j'ay toujours esté, que les belles actions ne sont jamais mieux racontées, que par ceux mêsmes qui les ont faictes.

C'est proprement à César qu'il appartient d'escrire les exploits de César. Mais à propos de vostre action, que vous dirai-je, si non que je n'en ay jamais veu de pareilles que dans les romans. Encore faut-il que ce soient des Romans de Chevalerie, où l'Auteur a beaucoup plus songé au mer-

1. REVEL (Charles-Amédée de *Broglie*, comte de), lieutenant-général, frère du maréchal de Broglie, d'une branche cadette qui s'est établie en Piémont, se signala à la défense de Crémone en 1702. Il sollicita le bâton de maréchal de France, mais il n'obtint que l'ordre du Saint-Esprit. Nous devons à l'obligeance de M. Rathery communication de la lettre suivante, où il est question de ce combat et de ces sollicitations. Elle explique plusieurs passages de la lettre de Boileau :

A Monsieur de Lamoignon.

Du camp de Lizaro, le 7 septembre 1702.

Je ne sçaurois assés vous remercier, Monsieur, de la sensibilité que vous auez témoignée sur la méprise qui s'estoit faite dans les relations qui ont esté ennoyées du combat qui s'est donné le 15 aoust, vous deués en auoir receu une que j'ay chargé mon frère l'abbé de vous faire tenir de Turin, n'ayant pas eu le temps d'en faire faire la coppie auparauant le départ de M. le duc de Villeroy.

Il me paroit, par la lettre que vous écriuiés à mon neueu, qu'il peut espérer vos bons offices auprès de M. de Chamillart; il m'est reuenu de bon lieu que M. le comte de Tessé en a escrit, en bons termes, dans la relation qu'il en a enuoyée à madame la duchesse de Bourgogne, et je n'ay

veilleux qu'au vraisemblable. Je ne suis point surpris du remerciment honorable que vous en a fait Sa Majesté Catholique. Et quels remercimens ne vous doit point un Prince à qui, en sauvant une seule ville, vous avés sauvé les deux plus riches diamans de sa couronne, je veux dire le Milanois et le royaume de Naples? Mais si les Rois et les Princes publient si hautement vos louanges, le peuple ici n'est pas moins déclaré en vostre faveur. Le Roi vous a donné le cordon bleu. Mais il n'y a point de petit Bourgeois à Paris qui ne vous donne en son cœur le baston de Maréchal de France, et qui ne soit persuadé comme moi, que vous ne tarderés guère à en être honoré. Avant donc que vous l'ayés, et que nous soyons réduits par une indispensable bienséance à vous appeler, *Monseigneur*, trouvés

rien oublié, de mon costé, dans la lettre que j'ay escrite au ministre. Ainsy, il ne s'agit plus que d'attendre les effets de sa bonne volonté; nous pourrons apprendre, aujourd'huy ou demain, par l'arriuée de M. le duc de Villeroy, sy les dispositions sont fauorables.

Il ne s'est rien passé de nouueau que l'ouuerture de la tranchée deuant Guastale dont, selon toute apparence, nous nous rendrons maîtres dans peu de jours, autant qu'on en peut juger par le peu de feu des assiégez.

Et il ne me reste, Monsieur, qu'à vous asseurer de la passion auec laquelle je suis, vostre, etc.

Le comte de Revel.

Dans deux autres lettres adressées au même, et faisant partie de notre cabinet, le comte de Revel lui écrit du camp de Lazaro, le 2 novembre 1702 :

Voilà enfin M. de Villars mareschal de France. On ne sçauroit trouuer à redire aux récompenses que le Roy donne à ceux qui remportent des auantages considérables sur ses ennemis, mais il auroit esté à souhaiter d'estre traité de mesme dans les occasions qui s'en sont présentées, et qui n'estoient pas d'une moindre considération pour son service. J'auois passé le Rhin à la teste des cuirassiers que M. de Villars estoit encore page du Roy. Cependant on nous le fait passer sur le moustache, et le voilà deuant tous ces anciens, avec peu d'espérance mesme de voir aucune promotion ....

Et de Crémone, le 27 décembre 1702 :

Je vois, Monsieur, qu'on ne se rend guère de justice en ce monde, cela bon, Monsieur, que je vous parle encore aujourd'hui sur ce ton familier auquel vous m'aviés autrefois accoutumé chez la célèbre C*** (Chanmeslé). Vous étiés alors assés épris d'elle, et je doute que vous en fussiés rigoureusement traité.

Permettés moi cependant de vous dire, que de toutes les maistresses que vous avés aimées, celle à mon avis dont vous avés le plus sujet de vous louer, c'est la gloire, puisqu'elle vous a toujours comblé de ses faveurs, et qu'elle ne vous a jamais trahi. Car je ne voudrois pas jurer que les autres vous aient gardé la mesme fidélité. Continués donc à la suivre, et soyés bien persuadé que je suis avec toute l'estime et tout le respect que je dois, vostre, etc.

DESPRÉAUX.

doit faire penser pour soy mesme, et craindre de tomber en pareil inconuénient.

Ce que vous me mandés touchant ce qui me regarde, n'est pas esloigné de mon sens, et vous deués estre persuadé de la defférence que j'ay pour vos conseils; nous traitterons cette matière plus à fonds dans quelques temps. Cependant, on ne laisse pas d'auoir ses inquiétudes, et craindre auec raison que les absens ne soient oubliés. Si on en croit le bruit public, on parle d'une promotion de mareschaux de France, qui ont chacun leurs protecteurs; M. de Téssé a madame la duchesse de Bourgogne; M. de Talard sera fort porté par M. le mareschal de Villeroy. Quoique M. le marquis d'Uxelles semble déplacé et hors de toute voye, M. le premier n'oubliera rien pour luy attirer ce grade. M. d'Harcourt a plus d'une corde à son arc, et est sur les lieux. M. Rose ne laisse pas d'avoir ses relations, et les galions, malgré les accidens qui leur sont arrivés en dernier lieu, ne laisseront pas de parler fortement en faveur de M. de Châteaurenaud. Tous ces prétendans sont mes cadets, et ce qu'on vient de faire pour M. de Villars qui estoit de ce nombre, sembleroit deuoir parler pour moy. Mais je ne sçay qu'en espérer, et désirerois quelques fois qu'on n'en fît point, pour n'estre point exposé à un pareil dégoût, après lequel il ne seroit plus en mon pouuoir de rester dans le seruice. Il ne faut pas se rendre malheureux avant le temps, et attendre ce que Dieu nous garde.....

XLII. — *Boileau à M. Le Verrier* (novembre 1703).

N'estes vous plus en colère, Monsieur, du peu de complaisance que j'eus pour vous hier. Si cela est, je m'offre d'aller aujourd'hui chés vous à midi et demi, vous prouver par plus d'un argument en forme, qu'un homme de mon âge n'est point obligé de préférer son plaisir à sa santé, ni d'aller en jeune Estourdi se gorger de bons morceaux à des heures indués, quand il a pour s'en excuser soixante et six raisons, aussi bonnes et aussi sérieuses que celles que la vieillesse avec ses doigts pesans m'a jettées sur la teste, et, pour commencer ma preuve, je vous dirai ces deux vers d'Horace à Mécénas :

> Quam mihi das ægro, dabis ægrotare timenti,
> Mæcenas veniam, etc.

Mandés moi donc, supposé que vous vouliés que j'achève ma démonstration, *si validus, si lœtus eris, si denique posces*. Autrement commandés qu'on ne m'ouvre point vostre porte ; j'aime bien mieux n'y point entrer, qu'y estre mal receû.

Au reste, j'ay non seulement relû vostre plainte sur les Tuilleries, mais je l'ay si bien raccommodée, que franchement, j'en ay faict un ouvrage tout à moi, et où il ne vous appartient plus rien que vostre prétendue passion pour Philis, et le dépit de son infidélité, que je n'ay ni ne veux point avoir. Voici la pièce en l'estat que je l'ay mise :

PLAINTE SUR LES TUILERIES.

Agréables Jardins, etc.

Faictes, Monsieur, de cet ouvrage et du vostre ce que vous jugerés à propos. Peut estre de tous les deux résultera-t-il quelque chose de bon, car pour moy je n'y veux, je vous déclare que je n'y veux plus prendre aucune part. J'ay mesme une espèce de confusion d'avoir employé quelques heures à un ouvrage de cette nature, et d'avoir faict de ce genre de poësie dont je me suis si heureusement moqué dans la satire *à mon esprit,* par ces quatre vers :

    Faudra-t-il de sens froid et sans estre amoureux,
    Pour quelque Iris en l'air faire le langoureux,
    Lui prodiguer les noms de Soleil et d'Aurore,
    Et toûjours bien mangeant, mourir par métaphôre ?

Je suis, vostre, etc.

DESPRÉAUX.

XLIII. — *Boileau à M. de La Chapelle.*

A Paris, 18e mars 1703.

Je vous renvoie, mon très cher Neveu, vostre papier avec les changemens, bons ou mauvais que j'y ay faicts. Vous n'avés qu'à vous en servir comme vous jugerés à propos. Il me semble sur-tout qu'il faut prendre garde à l'article de Vigo, qui est délicat à traiter. J'y ay mis ce qui m'est venu sur le champ. Le neveu de M. de Chasteaurenaud, qui m'a apporté vostre lettre, me paroist un très galant homme, et je vous prie de lui tesmoigner combien je suis plein de lui. C'est lui qui a mis à la marge les petits anachronismes de l'histoire de M. son Oncle.

Je ne sçais si ce que j'ay changé les rectifie assés bien, parce que je ne suis pas fort dressé au stile des Lettres et des Ordonnances Royáles, ou plutost Royaux; car tel est le plaisir de ces Lettres et de ces Ordonnances, de vouloir estre masculins, dérogeant en cela, à toutes les règles de la Grammaire. Que si en travaillant sur un sujet si peu de mon génie, je vous ai faict quelque petit plaisir, je vous supplie en récompense de m'en faire un fort grand; c'est de vouloir bien tesmoigner de ma part à Monseigneur de Pont Chartrain, la part que je prens aux intérests du fils de M. de Cartigny, nouvel acquéreur d'une charge de commissaire de la Marine. Je le prie de se ressouvenir que c'est le père de ce Commissaire qui m'a donné le premier, la connoissance de Monseigneur de Pont Chartrain, et que c'est lui qui a accompagné à Auteüil, cet illustre Ministre d'Estat, la première fois qu'il me fit l'honneur de m'y venir voir, et que je lui donnai ce fameux repas, qui me cousta huit livres dix sous. Je vous conjure, mon très cher neveu, de lui vouloir bien représenter tout cela, et que la sollicitation que je lui fais, n'est point de ces sollicitations mendiées auxquelles il suffit de répondre : Je verrai. Du reste, soiés bien persuadé que c'est du fond du cœur que je suis, vostre, etc.

Despréaux.

Ayés la bonté de me faire un petit mot de réponse sur l'article de M. de Cartigny. Vous jugés bien pourquoy.

XLIV. — *Boileau à M. de La Chapelle.*

A Auteuil, 15ᵉ août 1703.

Vous m'avés rendu, mon très cher Neveu, un si grand nombre de services en vostre vie, qu'il n'est pas surprenant qu'il vous en soit échappé quelques uns de la mémoire, et que vous ne vous ressouveniés pas que vous avés esté déjà chargé, plus d'une fois, du mesme embarras dont je vous charge aujourd'hui, je veux dire, de retirer mon ordonnance des mains de M. de La Grange. Cela est pourtant très véritable, et il est encore plus vrai que vous vous en estes acquitté avec la mesme bonté, et avec la mesme affection, que celle que vous me marqués dans vostre lettre, jusqu'à me faire des remerciemens de ce que je daignois bien vous donner occasion de m'obliger. Je vous conjure de croire que je sens comme je dois, cette honnesteté. Je vous prie de la vouloir bien continuer, et de bien marquer à M. de La Grange, ma reconnoissance et mes respects.

Pour vous, mon très cher Neveu, vous trouverés bon que je ne vous marque que de la tendresse et de la sincère amitié. Je suis, vostre, etc.

DESPRÉAUX.

XLV. — *Boileau à M. de La Chapelle.*

A Paris, 10e juillet 1704.

J'ay receu, mon très cher et très exact Neveu, mon Ordonnance. Elle est en très bonne forme, mais pleust à Dieu, que vous la pussiés aussi bien faire payer, que vous la sçavés faire expédier. Il y a tantost dix mois que je suis à solliciter le payement de la précédente, et qu'on respond au Trésor Royal ; *il n'y a point d'argent*, sans mesme me faire espérer qu'il y en aura. Si cela dure, je vois bien qu'au lieu de Louis d'or je vais amasser dans mon coffre quantité de beaux modèles de lettres financières, et qui pourront estre de quelque utilité à ceux à qui je voudrai les prester pour les copier. Voilà les fruicts de la guerre :

Impius hæc tam culta novalia miles habebit. Je vous donne
le bon jour, et suis passionnément, vostre, etc.

DESPRÉAUX.

XLVI. — *Boileau à Destouches.*

A Paris, 26e décembre 1707.

Si j'estois en parfaicte santé, vous n'auriés pas de moi,
Monsieur, une courte réplique. Je tascherois, en respondant fort au long à vos magnifiques complimens, de vous faire voir que je sçais rendre hyperboles pour hyperboles, et qu'on ne m'escrit pas impunément, des lettres aussi spirituelles et aussi polies que la vostre. Mais l'âge et mes infirmités ne permettant plus ces excez à ma plume, trouvés bon, Monsieur, que, sans faire assaut d'esprit avec vous, je me contente de vous asseurer que j'ay senti, comme je dois, vos honnestetés, et que j'ay lû avec fort grand plaisir l'ouvrage que vous m'avés faict l'honneur de m'envoier. J'y ay trouvé en effect beaucoup de génie et de feu, et surtout des sentimens de religion, que je crois d'autant plus estimables, qu'ils sont sincères, et qu'il me paroist que vous escrivés ce que vous pensés [1].

---

[1]. Après ces mots, on trouve, dans l'original de la lettre envoyée à Destouches que possède M. Rathery, la phrase suivante : *C'est un éloge que le zèle des dévots ne mérite pas toujours,* phrase que Boileau, comme on le voit, n'avait pas mise d'abord dans la minute ou copie de sa main destinée à rester entre ses mains, et par suite à servir à l'impression de ses lettres. En effet, Cizeron-Rival, qui les a imprimées d'après cette copie, n'a pas donné la phrase (*Lettres familières de Boileau et Brossette,* III, 124).

Mais d'Alembert, qui avait eu entre les mains la lettre missive où elle se trouvait, ne manqua pas de la reproduire entre deux crochets dans les notes de son *Éloge de Destouches,* et ce qu'il y a de curieux, c'est que tous les éditeurs de Boileau ont cru que cette phrase était ou une interpolation, ou une réflexion personnelle du philosophe d'Alembert.

Voy. Berriat-Saint-Prix, IV, 132. — Amar, IV, 472. — Viollet-Leduc, p. 357. — Saint-Surin, IV, ...

Cependant, Monsieur, puisque vous souhaittés que je vous escrive avec cette liberté satirique que je me suis acquise, soit à droit, soit à tort sur le Parnasse, depuis très longtemps, je ne vous cacherai point que j'ay remarqué dans vostre ouvrage de petites négligences, dont il y a apparence que vous vous estes apperceû aussi bien que moi, mais que vous n'avés pas jugé à propos de réformer, et que pourtant je ne sçaurois vous passer. Car comment vous passer deux *hiatus* aussi insupportables que sont ceux qui paroissent dans les mots d'*essuyent* et d'*envoie*, de la manière dont vous les employés? Comment souffrir qu'un aussi galant homme que vous, fasse rimer *terre* à *colère?* Comment?.... Mais je m'apperçois qu'au lieu des remercimens que je vous dois, je vais ici vous inonder de critiques très mauvaises peut-estre. Le mieux donc est de m'arrester et de finir, en vous exhortant de continuer dans le bon dessein que vous avés de vous eslever sur la montagne au double sommet, et d'y cueillir les infaillibles Lauriers qui vous y attendent.

Je suis avec beaucoup de reconnoissance, Monsieur, vostre, etc.

Boileau Despréaux.

XLVII. — *Vers faussement attribués à Boileau et dont il est parlé dans les quatre lettres qui suivent.*

ÉPITRE A MONSIEUR DESPRÉAUX.

Oui, ranime, il est temps, ta satyrique audace,
Reprends ton Juvénal, et relis ton Horace.
Toi, qui, t'armant toujours contre les froids auteurs,
Aux Pradons, aux Perraults, fis sentir tes fureurs;
Et qui, sur les Cotins, pour divertir la ville,
A grands flots répandois tes bons mots, et ta bile

Tu souffres qu'aujourd'hui au milieu de Trévoux,
Un Censeur à ta gloire ose porter des coups,
Et que de tes Écrits épluchant chaque page,
Il attaque, Boileau, ton plus parfait Ouvrage.
Tu te tais! ton esprit si prompt à s'échauffer,
D'un si foible ennemi n'ose donc triompher?
Quand on veut te flétrir dans le sein de ta gloire,
Qu'on veut rayer ton nom du temple de mémoire,
Quand une indigne main t'ose percer le flanc,
Dans tes veines, Boileau, n'est-il donc plus de sang?
Cours aux armes. Allons. Que ton feu se rallume :
Jamais un plus beau champ s'offrit-il à ta plume
Et sur les Escobards, et sur les Tambourins,
Jette, pour te venger, le sel à pleines mains.
Peins-nous de tes Censeurs, les détours et les brigues,
Montre au Public dupé, leurs honteuses intrigues :
Dis-nous comment, forçant son obscure prison,
Quesnel a su tromper leur fer et leur poison ;
Peins les lâches supôts de leur vaine Doctrine ;
Dis-nous par quels ressorts, ou par quelle machine,
La Cabale força le vertueux Hellin,
A suivre dans l'exil, et Bourlet, et Dupin.
Peins dans Toulouse en pleurs, des Vierges outragées :
Dans Brest, contre l'Autel, des Cohortes rangées.
Dis-nous par quels démons, cent Prélats abusés,
Sous l'Habit de Pasteurs, sont des loups déguisés.
Mets ce beau Dogme en vers : *On peut pour une pomme :*
(Henriquez le soutient) *assassiner un homme.*
Et dussent de Sanchez les comiques écrits
Faire même rougir les Phrinés, les Laïs,
Dis-nous comme Sanchez, dans ses pages impures,
Exprima d'Arétin les infames postures.
Dis-nous, si, sans salir son esprit et son cœur,
Marconville pourroit lire un si gras Auteur,
Et, si des Flagellans, les Histoires critiques
Égalent de Sanchez les Remarques lubriques.
Suspens pour quelque temps ton glorieux emploi :
Venge un frère attaqué, venge Arnauld, venge toi!

XLVIII. — *Le P. Le Tellier au P. Thoulier.*

A Mont Louis, ce 12 août 1709.

D'autres Jésuites que vous, mon Révérend Père, m'ont dit aussi que M. Despréaux désavouoit les vers que l'on fait courir sous son nom contre nous. Mais ces discours, tenus en particulier, n'empêchent point que le public ne continue à les lui attribuer ; et nos ennemis qui répandent ces vers avec empressement, lui en font honneur dans le monde. Ce n'est point nous qu'il est besoin de détromper, soit parce que M. Despréaux n'a point d'intérêt de ménager les Jésuites, soit qu'ils croyent qu'une telle pièce est plus capable de lui faire tort qu'à eux, dans l'esprit des honnêtes gens. C'est le Public et le Roi même qu'il a intérêt de détromper, et il sait bien les moyens de le faire quand il le voudra, s'il croit qu'il y aille de son honneur. S'il ne le faisoit pas, il donneroit lieu à ceux qui ne l'aiment point, de dire qu'il a bien voulu avoir auprès de nos ennemis le mérite d'avoir fait ces vers là, sans avoir auprès de nous la témérité de les avoir faits.

Je suis de tout mon cœur, mon cher Père, en N. S., votre, etc.

LE TELLIER, J.

XLIX. — *Le P. Thoulier à Boileau.*

Le 13 août 1709.

Je vous ai promis, Monsieur, de vous apprendre ce qui se passeroit à l'occasion des vers qui courent à Paris sous votre nom. Ils ont été montrés au R. P. le Tellier, et aussitôt que j'en ai été averti, je lui ai écrit, que non content de les désavouer, vous m'aviez fait paroître une estime très-sincère pour notre Compagnie, et toute la vivacité imaginable contre l'Imposteur qui a emprunté votre nom, pour nous insulter. Voici à quoi se réduit la réponse qu'il m'a faite, et dans les propres termes qu'il emploie : *Ce n'est point nous, c'est le Public et le Roi même, que M. Despréaux a intérêt de détromper, et il sait bien les moyens de le faire quand il voudra. Ces discours, tenus en particulier, n'empêchent point que le public ne continue à lui attribuer ces vers; et nos ennemis, qui les répandent avec empressement, lui en font honneur dans le monde.*

J'ai cru, Monsieur, vous devoir fidellement rapporter ce qu'il y a d'essentiel dans cette lettre du P. le Tellier, pour vous prouver en même temps, et mon zèle et ma sincérité. J'irai demain à Versailles, pour une affaire qui ne m'y retiendra qu'une heure ou deux, et je lui répéterai plus au long, ce que je lui ai écrit. Vous savez que les ignorans et nos ennemis ne sont pas en petit nombre : les uns croient que vous avez fait les vers dont il s'agit, et les autres voudroient le persuader. Jugeriez-vous à propos de faire sur ce sujet quelque lettre ou quelque chose de semblable, qu'on pût rendre public, si ces sortes de bruits continuent?

Au reste cet expédient vient de moi seul, et je vous le propose sans façon, parce que je m'imagine que la droiture de mon intention excuse la liberté que je prends. Qu'on vous attribue de mauvaises pièces, et que les Jésuites soient attaqués et calomniés : en tout cela il n'y a rien de nouveau. Mais il est fâcheux, et pour vous et pour les Jésuites, qu'on emploie hautement votre nom pour flétrir avec plus de succès un corps où votre mérite est si bien reconnu, et où vous avez eu toujours tant d'amis. Je fais gloire d'en augmenter le nombre, et je suis avec un parfait dévouement, Monsieur, votre, etc.

THOULIER, J.

L. — *Boileau au P. Thoulier.*

A Paris, 13e août 1709.

Je vous avoue, mon très Révérend Père, que je suis fort scandalisé qu'il me faille une attestation par escrit pour désabuser le public, et surtout d'aussi bons connoisseurs que les Révérends Pères Jésuites, que j'aye faict un ouvrage aussi impertinent que la fade Épistre en vers, dont vous me parlés. Je m'en vais pourtant vous donner cette attestation, puisque vous le voulés, dans ce billet, où je vous déclare qu'il ne s'est jamais rien fait de plus mauvais, ni de plus sottement injurieux, que cette grossière boutade de quelque Cuistre de l'Université; et que si je l'avois faicte, je me mettrois moi mesme, au dessous des Coras, des Pelletiers, et des Cotins. J'ajouterai à cette déclaration, que je n'aurai jamais aucune estime pour ceux qui, ayant leu mes ouvrages, ont pu me soupçonner d'avoir fait cette puérile pièce, fussent-ils Jésuites.

Je vous en dirois bien davantage si je n'estois pas malade, et si j'en avois la permission de mon médecin.

Je vous donne le bon jour et suis parfaitement, mon Révérend Père, vostre, etc.

DESPRÉAUX.

LI. — *Boileau au P. Thoulier.*

A Paris, vendredi 16e aoust 1709.

J'estois résolu, mon très Révérend Père, de vous aller voir ce matin, mais il m'est survenu une incommodité qui ne me permet pas de sortir. Cependant il est nécessaire que nous conférions ensemble sur l'affaire que vous sçavés. Mandés moi donc si vous voulés que je vous envoie ce soir sur les cinq heures mon carrosse, ou à telle autre heure demain au matin qu'il vous plaira. Je vous attendrai chés moi, et je vous y dirai ma résolution sur l'affaire pour laquelle vous vous entremettés. J'espère que vous sortirés content de notre conférence.

Je vous donne le bonjour et suis passionnément, mon Révérend Père, vostre, etc.

DESPRÉAUX.

LII. — *Boileau au P. Thoulier.*

A Paris, 4e avril 1710.

Il n'y a point, mon Révérend Père, à se plaindre du hazard. Peut estre a-t-il bien faict; car j'avois respandu fort à la haste sur le papier les corrections que je vous ay envoiées, et je suis persuadé que j'en aurois rétracté plusieurs dans les entretiens que je prétendois sur cela avoir avec vous. Ainsi laissant là toutes ces corrections, bonnes ou mauvaises, trouvés bon que je me contente de vous remercier de vostre agréable présent. Je ne manquerai pas de porter à M. Le Verrier chés qui je vais aujourd'hui disner, le volume dont vous m'avés chargé pour lui. Il meurt d'envie de vous donner à disner, et il faut que nous prenions jour pour cela.

Adieu, mon illustre Père. Aimés moi toujours, et croiés que je ne perdrai jamais la mémoire du service considérable que vous m'avés rendu, en contribuant si bien à détromper les hommes de l'horrible affront qu'on me vouloit faire, en m'attribuant le plus plat et le plus monstrueux libelle qui ayt jamais esté faict. Je vous embrasse de tout mon cœur, et suis très parfaitement, vostre, etc.

DESPRÉAUX.

LIII. — *Boileau au P. Thoulier.*

A Paris, 24e mars 1710.

Je vous renvoie, mon Révérend Père, vos papiers que j'ay revûs assés exactement malgré mes infirmités. Je ne sçais si vous concevrés bien mes ratures et mes corrections, mais si vous voulés en estre éclairci parfaitement, il faut que vous preniés la peine de venir chés moi un matin, car il est bon que nous soions seul, et j'aurois de la peine à monter les degrés de vostre maison Collégiale. Tout ce que je vous puis dire en général de vostre Préface, c'est que vostre discours est fort sensé, et que lorsque vous y aurés mis la dernière main sur mes remarques, ce sera à mon avis une des meilleures et des plus solides Préfaces que nous ayons en françois.

Je vous donne le bonjour, et suis parfaitement, vostre, etc.

DESPRÉAUX.

LIV. — *Boileau à M. Delosme de Montchenay, sur la Comédie.*

Puisque vous vous détachés de l'intérêt du Ramoneur[1], je ne vois pas, Monsieur, que vous ayés aucun sujet de vous plaindre de moi, pour avoir escrit que je ne pouvois juger à la haste, d'ouvrages comme les vostres, et surtout à l'esgard de la question que vous entamés sur la Tragédie et sur la Comédie, que je vous ai avoué néanmoins que vous traitiés avec beaucoup d'esprit. Car puisqu'il faut vous dire le vrai, autant que je puis me ressouvenir de vostre dernière pièce, vous prenés le change, et vous y confondés la Comédienne, avec la Comédie, que dans mes raisonnemens avec le Père Massillon, j'ai, comme vous sçavés, entièrement séparées.

Du reste vous y avancés une maxime qui n'est pas, ce me semble, soutenable ; c'est à sçavoir, qu'une chose qui

1. Celui qui faisait les commissions de M. Delosme.

peut produire quelquefois de mauvais effets dans des esprits vicieux, quoique non vicieuse d'elle même, doit estre absolument défendue quoiqu'elle puisse d'ailleurs servir au délassement et à l'instruction des hommes. Si cela est, il ne sera plus permis de peindre dans les églises des Vierges-Marie, ni des Suzanne, ni des Magdelaine agréables de visage; puisqu'il peut fort bien arriver que leur aspect excite la concupiscence d'un esprit corrompu. La vertu convertit tout en bien et le vice tout en mal.

Si vostre maxime est reçue, il ne faudra plus non seulement voir représenter ni Comédie, ni Tragédie, mais il n'en faudra plus lire aucune; il ne faudra plus lire ni Térence, ni Sophocle, ni Homère, ni Virgile, ni Théocrite : et voilà ce que demandoit Julien l'Apostat, et ce qui lui attira cette épouvantable diffamation de la part des Pères de l'Église. Croiés moi, Monsieur, attaqués nos Tragédies et nos Comédies, puisqu'elles sont ordinairement fort vicieuses; mais n'attaqués point la Tragédie et la Comédie en général, puisqu'elles sont d'elles mésme indifférentes, comme le Sonnet et les Odes; et qu'elles ont quelquefois rectifié l'homme plus que les meilleures prédications. Et pour vous en donner un exemple admirable, je vous dirai qu'un très grand Prince, qui avoit dansé à plusieurs Ballets, ayant vû jouer le Britannicus de M. Racine, où la fureur de Néron à monter sur le théâtre est si bien attaquée, il ne dansa plus à aucun Ballet, non pas mesme au temps du carnaval.

Il n'est pas concevable de combien de choses la Comédie a guéri les hommes, capables d'estre guéris : car j'avoue qu'il y en a que tout rend malades. Enfin, Monsieur, je vous soutiens, quoi qu'en dise le Père Massillon, que le Poëme Dramatique est une Poésie indifférente de soi-mesme, et qui n'est mauvaise, que par le mauvais usage qu'on en faict. Je soutiens que l'amour exprimé chastement dans cette Poésie, non seulement n'inspire point l'amour, mais peut beaucoup contribuer à guérir de l'amour les esprits bien faicts, pourveu qu'on n'y répande point d'images ni de sentimens voluptueux. Que s'il y a quelqu'un qui ne laisse pas, malgré cette précaution, de s'y corrompre, la faute vient de lui, et non pas de la Comédie. Du reste, je vous abandonne le Comédien, et la pluspart de nos Poëtes, et mesme M. Racine en plusieurs de ses pièces. Enfin, Monsieur, souvenés vous que l'amour d'Hérode pour Marianne, dans Joseph, est peint avec les traits les plus sensibles de la vérité : cependant, qui est le fou qui a jamais pour cela défendu la lecture de Josephe? Je vous barbouille tout ce canevas de Dissertation, afin de vous montrer que ce n'est pas sans raison que j'ay trouvé à redire à vostre raisonnement. J'avoue cependant que vostre satire est remplie de vers bien tournés. Je suis, etc.

DESPRÉAUX.

Si vous voulés responde à mes objections, prenés la peine de le faire de bouche, parce qu'autrement cela traîneroit à l'infini. Mais surtout, trêve aux louanges, je n'en mérite point, et n'en veux point. J'aime qu'on me lise et non qu'on me loue.

LV. — *Aux R. R. P. P. Jésuites, auteurs du Journal de Trévoux.*

Mes Révérends Pères en Dieu,
Et mes confrères en Satire,
Dans vos écrits, en plus d'un lieu
Je vois qu'à mes dépens vous affectés de rire.
Mais ne craignés vous point que pour rire de vous,
Relisant Juvénal, refeuilletant Horace,
Je ne ranime encor ma satirique audace?

Grands Aristarques de Trévoux,
N'allés point de nouveau faire courir aux armes
Un Athlète tout prest à prendre son congé ;
Qui par vos traits malins, au combat rengagé,
Peut encore aux Rieurs faire verser des larmes.
Apprenés un mot de Régnier
Notre célèbre devancier.
Corsaires attaquant corsaires
Ne font pas, dit-il, *leurs affaires.*

LVI. — *Aux mesmes Révérends Pères (de Trévoux) sur le livre des Flagellans composé par mon frère le Docteur de Sorbonne.*

Non le livre des Flagellans,
N'a jamais condamné, lisés le bien, mes Pères,
Ces rigidités salutaires,
Que pour ravir le ciel, saintement violens,
Exercent sur leurs corps tant de chrétiens austères.
Il blasme seulement cet abus odieux,
D'estaler et d'offrir aux yeux,
Ce que leur doit tousjours cacher la bienséance ;
Et combat vivement la fausse pieté,
Qui sous couleur d'esteindre en nous la volupté,
Par l'austérité mesme et par la pénitence,
Sçait allumer le feu de la lubricité.

LVII. — *A Madame l'Intendante de ***, sur le portrait du Père Bourdalöue qu'elle m'a envoié.*

Du plus grand orateur dont la Chaire se vante,
M'envoier le portrait, jeune et sage Intendante,
C'est me faire un présent qui vaut mille présens.
J'ay connu Bourdaloüe, et de mes jeunes ans,
Je fis de ses sermons mes plus chères délices.
Mais lui de son costé, lisant mes vains caprices,

Des censeurs de Trévoux n'eust point pour moi les yeux :
Ma franchise surtout gagna sa bienveillance.
Enfin après Arnauld, ce fust l'Illustre en France
Que j'admirai le plus et qui m'aima le mieux.

LVIII. — *Vers de M. Chapelle.*

Tout bon paresseux du Marais
Faict des vers qui ne coustent guères.
Pour moy c'est ainsy que j'en fais ;
Et si je les voulois mieux faire,
Je les ferois bien plus mauvais.

Parodie de M. Despréaux.

Tout grand Ivrogne du Marais,
Faict des vers que l'on ne lit guères.
Il les croit pourtant fort bien faicts ;
Et quand il tache à les mieux faire
Il les faict encore plus mauvais !

LIX. — *Épigramme sur un frère aisné que j'avois qui estoit de l'Académie Françoise, et avec qui j'estois brouillé.*

De mon frère, il est vrai, les Escrits sont vantés
    Il a cent belles qualités :
Mais il n'a point pour moi d'affection sincère.
    En lui je trouve un excellent Auteur,
Un Poëte agréable, un très bon Orateur :
    Mais je n'y trouve point de frère.

LX. — *Chanson à boire que j'ay faicte au sortir de mon cours de philosophie à l'âge de dix-sept ans.*

Philosophes resveurs qui pensés tout sçavoir,
Ennemis de Bacchus rentrés dans le devoir :

Vos Esprits s'en font trop accroire.
Allés, vieux fous, allés apprendré à boire :
On est sçavant, quand on boit bien.
Qui ne sçait boire ne sçait rien.

S'il faut rire ou chanter au milieu d'un festin,
Un Docteur est alors au bout de son latin :
Un Goinfre en a toute la gloire.
Allés, vieux fous, etc.

LXI. — *Parodie burlesque de la première Ode de Pindare à la loüange de M. P****.

Malgré son fatras obscur [1],
Souvent Brébeuf étincelle.
Un vers noble, quoi que dur,
Peut s'offrir dans la Pucelle.
Mais, ô ma lyre fidelle !
Si du parfaict ennuyeux,
Tu veux trouver le modelle,
Ne cherche point dans les cieux,
D'astre au soleil préférable ;
Ny dans la foule innombrable
De tant d'Écrivains divers
Chez Cognard rongés de vers,
Un poëte comparable
A l'auteur inimitable [2]
De Peau d'Asne mis en vers.

---

1. Il y a en marge, de la main de Boileau : J'avois résolu de parodier toute l'Ode, mais dans ce temps là nous nous accommodasmes M. Perrault et moi. Ainsi il n'y eust que ce couplet de faict.
2. *Idem*. M. P***, dans ce temps là, avoit rimé le conte de *Peau d'Asne*.

LXII. — *Response aux R. P. de T***, qui avoient mis dans une Épigramme contre moi, que la raison pourquoy j'ay si mal réussi dans mon Épistre de l'Amour de Dieu,* C'EST QU'IL N'A RIEN TROUVÉ DANS HORACE, DANS PERSE, NI DANS JUVÉNAL SUR CE SUJET QU'IL PUT DÉROBER.

Non ! pour montrer que Dieu veut estre aimé de vous,
Je n'ay rien emprunté de Perse ny d'Horace,
Et je n'ay point suivi Juvénal à la trace.
Car bien qu'en leurs Escrits, ces auteurs mieux que vous,
Attaquent les erreurs dont nos ames sont ivres ;
   La nécessité d'aimer Dieu
Ne s'y trouve jamais preschée en aucun lieu,
   Mes Pères ! non plus qu'en vos livres.

LXIII. — Ἧειδον μὲν ἐγών, ἐχάρασσε δὲ θεῖος Ὅμηρος.

EGO QUIDEM CANTABAM, SCRIBEBAT VERO DIVUS HOMERUS.

Quatrain faict par M. Charpentier pour exprimer la pensée de ce fragement de l'Anthologie.

  Quand Apollon vid le volume
Qui sous le nom d'Homère enchantoit l'Univers ;
Je me souviens, dit-il, que j'ay dicté ces vers
  Et qu'Homère tenoit la plume.

Dixain faict par M. Despréaux pour exprimer cette mesme pensée.

Quand la dernière fois, dans le sacré Vallon,
La Troupe des neuf Sœurs, par l'ordre d'Apollon,
   Lut l'Illiade et l'Odyssée,
Chacune à les loüer se montrant empressée,
Apprenés un secret qu'ignore l'Univers,
   Leur dit alors le Dieu des vers :

Jadis avec Homère, aux rives du Permesse,
Dans ce bois de lauriers où seul il me suivoit,
Je les fis toutes deux plein d'une douce yvresse :
Je chantois, Homère escrivoit.

LXIV. — *Enigme.*

Du repos des Humains implacable Ennemie [1]
J'ay rendu mille Amans envieux de mon sort,
Je me repais de sang, et je trouve ma vie,
Dans les bras qui cherchent ma mort.

LXV. — *Vers pour mettre au bas du portrait de M. Racine.*

Du Théâtre François l'honneur et la Merveille,
Il sçut ressusciter Sophocle en ses écrits,
Et dans l'art d'enchanter les cœurs et les Esprits,
Surpasser Euripide, et balancer Corneille.

LXVI. — *Épigramme, sur la manière de réciter du Poëte S. (Santeui).*

Quand j'apperçoy, sous ce portique,
Ce Moine au regard fanatique,
Lisant ses vers audacieux,
Faicts pour les Habitants des cieux,
Ouvrir une bouche effroyable,
S'agiter, se tordre les mains,
Il me semble en lui voir le Diable
Que Dieu force à louer les Saincts.

LXVII. — *Épigramme, imitée de celle de Martial qui commence par : Nuper erat Medicus, etc.*

Paul ce grand Médecin, l'effroy de son quartier,
Qui causa plus de maux que la Peste, et la Guerre,

---

1. En marge, également de la main de Boileau : Une puce.

VERS
pour mettre au bas du portrait
de Mr Racine

~~[crossed out lines]~~

~~[crossed out lines]~~

~~[crossed out lines]~~

~~[crossed out lines]~~

Du Théâtre François l'honneur, et la merveille,
Il sceut ressusciter Sophocle ~~[crossed]~~ en ses écrits,
Et dans l'art ~~[crossed out]~~ d'enchanter les cœurs, et les Esprits,
Surpasser Euripide et balancer Corneille.

Epigramme
sur le buste de marbre que Mr Girardon
l'illustre Sculpteur a faict de moi.

XXI

Grâce au Phidias de nôtre âge,
Me voila seur ~~[crossed out]~~ de vivre autant que l'Univers;
Et ne connust-on plus ni mon nom ni mes vers,
~~[crossed out lines]~~
~~[crossed out lines]~~
ce marbre ~~[crossed out]~~ tant ex taillé sur mon visage
De Girardon ~~[crossed out]~~ toujours on vantera l'Ouvrage.

Est curé maintenant et met les gens en terre.
Il n'a point changé de métier.

LXVIII. — (*A Perrault*).

Le bruit court que Bacchus, Junon, Jupiter, Mars,
 Apollon, le Dieu des beaux arts,
Les Ris mesmes, les Jeux, les Grâces et leur mère,
 Et tous les Dieux, Enfans d'Homère,
 Résolus de vanger leur Père,
Jettent déja sur vous de dangereux regards,
Perrault, craignés enfin quelque triste avanture.
Comment soutiendrés vous un choc si violent ?
 Il est vray, Visé vous assure
 Que vous avés pour vous Mercure,
 Mais c'est le Mercure galant.

LXIX. — *Vers faicts pour mettre au bas d'un portrait de Monseigneur le Duc du Mayne alors encore Enfant, et dont Madame de *** avoit faict imprimer à ses dépens, par galanterie, un petit volume de lettres, au devant desquelles il estoit peint en Apollon, une couronne de lauriers sur la teste.*

 Quel est cet Apollon nouveau,
 Qui presque au sortir du berceau
 Vient régner sur notre Parnasse ?
 Qu'il est brillant ! Qu'il a de grâce !
Du plus grand des Héros je reconnois le Fils.
Il est déja tout plein de l'Esprit de son Père,
 Et le feu des yeux de sa Mère
 A passé jusqu'en ses Escrits.

---

1. En marge, également de la main de Boileau : Auteur du *Mercure galant*.

LXX. — *Épigramme, sur une harangue d'un magistrat dans laquelle les Procureurs estoient fort maltraités.*

Lorsque dans ce sénat à qui tout rend hommage
Vous harengués en vieux langage,
Paul, j'aime à vous voir, en fureur,
Gronder maint et maint Procureur ;
Car leurs chicanes sans pareilles
Méritent bien ce traitement :
Mais que vous ont faict nos oreilles
Pour les traiter si durement ?

LXXI. — *Épigramme. L'Amateur d'Horloges.*

Sans cesse autour de six pendules,
De deux montres, de trois cadrans,
Lubin, depuis trente et quatre ans,
Occupe ses soins ridicules.
Mais à ce métier, s'il vous plaist,
A-t-il acquis quelque science ?
Sans doute ; et c'est l'homme de France
Qui sçait le mieux l'heure qu'il est.

LXXII. — *Épigramme, pour mettre au bas d'une fort méchante gravure qu'on avoit faicte de moi.*

Du célèbre Boileau tu vois ici l'image.
Quoy ! c'est là, diras-tu, ce Critique achevé !
D'où vient le noir chagrin qu'on lit sur son visage ?
C'est de se voir si mal gravé.

LXXIII. — *M. Le Verrier mon illustre Ami, ayant faict graver mon portrait par Drevet, le célèbre Graveur, fit mettre au bas de ce portrait quatre vers de sa façon, où il me faict ainsi parler.*

Sans peine à la Raison asservissant la Rime,
Et mesme en imitant, toûjours original,

Mr Le Verrier mon illustre Ami, ayant faict graver mon portrait par Drevet le celebre Graveur, fit mettre au bas de ce portrait quatre vers de sa façon, ou il me faict ainsi parler.

XVIII

Sans peine à la Raison asservissant la Rime,
Et mesme en imitant toûjours original
J'ay sçeu dans mes escrits, docte, enjoüé, sublime,
Rassembler en moi Perse, Horace et Juvenal.

A quoy j'ay respondu par ces huit vers.

XIX

Oui, Le Verrier, c'est la mon fidele portrait;
Et le Graveur en chaque trait
A sçû très finement tracer sur mon visage,
~~..........................~~
~~De tout faux Bel esprit l'Ennemi redouté~~.
Mais dans les vers ~~pompeux~~ pompeux qu'au bas de cet Ouvrage
Tu me fais prononcer avec tant de fierté;
D'un Ami ~~de la verité~~ ....,
Qui peut .... reconnoistre l'image?

J'ay sçeû dans mes escrits, docte, enjoué, sublime,
Rassembler en moi Perse, Horace et Juvénal.

LXXIV. — *A quoy j'ay respondu par ces huict vers.*

Oui, Le Verrier, c'est là mon fidèle portrait.
    Et le Graveur en chaque trait
A sçû très finement tracer sur mon visage,
De tout faux Bel Esprit l'Ennemi redouté.
Mais dans les vers pompeux qu'au bas de cet Ouvrage
Tu me fais prononcer avec tant de fierté ;
    D'un Ami de la Vérité
    Qui peut reconnoistre l'image ?

LXXV. — *Épitaphe de M. de *** (Gourville)* [1]

    Cy gist justement regretté
    Un sçavant homme sans science,
    Un gentilhomme sans naissance ;
    Un très bon homme sans bonté.

LXXVI. — *Épigramme, sur le buste de marbre que
M. Girardon l'illustre sculpteur a faict de moi.*

    Grâce au Phidias de notre âge,
Me voilà seur de vivre autant que l'Univers ;
Et ne connust-on plus, ni mon nom, ni mes vers,
Dans ce marbre fameux, taillé sur mon visage,
De Girardon toujours on vantera l'Ouvrage.

LXXVII. — *(Fragment d'un prologue d'Opéra).*

Madame de M*** (*de Montespan*) et Madame de *** (de Thiange), sa sœur, lasses des Opéras de M. Quinault, pro-

1. En marge, de la main de Boileau : Cette pièce n'est bonne que pour ceux qui ont connu particulièrement celui dont elle parle.

posèrent au Roy d'en faire faire un par M. Racine, qui s'engagea assés légèrement à leur donner cette satisfaction, ne songeant pas dans ce moment là à une chose dont il estoit plusieurs fois convenu avec moy, qu'on ne peut jamais faire un bon Opéra, parce que la musique ne sçauroit narrer; que les passions n'y peuvent estre peintes dans toute l'étendue qu'elles demandent; que d'ailleurs elles ne sçauroient souvent mettre en chant les expressions vrayment sublimes et courageuses. C'est ce que je lui représentay, quand il me déclara son engagement; et il m'avoua que j'avois raison; mais il estoit trop avancé pour reculer.

Il commença dès lors en effet un Opéra, dont le sujet estoit la chute de Phaéthon. Il en fit mesme quelques vers qu'il récita au Roy, qui en parut content. Mais comme M. Racine n'entreprenoit cet ouvrage qu'à regret, il me témoigna résolument qu'il ne l'acheveroit point que je n'y travaillasse avec luy, et me déclara avant tout qu'il falloit que j'en composasse le prologue. J'eus beau luy représenter mon peu de talent pour ces sortes d'ouvrages, et que je n'avois jamais faict de vers d'amourettes, il persista dans sa résolution, et me dit qu'il me le feroit ordonner par le Roy. Je songeai donc en moy mesme à voir de quoy je serois capable, en cas que je fusse absolument obligé de travailler à un ouvrage si opposé à mon génie et à mon inclination. Ainsi, pour m'essayer, je traçai, sans en rien dire à personne, non pas mesme à M. Racine, le canevas d'un Prologue, et j'en composai une première scène. Le sujet de cette scène estoit une dispute de la Poésie et de la Musique, qui se querelloient sur l'excellence de leur art, et estoient enfin toutes prestes à se séparer, lorsque tout-à-coup la Déesse des accords, je veux dire l'Harmonie, descendoit du ciel avec tous ses charmes et tous ses agrémens, et les réconcilioit.

Elle devoit dire ensuite la raison qui la faisoit venir sur terre, qui n'estoit autre que de divertir le Prince de l'univers le plus digne d'estre servi, et à qui elle devoit le plus, puisque c'estoit lui qui la maintenoit dans la France, où elle régnoit en toutes choses. Elle adjoustoit ensuite que, pour empêscher que quelque audacieux ne vint troubler, en s'élevant contre un si grand Prince, la gloire dont elle jouissoit avec lui, elle vouloit que dès aujourd'hui mesme, sans perdre de temps, on représentast sur la scène la chute de l'ambitieux Phaéthon.

Aussitôt tous les Poëtes et tous les Musiciens, par son ordre, se retiroient et s'alloient habiller. Voilà le sujet de mon Prologue, auquel je travaillai trois ou quatre jours avec un assés grand dégoust, tandis que M. Racine de son costé, avec non moins de dégoust, continuoit à disposer le plan de son Opéra, sur lequel je lui prodiguois mes conseils. Nous estions occupés à ce misérable travail dont je ne sçais si nous nous serions bien tirés, lorsque tout à coup un heureux incident nous tira d'affaire. L'incident fut que M. Quinault s'estant présenté au Roy les larmes aux yeux, et luy ayant remontré l'affront qu'il alloit recevoir s'il ne travailloit plus aux divertissemens de Sa Majesté, le Roy, touché de compassion, déclara franchement aux deux dames dont j'ai parlé, qu'il ne pouvoit se résoudre à luy donner ce déplaisir. *Sic nos servavit Apollo*. Nous retournâmes donc, M. Racine et moy, à notre premier employ, et il ne fut plus mention de notre Opéra, dont il ne resta que quelques vers de M. Racine, qu'on n'a point trouvés dans ses papiers après sa mort, et que vraisemblablement il avoit supprimés par délicatesse de conscience, à cause qu'il y estoit parlé d'amour.

Pour moy, comme il n'estoit point question d'amourettes dans la scène que j'avois composée, non seulement je n'ai pas jugé à propos de la supprimer, mais je la donne ici aujourd'hui au Public, persuadé qu'elle fera plaisir aux lecteurs, qui ne seront peut estre pas faschés de voir de quelle manière je m'y estois pris, pour adoucir l'amertume et la force de ma Poésie satirique, et pour me jeter dans le style doucereux. C'est de quoy ils pourront juger par le fragment que je leur présente ici, et que je leur présente avec d'autant plus de confiance, qu'estant fort court, s'il ne les divertit, il ne leur laissera pas du moins le temps de s'ennuier.

Prologue.

LA POÉSIE, LA MUSIQUE.

LA POÉSIE.

Quoy ! par de vains accords et des sons impuissans,
Vous croiés exprimer tout ce que je sçay dire !

LA MUSIQUE.

Aux doux transports qu'Apollon vous inspire,
Je croy pouvoir mesler la douceur de mes chants.

LA POÉSIE.

Oui, vous pouvés aux bords d'une fontaine
Avec moi soupirer une amoureuse peine,
Faire gémir Tyrsis, faire plaindre Climène;
Mais, quand je fais parler les Héros et les Dieux,
    Vos chants audacieux
Ne me sçauroient prester qu'une cadence vaine.
    Quittés ce soin ambitieux.

LA MUSIQUE.

Je sçay l'art d'embellir vos plus rares merveilles.

LA POÉSIE.

On ne veut plus alors entendre vostre voix.

SUPPLÉMENT.

LA MUSIQUE.

Pour entendre mes sons, les rochers et les bois
  Ont jadis trouvé des oreilles.

LA POÉSIE.

Ah! c'en est trop, ma sœur, il faut nous séparer :
  Je vais me retirer.
Nous allons voir sans moi ce que vous sçaurés faire.

LA MUSIQUE.

Je sçaurai divertir et plaire.
Et mes chants moins forcés n'en seront que plus doux.

LA POÉSIE.

Hé bien, ma sœur, séparons nous.

LA MUSIQUE.

Séparons nous.

LA POÉSIE.

Séparons nous.

CHŒUR DES POËTES ET DES MUSICIENS.

Séparons nous, séparons nous.

LA POÉSIE.

Mais quelle puissance inconnue
Malgré moi m'arreste en ces lieux?

LA MUSIQUE.

Quelle divinité sort du sein de la nue?

LA POÉSIE.

Quels chants mélodieux
Font retentir ici leur douceur infinie?

LA MUSIQUE.

Ah! c'est la divine Harmonie,
  Qui descend des Cieux!

LA POÉSIE.

Qu'elle estale à nos yeux

De graces naturelles!
LA MUSIQUE.
Quel bonheur imprévû la faict ici revoir?
LA POÉSIE ET LA MUSIQUE.
Oublions nos querelles,
Il faut nous accorder pour la bien recevoir.
CHŒUR DES POÈTES ET DES MUSICIENS.
Oublions nos querelles,
Il faut nous accorder pour la bien recevoir.

LXXVIII. — *Préface pour la satire XII.*

Quelque heureux succès qu'ayent eu mes Ouvrages, j'avois résolu depuis leur dernière édition, de ne plus rien donner au public; et quoy qu'à mes heures perdües, il y a environ trois ans, j'eusse encore faict contre l'Équivoque une satire que tous ceux à qui je l'ay communiquée ne jugeoient pas inférieure à mes autres Escrits; bien loin de la publier, je la tenois soigneusement cachée, et je ne croiois pas que moi vivant elle dûst jamais voir le jour. Ainsi donc, aussi soigneux désormais de me faire oublier, que j'avois esté autrefois curieux de faire parler de moi, je joüissois, à mes infirmités près, d'une assés grande tranquillité, lorsque tout d'un coup, j'ay appris qu'on débitoit dans le monde, sous mon nom, une Pièce en vers contre les Jésuites, également plate et insipide, dont on me publioit Auteur, et où l'on me faisoit dire en mon propre nom, à toute leur Société, les injures les plus atroces, et les plus grossières. J'avoue que cela m'a donné un très grand chagrin : car, bien que tous les gens sensés ayent reconnu sans peine que la pièce n'estoit point de moi; et qu'il n'y ayt eu que de très petits Esprits qui ayent présumé que j'en pouvois estre l'auteur, la vérité est pourtant que je n'ay pas regardé comme un médiocre affront de me voir soupçonné, mesme par des Ridicules, d'avoir faict un ouvrage si ridicule, et qui d'ailleurs tendoit à me brouiller avec une Société que j'ay toujours extrêmement honnorée, et chés qui j'ay toujours eu et j'ay encore d'illustres Amis.

J'ay donc cherché les moiens les plus propres pour me laver de cette infamie; et, tout bien considéré, je n'ay point trouvé de meilleur expédient que de faire imprimer ma Satire contre l'Équivoque, parce qu'en la lisant, les moins éclairés mesme de ces petits Esprits, ouvriroient peut estre les yeux, et verroient manifestement le peu de rapport qu'il y a de mon stile, mesme en l'estat où je suis, au stile bas et rempant de l'Auteur de ce pitoyable escrit. Ajoûtés à cela que je pourois mettre à la teste de ma satire, en la donnant au Public, un Avertissement en manière de préface, où je me justifierois pleinement, et tirerois tout le monde d'erreur. C'est ce que je fais aujourd'hui, et j'espère que le peu de mots que je viens de dire, produira l'effect que je me suis proposé. Il ne reste donc plus maintenant qu'à parler de la Satire qui doit suivre cet avertissement.

Je l'ay composée par le caprice du monde le plus bizarre, et par une espèce de dépit et de colère poétique, s'il faut ainsi dire, qui me saisit, à l'occasion de ce que je vais raconter. Je me promenois dans mon jardin à Auteuil, et resvois en marchant à un Poëme que je voulois faire contre les mauvais Critiques de notre Siècle. J'en avois mesme déjà composé quelques vers dont j'estois assés content : mais voulant continuer, je m'apperçus qu'il y avoit dans ces vers une équivoque de langue, et m'estant sur le champ mis en devoir de la corriger, je n'en pûs jamais venir à bout. Cela m'irrita de telle sorte, qu'au lieu de m'appliquer davantage à réformer cette Équivoque, et de poursuivre mon Poëme contre les faux Critiques, la folle pensée me vint de faire contre l'Équivoque mesme une Satire, qui pust me venger de tous les chagrins qu'elle m'a causés depuis que je me mesle d'escrire. Je vis bien que je ne rencontrerois pas de médiocres difficultés à mettre en vers un sujet si sec; et mesme il s'en présenta une d'abord qui m'arresta tout court. Ce fut de sçavoir duquel des deux genres, masculin ou féminin, je ferois le mot d'Équivoque : beaucoup d'habiles Escrivains, ainsi que le remarque Vaugelas, le faisant masculin, je me déterminai pourtant assés viste au féminin, comme au plus usité des deux, et bien loin que cela empeschast l'exécution de mon projet, je crus que ce ne seroit pas une méchante plaisanterie de commencer ma satire, par cette difficulté là mesme. C'est ainsi que je m'engageai dans la composition de cet Ouvrage. Je croiois d'abord faire tout au plus cinquante ou soixante vers : mais ensuitte les pensées me venant en foule, et les choses que j'avois à reprocher à l'Équivoque se multipliant à mes yeux, j'ay poussé ces vers, jusqu'à trois cent cinquante.

C'est au Public maintenant, à voir si j'ay bien ou mal réussi : et je n'emploirai point ici, non plus que dans les Préfaces de mes autres Escrits, mon adresse et mon éloquence à le prévenir en ma faveur: Tout ce que je lui puis dire, c'est que j'ai travaillé cette pièce avec le mesme soin que toutes mes autres poësies. Une chose pourtant dont il est bon que les lecteurs soient avertis, c'est qu'en attaquant l'Équivoque, je n'ay pas pris ce mot dans toute l'estroite rigueur de sa signification grammaticale; le mot d'Équivoque, en ce sens là, ne voulant dire qu'une ambiguité de parole : mais que je l'ay pris, comme le prend ordinairement le commun des hommes, pour toutes sortes d'ambiguités de sens, de pensées, d'expressions, et enfin pour tous ces abus et toutes ces méprises de l'Esprit humain qui

Préface pour la Satire XII.

d'une fois fulminée par toute l'Église, et tout recemment encor ~~...~~ ~~...~~ ~~...~~ ~~...~~ par deux des plus grands Papes qui ayent jamais rempli le Saint Siege. Je di ~~...~~ Vicaire de Jésus Chr en second ~~...~~ de ces deux celebres ~~...~~ en Terre je n'ay point ~~...~~ nommé les Auteurs de ces ~~...~~ ces theologiens don ~~...~~ propositions aux ~~...~~ ~~...~~ ~~...~~ sur la diffamation ~~...~~ et contre les quels mesme j'avoue que je n'ay pu rien ~~...~~ ~~...~~ puis que je n'ay point lû ni ne suis d'humeur a lire leurs ecrits; ce qui s'oroit pourtant ~~...~~ necessaire pour prononcer sur les accusations ~~...~~ qu'l'on form ~~...~~ Accusations ~~...~~ ~~...~~ pouvant les avoir mal entendus, et estre trompés dans l'in ~~...~~ ~~...~~ ~~...~~ telligence des passages où ils prétendent que sont les erreurs dont ils les accusen ~~...~~ ~~...~~ ~~...~~ ~~...~~ ~~...~~ ~~...~~ Je soutiens en troisieme lieu qu'il est contre la droite raison de penser, que je puisse exciter quelque scandale dans l'Église, en ~~...~~ traitant de ridicule des propositions ~~rejettées~~ de toute l'Église, et plus digne encore par leur absurdité d'estre sifflées ~~...~~ de tous les fideles, que refutées serieusement.

font qu'il prend quelquefois une chose pour une autre. Et c'est dans ce sens que j'ay dit, que l'Idolatrie avoit pris naissance de l'Équivoque : les hommes, à mon avis, ne pouvant pas s'équivoquer plus lourdement, que de prendre des pierres, de l'or et du cuivre pour Dieu. J'adiousterai à cela que la Providence, ainsi que je l'establis clairement dans ma Satire, n'ayant permis chés eux cet horrible aveuglement, qu'en punition de ce que leur premier Père avoit presté l'oreille aux promesses équivoques du Démon, j'ay pu conclure infailliblement, comme je le conclus, que l'Idolâtrie est un fruict, ou, pour mieux dire, un véritable Enfant de l'Équivoque. Je ne vois donc pas qu'on me puisse faire sur cela aucune bonne critique. Surtout ma Satire estant un pur jeû d'esprit : où il seroit ridicule d'exiger une précision si géométrique de pensées et de paroles.

Mais il y a une autre objection plus importante et plus considérable qu'on me fera peut estre au sujet des propositions de morale relaschée que j'attaque dans la dernière partie de mon ouvrage. Car ces propositions ayant esté, à ce qu'on prétend, avancées par quantité de Théologiens mesmes célèbres, la moquerie que j'en fais peut, dira-t-on, diffamer en quelque sorte ces Théologiens, et causer ainsi une espèce de scandale dans l'Église. A cela je respons premièrement : qu'il n'y a aucune des propositions que j'attaque qui n'ayt esté plus d'une fois fulminée par toute l'Église, et tout récemment encore, par deux des plus grands Papes qui ayent jamais rempli le Sainct Siége. Je dis en second lieu, qu'à l'exemple de ces deux célèbres vicaires de Jésus-Christ en Terre, je n'ay point nommé les auteurs de ces propositions ; ni aucun de ces Théologiens dont on dit que je puis causer la diffamation, et contre lesquels mesme, j'avoue que je ne puis rien décider, puisque je n'ay point lû ni ne suis d'humeur à lire leurs escrits ;

ce qui seroit pourtant absolument nécessaire pour prononcer sur les accusations que l'on formule contre Eux, leurs Accusateurs pouvant les avoir mal entendus, et s'estre trompés dans l'intelligence des passages où ils prétendent que sont ces erreurs dont ils les accusent. Je soutiens en troisième lieu : qu'il est contre la droite raison de penser que je puisse exciter quelque scandale dans l'Église, en traitant de ridicules des propositions rejettées de toute 'Église, et plus dignes encore par leur absurdité d'estre sifflées de tous les fidèles, que réfutées sérieusement.

Voilà ce que je me crois obligé de dire pour me justifier. Que si après cela il se trouve encore quelques Théologiens qui se figurent qu'en décriant ces propositions j'ay eu en veue de les décrier, je déclare que cette fausse idée qu'ils ont de moi ne sçauroit venir que des mauvais artifices de l'Équivoque qui, pour se venger des injures que je lui dis dans ma pièce, s'efforce d'intéresser dans sa cause ces Théologiens, en me faisant penser ce que je n'ay point pensé, et dire ce que je n'ay point dit.

LXXIX. — *Notes pour l'intelligence des Œuvres diverses de Monsieur Boileau Des-Préaux, sur la Préface de l'édition in-4° de 1701* [1].

(On lit en tête, d'une écriture qui paraît être de l'époque de la confection de ces deux volumes : *Les notes suivantes ont été écrites par M. l'abbé Guéton, et les Éclaircissements qui répondent aux notes sont de la main de M. Despréaux.*)

1. Il dit page 1, qu'il remercie le public de la bonté qu'il

1. L'auteur connoissant mieux que personne le prix de ses ouvrages, et les

---

[1]. Pour donner à la reproduction de ce travail intéressant toute son importance, nous vous indiqué entre *parenthèses*, les passages supprimés par Boileau, et en *italique*, ses nombreuses corrections autographes. Dans le manuscrit les notes sont numérotées par page seulement, et sans ordre de sujet ; ici nous avons donné un seul ordre de numéros, du commencement à la fin.

a eüe d'acheter tant de fois des ouvrages si peu dignes de son admiration.

2. Pag. v. Il dit : un ouvrage qui n'est point gouté du public, est un très méchant ouvrage.

3. Page vii. Il dit que c'est ordinairement la peine que s'est donnée un auteur à limer et à perfectionner ses écrits, qui fait que le Lecteur n'a point de peine en les lisant.

4. *Ibid.* Il appelle cette édition Mon édition favorite.

5. *Ibid.* Qu'il a mis son nom à celle cy pour empêcher qu'on ne fourrat parmi ses œuvres véritables celles qui ne sont point de lui.

6. Pag. viii. M. de Valincourt mon illustre associé à l'histoire.

7. Pag. ix. M. Perrault.

8. Pag. x. M. Arnauld a écrite à M. P.

9. *Ibid.* Comme je l'ay dit dans l'épître à mes vers.

estimant avec justice, parle ici plus modestement que sincèrement. C'est un compliment.

2. Cette maxime qui paroît outrée, est très vraie, si l'on entend par le mot de Public, tous les connoisseurs.

3. Dom Cosme, Feüillant, qui mérita par ses prédications d'être fait Évêque de Lombes, disoit qu'un Sermon qui ne coute guères à faire, coute beaucoup à entendre.

4. Parce qu'il la croioit plus parfaitte et plus complette que les précédentes, dont les premières parurent à Paris, en 1665 et qui ont été copiées dans plusieurs villes du royaume et même en Hollande.

5. Ce qui est souvent arrivé aux autheurs de réputation, comme de nos jours à Saint-Evremont, à La Fontaine, à Scarron et autres.

6. En l'année.... le roi Louis 14e chargea Mrs De Racine et Des-Préaux d'écrire l'histoire de sa vie, et leur donna pension de....... M. Racine étant mort, M. de Valincourt lui succéda. Il est secretaire de M. le comte de Tholose.

7. Qui il étoit, et quel fut le différent qu'il eut avec M. Despréaux ? Je crois que c'est le Contrôleur des bastimens du Roi, Académicien, et fit un Livre intitulé : Le Parallèle des Anciens et des Modernes, où il prétend prouver que les derniers sont égaux aux premiers.

8. C'est le fameux docteur de Sorbonne, qui a tant et si bien écrit. Sçavoir qui est ce P***. Perrault.

9. Citer les trois vers qui sont à la fin de l'épître, page 168.

Ce docteur toutefois si craint, si révéré,
Qui, contre Eux, de sa plume épuisa l'énergie,
Arnauld, le grand Arnauld, fit mon apologie.

10. Page xi. St Amand, Brébeuf, Scudéri, Cotin.

Il est bon de mettre le portrait de l'auteur à la tête du volume avec la précaution de marquer que les quatre vers qui sont au-dessous ont été faits par son ami Mr Le Verrier, et qu'on pourroit, au lieu d'y faire parler Boileau, qui semble se vanter, parler de luy en troisième personne.

11. Page 1re. Discours au Roy.

12. Ibid. Sans ministres.

13. Page 2. Te compare au Soleil.

14. Page 3. Parmi les Pelletiers, on compte des Corneilles.

15. Page 5. Étaient Tartuffe et Molière.

10. Dire qui ils étoient. *Ils ont tous faict plusieurs ouvrages qu'on peut voir.*

Ces vers seroient froids s'ils parloient en 3me personne, et d'ailleurs j'ay faict au sujet de ces vers une épigramme à Mr Le Verrier qui me lavera pleinement de vanité.

11. Si l'on mettoit l'année qu'il a été fait, le premier mot en seroit plus clair. Je crois que c'est en 1663, que Louis 14 avoit 25 ans.

12. Le Cardinal de Richelieu, sous Louis 13, et le Cardinal Mazarin qui mourut en 1661, pendant la Minorité de Louis 14, avoient porté si haut l'autorité du Ministère, qu'ils sembloient plus puissants que les Rois leurs maitres.

Il ne faut parler que du Cardinal de Richelieu, parce que le Cal Mazarin gouvernoit un Roy mineur, et qu'il n'est pas fort surprenant qu'il fust si puissant, pendant la minorité du Prince.

13. Il seroit bon d'avoir le sonnet dont il parle. *Il estoit de Chapelain, mais il n'a jamais esté imprimé qu'en feuille volante. Je ne croy pas qu'on le puisse trouver.*

14. Qui étoit ce Pelletier mis pour tous les poëtes du commun. *C'estoit un très-méchant Poëte qui faisoit tous les jours un sonnet. On l'appelloit Du Pelletier; ses œuvres ont esté imprimées, mais il seroit bien difficile de les trouver.*

On connoit assez le fameux Pierre Corneille par ses poëmes dramatiques, et son frère Thomas.

15. La comédie intitulée le Tartuffe, faite par Molière contre les faux dévots,

fut d'abord attaquée par une grosse cabale, comme une chose scandaleuse. Mais M⁻ le P. de Condé devant qui l'on faisoit le parallèle de cette pièce avec celle du festin de Pierre ou de l'athée foudroyé qui avoit passé sans difficulté, dit que dans celle-cy on ne s'attaquoit qu'à Dieu; mais que, dans l'autre, on joüoit les dévots, ce qu'ils ne pouvoient souffrir.

16. *Ibid.* Rendre à l'aigle éperdu sa première vigueur.

16. Le Roy venoit d'envoyer des troupes en Hongrie pour l'empereur, qui battirent les Turcs sur le Raab.

17. *Ibid.* Aller chercher l'or, où le soleil le forme en se levant.

17. Il (fait) *veut marquer* les allusions aux compagnies des Indes Orientales et Occidentales qui commencèrent alors.

SATIRE 1ʳᵉ. — CONTRE LES MAUVAIS POETES.

18. Page 7. Damon.

18. Qui est Damon. *Il est un peu chimérique. Toutefois, j'ay eu quelque veue à Cassandre, celui qui a traduit la Rhétorique d'Aristote.*

19. *Ibid.* D'un bonnet vert le salutaire affront.

19. Marque infamante dont on punissoit autrefois les banqueroutiers, moyennant quoy ils sortoient de prison (mais ils étoient obligez de la porter); *ses créanciers le lui mettoient en pleine rüe, après quoy il le pouvoit oster.*

20. Page 8. Que Georges vive ici.

20. Ce mot a beaucoup de rapport avec celui d'un Gorge, de Nantes, qui, s'étant fort avancé dans les finances, acheta la terre d'Autregues et épousa Mˡˡᵉ de Valençay. *George est là un mot inventé et n'a point de rapport à Mʳ Gorge qui n'avoit pas dix ans quand je fis cette satire, et qui a depuis esté un de mes meilleurs amis.*

21. *Ibid.* Que Jacquin.

21. Sçavoir si quelque particulier est désigné par ce nom, ou s'il est mis pour quelque partisan fameux. *Je l'ay mis au hazard. On l'a voulu depuis imputer à*

22. *Ibid.* Et Rolet un fripon.

23. Page 9. D'un Pédant sçait faire un Duc et Pair.

24. *Ibid.* Tel aujourd'hui triomphe, etc.

25. *Ibid.* Tandis que Colletet...

26. *Ibid.* Dont Montmaur.

M. Jacquin, homme célèbre dans la finance, et qui a rendu de grands services à l'estat ; mais je n'ai jamais pensé à lui.

22. Procureur du Parlement de Paris qui (fut interdit) *fit amende honorable et banni à perpétuité* pour ses friponneries.

23. Cela (peut avoir application ou à) *a esté directement mis pour* monsr *l'abbé* de La Rivière, fils d'un boulanger de Montfort-l'Amauri, et qui avoit esté régent dans l'Université, qui, aiant été précepteur à Paris, se poussa chez monseigneur Gaston de France, frère de Louis 13, par la faveur de qui il fut fait évêque de Langres; ou bien à monsieur de Montausier qui, trouvant à reprendre partout, fut surnommé le Pédant de la Cour, mais qui, pour son mérite, fut fait duc et gouverneur de Monseigneur le Dauphin. Je n'ay jamais pensé à M. de Montausier, homme de très grand mérite et de très grande qualité, et qui ne conviendroit point du tout à mon vers où j'ai voulu exprimer la pensée de Juvénal : FIES DE RHETORE CONSUL.

24. Sans désigner personne en particulier, cette peinture représente plusieurs partisans qui, après avoir disparu (pendant la Chambre de Justice, où ils furent taxés) revinrent étaler leur luxe. *Ma satire estoit faicte plus de six ans avant la Chambre de Justice.*

25. Poëte dont les ouvrages (n'ont point eu de réputation) *ont eu quelque réputation, mais fort gueux.*

26. C'étoit un Pédant de l'Université qui faisoit assez bien des vers latins, mais diseur de (pointes) *Turlupinades*, grand *Médisant* et franc Parasyte. (Il y a même une Satire contre lui de) M. Ménage (intitulée le Parasite Mormont) *a*

faict contre lui plusieurs vers *Latins et une vie burlesque intitulée* VITA GORGILII MAMÆBRÆ.

27. Page 10. St Amand.

27. Poëte françois assez estimé de son temps. La Rome ridicule est de ses meilleurs ouvrages.

28. *Ibid.* Au sort de l'Angély.

28. (Un Plaisant qui eut quelque temps la vogue à la Cour pour ses bons mots. Les libéralitez de Louis 14 l'y firent même paroître en si bon équipage, qu'on le nommoit le marquis d'Angély.) *C'estoit un fou de profession assés plaisant que M. le Prince avoit amené des Pays-Bas, et qu'il avoit donné au Roy. Il gagnoit beaucoup d'argent, et tous les gens de quartier lui donnoient parce qu'ils craignoient ses bons mots. Il mourut...*

29. *Ibid.* Un Poëte à la Cour fut jadis à la mode.

29. (Peut-être entend-il parler de Ronsart, ou de Malherbe, ou de Régnier, qui furent chéris à la Cour, ou Bois-Robert). *Jadis veut dire du temps du C^{al} de Richelieu.*

30. Page 11. Fouilletant Loüet allongé par Brodeau.

30. C'est un recueil d'arrests compilé par M. Louët, conseiller du Parlement de Paris, augmenté par Brodeau qui en étoit avocat.

31. *Ibid.* Où Patru gagne moins.

31. Célèbre avocat dont on a imprimé les plaidoyers. Il fut aussi des premiers de l'Académie Françoise.

32. *Ibid.* Qu'Uót et le Mazier.

32. Deux (greffiers l'un) *avocats grands Gueuliers, c'est ainsi qu'on les appelloit, et estimés mal honnestes. Il y a eu aussi un greffier appellé Le Mazier, mais il passoit pour un fort honneste homme.*

33. *Ibid.* Se font chez P. Fournier.

33. Pierre Fournier, appellé P. Fournier, étoit un procureur du Parlement de Paris, habile chicaneur, et fameux pour les méchantes affaires.

34. *Ibid.* Arnauld à Charenton.

34. Le célèbre docteur de Sorbonne qui a si puissamment écrit contre les calvinistes appellés Huguenots, et qui tenoient leur prêche au village de Charenton,

35. *Ibid.* St Sorlin Janséniste.

36. *Ibid.* Et St Pavin bigot.

37. Page 12. Après que la fièvre le presse, au lieu des deux vers suivants....

35. Le Sr Des-Marez de St Sorlin a témoigné un grand zèle contre les Jansénistes, mais ses écrits ne leur ont pas fait grand mal; ils furent aisément réfutez.

36. C'étoit un homme de condition, mais *très-libertin* (si débauché, que dans un vaudeville on l'appella bourgeois de Sodôme).

37. On lit dans l'édition in-4° de 1674 :

Et riant hors delà du sentiment commun,
Prêche que trois sont trois, et ne font jamais un.

J'ay changé ces deux vers parce qu'on y pouvoit donner un sens libertin.

SATIRE 2e. — SUR SON PENCHANT A LA POÉSIE, ET LA DIFFICULTÉ D'Y RÉUSSIR.

38. Page 13. Molière.

39. *Ibid.* L'abbé de Pure.

40. Page 14. La Rime Quinault.

41. *Ibid.* Malherbe.

42. Page 15. Pelletier.

43. *Ibid.* Scudéri.

38. Le Térence françois qui a donné ... pièces de théâtre tant en vers qu'en prose, toujours admirées dans les représentations, et qui seront longtemps estimées dans l'impression.

39. C'étoit un Lionnois qui avoit quelque érudition et se piquoit de politesse, mais il étoit très fade.

40. Il avoit composé des tragédies, et depuis il composa des pièces pour les opéra. Il étoit de l'Académie.

41. Poëte célèbre, surtout pour les stances.

42. Dont il est parlé cy devant dans le discours au Roy.

43. Qui a composé l'*Illustre Bassa* et plusieurs autres *Romans*. Il étoit frère de l'Illustre Mlle Scudéry, honneur de

son sexe pour les beaux ouvrages d'esprits en prose et en vers, surnommée pour cela LA SAPHO de France.

SATIRE 3e. — SUR UN MAUVAIS REPAS.

44. Page 18. Boucingo.

44. Fameux marchand de vin.

45. Ibid. Le commandeur.

45. M⁏ de Souvray, depuis grand Prieur de France, qui tenoit une table fort délicate.

46. Ibid. Villandry.

46. Le marquis de ce nom, homme de (bon goût) *bonne qualité, mais qui fréquentoit fort les bonnes tables, et qui combloit de flatteries ceux qui lui donnoient à manger.*

47. Ibid. M'ont dit tout Cyrus.

47. C'est un Roman qui porte ce nom composé par Mlle *de Scudéri.*

48. Page 19. Cassaigne et Cotin.

48. Médiocres prédicateurs du temps.

49. Ibid. Vive Mignot.

49. C'étoit (une espèce de traiteur) un *Pâtissier* logé *au haut de la rue de la Harpe, et qui estoit aussi Traiteur.*

50. Ibid. D'un Auvernat.

50. Gros vin d'Orléans.

51. Ibid. Mêlé de lignage.

51. (Un vin de ...) *Autre gros vin d'Orléans.*

52. Ibid. Vin de l'Hermitage.

52. Qui croist vis-à-vis de Thain sur le Rhône, et qui quoique gros, est excellent.

53. Page 20. D'aloüettes pressées.

53. (Quoique dans un festin aussi mal ordonné, le contretemps des aloüettes put avoir sa raison, l'auteur a dit à ses amis que ce n'étoit point sa pensée, et qu'il avoit manqué contre la saison). *Je n'ay jamais dit cela. Il y a autant d'aloüettes en esté qu'en hyver, mais on n'en sert guère parce qu'elles sont fort sèches et fort maigres, aussi bien que les moineaux.*

54. Ibid. Profès dans l'ordre des Costeaux.

54. Cet ordre fut établi au Marais chez M^rs Du Broussin et autres friands, ainsi surnommez pour la connoissance dont ils se piquoient de quels côteaux étoient les meilleurs vins *de Champagne.*

55. Page 21. La statue est au festin de Pierre.

55. Dans la comédie du festin de Pierre (faite par Molière, on y voit une figure d'un commandeur ressuscité). *J'avois faict ma Satire longtemps avant que Molière eust faict le festin de Pierre, et c'est à celle que jouoient les Comédiens Italiens que j'ay regardé, et qui estoit alors fort fameuse.*

56. Page 23. Théophile et Ronsard.

56. Ces poëtes estimez de leur temps, avoient plus de feu que de justesse, et plus d'érudition que d'art.

57. Ibid. La Serre.

57. Qui il étoit et ce qu'il *a* fait. *C'estoit un Escrivain qui a porté le galimathias fort loin, et qui a faict, Le Secrétaire de la Cour, livre très ridicule.* (Mr Scarron) St *Amand a dit de lui* (qui), *La Serre qui livre* sur ce livre desserre.

58. Ibid. La Pucelle.

58. Le poëme Héroïque de la Pucelle d'Orléans à quoi Mr Chapelain de l'Académie a travaillé 30 ans, est ennuyant, et rien moins que galant.

59. Ibid. Le Pay.

59. On a de luy un recueil de poësies médiocres intitulé : Amitiés, Amours, Amourettes.

60. Ibid. Le Voiture.

60. Auteur agréable et très poli.

61. Ibid. Le Corneille.

61. Prince du Théâtre François, Pi Corneille (surnommé le Grand), *que les Comédiens dans leurs affiches appelloient le grand Corneille.*

62. Ibid. L'Alexandre.

62. Dans la belle pièce faite par Mr Racine.

63. Ibid. Quinault.

63. Dont il est parlé dans la Satire précédente. S'étant apparemment plaint de l'auteur, s'attira une seconde touche, et la critique de sa tragédie d'Astrate qui est la plus estimée de ses pièces.

64. Page 25. Vins de Brie.

64. *Ce* sont les plus méchants *vins* de France.

SATIRE 4ᵉ. — QUE TOUS LES HOMMES SONT FOUS.

65. Page 26. L'ABBÉ LE VAYER.

65. Qui il étoit. Mʳ *l'Abbé Le Vayer estoit fils du fameux Auteur M. La Motte Le Vayer. Il a traduit en françois Florus.*

66. *Ibid.* Aux petites maisons.

66. Hôpital dans Paris où l'on met les insensez.

67. Page 27. Guénaud.

67. Médecin de la Faculté de Paris (prévenu pour l'antimoine) *grand donneur de vin Emétique.*

68. *Ibid.* La Neveu.

68. (Quelque fameuse) *C'estoit une courtisane fameuse du temps de Louis treize que Mʳ, Duc d'Orléans, frère du Roy, promenoit quelquefois la nuit toute nue dans Paris.*

69. Page 28. Chez Frédoc.

69. Il tenoit une grande Académie de jeu dans la place du Palais Royal.

70. *Ibid.* Ce marquis sage et prude.

70. Qui ?.. *Ce mot comprend plusieurs grand joueurs.*

71. *Ibid.* D'un quatorze ou d'un sept.

71. Ce sont les points qui font gagner celui qui tient le cornet en joüant à la chauffette.

72. Page 29. Chez Ménage.

72. L'abbé Ménage illustre grammairien chez qui l'on tenoit des conférences de belles lettres; mais il recevoit trop de monde sans choix.

73. Page 30. Comme Joly.

73. Mʳ Joly fut curé de Sᵗ Nicolas des Champs, prêcha avec grande vogue, et fut fait évêque d'Agen pour avoir donné l'absolution au Cardinal Mazarin.

SATIRE 5ᵉ. — SUR LA VÉRITABLE NOBLESSE.

74. Page 31. A Mʳ LE MARQUIS DE DANGEAU.

74. Si l'auteur a eû quelque raison particulière pour adresser cette Satire à Monsʳ de Dangeau qui est de la Maison de .... *J'avois dessein d'abord de la dédier à Mʳ le Duc de La Rochefoucauld que j'avois l'honneur de connoistre, mais*

75. *Ibid.* De trois fleurs de lys dote leur écusson.

76. Page 32. D'Alfane et de Bayard.

77. Page 33. Deux fois seize quartiers.

78. Page 34. De Lucrèce.

79. *Ibid.* Cimier, Ecart, etc.
80. *Ibid.* Second dans son Mercure.
81. Page 35. La Mandille.

82. *Ibid.* D'Hozier.

83. Page 36. Dangeau qui, dans le rang où...

il me parut que ce nom de trop de syllabes gasteroit mes vers, et ainsi je me déterminai à Mr Dangeau dont le nom n'est que de deux syllabes, et que je connoissois aussi.

75. Comme à la famille d'Estaing (voyez Morery) pour marquer celui des Capets de qui elle a reçu cet honneur.

76. L'un cheval de *Gradasse*. L'autre (du chevalier Bayard héros fabuleux) *des quatre fils Aymon qui montoient ordinairement tous quatre sur le cheval Bayard. Cela n'a aucun rapport au chevalier Bayard qui n'estoit point héros fabuleux, mais très historique, et qui vivoit sous François premier.*

77. Terme de Blason qui marque les alliances.

78. Qui ne connoit point la chaste Romaine qui se perça le sein après avoir été violée par Tarquin.

79. Termes de Blason.
80. *Second a faict un Livre de Blason qu'on appelle le Mercure Armorial.*
81. Espèce de casaque sans manche que portoient alors les valets.
82. Fameux généalogiste dès le temps du Card^{al} de Richelieu. L'abbé de Bois-Robert a dit en parlant des Normands

Et les plus apparens
Payoient d'Hozier pour être mes parens.

83. Quel est ce rang?

SATIRE 6e. — DES INCOMMODITÉS DE PARIS.

84. Page 37. L'abbé de Pure.

85. Page 38. Là je trouve une croix de...

84. Dont il est parlé dans la 2e Satire.

85. Certains bâtons en croix attachés à une corde qui descendoit du toit d'une maison pour avertir les passants qu'il y

SUPPLÉMENT. 481

86. Page 39. Voir les barricades.

86. Tonneaux ou barriques remplis de terre et de pierre posez dans les rues pour arrêter les troupes armées, telles que l'on en vit à Paris, l'an 1649, pendant la guerre civile. — à des couvreurs dessus, et qu'ils se détournent. *On ne met plus maintenant qu'une latte sans la croizer.*

87. *Ibid.* Guénaud.
88. Page 41. Païs de Cocagne.

87. Il en est parlé satire 4ᵉ.
88. Ou de la volupté, fabuleux.

SATIRE 7ᵉ. — SUR LE PENCHANT A LA SATIRE.

89. Page 43. Que ceux de la Pucelle.
90. *Ibid.* Raumaville.

89. Poëme de Chapelain dont il est parlé satire 3ᵉ.
90. Dans l'édition de 1674 il y a Saumaville, sçavoir si cela signifie quelqu'un. *Saumaville estoit un libraire fort décrié. Je l'avois d'abord déguisé sous le nom de Roumaville, on mit Saumaville, et c'est ainsi qu'il s'appelloit.*

91. *Ibid.* Sofal.
92. *Ibid.* Perrin, Pelletier, etc.
93. Page 45. De Montreüil.

91. ....
92. Poëtes du temps peu estimez.
93. Qui? *Montreuil estoit un Poëte assés célèbre qui dominoit dans les recueils des Poësies choisies. Il a faict mesme d'assés bonnes choses.*

SATIRE 8ᵉ. — A M. MOREL. PEINTURE DE L'HOMME.

94. Page 47. Au retour du Bélier.
95. *Ibid.* Saints célébrés par Bussy.

94. Le signe du Bélier domine en mars.
95. M. le comte de Bussy Rabutin a écrit avec la dernière élégance, l'histoire amoureuse des Gaules, ou la vie de quelques dames galantes de son temps.

96. Page 49. Galet. *Il en est parlé dans les Satires de Régnier.*

96. Un riche financier qui se ruina au jeu. On dit qu'il joua en un coup de dez l'hostel de Sully, et le perdit. Celui qui le gagna estoit-il plus sage? Non, mais plus heureux.

97. Page 50. Senault.

98. Ibid. La Chambre.

99. Coëffeteau.

100. Page 51. Rolet.
101. Ibid. Jamais la biche en rut, etc.

102. Ibid. Des Harangueurs.
103. Page 52. Endosser l'Escarlatte, etc.
104. Ibid. Des 4 facultez.

105. Ibid. De Colbert.

106. Page 53. Je vous remercie.

97. Le R. P. Senault qui est mort général de l'Oratoire, et qui avoit prêché fort poliment, a fait imprimer le livre du Caractère des passions.
98. Médecin de M^r le chancelier Séguier, puis de la Reine, un des plus anciens de l'Académie françoise, a aussi écrit sur les passions.
99. A faict aussi un livre des passions.
100. Dont il est parlé satire 1re.
101. Plusieurs femmes ont poursuivi leurs maris en cassation de mariage sous prétexte d'impuissance, et sont arrivées à leurs fins, comme entr'autres D^{lle} Planson mariée à Mr Herbin greffier du grand Conseil, et démariée par arrest du Parlem^t de Paris. Par le crédit de M^r le Foüin son beau-père, elle fut depuis mariée à M. Duret.

Le marquis de Langeais qui avoit épousé N. de St Simon de Courtaumer, fut démarié sur impuissance prétendue, et après un congrés ordonné par arrest. Il épousa N. de Navailles dont il eut plusieurs beaux enfants, et sa première femme épousa M. de la Force.

Depuis, le Parlement a deffendu le Congrés, comme une preuve honteuse et équivoque.
102. Les avocats, trop longs dans leurs plaidoyers.
103. Habit de Cérémonie des Docteurs en Médecine de Paris.
104. On sçait que l'Université de Paris est composée de la faculté de Théologie, et de celles de Droit, de Médecine et des Arts.
105. Controlleur général des finances, Ministre et secrétaire d'Estat fort éclairé.
106. Santeul de S. V. connu par ses beaux vers latins, aiant présenté un poëme à l'honneur de la Maison de Har-

SUPPLÉMENT. 483

107. Page 55. Craindre le nombre impair.

108. Page 56. De Pédans un escadron fourré.

109. Ibid. Un Jeudi.

lay à M⁺ le P. Président de ce nom, n'eut pour reconnoissance que ces mots traînés en longueur.

107. Plusieurs personnes ont la foiblesse de ne vouloir pas être à table treize sur l'idée qu'il en mourra une dans l'année.

108. La procession du Recteur de l'Université.

109. C'est le jour des grandes audiences, où la foule est plus grande.

SATIRE 9ᵉ. — A SON ESPRIT.

110. Page 58. Osez chanter du Roi.

110. L'an ... le Roi donna une pension au S⁺ Despréaux, et lui commanda d'écrire l'histoire de son règne.

Je n'avois en ce temps là aucune pension du Roy, et je ne prétendois pas mesmes jamais en avoir, comme je le marque dans cette Satire mesme, à propos des cris que faisoit Cotin contre moi. Voici les vers :

*Et par ces cris enfin que sauroit-il produire,
Interdire à mes vers dont peut estre il fait cas,
L'entrée aux pensions, où je ne prétends pas.*

111. Ibid. Racan.

112. Ibid. Vante notre éloquence.

111.

112. On fit alors un Madrigal contre Despréaux qui commence : Quand Boileau dit que son esprit. Je ne sçay ce que c'est que ce Madrigal, et ne l'ai jamais veu.

113. Page 59. Aux Saumaises.

113. M⁺ de Saumaise fameux critique et célèbre commentateur des anciens autheurs. Savoir s'il y en a eu plusieurs. Il n'y en a jamais eu qu'un.

114. Ibid. Neuf Germain et La Serre.

114. Poëtes (sans nom) *ridicules très connus.*

115. Ibid. Les rebords du Pont-Neuf.

115. Où l'on vend les vieux livres de rebut.

116. Page 60. Le Jonas, poëme de M⁺ Coras, Le David,

116. Qui sont les auteurs de ces poëmes?

poëme de *Lesfargues*, Le Moyse,
poëme de *Sainct Amant*.

117. Page 61. Gueux, revêtu des dépouilles d'Horace.

117. Ce reproche fait à l'auteur dès le commencement est pour lui un éloge, et rien n'a été plus glorieux pour lui qu'une édition de ses ouvrages faite en Hollande, l'an ...., où l'on rapporte les textes d'Horace et de Juvénal qu'il paroit avoir imités.

118. *Ibid.* On est assis à l'aise.

118. Vers de la 3º satire.

119. Page 62. L'Impertinent auteur, etc.

119. Pourquoi ces 4 vers en différent caractère. *Pour marquer que ce n'est pas l'Auteur qui parle.*

120. *Ibid.* Alidor.

120. Ces vers furent appliquez à M. Pinet, qui fit bastir l'Eglise et la maison de l'Institution des P. P. de l'Oratoire près les Chartreux.

Ces vers n'ont point été faits pour taxer Mr Pinet, et regardent plutost un Mr Dalibert, fameux maltotier qui avoit esté effectivement Laquais.

121. Page 63. Attaquer Attila.

121. Tragédie de Corneille.

122. Page 64. Midas, etc.

122. Auriculas asini quis non habet. Pers. sat. 1ª.

123. *Ibid.* Bilaine.

123. Marchand libraire du Palais.

124. Page 65. En vain contre le Cid, etc.

124. Pièce célèbre de Mr Corneille que le Card^{al} de Richelieu fit critiquer par l'Académie françoise.

125. *Ibid.* Chimène.

125. La maîtresse de Rodrigue dans la tragédie du Cid.

126. Page 65. Régnier.

126. Dont les Satires ont été et seront estimées.

127. *Ibid.* Feuillet.

127. Chanoine de St Cloud, sévère dans sa morale.

128. *Ibid.* Troubler dans ses roseaux.

128. Si ces vers sont de quelque autre, étant écrits en différent caractère.

Ces vers sont composés de phrazes de Malherbe, c'est pourquoi je les ai faict mettre en différent caractère.

129. Page 66. Le plaisant et l'utile.

129. C'est l'emblème que l'auteur semble avoir choisi pour sa devise, comme

SUPPLÉMENT. 485

l'on voit dans l'Image qui est à la tête de son livre. Aussi convient-elle bien à son caractère.

130. *Ibid.* Lucille appuyé (par) de Lélie.

130. Poëtes satiriques vantés par Horace. *Lelius n'estoit point un Poëte, mais un Homme de conséquence, intime Ami de Scipion l'Affriquain, et qui protégeoit Lucilius.*

130 bis. *Ibid.* Ablancourt.

130 bis. Illustre académicien, traducteur de Lucien, etc.

131. Page 69. Mon Ode sur Namur.

131. Ode Pindarique sur la prise de Namur, par le Roi en 16.., qui ne parut que plus belle par les différentes critiques.

SATIRE 10e. — CONTRE LES VICES DES FEMMES.

132. Page 72. Le temps de Rhée.

132. C'est le 2e âge ou le siècle d'argent.

133. *Ibid.* En Phrynées, en Lays.

133. Fameuses courtisanes chez les Grecs.

134. *Ibid.* Pénélope.

134. Femme d'Ulysse roy d'Ithaque, si fidelle à son époux pendant ses longs voyages. Homère.

135. *Ibid.* Sa Lucrèce.

135. Autre illustre chez les Romains.

136. Page 73. Joconde.

136. Trompé par sa femme. Voy. dans La Fontaine.

137. *Ibid.* La Fontaine.

137. Poëte célèbre pour des fables en vers, et qui a fait des contes très galants.

138. *Ibid.* Villon, St Gelais, etc.

138. Poëtes et auteurs du siècle précédent assez connus.

139. Page 75. Dans Port-Royal Instruite.

139. Abbaye célèbre de Bernardines à 6 lieues de Paris, où on élevoit parfaitement les pensionnaires.

140. *Ibid.* Renauds, Rolants.

140. Hérauts des pièces en musique qui portent leurs noms, faites en vers par Quinault, et mises en musique par Lully.

141. Page 76. Lully.

141. Célèbre musicien du Roi qui a fait tant d'Opéra.

142. *Ibid.* D'Angélique et d'Armide.

142. Maîtresses de Renaud et de Roland dans l'Opéra.

143. *Ibid.* Médor.

143. Qui fut si fort aimé d'Angélique.

144. *Ibid.* Ainsi que dans Clélie.

144. C'est un roman fait par l'illustre Mlle Scudéry.

145. *Ibid.* Le fleuve de Tendre.

145. Dans le Roman de...., on fit insérer une espèce de Carte géographique du païs de la Galanterie, dont l'un des fleuves est appellé Tendre.

146. Page 77. Chez la Cornu.

146. Fameuse par les intrigues de débauche.

147. *Ibid.* Z.... et Messaline.

147. Qui Z ?
Pour Messaline l'impudique, c'était la femme de l'Empereur Claude, dont parle Juvénal, satire 6.

148. Page 78. De Bassette.

148. Jeu de hasard attirant et très dangereux.

149. Page 79. As jetté mal à propos, un gano.

149. Termes du jeu d'Hombre.

150. *Ibid.* Décret sur tous les murs écrits.

150. Affiches mises par ordre des Juges pour les biens qu'on fait décréter et vendre sur les débiteurs.

151. *Ibid.* Ce magistrat de hideuse mémoire.

151. Mr Tardieu, lieutenant criminel de Paris assassiné avec sa femme dans leur maison, l'an....

152. Page 82. Argumentabor.

152. Terme latin qui signifie j'argumenteray ou je disputeray. C'est par où commencent les disputes dans les actes publics.

153. *Ibid.* De Bourdaloüe.

153. Jésuite très célèbre par ses prédications.

154. Page 83. Augmenter Richelet.

154. Auteur d'un bon dictionnaire françois.

155. *Ibid.* Dans St Cyr.

155. Maison fondée par le Roi au gré de Mad^e de Maintenon dans le parc de Versailles, pour y élever gratuitement et très bien des filles de condition.

156. *Ibid.* Sous leur fontange altière.

156. Ruban large dont Mad^e de Fontange amena la mode, et que les femmes mettoient sur leur tête.

157. Page 85 Courtois et Denyau.

157. Médecins de Paris, propres à faire des malades.

158. *Ibid.* Fagon.

159. *Ibid.* Roberval et Sauveur.

160. *Ibid.* De Cassini.

161. *Ibid.* Dalencé.

162. *Ibid.* Du Vernay.

163. Page 86. Secrétaire du Roy.

164. Page 88. J'en sçais une chérie, etc.

165. *Ibid.* Les Bussis, les Brantômes.

166. Page 89. Rodriguez.

167. Page 90. Trembloter.

168. Page 92. Quiétisme.

169. *Ibid.* Théophraste aidé de La Bruyère.

170. Page 93. Capanée.
171. *Ibid.* Des Barreaux.

172. Page 94. Phalaris.

158. Premier médecin du Roi, très habile homme.

159. . . . .

160. Fameux astrologue, pensionnaire du Roi à l'Observatoire.

161. C'étoit un secrétaire du Roi si curieux dans les mathématiques, qu'il en dérangea ses affaires.

162. Excellent Anatomiste, logé au Jardin Royal.

163. Charge qui acquiert la noblesse.

164. Portrait de Mad⁰ de Maintenon.

165. Il est parlé du premier dans la Satire et Brantômes a fait les vies des Dames galantes de son temps.

166. Auteur Espagnol qui a fait de beaux traittez de piété.

167. Terme affecté par les dévots de cabale.

168. Secte abominable inventée par Molinos prêtre italien, qui fut justement puni.

169. Auteur grec qui a fait de beaux portraits, et que Mr de La Bruyère a de nos jours imité dans le livre des Caractères qui a eu une grande vogue.

170. . . . .
171. Fameux débauché, impie, dont on sçait l'histoire.

172. . . . .

SATIRE 11ᵉ. — DE L'HONNEUR.

173. Page 99. Qu'un Hérode.
174. *Ibid.* Un Tibère.

175. Page 100. Sᵗ Évremont.

173. Lequel des Hérodes ?
174. L'empereur Tibère, monstre d'ambition et de cruauté.

175. Homme de condition qui a donné au public tant de beaux ouvrages de morale.

176. *Ibid.* La Reynie. — 176. Conseiller d'État qui a exercé longtemps à Paris la charge de Lieutenant de Police, et avec beaucoup de fermeté.

177. *Ibid.* Mithridate. — 177. Roi de....
178. *Ibid.* Sylla. — 178. ....
179. *Ibid.* Tamerlan. — 179. ....
180. *Ibid.* Genseric. — 180. ....
181. *Ibid.* Attila. — 181. ....
182. Page 101. Caumartin. — 182. ....
183. *Ibid.* Bignon. — 183. ....
184. *Ibid.* D'Aguesseau. — 184. ....
185. Page 102. L'Ostracisme. — 185. (Supplice) *Sorte de bannissement* chez les Grecs qui étoit (le bannissement) de dix ans.

186. *Ibid.* Un ****. — 186. Jansénisme.

EPITRE 1re. — AU ROY.

187. Page 111. Camper devant Dôle. — 187. Ce fut l'an.... que le Roy fit la campagne du comté de Bourgogne, et qu'il prit Dôle et le reste.

188. *Ibid.* Les oppresseurs du peuple. — 188. Dans la chambre de justice de 1662, le Roy taxa les partisans, et réforma les abus glissez dans les finances.

189. *Ibid.* Au fort de la famine. — 189. L'an.... le Roy fit distribuer du bled à bon marché pour soulager le peuple.

190. *Ibid.* La licence et l'orgueil. — 190. Le Roy fit tenir les grands jours en Auvergne pour punir les gentilshommes qui opprimaient les peuples.

191. Page 112. Nos artisans grossiers. — 191. Par les ordres du Roi, et les soins de Mr Colbert son ministre, on établit partout des manufactures, pour se passer des marchandises étrangères.

192. *Ibid.* J'entends déjà frémir les 2 mers. — 192. Il entend le Canal de Languedoc pour joindre la Méditerranée avec l'Océan sur lequel on commença de passer l'an 1681.

193. *Ibid.* De tes nouvelles lois. — 193. Louis 14 a fait publier de nouveaux Codes et Ordonnances, pour abréger les procès.

194. *Ibid.* Les Muses enrichies.   194. Le Roi s'étant déclaré protecteur de l'Académie, et de tous les beaux esprits, à plusieurs desquels il donna même des pensions.

EPITRE 2e. — A M. L. DES ROCHES.

195. Page 114. Lipière.   195. . . . .
196. Page 115 Ansanet.   196. C'étoit un célèbre avocat de Paris.
197. *Ibid.* Corbin et le Mazier.   197. Avocats du Parlement.

EPITRE 3e. — A M. ARNAULD, DOCTEUR DE SORBONNE.

198. Page 117. Claude.   198. Fameux ministre de Charenton dont les écrits contre la Religion Catholique ont été puissamment combattus par ceux de Monsr Arnauld.

EPITRE 4e. — AU ROY. SUR LA CAMPAGNE DE 1672, OU IL PRIT PRESQUE TOUTE LA HOLLANDE.

199. Page 121. L'Issel.   199. Rivière de la Flandre espagnole.
200. *Ibid.* Au Tessel.   200. Rivière de Hollande.
201. *Ibid.* Voerden, etc.   201. Villes de Flandre et de Hollande.
202. Page 122. Le Wahal et le Lech.   202. Rivières des Païs-Bas.
203. Page 123. Rhimbert et Vesel.   203. Villes sur le Rhin.
204. Page 124. Vivonne, etc.   204. Tous ces noms sont assez connus.
205. Page 125. Vendosme.   205. Arrière-petit-fils d'Henri 4.
206. *Ibid.* Enguien et Condé.   206. Le fils et le père assez fameux.
207. Page 126. Wurts.   207. Un général Hollandois.
207 bis. *Ibid.* Arnheim, Hidesheim.   207 bis. Places de Hollande.

EPITRE 5e. — A M. DE GUILLERAGUES.

208. Page 128. Mr de Guille-
ragues.
209. Page 129. Pinchesne.
210. *Ibid.* Rohault.
211. *Ibid.* Bernier.

208. Il est mort ambassadeur à la Porte.
209. . . . .
210. Sçavant Physicien.
211. Autre philosophe du temps.

EPITRE 6e. — A M. DE LAMOIGNON, FILS DU PRÉSIDENT.

212. Page 135. Broussain.

213. Page 137. Nassau.

214. *Ibid.* Philippe.

215. Pag. 134. A Basville.

212. Homme de condition qui raffinoit sur les délicatesses de la table.
213. Le P. d'Orange, depuis roi d'Angleterre.
214. Monsieur, frère du Roi, battit à Cassel le Prince d'Orange, et prit St Omer.
215. Terre de Mr de Lamoignon, près de Paris.

EPITRE 7e. — A M. RACINE.

216. Page 141. Racine.

217. *Ibid.* Iphigénie.

218. *Ibid.* Chanmeslé.

219. Page 142. Un peu de terre obtenue par prière.

220. Page 143. Cid, Cinna.

221. *Ibid.* Pyrrhus, Burrhus.

222. Page 144. Phèdre.

216. Excellent poëte Dramatique, intime ami de M. Boileau.
217. La Tragédie d'Iphigénie mise au Théâtre par Mr Racine, fit pleurer tous les spectateurs.
218. Bonne actrice qui joüoit le rôle d'Iphigénie.
219. On hésita si Molière étant mort en sortant de joüer la comédie du Malade Imaginaire, devoit avoir la sépulture des fidèles?
220. Deux belles tragédies de Corneille l'aîné.
221. Personnages des pièces de Racine.
222. Dans la tragédie qui porte son nom, et qui est peut être la plus belle de Racine.

SUPPLÉMENT.

223. *Ibid.* De Senlis, le poëte idiot.

223. Qui...? Linière, celui qui a escrit contre Chapelain, il faisoit profession d'Atheïsme, il a faict quelques vers où il y a de l'Esprit, mais dans la conversation c'estoit un Idiot.

224. *Ibid.* Le traducteur du François d'Amyot.

224. ....

225. *Ibid.* Pompone.

225. Arnauld de Pompone, Ministre Secrétre d'Estat.

225 bis. Montauzier.

225. Le Duc qui fut gouverneur de Monseigneur.

EPITRE 9e. — A M. DE SEIGNELAY.

226. Page 150. Monterey.

226. Le comte de Monterey général des Espagnols, manqua......

227. *Ibid.* Turenne repoussé.

227. Le Vicomte de Turenne, ce grand capitaine qui eut tant d'avantages sur les Electeurs.

228. *Ibid.* Illustre Père.

228. M. Colbert.

229. Page 151. Jonas et Childebrand.

229. Poëmes fades et méprisez.

230. *Ibid.* Montre, etc.

230. Recueil de poësies aussi peu picquantes.

231. Page 152. Chacun pris dans....

231. On n'est point si ridicule par ses mauvaises qualitez que par les bonnes qu'on affecte d'avoir.

232. Page 155. Dans Seneffe.

232. Le Grand prince de Condé remporta une victoire complette à la bataille de Seneffe, l'an...

EPITRE 10e. — A MES VERS.

233. Page 164. Barbin.

233. Libraire du Palais chez qui parurent les premières éditions de Boileau.

234. Page 166. Métaphore et Métonymie.

234. Figures de Rhétorique.

235. *Ibid.* Qu'un lict ne peut être effronté.

235. Cette expression qui se lit dans la dixième satire fut mal à propos reprise par de mauvais critiques.

236. *Ibid.* Thierry.

237. *Ibid.* D'Andromaque.

238. Page 168. Qué ce Roi, etc.

239. *Ibid.* De deux sens affoibli.

236. Riche libraire qui a imprimé les œuvres de Boileau.

237. Belle tragédie de Mʳ Racine.

238. Aiant été chargé d'écrire l'histoire de Louis 14.

239. La veüe et l'ouye.

EPITRE 11ᵉ. — A MON JARDINIER.

240. Page 169. La Quintinie.

241. Page 171. Termes.

240. Mʳ de la Quintinie s'appliqua fort au jardinage. Il en a composé un beau livre ayant l'Intendance des potagers du Roy à Versailles.

241. Le Marquis de Termes, du meilleur goût.

EPITRE 12ᵉ. — A M. L'ABBÉ RENAUDOT.

242. Page 174. Cette utile frayeur, etc.

243. Page 175. Confesseurs insensés.

244. Page 179. . . . :

245. Page 180. Gamache, Isambert, Duval.

246. *Ibid.* Employer dans son lieu.

247. *Ibid.* Un d'entr'eux:

248. Page 181. Les mots d'un des plus saints Conciles.

249. Page 182. Chez Binsfeld.

242. La crainte de Dieu est le commencement de la sagesse.

243. Quelques docteurs de la faculté et quelques Jésuites ont enseigné que l'attrition est sans amour de Dieu. Cette doctrine a été censurée par la sacrée faculté.

244. Qui composa des Méditations et quelques livres de Théologie. Il fut évêque de Rhodez, dont il se démit pour se retirer chez les prêtres de la Mission.

245. Auteurs de Théologie scholastiques imprimez.

246. Lisez en bon lieu. Ce fut à Baville, chez le Président de Lamoignon.

247. Ce fut de P. Cheminais Jésuite d'ailleurs de réputation.

248. C'est le Concile de Trente, ou la Session 6ᵉ, chap. 4ᵉ, où il est dit.

249. J'ay vû une édition où on lit... Courut chez Tambourin, Casuite Jésuite, sçavoir qui sont Bensfeld, et Basile-Pons. *Leurs livres sont imprimés.*

SUPPLÉMENT.

CHANT 1er. — SUR L'ART POETIQUE.

250. Page 186. Malherbe.

250. A cause des belles Odes sur les guerriers.

251. Ibid. Racan.

251. A cause de ses Pastorales intitulées : Bergeries.

252. Ibid. Faret.

252 ... Il estoit ami de St Amant qui a souvent parlé de lui et a faict un livre très fameux intitulé l'Honneste.... de Faret.

253. Page 188. Dassoucy.

253. Il est parlé de lui dans le joly voyage de La Chapelle et de Bachaumont. C'estoit...

254. Ibid. Admirer le Typhon.

254. Poëme burlesque de Scarron, intitulé la Gigantomachie, dont Typhon est le héros. Il est agréable.

255. Ibid. Marot.

255. Poëme du siècle passé toujours estimé.

256. Ibid. Brébeuf.

256. Gentilhomme Normand qui a traduit en vers la Pharsale de Lucain où il y a bien du beau.

CHANT 2e.

257. Page 196. Mézeray.

257. Qui a bien écrit l'histoire de France.

258. Page 197. Gombault, Maynard et Malleville.

258. Poëmes modernes dont il y a des recueils.

259. Ibid. Sercy.

259. Libraires du Palais.

260. Page 195. Théocrite.

260. Poëte grec qui a excellé dans les Idylles.

261. Page 196. Aux Athlètes dans Pise.

261. Pourquoi?...

CHANT 3.

262. Page 209. Le Tasse.

262. Poëte Italien qui a fait la Jérusalem délivrée en Chants.

272. Page 210. Ulysse, etc.

263. Noms des héros d'Homère.

264. Ibid. Childebrand.

264. De qui?

265. *Ibid.* Polinice.

266. Page 211. Arioste.

267. Page 213. Ménandre.

268. Page 215. A Térence allié Tabarin.

269. *Ibid.* Dans un sac, etc.

265. Frère d'Étéocle dans *Euripide*.

266. Poëte Italien, auteur de Roland le furieux.

267. Poëte comique grec imité par Térence.

268. Comédien du Pont neuf.

269. Molière qui excella dans sa comédie du Misantrope, s'abaissa trop dans celle des Fourberies de Scapin.

CHANT 4°.

270. Page 217. Vivoit un médecin.

271. *Ibid.* Mansard.

270. La note qui est dans l'ancien Boileau.

271. Célèbre architecte de France sous Louis 14. Il a basti plusieurs belles maisons dedans et dehors Paris, et la belle Église du Val de Grace. Un de ses neveux nommé Hardouin prit le nom de Mansard, et fut architecte du même Roy qui le fit, en 1699, son intendant de ses bâtimens. Il mourut en 1708.

272. Page 218. Gombault.

273. *Ibid.* Ce rimeur furieux.

272. Poëte du règne précédent.

273. Cela pourroit s'appliquer à un monsr Martinet ayde des cérémonies, et conviendroit assez à Santeul de St Victor, s'il n'avoit écrit en latin. Ce n'est ni de l'un ni de l'autre dont j'ay voulu parler, mais de Du Perrier, fameux faiseur de vers latins dont il importunoit tout le monde.

274. Page 220. Rodrigue et Chimène.

275. *Ibid.* Didon.

276. Page 222. Hésiode.

277. *Ibid.* Permesse.

278. Page 223. Benserade.

274. Amans dans la Tragédie du Cid.

275. Reine de Carthage, éprise d'amour pour Énée dans Virgile.

276. Bon poëte grec qui le premier a donné les préceptes de l'Agriculture.

277. Fleuve au bas du Parnasse, consacré à Apollon et aux muses. Il coule du pied du mont Hélicon.

278. Académicien qui a fait quantité

SUPPLÉMENT. 495

	de jolies chansons, ballets, épigrammes, et les métamorphoses d'Ovide en Rondeaux.
279. *Ibid.* Ségrais.	279. Autre Académicien qui a fait de belles Eclogues, et qui a traduit en vers l'Énéide de Virgile.
280. Page 224. Déjà Dôle et Salins.	280. Conquête de la Franche Comté en 16..

LE LUTRIN, CHANT 1er.

281. Page 242. Fameux Héros.	281. C'est Mr le P. Président de Lamoignon.
282. *Ibid.* Près d'un arbre.	282. C'est le May au bas des grands degrez du Palais.
283. Page 244. A l'Évêché.	283. Le Trésorier d'alors avoit été évêque de Coutances, mais sa dignité tient quelque chose de l'Episcopat.
284. Page 248. Dans Aleth.	284. Diocèse gouverné lors par Mr Pavillon, évêque d'une rare piété.
285. *Ibid.* Du Perruquier l'Amour.	285. Dans les premières éditions il y a de l'horloger La Tour. Il est aisé de juger ce qui a engagé l'auteur à faire ce changement. *Le Perruquier l'Amour est un véritable personnage. Il tenoit sa boutique proche la Trésorerie, mais comme il estoit vivant dans le temps que j'imprimai la première fois le Lutrin, je le changeai en Horloger La Tour.*

LE LUTRIN, CHANT 2e.

286. Page 253. Par ces indignes pleurs.	286. L'auteur a retranché aussi en cet endroit 36 vers sur l'horlogère qui sont fort originaux. *L'Episode estoit un peu trop long, et il y avoit quelque chose tendant à saleté, c'est ce qui me l'a faict oster.*
287. Page 256. La Trappe.	287. Cette fameuse abbaye au diocèse de Sées ou Mr Bouteiller de Rancé mit et soutint la réforme de St Bernard dans l'étroite observance.

288. *Ibid.* St Denis.

288. La première abbaye de France où les Bénédictins réformés sont rentrés.

LE LUTRIN, CHANT 3e.

289. Page 258. Écrits de Haynaut.

289. Dans l'original il y a de Boursault, auteur du temps, qui a travaillé pour le Théâtre, et qui a fait l'apologie des spectacles.

290. Page 262. Plaines de Lens.

290. Où le grand Condé remporta en 164. une si belle victoire.

LE LUTRIN, CHANT 4e.

291. Page 264. Luy rogna de trois doigts.

191. Quand et comment. *Cela est vrai, mais quand et comment, c'est ce qu'il faut demander à* M^{rs} *de la* Ste *Chapelle.*

292. Page 268. La somme de Bauny.

292. Recueil de Cas de Consciences, par le P. Bauny, Jésuite peu estimé.

293. Page 269. Abély.

293. Il avoit été curé de St Josse, ensuite Évêque de Rhodes. Il y a de luy des méditations, et un abbrégé de Théologie intitulé Medulla Theologica.

294. *Ibid.* Raconis.

294. ... Ses ouvrages sont imprimés.

295. Page 272. Est un pillier fameux.

295. Belle désignation du pillier des consultations.

296. Page 275. Cyrus.

296. Un Romant de Mlle de Scudéry de dix volumes intitulé Artamène, où le grand Cyrus.

297. *Ibid.* Artamène.
298. Page 283. Ariste.

297. (Un des héros du Romant).
298. Quel Éloge du Premier Président de Lamoignon ?

DISCOURS SUR L'ODE.

299. Page 289. Ces étranges dialogues.

299. Qui sont de Mr Perrault.

SUPPLÉMENT.

ODE SUR LA PRISE DE NAMUR.

300. Page 295. Nassau blême.

301. *Ibid.* Lyon Belgique, aigle germanique et les Léopards.

302. Page 296. Sous les Jumeaux.

303. Page 301. Fable du Bûcheron et de la Mort.

304. Page 302. Des Marais.

305. Page 305. Épigramme à un médecin.

300. M. le Prince d'Orange.

301. Ce sont les armoiries des Hollandois, des Impériaux, et des Anglois unis ensemble.

302. Signes du mois de mai qui devoit promettre le beau temps, et pendant lequel il plut beaucoup.

303. Elle a été contée différemment par La Fontaine.

304. Le même qu'il appelle St Sorlin dans la satire 1re. *Il s'appelloit Sainct Sorlin Des Marais.*

305. C'est le 4e Chant de l'Art Poëtique où il parle de la métamorphose du médecin en architecte, dont M. Perrault à qui cela convenoit, se plaignit. Dans l'Épigramme d'abord son nom y étoit au lieu de celui de Lubin. Voyez sur cela la réflexion 1re, pag. 353, pour discerner Mrs Perrault, et les sentimens que l'auteur avoit d'eux.

ARREST BURLESQUE.

306. Page 320. Gassendistes, etc.

307. Page 322. Blondel, Courtois, Denyau.

308. *Ibid.* Formalités, Matérialités, etc.

309. *Ibid.* Logique de Port-Royal.

310. Page 324. Aux Mathurins.

306. Les disciples de Gassendi, de Descartes, du P. Malebranche et de Pourchot professeur, tous enseignans la nouvelle philosophie différente de celle d'Aristote.

307. Médecins de la faculté de Paris attachés à l'ancienne philosophie.

308. Termes barbares de la philosophie scolastique.

309. Excellent livre pour apprendre à raisonner juste fait par Mr *Arnauld* et par Mr *Nicole.*

310. Les assemblées de l'Université de Paris se font d'ordinaire chez les Mathurins.

DISCOURS SUR LA SATIRE.

311. Page 325. Quand je donnay la première fois mes Satires.

311. En quelle année?... 1665.

REMERCIEMENT A MESSIEURS DE L'ACADÉMIE.

312. Page 343. L'honneur que je reçois aujourd'huy.

312. Quand et quelle année?

RÉFLEXIONS CRITIQUES SUR QUELQUES PASSAGES DE LONGIN.

313. Page 351. On répond à quelques objections de M. Perrault.

313. Dans quel livre sont ces objections?

314. Page 353. Pourquoi ces réflexions ont été placées en un endroit du volume, plutost qu'après la Traduction du Traitté du sublime ; et pourquoy cette traduction qui est de Mʳ Despréaux, est mise à la tête des ouvrages faits à l'occasion de ceux de l'auteur, comme si elle étoit d'un autre ?

314. C'est une faute du Relieur.

PRÉFACE SUR LONGIN.

315. Page 10. Un des plus sçavants hommes.

315. Sçavoir qui c'est. Mʳ Huet alors sous précepteur de Mᵍʳ le Dauphin, et depuis Évêque d'Avranches.

316. Page 11. Traduction de la Genèse.

316. Par Mʳ Le Maître de Sacy.

317. Ibid. M. Dacier.

317. De l'Académie françoise.

318. Ibid. M. Le Fèvre.

318. De Saumur, très sçavant dans le grec.

319. Ibid. Mˡˡᵉ Le Fèvre.

319. Femme de Mʳ Dacier.

FIN DU SECOND ET DERNIER VOLUME DU MANUSCRIT.

ÉPITAPHE DE JEAN RACINE

PAR

BOILEAU DESPRÉAUX

COPIÉE SUR LA PIERRE DE SON TOMBEAU,
RETROUVÉE (BRISÉE EN SIX MORCEAUX) EN 1808,
A MAGNY-LESSART, PAROISSE DANS LE TERRITOIRE DE
LAQUELLE ÉTAIT SITUÉE L'ABBAYE DE PORT-ROYAL, ET TRANSPORTÉE
EN 1808 DANS L'ÉGLISE DE SAINT-ÉTIENNE-DU-MONT,
A PARIS, OU REPOSENT, DEPUIS LA DESTRUCTION
DE PORT-ROYAL, LES RESTES DE RACINE.

Cette pierre est scellée dans le mur du bas-côté au sud, à la droite de la porte de la petite sacristie des dames de la confrérie de Sainte-Geneviève. La représentation que nous en donnons, ci-après, est la copie exacte de cet intéressant document, dont les traductions en français (ou premières rédactions) de la main de Despréaux et de son frère, se trouvent aux pages 367 et 368 de ce volume. (Voir, pour les diverses Épitaphes faites pour Racine, les *Études littéraires et morales de Racine*, publiées par M. le marquis de La Rochefoucauld-Liancourt [Pages 239-245]. 2e édition. Paris, 1856.) Pour plus d'exactitude, nous avons fait graver sur bois, d'après un calque pris avec le plus grand soin sur la pierre elle-même, toute la partie supérieure représentant les armes du grand poëte. Nous avons également voulu reproduire complétement la première ligne de l'Épitaphe, qui présente une particularité assez remarquable, pour qu'elle puisse être signalée aux érudits et aux archéologues, c'est que les mots *Jacet* et *Joannes Racine* ont été grattés, et sont actuellement placés au-dessus des mêmes lettres qui avaient été effacées. Cette mutilation serait-elle l'œuvre des démolisseurs religieux du célèbre monastère? A gauche de la porte a été placée, parallèlement, la pierre tumulaire de Descartes.

Au bas, on lit sur une plaque de marbre noir:

EPITAPHIUM QUOD NICOLAUS BOILEAU, AD
AMICI MEMORIAM RECOLENDAM, MONUMENTO EJUS
IN PORTUS REGII ECCLESIA INSCRIPSERAT EX
ILLARUM ÆDIUM RUDERIBUS, ANNO M. DCCC. VIII.
EFFOSSUM, G. J. G. COMES CHABROL DE VOLVIC
PRÆFECTUS URBI, HEIC. UBI SUMMI VIRI RELIQUIÆ
DENUO DEPOSITÆ SUNT, INSTAURATUM TRANSFERRI
ET LOCARI CURAVIT. A. R. S. M. DCCC. XVIII.

D.   O.   M.

Hic jacet Nobilis vir Joannes Racine, Franciæ
thesauris præfectus, Regi a secretis atque
a cubiculo, nec non vnus è quadraginta
Gallicanæ Academiæ viris; qui postquam profana
tragediarum argumenta diu quum ingenti
hominum admiratione tractasset, musas tandem
suas uni Deo consecravit, omnemque ingenii vim
in eo laudando contulit, qui solus laude
dignus. Cum eum vitæ negotiorumque rationes
multis nominibus aulæ tenerent addictum, tamen
in frequenti hominum consortio omnia pietatis
ac religionis officia coluit. A cristianissimo Rege
Ludovico Magno selectus, una cum familiari
ipsius amico fuerat, qui res, eo regnante, præclare
ac mirabiliter gestas perscriberet, huic intentus
operi repente in gravem æque et diuturnum
morbum implicitus est: tandemque ab hac sede
miseriarum, in melius domicilium translatus,
anno ætatis suæ LIX qui mortem longiori adhuc
intervallo remotam valde horruerat, eiusdem
præsentis aspectum placida fronte sustinuit,
obiit que, spe multo magis et pia in Deum fiducia
erectus, quam fractus metu: ea iactura omnes
illius amicos, è quibus nonnulli inter Regni
primores eminebant, acerbissimo dolore perculit.
Manavit etiam ad ipsum Regem tanti viri
desiderium. Fecit modestia eius singularis, et
præcipua in hanc portus Regij domum benevolentia,
ut in isto cæmeterio piè magis quam magnifice
sepeliri vellet; adeoque Testamento cavit, ut
corpus suum juxta piorum hominum, qui hic
jacent, corpora humaretur.
Tu verò quicumque es, quem in hunc Domum pietas
adducit, tuæ ipse mortalitatis, ad hunc aspectum
recordare, et Clarissimam tanti viri memoriam
precibus potius quam elogiis prosequere.

CONTENU

DES DEUX VOLUMES DU MANUSCRIT ARRANGÉ
PAR BROSSETTE
(In-folio, relieure en maroquin rouge, dorure sur les plats et sur tranche.)

PREMIER VOLUME,

COMPRENANT PRINCIPALEMENT LA CORRESPONDANCE ENTRE BOILEAU DESPRÉAUX ET BROSSETTE.

1° Soixante-quinze lettres autographes et signées de Despréaux à Brossette, dont quatorze entièrement, et une en partie inédite, qui se trouvent aux pages 34, 64, 73, 78, 82, 83, 105, 117, 191, 261, 292, 304, 309, 312, 322, de cette publication.

2° Quatre-vingt-seize lettres de Brossette à Despréaux, dont neuf entièrement, ou en partie inédites, qui se trouvent aux pages 34, 47, 114, 171, 174, 177, 262, 282, 306; la première seulement est signée par Brossette, elle est, ainsi que toutes les suivantes, et celles des autres personnes contenues dans les deux volumes (à moins d'indication contraire), de la main du copiste employé par Brossette. L'écriture est belle, régulière, les pièces originales sont remontées et placées dans (remontées), ou sur un papier semblable à celui qui a servi pour les copies, et intercalées dans un ordre parfait.

3° Quatre lettres de Brossette à l'abbé Boileau, pages 119, 123, 134, 324.

4° Quatre lettres de l'abbé Boileau à Brossette, pages 120, 126, 129, 325.

5° Lettre de Brossette à M. Le Verrier, page 190.

6° Pièces diverses : Arrêt de noblesse de la famille Boileau, tableau in-folio, page 26. — Statuta equestris Ludovici magni..., pièce de vers imprimée, 1 p. in-fol., page 88. — Cremona liberata, pièce de vers imprimée, 2 p. et demie in-4, page 104. — Clarissimo doctissimo viro, Nicolao Boileau Despréaux..., pièce de vers imprimée, 3 p. in-8, p. 108. — Sentence des requêtes du Palais sur le procès du Lutrin, pièce originale sur parchemin, grand in-folio, avec la copie de la main de l'écrivain employé par Brossette, p. 130. — Vers de M. Boivin; Épigramme de Boileau, traduite en grec par M. Boivin (ces deux pages in-4 de la main de M. Boivin), p. 157 et 158. — Épitaphe de Despréaux, p. 326. — Testament de Boileau Despréaux (copie), page 327.

En tête de ce premier volume, Brossette a placé le frontispice du Parnasse français, gravé par Bernard Picard; après le titre, le portrait de Boileau, par Fr. de Troye, gravé par Drevet, et à la fin le portrait de Gilles Boileau, père de Boileau, gravé par Nanteuil.

SECOND VOLUME,

COMPRENANT LES PAPIERS DE DESPRÉAUX LAISSÉS A SA MORT, ET DONNÉS A BROSSETTE PAR L'ABBÉ BOILEAU, SON FRÈRE.

Les Héros de roman (minute autographe, 39 pages in-4). — Épitaphe de Racine (autog.). — La même Épitaphe, copiée par l'abbé Boileau et corrigée par Despréaux. — Réponse de Despréaux à un mémoire de Claude Perrault (autog.). — Lettre de Despréaux à M. le comte de Vivonne, copie — minute, avec des corrections autog. — Maucroix à Despréaux (autog. signée et inédite). — Du même, au même (autog. signée et inédite). — Despréaux à Racine (de la main de J.-B. Racine, fils aîné de Jean Racine, avec des corrections, et le P. S. (Épigramme sur la fontaine de Bourbon), autog. de Despréaux. — Despréaux à Racine (autog. et sig.). — Despréaux à Mme Manchon, sa sœur, autog., ainsi que le P. S. en partie effacé). — Sept lettres de Despréaux à Racine (de la main de J.-B. Racine, avec des corrections de la main de Despréaux. — Maucroix à Despréaux (autog., sig. et inédite) — Du même au même (autog. et sig.). — Despréaux à Maucroix (autog. et sig.). — Maucroix à Despréaux (autog., en partie inédite, et arrangée par Despréaux dans ses œuvres. — Despréaux à Racine (copie-minute, avec des corrections autog. — Racine à Despréaux (copie non autog.) — Bouhours (le père) à Despréaux (autog. sig.). — Despréaux à Mme la marquise de Villette (copie-minute, avec une ligne de la main de Despréaux). — Dix lettres de Despréaux à M. de La Chapelle, son neveu, dont neuf autog. signées, et une autog.; celles des pages 427, 431-431, 432 et 442 sont inédites. — Despréaux à M. le comte de Maurepas (autog. et sig.) — Pour la préface de l'édition de 17.. (autog.):—Lamoignon de Baville (M. de); à M. de La Chapelle (autog. et sig.).— Pontchartrain (M. de); à Despréaux (copie, avec des corrections de la main de Despréaux). — Racine (Jean) à Despréaux (autog. et sig.). — Despréaux à M. l'abbé Bignon (autog. et sig.).—Despréaux à M. de Pontchartrain (autog. et sig.).—Despréaux à M. le comte de Revel, sur le combat de Crémone (copie-minute, avec des corrections de la main de Despréaux). — Despréaux à M. Le Verrier (minute autog. avec de nombreuses corrections). — Despréaux à Destouches (autog. et sig.). — Vers faussement attribués à Despréaux (de la main du copiste de Brossette). — Le Tellier (le père), au père Thoulier; Thoulier (le père), à Despréaux; et Despréaux au père Thoulier (ces trois lettres de la main du copiste de Brossette). — Despréaux au père Thoulier (autog. et sig.). — Le même au même (autog. et sig.). — Le même au même (autog. et sig.). — Despréaux à M. Delorme de Montchenay, sur la Comédie (de la main du copiste de Brossette). — Aux RR. PP. jésuites, auteurs du journal de Trévoux (de la main du copiste de Brossette). — Aux mêmes RR. PP., sur le livre des Flagellants (copie-minute avec les corrections de la main de Despréaux). — A Mme l'intendante de ***, sur le portrait du père Bourdaloue, qu'elle lui a envoyé (copie-minute, avec des corrections de la main de Despréaux). — Vers de M. Chapelle; parodie de ces vers par M. Despréaux (copie non autog.). — Épigramme sur un frère que Despréaux avait, qui était de l'Académie française, et avec qui il était brouillé (autog. avec des corrections. — Chanson à boire que Despréaux a faite au sortir de son cours de philosophie, à l'âge de dix-sept ans (autog.). — Parodie burlesque de la première Ode de Pindare à la louange de M. P *** (copie-minute, avec des corrections de la main de Despréaux). — Réponse de Despréaux aux RR. PP. de Trévoux, qui avaient mis dans une Épigramme, que la raison pourquoi il a si mal réussi dans son épître de l'Amour de Dieu, c'est qu'il n'a rien trouvé dans Horace, dans Perse, ni dans Juvénal sur ce sujet qu'il leur pût dérober (copie-minute, avec des corrections autog.). — Quatrain fait par M. Charpentier pour exprimer cette même pensée (autog.). — Énigme... [la Puce] (autog.). — Vers pour mettre au bas du portrait de Racine (autog.). — Épigramme sur la manière de réciter du poëte Santeul (autog.). — Épigramme imitée de celle de Martial... (autog.). — A Perrault (minute de la main de J.-B. Racine, avec un renvoi de la main de Despréaux). — Vers faits pour mettre au bas d'un portrait du duc du Maine, alors encore enfant... (autog.). — Épigramme sur une harangue d'un magistrat, dans laquelle les procureurs étaient fort maltraités (autog.). — Épigramme sur l'Amateur d'horloges (autog.). — Épigramme pour mettre au bas d'une fort méchante gravure qu'on avait faite de lui (autog.). — M. Le Verrier ayant fait graver le portrait de Despréaux par Drevet, il fit mettre au bas de ce portrait quatre vers de sa façon où il le fit ainsi parler... (autog. de Despréaux). — A quoi Despréaux a répondu par ces huit vers... (autog.). — Épitaphe de M. de *** [Gourville] (copie-minute, avec un renvoi de la main de Despréaux). — Épigramme sur son buste de marbre, par Girardon (autog.). — Fragment d'un Prologue d'opéra... *Avertissement au lecteur* (copie-minute, avec des corrections de la main de Despréaux); La Poésie, la Musique (autog.). — Préface pour la satire XII (autog.), — Notes pour l'intelligence des œuvres diverses de Despréaux, sur la préface de l'édition in-4 de 1701 (minute de l'abbé Guéton, avec des corrections de la main de Despréaux; inédites).

APPENDICE

MÉMOIRES

DE

BROSSETTE SUR BOILEAU DESPRÉAUX

D'APRÈS

LES FRAGMENTS ORIGINAUX CONSERVÉS À LA BIBLIOTHÈQUE IMPÉRIALE [1].

M. Despréaux a toujours été fort éloigné ou ennemi de toutes les actions qui sont contraires à la pureté. Un jour, après avoir dîné avec M. Félix, premier chirurgien du roi, et M. Racine, ces messieurs résolurent de se divertir, de faire une surprise à M. Despréaux. Pour cet effet, M. Félix leur proposa d'aller rendre visite à une demoiselle qu'il dit être sa cousine. Quand ils furent chez elle, elle fit d'abord paroître beaucoup de modestie dans ses discours et dans ses actions, et M. Despréaux la regardoit comme une personne qui méritoit tous ses égards et toute la considération possible. Ses deux amis rioient de le voir si respectueux et si réservé, quand tout d'un coup cette demoiselle, faisant semblant de vouloir prendre une puce, troussa sa jupe et sa chemise, se découvrant jusqu'à la ceinture. M. Despréaux fut si étonné de cette action indécente que pendant que les deux amis en rioient il passa doucement la porte et disparut. Ils lui en firent beaucoup de railleries dans la suite; mais il faut se souvenir que dans ce tems-là ils étoient bien jeunes tous trois.

[1]. Ces mémoires se composent de notes écrites au jour le jour par Brossette lui-même sur ses rapports intimes et littéraires avec Despréaux. Ils présentent des lacunes considérables, et ne forment vraisemblablement qu'une bien petite partie de ces précieux documents; mais il faut espérer qu'ils ne sont pas tout-à-fait perdus et se retrouveront un jour. Nous avons fait notre choix parmi ces fragments qui contiennent sur les œuvres de Despréaux un grand nombre de remarques déjà publiées.

Dans l'*Histoire du roy saint Louis*, par Joinville, page 124 de l'édition de M. Du Cange, in-folio, il est dit que ce roi choisit Étienne Boileaue pour rendre la justice, etc.

Page 107 des notes, M. Du Cange parle de ce même *Boileaue*, et à la fin de cette note, il attribue ce Boileaue à la famille de *Boileve* qui subsiste encore. M. Despréaux m'a dit que M. Du Cange avoit fait tort à la famille des *Boileau*, dont cet Étienne Boileaue étoit, et non pas de la famille des Boileve.

Du dimanche, 8 octobre 1702.

J'avois promis à M. Despréaux d'aller aujourd'hui passer la journée à Auteuil avec lui. J'y ai été sur les dix heures du matin dans le carrosse de M. Perrichon. M. Despréaux étoit allé à la messe aux Bons-Hommes, à Chaillot.

En attendant qu'il vint, je me suis promené dans son jardin, avec son jardinier, qui m'a appris les choses suivantes qui peuvent servir à mes mémoires.

Ce jardinier s'appelle Antoine Riquié, de Paris, et son père étoit de Picardie. Il est au service de M. Despréaux à 250 livres de gages, depuis que son maître a acheté sa maison d'Auteuil, il y a dix-sept ans. Il y avoit déjà un an et demi qu'il demeuroit dans la même maison, qui étoit de la succession de M. de Banteuil. Celui-ci étoit une espèce de solliciteur qui se disoit avocat au Conseil, quoiqu'il ne le fût point. M. Despréaux étant venu de la messe, m'a dit que ce M. de Banteuil étoit fort décrié à cause de ses friponneries, et M. Despréaux n'a jamais trouvé personne qui lui en ait dit du bien : il y a même une personne digne de foy, un abbé, qui luy a assuré que Banteuil étoit parent du bourreau. M. Despréaux acheta de la veuve de Banteuil cette maison dont il donna 8,000 livres. Depuis ce tems-là il l'a fort embellie, particulièrement par le jardin.

Page 119. *Ce forçat abhorré.* En cet endroit M. Despréaux fait allusion à ce fameux trait d'histoire que l'on raconte du duc d'Ossone, vice-roi de Sicile et de Naples (V. les Contes d'Ouville, Don Pedro Giron, duc d'Ossone. V. le 4ᵉ tome de la vie de ce duc, par Grég., IV, page 10), qui étant un jour sur le port de Naples (en 1619), visita les galères de ce port. Ce prince ayant eu la curiosité d'interroger les forçats les uns après les autres, tous se plaignirent de l'injustice qu'on leur avoit faite en les condamnant aux galères, parce qu'ils n'avoient pas fait de mal, disoient-ils, et qu'ils étoient gens d'honneur. Il n'y en eut qu'un seul qui avoua de bonne foy le crime pour lequel il avoit été condamné. Alors le duc d'Ossone tournant la chose en plaisanterie, dit à ces forçats : que puisqu'ils étoient tous de si honnêtes gens, il falloit chasser de leur compagnie ce scélérat qui étoit avec eux, de peur que sa fréquentation ne les corrompît. Ainsi il mit hors des galères ce compagnon qui avoit eu plus de franchise que ses camarades. La galère où se passa cette aventure étoit la galère de Sainte-Catherine.

Quoi qu'en ses beaux discours Saint-Évremont nous prône.
(Satire XI, page 122).

M. de Saint-Évremont est un gentilhomme de basse Normandie, qui étoit à la Cour du temps du cardinal Mazarin, avec lequel il se fit des affaires par une pièce satirique et politique qu'il composa au sujet de la paix des Pyrénées, sous le titre de *la Paix ridicule*.

Il avoit aussi fait une apologie ironique de M. de Beaufort. Tout cela étoit accompagné de discours peu sages, ce qui fut la cause qu'il eut ordre de se retirer. Il passa en Hollande et de là en Angleterre, où il est encore à présent, âgé de plus de quatre-vingts ans.

Il avoit une pension du prince d'Orange, roi d'Angleterre. M. de Saint-Évremont a eu la permission de revenir en France, mais son grand âge et les liaisons qu'il avoit à la Cour de Londres l'y ont retenu. Il a toujours fait profession d'une philosophie profane et voluptueuse dont les maximes ne seroient qu'à peine autorisées dans la licence païenne. Ce que dit M. Despréaux dans cette Satire XI est pour condamner un sentiment déraisonnable de M. de Saint-Évremont dans le traité qu'il a fait, intitulé *Jugement sur Sénèque, Plutarque et Pétrone*, où il met la morale licencieuse de ce dernier au-dessus de la morale austère de Sénèque.

N'est qu'un plus grand voleur que Dutertre et Saint-Ange.
(Satire XI, page 122).

Ce sont deux fameux voleurs de grand chemin. Dutertre étoit un joueur qui avoit entrée dans la plupart des maisons de qualité, mais, outre cela, il s'amusoit à demander la bourse et à la prendre quand on ne la vouloit pas donner. Il s'avisa de faire un vol au milieu du Cours la Reine. On le prit et il fut condamné à être rompu. Ce qui rendit son supplice plus remarquable, c'est qu'il demeura exposé sur la roue pendant plus d'un mois, à la porte du Cours la Reine. Il y a environ vingt-cinq ans.

Saint-Ange étoit un autre voleur public. M. Despréaux le connoissoit et lui a parlé plusieurs fois, parce que M. de Puimorin, frère de M. Despréaux, avoit eu la charge de premier valet de chambre de la Garde-robe de M. Gaston de France; et que Saint-Ange étoit capitaine dans les troupes de ce prince. Ainsi, étant tous deux officiers de *Monsieur*, non-seulement ils se connoissoient, mais encore ils avoient ensemble une espèce de liaison, parce que M. de Puimorin aimoit les gens de plaisir.

Voici les principales circonstances que M. Despréaux m'a apprises de ce Saint-Ange :

Il étoit fils d'un prévôt de salle, qui a montré au Roi à faire des armes, et comme il étoit bonne épée, on le regardoit comme une personne formidable. Il avoit un frère qui est mort sur un échafaut aussi bien que luy. Il se disoit gentilhomme et on le croyoit de peur de se faire une affaire avec luy.

Outre qu'il étoit un jureur et un blasphémateur horrible, il avoit fait un grand nombre de mauvaises actions. En voici quelques unes qui avoient fait le plus d'éclat :

Une fille de qualité étant poursuivie et obsédée par un officier de *Monsieur* qui l'aimoit, les parens de cette fille la mirent dans un couvent de Paris. Cet homme désespéré d'amour engagea quelques amis à servir sa passion, et Saint-Ange fut un des plus zélés. Ils mirent le pesard à la porte du couvent, ils enfoncèrent la porte et entrèrent de force dans cette maison pour enlever cette fille recluse. Saint-Ange la saisit par les cheveux, mais elle fit un vœu à Dieu pour obtenir sa protection ; et sur-le-champ Saint-Ange se sentit arrêté par une puissance invisible ; de sorte qu'il luy fut impossible de faire la moindre violence. M. Despréaux m'a dit que Saint-Ange lui avoit assuré la vérité de ce fait dans le temps même de sa plus grande débauche.

Cette entreprise fit beaucoup de bruit, mais l'affaire fut accomodée avant que l'on eût fait des poursuites. Saint-Ange n'en fut jamais inquiété. Une autre action criminelle de Saint-Ange est qu'ayant sçu qu'une personne avoit beaucoup d'argent à transporter à Paris; que cette personne avoit caché son argent dans des pots de terre, et qu'elle avoit mis du beurre par dessus, Saint-Ange alla attendre cet argent sur la route, et vola tout le butin.

Saint-Ange fut découvert, et pour se soustraire à la peine que méritoit son crime, il rendit l'argent, et l'on ne fit aucune poursuite contre lui.

Il y avoit une espèce de guerre ouverte et déclarée entre Saint-Ange et les laquais, à qui il n'étoit pas encore défendu de porter l'épée. Ils s'attroupoient souvent contre lui, l'on se battoit de part et d'autre, et Saint-Ange en tuoit toujours quelques uns.

Il fit plusieurs autres actions de cette nature tant à Paris que dehors, de sorte qu'il étoit reconnu, non-seulement pour un voleur public, mais encore pour un homme très-méchant et très-dangereux.

Il fit connaissance avec la marquise de Marolles, nièce du duc de Villars (de Bosco). Cette femme qui deshonoroit ses parents et sa naissance par une débauche publique, devint amoureuse de Saint-Ange qui étoit très bien fait, et l'épousa. Comme elle étoit fort riche, Saint-Ange fit d'abord une belle figure avec son équipage et un grand nombre de domestiques. Un jour il maltraita à coups de bâton son valet d'écurie, qui ne fut pas d'humeur de les souffrir, de sorte qu'il colleta son maître, et le terrassa. Ce valet se sauva dans un grenier. Saint-Ange furieux va prendre des pistolets, et malgré les efforts de quelques personnes qui le voulurent retenir, il poursuivit ce malheureux. Saint-Ange trouva la porte fermée, mais il aperçut son valet par un trou de la porte; et disant à ceux qui étoient présents : vous allez voir un beau coup, il lui tira un coup de pistolet qui le tua sur place. M. de Villars qui étoit au désespoir du mariage de sa parente avec un homme tel que Saint-Ange, prit cette occasion pour se venger. Il l'accusa non-seulement de cet assassinat, mais encore de blasphèmes, de juremens et de vols publics, pour la preuve desquels il eut recours à la notoriété publique.

On donna un décret de prise de corps contre Saint-Ange qui ne s'en mit pas beaucoup en peine, parce qu'il étoit la terreur des archers aussi bien que des laquais. Il paroissoit toujours en public; mais un jour étant allé à la messe dans l'Église des jésuites de la rue Saint-Antoine, qui étoit son quartier, au sortir de l'Église il fut investi par plusieurs sergens déguisés qui le saisirent, lui lièrent les bras, et le jetèrent dans un carrosse préparé.

Il fut conduit à la Conciergerie où il fut mis dans un cachot qui est sous la Grand' Chambre, et dont les petites fenêtres répondent à une cour voisine.

Pendant sa prison M. de Puimorin, frère de M. Despréaux, s'employa vivement avec une sœur de Saint-Ange pour lui rendre service. M. de Puimorin fut obligé de faire alors un voyage en Auvergne, mais il pria son frère d'agir, en son absence, pour Saint-Ange. La sœur de ce prisonnier voulant lui parler, pria M. Despréaux de se servir d'un moyen qui avoit déjà été mis en usage par M. de Puimorin, et qui étoit de la faire introduire pendant la nuit dans la Grand' Chambre, d'où elle pourroit se faire entendre à son frère qui étoit dessous, dans les cachots. Pour cet effet, il falloit se servir d'un clerc de M. Boileau le greffier, qui avoit une clef de la Grand' Chambre; par ce moyen cette sœur y fut introduite pour parler à Saint-Ange. Elle se mit à une fenêtre qui répondoit au cachot, et appela son frère par le nom de *Fleurant* qui étoit un nom vray ou supposé dont ils étoient convenus ensemble, et dont ils s'étoient déjà servis dans les autres pourparlers. Saint-Ange entendant la voix de sa sœur, crut que M. de Puimorin étoit avec elle, comme à l'ordinaire, et commença à crier du fond de son cachot : *Quid dicam cum petent, si occidi illum cum pistoleto?* M. Despréaux qui ne s'attendait à rien moins qu'à une question de cette sorte, vit bien que c'étoit à lui à répondre, car les deux autres n'entendoient pas le latin. Il se mit donc à crier de son côté : *nega, nega.*

Le prisonnier voulut encore demander d'autres conseils, mais sa sœur lui dit que celui qui étoit là n'étoit pas M. de Puimorin, que c'étoit M. Despréaux qui l'avoit accompagnée; de sorte que le reste de la conversation se passa entre Saint-Ange et elle.

Quand ils sortirent de la Grand' Chambre, il fallut passer par la Grand' Salle, mais les chiens qui la gardent pendant la nuit les empêchèrent d'y entrer. Ils furent obligés de faire lever un concierge à qui le clerc du greffier dit qu'il avoit oublié des papiers d'importance. Ce concierge appaisa et retint les chiens, et ces trois aventuriers charitables se retirèrent.

Mais toutes ces démarches n'empêchèrent pas que Saint-Ange ne fût condamné quelque temps après à faire amende honorable devant l'église de Notre-Dame et à être rompu en Grève, ce qui fut exécuté. Saint-Ange avoit fait amende pour qu'on le laissât entrer dans l'église, et il témoigna des regrets fort touchants qui firent croire qu'il alloit faire une bonne mort.

Il y a environ 30 ou 40 ans. C'était du temps de la Prévôté des Marchands de M. de Sève, qui étoit prévôt des Marchands en 1656 et après aujourd'hui 14 octobre 1702. J'ai appris d'ailleurs que le premier vol qu'ait fait Saint-Ange arriva ainsi : Une nuit Saint-Ange passant dans le quartier du Temple, il rencontra Descluselles et deux autres breteurs qui attendoient une capture de 8 ou 10 mille francs. Descluselles fit confidence à Saint-Ange de leur dessein pour l'engager à se joindre à eux et à les aider. Saint-Ange s'en défendit, mais Descluselles tirant un pistolet, lui dit que, puisqu'il savoit leur secret, il étoit mort s'il reculoit. Saint-Ange fut ainsi forcé de se joindre à eux. Le vol fut fait, et quoiqu'il ne voulût point partager avec eux, on l'obligea de prendre sa portion. A quelque temps de là Descluselles fut pris et puni pour d'autres crimes. Par son testament de mort il accusa Saint-Ange comme complice de ce vol.

Saint-Ange ayant épousé la marquise de Marolles, mère de M. de Courcelles, le duc de Villars rechercha la vie de Saint-Ange et eut des nouvelles de ce testament de mort qui chargeoit Saint-Ange. Il se servit de ce témoignage et des autres choses dont j'ai parlé pour lui faire faire son procès.

Saint-Ange avoit été capitaine dans le régiment de Languedoc des troupes de Monsieur Gaston de France.

Qu'on livre son pareil en France à La Reynie. (Satire XI, page 123).

M. de la Reynie, conseiller d'Estat, fut pourvu par le Roy de la charge de lieutenant-général de police le premier jour de l'année 1667. Cette charge fut créée alors, et ses fonctions étoient attachées auparavant à celles de lieutenant-civil. Il mourut le 14 de juin 1709, âgé de 84 ans.

Ce vers fait allusion à l'affaire qui arriva en 1679 à M. le Maréchal de Luxembourg. (Voy. la *Vie de Bayle*. Tom. Ier, p. 59).

Il avoit un procès considérable pendant le cours duquel celui qui en avoit la direction ayant besoin de quelques titres qu'il ne pouvoit recouvrer, eut recours à un prétendu sorcier nommé le Sage, de Normandie. Pour cela il fit signer à M. de Luxembourg un certain engagement avec le diable, et ce papier étant tombé en des mains ennemies, M. de Louvois qui haïssoit M. de Luxembourg, porta le Roy à ordonner que la Chambre de Justice qui étoit établie à l'Arsenal, lui fît son procès. Sa Majesté en parla à ce Maréchal et lui conseilla pour se disculper, de s'aller mettre à la Bastille. Il y alla ; son procès fut instruit, et il eut le déplaisir de se voir obligé, par les menées de M. de Louvois, à subir l'interrogatoire par devant M. de la Reynie.

M. de Luxembourg se tira d'affaire, mais il n'a jamais pardonné à M. de Louvois, et même dans le temps qu'il fût choisi par le Roy pour aller commander ses armées en Flandre ; M. de Louvois l'étant allé voir, il ne reçut ce ministre que dans l'antichambre et publiquement.

Sont moins grands à mes yeux que ce bourgeois d'Athènes.
(Satire XI, page 123).

C'est Socrate qui mérita d'être nommé par l'oracle le plus sage des hommes (Diogène Laerce, *in Socrate*, livre 2. Philosophes).

M. Despréaux m'a raconté, à ce sujet, qu'en l'an 1678, allant en Flandre avec M. le duc d'Enghien, fils de M. le prince de Condé, pour suivre le Roy, M. le duc dit à M. Despréaux qu'il étoit surpris qu'Alexandre eût pu se faire un nom si étendu et une réputation si générale, qu'il étoit connu par toute la terre.

M. Despréaux répondit qu'il étoit bien moins surpris de voir qu'Alexandre, qui avoit conquis la moitié de la terre connue, eût répandu son nom dans tout le reste ; mais que ce qui étoit plus surprenant, c'étoit de voir que Socrate, ce simple bourgeois d'Athènes, qui vécut toujours en personne privée, avec une ou deux petites femmes, dans l'enceinte étroite de sa maison, ce simple bourgeois eût acquis une réputation aussi belle et aussi vaste que celle d'Alexandre le Grand.

M. le duc ne fut pas de ce sentiment; ils disputèrent long-tems là-dessus, toujours chemin faisant, jusqu'à ce qu'ayant rencontré un paysan qui travailloit dans un champ, M. le duc le fit approcher et lui demanda s'il connoissoit *Alexandre*. Le paysan dit sans hésiter, que ouy, et que c'étoit un grand guerrier. — Et Socrate, le connois-tu ? lui dit le duc. — *Nenni, vraiment*, répondit le villageois, *je ne le connois mie*. M. le duc fit bien valoir cet avantage, mais M. Despréaux lui dit qu'à la vérité Son Altesse avoit un paysan pour elle, et qu'il étoit juste que luy, Despréaux, en interrogeât un autre à son tour. Cependant, ajouta M. Despréaux, *mettons Socrate à la place d'Alexandre, nous verrons un roi humain, grand, modéré, équitable, comblé de toutes les vertus. Mais à la place de Socrate, le grand Alexandre, le vainqueur de l'Asie, n'eût été qu'un homme fort médiocre.*

Tandis que M. Despréaux et moy lisions cette Satire dans son jardin, M. de Frégeville, son voisin, y est venu, et il a dîné avec nous. La maison de M. Despréaux à Auteuil est entre celle de ce monsieur et celle de Madame de Mouchi, sœur de M. de Harlay, premier président.

Après dîné j'ay tiré de ma poche la tragédie de *Pyrame et Thisbé* par La Serre, j'en ay lu plusieurs endroits à M. Despréaux, qui a été charmé de voir tant d'impertinence en un si petit volume. Cette pièce est un chef-d'œuvre de ridiculité.

En prenant le café, après dîner, sous un pavillon de verdure, M. Despréaux m'a parlé du livre intitulé *Les loix civiles*. Il fait un cas merveilleux de ce livre. Il m'a dit qu'il ne croyoit pas que l'on pût jamais faire, sur le droit, rien de plus net, de plus méthodique, et de plus beau. L'esprit humain ne va pas plus loin. Enfin pour marquer l'estime qu'il avoit pour l'auteur, il m'a dit franchement qu'il le comparoit à M. Arnauld, pour la justesse de l'esprit et pour la solidité. Il a été bien aise d'apprendre le nom de l'auteur qui s'appeloit M. Domat, et de savoir que j'avois eu l'honneur de le connoître; que j'étois ami de messieurs ses fils, et que j'avois de ce livre la même idée que luy. Il a été curieux d'apprendre jusqu'aux moindres circonstances de la vie et de la fortune de M. Domat. J'ay eu de quoy le satisfaire sur tout cela.

Nous nous sommes promenés dans le jardin jusqu'à la nuit avec M. de Frégeville.

M. Despréaux et moi avons repassé sur quelques endroits de la Satire contre les femmes.

Je lui ay demandé qui il avoit voulu désigner à la page 106 (Satire X), par la peinture qu'il fait d'un bourgeois qui épouse une fille de qualité.

Il m'a dit que plusieurs personnes lui avoient fourni cette idée, mais qu'il avoit en vüe particulièrement M. George d'Entragues, autrefois son voisin à Auteuil, qui renoua louage de la maison que Dancourt, comédien, y possède présentement. Ce M. George a été receveur général des aides de Paris, durant le bail de François Le Gendre, depuis 1668 jusqu'en 1674, et il a épousé la fille de M. de Valençay, proche parente de feu M. le maréchal de Luxembourg. Pour s'ennoblir il acheta une charge de secrétaire du Roy, comme le dit M. Despréaux dans sa Satire.

M. de Frégeville le connoît particulièrement, parce qu'il étoit dans les affaires avec M. George d'Entragues.

On prétend qu'il est dans les *Caractères* de La Bruyère, sous le nom de Sylvain, p. 183.

Le P. Rapin aiant rétabli sa santé à Auteuil dans la maison de M. George, ce Père lui fit un beau remerciement en vers latins, sous le titre de *Description d'Auteuil*. Ce poëme a été imprimé avec la traduction françoise à côté, faite par le même auteur.

J'ay demandé pour la trois ou quatrième fois une chose qu'il ne m'avoit jamais voulu dire, qui est le nom de celui qu'il désigne par ces vers de son Épître IXe :

Ce marquis étoit né doux, commode, agréable. (Page 185.)

Il m'a dit enfin que c'étoit M. le comte de Fiesque, qui étoit de ses amis. Jean-Louis-Mario, comte de Fiesque, prince et vicaire du Saint-Empire, souverain de Lavagne, prince du Val de Lave, de Masseran et de Pontremoli. M. le comte de Fiesque mourut sans alliance à la fin de septembre 1708, âgé de soixante et un ans.

Je lui ay demandé qui étoit l'auteur de la lettre qui est dans les éditions de Molière, au sujet de la comédie du *Misanthrope*.

Il m'a dit qu'elle étoit de M. de Vizé, auteur du *Mercure galant*. M. de Vizé ayant été à la représentation du *Misanthrope*, il retint bien ou mal cette pièce, et la transcrivit avec le secours de quelques amis qui l'avoient aussi vû représenter. De Vizé, sur sa copie, en obtint le privilége et la voulut faire imprimer sans la participation de Molière. Celui-ci le sçut, et plutôt que de lui faire un procez, il consentit que cette lettre, dont Molière n'étoit pas content, fût jointe à l'édition que Molière fit faire lui-même de son *Misanthrope*.

M. Despréaux estime infiniment Molière. Il m'a dit qu'il le préféroit à Corneille et à Racine. Sans les fautes qui sont dans ses pièces contre la pureté de la langue, m'a dit M. Despréaux, sans les négligences de sa versification, et sans l'irrégularité de ses dénouemens, Molière de son art eût remporté le prix. (V. le Dictionnaire de Bayle, tome III, au mot *Poquelin*, note D.)

Il m'a cité, pour exemple du jargon de Molière, ces deux vers du *Misanthrope* :

Et la plus haute estime a des régals peu chers.

Il m'a encore dit ces deux-ci des *Femmes sçavantes*, Sc. 1 :

Quand sur une personne on ne peut s'ajuster,
C'est par les beaux côtez qu'il la faut imiter.

M. Despréaux m'a dit qu'il avoit voulu souvent obliger Molière à corriger ces sortes de négligences, mais que Molière ne pouvoit jamais se résoudre à changer ce qu'il avoit fait.

M. Despréaux lui ayant fait sentir la foiblesse de ces deux derniers vers, Molière pria M. Despréaux de les rajuster, tandis qu'il alloit sortir un moment avec sa femme (car M. Despréaux étoit alors chez Molière). M. Despréaux s'en défendit, mais il ne laissa pas de les changer ainsi :

Quand sur une personne on prétend se régler,
C'est par les beaux endroits qu'il luy faut ressembler.

M. Molière approuva le changement, et il n'a pas laissé, dans l'impression, de conserver : « C'est par les beaux côtez, » ce qui fait une consonnance vicieuse avec la fin du vers, outre qu'on ne dit pas : ressembler à quelqu'un par ses beaux côtez.

Mais j'ay remarqué que Molière avoit conservé le mot de côtez pour une rime qui vient quatre vers après :

> Mais vous ne seriez pas ce dont vous vous vantez,
> Si ma mère n'eût eu que de ces beaux côtez.

M. Despréaux m'a ensuite parlé de l'irrégularité des dénouemens de la plupart des pièces de Molière.

Il m'a dit qu'il auroit été bien facile à M. Molière de mettre un dénouement heureux et naturel dans le *Tartuffe*. Car au lieu d'aller chercher de loin le secours de la cassette où il y a des papiers contre l'État, que sans introduire un exempt et sans employer l'autorité du Roy, il pouvoit, après la découverte de l'imposture de Tartuffe, faire délibérer sur le théâtre, par tous les personnages de la comédie, quelle peine on feroit souffrir à ce coquin. Orgon luy-même devoit le premier, comme le plus intéressé à l'injure, pousser sa vengeance au plus haut point et être prêt à la porter aux extrémitez les plus violentes. L'étourdi Damis auroit fait des merveilles. La suivante auroit dit de fort plaisantes choses. Enfin, après tous ces discours, le frère d'Orgon, l'honnête homme de la pièce, auroit sagement proposé de se contenter de mépriser une conduite aussi basse et aussi ingrate que celle de Tartuffe. Qu'il falloit seulement le chasser honteusement ; on y auroit pu même ajouter une scène de coups de bâton donnez méthodiquement. Enfin Madame Pernelle seroit venue, elle auroit fait le diable à quatre pour soutenir l'honneur et la vertu de son cher Tartuffe : la scène auroit été belle, on auroit pu lui faire dire bien des choses sur lesquelles le parterre auroit éclaté de rire : elle auroit querellé le parterre, et se seroit retirée en grondant. Ce qui auroit fini agréablement la comédie. Au lieu que de la manière qu'elle est disposée, elle laisse le spectateur dans le tragique. M. Despréaux m'a dit que Molière avoit tout donné aux caractères. M. Despréaux lui avoit donné envie de corriger ce dernier acte : il avoit en effet changé l'endroit où il donne des louanges au Roy ; mais quand Sa Majesté entendit réciter par Molière ce changement, elle lui conseilla de les laisser comme elles étoient auparavant. Molière remplissoit une fois son idée et son plan, après quoy il ne corrigeoit plus. Il se laissoit entraîner à d'autres idées. J'ay dit à M. Despréaux qu'il faudroit que quelqu'un de nos poëtes refît le cinquième acte de cette pièce, et le disposât suivant l'idée de M. Despréaux. Il m'a dit que cela seroit bon, et que M. *Rousseau* pourroit le faire si quelqu'un le lui inspiroit. Qu'avec ce changement, le *Tartuffe* seroit parfait, parce que les quatre premiers actes sont admirables. C'est ce que M. Rousseau a exécuté depuis dans son *Flatteur*.

M. Despréaux estime beaucoup la plupart des petites pièces de Molière, surtout sa *Critique de l'École des femmes*.

Il ma cité aussi *la Comtesse d'Escarbagnac*.

Il m'a parlé aussi de Phapisson, qui disoit un jour tout haut pendant que Molière lui-même jouait : « Ris donc, parterre, ris donc. »

M. Despréaux m'a dit que Molière avoit été amoureux premièrement de la comédienne Béjard, dont il avoit épousé la fille, ensuite de Mademoiselle de Brie, aussi comédienne.

M. Despréaux m'a dit l'histoire suivante.

Mademoiselle de Bussi étoit une fille de qualité, amie de Molière, et n'avoit point de bien. Elle se servoit souvent des porteurs de Molière, et comme elle ne leur donnoit rien, ils la servoient de mauvaise grâce. Elle s'avisa un jour de leur en faire la réprimande, et de les menacer qu'elle s'en plaindroit à M. de Molière. « Allez, » disoit-elle, « vous êtes des marauts et des coquins. » L'un d'eux lui répondit gravement : « M. de Molière n'est ni un maraut ni un coquin.

— Je vous traiteray comme vous le méritez, » dit-elle, « et je vous feray donner des coups de bâton.

— On ne donne point de coups de bâton à M. de Molière.

(Voyez mon 4ᵉ recueil, part. II, p. 181.)

— Je crois que vous faites les insolens.

— M. de Molière n'est pas un insolent. »

Et ainsi du reste de la conversation.

C'est Molière qui a rapporté ce fait à M. Despréaux.

Molière possédoit si bien l'art de caractériser les hommes que, quand il savoit un trait de quelqu'un sans le connoître, il étoit assuré de composer un caractère tout suivi et naturel de la même personne, et de lui faire dire et faire plusieurs choses conformes à ce trait original et à son caractère.

M. Despréaux m'a raconté un trait de M. de La Place qui avoit été son régent, duquel il parle dans ses réflexions sur Longin p. 114, tome II.
Percalluerat Respublica.
C'est la coutume qu'à la fin des classes les écoliers font une petite gratification à leurs régens.

Il y eut un des écoliers de M. de La Place qui, en lui faisant son présent, voulut avoir une quittance, parce que ses parens, qui ne se fioient pas à ce jeune homme, l'exigeoient ainsi. M. de La Place donna sa quittance conçue en ces termes :

« J'ay reçu de M. Vaudetard la somme de 30 liv., laquelle il m'a départie pour toute rétribution et salaire de mes labeurs. »

J'ay un livre composé par ce M. de La Place.

M. Despréaux cite ainsi le passage de Cicéron : *Obduruerat et percalluerat Respublica.* Cependant il y a : *Sed nescio quomodo jam usu obduruerat et percalluerat civitatis incredibilis patientia.* Rome étoit devenue comme impossible et la patience du peuple romain s'étoit, je ne sçay comment, endurcie.

Nous avons parlé de la *Chanmeslé,* fameuse comédienne. M. Racine, avant que d'être marié, en avoit été fort amoureux : mais quand il épousa mademoiselle Romanet, il rompit entièrement avec sa maîtresse.

Mademoiselle Romanet n'avoit ni son père ni sa mère. Elle étoit nièce de M. Le Mazier, avocat, dont parle M. Despréaux : et cet avocat ne passoit pas pour un fort honnête homme. Mademoiselle Romanet étoit sous la tutelle d'un autre oncle, frère de ce même Le Mazier.

Pour la Chanmeslé, avant que M. Racine lui eût appris à clamer, c'étoit une actrice fort médiocre.

Chanmeslé voyoit les amours de sa femme sans s'en mettre beaucoup en peine.

Toute la société de ces Messieurs étoit un soir à souper chez Chanmeslé : et M. Despréaux fit l'Épigramme suivante sur Chanmeslé qui aimoit sa servante, et sur sa femme qui avoit cinq ou six amans en ce tems-là.

Voici comme M. Despréaux me l'a dictée; elle imite le stile et la naïveté de Marot.

> De six amans contens et non jaloux
> Qui tour à tour servoient madame Claude,
> Le moins volage étoit Jean son époux.
> Un jour pourtant, d'humeur un peu trop chaude,
> Serroit de près sa servante aux yeux doux,
> Lorsqu'un des six lui dit : Que faites-vous?
> Le jeu n'est sûr avec cette ribaude,
> Ha! voulez-vous, Jean Jean, nous gâter tous?

. . . .

Nous avons continué de parler de M. Racine, qui étoit de Laferté-Milon, fils d'une espèce de fermier. Il avoit une sœur mariée à un médecin de ce pays-là.

M. Racine ne faisoit pas façon de dire qu'il n'étoit pas d'une grande naissance.

Il a été élevé à Port-Roial des Champs, où il a fait ses humanitez, et il a étudié en philosophie au collége d'Harcourt.

Ce fut Molière qui engagea M. Racine à faire des tragédies. Boyer avoit fait *la Thébaïde*, qui étoit très-mauvaise. Molière dit à Racine que s'il vouloit rajuster l'*Antigone* de Rotrou, elle effaceroit *la Thébaïde* de Boyer.

Racine y travailla. Il apprit en ce tems-là que M. Despréaux, qui étoit fort jeune aussi bien que luy, et qu'il ne connoissoit pas, passoit pour un critique judicieux, quoiqu'il n'eût encore fait aucun ouvrage, jugeoit fort bien des ouvrages d'esprit. Il luy fit présenter sa pièce par un abbé nommé Levasseur. M. Despréaux fit ses corrections et Racine les approuva. Il eut une forte envie de faire connoissance avec M. Despréaux, et La Fontaine que Racine connoissoit le mena chez M. Despréaux.

Depuis ce tems-là ils ont toujours été bons amis.

M. Racine avoit fait en 1660 une ode françoise, intitulée *la Nymphe de la Seine* (M. Racine fils m'a dit qu'elle étoit imprimée dans un recueil de M. de La Fontaine en trois volumes), sur le mariage du Roy, qui effaça tout ce que les beaux esprits avoient composé sur ce sujet. C'étoit pourtant son premier ouvrage.

M. Racine en eut 500 fr. de pension, par le moien de M. Chapelain.

M. Racine en travaillant sur la pièce de Rotrou avoit conservé le récit que ce poëte fait de la mort de..... M. Despréaux n'aprouva pas cela, et encouragea M. Racine à faire lui-même ce récit. M. Racine le fit, et c'est le plus bel endroit de sa *Thébaïde*.

M. Despréaux invita M. Racine à suivre une autre route que Corneille, qui n'avoit mis sur le théâtre que des héros romains. Prenez, lui dit M. Despréaux, les héros de la Grèce. Il lui indiqua Alexandre Le Grand, qui fut le sujet de sa seconde tragédie.

M. Racine avoit une facilité prodigieuse à faire des vers, mais c'étoit le moien de n'y jetter pas beaucoup de force.

M. Despréaux m'a dit qu'il avoit appris à M. Racine à faire des vers difficilement.

Vers pour Tavernier, etc. (Page 367). — Son nom et ses qualités. Voici ses voiages. — Il étoit fort connu à la cour du grand Mogol chez lequel il avoit voiagé plusieurs fois.

Ce Roy luy avoit ordonné un jour de venir à la cour pour y faire voir les marchandises qu'il avoit apportées de l'Europe. La garde du Roy qui ne sçavoit pas l'ordre, voulut empêcher ce Tavernier d'entrer. Celui-ci prit querelle avec l'officier des gardes, et leva le poignard sur luy. Cette hardiesse faillit perdre les François qui étoient dans les États du grand Mogol, et M. Bernier qui y étoit alors, l'a raconté à M. Despréaux. Néanmoins cette action le fit estimer dans cet Empire : le Roi lui aiant pardonné en faveur de l'ordre qu'il luy avoit donné de venir à la cour.

Il se faisoit toujours suivre par trois grands valets, parce qu'il portoit tous ses diamans sur luy dans une ceinture de cuir, et il ne faisoit pas façon de les montrer aux curieux.

M. Tavernier étoit fort grossier dans ses manières et dans son langage.

Il racontoit que le grand Mogol fit un jour danser devant luy, ses danseuses, après quoy il demanda à Tavernier : *Laquelle est-ce qui te plait davantage ? — Sire, c'est celle-là*, répondit Tavernier en lui en montrant une. — *Hé bien*, dit le Mogol, *je te la baqille*. M. Tavernier prononçoit ce dernier mot, à sa manière, en faisant la première sillabe fort longue.

Tavernier étoit calviniste et n'a jamais voulu se faire catholique : cela a été cause que le Roy de France ne luy fit pas tout le bien qu'il lui auroit fait. Le Roy lui donna pourtant une pension de..., quand il sçut que Tavernier étoit tombé dans l'indigence. Tavernier avoit acheté la baronie d'Aubonne, près de Genève. Il est mort fort âgé en Pologne, retournant au Mogol, parce qu'un de ses neveux s'étoit emparé de tous les effets qu'il avoit en ce pays-là. Il mourut sur la fin de l'an 1687.

Les plus rares trésors.

Tavernier étoit revenu des Indes avec deux ou trois millions en pierreries, qu'il portoit toujours sur luy dans une ceinture de cuir où il y avoit plusieurs petites boites.

Il n'a rien rapporté de si rare que lui.

En ce vers le mot de rare est équivoque. M. Despréaux l'a mis à dessein, parce que Tavernier étoit un homme fort grossier et une espèce d'original.

Et pacte avec le Diable.   (Page 374.)

M. Despréaux a mis ceci, parce qu'effectivement Blondel, médecin, soutenoit que la vertu du quinquina n'étoit point naturelle, et que les Américains avoient fait un pacte avec le diable pour donner au quinquina la qualité qu'il a d'arrêter la fièvre.

Nous avons dîné M. Despréaux, M. de Frangeville et moy.

Après le dîner, nous avons été prendre le café sous un berceau dans le jardin.

Pendant ce tems-là, M. Despréaux nous a parlé de la manière de déclamer, et il a déclamé lui-même quelques endroits, avec toute la force possible. Il a commencé par cet endroit du Mithridate de M. Racine : c'est Monime qui parle à Mithridate.

Nous nous aimions... Seigneur, vous changez de visage.

Il a jetté une telle véhémence dans ces derniers mots, que j'en ay été ému. Aussi faut-il convenir que M. Despréaux est un des meilleurs récitateurs qu'on ait jamais vus. Il nous a dit que c'étoit ainsi que M. Racine, qui récitoit aussi merveilleusement, le faisoit dire à la Chanmeslé.

M. Despréaux a aussi récité avec la même force ces vers de Sophocle dans son Œdipe, qui sont traduits dans le Sublime de Longin, ch. 19 :

> Hymen, funeste hymen, tu m'as donné la vie :
> Mais dans ces mêmes flancs où je fus enfermé,
> Tu fais rentrer ce sang dont tu m'avois formé.

Il a encore récité cet endroit du Misanthrope de Molière, où il dit : (quand on rit de sa fermeté outrée), *Par le sang bleu, Messieurs, je ne croiois pas être si plaisant que je suis.* (Acte II, Scène dernière.)

Molière en récitant cela, l'accompagnoit d'un ris amer, si piquant que M. Despréaux en le faisant de même, nous a fort réjouis.

Il a dit en même tems que le théâtre demandoit de ces grands traits outrez, aussi bien dans la voix, dans la déclamation, que dans le geste.

Montfleury récitoit aussi d'une manière véhémente qui imposoit. Un jour il voulut faire valoir de cette façon une pièce de Scudéri, qui ne valoit rien ; mais il n'en put venir à bout : car dez le premier vers que Montfleury récita, nonobstant tout l'art dont il accompagna sa déclamation, le parterre se mit à rire. Montfleury représentoit Annibal qui entroit sur le théâtre suivi de deux Carthaginois et disoit après s'être assis :

> Braves Carthaginois, aussi tristes que moy.

M. Despréaux nous a récité un autre endroit (je crois qu'il est de l'*Amour Tyranique* de Scudéri) qui ne manquoit jamais de faire rire tout le parterre :

> La mort, en cet état, est mon plus grand désir ;
> Qui me la donneroit, me feroit grand plaisir.

Ensuite j'ay lû à M. Despréaux un petit projet que j'ay fait pour travailler à un traité *du sublime dans les actions*, comme Longin en a fait un *du sublime dans le discours*. M. Despréaux a fort aprouvé mon dessein, et il a eu la bonté de me faire part de ses réflexions à mesure que je lisois. Elles sont écrites dans le cahier qui contient ce projet.

Comme nous parlions de M. de La Fontaine, j'ay demandé à M. Despréaux qui étoit l'auteur de la lettre sur le conte de Joconde.

M. Despréaux m'a dit qu'il étoit lui-même l'auteur de cette lettre. Et voici à quelle occasion il l'a composée.

Un nommé M. de Bouillon avoit traduit de l'Arioste le conte de Joconde. M. de La Fontaine, trouvant ce conte fort mal bâti, le mit en vers à sa fantaisie et à sa manière.

Un nommé M. de Saint-Gilles ; c'étoit un homme de la vieille Cour, qui aimoit fort Molière, et qui l'importunoit souvent sans s'en apercevoir. Saint-Gilles étoit un homme fort mystérieux, qui ne parloit jamais que tout bas et à l'oreille, quelque chose qu'il eût à dire : aussi est-ce lui que Molière a peint dans son *Misantrope*, acte II, scène 4 :

> C'est de la tête aux pieds, un homme tout mystère, etc.
> Et jusques au bon jour, il dit tout à l'oreille.

Ce M. de Saint-Gilles étoit aussi ami de Bouillon, qui avoit fait Joconde, et il fit une gageure de 50 pistoles contre M. l'abbé Le Vayer, que ce conte étoit meilleur que celui de La Fontaine. Les deux parieurs s'en rapportèrent à Molière, mais celui-ci, qui étoit des amis de Saint-Gilles, ne voulut pas lui faire perdre ses 50 pistoles ; il se contenta de luy dire en particulier que le conte du sieur de Bouillon étoit impertinent, et qu'il ne s'avisât pas de faire une gageure parce qu'il perdroit infailliblement. M. Despréaux se trouva présent, et il se chargea de faire le parallèle de ces deux contes, afin de faire sentir la différence de l'un et de l'autre.

Ce fut sur cela qu'il composa la lettre dont il s'agit.

Il étoit fort jeune alors, et il m'a témoigné du regret d'avoir employé sa plume à défendre des ouvrages de cette nature.

Cette lettre est adressée à M. B..., mais ce B ne désigne personne : si ce n'est que les libraires aient voulu marquer M. Boileau lui-même, qui en étoit l'auteur.

Nous avons parlé de Saint-Amand, au sujet de la première Satire. Saint-Amand suivit la princesse Marie en Pologne, d'où il revint aussi misérable qu'il y étoit allé.

Enfin chargé de vers qu'il devoit mettre au jour.

Ces vers étoient principalement *un poëme de la lune*, où il parloit du Roy, qui aimoit alors à se baigner, et à nager dans la Seine, près de Saint-Germain en Laye; mais cette description déplut au Roy, qui ne voulut pas seulement l'écouter.

Nous avons parlé de Cassandre au sujet du premier vers de la Satire 1re : *Damon ce grand auteur*.

François Cassandre étoit un bourru, éloigné et incapable du commerce des hommes. Il vivoit comme un loup, il empruntoit de l'argent là où il pouvoit, et tant que cet argent duroit, il ne sortoit pas de son trou, jusqu'à ce que l'argent étant fini, la faim l'obligeoit de sortir.

Étant près de mourir, son confesseur voulut l'exhorter à demander pardon à Dieu, à faire des actes d'amour, et à avoir de la résignation en sa sainte volonté. *Ha ouy*, dit Cassandre d'un air chagrin et ironique, je luy ay de grandes obligations : voyez comme il m'a fait vivre, j'ay grand sujet de l'aimer.

M. Despréaux dans une de ses éditions, à la fin de la préface de Longin, a parlé avantageusement d'une traduction que Cassandre avoit faite de la poëtique d'Aristote; et M. Despréaux ne le fit que par charité pour faire vendre le livre de Cassandre, afin que le libraire fît quelque gratification à ce pauvre auteur, et cela réussit sur le suffrage de M. Despréaux.

Je luy ay demandé si la planche qu'il a fait mettre devant *Le sublime de Longin*, ne représentoit pas Périclès, duquel Aristophane a dit :

Ἤστραπτ', ἐβρόντα, ξυνεκύκα τὴν Ἑλλάδα. } Plin. Ép. 20. L. 1.
Fulgurabat, tonabat, permiscebat Græciam.

Il m'a dit que quand Aristophane avoit parlé ainsi de Périclès, il n'avoit pas parlé sérieusement; mais j'ay voulu, a-t-il ajouté, représenter Démosthène : et ce qui m'a donné l'idée de luy mettre un foudre à la main, c'est ce que dit Longin de Démosthène, ch. 28, à la fin ; *qui a effacé tout ce qu'il y a eu d'orateurs célèbres dans tous les siècles, les laissant comme abbatus et éblouis, pour ainsi dire, de ses tonnerres et de ses éclairs..... Et certainement, il est plus aisé d'envisager fixément, et les yeux ouverts, les foudres qui tombent du ciel, que de n'être point ému des violentes passions qui règnent en foule dans ses ouvrages.*

Longin, ch. 10, compare encore Démosthène à une tempête, à un foudre.

Un de nos poëtes (Perrault, Épître à M. de Fontenelle, intitulée le *Génie*), parlant du feu de l'éloquence, dit :

> C'est ce feu qui formoit la foudre et les éclairs,
> Dont le fils de Xantippe (*Périclès*) et le grand Démosthène
> Effrayoient à leur gré tout le peuple d'Athènes.

M. Despréaux m'a dit que feu M. de La Chapelle, son ami, étoit fils bâtard de M. Lhuilier..., qui le mit chez M. Gassendi pour l'élever et en avoir soin. Dans le même tems Bernier étoit chez M. Gassendi, comme une espèce de secrétaire ou de valet. (V. Ménage. Diction. Étymol., au mot Chapelle.)

Du dimanche 15 octobre 1702.

Ce matin j'ay été voir M. Despréaux qui revint hier au soir d'Auteuil.

Il m'a fait voir une lettre écrite par M. le maréchal de Villeroy, par laquelle ce seigneur dit à M. de Barcos son secrétaire, à qui elle est adressée, qu'il fera payer M. Despréaux de toute la rente de 1500 liv. que M. Despréaux a sur l'hôtel-de-ville de Lyon, nonobstant le retranchement fait d'un quart.

. . . .

M. Despréaux m'a parlé ensuite du dialogue qu'il avoit autrefois imaginé contre ceux qui écrivent prose ou vers en latin. Ce Dialogue étoit à la manière de Lucien, et il ne l'a jamais écrit. Il me l'a récité en gros, et voici ce que j'en ay pu retenir.

DIALOGUE.

APOLLON ET HORACE.

HORACE. Tout le monde est surpris, grand Apollon, de ce que vous souffrez si long-tems les abus qui règnent sur le Parnasse.

APOLLON. Hé depuis quand donc, Horace, vous avisez-vous de parler françois?

HORACE. Pourquoi ne parlerois-je pas françois, puisque tous les François se mêlent bien de parler latin, et même d'écrire et de faire des vers en cette langue : ils ont lu quelque chose de mes ouvrages, et là dessus ils s'imaginent d'en savoir plus qu'il n'en faut pour figurer avec moy. Ils me donnent à la vérité le premier rang, mais ils croient....

APOLLON. Est-ce que quelqu'un lit leur ouvrage?

HORACE. Non assurément. Chacun croit que c'est l'affaire de son voisin : mais ils ne laissent pas de faire des vers latins.

APOLLON. Et qui sont donc ces gens-là? comment s'appellent-ils?

HORACE. Je ne les connois pas, il y en a un si grand nombre que je ne saurois vous l'exprimer; mais les Muses peuvent les connoître. Voulez-vous, Apollon, que je fasse venir les Muses?

APOLLON. Ouy, fais-les entrer. Eh bien, Terpsycore, connoissez-vous ces gens dont Horace m'entretenoit? Ces François qui font des vers latins?

TERPSYCORE. Non, Apollon, je n'en connois aucun, mais ma sœur Erato les connoît sans doute.

APOLLON. Approchez, Erato, c'est donc vous qui les connoissez ces poëtes François-latins?

ERATO. Ouy, seigneur, j'en connois quelques-uns.

APOLLON. Comment s'appellent-ils?

ERATO. Je ne me souviens pas bien de leurs noms. Tous ces gens-là demeurent au bas du Parnasse, où ils cherchent une entrée avec empressement. Les uns y sont établis tout à fait, les autres ne font qu'y venir de tems en tems. Il y a même un épicier qui s'y est venu établir avec eux, et que la nécessité du commerce y a attiré.

APOLLON. Il faut que nous entendions ces gens-là, Horace va-t'en leur ouvrir une des portes.

HORACE. Dieux! quelle foule épouvantable! nous serions accablez si je les recevois tous. Messieurs, retirez-vous, en voilà déjà plus qu'il n'en faut.

Un poëte s'adressant à Apollon.

Da, tymbræ, loqui.

Un autre poëte.....
Un autre.
APOLLON. Comment vous appellez-vous?
UN POETE. Menagius.
APOLLON. Et vous?
UN POETE. Pererius.
APOLLON. Et celui-ci?
UN POETE. Santolius.
APOLLON. Et celui-là?
UN POETE. Peraredus.
APOLLON. Et ce vieux bouquin qui est parmi eux, comment s'appelle-t-il?

TEXTOR. Je me nomme Ravisius Textor. Quoique je sois en la compagnie de ces messieurs, je ne suis pas poëte; mais ils ne peuvent pas se passer de moy, parce que je leur fournis des Épithètes toutes les fois qu'ils en ont besoin.

(Jean Textor est enterré dans la chapelle du collége de Navarre, à Paris.)

UN POETE. Latonæ proles divina, Jovisque.... Jovisque.... Jovisque.... heus tu, Textor, Jovisque....

TEXTOR. Magni.
LE POETE. Non.
TEXTOR. Omnipotentis.
LE POETE. Minimè.
TEXTOR. Bicornis.
LE POETE. Optime, Jovisque bicornis. Latonæ proles divina, Jovisque bicornis [1].

1. Jupiter étoit adoré dans la Libye sous la figure d'un bélier.

APOLLON. Vous avez donc perdu l'esprit, poëte, de donner des cornes à mon père? Quel rapport!

LE POETE. Il falloit bien finir mon vers, et j'ay pris la première épithète que Textor m'a donnée.

APOLLON. Hé ouy, il falloit finir votre vers, mais il ne falloit pas le finir par une sottise. A-t-on jamais emploié ainsi des épithètes ridicules? Qui peut vous obliger à parler une langue que vous n'entendez pas? Je veux pourtant qu'Horace soit encore votre maître et qu'il vous fasse voir qu'il sait parler votre langue, aussi bien que la sienne. Allons, Horace, il faut que vous fassiez des vers françois.

HORACE. Je ne suis pas assez hardi pour entreprendre une chose si peu raisonnable et si difficile.

APOLLON. Comment, difficile? Je vous dis que vous en viendrez à bout; pour vous faire comprendre, prenez un sujet connu de tous ces poëtes.

HORACE. Dès qu'Apollon ordonne, peut-on lui désobéir?

Sur la rive du fleuve amassant de l'arène...

UN POETE FRANÇOIS. Arrêtez là, Horace, on ne dit point en notre langue *sur la rive du fleuve;* il faut dire, sur le bord de la rivière. On ne dit pas non plus, *amasser de l'arène*, mais du sable.

HORACE. Bon, voilà qui est plaisant. Est-ce que *rive* et *bord* ne sont pas la même chose, et ne sont-ce pas des mots françois et des termes synonymes, aussi bien que *fleuve* et *rivière?* Comme si je ne sçavois pas que dans votre cité de Paris, le fleuve de Seine passe sous le *pont-nouveau*. Je sçay tout cela sur l'extrémité du doigt.

UN POETE. Nous convenons que ces termes sont tous françois, mais l'usage n'est pas de les arranger ainsi. Quoique le mot de cité soit françois, nous disons la *ville de Paris,* nous disons aussi le *pont-neuf,* et non pas, le *pont-nouveau. Sur le bout du doigt*, et nous ne disons pas l'extrémité du doigt.

HORACE. Puisque je parle si mal votre langue, croiez-vous, Messieurs les impertinens, qui vous occupez à faire des vers et à écrire en latin, croyez-vous d'y mieux réussir que je ne fais en françois?

APPENDICE.

Je vous prie, Apollon, par toutes les bontez que vous avez pour moy, de chasser honteusement ce peuple téméraire de votre empire, de les obliger à retourner dans leur pays, et de leur défendre de jamais plus écrire.

APOLLON. Comme ils ont fait des vers sans ma permission, et même malgré ma sœur Minerve, ils ne laisseroient d'en faire nonobstant mes défenses. Il y auroit aussi de l'injustice à leur empêcher d'écrire, car l'épicier du Parnasse, qui logé près d'eux, seroit ruiné dès que ces poëtes ne luy pourroient plus fournir de papier.

Mais comme dans les grands abus, il faut employer des remèdes violens, et que les châtimens signalez sont souvent nécessaires, j'imagine une punition proportionnée à la témérité de ces plagiaires : je les condamne donc tous à lire exactement tous les vers les uns des autres. Allez, Horace, leur faire savoir ma volonté souveraine.

HORACE. De la part d'Apollon il est ordonné....

SANTEUL. Moy! que je lise les vers de Dupérier! Je n'en feray rien. Ne suis-je pas son maître, c'est à lui à lire les miens.

DUPÉRIER. Si Santeul veut me reconnoître pour le premier poëte latin, je pourray me résoudre à lire ses ouvrages. Sans quoy....

MÉNAGE ......

Apollon les oblige de sortir. Etc.

Aujourd'hui lundi 16 octobre. J'ay été au clocher de la Sainte-Chapelle.

Aujourd'huy mardi 17 octobre 1702. J'ay été voir M. Rollin, professeur d'éloquence au collége de Beauvais, qui a traduit l'Ode sur la prise de Namur. Il donna à dîner à M. Despréaux le 12 décembre dernier, avec quelques autres personnes choisies. Sur cela M. Coffin régent de seconde fit une ode latine fort belle, que M. Rollin m'a donnée. Autrefois M. Despréaux a étudié dans ce collége, où il a fait ses basses classes. Les écoliers qui sçurent qu'il étoit à dîner chez M. Rollin, honnorèrent sa présence par des acclamations, par des cris de joie, et par des *vivat* redoublez. Et M. Despréaux leur donna des vacances pour répondre aux empressemens qu'ils témoignoient pour lui.

Du samedi 21 octobre 1702.

Ce matin à 9 heures, j'allois à Auteuil, voir M. Despréaux mais je l'ay rencontré par delà Chaillot, qui venoit à Paris dans son carrosse. Il s'est mis dans le mien, et je l'ay conduit jusque chez luy, dans le cloître de Notre-Dame.

Nous nous sommes entretenus de ce que j'ay fait pendant la semaine. Je luy ay dit que j'avois été chez M. Le Dran, qui m'a donné le portrait de feu M. Feuillet son oncle.

Que je fus voir hier M. le président de Lamoignon, qui me reçut fort bien et nous parlâmes de M. Despréaux.

Que l'on me donna ces jours passez la date de la mort du sieur de Lamour [1], perruquier du Lutrin. Il est mort le mercredi premier jour de may 1697, en sa maison qui est dans la vieille cour du Palais, et a été enterré dans l'église de la basse Sainte-Chapelle du palais, sa paroisse.

Il s'appeloit *Didier de Lamour*.

Et sa femme, Anne Du Buisson, décédée aux festes de Pâques de l'an 1698.

J'ay dit aussi à M. Despréaux que j'avois été au clocher de la Sainte-Chapelle duquel il parle, et qu'il n'y avoit pas six cloches, mais quatre seulement.

Il m'a dit qu'après l'incendie de la Sainte-Chapelle on avoit demeuré long tems à rétablir le clocher; et que pendant ce tems-là les cloches de la chapelle Saint-Michel qui est dans la même cour du Palais, à côté de la trésorerie, servoient à sonner l'office de la Sainte-Chapelle; et que c'étoient ces cloches dont il avoit voulu parler dans son Lutrin, quoiqu'il n'en sache pas le nombre.

Ce que depuis trente ans, six cloches n'ont pu faire.

Quand nous avons passé sur le quay des Orfèvres, M. Despréaux m'a montré l'endroit où M. Tardieu lieutenant-criminel demeuroit autrefois : c'est la maison qui fait le coin sur le quay et sur la rue de Harlay.

1. Dans le *Lutrin*.

Il m'a dit qu'un des voleurs qui tuèrent le lieutenant-criminel et sa femme avoit été valet chez M. (Pierre-Jean) Lechapelier qui est aujourd'huy grand maître du collége Mazarin. Ce garçon étoit fort bien fait. Il devint entêté de sa beauté et s'amouracha d'une certaine fille. À cela près, il étoit brave garçon et fort bon valet, mais il sortit de chez ce maître, et vécut en fainéant. L'argent lui manqua, et pour en avoir, son frère et luy concertèrent ce beau coup d'assassiner M. Tardieu. Ils n'avoient jamais fait d'autre vol que celui-là.

M. Despréaux m'a appris les particularités suivantes.
Boyer.
De l'Académie Françoise, auteur médiocre.
Pinchêne.
Il étoit neveu de Voiture.
Rampalle.
Il a fait des Idylles qui sont médiocrement belles. Ce poëte croyoit être le premier qui eût employé le nom d'*Idille* en notre langue; mais quelques vieux auteurs François fort oubliez s'étoient servis du mot Idille ou d'Idillie. L'abbé Genet dissertoit sur la poésie pastorale.

Quoique les vers de Rampalle ne soient pas moins oubliez aujourd'hui que le nom de ces vieux auteurs : nous en voyons néanmoins l'éloge dans une lettre de Balzac adressée à Rampalle. L. 12. L. 17.
La Ménardière.
Il étoit lecteur de la chambre du Roi.

Il a fait une poétique, qui, toute médiocre qu'elle étoit, ne laissa pas d'être lue, parce qu'on la regarda comme une chose nouvelle, et qu'effectivement il y proposoit d'assez bonnes règles, qu'il avoit tirées d'Aristote, d'Horace et de Scaliger.

Ce poëte avoit fait une Tragédie, intitulée *Alinde*, qu'il cite souvent dans sa poétique, mais cette pièce fut trouvée si froide, qu'on n'en put jamais souffrir une seconde représentation.

Que Magnon, du Souhait, Corbin et la Morlière. (*Art poét.*, chant IV.)

M. Despréaux nomme ces quatre poëtes, comme des modèles d'une froide et mauvaise poésie.

Magnon.

Il avoit fait un poëme intitulé l'*Encyclopédie*, qui devoit être de trois cent mille vers. Et en y travaillant il disoit à ses amis qui luy demandoient quand son poëme seroit achevé : *Cela sera bientôt fait :* je n'ay plus que cent mille vers à faire : et il le disoit fort sérieusement.

De tous les ouvrages de *Magnon*, je n'ay pu voir qu'une Tragicomédie, intitulée, *Josaphat*, imprimée chez Toussaint Quinet en 1646.

A juger du mérite de l'auteur par cette pièce, il est tout-à-fait digne du rang que M. Despréaux lui donne ici parmi les plus mauvais poëtes.

Du Souhait.

C'étoit un autre poëte, ami de Corbin. Ses poésies étoient toutes par pointes, comme est cette pièce de Sarrazin, dans laquelle il badine si finement

La Rose, et le Rosier.

Du Souhait a traduit en prose, l'Illiade d'*Homère*, imprimée en 1627.

Corbin.

C'est le père de l'avocat Corbin, qui plaida à l'âge de....... et sur lequel on fit cette Épigramme :

Vidimus attonito puerum gannire Senatu.

M. Despréaux m'a encore dit les vers que Corbin avoit faits pour Du Souhait, et que j'ay écrits autrefois.

La Morlière.

Cet auteur est si obscur et si ignoré, que M. Despréaux ne m'en a pu dire aucune particularité.

Après ces vers, il y en a un dans lequel *Cirano Bergerac* est nommé. M. Despréaux m'a dit un vers de ce poëte, qui est très-remarquable : il parle des faux dieux.

Ces dieux que l'homme a faits, et qui n'ont pas fait l'homme.

Cirano n'aimoit pas Montfleury, qui étoit pourtant un grand comédien. Celui-ci avoit fait une tragédie, nommée....... qui étoit pillée des autres tragédies qu'on jouoit alors. Ce n'étoit que comme une espèce de centons.

APPENDICE.

Cirano, pour lui reprocher qu'il étoit un plagiaire luy dit un jour : Vous saviez votre pièce long tems avant que de la composer; ou long tems avant que de l'avoir faite.

Montfleury étoit un gros homme. Cirano le comparoit au cheval de Troie, rempli de quarante mille hommes : à Sainte-Ursule qui cachoit sous son manteau les onze mille vierges. Cirano disoit encore que Montfleury étoit une *longe de veau qui se promène sur ses lardons.*

Molière aimoit Cirano, qui étoit plus âgé que luy. C'est du *Pédant joué* de Cirano, que Molière a pris ce mot fameux : mais qu'alloit-il faire dans cette galère ?

Du dimanche 22 octobre 1702.

Ce matin en passant dans la rue de la Harpe, l'on m'a montré la maison où Mignot pâtissier, et traiteur, tenoit autrefois sa boutique. C'est vis-à-vis la rue Percée. Un nommé Couterot tient la même boutique de pâtissier.

Mignot a quitté sa profession en 1700, et il vit de son bien.

Ce même jour 22 octobre, j'ay été à dix heures du matin chez M. Despréaux, qui m'a dit que M. Le Verrier, son ami, luy avoit écrit pour me prier à dîner chez lui. Il m'a remis la lettre de M. Le Verrier.

Avant que de sortir de chez M. Despréaux, nous avons parlé de M. Arnauld. Je luy ay demandé s'il étoit vray, comme on le disoit, que M. Arnauld soit mort dans un village à deux ou trois lieues de Liége ?

M. Despréaux m'a dit que les amis de M. Arnauld avoient exprez répandu ce bruit, afin d'ôter aux jésuites, ennemis de M. Arnauld et de sa mémoire, la connoissance du lieu où il reposoit, de peur qu'ils n'eussent le crédit de le faire déterrer, comme ils ont fait à Jansenius.

M. Arnauld, m'a dit M. Despréaux, est mort dans un faubourg de Bruxelles, et il a été enterré dans l'église de ce faubourg, secrettement et pauvrement, sous les degrez de l'autel.

Il n'y a que très-peu de gens qui le sachent ; et M. Despréaux ne me l'a dit que parcequ'il compte bien que je ne divulgueray pas cette particularité.

Il m'a dit avec plus de mystère encore, qu'il avoit fait une

Épitaphe pour M. Arnauld, mais qu'elle étoit si forte, et si marquée, qu'il ne vouloit point qu'elle parut avant sa mort, de peur que les jésuites ne lui fissent des affaires fâcheuses à ce sujet.

M. Racine avoit aussi fait l'Épitaphe de M. Arnauld, mais il avoit molli, et elle ne disoit rien. Pour M. Despréaux, il n'a conservé aucun ménagement, ni aucun égard : il a servi le grand Arnauld, comme il a crû que cet illustre et vigoureux ami le méritoit; Enfin il a employé dans cette Épitaphe toutes les couleurs les plus vives pour peindre la science, la piété, le zèle et la fermeté de M. Arnauld, et pour marquer quelles persécutions toutes ces vertus lui avoient attirées.

M. Despréaux m'a dit que à la Cour M. Racine passoit pour Janséniste, et que lui, quoiqu'il le fut pour le moins autant que M. Racine, et qu'il l'avouât publiquement, sans façon, et sans mystère, n'étoit pas regardé comme tel. M. Racine s'en étonnoit, et M. Despréaux lui disoit quelquefois, c'est parceque je ne m'en cache pas, et que vous en faites un mystère. Si vous n'alliez à la messe que les jours de dimanche et de fêtes, vous ne seriez pas regardé comme un Janséniste ; mais vous y allez tous les jours; que ne faites-vous comme moy ?

M. Despréaux alloit voir le P. Rapin et le P. Bouhours. De là il alloit chez M. Arnauld : et quand le P. Bouhours ou le P. Rapin vouloient l'arrêter, M. Despréaux leur disoit, il faut que je m'en aille, car je manquerois M. Arnauld; et je le veux voir.

J'ay dit à M. Despréaux qu'il eut la bonté de m'apprendre quelque chose d'une tragédie qu'il avoit commencée dans sa jeunesse. Il m'a dit qu'étant au collége, en seconde, il avoit effectivement travaillé à une tragédie, dont il avoit pris l'idée dans des livres de chevalerie qu'il lisoit alors avec plaisir. La première scène de sa pièce étoit composée de trois géans qui prenoient querelle et se vouloient battre. Le Roy Grifalor, qui étoit un autre géant, survenoit pour les apaiser et leur disoit :

Arrêtez-vous :
Gardez pour l'ennemi la fureur de vos coups.

M. Despréaux m'a cité ce seul vers, qui est fort bien tourné, et il m'a dit que M. Boyer, qui avoit fait quatre-vingt mille vers, n'en avoit pas fait un qui valût celui-là.

En allant dîner chez M. Le Verrier, nous avons parlé de Quinault.

M. Despréaux m'a dit que ce poëte avoit de l'esprit, mais qu'il étoit fort ignorant, et pour exemple, il m'a cité le fait qu'il m'avoit déjà raconté autrefois, que Quinault n'avoit pas sçu que Natalis Comes, et *Noël le Comte* étoit le même auteur en latin et en françois. Son vrai nom en italien étoit *Natale Conti*. Il étoit de Venise, mort vers l'an 1580. Il m'a dit que dans les Opéras, Quinault avoit parlé fort joliment de l'amour et de la tendresse, mais qu'il n'en avoit pas parlé en amoureux, c'est-à-dire, comme la nature doit parler. Sur cela il m'a fait la critique de quelques endroits des Opéras, particulièrement de ce vers d'Atys :

Je suis assez vengé; vous m'aimez, et je meurs.

Dans lequel M. Despréaux trouve trop de présomption, de vanité et d'amour propre de la part d'Atys. Atys est un fat, a dit M. Despréaux.

Nous avons dîné chez M. Le Verrier, qui est un homme d'esprit et de mérite, et par dessus cela un fort riche financier. demeure dans la Vieille-rue-du-Temple, mais il doit bientôt changer de logement.

Il y avoit à ce dîner M. Despréaux;
M. le marquis de Ségur, gouverneur de Foix, etc.
M. d'Argouges, maître des requêtes, ancien intendant de Bourgogne;
M. De la Croix, homme d'affaires, ou financier fort riche;
M. Chomel, son parent;
M. Le Verrier,
Et moy.

Par-dessus cela nous devions avoir M. de Pilles, curieux en peinture, et fort habile peintre.

Avec Le Roux organiste; il a dîné chez madame Racine, qui l'a retenu.

Nous avons demeuré jusqu'à la nuit chez M. Le Verrier, et je suis revenu avec M. Despréaux dans son carrosse.

Étant chez lui je luy ay dit que je n'avois pû trouver dans Térence le vers que M. Despréaux cite dans ses réflexions sur Longin contre M. Perrault.

 Cuperem mihi dari in conspectum hunc hominem.

 C'est Démisphon qui dit ce vers.

 M. Despréaux m'a dit qu'il étoit assurément dans Térence. Il a pris ce poëte dans sa bibliothèque, et a cherché long-tems ce vers dans le *Phormion* de Térence; mais il ne l'a point trouvé.

 Il a remarqué seulement dans le *Phormion*, acte Ier, scène 5, v. 30, ces mots qui ont le même sens que le vers qu'il cherchoit :

     Jussum gestio
 Dari mi in conspectum.

 Il m'a dit que ce dernier endroit qui est récité par Démisphon, pouvoit bien avoir été la cause pour laquelle il a attribué à Démisphon un vers qui appartient peut-être à un autre personnage, dans une autre pièce de Térence. Ce que il faut examiner.

 Depuis ce tems là M. Despréaux m'a dit qu'il avoit trouvé dans Térence, non pas précisément le vers qu'il cite, mais celui-ci. Acte II, scène 1..... et c'est le mot que M. Despréaux a voulu citer.

 M. Despréaux m'a parlé du passage d'Aristote, dans sa poétique, où il dit que les passions qui doivent régner dans la tragédie, sont la *pitié* et la *terreur*; et que le but, l'effet, le fruit de la tragédie est de purger en nous de semblables passions.

 Ce passage, m'a dit M. Despréaux, n'a pas été entendu par M. Corneille ni par M. Dacier même, l'un dans ses discours sur la tragédie, l'autre dans ses notes sur la poétique d'Aristote. *Vide.*

 Pour expliquer ce passage, il faut supposer comme vray que les plus touchantes et les principales des passions tristes sont la *terreur* et la *pitié*.

 C'est donc en excitant ces deux passions, que la tragédie peut rendre gay un homme qui étoit triste, c'est-à-dire, le purger de la tristesse.

Un homme triste et affligé écoute bien plus volontiers des choses qui luy paroissent tristes et terribles, qu'il n'écoute des choses gayes, qui sont contraires à la disposition de son âme. Or, en écoutant ces choses pitoiables, il prend intérêt, il prend part insensiblement aux événemens que luy présente la tragédie, et ces passions nouvelles qu'elle excite en luy, chassent les autres passions, les autres mouvemens de son âme qui y causoient la tristesse : ainsi les passions tristes de la tragédie ont le pouvoir de nous purger de semblables passions. Et c'est ainsi qu'il faut entendre ce passage fameux d'Aristote.

M. Despréaux m'a encore parlé d'Aristote, qui dit que la force de l'imitation est telle sur l'esprit de l'homme, que les choses les plus horribles lui plaisent quand elles sont bien imitées.

M. Despréaux a ajouté, «qu'il faut que cette imitation ne soit pas en tout semblable à la nature même : que trop de ressemblance feroit avoir autant d'horreur pour la chose faite par imitation, que pour la chose même qu'on auroit imitée. Par exemple : l'imitation parfaite d'un cadavre, représenté en cire avec toutes les couleurs, sans aucune différence sensible, cette imitation ne seroit pas supportable; de même d'un crapaut, d'une couleuvre etc.

Et c'est pourquoy les portraits que *Benoît* faisoit en cire, n'ont pas réussi; parce qu'ils étoient trop ressemblans. Mais que l'on fasse la même chose en marbre d'une seule couleur, ou en platte peinture, ces imitations plairont d'autant plus qu'elles approcheront de la vérité, parceque quelque ressemblance qu'on y trouve, les yeux et l'esprit ne laissent pas d'y apercevoir d'abord une différence telle qu'elle doit être nécessairement entre l'art et la nature.

Du jeudi 26 octobre 1702.

Aujourd'huy j'ay été chez M. Despréaux à cinq heures du soir, et j'y ay demeuré jusqu'à huit heures et demi.

Nous avons commencé ensemble la lecture de mes anciennes observations sur ses OEuvres, et il a paru content du stile dont je me suis servi pour écrire mes observations. Il m'a promis de les retoucher dans les endroits qui avoient besoin d'être rectifiez, et la lecture que nous avons commencée aujourd'huy, n est que pour repasser sur les faits que j'ay marquez.

Dans la page 10 de mes remarques, j'ay cité l'exemple d'Horace au sujet de l'*Ode* III du livre 3. *Justum et tenacem, etc.*

A la place de cette explication donnée à l'*Ode* d'Horace, il faut y mettre ce qu'il m'a dit d'un vers d'Ennius rapporté par Horace, Satire.....

Il faut voir Acron et Porphirion.

Passe l'été sans linge et l'hiver sans manteau. (Satire Ire, page 49.)

Sur ce vers M. Despréaux m'a conseillé de mettre en prose, bon mot qui fut dit au sujet de Tristan et de Quinault, par M. Bourdelot. Après la mort de *Tristan*, quelqu'un dit qu'il avoit fait à Quinault comme Élie fit à Élisée, à qui il laissa son manteau. M. Bourdelot dit alors : que la comparaison étoit fausse, parce que Tristan n'avoit jamais eu de manteau.

Que Jaquin vive ici. (Satire Ire, page 50.)

Quand j'ay lû à M. Despréaux, que si l'on en devoit croire Patin dans ses lettres, Jaquin avoit été taxé par la chambre de justice à 18 millions, M. Despréaux m'a dit qu'il savoit bien que Jaquin avoit été taxé à une somme très considérable; et on lui fit tort, a-t-il ajouté, car il avoit rendu un service signalé au Roy et au Cardinal Mazarin pendant les troubles de Paris. M. le Prince, mécontent du ministre et du ministère, avoit quitté les intérêtz et le parti du Roy, et entraîné M. de Turenne dans les siens. Ce prince (Le Grand Condé) assiégea Paris. Le duc de Veimar fournit au Roy des troupes, mais il mourut en France, de sorte que son armée étant sans chef, M. de Turenne profita de ce désordre, et s'alla mettre à la tête de cette armée, dont il vouloit se servir contre le Roy.

M. *Jaquin*, dont il s'agit ici, se joignit à M. Dherrart, controleur général des finances, père de celui qui vit aujourd'huy (son hôtel est dans la rue Plâtrière), pour songer ensemble aux moyens de rendre inutile l'entreprise de M. de Turenne. Le tems pressoit, et l'on dit que Dherrart prit cette affaire tellement à cœur, et y pensa avec une telle contention d'esprit, qu'en une nuit ses cheveux blanchirent tous du côté droit de la tête. Enfin Jaquin et luy trouvèrent le moyen d'assembler une somme considérable d'argent comptant, qu'ils portèrent à cette armée, distribuèrent leur argent aux officiers et aux soldats, et les obligèrent ainsi à abandonner M. de Turenne, qui demeura avec 800 soldats. Les autres vinrent prendre parti dans l'armée et les troupes du Roy.

J'appelle un chat un chat, et Rolet un fripon. (Satire Ire, page 51.)

En cet endroit M. Despréaux m'a parlé long-tems de Rolet, dont il m'a raconté plusieurs autres friponneries.

Rolet étoit tellement reconnu au Palais pour un fripon, que M. Boileau le père, M. Dongois et monsieur le premier président même (c'étoit alors M. Molé) se servoient du nom de Rolet pour signifier un fripon. *C'est un Rolet*, disoient-ils ordinairement, *c'est un Rolet*.

Ce procureur étoit un petit homme qui avoit la physionomie d'un renard (*Jamais contre un renard chicanant*, etc. Satire VIII.)

M. Despréaux m'a raconté plus au long la friponnerie que Rolet avoit faite à M. Boileau le père.

M. le premier président *Molé* avoit une entière confiance en M. Coquelay, conseiller, qui étoit ordinairement rapporteur des affaires sommaires, et en M. Boileau greffier.

En ce tems-là, les créanciers pouvoient exercer la contrainte par corps contre leurs débiteurs.

Rolet aiant fait sortir de prison celui qui y étoit constitué pour une somme considérable (M. Despréaux m'a dit, dix mille écus), et l'aiant fait sortir par la friponnerie que j'ay marquée dans mes premières observations, M. Coquelay alla trouver M. Boileau et lui dit que Monsieur le premier président avoit en eux beaucoup de confiance, mais qu'ils alloient la perdre par le tour que Rolet leur avoit fait, si Monsieur le premier président en étoit informé. Pour prévenir ce malheur, dit M. Coquelay, il faut que nous paions chacun la moitié de cette somme, afin qu'il n'en soit plus parlé. M. Boileau y étoit tout résolu; mais auparavant il fit quelques démarches pour savoir si l'on ne pourroit point ressaisir le débiteur. Il s'informa de l'auberge où logeoit cet homme sorti de prison : il en eut quelques nouvelles, et sans perdre de tems, son fils aîné qui devoit être bientôt reçû greffier, et lui, prirent leurs soutanes de soie et leurs manteaux de serge de Rome ; et avec cet habit de cérémonie, allèrent chercher le débiteur à son auberge. Par un grand bonheur ils le trouvèrent dans le moment qu'il montoit à cheval pour s'en aller. Mrs Boileau le saisirent, l'obligèrent à descendre, et le firent reconduire en prison. Le peuple se joignit à eux, à cause du respect qu'inspiroit leur habit. De cette sorte M. Boileau et M. Coquelay se retirèrent du mauvais pas où la friponnerie de Rolet, les avoit engagez.

Rolet en fut quitte pour une sévère réprimande.

Rolet se reconnoissoit luy-même pour un fripon, car sur les fins, il disoit ordinairement : *Rien ne vaut mieux que d'aller droit, car quand j'étois fripon, je ne gagnois pas la moitié de ce que je gagne aujourd'huy que je ne le suis plus.*

Dans le *Roman bourgeois*, Forchier rapporte un fait qui est très véritable.

Rolet occupoit en un procez pour l'appelant et pour l'intimé tout ensemble. Il ne paroissoit être le procureur que de l'appelant, et se servoit du nom d'un de ses confrères pour l'autre partie. Dans des écritures, qu'il faisoit lui-même pour l'intimé, il se disoit des injures comme procureur de l'appelant ; et il écrivit : *L'on sait bien quel est le caractère de M. Rolet procureur de l'appelant : c'est un petit homme rusé et fripon, et qui est coutumier à faire de semblables procédures.*

Il faut voir le *Roman Bourgeois*.

Charles Rolet procureur, demeuroit dans la rue de la Vieille Monnoye, prez de Saint-Jacques la Boucherie.

Rolet fit une autre friponnerie à un avocat.

Cet avocat nommé *Dalais*, étoit créancier d'une espèce de gentilhomme de province pour une somme de 15,000 liv. au payement de laquelle il étoit condamné avec intérêts. Rolet étoit sa caution envers M. Dalais, mais ce débiteur avoit tant fait par les chicanes et les détours pratiquez par Rolet son procureur, qu'il n'avoit jamais paié ni intéretz ni principal, quoiqu'il y eut plusieurs années d'échues. Il avoit pourtant du bien, et plus qu'il n'en falloit pour répondre de cette dette.

Un jour M. Dalais aiant rencontré Rolet, il lui demanda quand

APPENDICE.

il vouloit donc le faire paier par son débiteur. Rolet lui répondit brusquement : *Vous faire paier par cet homme-là ! hé quoy, vous ne savez donc pas ce qui lui est arrivé ?*

Comment ! dit M. Dalais fort surpris, qu'est-ce donc qu'il luy est arrivé ? Bon, répondit Rolet : est-ce que vous ne savez pas qu'il a été pendu, pour avoir fait de la fausse monnoie ?

— Cela seroit-il possible !

Cela est si bien possible, que cela est vray : et par malheur pour vous tous ses biens sont confisquez.

M. Dalais et Rolet raisonnèrent long tems là-dessus. M. Dalais dit à Rolet que c'étoit à Rolet à le paier. Rolet s'en moqua ; et dit pourtant que tout ce qu'il pouvoit faire étoit de paier à M. Dalais le capital, moienant quoy M. Dalais lui feroit cession de tout, tant en principal et intéretz que frais. M. Dalais se crut trop heureux. Ils allèrent chez un notaire, Rolet lui donna 15,000 liv. et M. Dalais luy fit la cession, quoique les arrérages échus fussent presque égaux au capital. Quelque tems après M. Dalais rencontra dans la rue son ancien débiteur. Il l'aborda, et lui demanda s'il n'étoit point pendu. L'on s'imagine assez la surprise de l'un et de l'autre, quoiqu'elle eût des causes différentes. Ils entrèrent en explication, et ne furent pas long tems à reconnoître la fourberie de Rolet qui ne laissa pas de se faire paier entièrement par ce débiteur.

Rolet avoit acheté à son fils aîné une charge de conseiller en la chambre du trésor.

Un jour il trouva dans la Grand' Salle du Palais son fils en robe qui se faisoit porter la queue par un laquais. Rolet en colère se jetta sur son fils, et lui donna quelques coups de poing, disant : *Quoy, le fils de Rolet, se faire porter la queue au Palais !*

C'est ce même fils de Rolet que M. de Montausier présenta au Roy pour se jetter aux pieds de Sa Majesté, afin de lui demander justice contre M. Despréaux, qui avoit traité Rolet son père, de fripon dans une Satire.

Le Roy méprisa la demande de Rolet, et ne fit qu'en rire, ce qui déconcerta M. de Montausier.

Quand la Satire Ire de M. Despréaux parut, et qu'on y vit le nom de Rolet avec l'épithète de *fripon* : Rolet disoit partout que ce n'étoit pas lui, mais un nommé Rolet qui tenoit le logis de....

M. Fourcroy fameux avocat, et amy de M. Despréaux, apprit cette défaite de Rolet, il le dit à M. Despréaux, et M. Fourcroy fit afficher en quelques endroits, un *avis* conçu en ces termes :

On fait savoir à tous ceux qui sont intéressez aux Satires de M. Despréaux, qu'ils ayent à se trouver un tel jour et à telle heure en l'étude de M. Charles Rolet, procureur au parlement, demeurant dans la rue de la Vieille Monnoye, près de Saint-Jacques de la Boucherie, pour délibérer sur leurs affaires communes avec ledit M. Rolet, qui est le plus intéressé aux dites Satires.

Colletet. (Page 61.)

Il est mort misérable. Il avoit épousé en secondes ou en troisièmes noces sa servante, nommée *Claudine*, à qui Colletet attribuoit les meilleurs ouvrages qu'il faisoit.

Gilles Boileau, frère de M. Despréaux, alloit voir souvent Claudine, et y menoit par curiosité les beaux esprits de sa connoissance. Mais quand Colletet fut mort, la pauvre Claudine n'eut plus de quoy subsister, et elle avoit recours à la charité de ses amis. M. Gilles Boileau se lassa bientôt des visites de cette femme, et donna ordre chez luy qu'on le celât toutes les fois qu'elle y viendroit. Un jour, qu'elle ne put luy parler, elle monta à la chambre de M. Despréaux, laquelle étoit au grenier, et le pria de luy donner de quoy subsister. Quoique M. Despréaux fût écolier, il avoit de l'argent et luy donna généreusement un écu.

Colletet aimoit aussi sa première femme. Elle s'appeloit d'un nom assez particulier, et en même tems assez risible : comme *Paquette* ou *Gillette*, ou quelque autre semblable ; car M. Despréaux n'a pas pu s'en ressouvenir précisément. Quand elle fut morte, son mari en étoit inconsolable. Ses amis firent leurs efforts pour le consoler ; mais dans sa douleur il leur dit un jour : *Les Dieux me peuvent donner des couronnes et des empires, mais il n'est pas en leur pouvoir de me rendre Paquette.*

Montmaur. (Page 61.)

Au sujet de la vie satirique de Montmaur, écrite par Ménage, M. Despréaux m'a dit que cette Satire étoit composée d'une manière fort pédantesque, et que M. Ogier, fameux prédicateur de ce tems-là, avoit fait un sonnet qui finissoit ainsi.

Je n'excuse l'erreur, ni le vice en autruy.
Mais je ne puis souffrir que ce fat de Ménage,
Entreprenne un pédant bien moins pédant que lui.

Pierre Montmaur étoit de la province de la Marche.
M. de Sallengre a fait imprimer en 1716 la vie de Montmaur.

Sur le quatrain qui parle des amours de Saint-Pavin et de madame Payen, M. Despréaux m'a dit que feu M. le président Payen (président de la première chambre des requêtes du Palais) passoit pour être fils de Saint-Pavin.

A l'égard de l'histoire que je rapporte à la fin de la page, M. Despréaux m'a dit qu'elle étoit très-fausse, et que Saint-Pavin ne s'étoit jamais converti qu'à la mort.

M. de Péréfixe. (Page 74.)

M. Despréaux m'a ajouté que M. de Péréfixe, quoique homme de bien, étoit accoutumé à jurer. Il voulut enfin se défaire de cette méchante habitude; pour cela il se donnoit la discipline, mais quand il se frappoit trop fort et qu'il se faisoit mal, c'étoit alors qu'il juroit de tout son cœur, à chaque coup qu'il se donnoit : Ha, Jarni ! Morbleu ! et pis que tout cela.

M. Despréaux m'a encore fait ce conte :

Un des laquais de cet Archevêque ne pouvoit être payé de ses gages, quelque demande qu'il en pût faire à son maître d'hôtel et à son intendant, ce valet s'en plaignit à plusieurs personnes; mais M. Boileau le docteur, frère de M. Despréaux, lui donna ce plaisant conseil. Il savoit que M. de Péréfixe haïssoit extrêmement les jansénistes. M. Boileau conseilla donc à ce valet d'aller chez un notaire faire sa déclaration, comme il n'étoit point janséniste, et qu'il étoit prêt à signer le formulaire. Qu'il prît un acte de sa déclaration et le portât à son maître, en lui demandant ses gages.

Le laquais suivit ce conseil, et s'en alla à M. de Péréfixe *Monseigneur*, lui dit-il, *vous me devez* 800 *francs de gages* dont votre maître d'hôtel ne me veut pas payer. Voilà ma déclaration, monseigneur; comme je ne suis point janséniste et que j'ai signé le formulaire.

M. l'Archevêque se fâcha un peu de cette plaisanterie et se

douta d'abord que c'étoit le petit docteur, comme il disoit, qui lui avoit joué ce tour-là.

Cette aventure ne regarde point M. de Péréfixe, mais M. de Montpezat, Archevêque de Sens, ainsi que me l'a raconté M. Boileau le Docteur.

Avec tous ces bons mots, etc. (page. 97).

Je parle du voyage de Bachaumont et Chapelle.

M. Despréaux m'a dit que Bachaumont étoit frère d'un président à mortier du Parlement de Paris qu'il m'a nommé (M. le Cogneux).

Bachaumont aimoit les chevaux. Un jour, son cocher donna un coup de fouet à un de ses chevaux et lui gâta un œil. Bachaumont s'en aperçut, et alla prendre un poinçon dans son cabinet. Il revient à l'écurie, son poinçon à la main, demande au cocher en quel état étoit l'œil du cheval. Le cocher, qui ne se défioit de rien, s'approche du cheval, pour voir son œil blessé et pour le faire voir à son maître : celui-ci prend son temps et enfonce brutalement le poinçon dans l'œil de son cocher et le lui crève.

M. Despréaux m'a raconté cette action avec toute l'horreur possible et comme une action indigne, cruelle et punissable.

Après avoir achevé la lecture des remarques sur la seconde Satire, j'ai demandé à M. Despréaux, qui étoit M. de *Trois Ville*, dont il parle dans sa nouvelle lettre à M. Perrault, page 129, tome 2ᵉ, dernière édition.

M. de Trois Ville (on prononce Tréville).

Son père étoit capitaine-lieutenant des mousquetaires sous Louis XIII. Le cardinal de Richelieu fit tous ses efforts pour gagner M. de Tréville, mais celui-ci le refusa toujours, et demeura fidellement attaché aux intérêts du Roy son maître.

M. de Trois Ville son fils (dont il s'agit ici) a été élevé auprès de la personne du Roy Louis XIV, avec M. le chevalier prince de Rohan qui a eu la tête tranchée, M. de Guiche et M. le comte de Saulx de Lesdiguières.

Ces jeunes seigneurs ne trouvant pas dans le Roy toute la vivacité qu'ils avoient eux-mêmes, s'imaginoient que le Roy n'avoit pas beaucoup d'esprit.

Cette pensée leur donna une espèce de mépris pour le jeune Roy qui s'en aperçut bientôt. Dès lors, il commença lui-même à les haïr, et il a toujours conservé ce ressentiment contre eux : cela fut nuisible à leur fortune, parce que le Roy prit soin de les éloigner de sa personne.

M. de Tréville se rebuta, et il se jetta dans la dévotion. Il s'attacha au parti de Port Roial, et prit son logement chez les pères de l'Oratoire. Depuis ce tems-là il a toujours demeuré dans la retraite, où il s'est occupé à la lecture et à l'étude. Comme il a une justesse d'esprit admirable, il a fait de grands progrès dans les sciences, et la justesse de son esprit se communique sensiblement dans ses discours qui sont toujours d'une exactitude qu'on ne trouve point ailleurs. C'est de luy particulièrement qu'on peut dire qu'il *parle comme un livre*, m'a dit M. Despréaux.

Comme les ennemis de Port Roial prirent ombrage de la liaison de M. de Trois Ville avec ceux qu'ils appellent jansénistes, ils prirent soin d'informer le Roy de cette liaison, sur quoy Sa Majesté ordonna à M. de Trois Ville d'abandonner l'Oratoire, et luy défendit tout commerce avec cette congrégation.

M. de Trois Ville quitta son logement, et en prit un plus éloigné d'eux, dans le faubourg Saint-Jacques, où il demeure présentement.

M. de Trois Ville est un des hommes de France qui sait le mieux le grec, et il a fait sa principale étude sur les pères grecs.

M. de Tréville le père étoit un gentilhomme de Béarn, qui n'avoit aucuns biens, mais par son courage il parvint aux honneurs et aux richesses. Le Roy Louis XIII luy donna sa compagnie des mousquetaires qui étoit alors unique. Il a eu deux enfants, l'aîné desquels est dans l'état ecclésiastique, avec une abbaïe. C'est l'abbaïe de Montirandé.

Le cadet a été élevé près de la personne du Roy Louis XIV, comme je l'ai dit dans la page précédente.

Le Roy luy ayant donné la cornette des mousquetaires, il quitta cette place pour un régiment de cavalerie.

En 1667, il quitta son régiment et prit un appartement chez les pères de l'Oratoire.

Mémoires d'Artagnan, pages 2 et 3.
Mercure galant, septembre 1708.

Un jour, le père Bourdaloue disputant avec M. Despréaux, M. Despréaux le poussa si vivement que ce père ne sachant plus que répondre, *il est bien vrai*, dit-il, *que tous les poëtes sont foux. Mon père*, lui répartit M. Despréaux, *allez aux petites maisons, vous y trouverez dix prédicateurs contre un poète.*

M. Despréaux m'a confirmé ce fait dans une de ses lettres.

Ce fait est rapporté dans le *Furetiriana*, page 15.

M. Despréaux m'a dit que madame de Montespan et madame de Thiange sa sœur, dégoûtées du style fade des opéras de Quinault, jettèrent les yeux sur M. Racine, comme sur le seul homme capable de faire un opéra tel qu'il devoit être, et tel qu'elles le souhaitoient. M. Racine ne s'y engagea qu'avec beaucoup de peine, et il n'y consentit encore qu'à condition que M. Despréaux en feroit le prologue.

M. Racine choisit la fable de Phaëton pour le sujet de son opéra. Il en fit quelques scènes, et puis la chose en demeura là.

Pour M. Despréaux, il imagina un prologue, dont il composa une partie. Il m'a récité ce qu'il en avoit fait alors : mais, comme M. le Roux, fameux musicien et organiste de Paris, a témoigné beaucoup d'envie de mettre ce prologue en musique, M. Despréaux travaille actuellement à l'achever.

Le sujet de ce prologue est pris d'une dispute que M. Despréaux avoit souvent agitée contre M. de Lulli. M. Despréaux soutenoit que la musique ne pouvoit pas mettre en chant toutes sortes de poësies ; qu'elle étoit trop faible et trop poltronne (ce sont les termes de M. Despréaux) pour donner de l'harmonie à des vers mâles et nerveux. Que la musique ne s'accommodoit que de vers mous et faibles, tels que ceux de Quinault. M. de Lulli soutenoit au contraire que la musique étoit capable de soutenir toute la force des vers les plus...

C'étoit de cette contestation que M. Despréaux avoit fait le sujet de son prologue.

M. Despréaux m'a dicté les vers qu'il avoit faits pour ce prologue, aujourd'hui lundi, 30 octobre, après avoir dîné chez luy avec M. Racine fils :

APPENDICE.

LA POÉSIE ET LA MUSIQUE.

LA POÉSIE.

Quoi! par de vains accords et des sons impuissans,
Vous croiez exprimer tout ce que je say dire?

LA MUSIQUE.

Aux doux transports qu'Apollon vous inspire,
Je crois pouvoir mêler la douceur de mes chants.

LA POÉSIE.

Ouy, vous pouvez, au bord d'une fontaine,
Avec moi soupirer une amoureuse peine,
Faire gémir Tircis, faire plaindre Chimène;
Mais quand je fais parler les héros et les dieux,
   Vos chants audacieux
Ne me sauroient prêter qu'une cadence vaine.
   Quittez ce soin ambitieux.

LA MUSIQUE.

Je say l'art d'embellir vos plus rares merveilles.

LA POÉSIE.

On ne veut plus alors entendre votre voix.

LA MUSIQUE.

Pour entendre mes sons les rochers et les bois
   Ont jadis trouvé des oreilles.

LA POÉSIE.

Ha! c'en est trop ma sœur, il faut nous séparer.
   Je vais me retirer.
Nous allons voir sans moi ce que vous saurez faire.

LA MUSIQUE.

   Je sauray divertir et plaire,
Et mes chants moins forcés n'en seront que plus doux.

LA POÉSIE.

Hé bien! ma sœur séparons-nous.

LA MUSIQUE.

Séparons-nous.

LE CHOEUR DE LA POÉSIE.

Séparons-nous.

LE CHOEUR DE LA MUSIQUE.

Séparons-nous.

TOUS ENSEMBLE.
Séparons nous.

La déesse de l'harmonie paroît dans un char lumineux qui descend du ciel.

LA POÉSIE.
Mais quelle puissance inconnue
Malgré moi m'arrête en ces lieux?

LA MUSIQUE.
Quelle divinité sort du sein de la nue?

LA POÉSIE.
Quels chants mélodieux
Font retentir ici leur douceur infinie?

LA MUSIQUE.
Ha! c'est la divine harmonie,
Qui descend des cieux.

LA POÉSIE.
Qu'elle étale à nos yeux
De grâces naturelles!

LA MUSIQUE.
Quel bonheur imprévu la fait venir ici.

LA POÉSIE ET LA MUSIQUE.
Oublions nos querelles.
Il faut nous accorder pour la bien recevoir.

Les chœurs répètent ces deux derniers vers.
M. Despréaux n'en a pas fait davantage.

Du dimanche 29 octobre 1702.

J'ai été voir ce matin M. Despréaux, et je n'ai pas demeuré long tems avec luy, parce qu'il étoit tems d'aller à la messe.

Je l'ai trouvé qui lisoit un volume de l'histoire du jansénisme par M. l'abbé Dumas, conseiller au parlement. Cet abbé luy a envoyé son livre, et a prié M. Despréaux de luy en dire son sentiment.

Comme ce livre est fait pour favoriser les jésuites, M. Despréaux m'a dit : *Voilà un méchant ouvrage dont il sera bien paié. Il en sera Évêque.*

M. Despréaux m'a parlé du prétendu jansénisme, il m'en a parlé admirablement. Je voudrois bien avoir assez d'esprit et de mémoire pour pouvoir mettre ici les choses qu'il m'a dites.

M. Despréaux m'a répété ce fait qu'il m'avoit raconté autrefois.

Le père Gaillard et le père Cheminais, jésuites, étant allés voir M. Despréaux, la conversation tourna sur la nécessité d'aimer Dieu, et en particulier sur la contrition, et sur la nature de l'attrition avec le sacrement. M. Despréaux soutenoit avec le Concile de Trente que pour la validité de la confession, et pour obtenir le pardon de ses fautes, il faut que l'attrition soit accompagnée d'un amour imparfait, d'un amour au moins commencé. Le père Cheminais soutint vigoureusement la négative, disant que le sacrement suffisoit avec la simple attrition fondée sur la crainte des peines, *sine ulla Dei dilectione, et sine ullo ad Deum offensum respectu.* Que la vertu du sacrement suppléoit à tout, qu'il exemtoit et déchargeoit le pécheur de la nécessité d'aimer Dieu, c'est-à-dire, de fonder son repentir sur l'amour de Dieu.

Mais, répliqua M. Despréaux, je n'en demande pas beaucoup : je dis seulement qu'il en faut un peu ; n'y en eût-il pas plus gros que la pointe d'une aiguille.

Non, dit le père Cheminais, ce que vous dites là est une hérésie. C'est une hérésie, s'écria M. Despréaux en colère ; je suis donc damné moy ! Cependant quand le Sauveur viendra nous juger, il dira à chacun de nous ce qui nous aura fait mériter son amour ou sa haine.

M. Despréaux, pour confondre le père Cheminais, se servit du discours vif et foudroyant qu'il décrit dans cette épître. Le père Cheminais se retira sur-le-champ en grondant, sans oser néanmoins répliquer.

Le père Cheminais est mort le 15 octobre 1689, âgé de 37 ans.

Il ne faut pas croire que tous les jésuites soient du sentiment qu'avoit le père Cheminais sur cette matière. M. Despréaux m'a cité entre autres le père Bourdaloue et le père Gaillard qui admettent la nécessité de l'amour de Dieu avec la *contrition*, confession.

Du lundi 30 octobre 1702.

Ce matin j'ai été voir M. Racine, fils de l'illustre M. Racine. Nous avons été ensemble voir M. Despréaux qui nous a retenus à dîner, nous avons demeuré avec lui jusqu'à la nuit.

Mais moi, grâce au destin qui n'ai ni feu ni lieu (Satire VI, à la fin).

M. Despréaux m'a dit que quand il composa cette Satire, avec la première, il étoit logé chez son frère aîné, au-dessus du grenier dans une petite guérite sur la cour, dans la maison où est à présent M. du Tronchay. Son frère, Gilles Boileau, étant sorti de cette maison, on donna sa chambre à M. Despréaux. Cette chambre étoit pratiquée dans un grenier au quatrième étage, et M. Despréaux disoit plaisamment : *Je suis descendu au grenier.*

Son frère alla loger ensuite dans la maison qui est sur la porte de la cour du palais, du côté de la rue Sainte-Anne, qui conduit dans la rue Neuve Saint-Louis.

M. Despréaux est né dans la maison qui dépend de la Chanoinie de la Sainte-Chapelle possédée par son frère : ils sont nés tous deux dans la chambre du premier étage sur la rue qui est présentement la chambre où couche M. Boileau Chauvine. Cette maison est dans la petite ruelle de l'enclos du palais, en venant de l'hôtel de M. le premier président sur le quai des Orfèvres.

Du jeudi 2e jour de novembre 1702.

Satire VIII.

M. Despréaux m'a dit que ses autres Satires étoient plus dans le style d'Horace, et que celle-ci tenoit plus de la manière d'écrire de Perse, dont les Satires sont ordinairement disposées en forme de dialogue.

De toutes mes Satires, a-t-il dit, c'est celle-ci qui a été le plus achetée et le plus courue du public, quand elle a commencé à paroître : de là, on peut induire que le style de Perse seroit plus au goût du public.

Me mettre au rang des saints qu'a célébrez Bussy (Satire VIII).

Quiconque connoît le livre du comte de Bussy-Rabutin, intitulé : *Histoire amoureuse des Gaules*, entend ce que c'est que les saints dont parle ici M. Despréaux.
Cette note est tirée de l'édit. de Hollande 1702.
Ce que j'ai mis à la page 156 de mon premier volume, touchant l'abbé Cotin, devoit servir de commencement à cette Satire, suivant la première idée de M. Despréaux, mais il changea d'avis, pour ne pas marquer si ouvertement la folie de l'abbé Cotin.
M. Despréaux m'a donc fait observer que je m'étois trompé, en disant qu'il avoit eu dessin de mettre cette pensée (que dirois-tu, docteur de deux hommes, etc., page 156, de mes remarques au milieu de la page) après ces vers :

> Si sur la foi des vents tout prêt à s'embarquer,
> Il ne voit point d'écueil qu'il ne l'aille choquer.
> Et si par un édit des pastres de Nubie,
> Les lions de Barca vuideront la Libye (p. 59).

Eût-on plus de trésors que n'en perdit Galet (Satire VIII).

J'ai déjà fait mention de Galet.
M. Despréaux m'a dit que ce Galet, après avoir perdu tout son bien au jeu de cartes, alloit encore jouer dans les rues avec les laquais, tant il avoit d'attachement au jeu.

Dégrader les héros pour te mettre en leurs places (Satire VIII, page 64).

M. Despréaux fait ici allusion à Corneille l'aîné, qui reçut une somme considérable pour dédier son *Cinna* à Montoron, riche partisan. Depuis ce tems-là, on a appelé les épîtres dédicatoires, adressées à des personnes qui n'ont que des richesses pour tout mérite, *des Épitres à la Montoron*.

> Ce n'est que maroquin perdu,
> Que les livres que l'on dédie,
> Depuis que Montoron mendie, etc.

Cinq et quatre font neuf; ôtez deux, reste sept (Satire IX, page 65).

M. Despréaux m'a fait remarquer que ce vers décrit les deux premières règles de l'arithmétique qui sont l'addition et la soustraction.

Laisse-la s'accorder saint Thomas avec Scot (Satire VIII, page 66).

Ce sont les difficultés fameuses dans les écoles de Théologie, entre les Thomistes et les Scotistes.

Dire un mot de saint Thomas et de Scot.

Jean Scot, surnommé le *docteur subtil*, il étoit de la maison des Cordeliers de Paris.

Tout, jusqu'à la servante, est prêt à déserter (Satire VIII, page 66).

L'abbé Coti navoit effectivement une servante, et n'avoit point de valet.

Non, mais cent fois la bête a vu l'homme hypocondre (Sat. VIII, page 67).

M. Despréaux m'a dit que depuis cinq ou six mois l'Académie a décidé, que le mot d'hypocondre, en ce sens, étoit bon françois.

Dans mes anciennes remarques (page 157), j'ai mis un fait arrivé entre le duc de Montausier et M. de Puymorin au sujet de M. Despréaux. Il faut ainsi réformer cet endroit.
Le Roy ayant ouy réciter par M. Despréaux quelques-unes de ses pièces, Sa Majesté en fut si contente, qu'elle accorda à M. Despréaux le privilége pour l'impression de ses œuvres, et luy donna en même temps une pension de 2000 livres. M. de Puymorin son frère, qui avoit une charge à la Cour, n'étoit pas enveloppé dans la haine que ce duc avoit contre M. Despréaux. M. de Puymorin étant auprès de M. de Montausier, lui apprit la grâce que le Roy venoit d'accorder à son frère à cause de ses ouvrages. M. le duc de Montausier en fut si fâché que, ne pouvant retenir

sa colère, il dit brusquement : *Le Roy donnera bientôt aussi des pensions aux voleurs de grand chemin.*

M. de Puymorin ne répondit rien, mais la réponse chagrine de M. de Montausier se répandit bientôt à la Cour, et quelques courtisans, gens officieux, prirent soin de la redire au Roy. Sa Majesté en fut fort irritée contre luy, et cette parole indiscrette faillit à le perdre.

M. de Montausier, en étant averti, se donna de grands mouvemens pour réparer sa faute : Il parla à M. de Puymorin, et, comme s'il ne se fût point souvenu de ce qu'il avoit dit, il luy demanda, s'il étoit bien vray qu'il eût dit cette sottise. M. de Puymorin luy répondit : Vous n'aurez dit, Monseigneur, que ce que vous voudrez bien avoir dit ; et je suis prêt à dire tout ce qu'il vous plaira. M. de Montausier le voyant si bien disposé, le pria de répandre partout qu'il n'avoit pas parlé de cette façon : M. de Montausier se justifia auprès de Sa Majesté, et comme il se sentoit assuré du témoignage de M. de Puymorin, il fit oublier au Roy cette faute.

Alidor, dit un fourbe, il est un de mes amis (Satire IX, page 76).

Ce vers et les trois suivans enferment deux caractères ou portraits. Le premier est du nommé Dalibert, fameux partisan, qui avoit été laquais comme bien d'autres riches partisans ont été. Dalibert, informé du dessein que le Roi avoit pris en 1663 d'établir une chambre de justice contre les gens d'affaires, se retira à Rome pour se mettre à couvert des recherches. Son fils, qui s'y fit nommer le comte d'Alibert, s'attacha au service de la reine Christine ; mais les richesses de son père ne profitèrent pas entre ses mains. Il a fait bâtir un théâtre pour la représentation des spectacles à l'endroit où étoit auparavant la tour de None à Rome. Il est secrétaire de l'ambassade de France à Rome pour la langue italienne.

Le second portrait désigne le sieur Nicolas Pinette, qui avoit été trésorier de M. Gaston de France, duc d'Orléans, et qui ayant amassé de grands biens au service de ce prince, en employa une partie à l'établissement des Pères de l'Oratoire au faubourg Saint-Jacques. Il leur fit bâtir en 1650 une maison qui leur sert de noviciat. Cette maison fut nommée l'Institution, et les médisans l'appeloient *la restitution*. C'est à quoy M. Despréaux fait allusion par ce vers :

> Et qui veut rendre à Dieu ce qu'il a pris au monde (Satire IX).

Le sieur Pinette se retira dans cette maison, où il a vécu dévotement en habit séculier, et il y est mort.

> Un clerc, pour quinze sous, etc. (Satire IX, page 77).

M. Despréaux m'a dit que Corneille prenoit ces quatre vers, pour un trait de louange, de sorte qu'il les préféroit bonnement à ceux où M. Despréaux loué si bien le Cid à la fin de la page 79.

> De s'entendre appeler, petit cœur, ou mon bon (Satire X, page 87).

Cette peinture est assez générale : la plupart des femmes donnent ainsi des noms badins et ridicules à leurs maris. Cependant, M. Despréaux a eu en vue madame Colbert qui appeloit son mari *petit cœur*.

> Qu'à ce commun filet les railleurs mêmes pris (Satire X, page 90).

M. Despréaux désigne ici *La Fontaine*, qui après avoir raillé en mille endroits de ses ouvrages, sur la galanterie et l'infidélité des femmes, n'a pas laissé de se marier.

Sa femme étoit de Château-Thierry, aussi bien que luy, ils ont laissé un fils qui est employé dans une commission.

Le bon homme La Fontaine fit un appel à Poignant qu'il croyoit amant de sa femme, et se battit avec luy.

> ..... Dans Port-Roial instruite. (Satire X, page 92.)

Autrefois la plupart des filles de qualité étoient élevées chez les religieuses de Port-Royal, mais pendant les troubles du Jansénisme, le Roy leur défendit de recevoir à l'avenir des pensionnaires, ni même des religieuses, afin d'abolir cette maison, et cette défense a été exécutée.

APPENDICE.

Sous leur fontange altière, etc. (Satire X, page 102).

J'ai demandé à M. Despréaux, si par fontange il entendoit le nœud de rubans que les femmes portoient sur la tête, ou la hauteur et les avances de leurs cornettes.

Il m'a dit que c'étoit de ces avances qu'il parloit, et que les femmes ont appelé depuis de divers noms, suivant les différentes formes et hauteurs : des choux, des clochers, etc.

Te trouver en des lieux de vingt portes fermés. (Satire X, page 103).

Un jour, M. Tancrède, autrefois chirurgien de Monsieur, et à présent contrôleur de sa maison, donnoit la collation dans un appartement reculé de la maison de Monsieur à Saint-Cloud, à M. Marchand, pourvoyeur de la maison de Madame, Mademoiselle Lefroy et à M. Despréaux.

Lorsqu'ils y pensoient le moins, la femme de M. Marchand parut, qui fit un vacarme horrible et dérangea toute la feste.

Autre défaut, sinon qu'on ne le sauroit lire (Satire X, page 105).

Après ce vers, M. Despréaux avoit mis dans la première édition de cette Satire les quatorze vers suivants :

> *Et croit qu'on pourra même, enfin, les lire un jour,*
> *Quand la langue vieillie ayant changé de tour,*
> *On ne sentira plus la barbare structure*
> *De ses expressions mises à la torture.*
> *S'étonne cependant d'où vient que chez Coignard*
> *Le saint Paulin écrit avec un si grand art,*
> *Et d'une plume douce, aisée et naturelle,*
> *Pourrit, vingt fois encor moins lu que la Pucelle.*
> *Elle en accuse alors notre siècle infecté*
> *Du pédantesque goût qu'ont pour l'antiquité,*

1. Paroles de M. Perrault, dans ses dialogues, à propos de Chapelain.

Magistrats, Princes, Ducs, et même fils de France,
Qui lisent sans rougir et Virgile et Térence;
Et toujours pour Perrault pleins d'un dégoût malin,
Ne savent pas s'il est au monde un saint Paulin.

......des meuniers pour parens (Satire X).

M. Despréaux a mis ceci, parce que, quand il eut composé l'Épître V, dans laquelle il a dit:

Quoique fils de meunier, encor blanc du moulin.

Chacun fit l'application de cet endroit: l'on nomma à M. Despréaux plusieurs personnes distinguées, et surtout des conseillers au parlement qui descendoient de meuniers.

M. Despréaux, qui ne savoit rien de ces origines, n'avoit eu garde de penser à ces gens-là: c'étoit de M. de Lully, de qui il avoit voulu parler, et qu'il avoit déguisé sous le nom d'un commis, afin qu'il ne se pût pas plaindre du portrait; ainsi il a masqué le portrait.

Au fort de la famine entretint l'abondance (Épître Ire, page 137).

En 1662. Pendant cette famine, M. Colbert fit venir des blés de Prusse et de Pologne.

En l'année 1662, le Royaume, et particulièrement la ville de Paris, étoient menacés d'une grande famine. La stérilité de deux années avoit causé une telle disette, que le peuple auroit eu beaucoup à souffrir, si le Roy, par une sage prévoyance, n'eût fait venir des pays étrangers (de Prusse et de Pologne) une grande quantité de blé. On fit construire des fours dans le Louvre, on y fit du pain, et Sa Majesté ordonna qu'on le distribuât au peuple, de sorte qu'on ne s'aperçut presque pas de la nécessité publique.

Vois-tu ce libertin.... [A M. Arnauld] (Épître III page 144).

En cet endroit, M. Despréaux m'a dit que M. le Prince (le

Grand Condé) fit appeler ses gens autour de son lit, et leur dit : Vous m'avez oüi souvent dire des impiétez pendant ma vie, mais la vérité est que je ne croyois rien moins que ce que je disois ; je ne contrefaisois le libertin et l'athée que pour paroître plus brave.

M. le Prince eut la curiosité de voir le fameux Spinosa qui a tant fait de bruit en Hollande le siècle dernier. Ce prince lui fit beaucoup de caresses et un présent considérable.

Mercure Galant, oct. 1702, p. 183.

Nous cherchons hors de nous nos vertus et nos vices (P. 144, sur l'Ép. III).

M. Despréaux m'a dit que ce vers donnoit le vrai sens de celui-ci :

Necte quæsireris extra (Persé, Satire Ire, v. 7).

Et que ce dernier vers étoit de ceux dont il a parlé au sujet de Perse, lesquels enferment moins de mots que de sens.

M. de La Bruyère, dans ses *Caractères*, p. 395, ch. *De l'homme*, a imité cet endroit de M. Despréaux : « Nous cherchons, dit-il, notre bonheur hors de nous-même, et dans l'opinion des hommes que nous connoissons flatteurs, peu sincères, sans équité, pleins d'envie, de caprices et de préventions : quelle bizarrerie. »

Le jour fatal est proche, et vient comme un voleur (Épître III, page 145).

Ce vers est pris de l'Écriture sainte. Cité.

Le moment où je parle est déjà loin de moi (Épître III, page 145).

M. Despréaux m'a dit que la première fois qu'il récita cette Épître à M. Arnauld, avant qu'elle fût même achevée, il étoit dans son lit, où M. Arnauld le vint voir un matin.

Quand M. Despréaux fut arrivé à ce vers, il le récita fort vite et fort légèrement, comme il doit être récité, pour représenter la rapidité du temps qui s'enfuit ; M. Arnauld, frappé de ce vers, se leva brusquement et en marchant fort vite par la chambre, comme un homme qui s'enfuit; il le répéta plusieurs fois pour marquer son admiration. *Le moment où je parle est déjà loin de moi.*

Il faut remarquer combien ce vers est facile et léger. Il imite ce qu'il exprime. Cette figure se nomme hypotypose en termes de rhétorique.

Une autre métonimie, est *le lit effronté*, dans la Satire X contre les femmes.

Sur cette épithète, d'effronté à un lit, M. Despréaux m'a dit que ses adversaires l'ont bien chicané là-dessus. Disons seulement que l'épithète est trop forte et trop frappée, que la figure est trop violente. Mais il m'a dit que le seul qui luy eût fait la bonne objection, était M. le prince de Conti, qui luy dit que cette épithète seroit plus propre, si le lit dont parle la Satire, servoit à faire des actions infâmes. En ce cas-là, on pourroit mieux l'appeler un lit effronté, qu'on ne le peut d'un lit qui ne sert qu'à une personne qui contrefait la malade.

Le chardon importun hérissa les guérets (Epître III, page 146).

Sur ce vers M. Despréaux m'a fait observer deux choses :
La première est que ce vers est parodié de celui-ci de Virgile, *Géorg.* 1, v. 151.

Segnisque horreret in arvis carduus.

Horreret est bien rendu par *herissa*.
L'autre observation est qu'il faut prononcer *guérets*, le premier é fermé, parce que j'ai prononcé guerets.

Pour toute honte alors compta la pauvreté (Epître III, page 146).

M. Despréaux m'a dit que M. l'archevêque de Rhéims avoit pris ce caractère, et qu'il ne fait cas d'un homme qu'à proportion du bien qu'il a : mettant dans les richesses tout le mérite et tout le bonheur. C'est ce qui a fait qu'à la Cour, on ne l'appelle plus que le *Coquin*, de sorte que le coquin et l'archevêque de Rheims sont deux expressions synonimes. Depuis les princes et les princesses jusques aux valets de pié, on ne l'appelle pas autrement que le *Coquin*.

J'ai récité à M. Despréaux une Épigramme que l'on a faite sur ce sujet.

> Un certain gros prélat de Cour,
> En soufflant demandoit un jour,
> Comment est-ce qu'on pouvoit faire
> Quand de renté on n'a pas vingt mille bons écus ?
> Il lui fut répondu par un homme sincère :
> Monseigneur, feu votre grand-père
> Vous eût bien instruit là-dessus.

Du mardi, 7 novembre 1702.

Depuis quatre heures jusqu'à huit.

J'ai lu avec M. Despréaux l'Épître IV au Roy, contenant la déscription du passage du Rhin, le 12 juin 1672.

Vivonne..... (Épître IV, page 152).

M. le Comte de Vivonne étoit seulement alors général des galères. Il eut le bâton de maréchal de France en 1675.

Au temps du passage, M. de Vivonne montoit aussi un cheval blanc, au sujet duquel il dit alors un bon mot.

Ce cheval étant fort avant dans l'eau, fit un faux pas qui faillit à jeter son maître dans le fleuve. M. de Vivonne, conservant tout son sang-froid, adressa la parole à son cheval qu'il appeloit Jean le blanc, et lui dit : *Allons donc, Jean le blanc, courage, voudrois-tu noyer un général des galères dans de l'eau douce ?*

Après le passage du Rhin, M. de Vivonne fut dangereusement blessé à l'épaule gauche, il demeura estropié du bras qu'il a toujours porté en écharpe.

Après la bataille, quelques-uns de ceux qui étoient blessés, demandèrent à se confesser. Les libertins s'en railloient, mais M. de Vivonne se confessa comme les autres, et dit fort plaisamment : *On n'aura pas trouvé étrange là-bas d'y voir venir ceux qui ont été tués dans la mêlée, parce qu'ils n'ont pas eu le temps d'avoir un confesseur, mais nous*, ajouta-t-il, *on nous montreroit au doigt en enfer, si nous y allions sans être confessés.*

Revel le suit de près..... (Épître IV, page 152).

Le comte de Revel, colonel des cuirassiers, frère de M. le compte de Broglio.

M. de Revel reçut trois coups d'épée.

.....Le bouillant Lesdiguières (Épître IV, page 152).

M. le comte de Saulx, François Emmanuel de Blanchefort de Bonne de Créqui, duc de Lesdiguières, pair de France, comte de Saulx, gouverneur de Dauphiné, mort en 1681. Il avoit épousé Paule-Françoise-Marguerite de Gondi, le 17 mars 1675.

M. Boileau a dit, qu'avant M. de Maucroix, l'évêque de Langres eut chez lui M. l'abbé Bizot, en qualité d'aumônier, ou d'homme de lettres. Un soir l'évêque de Langres récitant son office avec l'abbé Bizot, le psaume 101 se présenta dans lequel il y a : *factus sum sicut nictycorax in domicilio*, l'évêque s'arrêta pour demander à cet abbé ce que signifioit *nictycorax*. L'abbé Bizot répondit que ce mot signifioit un oiseau nocturne, qui chante pendant la nuit, comme la chouette, le hibou ou quelque autre semblable, car *nictycorax* est un nom composé du grec qui signifie *chantant de nuit*. L'évêque ne se contenta pas de cette explication, et voulut savoir précisément de quelle espèce d'oiseau le psalmiste avoit voulu parler. Cet abbé dit qu'il falloit consulter quelque commentaire là-dessus. Mais M. de Langres, emporté comme un fou, répondit brutalement à l'abbé qu'il ne le tenoit pas chez luy pour recourir à des commentaires; qu'il devoit être prêt à le satisfaire sans délay sur toutes les questions qu'il luy feroit. Il le traita d'ignorant, de bête, et pis encore, et enfin lui donna un soufflet. L'abbé Bizot quitta son bréviaire et répliqua au soufflet par un grand coup de poing qu'il donna à son évêque, duquel il le jetta par terre à quatre pas de luy, et sur-le-champ il sortit de la maison pour n'y rentrer jamais.

Nous avons ensuite parlé du *Lutrin*.

M. Boileau nous a dit que le même lutrin qui avoit été le sujet du poëme de son frère, étoit encore dans la sacristie de la Sainte-Chapelle, couvert de poudre et abandonné dans un coin. Ce lutrin est garni de son pivot de bois, au lieu que les quatre lutrins qui sont dans le fond de la Sainte-Chapelle à droite et à gauche du chœur sont sur de longs pieds de fer recourbez sur lesquels ils tournent pour avancer et reculer suivant le besoin qu'en ont les chanoines et les chantres.

M. Despréaux a mis dans son *Lutrin* que le clocher brûla en 1618. Ce fut en l'année 1630 selon Lemaire. M. Despréaux s'est trompé et a confondu l'embrasement de la Sainte-Chapelle avec celui de la Grand'Salle du palais qui fut brûlée en l'année 1618.

Le feu fut mis au clocher de la Sainte-Chapelle par des plombiers qui y travailloient, et qui laissèrent du feu dans une grande poële de fer, propre à jetter le plomb fondu sur le sable, pour faire des tables de plomb.

Cette poële de fer est encore dans le clocher de la Sainte-Chapelle, je l'ay vûe.

Le clocher ne fut pas rétabli de quelques années après. L'on posa sur la flèche de ce clocher, le coq, la croix et la boule, le 9 de novembre 1645, qui étoit le même jour que la princesse *Marie de Nevers* partit de Paris pour la Pologne.

M. Boileau nous a dit que c'étoit un de leurs ancêtres nommé Odoard Boileau, trésorier de la Sainte-Chapelle qui obtint de *Benedict* ou Benoît XIII, Pierre de la Lune, antipape, le privilège de porter la mitre et la crosse.

Sidrac.

C'est un des personnages du lutrin. Il y avoit effectivement un chantre de ce nom, qui étoit tel que le dépeint M. Despréaux.

M. Boileau nous a parlé de la marque de brûlure que M. Despréaux son frère a sur la joue droite à côté de la bouche. Ils étoient tous les deux à se jouer près du feu, comme des enfans. M. Despréaux avoit vû que son père qui portoit une moustache se la faisoit friser avec un fer chaud par son barbier, voulut faire comme le barbier. Il prit un petit tison dans le feu et se porta à la moustache le bout qui étoit ardent. Le charbon se détacha du tison, et s'attacha à sa peau, où il demeura jusqu'à ce que quelqu'un l'en vint ôter, car cet enfant qui crioit de toutes ses forces, ne s'avisoit point de faire tomber ce charbon qui le brûloit.

M. Despréaux a été indisposé hier et avant-hier, à cause d'une attaque de colique néphrétique, dont il a été délivré par les urines, dans lesquelles il a remarqué qu'il avoit fait beaucoup de sable.

A l'âge de dix ans il fut taillé de la pierre.

Depuis ce tems-là il a été souvent attaqué de colique néphrétique, avec des douleurs très-violentes. Mais il y a environ vingt-cinq ans qu'un de ses amis luy donna une pierre contraire à ce mal, et il n'en a eu aucune atteinte.

Du jeudi 9 novembre 1702.

Nous avons lû les Épîtres VII, VIII et IX.

L'Épître VIIe a été faite en l'année 1677, au sujet de la tragédie de *Phèdre*, de M. Racine, que la cabale de M. de Vendôme et de Me de Bouillon voulut mettre au-dessous de la *Phèdre* de Pradon.

La tragédie de M. Racine fut représentée pour la première fois le vendredi premier jour de l'année 1677, par les comédiens de l'hôtel de Bourgogne. Le dimanche suivant, ceux de la troupe du Roi lui opposèrent la *Phèdre* de Pradon.

M. Despréaux avait conseillé à M. Racine de ne pas faire représenter la tragédie, dans le même temps que Pradon devoit faire jouer la sienne, et de la réserver pour un autre tems, afin de ne pas entrer en concurrence avec Pradon.

Mais la Chanmeslé, qui savoit déjà son rôle, et qui vouloit gagner de l'argent, obligea M. Racine à donner sa pièce.

APPENDICE.

Cette Épître est en général contre les envieux du mérite d'autrui. En particulier, M. Despréaux fait voir quel profit on doit tirer de la jalousie de ses ennemis. Plutarque a fait un traité sur le même sujet.

Et secouoient la tête à l'endroit le plus beau (Épître VII, page 172).

Ce vers est imité d'un verset du psaume 21. v. 8 : *Omnes videntes me deviserunt me : locuti sunt labiis, et moverunt caput.* C'est M. Despréaux lui-même qui m'a fait observer cette imitation.

L'un, défenseur zélé des bigots mis en jeu (Épître VII, page 172).

Sur ces deux vers, M. Despréaux m'a entretenu longtems du *Tartuffe* de Molière.

Quand Molière composoit son *Tartuffe*, il en récita au Roy les trois premiers actes.

Cette pièce plut à Sa Majesté qui en parla trop avantageusement pour ne pas irriter la jalousie des ennemis de Molière, et surtout la cabale des dévots. M. de Péréfixe, archevêque de Paris, se mit à leur tête, et parla au Roy contre cette comédie.

Le Roy pressé là-dessus à diverses reprises, dit à Molière qu'il ne falloit pas irriter les dévots qui étoient gens implacables, et qu'ainsi il ne devoit pas jouer son *Tartuffe* en public. Sa Majesté se contenta de parler ainsi à Molière, sans lui ordonner de supprimer cette comédie. C'est pourquoy Molière ne se faisoit pas une peine de la lire à ses amis.

Il ne laissoit pas de songer aux moiens de trouver le moien de pouvoir jouer sa pièce. Madame, première femme de Monsieur, avoit envie de voir représenter le *Tartuffe*. Elle en parla au Roy avec empressement, et elle le fit dans un tems où Sa Majesté étoit irritée contre les dévots de la Cour. Car quelques prélats, surtout M. de Gondrin, Archevêque de Sens, s'étoient avisez de faire au Roy des remontrances au sujet de ses amours (avec Mlle de Lavallière, Mme de Montespan). D'ailleurs le Roy haïssoit les Jansénistes, qu'il regardoit encore la plupart comme les objets de la comédie de Molière. Tout cela détermina Sa Majesté à permettre à Madame que Molière jouât sa pièce.

Le Roy étoit à la veille de partir pour la campagne de Flandres en 1667. Avant ce voiage, Sa Majesté chargea M. de Lamoignon, premier président, de l'administration et de la police de Paris en son absence.

Le Roi étant parti, Molière, en suite de la permission du Roy, fit représenter son *Tartuffe* le 5 aoust 1667, et le promit encore pour le lendemain. Mais Monsieur le président le défendit le même jour. Il fit même fermer et garder la porte de la comédie, quoique la salle fût dans le palais Roial.

Molière porta ses plaintes à Madame, qui voulut faire savoir à Monsieur le premier président les intentions du Roy.

M. Delavau, l'un des officiers de Madame (il a été depuis abbé, Louis Delavau, et l'un des quarante de l'Académie françoise) s'offrit d'aller parler à Monsieur le premier président de la part de son Altesse Roiale. Madame le chargea d'y aller, mais il gâta tout, et compromit Madame avec M. de Lamoignon, qui se contenta de dire à M. Delavau, qu'il savoit bien ce qu'il avoit à faire, et qu'il auroit l'honneur de voir Madame.

M. le premier président lui fit en effet une visite trois ou quatre jours après, mais cette princesse ne trouva pas à propos de lui parler de *Tartuffe* : de sorte qu'il n'en fut fait aucune mention.

J'ay demandé à M. Despréaux s'il étoit vray (comme on le disoit) que Molière voiant les défenses de Monsieur le premier président, avoit dit dans le compliment qu'il fit au public qui étoit venu pour voir sa pièce :

Messieurs, nous aurions eu l'honneur de vous donner une représentation de la comédie du *Tartuffe*, sans les défenses qui ont été faites ; mais Monsieur le premier président ne veut pas qu'on le joue (l'équivoque est dans ce mot, *le*, qui se peut rapporter à Monsieur le premier président aussi bien qu'au *Tartuffe*).

M. Despréaux m'a dit que cela n'étoit pas véritable, et qu'il savoit le contraire par lui-même. Et voici ce qu'il m'a raconté.

Toutes choses seroient demeurées dans l'état que je viens de vous dire, si Molière n'avoit pas eu une forte envie de jouer sa pièce. Il me pria, m'a dit M. Despréaux, d'en parler à Monsieur le premier président. Je lui conseillay de lui en parler lui-même, et je m'offris de le présenter. Un matin nous allâmes trouver M. de Lamoignon, à qui Molière expliqua le sujet de sa visite. Monsieur le premier président lui répondit en ces termes: Monsieur je fais beaucoup de cas de votre mérite : je say que vous êtes non-seulement un acteur excellent, mais encore un très habile homme qui faites honneur à votre profession, et à la France votre pays ; cependant avec toute la bonne volonté que j'ay pour vous, je ne saurois vous permettre de jouer votre comédie. Je suis persuadé qu'elle est fort belle et fort instructive, mais il ne convient pas à des comédiens d'instruire les hommes sur les matières de la morale chrétienne et de la religion : ce n'est pas au théâtre à se mêler de prêcher l'Évangile. Quand le Roy sera de retour, il vous permettra, s'il le trouve à propos, de représenter le *Tartuffe,* mais pour moy, je croirois abuser de l'autorité que le Roy m'a fait l'honneur de me confier pendant son absence, si je vous accordois la permission que vous me demandez.

Molière, qui ne s'attendoit pas à ce discours, demeura entièrement déconcerté, de sorte qu'il lui fut impossible de répondre à Monsieur le premier président. Il essaia pourtant de prouver à ce magistrat que sa comédie étoit très innocente, et qu'il l'avoit traitée avec toutes les précautions que demandoit la délicatesse de la matière du sujet : mais quelques efforts que pût faire Molière, il ne fit que bégaier, et ne put point calmer le trouble où l'avoit jeté Monsieur le premier président. Ce sage magistrat l'ayant écouté quelques momens, lui fit entendre, par un refus gracieux, qu'il ne vouloit pas révoquer les ordres qu'il avoit donnez, et le quitta en lui disant: Monsieur, vous voyez qu'il est près de midi, je manquerois la messe si je m'arrêtois plus long tems.

Molière se retira, peu satisfait de lui-même, sans se plaindre pourtant de M. de Lamoignon, car il se rendit justice. Mais toute la mauvaise humeur de Molière retomba sur Monsieur l'Archevêque (de Péréfixe) qu'il regardoit comme le chef de la cabale des dévots qui lui étoit contraire.

L'autre, fougueux marquis...... (Épitre VII, page 172).

M. Despréaux m'a dit que les faux marquis de la Cour étoient enragez contre Molière, parce qu'il les jouoit, et qu'il mettoit leurs mots aussi bien que leurs manières dans ses comédies. L'on avoit même dit que M. Le Grand (M. d'Armagnac, Grand Écuier de France) avoit insulté Molière, et lui avoit fait tourner sa perruque sur la tête par injure. Mais M. Despréaux m'a dit que cela n'étoit pas vray.

Il s'en aille admirer le savoir de Pradon (Épitre VII, page 175).

Pradon étoit très ignorant : et il l'étoit à un tel point que M. le prince de Conti, l'aîné, sortant de la représentation d'une des tragédies de ce poëte, il lui dit : *cela va fort bien*, M. Pradon ; mais j'ay remarqué que vous placez dans l'Europe, une ville qui est en Asie. — Je prie votre *Altesse de me pardonner*, répond Pradon, *car je ne sais par trop bien la chronologie*.

Nonobstant l'ignorance de Pradon, quelques personnes ne laissoient pas de dire, que si les vers de la Phèdre de M. Racine étoient mieux tournez, la conduite de la Phèdre de Pradon étoit bien plus régulière.

M. Despréaux m'a dit à ce propos, qu'étant à souper chez Madame de Broglio, avec un nommé M. de Beaumont, celui-ci, après avoir disputé longtems sur le parallèle de ces deux tragédies, soutenoit enfin que les règles avoient été mieux observées par Pradon que par M. Racine.

Hà ! ce n'est donc plus des règles que vous parlez, lui dit M. Despréaux. Or je m'en vais vous faire voir par les règles mêmes, combien vous vous trompez. La péripétie et l'agnition se doivent rencontrer ensemble dans la tragédie : et c'est ce qui arrive dans la Phèdre de M. Racine, et qui n'est point dans celle de Pradon.... M. de Beaumont interrompit M. Despréaux pour lui demander ce que c'étoit que *la péripétie* et *l'agnition*. Hà, hà, lui répondit M. Despréaux, vous voulez parler des règles, et vous n'en entendez pas même les termes. Apprenez à ne pas vouloir disputer d'une chose que vous n'avez jamais apprise.

Du samedi, fête de Saint-Martin, 11 novembre 1702.

A dix heures du matin, j'ay été voir M. Despréaux. J'ay lû le premier chant du Lutrin. Voici les observations nouvelles :

APPENDICE.

Paris voioit fleurir son antique Chapelle (page 280).

Au lieu de ce vers, M. Despréaux avoit d'abord fait celui-ci :

Le calme fleurissoit dans la Sainte-Chapelle.

Mais M. Despréaux l'a changé, parce que ce vers ne désignoit pas assez clairement que c'étoit la Sainte-Chapelle du palais. On l'auroit assez entendu à Paris, parce que l'on y dit absolument *la Sainte-Chapelle* ; mais il n'en est pas de même dans les provinces, où l'on auroit pû ignorer que c'est la Sainte-Chapelle de Paris dont il est ici parlé, parce qu'il y a d'autres Saintes-Chapelles en France.

Sortant des Cordeliers, pour aller aux Minimes (Chant Ier, page 280).

A Paris les Cordeliers sont proche la rue de La Harpe, et les Minimes sont vers la place Roiale ; ainsi le chemin des uns aux autres passe près du Palais où est la Sainte-Chapelle.

Sur quelle vigne à Rheims nous avons hypothèque (Chant IV, page 319).

L'Abbaïe de Saint-Nicaise de Rheims en Champagne, est ünie au chapître de la Sainte-Chapelle de Paris. Cette Abbaïe est de 16,000 liv. de rente. Elle est de l'ordre de Saint-Benoît, dédiée premièrement à Saint-Vital et à Sainte-Agricole, Martyrs ; ensuite à Saint-Nicaise. Elle fut fondée en l'année 820, par Louis le Pieux, Empereur.

Cette abbaye fut unie à la Sainte-Chapelle par Louis XIII, les dernières années du ministère du Cardinal de Richelieu, afin de suppléer au revenu de la Régale des Evêchez, qu'on osta à ce chapître pour le donner aux évêques nommez, et dont une partie est distraite en faveur des nouveaux convertis. Comme le vin fait le principal revenu de l'Abbaïe de Saint-Nicaise, chaque chanoine doit avoir tous les ans un muid de vin de Reims ; mais cela s'apprétie, et on emploie cet argent aux dépenses nécessaires de la Sainte-Chapelle. (Lettre de M. Boileau, chanoine de la Sainte-Chapelle, du 12 février 1703. — Testament politique du

Cardinal de Richelieu, Ch. II, sect. 4. — Castel de Fin : Verbo Regale, p. 661.... Servin, Plaid., tome II, p. 8 et suivantes....— Pasquier, Recher. L. III, ch. 38).

Est un pilier fameux...... (Chant V, page 324).

C'est le pilier des consultations, qui est le premier pilier de la Grande Salle du côté de la Chapelle. Vis-à-vis de ce pilier, à côté de la Chapelle, est la chambre des consultations. Autrefois le second pilier étoit le lieu du rendez-vous des beaux esprits, devant la boutique de Bilaine, le libraire.

Artamène est un nom supposé que l'auteur du Roman fait prendre au jeune Cyrus, quand il quitte la cour du Roy Cambise son père, pour aller voïager. Cyrus fait plusieurs actions glorieuses et demeure longtems *inconnu* et *déguisé* sous ce nom d'Artamène.

L'autre un Tasse françois, en naissant oublié (Chant V, page 329).

M. Leclerc avoit traduit la Jérusalem du Tasse en vers françois. Il récitoit sa traduction, par morceaux, à l'Académie françoise, mais il récitoit d'une manière emphatique et pompeuse qui imposoit aux auditeurs. Cela donna une si grande idée de cette traduction, que Barbin crût s'enrichir en l'imprimant. Il y fit une dépense très considérable, en caractères, en papier, et surtout en planches gravées avec soin. Mais personne n'acheta ce poëme, parce qu'effectivement, il ne valoit rien du tout.

M. Leclerc avoit récité sa traduction du Tasse en plusieurs compagnies : et l'abbé de Bernay qui l'avoit oüy réciter, en étoit si touché, que quand il vouloit louer hautement les vers que faisoient alors Mrs Despréaux et Racine, il disoit : *voilà qui est aussi bien que le Tasse de M. Leclerc.* Sur la manière de réciter de M. Leclerc, il faut expliquer ce que j'ay écrit ci-devant : (page 95).

Rondiculum quiddam balba de nare locutus.

avec la conjecture de M. Despréaux touchant la prononciation de latin, *Locoutous*, pour *locutus*.

APPENDICE.

Là, Xénophon dans l'air heurte contre un La Serre (Chant V, page 329).

Deux remarques sur ce vers; l'une générale, l'autre particulière. La remarque générale, est que dans le vers précédent, et dans celui-ci, M. Despréaux a affecté d'opposer un auteur excellent, à un mauvais, et même de mettre ensemble deux auteurs d'un caractère tout opposé.

Xénophon est un historien dont le stile est d'une clarté, d'une netteté presque incomparables : La Serre est un vil et obscur faiseur de galimatias.

La remarque particulière sur ce dernier vers, est que M. Despréaux a voulu parler des œuvres entières de Xénophon, et non pas de la traduction de la *Cyropédie* par M. Charpentier comme je l'avois écrit. C'est Xénophon in-folio, contre La Serre in-folio.

Là, près d'un Guarini, Térence tombe à terre (Chant V, page 329).

Le *Pastor fido* de *Guarini* est plein d'affectations, et de sentimens forcez : Térence est la nature même.

...... Almérinde et Simandre (Chant V, page 329).

C'est un petit roman composé par M. le duc de Saint-Aignan.

D'un Le Vayer épais. (Chant V, page 329).

L'épithète d'épais est à deux sens : et c'est à dessein, car elle peut s'entendre de l'épaisseur du volume, et de celle de l'auteur, qui a écrit d'un style grossier, et pour ainsi dire épais : *pingis Minerva*. M. Le Vayer étoit néanmoins savant. Toutes les œuvres de Le Vayer ont été recueillies en 2 volumes in-folio imprimés à Paris chez Augustin Courbé, en l'année 16....

Je fus invité hier soir d'assister à la signature du contrat de mariage d'un échevin de Lyon, avec la fille d'un receveur, ou général des finances établi en cette ville. Voici les cérémonies qui eurent lieu. Après que le contrat eut été rédigé, etc., etc., par le notaire qui, dans un acte de cette importance, est revêtu d'une robe de palais avec le rabat, le futur signa le premier, et présenta ensuite la plume à la future. Aussitôt que la future a eu apposé son seing, le futur l'embrassa pour lui témoigner sa reconnaissance, et délivra aussitôt les arrhes de cette grande affaire: c'étoit 13 quinaires d'un antique renfermés dans un étui. Un prêtre les bénit et jetta de l'eau bénite sur les époux. A mesure que les pères et mères des deux époux eurent signé, le futur et la future les embrassèrent; tous les invités félicitèrent ensuite les époux, lesquels leur offrirent dans de grands drageoirs en argent, des dragées ou fiançailles; une collation fut servie, et l'on n'oublia point de mélanger le vin servi aux deux époux, comme un signe que désormais tout doit être commun entr'eux.

Avant de se quitter, l'époux demanda et obtint de la fiancée, la permission de détacher et prendre une de ses jarretières. Elle étoit d'un bleu foncé et en taffetas. En la déliant l'épouse lui dit : s'il vous plaît, vous vous souviendrez quelques fois de moi et ne mangerez des oblies qui est une fausse viande. A quoi le fiancé lui répondit que c'étoit le morceau que plus il dédaignoit; il la pendit à son col.

A Bayonne et en Espagne, la fiancée alloit résider chez son fiancé, et le mariage n'avoit quelque fois lieu que longtems après.

Le jour du mariage dans certains diocèses le prêtre en bénissant le lit nuptial mêloit du vin blanc et du vin rouge. V. R. 26. p. 2 et p. 15, à Rennes p. 23.

Mariage des princes. Recueil 10 p. 36. id. p. 66. — La couronne et les épingles à Cuiseri. id. p. 84. — Plevy. intervoie entre le contrat et la noce. V. Recueil 1 p. 58. — Sur l'usage d'enlever la jarretière. V. Recueil n° 13, p. 35. — Charivari, 2mes noces R. 36. p. 14. — Droit de petite. Id. 20. — Cornards, id. 19. — Cours d'amour Valentines. Recueil 36, p. 20. V. vol. 10. p. 31. — Repas. Étymologie des banquets. Recueil 36, p. 4. — Chanter p. 4. — Mort. Usage à la prière. Recueil 36. p. 18.

FIN DES FRAGMENTS DES MÉMOIRES DE BROSSETTE.

APPENDICE.

Monsieur A. Péricaud, des académies de Lyon, Turin, etc., membre non résident du comité d'histoire, de la langue et des arts, institué près le ministère de l'Instruction publique, à Monsieur Laverdet, rue Saint-Lazare, n° 24, à Paris.

Lyon, 15 septembre 1856.

Monsieur,

Instruit que vous devez publier prochainement la Correspondance de Boileau et de Brossette, j'ai cru devoir vous adresser une dissertation que j'ai lue, l'année dernière, à la Société littéraire de Lyon. Puissiez-vous la trouver digne d'être placée à la fin de cette Correspondance.

Je vous remercie de la bonté que vous avez de m'envoyer vos intéressants catalogues, et vous prie, Monsieur, de me croire,

Votre très-humble et dévoué serviteur,
PÉRICAUD.

Un savant helléniste, M. J.-D. Choppin, a publié naguères un *Choix d'Épigrammes* tirées de l'*Anthologie* et traduites en vers français (Paris, Hachette, in-8). Ce travail dont plusieurs journaux ont rendu compte, a valu à son auteur de justes éloges. Bien longtemps avant lui, et dès la fin du xvi° siècle, de nombreux essais ont été faits en France, pour nous faire connaître ces petites pièces qui ne doivent pas à la concision et à la variété tout leur mérite. Un des plus anciens, comme le plus étendu de ces essais, est celui du Mâconnais Pierre Tamisier dont le *Recueil* imprimé à Lyon par Jean Pillehotte a eu trois éditions (1589, 1617 et 1639), et contient 368 Épigrammes. Depuis, il n'y a pas eu, je crois, de publications spéciales du même genre, mais il a été semé un grand nombre d'imitations détachées dans différents recueils de poésies, notamment dans l'*Almanach des muses*. Feu Claude Breghot du Lut, de regrettable mémoire, possédait un exemplaire, qui a passé en nos mains, de l'*Anthologie* éditée en 1600 par les héritiers d'André Wechel, et dans les marges duquel se trouvent environ 250 imitations placées en regard de la pièce originale. L'écriture en petite batarde ressemble assez à celle qui était usitée au commencement du XVII° siècle, surtout parmi les gens de lettres, et quoique menue, elle est très lisible ; l'orthographe est aussi celle du temps. Une de ces imitations faisait présumer à M. Breghot que l'auteur était Lyonnais [1], c'est la parodie de la première Épigramme du chapitre 77 du 1er livre, la voici avec la note dont elle est suivie :

« Quand on verra la cigale en son trou
S'enfuir de honte à la voix du coucou;
Quand, dans les champs, la petite alouëtte
Charmera plus que le cygne au trépas;
Quand mieux qu'un rossignol chantera la chouëtte,
En esprit, en vertus, j'égaleray Dugas. »

« Prévost des marchands de la ville de Lyon en cette année 1728. »
(Note de l'anonyme.)

Il est une autre imitation qui vient à l'appui de l'opinion de M. Breghot, si, comme je le conjecture, le médecin G*** est le Jn Bte Goiffon, qui exerçait alors son art à Lyon ; c'est la septième Épigramme du chapitre 22, livre 2° :

Je n'ay jamais reçu du médecin G***
De remède ni de visite,
Mais, dans la fièvre, hélas ! j'ay prononcé son nom,
Et je suis déjà prêt à passer le Cocyte.

J'ajouterai à la note de la première de ces deux imitations que l'estimable prévôt des marchands, Laurent Dugas de Bois-Saint-Just [2], fut en 1700, un des sept fondateurs de l'Académie de Lyon, et que cette Compagnie compta dans son sein, dès son origine, des littérateurs qui, élevés chez les jésuites, se livraient le plus souvent à la traduction des auteurs grecs ou latins, et en faisaient le sujet de leurs tribus académiques. L'avocat *Claude Brossette* était un de ces fervents lettrés, et c'est sur lui que, de prime

---

1. Voyez les *Lettres lyonnaises* de M. Breghot, p. 42; ses *Mélanges*, p. 196; les *Œuvres de Louise Labbé*, édition de 1824, p. 104.
2. Voyez son article dans la 2e édition grand in-8 de la *Biog. Univ.*

abord, nos soupçons s'étaient portés pour lui attribuer les imitations manuscrites de notre volume. L'Académie de Lyon, qui en avait fait son secrétaire, possède un certain nombre de pièces écrites par lui. La confrontation que nous avons faite de son écriture avec celle de l'imitateur anonyme, n'a pas suffi pour dissiper les doutes qui nous restent encore, et cependant nous n'entrevoyons que lui qui puisse être l'auteur que nous cherchions. Si ces imitations lui appartiennent réellement, il a dû s'en occuper dès les premières années du XVIII° siècle; le 17 juin 1703, il écrivait à Boileau : « voyez comme j'ay *charpenté* votre Épigramme de l'Anthologie : »

> Apollon voyant les ouvrages
> Qui, sous le nom d'Homère, enchantoient l'univers,
> C'est moi, dit-il, qui lui dictai ces vers;
> J'étois sous ces sacrés ombrages,
> Dans ce bois de lauriers où seul il me suivoit;
> Je chantois, Homère écrivoit.

« Je me suis servi, ajoutait Brossette, de vos vers et de ceux
« de *Charpentier*; avouez, Monsieur, qu'il n'y a pas trop de
« raison en ce que j'ay fait.... » Boileau n'approuva point ce remaniage, car on lit dans sa réponse à Brossette : « Avec qui, bon Dieu, associez-vous mon style! *Jungentur jam gryphes equis*[1]. Est-il possible que vous n'ayez pas vu que le sens de l'Épigramme est que c'est Apollon qui, dans une espèce d'enthousiasme et d'ivresse, a produit l'Iliade et l'Odyssée! » Cette même Épigramme, qui n'a qu'un vers dans le texte grec, se trouve parmi les imitations de notre inconnu qui l'a ainsi rendue :

> Qu'on ne soit pas surpris des merveilles d'Homère,
> Il étoit d'Apollon le simple secrétaire.

La note suivante accompagne ce distique : « Ce vers a été tra-
« duit d'une manière plus noble et plus courte par Despréaux :
Je chantois, Homère écrivoit ». Si l'anonyme eût cité la parodie de J.-B. Rousseau, *Je chantois, Lafare écrivoit*, on aurait une

1. Cette parodie se trouve dans le *Recueil des épigrammatistes françois*, publié en 1720, par Brusen de La Martinière.

raison de plus en faveur de Brossette, ami et correspondant du Lyrique français. A supposer qu'il soit l'auteur de ces imitations, il est à croire qu'il se garda bien de les communiquer à Boileau. Il fallait être plus poëte qu'il ne l'était pour faire goûter dans notre langue ces petites pièces parmi lesquelles il en est de si gracieuses et de si piquantes; toutefois il est certain qu'il faisait des vers. Le 15 août 1739, il écrivait à Rousseau pour avoir son avis sur une *Épître à Boileau* qu'il avait faite *autrefois*, et qu'il se proposait de placer en tête d'une nouvelle édition des Œuvres de Despréaux. « Vous ne pouvez, lui répondit Rousseau, l'enri-
« chir de rien de meilleur, à mon avis, que des vers que vous avez
« faits autrefois pour ce grand homme. Je les ai relus attentive-
« ment, et sur ma parole, ils sont admirables et dignes de celui
« pour qui vous les avez faits ». Nous ferons encore observer que Brossette était très friand d'Épigrammes, et qu'il en demandait sans cesse à Rousseau, à La Monnoye, à Monchesnay. Mais sans nous arrêter davantage à la question de paternité, il nous a semblé qu'on pourrait faire un choix dans les 250 imitations de notre versificateur, et nous avons pensé que cet échantillon pourrait offrir quelque intérêt aux amis des lettres attiques. En terminant, nous rappellerons que M. Hébert, il y a peu d'années, avait entrepris une version en prose de l'Anthologie, et qu'il en avait fait imprimer un demi-volume de format in-18, sous ce titre : *Version du Recueil d'Épigrammes grecques* connu sous le nom d'Anthologie de Planude, précédé d'un Essai (de xxxvi pages) sur l'Épigramme grecque. Ce livre était dédié à M. le baron de Schönen; mais le jeune helléniste en a suspendu l'impression depuis la mort de son protecteur qui devait en faire les frais. M. Breghot, qui était entré en rapport avec M. Hébert, pendant que ce dernier professait les humanités au collège de Saint-Étienne, lui avait communiqué tout ce qu'il avait recueilli depuis sa plus tendre jeunesse sur l'Anthologie, et notamment un registre sur lequel il avait transcrit les imitations de Boivin, de Charpentier, de Cocquard, de Sablier, de Poinsinet, de Poan-Saint-Simon, et de cent autres rimeurs, plus ou moins oubliés maintenant. Celles que nous livrons à la publicité exerceront peut-être assez utilement la sagacité de quelque nouvel Œdipe, pour que le nom de leur auteur ne reste pas à jamais ignoré.

APPENDICE.
IMITATIONS
DE L'ANTHOLOGUE GRECQUE.

De Platon.
Un aveugle portoit sur son dos un boiteux ;
Il lui prêtoit ses pieds, il empruntoit ses yeux.

De Théognis.
Bâtir beaucoup et tenir table ouverte,
C'est le chemin pour courir à sa perte.

D'un Inconnu.
S'exposer au hasard d'un second mariage,
Une seconde fois c'est courir au naufrage.

De Lucien.
Le temps pour l'homme heureux rapidement s'enfuit :
Mais qu'il va lentement quand le sort nous poursuit.

D'un Inconnu.
Voulez-vous sagement partager la journée ;
Travaillez le matin, vivez l'après-dînée.

D'un Inconnu.
Timon, à la dent de vipère,
Aux sombres bords est descendu :
Cache-toi promptement, Cerbère ;
Tu pourrais en être mordu.

De Lucien (épitaphe).
A l'âge de cinq ans j'ai perdu la lumière :
Passant, sur mon tombeau ne verse point de pleurs ;
Mon destin est heureux : la Parque meurtrière,
En abrégeant ma vie, abrégea mes douleurs.

D'Antipater.
Antipatre à Pison, le jour de sa naissance,
Offre une Épître en vers qu'il fit en une nuit.
Que ce petit présent gagna sa bienveillance !
Pour plaire à Jupiter un grain d'encens suffit.

De Léonidas.
A mon seul bouclier, j'ai dû deux fois la vie.
En combattant sur terre, en nageant sur les eaux ;
Il a sauvé mes jours de la lance ennemie ;
Il m'a soutenu sur les flots.

D'un Inconnu.
Un jour, les filles de mémoire

Vinrent voir Hérodote; il les reçut si bien
Que chacune à l'envi fit un livre d'histoire,
Et chacune aussitôt lui fit présent du sien.

De Léonidas.

Dès que sur l'horizon le soleil nous éclaire,
On ne voit plus briller les astres de la nuit;
Ainsi, chantres fameux, en présence d'Homère,
 Votre gloire s'évanouit.

De Platon (*c'est Laïs qui parle*).

D'une foule d'amants autrefois encensée,
Aujourd'hui je consacre à Vénus mon miroir;
Je n'y vois plus les traits de ma beauté passée,
Et telle que je suis, je ne veux pas me voir.

D'Agathias.

Quand sur ta tête on voit pleuvoir
 Les biens, les honneurs, le pouvoir,
Penses-tu pour cela mériter qu'on te loue?
Des choses d'ici-bas la Fortune se joue :
 Par ton exemple elle fait voir
Qu'elle peut mettre un fat au plus haut de sa roue.

De Palladas.

Homme orgueilleux, songe à ton origine,
Et tu verras ton orgueil confondu.
Platon te donne une source divine,
Et du Ciel même il te dit descendu;
Mais il rêvoit quand il a prétendu
Donner du lustre à ta naissance vile :
Tu n'es formé que d'une impure argile,
Et, sans rougir (dis-moi la vérité),
Peux-tu penser que ton être fragile
N'est que le fruit de la brutalité?

D'un Inconnu.

Quoique l'abominable envie
Ne m'inspire que de l'horreur,
J'aime pourtant l'effet dont sa rage est suivie,
Puisque des envieux elle ronge le cœur.

De Palladas.

Je ne connois à l'ivrogne Silvain
 Que deux amis, le sommeil et le vin;
De sa vie en deux mots, voici toute l'histoire :
Du matin jusqu'au soir, il ne songe qu'à boire;
Il ne fait que ronfler du soir jusqu'au matin.

De Méléagre.

La vieillesse est toujours causeuse :
Entends donc sans ennui babiller un vieillard,
Et puisses-tu toi-même, en ta vieillesse heureuse,
Comme moi, quelque jour, devenir babillard.

De Mimnerme.

En faisant toujours bien, ris du *qu'en dira-t-on?*
Sans raison l'on approuve, on blâme sans raison.

Le même, au même.

Lyon, 20 octobre 1856.

Monsieur,

Je vous remercie beaucoup du bon accueil que vous avez daigné faire à ma dissertation ; quant au nombre d'imitations que vous croirez devoir y joindre, je m'en rapporte entièrement à vous. Je crois avoir oublié la note suivante qui tombe sur le mot *gryphes* : — Voyez Virgile, *Ecl.* VIII, 27. Au lieu de *gryphes*, on lit *tygres* dans le recueil de Cizeron-Rival. Daunou et Berriat Saint-Prix ont écrit *tigres* par un *i*......

Ce n'est point à Lyon que Brossette est né ; c'est à Theizé, paroisse du Lyonnais, qu'il est venu au monde le 7 novembre 1671, il fit ses études à Lyon au collége de La Trinité, et y fut couronné le 1ᵉʳ septembre 1684 dans la classe de 3ᵉ pour avoir remporté le prix de la *composition grecque* ; il reçut à cette occasion un exemplaire (que je possède) des *Remarques nouvelles sur la langue françoise* (par le P. Bouhours); Paris, Sébastien Mabre Cramoisy, 1676, in-12. mar. r. d. s.

Bollioud Mermet dans son *Histoire inédite de l'Académie* de Lyon, met la mort de Brossette au 13 juin 1743 ; mais comme il mourut d'apoplexie, son enterrement auquel tout le corps consulaire assista, ainsi que les membres du Barreau, n'eut lieu que le 18 ; il fut inhumé dans l'Église de Sainte-Croix, sa paroisse (Église démolie en 1794). L'année suivante (1744), son éloge fut prononcé dans une séance publique de l'Académie par l'abbé Jean Coquier ; les archives de cette compagnie en conservent le manuscrit. Je n'y ai lu qu'un seul fait à recueillir, c'est que Brossette fit un noviciat chez les jésuites, et qu'il en sortit pour se faire avocat.

Tous les documents sur Brossette épars dans les *Mélanges* de Claude Breghot du Lut ont été *reproduits* par Zénon Collombet dans le tome 1ᵉʳ de ses *Historiens Lyonnais*.

J'ai partagé l'erreur commune à plusieurs biographes lorsque j'ai dit, dans une notice, que l'éloge historique de 1711, n'est qu'une reproduction de celui qu'avait publié le P. Ménestrier en 1669. Tout en profitant des recherches de son devancier, Brossette a fait un ouvrage entièrement neuf. Voyez *l'avertissement* qui précède son livre.

J'ai eu sous les yeux un exemplaire du *Parfait procureur* de Pierre-Noël Duval; Lyon, Ant. Bouvet, 1705 in-4; sur la garde du tome Iᵉʳ était cette note : « Ce livre m'a été donné par M. Bou-
« det; j'ai fait l'épître dédicatoire (à Jean-Paul Bignon), et l'a-
« vertissement du libraire au lecteur, le dimanche 24 mai 1705.
« Brossette, avocat. »

En 1710, Brossette fit avec M. Belichon, un *Recueil des plus excellens Noëls vieux*, corrigé et augmenté; Lyon Matth. Chavance, in-12 de 144 pages.

Voyez sur le Boileau de 1716, le *Journal des Sçavans* du 22 février 1717.

En 1725, Brossette publia un *Avertissement* sur le livre du Poète sans fard; Paris, in-12.

En 1730, il prononça dans une séance de l'Académie de Lyon, l'éloge du Maréchal de Villeroy (le manuscrit est dans les archives de cette compagnie qui a pour conservateur un de ses secrétaires, M. Charles Fraisse, bibliothécaire du Palais des Arts).

La dissertation sur le vaudeville a été imprimée en 1846 ou 47, à Montpellier par les soins de M. Kuhnholz, fils du bibliothécaire. J'ai égaré mon exemplaire. J'ai aussi cherché vainement dans mes cartons le nº du *Cabinet de lecture* du 29 décembre 1833 qui contenait une notice assez étendue sur Brossette, et je ne me souviens pas quel en était l'auteur.

Voilà, Monsieur, tout ce que je puis vous dire en ce moment; si, à mon retour de la campagne, je fais quelques nouvelles découvertes, je m'empresserai de vous en faire part; veuillez, en attendant, recevoir la nouvelle assurance de ma parfaite considération, et me croire, votre, etc.

PÉRICAUD.

TABLE ANALYTIQUE

DES NOMS, DES LIEUX, ETC., CITÉS DANS LA CORRESPONDANCE

ENTRE

BOILEAU DESPRÉAUX ET BROSSETTE.

(Le chiffre mis à la suite de chaque citation indique la page d'où elle a été tirée. Ceux réunis, entre parenthèse, à la fin de chaque alinéa, marquent les pages dont il n'a été rien extrait. — Nous n'avons pas cru devoir placer dans le courant de notre édition les notes et les remarques de Cizeron-Rival comme elles le sont dans la sienne, mais nous les avons résumées, pour la plupart, dans cette table.)

A

Abeille (l'). Brossette sait par expérience que l'aiguillon des abeilles demeure dans la piqûre. Pourquoi? Page 142. (146.)

ABLANCOURT (Nicolas Perrot d'), membre de l'Académie française. Né à Chalons-sur-Marne en 1606. Mort en 1664. Se sert aussi du mot *Rebrousser chemin*, 233. (234.)

Académie Française. Sa composition. On y opine du bonnet contre Homère et contre Virgile, et surtout contre le bon sens. On y examine l'*Aristippe* de Balzac, 43. — Elle a enfin abandonné l'examen de cet ouvrage, 46. — Affront qu'elle a reçu à l'occasion de la mort de Claude Perrault, ayant pour le remplacer élu M. de Lamoignon qui a nettement refusé cet honneur... Pour laver son ignominie, elle a élu au lieu de lui M. le coadjuteur de Strasbourg, 148. (51. 76, 151.)

Académie des Inscriptions. S'est occupé de l'Inscription du *Taurobole* découvert à Lyon, 197.

Académie des Sciences et Belles-Lettres de Lyon. Nombre de ses membres. Quels ils sont (plus tard, en 1770, elle était composée de quarante académiciens ordinaires, et d'un nombre illimité d'associés. *Cizeron-Rival*). Sujets qui peuvent y être traités. Sa devise, 40. — Despréaux y est aimé et célébré dans les conversations savantes de ses membres, 41. — Il est ravi de la formation de cette Académie qui n'aura pas grand' peine à surpasser en mérite celle de Paris, qui n'est composée, à deux ou trois hommes près, que de gens du plus vulgaire mérite, 43. — Rétablissement de ses séances par M. de Trudaine, Intendant de Lyon, 288. — Brossette a été chargé d'y parler des *Funérailles des Anciens*, 289. (49, 50, 51, 54, 55, 67, 69, 76, 86, 87, 90.)

Aimant (l'), poëme latin par le P. Fellon. — *Magnus Carmen*, 1696, imprimé avec le *Pœmata Didascalita*, 75. (87.)

ALCIPPE (quoique Despréaux ait composé, *animi gracia*, une Satire contre les méchantes femmes, il est pourtant du sentiment d'), 220.

ALEXANDRE-LE-GRAND. Blessé dans la ville des Oxidraques par une de ces flèches barbelées comme l'aiguillon des abeilles, 142.

Amandus (inscription d'), trouvée près du Tombeau des deux Amants dans une maison qui appartenait autrefois à M. Alexandre, et ensuite à M. Chapuis, son gendre, lequel donna cette pierre à M. Brossette, en 1707. (*Cizeron-Rival*), 242.

ANDROMAQUE. Où en serait M. Racine, dit Despréaux à Brossette, au sujet de ses remarques, si on lui allait chicaner ce beau vers que dit Hermione à Pyrrhus, dans l'Andromaque : *Je t'aimais inconstant....*? 154.

ANISSON (Messieurs), imprimeurs à Lyon, successeurs de Jacques Cardon, 135.

Anthologie. Vers de Despréaux faits sur un vers de l'Anthologie, au sujet de la composition de l'*Iliade* et de l'*Odyssée*, 133. — Brossette envoie à Despréaux les vers qu'il a charpentés sur son Épigramme de l'Anthologie, 147. (136, 137, 138, 139, 141, 142, 164.)

APOLLON. Pour bien attester que *Troyes* a été prise, il faudrait rapporter quelque sentence donnée en faveur de Neptune et d'Apollon, pour obliger Laomédon à payer à ses deux *compagnons de fortune*, le prix qu'il leur avait promis pour la construction des Murailles de cette ville, 138. (149, 150, 161, 281.)

Apt (Foresta de Cologne, évêque d'), ami déclaré des Jésuites, auteur d'une censure de la consultation signée par quarante docteurs, et imprimée à Lyon. Brossette en envoie deux exemplaires à Despréaux, dont un pour son frère, l'abbé Boileau, 150.

Araignée. Soie que l'on retire du flocon qui enveloppe ses œufs, laquelle, étant filée, sert à faire des étoffes plus belles que les soies ordinaires, 310. (311.)

ARCHIMÈDE. (Voyez *Syracuse*), 292.

ARCO (le comte d'). Volé à Lyon, au logis des *Trois Rois*, d'une bourse de 200 louis d'or, 172. — Celui-ci n'est pas le même qui a perdu sa réputation au siège de Brisach, 176. (173, 174, 175.)

ARISTIDE. (Les directeurs de l'hôpital de Lyon sont tous, à ce qu'on a dit à Despréaux, des gens de la trempe d'), 46.

ARISTIPPE, ouvrage de Balzac. L'Académie Française l'examine, et tout cet examen se réduit à lui faire quelques misérables critiques sur la langue, qui est juste l'endroit par où cet auteur ne pèche point, 43.

ARISTOTE. Il convient (Histoire des animaux, Liv. III, Ch. 40, et Liv. IX, Ch. 64) que l'abeille meurt après avoir piqué, 142. (186.)

ARNAULD (Antoine), docteur de Sorbonne. Né en 1612. Mort à Bruxelles en 1694. Défense de la Satire xᵉ de Despréaux, dans sa lettre à Perrault, 9. — Pourquoi son Épître sur l'Amour de Dieu n'est pas du goût des jésuites de Trévoux, 165. — Sur sa lettre à Perrault. Ce que quelques-uns de ses amis souhaitèrent à cette occasion, 297. (165, 168, 170, 177, 178, 181, 183, 301, 302, 305, 307.)

Art poétique (l'). Brossette admire la franchise avec laquelle Despréaux convient de la faute qui avait échappé à ses lumières, aussi bien qu'à celles de ses amis et de ses ennemis, dans ce vers : *Que votre âme et vos mœurs peints dans tous vos ouvrages....*, 151. (152.)

ASCONIUS PÆDIANUS. Despréaux mande à Brossette, au sujet des fromages qu'il lui a envoyés, qu'en comblant ainsi de ses dons l'auteur qu'il a entrepris de commenter, il ne joue pas simplement le personnage de Servius et d'Asconius Pædianus, mais de Mécénas et du cardinal de Richelieu, 121.

ATTICUS. Ce que lui dit Cicéron (L. v, Ép. 5.), 237.

Atys, opéra de Quinault. Despréaux ne conçoit pas pourquoi Racine est cité à l'occasion de cet opéra, 251. (256.)

AUBIGNAC (François Hédelin, abbé d'), auteur de la *Pratique du théâtre*, du roman allégorique : *Macarize*. Né en 1604. Mort en 1676. Il prétendait que toute la philosophie stoïcienne était renfermée dans Macarize. Ce qui en est de ce roman et de son succès, 107.

AUDRAN (les), célèbres graveurs ; ils font, ainsi que Drevet, honneur à leur ville. (*Claude*, né à Lyon, en 1639, mort en 1684. — *Gérard*, né à Lyon en 1639, mort en 1703), 193.

AUGIÈRES (le père Albert d'), jésuite, poète. Né à Arles. Mort à Lyon en 1700. Brossette envoie à Despréaux les vers latins que le P. d'Augières a faits au sujet de la statue équestre du Roi que la ville de Lyon fit jeter en bronze, à Paris, en 1674, et qui est arrivée à Lyon le 2 août 1702. Description de cette statue, 87. (90.)

AUGUSTE. Différence qu'il doit y avoir entre la langue que l'on parlait à la cour d'Auguste, et celle que l'on parle aujourd'hui dans nos universités, c'est-à-dire, entre la langue latine vivante et la langue latine morte, 92. — S'il revenait au monde un *civis Latinus* du temps d'Auguste, il rirait à gorge déployée en entendant un Français parler latin, et lui demanderait peut-être : quelle langue parlez-vous ? 96.

AUGUSTIN (saint). Fénelon dans ses *Maximes des Saints* lui est très-peu comparable, 30.

AUGUSTINS (les) *de Paris.* Siége qu'ils soutinrent contre le Parlement en 1653, 288. (289.)

Aut Lugdunensem, etc. (Palleat nt nudis pressit qui calcibus anguem. — Aut Lugdunensem rhetor dicturus ad aram. Juvénal, satire 1re, vers 43) 3.

Autel ancien, en forme de piédestal découvert à Lyon (*Voyez* Taurobole), 194.

AUVRY (Claude), évêque de Coutances, trésorier de la Sainte-Chapelle. Il avait été camérier du cardinal Mazarin, et c'est ce qui avait fait sa fortune. Le dernier de juillet 1667, il s'avisa de faire mettre un pupitre devant la stalle première du côté gauche, que le chantre fit ôter à force ouverte.... 126.

AVAUX (le comte d'), ambassadeur en Hollande, fait des plaintes au sujet de la publication de *l'Esprit des Cours*, 94.

Avocats de Lyon (les). Despréaux a été pleinement convaincu de leur noblesse.... (Les principaux étaient alors MM. Basset, Valous, Dufournel, Aubert, Brossette, Terrasson, Gillet, Goy, Guillet, etc.). 43.

AYMARD (Jacques), ou *l'Homme à la baguette*, paysan de Saint-Véran (non de Saint-Marcelin), en Dauphiné, découvre les sources, les bornes déplacées, l'argent caché, les choses volées, les meurtres et assassinats, 225.
— Sentiment de Despréaux sur ce personnage et ses prétendues découvertes. 227. — Ce qu'en pense Brossette, 229. — (Mort dans sa patrie au mois de mars 1708. — *Cizeron-Rival*), 267. (226.)

B

BALDE. Au sentiment de Despréaux, Domat vaut mieux que lui, 182.

BALZAC (Jean-Louis Guez, seigneur de), membre de l'Académie Française. Né en 1594. Mort en 1654. L'Académie Française examine son *Aristippe*, 43. — Elle abandonne cet examen, 46. — Question qu'il fait à Voiture, 260. (125, 128, 323.)

BANNEZ, jésuite, fameux casuiste, 250. (251.)

BARBIN, libraire de Paris. Despréaux n'a fait qu'entrevoir chez lui *La Montre d'amour* de Bonnecorse, 38.

BARNÈS (Jean), né en Angleterre, supérieur des Bénédictins, à Douai, se retira à Paris vers 1624, pour éviter l'inquisition : mais il fut pour certains écrits conduit à Rome et emprisonné, en 1625, et y mourut trente ans après. Auteur d'un traité *contre les Équivoques*, imprimé en 1625, où il explique l'origine de la doctrine des *Équivoques*, 254. — Despréaux n'a pas besoin de son livre. Pourquoi ? 256.

BARRIN (l'abbé), chantre de la Sainte-Chapelle, fait ôter à force ouverte le pupitre que le trésorier avait fait mettre devant la stalle première du côté gauche de la Sainte-Chapelle, 126.

BARTET, secrétaire du cabinet de Louis XIII, âgé de cent huit ans (mort à la fin du mois d'août, 1707). Brossette dit à Despréaux, qu'avec sa vigueur d'esprit, il pourra atteindre l'âge de Bartet, 251.

Bàville. Chanson faite par Despréaux à Bàville, dans le temps des noces de M. de Bàville, depuis intendant du Languedoc. Quelles sont les *Trois Muses en habit de ville* qui commencent le second couplet, 109. (143.)

BAYLE (Pierre). Sur l'inexactitude de ce qui est dit, dans son dictionnaire critique à l'article *Arnauld* du motif qui a porté Despréaux à composer son Épitre de l'*Amour de Dieu*, 307.

BEAUCHASTEAU (François Chastelet de), était un exécrable comédien et passait pour tel. L'Épigramme faite pour son fils par le frère aîné de Despréaux passait pour fort jolie. Pourquoi ? Acteur de l'hôtel de Bourgogne, il débuta en 1633, et mourut en 1665. Son emploi était les seconds rôles tragiques et comiques. Molière, dans l'*Impromptu de Versailles*, joué en 1663, tourna en ridicule la façon dont Beauchasteau jouait *Rodrigue* dans le *Cid*. (*Cizeron-Rival*.) 241.

BEAUCHASTEAU (François-Mathieu Chastelet de), fils du précédent, poëte, né à Paris en 1645. A 12 ans publia ses poésies sous ce titre : *La Lyre du jeune Apollon, où la Muse Naissante du Petit Beauchasteau,*

1657, in-4. Vers à sa louange attribués à Despréaux. Vers de Jérôme Vida qui peuvent former l'horoscope des vers de ce jeune poëte, 239. — L'Épigramme sur le *Petit de Beauchasteau,* qu'on attribue à Despréaux est de son frère aîné qui a été de l'Académie Française. Ce que devint en Angleterre ce Petit de Beauchasteau, 241.

BELLENAVE (Charles-François de Rochechouart, marquis de). Au sujet des fromages envoyés à Despréaux par Brossette (Broussin et Bellenave, tous deux amis de Despréaux, étaient d'une délicatesse outrée sur le chapitre de la bonne chère (*Voyez* la Satire du *Festin*, et l'*Épître à M. de Lamoignon*. Cicéron-Rival) 258.

BENSERADE. Rondeau fameux qu'on a fait autrefois contre les métamorphoses en Rondeaux par Benserade, récité à un dîner donné par Brossette à Dom Le Vasseur, M. Dugas, etc., 209. (211, 215.)

BERNIER (François), philosophe et voyageur, médecin du grand Mogol, auteur de l'Abrégé de la philosophie de Gassendi, de voyages, etc. Né à Angers. Mort à Paris en 1688. (35, 36, 38.)

BERRY (le duc de), passé par Lyon au retour du voyage qu'il a fait sur la frontière pour accompagner le roi d'Espagne, son frère, 74.

BERTAUD (l'Eunuque), musicien de chez le Roi. Au sujet d'un bon mot de Despréaux sur Racine, 254, (256.)

BINET (le père) jésuite, auteur d'un poëme sur la *Physionomie.* Sa traduction en vers français de l'Épigramme latine du père Vanière à la louange de M. de Puget, 290. — Brossette envoie à Despréaux ce petit poëme. Le père Binet, sachant que Brossette voulait faire cet envoi, a travaillé pour ses vers au redoutable nom de Despréaux. Vers du même joints au petit poëme, 318. — Despréaux a lu tout au long son Églogue, et l'a trouvée très-Virgilienne, 320.

BOCHART (Samuel.), ministre protestant. Né à Rouen en 1599. Mort en 1667. Son opinion sur Phérécide qui a fait un cadran dans l'île de Cyros, 98. — Despréaux n'a jamais rien lu de lui, 99. — Despréaux ne fait pas grande estime de tous ces savants. Pourquoi? 100. (101, 107.)

BOILEAU (Etienne), prévôt de Paris (nommé par saint Louis), exerça la police. Cité dans le Traité de la police, etc., par de La Marre, 263.

BOILEAU DE PRÉAUX (Nicolas). Arrêt de sa noblesse, 9. — Sa généalogie depuis Jean Boileau en 1372, 26. — Il n'y a peut-être pas d'homme en France si Parisien que lui; il se regarde néanmoins comme un habitant de Lyon. Pourquoi? La nouvelle édition de ses œuvres est déjà commencée. L'Édition en grand sera magnifique, 57. — Brossette lui soumet ses réflexions sur les gravures de cette nouvelle édition, 59. — Sa nouvelle édition (celle de 1701) voit le jour avec succès, 71. — Il fait partie de la nouvelle Académie des Inscriptions. Il a trouvé fort beaux les vers que Brossette lui a envoyés, et dignes de Vida et de Sannazar..., mais non pas d'Horace et de Virgile; et quel moyen d'égaler ces grands hommes dans une langue dont nous ne savons pas même la prononciation? 89. — Les deux Épigrammes latines dont il désire savoir le mystère ont été faites dans sa première jeunesse, 106. — Il envoie à Brossette le compliment Catullien que lui a fait un Régent de seconde du collége de Beauvais, 108. — Énigme qu'il a faite à l'âge de dix-sept ans, 162. — S'étant quelque fois couché Janséniste touchant au Calviniste, il est tout étonné qu'il se réveille Moliniste approchant du Pélagien, 171. — Son Dialogue sur les Héros de Roman n'ayant jamais été écrit, ce que Brossette en a lu à la suite des œuvres de Saint-Évremont ne peut sûrement être un ouvrage de lui, 176. — Il regarde la querelle que les jésuites ont cité avec M. Arnauld sur Jansénius, comme une vraie dispute de mots, 177. — Cause de son Épigramme de Lubin, 197. — Méchante affaire qu'il s'est faite par sa satire contre l'*Équivoque*, 212. — Son bon mot au Roi au sujet de *Gros* et de *Grand*, 232. — Sa dispute avec le Roi à propos du mot de *Rebrousser chemin*, 233. — Il est ravi que MM. de Lyon aient une aussi bonne opinion de lui. Le public et ses libraires surtout le pressent fort de donner une nouvelle édition *in-quarto* de ses ouvrages, et il promet à Brossette, que s'il se résout à leur complaire, elle sera du caractère qu'il souhaite, 249. — Son Épître vi à M. de Lamoignon traduite en latin, 250. —

Brossette a reçu cette traduction qu'il trouve extrêmement belle. On y trouve une latinité pure, des expressions choisies, la naïveté d'Horace, etc., etc. Ces diverses traductions de ses ouvrages de son vivant prouvent mieux leur excellence. On ne saurait citer un exemple pareil dans toute l'antiquité, 252. — Sa Satire du Festin est traduite en vers latins, 253. — Son Sonnet sur sa nièce, morte à l'âge de dix-huit ans, 254. — Il a été attaqué depuis quatre mois d'un tournoiement de tête, qui ne lui a pas permis de s'appliquer à rien... Le voilà en quelque sorte guéri, 255. — Explication de son Sonnet sur sa nièce, 256. — Il a reçu les fromages de Brossette, 257. — Traductions latines que l'on vient de faire de six parties de ses ouvrages, 258. — Il a mis la dernière main à sa Satire de l'Équivoque, 262. — A soixante-dix ans il se croit encore ce même ennemi des méchants vers qui a enrichi le libraire Thiery, 268. — Il est malade et vraiment malade. La vieillesse l'accable de tous côtés. L'ouïe lui manque, sa vue s'éteint, il n'a plus de jambes, et il ne saurait plus monter ni descendre qu'appuyé sur les bras d'autrui, 280. — Objection que lui fait Brossette sur ce vers de sa Poétique : *De Styx et d'Achéron peindre les noirs torrents*, 281. — Le moindre travail le tue, 282. — Il a trouvé les vers que lui a adressés Brossette très-obligeants et très-spirituels, 302. — Il répond encore à Brossette au sujet de : *Là je trouve la croix de funeste présage*, et sur son Épître de l'Amour de Dieu, 305. — Il est toujours accablé de nouvelles maladies et de nouvelles infirmités, et il n'attend plus que la fin de sa vie qui, vraisemblablement, arrivera bientôt, 309. — Son portrait peint à Lyon pour plusieurs personnes, d'après celui qu'il a envoyé à Brossette. Dans peu de temps, il va être multiplié dans tous les cabinets des plus honnêtes gens de cette ville, 317. — Sa maladie l'empêche de s'appliquer le moins du monde à quelque chose d'important qu'il ne lui prenne un mal de cœur tirant à défaillance, 320. — Ses maladies ne font que croître et embellir. Du reste, il ne sent point que son esprit soit diminué, mais pour son corps il diminue tous les jours visiblement, et il peut déjà dire de lui, *fuit*, 322. — Sa mort chrétienne. Il a été enterré à la Sainte-Chapelle, où il avait été baptisé. Il a donné la plus grande partie de ses biens aux pauvres, 326. (16, 203, 213.)

BOILEAU *aux prises avec les Jésuites*, ouvrage où l'on décrit toute l'histoire du dernier démêlé qu'il a eu avec eux, au sujet des journaux de Trévoux, 237.

BOILEAU (Gilles), frère aîné de Despréaux, contrôleur de l'argenterie du roi, membre de l'Académie Française. Né à Paris en 1631. Mort à Paris en 1669. — Est l'auteur de l'Épigramme faite à l'occasion du *Petit de Beauchâteau*, 241.

BOILEAU (Jacques), frère de Despréaux, docteur de Sorbonne, doyen et grand vicaire de Sens, chanoine de la Sainte-Chapelle. Né à Paris en 1635. Mort en 1669 — Auteur de l'*Historia Flagellantium*, 44. — Il engage Despréaux, qui n'avait que dix-neuf ans, à faire des vers phaleuces à la louange du comte de Brienne, qui était déjà fou, 106. — Indignement traité par les jésuites de Trévoux au sujet de son livre des *Flagellans*, 167. — Son accommodement avec les jésuites de Trévoux, 177. — Il annonce à Brossette la mort de son frère Despréaux, 325. — Il mettra à part tout ce qui pourra lui convenir, comme lettres et autres ouvrages qu'il aura soin de lui envoyer, 326 (121, 132, 136, 174.)

BOIVIN (Jean), garde de la bibliothèque du Roi, professeur royal de langue grecque, membre de l'Académie Française. Mort en 1726. — Despréaux envoie à Brossette son Epigramme de l'*Anthologie*, qu'en a faite en grec M. Boivin, et écrite de sa main, avec quelques vers français de sa façon qu'il a imités des vers grecs d'un ancien père de l'Église, et qui sont au dos de l'Épigramme, 157.

BON (de). Découvre une propriété jusqu'à présent inconnue dans l'araignée, celle de faire des tissus précieux avec la soie qui forme le cocon dont elle enveloppe ses œufs, 310.

BONNECORSE, poète marseillais, auteur de *Lutrigot*, *La Montre d'Amour*, etc., avait été consul de France au Caire. Mort en France en 1706, 1. — Brossette envoie à Despréaux un exemplaire du livre de Bonnecorse qui vient de paraître, et qui est infailliblement le seul qui aura le bonheur d'aller à Paris, 2. (3, 35, 36, 37, 38, 42.)

Bouat (Jean-Alexandre), sieur Dufieu, bourgeois de Paris, âgé de 44 ans, accusé du meurtre de Savari, 172. (173.)

Boudet, libraire à Lyon. — Il a remis à Brossette, de la part de Despréaux, trente livres pour la loterie de l'hôpital de Lyon, 86. (72, 85.)

Bouhours (le père). — Ses *Réflexions sur la manière de bien penser*, commentées par le marquis d'Orsi (Bologne, 1703), 299.

Bourdaloue (Louis), jésuite. Né en 1632. Mort en 1704. — Assiste au banquet de noces de M. de Daville, où une dame ayant chanté à table une chanson à boire dont l'air était fort joli, mais les paroles très-méchantes, tous les convives, le père Rapin, qui était de la noce, et lui, exhortèrent Despréaux à faire de nouvelles paroles, et il apporta le lendemain quatre couplets qui réussirent fort, à la réserve des deux derniers, qui firent un peu refrogner le père Bourdaloue. Pour le père Rapin, il entendit raillerie, et obligea même enfin le père Bourdaloue à l'entendre aussi, 113. — Disputant avec Despréaux sur quelque matière, et ne sachant que répondre, a-t-il dit avec emportement : — *Il est bien vrai que tous les poëtes sont fous*, à quoi Despréaux aurait répondu : — *Vous vous trompez, mon père; allez aux Petites-Maisons, vous y trouverez dix prédicateurs contre un poëte*, 214. — Cette anecdote est vraie; version de Despréaux, 213. (170, 215.)

Bourgogne (le duc de) passe par Lyon au retour du voyage qu'il a fait sur la frontière pour accompagner le roi d'Espagne, son frère, 74.

Bourgogne (Mme la duchesse de). On a dit à Despréaux qu'elle avait envoyé au roi d'Espagne l'édition de ses œuvres en grand et magnifiquement reliée, 86.

Boursault (Edme), poëte. Né en 1638. Mort en 1701. — Fait rapporter dans une de ses lettres sur un abbé qui se déclara hautement contre la pluralité des bénéfices, 36. — Est, au sens de Despréaux, de tous les auteurs qu'il a critiqués, celui qui a le plus de mérite, 38.

Bourvalais (Paul Poisson de), fameux traitant de la noblesse, 7.

Brébeuf. Sa *Pharsale* est de l'avis de Despréaux, le livre où Brossette peut le plus trouver d'exemples du μετεωρα des Grecs, ou espèce d'enflure particulière que le mot d'enflure n'exprime pas assez, 276.

Brienne (Henri de Loménie, comte de), mort en 1698. La seconde Épigramme que fit Despréaux à l'âge de dix-neuf ans regarde M. de Brienne, jadis secrétaire d'État, qui était alors dans la folie de faire des vers latins, et surtout des vers phaleuces, et qui est mort fou et enfermé, 106.

Brisson, chantre de *la Puce*, 164.

Bronod, avocat au conseil. La ville de Lyon le charge de payer à Despréaux sa rente viagère, 99. (100, 114, 163, 185, 208, 294, 295, 313.)

Brossette (Claude), seigneur de Varennes-Rappetour, avocat au Parlement et aux Cours de Lyon, ancien échevin de cette ville. Né à Theizé, paroisse du Lyonnais, le 8 novembre 1671. Mort à Lyon le 13 juin 1713. — Despréaux le compare, à propos de ses censures, à M. Patru et à M. Racine. Pourquoi ? 162. — Il publie son livre : *Les Titres du droit civil et canonique, rapportés sous les noms françois*, etc., 180. (Brossette dédia à Paris en 1691, avec les deux fils de M. Domat, *Ciceron-Rival*.) — Il est chargé par le prévôt des marchands, et les échevins de Lyon, de composer et de faire imprimer l'*Éloge historique de la ville de Lyon*. Plan de cet ouvrage. Don d'exemplaires qui en sera fait tous les ans, 246. — Son mariage, 247. — Ce que Despréaux lui dit à l'occasion du mariage. Il ne faut pas prendre les poëtes à la lettre sur ce qu'ils disent. Pourquoi ? 220. — Il envoie à Despréaux une Épigramme qui a paru il y a cinquante ans sous le nom de *Boileau*. Elle lui semble plutôt de son frère l'académicien. Ils sont à la louange du Petit de Beauchâteau, 238. — Il lui mande que, dans la nouvelle édition de ses œuvres, il devrait faire imprimer ses poésies en caractères romains plutôt qu'en caractères italiques, qui sont moins agréables, comme il l'a pu remarquer dans sa précédente édition in-4 (celle de 1701), 247. — Preuves de l'excellence des ouvrages de Despréaux par des diverses traductions qu'on en fait. — Il n'a point de laquais poëte, 260. — Emploi de l'article défini, 268. — Despréaux l'entretient des traductions qui sont faites de ses ouvrages. Il voit bien que dans peu il n'y aura

pas une de ses pièces qui ne soit traduite; car le fen y est dans l'Université, 272. — Il se trouve dans une assemblée de gens distingués par leur rang et par leur esprit, où l'on disputa quel était le moins pire d'être sourd ou aveugle... Il put croire revivre les éloges ridicules que l'on a fait autrefois de la goutte et de la folie... Que pense Despréaux à ce sujet, 279. — Sentiment de Despréaux sur ces questions, 281. — Despréaux lui répond sur quelques mots de sa traduction de Longin, et sur un vers de sa Poétique, 283. — Il sait gré à Despréaux de préférer les avantages de la vue à ceux de l'ouïe. Pourquoi? 284. — Il lui demande un éclaircissement qui lui est absolument nécessaire pour l'intelligence de ce vers de sa satire viº :
Là je trouve une croix de funeste présage,
ou avertissement des couvreurs, 285. — On rirait à Paris, dit Despréaux à Brossette, d'un homme qui ferait son objection au sujet de la croix d'avertissement des couvreurs, 293. — Despréaux destine principalement sa poésie expirante à témoigner à toute la postérité les obligations particulières qu'il lui a, 295. — Son Épître en vers à Despréaux, 296. — Il mande à Despréaux ce qu'il a appris concernant son Épître De l'Amour de Dieu, 297. — Il a si bien réussi dans ce poème, qu'on peut dire que si le plus grand théologien du siècle (Arnauld) a pris la défense de la poésie, le plus grand de nos poètes a fait honneur à la théologie, 298. — Son sentiment sur le caractère et le talent poétique de Racine, comparés à ceux de Pierre Corneille, 308. — Il s'excuse de sa paresse et de sa négligence. Il vient de faire l'acquisition d'un fief nommé Varennes. Motifs. Il a travaillé à achever son Histoire de Lyon. Cause curieuse plaidée à Lyon entre deux femmes qui se prétendent mère du même enfant, 321. — Il ne craint d'entendre parler Despréaux de ses maux parce qu'ils l'affligent, et qu'ils le font souffrir lui-même, 323. — Il mande à l'abbé Boileau l'effet qu'a produit sur lui la peinture affligeante qu'il lui fait de l'indisposition de son frère, 324.

BROUSSIN (René Brûlart, comte de). [Voyez Bellenave], 258.

Brusling (racine de), remède contre l'hydropisie, indiqué à Brossette par M. Vaginay pour le soulagement de Despréaux, 266.

C

CADMUS. Il est resté dans la mémoire de Despréaux de ses études de droit civil, qu'il comparait les lois du Digeste aux dents du Dragon que sema Cadmus... La lecture du livre de M. Domat lui a fait changer d'avis, 182.

Café (le), poème latin du Père Fellon, 87.

Calabre. Scaliger raconte qu'un soldat français étant dans la Calabre, et ayant courroucé des abeilles pour avoir pris leur miel, elles tuèrent ce soldat et son cheval, 142.

CALIGULA (le tombeau des deux Amants trouvé à Lyon est, selon quelques-uns, celui d'Hérode et d'Hérodias, qui furent relégués à Lyon par), 242.

CALISTHÈNE, historien, ce qu'en dit Longin, et comment Despréaux l'a traduit, 276.

Calviniste (Despréaux), 171.

Capitation imposée à la ville de Lyon. Elle commença en 1695 et fut supprimée quelque temps après, et rétablie en 1710, 76.

CARDON (Jacques), fameux libraire à Lyon, où il fut échevin en 1636. En l'année 1631, il imprima un livre intitulé : Apologeticus Patris Stephani Facundez è societate Jesu;... L'abbé Boileau voudrait bien avoir ce livre et celui dont il est l'apologétique, et qui apparemment a aussi été imprimé à Lyon; il prie Brossette de les lui procurer, 129. — Anisson, son successeur, 135.

CARPEGNA (le cardinal), vicaire de Sa Sainteté. Que dira Despréaux d'une thèse soutenue à Rome dans le collège romain, dédiée au cardinal, sur la question célèbre : De la suffisance de l'attrition avec le sacrement? 247.

CASE, riche banquier à Lyon, chez qui La Fontaine est venu. Pendant le séjour qu'il y fit, M. de Puget lui lut sa fable : le Chien politique (Ciceron-Rival), 234.

CATINAT (le maréchal de). [Voyez le P. Lamy], 224.

CATULLE. Despréaux dirait avec lui : Et quod vides periisse, perditum ducas, 53. (102, 189.)

CAVELAT (P.), imprimeur à Lyon, en 1626, 135.

CÉSAR (Jules). Au sujet du temps qu'il

mit à passer le Rhin avec son armée. Combien de jours? 137. (139, 140, 141, 159, 197, 220.)

Chanson faite par Despréaux aux noces de M. de Baville, et chantée à table en présence des PP. Bourdaloue et Rapin qui étaient de la noce, 109. (119.)

Chantre (le), tué sur un pont de bois, sur la Saône, à côté de Brossette. (*Voyez*, de Chavannes.) 184.

CHANUT, avocat, chargé des affaires de la ville de Lyon à Paris. Il dîne avec Despréaux, 46. — Sa mort, 99. (100.)

CHAPELAIN (Jean), poëte, membre de l'Académie Française. Né à Paris en 1595. Mort en 1674. Despréaux ne met aucune différence entre la traduction de l'Iliade par Régnier, et la Pucelle de Chapelain, 60.

Chapelain décoiffé, petit poëme auquel Despréaux et Racine ont eu quelque part, 94. — Celui qui a eu le plus de part à cette pièce, c'est Furetière, 96. (95, 98.)

CHAPELLE (Claude l'Huillier, dit), auteur d'un voyage (avec Bachaumont) en partie en vers. Mort en 1616, à 70 ans. « Il n'a pas trop bien profité, dit Despréaux; de l'avis que j'y donne aux auteurs attaqués dans mon livre (Préface pour l'édition de 1666), d'attendre pour écrire contre moi, que leur colère soit passée. » 98.

CHARLES-MARTEL. (*Voyez* Dagobert, au sujet de l'Homme à la baguette.) 227. (267.)

CHARPENTIER (François), poëte, membre de l'Académie Française. Né à Paris en 1620. Mort en 1702. Au sujet de la version qu'il a faite de l'Épigramme grecque où il disait qu'*Homère tenoit la plume*... 128. — Brossette va donc chercher dans Charpentier, c'est-à-dire dans les étables d'Augias, de quoi rectifier la petite narration en rimes que Despréaux a composée à la sollicitation de M. Le Verrier? 154. (133, 147, 149, 161, 162.)

CHATEAUNEUF (l'abbé de). Il était grand ami de Despréaux. C'est le même dont il est fait mention dans la vie de Ninon de Lenclos. Brossette lui porte envie, à M. Le Verrier, à tous les amis enfin de Despréaux, qui peuvent le voir et l'entretenir aussi souvent qu'ils le veulent... 145. (197.)

CHAVANNES (M. de). Chantre de l'Église collégiale de Saint-Paul de Lyon, est écrasé à côté de Brossette (le 30 août 1704), sur le pont de Saint-Vincent. Ce pont, qui était en reconstruction, avait été construit d'une manière fort pesante en 1659, 184.

CHAVIGNY (Marguerite), femme de Brossette, née en 1636, morte en 1716. Brossette en eut deux fils et deux filles. L'un des fils a été marié à Mlle Pestalozzi, sœur du célèbre médecin de ce nom; l'une des filles à M. Robert de La Bâtie (*Ciceron-Rival*). 218.

Chiens qui ont vécu jusqu'à vingt-deux ans, 98. — Celui de Louis XIV a vécu jusqu'à vingt-trois ans, 100. (101.)

CHOPIN, chantre de la *Pucé*, 164.

CICÉRON. S'il revenait au monde, il rirait à gorge déployée des ouvrages latins des Fernel, des Sannazar et des Muret, 89. — M. de Lamoignon, élu membre de l'Académie Française en remplacement de Claude Perrault, a nettement refusé cet honneur. Despréaux ne sait si ce n'est point par la peur d'avoir à louer l'ennemi de Cicéron et de Virgile... 148. — Ce qu'il dit à Atticus, 237. (61, 92, 291.)

Climène (Épigramme à), ouvrage de la première jeunesse de Boileau, caprice imaginé pour dire quelque chose de nouveau, 113.

CNEPH, dieu des Égyptiens, qui portait sur la tête une plume royale; cité par Brossette à l'Académie de Lyon, au sujet de l'ode de Despréaux où il parle de la plume que le roi porte sur son chapeau, 67.

COFFIN (Charles), régent de seconde du collège de Beauvais, envoie à Despréaux un compliment Catullien (imprimé en février 1702), que celui-ci adresse à Brossette, 108.

COGNARD et RIBOU, fameux libraires de Paris. Ce qu'ira faire chez eux Despréaux, si Brossette exécute sa menace de lui envoyer le livre de M. Perrachon, 78.

COLONIA (le Père Dominique de), Jésuite, auteur d'une *Histoire littéraire de la ville de Lyon*, etc. Né à Aix en Provence en 1660. Mort à Lyon en 1741. Son discours sur le monument antique trouvé à Lyon (Taurobole), avec la représentation de ce monument, 198. (199.)

Condrieu (vin de), envoyé à Despréaux par Brossette, 323.

CORNEILLE (Pierre). Qui est-ce qui va

TABLE ANALYTIQUE.

remplacer à l'Académie Française son frère qui lui a succédé? 30. — Quel est, dit Brossette à Despréaux, le jugement qu'ils doivent porter d'une petite dissertation qui vient de paraître : *Sur les Caractères de Corneille, et de Racine, contre le sentiment de La Bruyère*. L'auteur de cet écrit prétend prouver que *Corneille peint les hommes tels qu'ils ont été, et que Racine les peint autres qu'ils n'ont été*... 308.

CORNEILLE (Thomas). Il vient de mourir. Despréaux n'a-t-il pas perdu un autre ami en sa personne? Qui est-ce qui va le remplacer à l'Académie Française? 307; (314.)

Coteaux. C'étaient trois grands seigneurs tenant table, et qui ne voulaient que du vin d'un certain coteau de la Champagne. Ces messieurs étaient : le marquis de Bois-Dauphin, le comte d'Olonne, et l'abbé de Villarceaux (*Cicéron-Rival*). 258.

COUSTARD, conseiller au parlement. Le portrait de Despréaux a été peint pour lui par Rigaud, 248. — Brossette va lui écrire pour avoir plusieurs épreuves de la gravure de ce portrait, 267. — Despréaux mande à Brossette qu'il ne saurait manquer de réussir auprès de M. Coustard, qui n'a fait graver son portrait que pour des gens comme lui, 269. (317.)

Coutances (Claude AUVRY, évêque de), trésorier de la Sainte-Chapelle... fait mettre un pupitre devant la stalle... que le chantre fit ôter, 126.

Crémone. Brossette envoie à Despréaux une relation en vers (imprimée) du combat de Crémone. Il a pensé que cette relation pourrait ne lui être pas inutile pour rapport à l'histoire du Roi, 102 et 104.

CUJAS. Au sentiment de Despréaux, Domat vaut mieux que lui. 189.

CUPER, dans son Harpocrate, parle aussi du dieu Cneph. 68.

CYBÈLE (la déesse). Monument élevé pour conserver la mémoire d'un sacrifice de taureau qui lui fut fait l'an 160 de J.-C., 494.

D

DACIER (André), secrétaire perpétuel de l'Académie Française. Né à Castres en 1651. Mort en 1722. Despréaux croit qu'il en est de l'explication de Samuel Bochart comme du vers d'Homère au sujet du cadran de Phérécide, comme de celles de M. Dacier, sur *Atavis edite regibus*... 107. — Brossette demande à Despréaux l'Épigramme qu'il a faite sur M. et Mme Dacier, 238. — Despréaux dit qu'elle lui a paru abominable, et qu'on l'attribue à l'abbé Tallemant, 240.

DAGOBERT. Au siècle de Dagobert, on croyait de misérables imposteurs, comme *Jacques Aymard*, l'Homme à la baguette; mais sous le règne de Louis-le-Grand, peut-on prêter l'oreille à de pareilles chimères? 227. (267.)

DANGEAU (Louis de Courcillon de), abbé de Fontaine-Daniel, etc., membre de l'Académie Française. Né à Paris en 1643. Mort en 1723. Ce que Despréaux lui dit un jour à Saint-Germain au sujet de la pluralité des bénéfices, et sa réponse, 482. — L'abbé de Mervezin lui adresse une Épître *sur les Richesses*, 153. (42.)

DARÈS. Pourquoi il ne doit pas faire autorité, non plus que Dictis de Crète, pour le fait de la prise de Troyes, 138.

De la puissance et de l'autorité des rois sur l'Église. Traité attribué à M. Talon, imprimé en Hollande, 44.

DEMETRIUS PHALEREUS. Ce qu'il rapporte d'un historien qui, en parlant du ruisseau de Télèbe, rivière grande comme celle des Gobelins, se servait de ces termes... 276.

DESCARTES. Les dernières conférences de l'Académie de Lyon ont été employées à examiner l'hypothèse de Descartes pour expliquer les effets de l'aimant, contre l'opinion de MM. Huygens, Hartsoeker, et quelques autres qui n'admettent qu'un seul corps de la matière magnétique, 69.

DESGODETZ. Au sujet de ses inscriptions dans ses *Édifices antiques de Rome*, 246.

DESMARETS (Despréaux écrit : *Desmarais*), neveu de Colbert, et son successeur dans la place de contrôleur général des finances. Il mande M. Le Verrier, au moment où celui-ci allait écrire à Brossette...

DESNOUES (Mlle). C'est sur son sein que M. Pasquier, étant aux Grands Jours à Poitiers, trouva ce *Monstre* (la *Puce*) chanté par Despréaux, 163.

DESROCHERS (Étienne *Jehandier*), graveur du Roi, membre de l'Académie de peinture. Né à Lyon. Mort à Paris en 1744. Il a gravé une suite de plus de 800 portraits d'hommes illustres. Il est venu voir Brossette et l'a fort prié de lui prêter celui de Despréaux pour le graver comme les autres, 146. — Brossette mande à Despréaux qu'il a ordonné qu'on lui envoyât le portrait disgracié que Desrochers a fait de lui, sur lequel il a composé des vers, pour se venger tant de la gravure que du graveur. Son sentiment sur ces vers, 199.

DIAKA, jésuite, fameux casuiste, 250. (251.)

DICTIS de Crète. (*Voyez Darès*), 138.

DILLON (de), gentilhomme irlandais, dont la famille était attachée à Jacques II, roi d'Angleterre, et qui est mort lieutenant général des armées du Roi, est envoyé par le maréchal de Villars, pour reconnaître l'état et les forces de la ville de Lyon, menacé par le duc de Savoie, 270. — Le maréchal lui a mandé de s'en retourner, 271.

DOMAT, auteur des *Lois civiles*. Brossette fait mention de cet illustre ami dont il chérit infiniment la mémoire dans son livre : *Les Titres du droit civil et canonique*, etc., 180. — Sentiment de Despréaux sur Domat et sur son ouvrage, 182. — Il serait à souhaiter qu'on introduisît dans les écoles publiques l'étude de ses *Lois civiles*, comme on y enseigne les *Institutes de Justinien* : Alors on verrait bientôt les enfants, et les dames mêmes, devenir jurisconsultes, tant l'étude du droit serait facile, 183. (187.)

DONGOIS, greffier en chef du Parlement de Paris, était fils d'une sœur de Despréaux. (33, 35, 143.)

DONGOIS (l'abbé), doyen des chanoines de la Sainte-Chapelle de Paris, neveu de Boileau, et frère de M. Dongois, greffier en chef du Parlement de Paris. — Il a dû écrire dans les registres de la Sainte-Chapelle, en quelle année arriva le fameux démêlé du trésorier et du chantre, et quand cette querelle fut assoupie par M. le premier président de Lamoignon, 124. — Sa mort, 252. (10.)

DISSERTATION sur les caractères de Corneille et de Racine, etc. (Impr. en 1709, chez Delaulne et Musier, à Paris. Brochure de 35 pages.) (*Voyez Corneille et Racine.*) 308.

DREVET (Pierre), graveur. Né à Sainte-Colombe, près Lyon, en 1664. Mort à Paris en 1739. Il grave le portrait de Despréaux, 193. (202, 203.)

DUC (M. le). [Henri-Jules de Bourbon-Condé, duc d'Enghien, qu'on appelait alors : *Monsieur le Duc*], grand maître de la Maison du Roi. Il passe le Rhin (1672) sur un bateau de cuivre, dont il avait été construit un très grand nombre pour le passage de l'armée française..., 140.

DUGAS (Laurent), président au Présidial de Lyon, fils du prévôt des marchands de cette ville, membre de l'Académie de Lyon. Né à Lyon en 1670. Mort en 1748. — Il va à Paris, chargé d'une lettre de Brossette et de compliments pour Despréaux, 205. (41, 206, 208, 209, 210, 212, 214, 217, 288.)

DUGAS (Louis), seigneur de Bois-Saint-Just, etc., ancien prévôt des marchands, puis lieutenant général de police de la ville de Lyon. Discussion survenue entre lui et le Lieutenant-général, au sujet du tirage de la loterie de l'Hôpital de Lyon, 64. (205.)

DUMOULIN (Charles), célèbre jurisconsulte. Remarque sur les hivers de 1523 et de 1524, (t. II. Sommaire des contrats, rentes constituées, etc., n° 109), 291.

DU TREUIL, prêtre de l'Oratoire, traducteur en vers latins de la vie Satire de Despréaux. Né en 1684. Mort en 1754. Il demeure à Soissons, 276.

DU TREUIL, frère du précédent. Il apporte à Brossette, de la part de Despréaux, une épreuve de son portrait d'après Rigaud, qu'a fait graver M. Coustard, 267. (270.)

E

EDELINK. A gravé le portrait de Pascal, 200.

Éloge historique de la ville de Lyon (Brossette est chargé par M. de Montézan, prévôt des marchands de la ville de Lyon, et par MM. Dufournel, Fayot, Hubert et de Lafond, échevins, de composer et de faire imprimer l'). — Cet Éloge, écrit avec une élégante précision et qui honore l'auteur et sa patrie, fut achevé sous la prévôté des marchands de M. Ravat, en 1711, et imprimé, la même année, en un volume in-4, chez Jean-Baptiste Girin. *On donnera tous les ans un exemplaire de ce livre*, etc. — Cet usage n'existe plus. Cependant ce présent était beaucoup plus noble que celui d'un simple armorial relié et assez mal exécuté... *Ciceron-Rival*), 216. — L'impression de ce livre est commencée, 234. — Ce qu'il dit dans cet ouvrage sur le *Tombeau des deux amants*, dont il envoie l'estampe à Despréaux, 242.

ÉPICTÈTE. Despréaux n'a pas besoin de le relire pour qu'il ne puisse porter une aussi médiocre perte qu'il a faite à la loterie de Lyon, 73.

Équivoque (la Satire de Despréaux contre l'), 212. — Brossette n'ose pas même lui en demander un lambeau. Pourquoi? 215. — Despréaux va l'insérer dans la nouvelle édition de ses ouvrages, bien qu'il y attaque, à force ouverte, tous les mauvais casuistes, 245. — Il l'a mis en état de paraître aux yeux même des plus relâchés jésuites, sans qu'ils s'en puissent le moins du monde offenser. Echantillon de cette pièce (douze vers) qu'il le prie de ne confier à personne, 249. — Brossette l'attend avec impatience. A juger de toute la pièce par l'échantillon qu'il lui a envoyé, il la met en parallèle avec tout ce qu'il a jamais fait de plus solide et de meilleur, 250. (243, 247, 254, 256, 262, 265, 269, 323.)

ERICEYRA (François-Xavier de Menesès, comte d'). Né en 1673. Mort en 1743. Auteur d'une traduction (en portugais) de l'*Art poétique* de Despréaux, 77. — Il envoya, il y a quatre ans, à Despréaux, la traduction en portugais de sa Poétique, avec une lettre très-obligeante, et des vers français à sa louange, 79. (80, 84, 85, 89.)

Esprit des Cours (l'), publié en Hollande par Guedeville. Il écrit très-injurieusement contre la Cour de France, et excite les plaintes de l'ambassadeur de France, M. le comte d'Avaux, 94. (95, 96.)

ESTAING (Joachim d'). Despréaux le désigne dans sa Satire de la Noblesse, par ces vers :

Et que l'un des Capets.....
Pourquoi? 416. (117.)

ESTAING (Joachim d'), évêque de Saint-Flour, reçu comte de Lyon en 1678. Il parle longtemps à Brossette de Despréaux au sujet d'un de ses oncles, nommé Joachim d'Estaing, qu'il a désigné dans sa Satire de la Noblesse, 116. (117.)

EUSÈBE. Ce qu'il dit (*Lib. III, Praeparationis Evangelicae*, cap. 2), du dieu *Oueph*, 67. — Ce qu'en dit aussi M. Cuper... 68.

F

FABRE (le père), prêtre de l'Oratoire, né à Paris (et non à Rouen, comme le dit ici Brossette), en 1668, mort en 1753, après être rentré dans sa congrégation. Publie une édition du Dictionnaire de Richelet, avec des additions, reçoit à cette occasion, par lettre de cachet, ordre de sortir de sa congrégation. Il offre de corriger tous les endroits suspects ou dangereux... 300 et 301.

FABRETTI. Au sujet de ses *Inscriptions*, 246.

FAGUNDEZ (le père, ou *Fagundez*, Pierre-Étienne), jésuite, auteur de : *Apologeticus... pro suo libro de Lacticiniorum*... imprimé par Jacques Cardon en 1631, 130. — Sa décision lui fit des affaires en Espagne et en Portugal, ce qui l'obligea à se justifier par le livre que l'abbé Boileau prie Brossette de lui procurer, 135. (136.)

FALCONNET (André), sieur de Saint-Gervais, etc., échevin de la ville de Lyon en 1667 et 1668, 41.

FALCONNET (Camille), médecin, fils d'André Falconnet, membre de l'Académie de Lyon, auteur de : *Nouveau Système des planètes*, la *Pastorale de Daphnis et Chloé*, avec des notes ; le *Cymbalum mundi*, avec des notes, etc. Né à Lyon en 1671, mort à Paris en 1762. — Au sujet de son explication sur le passage du Rhin par Jules César et Louis XIV, Despréaux dit à Brossette qu'il croit lui avoir donné de quoi contenter sa curiosité et celle de son ami (M. Falconnet), 140. (41, 255, 288.)

FÉLIX, premier chirurgien du roi, un des meilleurs et des plus anciens amis de Despréaux. Sa mort, 144. — Sa mort a d'autant plus douloureusement touché Despréaux, qu'ils s'étaient connus dès leurs plus jeunes ans. Il était un des premiers qui avait battu des mains à ses naissantes folies, et qui avait pris son parti à la cour contre M. le duc de Montausier, 145.

FELLON (Thomas-Bernard), jésuite, membre de l'Académie de Lyon, auteur de deux poèmes latins, l'un sur l'*Aimant*, l'autre sur le *Café*. Né à Avignon, le 12 juillet 1672.

Mort le 25 mars 1759. — Son poëme latin sur la *Musique* est lu à l'Académie de Lyon, 51. — Il veut traduire en vers latins quelques-uns des ouvrages de Despréaux, 87. (44, 41, 75, 90.)

FÉNELON, archevêque de Cambrai. Né en 1651. Mort en 1715. Réception à Lyon de la bulle qui le condamne, 5. — Sentiment de Despréaux sur son livre des *Maximes des saints* et sur *Télémaque*, 30. — Brossette approuve le sentiment de Despréaux sur *Télémaque*, 31.

FERNEL. (Voyez *Térence* 89.

FERRARY DE VALLIÈRES, avocat au Parlement, porte à Despréaux, de la part de Brossette, le traité de *Meteoris orationis*, par Samuel Werenfels, 294.

Flagellans (le livre des) de l'abbé Boileau. Épigramme de Despréaux adressée aux jésuites de Trévoux, qui ont traité très-indignement son frère, au sujet de ce livre, 167.

FLÉCHIER (Esprit), évêque de Nîmes, membre de l'Académie Française. Né en 1632. Mort en 1710. Sa mort, 311.

FORESTA DE COLOGNE. (Voyez l'Évêque d'Apt), 170.

Fourvière. Inscription du monument trouvé sur la colline de Fourvière, pour conserver la mémoire d'un *Taurobole*., 194.

G

GABRIEL, qui vivait du temps d'Alexandre VI, pape, premier inventeur de la doctrine des *Équivoques*, 254.

GACON (François), poëte satirique, surnommé *le poëte sans fard*. Né à Lyon en 1667. Mort en 1725. Vers sur Fénelon : *En vain pour son système*, etc., 5.

GAILLARD (le père), un des illustres amis de Despréaux. — Réparation qu'il a faite au frère de Despréaux. 175. (170, 179.)

GASSENDI (Pierre), philosophe. Né à Chantersier, en Provence, en 1592. Mort en 1656. M. Bernier a publié un abrégé de sa philosophie, en huit volumes, 36.

GERMONT (Guillaume), prévôt de Paris, en 1344, 263.

GIBERT (Balthazar), professeur de rhétorique du collége des Quatre-Nations. Né en 1662. Mort en 1741.— Despréaux ne sait pas sur quoi se peuvent fonder ceux qui veulent conserver le solécisme qui est dans ce vers : *Que votre âme et vos mœurs peintes dans tous vos ouvrages.* M. Gibert est le premier qui lui a fait apercevoir cette faute, depuis sa dernière édition. Dès qu'il la lui montra, il en convint sur-le-champ, avec d'autant plus de facilité qu'il n'y a pour la réformer qu'à mettre, comme Brossette le dit fort bien : *Que votre âme et vos mœurs peintes dans vos ouvrages*, ou..., 148. (149.)

GILBERT, président aux enquêtes. Il était petit-neveu de Despréaux, par sa femme, Mlle Dongois. Brossette lui envoie un exemplaire de la seconde édition du *Procès-verbal des conférences*, 33. (35.)

GODEAU (Michel), professeur de rhétorique au collége des Grassins. Mort en 1736. Traduit en latin la Satire XI de Despréaux, *Sur le faux honneur*; il a déjà traduit son Épître VI, 304.

GOMBAULD (Jean Ogier de), poëte, membre de l'Académie Française. Né à Saint-Jean-de-Lussac, vers 1575. Mort en 1666. Ses quatre vers sur la mort de Colas, 58.

GOUVERNET (l'abbé de), membre de l'Académie de Lyon. 288.

GRÉGOIRE DE NAZIANZE, (saint). Au sujet des mots *Hermaphrodites*, 222.

GRIMAREST, auteur d'une Vie de Molière. Cet ouvrage semble à Brossette, moins la Vie de Molière, que l'histoire de ses Comédies, 211.

GRUTTER (Ses inscriptions au sujet de celle du tombeau des deux Amants trouvé à Lyon), 246.

Guêpe (la). Brossette se hasarde encore à parler à Despréaux de la remarque qu'il a faite dans ces deux vers du Lutrin, au sujet de la guêpe :

Tel qu'on voit un taureau qu'une guêpe en furie,
A piqué dans les flancs aux dépens de sa vie.

« Il sait par son expérience, que l'aiguillon des abeilles demeure dans la piqûre. Pourquoi ? A l'égard des guêpes, leur aiguillon est tout droit et uni, comme la pointe d'une aiguille, 142. — Despréaux ne cache point à Brossette qu'il ne croit cette prétendue mort, après avoir piqué, vraie, ni de l'abeille, ni de la guêpe. Il en faut croire le bruit public sur les abeilles et sur les guêpes, comme sur le chant mélodieux des Cygnes en mourant, et sur l'unité et la renaissance du Phénix, 143. (146, 196).

GUEUDEVILLE (Nicolas), bénédictin de la congrégation de Saint-Maur en 1671, auteur de l'*Esprit des Cours*, publié en Hollande. Il est fils d'un médecin de Rouen. Il s'est marié à La Haye avec une demoiselle de Paris, qui s'était retirée en Hollande avec M. Masclary et sa famille. Défense qui lui avait été faite de publier son *Esprit des Cours*, laquelle a été levée sur sa promesse qu'il serait plus sage, 97.

H

HARTSOEKER, physicien hollandais, mort en 1725. L'hypothèse de Descartes défendue dans les conférences de l'Académie de Lyon, contre son opinion et celle de quelques autres qui n'admettent qu'un seul cours de la matière magnétique, 69.

HÉLIODORE, évêque de Trica, en Thessalie, sous Théodose le Grand, auteur du roman des *Amours de Théagène et de Chariclée*. Fénelon, par son roman de *Télémaque*, peut être mis en parallèle avec lui, 30.

HELVÉTIUS (Adrien), médecin hollandais, grand-père de l'auteur du livre *De l'Esprit*. Mort en 1727, à 65 ans. Il guérit Despréaux d'une espèce d'hydropisie, 265. (266, 267, 269, 272.)

HENKEGRAVE, traduit en vers latins la Satire du *Festin* de Despréaux, 253.

HENSIUS, pensionnaire des États de Hollande, fait défense à l'auteur de l'*Esprit des Cours* de continuer cette publication, 94.

HERBINOT. La première Épigramme que fit Despréaux à l'âge de 19 ans était contre un jeune avocat, fils d'un huissier, nommé Herbinot. Cet avocat est mort conseiller à la Cour des Aides, 106.

HERCULE, cité par Horace, 227.

Hermaphrodites (mots) : Parallaxe, Évangile, Équivoque, etc., 222.

HIPPOCRATE, 64.

Histoire de la Poésie française. (*Voyez* Mervezin), 230.

Historia Flagellantium, par l'abbé Boileau, frère de Despréaux. Sentiment de Brossette sur cet ouvrage, 44. —Lettre imprimée contre cette histoire, 67. — Le second volume est achevé. L'auteur a de la peine à obtenir le privilége pour le faire imprimer, 121. —Brossette dit à l'abbé Boileau qu'il sait que son *Histoire des Flagellans* continue à faire du bruit. Les faibles esprits, les dévots superstitieux, et *la Fratraille* surtout, ne s'en accommoderont point ; mais qu'est-ce que les suffrages de ces gens-là, en comparaison de ceux des personnes raisonnables qui ne cherchent que la vérité et qui sont capables de la sentir : il a la raison pour lui ; et avec un tel secours, son livre abolira sans doute ces usages ridicules, et remettra toutes choses dans l'ancienne et sage pratique de l'Église, 123. (48, 52, 167, 169.)

HOMÈRE. Si on le traduisait en beaux mots, il ferait l'effet qu'il doit faire, 30. — Il va paraître une traduction en vers du 1er livre de l'Iliade d'Homère, par l'abbé Régnier-Desmarais, qui, Despréaux le croit, va donner cause gagnée à M. Perrault, 43. — Vers d'Homère où un savant prétend qu'il fait allusion au cadran que Phérécyde avait fait dans l'île de Scyros, 98. — Accusé mal à propos, de bassesse, dans le choix de quelques-unes de ses comparaisons, 161. (53, 55, 56, 58, 99, 101, 107, 138, 139, 149, 150, 161.)

Hôpital de Lyon (le grand). C'est cette maison qui, l'année passée (1699), s'avisa, la première, de faire de ces sortes de loteries qu'on a imitées presque partout depuis ce temps-là, 44. — Brossette a été député à Paris (en 1698), pour les affaires de cet hôpital, 45. — Les directeurs sont tous, à ce qu'on a dit à Despréaux, des gens de la trempe d'Aristide et de Phocion. (Les principaux étaient alors MM. Cholier, Terrasson, Giraud de Saint-Try, Bouchage, Hubert, Fayard, Dareste, etc.) 46. (52.)

HORACE. Despréaux s'appuie de son exemple et de son autorité, 32. — Nouvelle édition des œuvres de Despréaux qu'on est dans le dessein de faire à Amsterdam avec des notes, et surtout avec la conférence et le parallèle des endroits d'Horace et de Juvénal qu'il a imités, 47. — Au sujet des poésies de M. de Puget, 227. — Le traducteur de l'Épitre de Despréaux à M. de Lamoignon peut être comparé à Horace. Pourquoi ? 252. — Despréaux se réjouit de ce qu'on ne verra point entrer dans Lyon l'infidèle Savoyard,

Ce n'est point lui qui l'appelle ainsi, mais Horace qui l'a baptisé de ce nom, il y a tantôt deux mille ans, dans l'Ode : *O Deorum...*, 272. (89, 152, 169, 194, 196, 228, 258.)

Hôtel de Ville de Lyon. Sa fondation en 1647; il est achevé en 1655. Inscription nouvelle que l'on veut y mettre au sujet du passage et du séjour que les princes firent à Lyon en 1704. On prie Despréaux de décider si cette inscription doit être latine ou française. La ville de Lyon sera bien aise de lui donner cette nouvelle marque de sa déférence et de son estime, 201. — Sentiment de Despréaux sur cette inscription, 204.

HUYGENS, mathématicien. Né à La Haye en 1629. Mort dans cette ville, en 1695. L'hypothèse de Descartes, bien défendue à l'Académie de Lyon contre son opinion, 69.

I

Il a extrêmement d'esprit, ou il a extrêmement de l'esprit (savoir s'il faut dire :) — Comme faisait alors l'Académie française, 68.

Iliade (l'). On aurait de la peine à faire voir que l'*Iliade* est aussi bien appuyée que la fiction du *Lutrin* qui est fondée sur une chose très-véritable, puisqu'il y a encore des gens aujourd'hui qui nient que Troyes ait été prise, et qui doutent que Darès ni Dictys de Crète en soient des témoins fort sûrs, puisque leurs ouvrages n'ont paru que du temps de Néron, et ne sont vraisemblablement que de nouvelles fictions imaginées sur la fiction d'Homère, 138. — Comment elle a été composée (Voyez *Odyssée*), 149.

INNOCENT XI, pape, a condamné les cinq ou six des méchantes maximes que Despréaux attaque dans sa Satire de l'*Equivoque*, 212. (249.)

J

Janséniste (Despréaux), 171.

JANSENIUS (comment Despréaux regarde la querelle que les jésuites ont eu sur), 177.

Jésuites (les) de Lyon. Ils vont faire bâtir un observatoire sur la façade de la principale des trois maisons qu'ils ont dans cette ville. Le père de Saint-Bonnet a entrepris ce bâtiment. C'est un savant mathématicien qui est bien capable de l'exécuter comme il faut, 103. (170, 174, 215.)

Jésuites de Paris, 174. — Ce qu'ils pensent de l'attaque de l'*Equivoque* par Despréaux, 212.

Jésuites (estime de Despréaux pour le corps des), 177.

Jetons frappés par la ville de Lyon pour consacrer quelque action glorieuse du Roi, 16.

JOBLOT, physicien, professeur de Mathématiques dans l'Académie royale de Peinture et d'Architecture, fait à l'Académie de Lyon quelques objections contre l'hypothèse de Descartes sur l'aimant, 70. — M. de Puget répond à ces objections, 111.

JUVÉNAL. Nouvelle édition des œuvres de Despréaux qu'on est dans le dessein de faire à Amsterdam avec des notes, et surtout avec la conférence et le parallèle des endroits d'Horace et de Juvénal qu'il a imités, 47. — Au sujet des vers phaleuces que Despréaux composa à l'âge de dix-neuf ans à la louange du comte de Brienne qui était déjà fou, et qui ne les trouva pas fort bons, ne l'étant point en effet, 106. (169, 196, 259.)

L

LA BARRE (le comte de), prisonnier au château de Pierre-Sise, à Lyon, assassine M. de Manville, commandant de cette forteresse, 202.

LA CHAISE (le père de), confesseur de Louis XIV, 170.

LA FONTAINE. Le sujet de sa fable intitulée : *Le Chien qui porte à son cou le dîner de son maître*, est tiré d'une des lettres de M. de Sorbière, qui assure, que l'aventure décrite dans cette fable était arrivée à Londres du temps qu'il y était, 234. (235, 237.)

LA MARE, commissaire au châtelet de Paris, auteur de : *Traité de la police et l'histoire de son établissement*. 1703, in-fol., 263.

LAMOIGNON (Guillaume de), Marquis de Bâville, premier président au Parlement de Paris. Né en 1617. Mort en 1677. — En quelle année arriva le fameux démêlé du trésorier et du chantre de la Sainte-Chapelle qui a donné à Despréaux le sujet du Lutrin, et quand cette querelle fut assoupie par lui, 124. (29, 127, 129.)

LAMOIGNON (Chrétien-François de), premier président au Parlement de Paris. Né en 1644. Mort en 1709. — Brossette fait imprimer le

Recueil des Arrêts de feu Monsieur le président de Lamoignon, 63. — Il disait un jour à Despréaux que ses réparations étaient plus redoutables que ses injures, 74. — Nommé membre de l'Académie Française en remplacement de Claude Perrault, il a refusé nettement cet honneur. Despréaux ne sait si ce n'est point par la peur d'avoir à louer en lui l'ennemi de Cicéron et de Virgile, 148. — Brossette voudrait savoir la véritable raison du mépris que M. de Lamoignon a fait des avances de l'Académie à son égard, 151. — Traduction en latin de l'Épître VI de Despréaux qui lui est adressée, 251. — Sa mort, 299. (33, 35, 65, 113, 156, 198, 253.)

LA MONNOIE (Bernard de), littérateur, membre de l'Académie Française. Né à Dijon en 1641. Mort à Paris en 1728. Il se piquait de bien savoir la langue latine jusqu'au point de s'imaginer qu'on pouvait écrire correctement en cette langue. Mais pour décider cette question, il faudrait avoir un juge compétent, c'est-à-dire, un écrivain vivant du siècle de la bonne latinité, et c'est ce que nous n'avons pas, 94.

La Montre d'Amour, ouvrage en vers et en prose de Bonnecorse, imprimé en 1666. *L'un tient l'ÉDIT D'AMOUR, l'autre en saisit LA MONTRE.* (Lutrin, chant V.) 36.

LA MOTHE (Antoine Houdart de), littérateur, poète, auteur dramatique, membre de l'Académie Française. Né en 1672. Mort en 1731. Ses deux Odes sur l'*Émulation* et sur le *Siècle d'or*, 211. — Brossette lui donne sa voix pour remplacer Thomas Corneille à l'Académie Française, quoiqu'il y ait à Lyon des gens qui soutiennent qu'il n'est pas poëte. L'ode qu'il a adressée à Despréaux n'est pas la plus belle de celles qu'il a faites, et il lui en sait mauvais gré, 307. — Il a été élu comme Brossette l'avait prédit, et il vient de lire le discours qu'il fit à sa réception, 314. (214.)

LAMY (Dom François), bénédictin de Saint-Maur. Né en 1636. Mort en 1711. Sa lettre à M. de Puget sur un ouragan, et sur un curieux effet de la foudre, 224. (225, 226.)

LAOMÉDON (Voyez *Apollon*), 138.

LA PLACE, régent de rhétorique de Despréaux, en 1650, auteur d'un livre latin sur la pluralité des bénéfices, 184.

La Roche, petite ville proche de Genève, où le jésuite *Roueville* a fait des miracles, 179. (180.)

Les Étrangers aussi bien que les Français emploient l'italien, le portugais, le latin et le grec.... M. l'abbé Mezzabarba, italien, M. le comte d'Ericeyra, portugais, M. Boivin, *Épigramme grecque sur Homère*, MM. Rollin, de La Landelle, de Saint-Rémi, de La Monnoie, Godeau, etc. (*Cicéron-Rival*), 253.

LESSIUS (Léonard), jésuite, docteur de Louvain, fait progresser la doctrine des *Équivoques*. 254.

LE TELLIER (le père), confesseur de Louis XIV. Brossette lui attribue la lettre de cachet lancée contre la nouvelle édition du Dictionnaire de Richelet, et celle contre le père Fabre, éditeur de ce livre, 304.

Lettres Provinciales. Distinction qu'elles ont obligé la société de Jésus de faire entre des sentiments de toute la Compagnie, et ceux de quelques particuliers, 169.

LEVASSEUR (dom), feuillant de Paris, prédicateur célèbre, dîne chez Brossette en compagnie de M. Dugas et de quelques autres personnes, auprès de qui le nom de Despréaux et son mérite sont en grande vénération... La troupe, tout d'une voix, fit des acclamations à sa santé, et on y but du vin tout pur... 209.

LE VERRIER, ami de Despréaux, 128. — Petite narration en rimes, que Despréaux a composée à la sollicitation de M. Le Verrier pour amener un vers de l'anthologie, 154. — Il met des vers au bas du portrait de Despréaux, 189. (145, 191, 192, 193, 194, 196, 198, 199, 200, 203, 258, 259, 282, 306, 312.)

L'HUILLIER (Claude), dit *Chapelle*, poète (Voyez *Chappelle*), 38.

LOISEL, Chantre de la *Puce*, 164.

LONGIN. Ce que pense Despréaux du passage de Thucydide rapporté par Longin, à propos des Lacédémoniens qui combattirent au pas des Thermopyles, 107. — Sur les réflexions critiques de Despréaux sur Longin, au sujet de Zoïle, 160. — Brossette se sert de l'édition de Tollius pour relire le Traité du Sublime de Longin, 274. — Grands éloges que mérite la traduction de Despréaux qui a donné lieu à quantité de savants ouvrages,

275. — Ce qu'il dit de l'historien Calisthène, 277. (181, 281, 283.)

LONGUEIL (Christophe de), auteur d'Épîtres et de Harangues imprimées en 1530. Mort à Padoue en 1522. Ce qu'il mandait autrefois à un de ses amis qui ne voulait pas s'abandonner aux hasards d'une loterie, 50.

Loterie de l'hôpital de Lyon. Brossette engage Despréaux à prendre des billets, 44. — Il a mis à plus de cent loteries depuis qu'il se connaît, et n'a jamais vu aucun billet approchant du noir; il n'est plus d'humeur à acheter des petits morceaux de papier blanc un louis d'or la pièce, 45. — Il se résout à y mettre quatre ou cinq pistoles; il les regardera comme données à l'Hôtel-Dieu et à l'hôpital, 48. (52, 53, 55, 57, 59, 64, 66, 68, 69, 71, 72, 73, 83.)

Louis le Jeune, roi de France (charte de), 234.

Louis (Saint), roi de France. Nomme Nicolas Boileau prévôt de Paris, 263.

Louis XIII, roi de France. Il unit l'abbaye de Saint-Nicaise de Rheims qui vaut 10,000 livres de revenu à la Sainte-Chapelle, chaque chanoine doit avoir, tous les ans, un muid de vin de Rheims, 127.

Louis XIV, roi de France. Jetons frappés tous les deux ans en son honneur par la ville de Lyon, 16. — Sa statue équestre, en bronze, érigée sur la place Bellecour, 87. — Il a eu un chien qui a vécu vingt-trois ans, 100. — Depuis un mois, il s'est répandu un bruit qu'il viendrait à Lyon ce printemps (1702), afin d'être plus à portée de donner des ordres pour les affaires d'Italie, 103. — Son histoire par médailles, à laquelle Despréaux a eu part, puisqu'elle est due aux soins de l'Académie des Inscriptions, 110. — Parallèle du passage du Rhin par Jules César, et par Louis XIV, en 1672, 137 et 140. — Bon mot que lui dit Despréaux au sujet de *Gros* et de *Grand*, 231. (104, 232, 233, 234.)

LUCAIN. Ce que Brossette disait ordinairement avec lui de Thomas Corneille, 307.

LUCIUS ÆMILIUS CARPUS, l'un des six Augustaux du temple d'Auguste, à Lyon, érige le monument trouvé sur la colline de Fourvière, pour conserver la mémoire d'un *Taurobole*, ou sacrifice du taureau à la déesse Cybèle, qui fut fait par lui l'an 160 de J.-C, pour la santé de l'empereur Antonin le Pieux, pour celle de ses enfants, et pour la prospérité de la colonie de Lyon, 194.

Lutèce en l'an 160 n'osait peut-être pas encore aspirer au nom de ville, lorsque Lyon était déjà une ville considérable, décorée du titre de colonie et de municipe, et associée aux honneurs et aux privilèges du peuple romain, 195.

Lutrigot, parodie du Lutrin de Despréaux, par Bonnecorse, imprimé à Marseille et à Lyon, 35.

Lutrin. Brossette demande à l'abbé Boileau, au sujet du poëme du Lutrin, qu'il voudrait savoir en quelle année arriva le fameux démêlé du trésorier et du chantre de la Sainte-Chapelle, et quand cette querelle fut assoupie par feu M. le premier président de Lamoignon, 123. — Ce fut le dernier de juillet 1667 que cette querelle commença. Comment? 126. — Brossette se hasarde encore à parler à Despréaux de la remarque qu'il a faite dans les deux vers du Lutrin au sujet de la guêpe, 142. — Que va dire Despréaux de la liberté que prend Brossette de raisonner sur ses ouvrages, et de lui proposer ainsi ses faibles visions, qu'il le prie de regarder comme les doutes d'un homme qui ne cherche qu'à s'instruire auprès de lui. Dans le sixième chant du Lutrin, il dit :

Vers ce temple fameux, si cher à tes désirs,
Où le ciel fut, pour toi, si prodigue en miracles ! etc.

Ce temple fameux n'est-il point l'Église de Notre-Dame qui est dans le voisinage du Palais, ou a-t-il voulu seulement désigner la Sainte-Chapelle? Ce vers ne sera peut-être point obscur pour ceux qui connaissent Paris et qui l'ont vu; mais les provinciaux et les étrangers n'ont pas la même connaissance. D'ailleurs, ceux qui naîtront dans deux mille ans, et auxquels on fera apprendre par cœur et traduire ses ouvrages, comme on apprend ceux d'Horace et de Virgile, seront bien aises de savoir, précisément, ce que c'était que *ce Temple* dont il parle : *Car vous croyez bien*, ajoute Brossette, *qu'alors la langue françoise, et Paris, et peut-être l'État même, tout sera absolument changé; mais vos ouvrages, monsieur, ne changeront jamais*, 152. (129, 136, 138, 143, 152.)

Lyon (la ville de). En l'an 160 déjà considérable, décorée du titre de colonie et de municipe, et associée aux honneurs et aux priviléges du peuple romain, 194. — Despréaux ne sait pourquoi Brossette lui fait une querelle d'Allemand sur la prééminence qu'a eue autrefois Lyon sur Paris, 197. — L'hiver a été bien rude à Lyon. Les vignes sont gelées, les champs qui commencent à reverdir ne présentent que de mauvaises herbes au lieu de froment qu'on y avait semé. Certainement on est à la veille d'une grande disette, 287. — Misère à Lyon; malheurs publics, 290. — Sur la rente que fait la ville à Despréaux. Qu'il en jouisse longtemps en parfaite santé. Elle ne fait aucune dépense qui lui soit plus agréable que celle-là, 318.

M

Macarize. Roman allégorique de l'abbé d'Aubignac. Despréaux fit une Épigramme pour être mise au-devant de ce livre avec quantité d'autres ouvrages que l'auteur avait, à l'ancienne mode, exigés de ses amis pour le faire valoir; mais heureusement il la porta trop tard, et elle ne fut point insérée, 107.

Magdeleine (le poëme de la), par le P. Pierre de Saint-Louis, religieux carme. Brossette envoie ce poëme à Despréaux, 61.

MAINE (Louis-Auguste de *Bourbon*, prince souverain de Dombes, duc du). Né en 1670. Mort en 1733. Le Journal de Trévoux imprimé tous les deux mois par son ordre, 99. — Il se brouille avec M. de Montézan, prévôt des marchands de la ville de Lyon, 216.

MAINTENON (madame la marquise de). Despréaux a été à Versailles où il a vu madame de Maintenon, et le Roi ensuite, qui l'a comblé de bonnes paroles, 8.

MALEBRANCHE (Nicolas), prêtre de l'oratoire. Né en 1638. Mort en 1715. Il fait le mot *Hymne* du genre masculin. Son sentiment sur les deux ouvrages de M. de Puget, 224.

MAL-FONTAINE; prisonnier au château de Pierre-Sise, à Lyon, assassine M. de Manville, commandant de cette forteresse, 202.

MALHERBE (François de), poëte. Il a dit: *Voyez des bords de Loire et des bords de Garonne*, 283.

MARCONVILLE, donné pour confident à Despréaux, et à son frère l'abbé, dans la composition d'une Satire où on le fait rimer, *épargner* avec *dernier*, quoiqu'il ne les ait pas seulement vus passer dans la rue, 240.

MAROT (Clément). Son *élégant badinage* comparé à la délicatesse de Catulle, 189.

MARSEILLE (la ville de), beaucoup plus considérable que Paris du temps de César, 197.

MARTIAL. Despréaux est-il à l'égard de Brossette ce *Sextus* de Martial à qui il disait: *Vis te Sexte, coli, volebam amare?* 71. (139.)

MAZARIN (le cardinal). Claude Auvry, évêque de Coutances et trésorier de la Sainte-Chapelle, qui fit placer un pupitre devant la stalle, etc., avait été son camérier, 126.

MÉCÈNE (*Voyez Asconius Pædianus*), 124.

Méchants écrivains que l'on obligeait à effacer eux-mêmes leurs écrits avec la langue, etc. — Dans le temple qui est (1770) l'abbaye d'Ainay, à Lyon, 3.

Melun, beaucoup plus considérable que Paris du temps de César, 197.

MÉNAGE (Gilles), philosophe. Né à Angers en 1615. Mort en 1692. Ce qu'il dit dans son Églogue: *Christine....* « Aux rives fleuris, et de Seine et de Marne, etc. » 283. (284.)

MÉNESTRIER (le père, Claude-François) Né à Lyon en 1631. Mort en 1705. Son sentiment sur l'origine du tombeau des deux Amants trouvé à Lyon, 242.

Mercure Galant (le). Il insert le nom de Despréaux dans la liste qu'il donne des Académiciens des Inscriptions au mois de septembre, 99.

MERVEZIN (l'abbé de), Prieur de Baret, poète auteur d'un poëme sur la *Retraite*, 1 vol. in-12, imprimé à Paris en 1706. Mort à Apt, en Provence, en 1721. Il vient visiter Brossette de la part de Despréaux, et lui donne une Épître en vers *sur les Richesses* qu'il a fait imprimer à Paris, et qui est adressée à M. de Dangeau. Brossette trouve cette Épître meilleure qu'une autre qu'il avait faite, il y a deux ans, *sur la Retraite*, 153. — Il est pris pour un Camisard à son passage à Lyon, 230. (50; 157.)

Meteora Orationis (de), ouvrage de Samuel Werenfels, de Bâle, 273. — Sentiment de Despréaux sur cet ouvrage, 293. (274, 275, 277, 278, 291.)

Mézeray. (François-Eudes de), historien. Né à Rye, près d'Argentan en 1610. Mort en 1683. Ce qu'il dit du grand hiver de 1608, et ce qu'il ajoute au sujet d'un homme qu'on voulut punir comme sorcier, au lieu de le récompenser, pour avoir délivré Lyon du péril dont les glaces de la Saône menaçaient la ville, 291.

Mezzabarba (l'abbé de), de Pavie, dont le père a fait imprimer un grand recueil de médailles, et dont le cabinet a été vendu au duc de Savoie, qui en a fait présent à Mme la comtesse de Vérue; il a traduit les ouvrages de Despréaux, 84. — Sa traduction de l'Ode de Despréaux sur Namur. Il est beaucoup plus Pindare que lui, 198. (195, 199, 200.)

Miraumont (Mémoires de), où il est parlé de Jean et de Henri Boileau, 10.

Molière. Sa vie, par M. Grimarest, 211. (214.)

Moliniste. (Despréaux), 171.

Molino-Janséniste. Nom que se donne Despréaux auprès des jésuites de Trévoux, 168. (169.)

Montausier (le duc de). Il était à la Cour opposé à Despréaux, 147.

Montézan (Benoît Cachet de), comte de Garnerans, etc., prévôt des marchands et commandant de la ville de Lyon, de 1704 à 1708. Brossette a été obligé de lui donner le portrait gravé de Despréaux qu'il avait reçu de lui, 199. — Longtemps premier président au parlement de Dombes, dont la capitale est Trévoux, s'est brouillé avec M. le duc du Maine, pour avoir accepté, contre son gré, la dignité de prévôt des marchands de Lyon, 216. (203.)

Montmartre (au pied de). [CLIGNANCOURT]. Le père de Despréaux y avait une maison. C'est dans cette maison que Despréaux composa l'Épigramme sur la Puce, 162.

Muret (Marc-Antoine-François), savant littérateur. Né près de Limoges en 1526. Mort en 1585. (Voyez Térence), 89.

Musique (ce qui se dit en terme de), 274. — Remarques de Despréaux, 280.

N.

Neptune. (Voyez Apollon), 138.

Néron. (Voyez Iliade), 133.

Noailles (Antoine de), cardinal, archevêque de Paris. Né en 1651. Mort en 1729. Donne à Despréaux l'autorisation de faire imprimer sa Satire contre l'Équivoque, 213.

Noble (qualité de) jointe à celle d'avocat ou de médecin. Arrêt obtenu en faveur des avocats et des médecins de Lyon, qui les maintient dans l'usage où ils ont toujours été de prendre cette qualité. La cause a été soutenue au conseil contre le traitant de la noblesse, par M. Laurent Gillet, pour les avocats ses confrères, et par son cousin M. de La Monière, docteur en médecine, pour les médecins qui l'avaient choisi pour leur député à Paris, 39.

Noris (le père). Au sujet de son Cenotaphia Pisana, 246.

Notre-Dame (Église de). Est-ce cette Église qui est dans le voisinage du palais, ou est-ce la Sainte-Chapelle que Despréaux a voulu désigner dans ce vers du sixième chant du Lutrin : Vers ce temple fameux, si cher à tes désirs..., 152. (153.)

O

Odyssée. Est-il possible, dit Despréaux à Brossette, qu'il n'ait pas vu que le sens de l'Épigramme de l'Anthologie est, que c'est Apollon, c'est-à-dire, le génie seul, qui, dans une espèce d'enthousiasme et d'ivresse, a produit l'Iliade et l'Odyssée; que c'est lui qui les a faites, et non pas seulement dictées, et que lorsque Homère les écrivait, à peine Apollon savait qu'Homère était là..., 149.

Opéra (théâtre de l') de Paris. Malgré la famine et la misère publique, il n'y a pas de semaine où l'on n'y joue trois fois par semaine, avec une fort grande abondance de monde, 292.

Ordonnances civile et criminelle (du président Guillaume de Lamoignon). L'une fut publiée au mois d'avril 1667, et l'autre au mois d'août 1670, 29.

Orsi (le marquis d'). Dans ses considérations sur les Réflexions sur la manière de bien penser du père Bouhours (Bologne,

1703), il met Despréaux sur les rangs comme un accusateur redoutable des écrivains italiens. Il fait tout ce qu'il peut pour prouver, par ses ouvrages mêmes, qu'il n'a pas parlé sérieusement quand il a dit, le *clinquant du Tasse*, et que c'est une licence poétique, 299. — Jugement qu'il porte sur les ouvrages de Despréaux. Ce bel esprit italien n'est pas fort juste, quand il lui attribue cette sotte et grossière, et folle Satire contre le mariage, que des imprimeurs ont sottement associée à ses ouvrages, 300.

Osio, avocat à Lyon, se rend auprès de Despréaux de la part de Brossette, 217. (228.)

Oxidraques (ville des), où, au dire de Quinte-Curce (Liv. ix, ch. 5), Alexandre fut blessé par une de ces flèches barbelées comme l'aiguillon des abeilles, 142.

P

Paris. Malgré la famine qui y régna (en 1709) et les séditions de chaque jour au sujet de la cherté du pain, il n'y a jamais eu tant de plaisirs, de promenades et de divertissements, 292.

Parson, jésuite anglais, fait progresser la doctrine des *Équivoques*, 254.

Pascal (Blaise). Né à Clermont en 1623. Mort en 1662. Domat était parent, ami et compatriote de Pascal, dont la mémoire n'est pas en plus grande vénération parmi les jésuites que la mémoire de M. Arnauld, 183. — Son portrait gravé par Edelink, 200. — Son éloge, inséré dans la nouvelle édition du Dictionnaire de Richelet, a amené un grand orage du côté de la Cour, contre le livre et contre l'éditeur, 301. (203, 204.)

Pasquier (Étienne). Né à Paris en 1529. Mort en 1615. Étant aux Grands Jours de Poitiers, trouve une Puce sur le sein de Mlle Desroches, 163. — Son sentiment au sujet d'une charte de Louis le Jeune, 231.

Patru. Despréaux l'appelle le *Quintilius* de son siècle. Il revit exactement sa poétique, et pourtant la faute qui est dans ce vers et si aisée à apercevoir : *Que votre âme et vos mœurs peints dans tous vos ouvrages*, n'a point été aperçue par lui ni de personne. Depuis plus de trente ans qu'il y a que ses ouvrages ont été imprimés pour la première fois, et que dans tout ce flot d'ennemis qui a écrit contre lui, et qui l'a chicané jusqu'aux points et aux virgules, il ne s'en est point rencontré un seul qui l'ait remarquée, 149. — Patru, son illustre ami, était non-seulement un critique très-habile, mais un très-violent hypercritique, et en réputation de si grande rigidité, qu'il se souvient que lorsque Racine lui faisait sur des endroits de ses ouvrages quelque observation un peu trop subtile, comme cela lui arrivait quelquefois, au lieu de lui dire le proverbe latin : *Ne sis patruus mihi, n'ayez point pour moi la sévérité d'un oncle*, il lui disait : *Ne sis Patru mihi*, n'ayez point pour moi la sévérité de Patru. Il pourrait le dire à Brossette à bien meilleur titre qu'à Racine, puisque toutes ses lettres depuis quelque temps ne sont que des critiques de ses vers, où il va jusqu'à l'excès du raffinement., 183. (162.)

Paul (saint). Pour se servir des termes de saint Paul, Despréaux dit à Brossette qu'il fait souvent le mal qu'il ne veut pas, et qu'il ne fait pas le bien qu'il veut, 106.

Pélagien. (Despréaux se réveille souvent Moliniste; approchant du), 171.

Pellisson fontanier (Paul), historien, membre de l'Académie Française. Né à Béziers en 1624. Mort en 1693. Peint dans la *Clélie* de mademoiselle de Scudéry, sous le nom du généreux *Herminius*, 122.

Perrachon, avocat à Lyon, poète. Il devint fou, 44. — Sa mort. Par son testament il a donné aux jésuites de Lyon un fonds de six mille livres, pour en employer tous les ans le revenu à augmenter leur bibliothèque, 56. (8, 9, 11, 13, 14, 15, 18, 27, 46, 58.)

Perrault (Claude), architecte, peintre, musicien, ingénieur, médecin et physicien, membre de l'Académie Française. Né à Paris en 1613. Mort en 1688. — Brossette complimente Despréaux sur la lettre ingénieuse qu'il a écrite à Perrault après sa réconciliation, 71. — Sa mort, 145. — Despréaux n'en a point parlé à Brossette, parce que franchement il n'y a point pris d'autre intérêt que celui qu'on prend à la mort de tous les honnêtes gens. Il n'avait pas trop bien reçu la lettre qu'il lui a adressée dans sa dernière édition, et il doute qu'il en fût content. Il a pourtant été au service que lui a fait dire l'Académie, et on l'a assuré qu'en mourant il l'avait chargé de lui faire de sa part de grandes honnêtetés, et de lui assurer qu'il mourrait son serviteur. Sa mort a fait recevoir un grand affront à l'Académie Française, qui avait élu, pour remplir sa place d'académicien, M. de Lamoignon; mais M. de Lamoignon a refusé cet honneur, Pourquoi? 148. — Au sujet de la lettre que lui écrivit M. Arnauld sur son *Apologie des femmes*, 297. (49, 53, 56, 100, 156, 178, 301.)

PERRICHON (Pierre), avocat en parlement, secrétaire de la ville de Lyon, et ancien échevin de la même ville. Il était le bisaïeul de madame de La Verpillière. Despréaux prie Brossette de lui bien témoigner combien il l'estime et l'honore, et de ménager dans son cœur le remplacement d'une perte aussi considérable que celle qu'il vient de faire par la mort de M. Félix, 144. (145, 150, 157, 168, 177, 193, 198, 203, 294, 313.)

PERRIN (Pierre), connu sous le nom de l'abbé Perrin, poète et auteur dramatique. Né à Lyon. Mort à Paris en 1680. Les deux premiers vers de sa traduction du second livre de l'Énéide, 58; (64.)

PERSE. Despréaux comparé à Perse par M. Le Verrier dans son Épigramme sur son portrait, 196.

Petits vers envoyés par Brossette. Ils sont de Gacon (François), poète lyonnais, surnommé le *Poète sans fard*. Mort en 1725, 5.

Pharsale (la). (*Voyez* Brébeuf), 276.

PHÉRÉCYDE, poète qui a fait un cadran dans l'île de Scyros. Il vivait deux siècles après Homère, qui n'a pas pu parler d'un cadran qui n'était pas inventé de son temps, 98. (101.)

PHILIPPE-AUGUSTE. Il ajoute les *Fleurs de Lys* aux armes de la famille d'Estaing après la bataille de Bovines, 116.

PHOCION. Les directeurs de l'Hôpital de Lyon sont tous, à ce qu'on a dit à Despréaux, des gens de la trempe de Phocion. 46.

Physionomie (poème latin sur la), qu'un jeune jésuite latin vient de faire imprimer à Lyon, 273. — L'auteur de cet ouvrage traduit en latin la préface de Brossette, la xie Satire de Despréaux, 278.

Pierre-Scise, château ou forteresse ou bastille de Lyon, où l'on met les prisonniers d'État; bâtie sur un rocher, et qui a appartenu aux archevêques de Lyon, jusqu'à ce que Louis XIII l'ait achetée au cardinal Alphonse de Richelieu. Évasion de cinq prisonniers après l'assassinat de M. de Manville, son commandant, par le comte de La Barre, et Malfontaine, 204. (202.)

PINDARE. M. l'abbé de Mezzabarba est beaucoup plus Pindare que Despréaux, dans sa traduction de son Ode sur Namur, 198. (200.)

PLANSON, valet de chambre de Despréaux, 118. — Vient à Lyon après avoir été congédié par Despréaux, 230. — Il rapporte à Brossette un bon mot de Despréaux, dit à Louis XIV, sur la comparaison de *Louis-le-Grand* avec *Louis-le-Gros*, 231. — Motifs du renvoi de ce valet. Ce qu'il a dit du bon mot de Despréaux au Roi est vrai, mais il ne lui en a pas dit un encore moins mauvais qu'il dit à sa Majesté en la quittant, à la suite de cette dispute, 232. — Il devient poète et bel esprit. Vers qu'il adresse à *une jeune beauté que tout le monde admire*, 264. (124, 231, 237, 263, 265.)

PLINE (le jeune). Son sentiment sur la piqûre des abeilles, 142. — Il ne parle point de la manière de piquer des guêpes, mais il dit des serpens et des autres reptiles venimeux (liv. xxix, c. 23) qu'ils ne peuvent nuire qu'une fois, et qu'ils meurent eux-mêmes, après avoir jeté leur venin, 143. — Il consulte Trajan sur une inscription, 243.

PLUTARQUE. Son sentiment sur le temps qu'employa Jules César à passer le Rhin avec son armée, 137.

POLLUX, cité par Horace, 227.

POMMEREUX (de), président de l'Assemblée de la noblesse, 8.

PONTCHARTRAIN (Louis Phélypeaux de), chancelier de France. Mort en 1717, à 83 ans. Donne à Despréaux son approbation pour l'impression de sa Satire contre l'*Équivoque*, 213.

Portrait de Boileau Despréaux peint par Santerre, et que Cizeron-Rival croit être celui qui est placé (en 1770) dans la bibliothèque des Augustins de Saint-Vincent de Lyon. Despréaux est représenté souriant finement, et montrant du doigt le poème de la PUCELLE, qui paraît ouvert sur une table. Brossette l'a placé dans le plus bel endroit de son cabinet. Empressement de tous les honnêtes gens pour le venir voir, 2. — Despréaux est bien aise que son tableau excite la curiosité de tant d'honnêtes gens, et il voit bien qu'il reste encore à Lyon beaucoup de cet ancien esprit qui y faisait haïr les méchants auteurs, jusqu'à les punir du dernier supplice, 3.

PRINCE (M. le). [Louis II de Bourbon, prince de Condé, dit Le Grand, qu'on appelait alors : Monsieur le Prince.] Il passe le Rhin (1672) sur un bateau de cuivre, 140. — Ce que lui dit Voiture, 160.

Privation de l'ouïe ou de la vue (quelle est la plus grande) (Voyez à Brossette), 279. (281.)

Procès-verbal des ordonnances. Ouvrage de Brossette, imprimé à Lyon en 1699. (Il y en a eu une seconde édition augmentée en 1700). P. 1re, (29, 32, 35.)

Puce (la), chantée par les Pasquier, Brisson, Chopin, Loisel, Rapin, Scaliger, et plusieurs autres, 163. (164, 165.)

PUGET (Louis de), ou du Puget, savant physicien, membre de l'Académie de Lyon. Né à Lyon en 1629. Mort le 16 décembre 1709. Il est sans doute le premier magnétiste du monde ; rien n'est plus agréable que les expériences qu'il fait sur l'aimant, 31. — Son ouvrage contre l'hypothèse de Descartes sur l'aimant, 111. — Sa maladie. On craint extrêmement pour sa vie. Lyon y perdrait un illustre et savant citoyen, et Despréaux, un ami sincère et un admirateur zélé de son mérite, 145. — Il a repris toute sa santé, 151. — Ce qu'il dit au sujet de l'aiguillon des guêpes, 185. — Despréaux trouve qu'il lui fait bien de l'honneur en mettant son portrait en regard de celui de M. Pascal. Pourquoi ? 203. — Son nouvel ouvrage, 219. — Ses vers, que Brossette envoie à Despréaux, 223. — Il a mis en vers le sujet de la fable de La Fontaine : Le chien qui porte à son cou le dîner de son maître, pour faire allusion à la mauvaise administration des deniers publics, dont on accusait les magistrats de Lyon, 234. — Sa fable à ce sujet intitulée : Le chien politique, 235. — Sa mort, 307. — Son épitaphe (en latin) par le P. Vanière, 311. (11, 70, 75, 77, 78, 80, 82, 145, 148, 156, 175, 186, 187, 188, 196, 200, 217, 220, 221, 224, 227, 228, 237, 288.)

Q

QUESNEL (Pierre), oratorien. Né à Paris en 1634. Mort à Amsterdam en 1703. Son éloge, et des exemples tirés de lui insérés dans la nouvelle édition du Dictionnaire de Richelet, du père Fabre, soulèvent des persécutions contre le livre et contre l'éditeur, 301.

QUINAULT. Dans la mort de Cyrus, il a imité Mlle de Scudéry dans Clélie, en peignant plusieurs de ses amis sous des noms empruntés, 122. — Son opéra d'Atys, 254.

QUINTE-CURCE (Voyez Ostodraques, au sujet de la blessure d'Alexandre par une flèche barbelée), 142.

QUINTILIEN. Il dit que l'on écrivait autrement qu'on prononçait, 93. — Despréaux appelle Patru qui revit sa poétique, le Quintilius de son siècle, 149. (186, 298.)

R

RACINE (Jean). Sa maladie, 3 et 4. — Sa mort, le 22 avril 1699, 6. — Comment il a eu part, avec Despréaux, au petit poëme de Chapelain décoiffé, 96. — Brossette rappelle à Despréaux qu'il lui a promis de lui envoyer des lettres que feu M. Racine lui a écrites autrefois, avec des copies de quelques-unes des siennes, à mesure que ces pièces fugitives se présenteraient sous sa main ; il ne l'oubliera pas dans l'occasion, et il se souviendra que tout lui est bon et précieux de sa part, 128. — Pour ce qui est des lettres de Racine que Brossette sollicite Despréaux de lui envoyer, il ne saurait encore sur cela lui donner satisfaction, parce qu'il faut qu'il les retouche avant que de les mettre entre les mains d'un homme aussi éclairé que lui. Il les lui a écrites la plupart avec la même rapidité qu'il lui écrit celle-ci, et sans savoir souvent où il allait. Racine lui récrivait de même, et il faudrait aussi revoir les siennes. Cela demande beaucoup de temps. D'ailleurs, il y a dedans quelques secrets qu'il ne croit pas devoir être confiés à un tiers, 134. — Ce que Despréaux disait à Racine lorsque celui-ci lui faisait, sur des endroits de ses ouvrages, quelque observation un peu trop subtile, comme cela lui arrivait quelquefois, 153. — Où en serait un poète, dit Despréaux à Brossette, au sujet de ses remarques, si on ne lui passait, il ne dit pas une fois, mais vingt fois dans un ouvrage, ces *subaudi?* Où en serait Racine, si on lui allait chicaner ce beau vers que dit Hermione à Pyrrhus, dans l'Andromaque : *Je l'aimois, inconstant, qu'eussé-je fait fidèle?* qui dit si bien, et avec une vitesse si heureuse : *Je l'aimois lorsque tu étois inconstant, qu'eussé-je donc fait si tu avois été fidèle?* Ces sortes de petites licences de construction, non-seulement ne sont pas des autés, mais sont même assez souvent un des plus grands charmes de la poésie, principalement dans la narration, où il n'y a point de cmps à perdre. Ce sont des espèces de latinismes dans la poésie française qui [n'ont pas moins d'agréments que les hellénismes dans la poésie latine. 154. — Il abandonne Despréaux devant Louis XIV, lors de sa dispute avec Sa Majesté, à propos du mot de *rebrousser chemin*, 233. — Bon mot attribué à Despréaux sur Racine, en comparant, dit-on, Bertaud, musicien de chez le roi, avec *Atys*. Brossette ne conçoit pas pourquoi Racine se trouve placé là, 254. — L'auteur d'un écrit *sur les caractères de Corneille et de Racine*, contre le *sentiment de La Bruyère*, aboutit à dire que *Bajazet* et *Bérénice* sont des sujets trop petits pour le théâtre, mais que toutes ses autres pièces sont véritablement tragiques, 308. (8, 27, 29, 38, 137, 162, 256.)

RAPIN (René), jésuite. Né à Tours en 1621. Assiste au banquet de noces de M. de Bâville (Voyez *Bourdaloue*). Il chante la *Puce*, 161. (289.)

RÉGNIER-DESMARAIS (l'abbé François-Séraphin), poète, membre de l'Académie Française. Né à Paris en 1632. Mort à Paris en 1713. Traducteur (en vers) du premier livre de l'*Iliade*. Despréaux croit qu'en la mettant dans des seaux pour rafraîchir le vin, elle pourra suppléer au manque de glace qu'il y a dans l'année, 49. — On se divertit de cette traduction. Despréaux ne met aucune différence entre elle et la *Pucelle* de Chapelain, 167. (53, 55, 56, 58, 60.)

Relation de la réception des deux jeunes princes à Lyon (en 1701), sous la prévôté des marchands de M. de Vaginay, et le consulat de MM. Périchon, de La Roue, Cropart de Saint-Romain, et Sabot de Piyolay, envoyée par Brossette à Despréaux, 75. (76.)

Rheims (l'abbaye Saint-Nicolas de) [Voyez *Sainte-Chapelle* de Paris], 124. (127.)

Rhin (le). Combien Jules-César mit-il de jours à passer le Rhin avec son armée? 137. (139, 140, 141.)

RIBOU, fameux libraire de Paris. (Voir *Cognard*), 18.

RICHELET. Nouvelle édition de son Dictionnaire, avec des additions assez amples, par un prêtre de l'Oratoire, le père Fabre, natif de Rouen, 300. — En quoi consistent les additions à ce Dictionnaire; sa suppression. Lettres de cachet contre le livre c contre l'éditeur, 301.

RICHELIEU (le cardinal de). [Voyez *Asconius Pædianus*.] 121.

RIGAUD (Hyacinthe), peintre de portraits, directeur de l'Académie de peinture. Né à Perpignan en 1663. Mort en 1743. Brossette mande à Despréaux s'il est vrai, comme il l'a appris, qu'il a été peint depuis peu par le fameux Rigaud? Ce serait, en vérité, une chose à faire, si cela n'est pas fait, 199. — On lui a dit que l'on avait gravé son portrait en grand d'après celui qui a été peint par Rigaud, pour M. Coustard, conseiller au parlement, 248. — Si cela est, il le prie de le lui faire savoir, 251. (317.)

Rival (le). C'est ainsi que M. Le Verrier appelait Brossette, 190.

ROBUSTEL, libraire à Paris, rue Saint-Jacques. (72, 78, 82, 83, 85.)

ROHAN (Armand-Gaston de), coadjuteur, puis évêque de Strasbourg. Né en 1674; cardinal en 1712. Mort en 1749. En 1703, l'Académie Française l'élut pour remplir la place d'académicien après la mort de Claude Perrault, honneur que M. de Lamoignon avait nettement refusé. Il en a témoigné une fort grande reconnaissance, et il se prépare à venir faire son compliment. Despréaux n'a pas l'honneur de le connaître; mais c'est un prince de beaucoup de réputation, et qui a déjà brillé dans la Sorbonne, dont il est docteur. Il espère qu'il tempérera si bien ses paroles, en faisant l'éloge de M. Perrault, que les amateurs des bons livres n'auront point sujet de s'écrier : *O sæclum insipiens et infectum*... 148. (156.)

ROMEVILLE, jésuite, opérant des miracles à La Roche, proche de Genève, et à Vienne, proche de Lyon, par l'attouchement d'une bague merveilleuse qui a été au doigt de saint François Xavier, 179. — Les autorités de Lyon ne lui ont pas permis de paraître publiquement à Lyon pour faire ses miracles, 180. (181.)

Rondeau qu'on a fait autrefois contre les métamorphoses en rondeaux par Benserade, où il y est parlé de Despréaux. Quel en est l'auteur? 209. (210, 211, 214, 215.)

S

SAINT-AULAIRE (François-Joseph de Beaupoil, marquis de), membre de l'Académie Française. Né en 1644. Mort en 1742. Ses vers sur la Satire, insérés dans le journal de Trévoux (mai 1707), 247.

Saint-Barthélemy (l'Église de), paroisse dans la Cité, proche le palais. C'était la chapelle de nos rois dans le temps qu'ils demeuraient au Palais de Justice. C'était au curé qu'appartenaient les offrandes qui se donnaient à la messe que l'on célébrait à la rentrée du Parlement, 155.

SAINT-BONNET (Jean de), jésuite, philosophe et mathématicien, membre de l'Académie de Lyon. Né à Lyon. Mort en 1702. — Il va construire un observatoire sur la façade de la principale des trois maisons que les jésuites ont à Lyon, 103. — Sa mort. Comme il était sur un des pavillons de l'observatoire qu'il faisait bâtir, une machine élevée qui servait à la construction le jeta de haut en bas, et il se fracassa la poitrine en tombant sur une poutre, 110. (41.)

SAINT-ÉVREMONT. Le dialogue sur les *Héros de Roman* de Despréaux, mis à la fin de ses œuvres, 175. — Ce dialogue n'ayant jamais été écrit par Despréaux, pourquoi il ne peut pas être de lui? 176.

SAINT-FONDS (de). Sa traduction en vers français de l'Épigramme latine du père Vanière à la louange de M. de Puget, 290.

SAINT-FLOUR (Joachim d'Estaing, évêque de). Sa conversation avec Brossette au sujet de la Satire de Despréaux sur *la Noblesse*, 116.

SAINT FRANÇOIS-XAVIER. Sa bague portée au doigt du jésuite *Romeville* qui fait des miracles, 179.

SAINT-LOUIS (le père Pierre de), religieux carme, auteur du poëme de la *Magdelaine*. Tout est égal dans ce poëme : c'est un original incomparable, 61.

SAINT-LOUIS (l'Église métropolitaine de *Notre-Dame* n'a pas été bâtie par), 155.

Saint-Nicaise de Rheims (l'abbaye de), qui vaut 16,000 livres de revenu, réunie à la Sainte-Chapelle de Paris par Louis XIII, 127.

SAINT-PATER (le marquis de), lieutenant-général, est envoyé par le maréchal de Villars pour reconnaître l'état et les forces de la ville de Lyon, menacée par le duc de Savoie, 270.

Sainte-Chapelle de Paris. Brossette prie l'abbé Boileau de lui faire connaître les particularités de l'union qui a été faite de l'abbaye de Saint-Nicaise de Rheims, avec le chapitre de la Sainte-Chapelle. C'est pour servir d'éclaircissement à ces vers du Lutrin : *Je sais ce qu'un fermier*, etc., 124. — Dans le sixième chant du Lutrin, Despréaux dit: *Vers ce Temple fameux, si cher à tes désirs*. Brossette prie Despréaux de lui mander si *ce temple fameux* n'est point l'église de Notre-Dame, qui est dans le voisinage du palais, ou s'il a voulu seulement désigner la Sainte-Chapelle, 152. (126, 127, 129, 155.)

SANNAZAR. (Voyez *Térence*), 89.

SANTERRE (J.-B.), peintre. Né à Magny, près Pontoise, en 1657. Mort en 1717. Il y a longtemps que des personnes de considération demandent à Brossette la permission de faire copier le portrait de Despréaux peint par Santerre, qu'il apporta de Paris il y a huit ans. Il n'ose en laisser tirer des copies sans sa permission, 248.

SARRAZIN. Peint dans la *Clélie* de Mlle de Scudéry, sous le nom de galant *Amilcar*, 122.

SAVARY (Meurtre de). (171, 172, 174, 176.)

SAVOIE (Victor-Amédée II, duc de). Né en 1666. Mort au château de Montcallier en 1732. Il est venu, avec son armée, menacer Lyon, 270. — Il s'en retourne sur ses pas sans avoir même passé l'Isère, 271. (272.)

SCALIGER. (Voyez *Calabre*), 142. — Il chante la *Puce*, 164.

SCARRON (Paul), poëte. Né à Paris en 1610. Mort en 1660. Peint dans la *Clélie* de Mlle de Scudéry, sous le nom de l'agréable *Scaurus*, 112.

SCUDÉRI (Mlle Madeleine de). Née en 1607, Morte en 1701. Brossette a ouï dire souvent que la plupart des personnages de la *Clélie* représentaient des personnes qui vivaient de son temps, et qu'elle avait peint plusieurs de ses amis, sous des noms empruntés, 110. — On en donnait autrefois une clef qui a couru, mais Despréaux ne s'est jamais soucié de la voir. Tout ce qu'il sait, c'est que le généreux *Herminius*, c'était M. *Pellisson*, l'agréable *Scaurus*, c'était *Scarron*; le galant *Amilcar*, *Sarrasin*, etc., 122.

SÉNÈQUE. Despréaux n'a pas besoin de le relire, pour qu'il puisse supporter une aussi médiocre perte que celle qu'il a faite à la loterie de l'hôpital de Lyon, 73.

SENS, beaucoup plus considérable que Paris du temps de César, 197.

Sentence (la) *des requêtes du Palais* à l'occasion du procès du *Lutrin*. L'abbé Boileau envoie l'original sur parchemin à Brossette, 129. — Copie complète de cette sentence, 130. (182, 136.)

SERCY, fameux libraire contemporain de Despréaux. Né fit de *chés Sercey* (le roman allégorique [*Macarize*] de l'abbé d'Aubignac), *qu'un saut chés l'épicier*, 107.

SERRES (Antoine), seigneur de Chailly, conseiller au Présidial, et membre de l'Académie de Lyon. Né à Lyon en 1649 Mort en 1723, 41.

SERVIUS. (Voyez *Asconius Pædianus*), 121.

SÈVE DE FLÉCHÈRES, illustre magistrat, lieutenant général de la ville de Lyon. Mort en 1716, 64.

SÉVIGNÉ (Charles, marquis de), fils de Mme la marquise de Sévigné. Despréaux le soupçonne fort d'être le principal auteur de la publication de son dialogue sur les *Héros de Roman*; car c'est lui qui en a retenu le plus de choses, do ce qu'il en a récité de mémoire, n'ayant jamais été écrit, 176.

SIDRAC. Brossette demande à l'abbé Boileau des renseignements sur le personnage de *Sidrac*, ce vieux chicaneur, au sujet duquel Despréaux ne lui a pu rien apprendre de particulier, parce qu'il n'avait plus les idées assez présentes, n'ayant composé son *Lutrin* que sur les mémoires qu'on lui fournissait alors, sur des personnes qu'il ne connaissait qu'imparfaitement, 124. — Sidrac est un vrai nom d'un vieux chapelain-clerc de la Sainte-Chapelle, c'est-à-dire un chantre-musicien, dont la voix était une taille fort belle : son personnage n'est point feint, 127.

SIRMOND, neveu de Despréaux. Brossette a été sensible aux embarras et à la douleur qu'a causé à Despréaux la malheureuse affaire arrivée à son neveu, que l'ianson croit être le jeune Sirmond, et aux fredaines duquel, dit-il, il devrait être accoutumé depuis longtemps, 264.

SOCRATE. Cité au sujet d'Horace, 227.

Sonnet composé par Despréaux à l'occasion de la mort de sa nièce, 115.

SOTO, jésuite, fameux casuiste. (250, 251.)

STARDIN auteur du rondeau:

« A la Fontaine où s'épuyre Boileau,

« Le grand Corneille et le sacré troupeau. »

Quelques personnes l'attribuent à l'abbé de Chaulieu, mais sans fondement, (*Cizeron-Rival*), 214.

STRASBOURG (M. le coadjuteur de). [*Voyez Rohan*.] (148, 156.)

SUÉTONE. Il nous apprend qu'Auguste était d'avis qu'il fallait que l'écriture fût conforme à la prononciation. Il ne fut pourtant pas suivi : car Quintilien dit que l'on écrivait autrement qu'on prononçait, 93.

Syracuse. Archimède faisant une démonstration géométrique dans le temps qu'on prenait d'assaut cette ville, où il était enfermé, 292.

T

TALLEMANT (l'abbé). On lui attribue l'Épigramme sur M. et madame Dacier, 240.

TALON. On lui attribua le *Traité de la puissance et de l'autorité des Rois sur l'Eglise*, qui, selon Cizeron-Rival, est de M. Le Vayer de Boutigny, Intendant de Soissons, en 1686, 44. — Brossette envoie ce traité à Despréaux, 47.

TARGAS, secrétaire du Roi, parent de Despréaux, qui le prend pour sujet de son Epigramme de *Lubin*, 197.

TASSE (le). Ce que dit Despréaux : *Le clinquant du Tasse*, 299. — Il dit ensuite de ce fameux poète qu'*il a illustré l'Italie par son livre.* Ce jugement est bien du goût du marquis d'Orsi, 300.

Taurobole, ou sacrifice du *taureau* à la déesse Cybèle en l'an 160. (Inscription gravée sur un autel ancien en forme de piédestal, pour conserver la mémoire d'un), découvert sur la colline de Fourvière par des paysans qui fouillaient la terre dans la maison de M. Bourgeat. Le consulat l'a acheté, et il décore aujourd'hui (1770) la salle où s'assemblent MM. de l'Académie des Sciences et Belles-Lettres. [Cet autel est gravé dans *l'Histoire littéraire de la ville de Lyon* par le R. P. de Colonia. CIZERON-RIVAL.] 194. — Dessein qu'avait Despréaux de porter lui-même l'inscription de ce monument à l'Académie des inscriptions, 197.

Télèbe, ruisseau, comparé par un historien à un fleuve, 276.

TÉRENCE. S'il revenait au monde, il rirait à gorge déployée des ouvrages latins des Fernel, des Sannazar et des Muret, 89. — Ce qu'il dit à propos de l'explication un peu forcée de certains auteurs, 107.

TEISSEREAU, auteur de l'*Histoire chronologique de la chancellerie*, où il est parlé de Jean Boileau, notaire, en 1342, 10.

Thermopyles. Sentiment de Despréaux sur le combat des Lacédémoniens au pas des Thermopyles, rapporté par Thucydide, 107.

Thèse sur la suffisance de l'attrition avec le sacrement, soutenue à Rome par MM. Antoine Ré et Thomas Assengo. (*Voyez* le *Mercure Galant* août 1708.) 247.

THIERS (Jean Baptiste), bachelier de Sorbonne, puis curé au Mans. Né à Chartres en 1636. Mort en 1703. Despréaux défend son frère contre lui et contre les jésuites de Trévoux, d'avoir attaqué, dans son *Histoire de la flagellation*, la discipline en général, quoiqu'il n'en reprenne que le mauvais usage, 167. (169.)

THIERRY, fameux libraire de Paris, éditeur de méchants vers qui l'ont enrichi, et que Despréaux a tant combattus, 268.

THUCYDIDE. Despréaux croit qu'il est cité du passage de Thucydide, rapporté par Longin, à propos des Lacédémoniens qui combattirent au pas des Thermopyles, comme de l'explication donnée par Samuel Bochart du

vers d'Homère au sujet du cadran de Phérécyde, 107.

TOLLIUS ou *Toll* (Jacques), médecin, professeur d'éloquence et de grec à l'université de Duisbourg. Né à Ingas, près d'Utrecht, en 1630. Mort en 1696. C'est dans son édition que Brossette a lu la dissertation de *Meteoris orationis*, par M. Werenfels, 274.

Tombeau des deux Amants. Monument antique trouvé à Lyon. De qui peut-il avoir été la sépulture. Sentiments divers à son sujet. Épitaphe trouvée dans le lieu voisin de ce monument. Brossette est chargé de faire une inscription pour son transfèrement dans un autre endroit. Il consulte Despréaux sur cette inscription, 242 à 244. — Sentiment de Despréaux sur la notice de Brossette sur le tombeau des deux Amants, et sur son inscription, 244 et 245. — Translation de ce monument. L'inscription de Brossette, corrigée par Despréaux, est approuvée. Exemples cités par Brossette pour les inscriptions, 246. — Dans cette inscription, la ville de Lyon préférera le mot d'*Instaurari*, que Despréaux a proposé, à celui de *restitui*, 247. — Despréaux avoue que *restituere* est le vrai mot des médailles pour dire qu'on a rétabli un ouvrage qui tombait en ruine, 248.

TONCY (de), signataire de la lettre de cachet contre le père Fabre, au sujet de sa publication du *Dictionnaire* de Richelet. Placet dressé pont lui par Brossette en faveur du P. Fabre et des libraires du Dictionnaire, 304. — Tous les exemplaires saisis de ce Dictionnaire ont été supprimés, mais les jeunes ecclésiastiques du séminaire de Lyon ont été pieusement occupés, pendant les deux jours de carnaval, à ruiner quatre ou cinq pauvres libraires, en bissant les feuilles de ce livre, dont le plus grand morceau n'a pas été laissé plus large que la main. Brossette en a pourtant un exemplaire qui a échappé à la proscription générale, 316.

Traitant de la noblesse. BOURVALAIS (Paul Poisson de). Il soutient un procès au conseil contre le cousin de Despréaux qui est intervenu dans cette affaire qui regardait son nom et sa famille, 7.

TRAJAN. Consulté par Pline le jeune sur une inscription, 243.

Trévoux. Comment doit-on écrire et prononcer ce nom? 170.

Trévoux (le journal et les jésuites journalistes de). Le journal inscrit le nom de Despréaux dans la liste qu'il donne des Académiciens des Inscriptions. Ce journal est imprimé tous les deux mois par ordre de M. le duc du Maine, 99. — Deux Épigrammes que Despréaux adresse à ces journalistes, 166 et 167. — Premier signe de leur réconciliation avec Despréaux, 183. — Il les attaque directement dans sa Satire de l'*Équivoque*, 213. — Ils continuent à le harceler, 247. (118, 165, 168, 170, 174, 175, 177, 215, 237, 238, 240, 245.)

Troyes. Il y a des gens qui nient que jamais Troyes ait été prise, et qui doutent que Darès ni Dictys de Crète en soient des témoins fort sûrs., 138.

TRUDAINE (de), Intendant de Lyon. Il fait revivre l'Académie de Lyon, et lui donne un établissement plus solide et mieux réglé, 288. — Il va quitter son Intendance de Lyon pour celle de Bourgogne, 316.

U

ULYSSE. Son fidèle Argus, lequel vécut assez de temps pour revoir et pour reconnaître son maître, après vingt ans d'absence, 101.

V

VAGINAY (Jean), seigneur de Montpinay et de Leyronde, ancien prévôt des marchands, procureur-général en la cour des monnaies de Lyon. Né en 1619. Mort en 1711. Il envoie à Despréaux un remède contre l'hydropisie, 266. — C'est lui qui mit en réputation Jacques Aymard, l'Homme à la baguette. Comment ? 267. (269.)

VAILLANT (Jean-Foi), antiquaire. Né en 1632. Mort en 1706. Son discours sur une médaille de l'empereur Trajan, lu dans l'assemblée de l'Académie Royale des Inscriptions, le 15 novembre 1701, 118.

VAISSIÈRE (le père Hyacinthe), de Lyon, provincial des Augustins, 289. — Il donne à Brossette l'explication du vers de Despréaux :

« J'aurai fait soutenir un siège aux Augustins. »

VALINCOUR (Henri du Trousset de), conseiller du roi en ses conseils, secrétaire général de la marine et des commandements du comte de Toulouse, membre de l'Académie Française. Né à Paris en 1653. Mort le 5 janvier 1730. — Despréaux avait demandé au roi qu'il fût son associé à l'histoire de S. M., 62. — Brossette a lu son discours de réception à l'Académie Française, 63. (27, 171.)

VANDER KABEL, excellent poëte, établi à Lyon depuis plus de quarante ans. Né au château de Riswick, en 1631. Mort à Lyon en 1705. Sa mort. Brossette regrette que Despréaux n'ait pas été peint par lui, 193.

VANIÈRE (le père), jésuite de la province de Toulouse, poëte latin, auteur du *Prædium rusticum* et d'un poëme de *Hortis*, d'une Épigramme latine à la louange de M. de Puget, traduite en français par le P. Bimet, jésuite, et par M. de Saint-Fonds, 290. — Brossette envoie à Despréaux l'Églogue latine que le P. Vanière vient d'adresser à M. de Bon, au sujet de sa découverte d'une propriété jusqu'à présent inconnue dans l'araignée, 310. — Son Épitaphe de M. de Puget, 311. — Avant de quitter Lyon pour aller à Toulouse, il adresse aux habitants une Églogue latine dans laquelle il fait l'éloge de Brossette, 314. — Pendant son séjour à Lyon pour faire imprimer son Dictionnaire poétique, son libraire lui avait fait un procès épouvantable que Brossette a enfin terminé au gré des deux parties. Extrait de son Églogue, 315. — Madrigal que lui adresse le père Valoris, jésuite, 317. (316.)

VARIGNON (Pierre), prêtre et mathématicien. Né à Caen en 1654. Mort en 1722. Est cité par Brossette au sujet des membres de l'Académie de Lyon, 41.

Vaudeville (c'est au français qu'appartient le)... 44.

« D'un trait de ce poëme en bons mots si
    fertile,
Le François, né malin, forma le vaudeville. »
        (*Art poétique*, chant II.)

VAUGELAS (Claude Favre de), grammairien. Né à Chambéry vers 1585. Mort en 1650. Il se sert aussi du mot de *rebrousser chemin*, 233. (234.)

Vers au bas du portrait de Despréaux par M. Le Verrier. Ces vers sont de Despréaux lui-même qui les fit, piqué de ce qu'un de ses amis en avait fait de fort mauvais (Ciceron-Rival), 203.

VIDA (Marc-Jérôme), évêque d'Albe, dans le Montferrat, poëte latin. Né à Crémone en 1470. Mort en 1566. Les vers d'un académicien de Lyon, que Brossette a envoyés à Despréaux, semblent à celui-ci dignes de Vida, 89. — Vers de sa poétique (Liv. I) qui peuvent former l'horoscope des vers du petit de Beauchâteau, 239.

Vienne, ville proche de Lyon, où le jésuite Romeville fait des miracles, 179. (180.)

VILLARS (Louis-Hector, duc de), maréchal de France. Né en 1653. Mort en 1734. Travaille hors de Lyon pour sa défense contre le duc de Savoie, 270. (271.)

VILLEROY (François de *Neufville*, duc de), maréchal de France. Né à Lyon en 1644. Mort en 1730. Sa détention, 103. — Il doit aller à Lyon. Sentiment de Despréaux sur la perte de la bataille de Ramillies, 228. (249.)

VIRGILE. — Son sentiment (Livre IV des Géorgiques) sur la piqûre des abeilles, 142. — Sur l'élection de M. de Lamoignon à l'Académie Française, 148. — (*Voyez* Cicéron.) — Accusé mal à propos de bassesse dans le choix de quelques-unes de ses comparaisons, 164. (43, 89, 152.)

VITTEMANT (l'abbé Jean de), professeur de philosophie au collège de Beauvais, et recteur de l'Université, lecteur des enfants de France, puis du duc d'Anjou devenu roi d'Espagne. Le célèbre Coffin honora son tombeau d'une épitaphe. Né en 1655. Mort en 1731. Il a dit à Brossette, à son passage à Lyon, que le roi d'Espagne préférait les ouvrages de Despréaux à tous les livres français, 84. — Despréaux sait bien que l'abbé de Vittemant porta son livre au roi d'Espagne, puisque c'est lui qui le lui a fait remettre entre les mains pour le présenter à Sa Majesté Catholique de sa part, 86. (85.)

VOITURE (Vincent), poëte. Né à Amiens en 1598. Ce qu'il dit à M. le Prince (le grand Condé), 160. — Sur une question qui lui était faite par Balzac, 260.

W

WENDROCK. Traduction en français et publication à Lyon de ses Notes sur les *Lettres provinciales*, 31.

WERENFELS (Samuel), professeur d'éloquence. Né à Bâle en 1657. Mort à Bâle en 1740. Auteur de : *de Meteoris orationis*. Ce discours, à proprement parler, est une suite du *Sublime* de Longin. Éloge qu'il fait de Despréaux, 273. — Brossette a eu le plaisir de voir le cas qu'il fait des réflexions, des remarques et des conjectures de Despréaux sur Longin, 274. — Il met au rang des *Météores*, l'enflure du discours, où le style enflé, 277. (275, 276, 278, 291.)

Z

ZÉNON, cité au sujet d'Horace, 227.

ZOÏLE. (Réflexions critiques de Despréaux sur Longin au sujet de) 160.

FIN.

PARIS, IMPRIMERIE DE J. CLAYE, RUE SAINT-BENOIT, 7.

ERRATTUM

Page 323, première ligne, au lieu de : déjà dire de lui plus, lisez : puis.

SOMMAIRE

DU CONTENU DE CE VOLUME.

PREMIÈRE PARTIE.

INTRODUCTION, par M. Jules Janin. . . . . Page v
Correspondance entre Boileau Despréaux et Brossette. — Lettres de l'abbé Boileau à Brossette. — Généalogie de la famille de Boileau Despréaux. — Sentence des requêtes du Palais, etc. (Voyez la table particulière de cette première partie, pages 501 et 502.). . . . . . . Page 1

SECONDE PARTIE ou SUPPLÉMENT

Comprenant les papiers de Boileau Despréaux laissés à sa mort, et donnés à Brossette par l'abbé Boileau, son frère. (Voyez la table particulière de cette seconde partie, pages 502, 503 et 504.). . . . . . . Page 331
Épitaphe de Racine, par Boileau Despréaux. . . Pages 499 et 500

TROISIÈME PARTIE ou APPENDICE.

Mémoires de Brossette sur Boileau Despréaux, d'après les fragments originaux conservés à la Bibliothèque impériale. . . . . Page 505
Lettres et dissertation de M. A. Péricaut, au sujet de Brossette. Page 571
Table analytique des noms, des lieux, etc., cités dans la correspondance entre Boileau Despréaux et Brossette. . . . . Page 579

TABLE DES FAC-SIMILE

DE

BOILEAU DESPRÉAUX

POUR SA CORRESPONDANCE AVEC BROSSETTE, ET SES ŒUVRES SUPPLÉMENTAIRES [1].

                                                                                          Pages.

1º Lettre à Brossette (8 août 1701)............................ 82
2º Lettre à Brossette (11 décembre 1710)....................... 322
3º Les Héros de Roman... 353
4º Vers pour être mis au bas du portrait de Racine. — Vers sur son buste de marbre par Girardon............................. 458
5º Vers de M. Le Verrier pour mettre au bas de son portrait gravé par Drevet, et vers à M. Le Verrier......................... 460
6º Préface pour la Satire XII. (La marge intérieure de cette page étant prise dans la reliure jusqu'à l'écriture, il a été impossible de reproduire la fin de plusieurs lignes.)............. 469

Le tableau de la généalogie de la famille de Boileau Despréaux (imprimé in-folio), se place en regard de la page 26.

---

1. Ces fac-simile ont tous été exécutés par M. Delarüe lui-même; ils reproduisent, dans les moindres détails, et avec la plus grande exactitude, les diverses écritures de Despréaux.

PARIS. — IMPRIMERIE DE J. CLAYE
RUE SAINT-BENOÎT, 7.